Marco Gabriel

Proxmox VE

Das umfassende Handbuch

Rheinwerk
Computing

Liebe Leserin, lieber Leser,

Unabhängigkeit, Freiheit und Souveränität – diese Werte bilden das Fundament der Open-Source-Idee. Doch selten waren sie so relevant wie heute: In einer Zeit, in der digitale Lieferketten wackeln, vermeintlich sichere Vereinbarungen ins Wanken geraten und die Kosten für Cloud-Dienste stetig steigen, ist es beruhigend zu wissen, dass es Alternativen gibt. Alternativen, die Sie selbst administrieren und kontrollieren können.

Es ist eine Binsenweisheit, dass jede Krise auch eine Chance birgt. Falls Ihre Arbeit in den letzten Jahren und Monaten von steigenden Kosten und dem Misstrauen gegenüber fremden Cloud-Diensten geprägt waren, dann ist jetzt der richtige Moment, um (wieder) eigene, souveräne IT-Infrastrukturen aufzubauen. Das nötige Know-how vermittelt Ihnen Marco Gabriel in diesem Handbuch. Seit über 20 Jahren beschäftigt er sich mit Linux, Ceph, SDN und verwandten Technologien – und seit 2013 ist er offizieller Trainingspartner von Proxmox. Von den ersten Schritten der Installation bis zum Aufbau professioneller Unternehmensumgebungen steht er Ihnen zur Seite und begleitet Sie auf dem Weg zur eigenen, virtualisierten Infrastruktur.

Bevor Sie sich in die Lektüre stürzen, noch ein kurzer Hinweis in eigener Sache: Dieses Buch wurde mit großer Sorgfalt geschrieben, lektoriert und produziert. Aber wo Menschen arbeiten, passieren Fehler. Wenn Sie Korrekturen oder inhaltliche Anregungen haben, scheuen Sie sich nicht, mit mir Kontakt aufzunehmen. Ihre Fragen und Änderungswünsche sind jederzeit herzlich willkommen.

Ihr Dr. Christoph Meister
Lektorat Rheinwerk Computing

christoph.meister@rheinwerk-verlag.de
www.rheinwerk-verlag.de
Rheinwerk Verlag • Rheinwerkallee 4 • 53227 Bonn

Auf einen Blick

Wir hoffen, dass Sie Freude an diesem Buch haben und sich Ihre Erwartungen erfüllen. Falls Sie Anregungen, Wünsche und Kommentare haben, lassen Sie es uns wissen: **service@rheinwerk-verlag.de**.

Informationen zu unserem Verlag und Kontaktmöglichkeiten finden Sie auf unserer Verlagswebsite **www.rheinwerk-verlag.de**. Dort können Sie sich auch umfassend über unser aktuelles Programm informieren und unsere Bücher und E-Books bestellen.

Autor Marco Gabriel
Lektorat Christoph Meister
Copy-Editing Friederike Daenecke, Zülpich
Typografie & Layout Vera Brauner
Satz SatzPro, Krefeld
Herstellung Maxi Beithe
Covergestaltung Mai Loan Nguyen Duy
Druck Beltz Grafische Betriebe, Bad Langensalza

FSC
www.fsc.org
MIX
Papier | Fördert gute Waldnutzung
FSC® C089473

Dieses Buch wurde mit mineralölfreien Farben auf FSC©-zertifiziertem Papier aus nachhaltiger Waldwirtschaft gedruckt. Der Umwelt zuliebe verzichten wir zusätzlich auf die Einschweißfolie. Hergestellt in Deutschland.

Bibliografische Information der Deutschen Nationalbibliothek:
Die Deutsche Nationalbibliothek verzeichnet diese Publikation in der Deutschen Nationalbibliografie; detaillierte bibliografische Daten sind im Internet über *http://dnb.dnb.de* abrufbar.

ISBN 978-3-367-10461-1

1. Auflage 2026, 1. Nachdruck 2026

Rheinwerk Verlag GmbH • Rheinwerkallee 4 • 53227 Bonn
service@rheinwerk-verlag.de

Inhalt

Kapitel 1

Was ist Proxmox?

Das *Proxmox Virtual Environment* (oder einfacher *Proxmox VE* oder schlicht *PVE*) ist eine Plattform, auf der virtuelle Maschinen und Container ausgeführt werden können. Es läuft auf der sehr beliebten und unabhängigen Linux-Distribution *Debian* und ist ebenso wie Debian komplett Open Source (siehe Abschnitt 1.2).

Zwei unterschiedliche Virtualisierungstechnologien sind in Proxmox VE verfügbar: Vollvirtualisierung mit QEMU/KVM sowie Containervirtualisierung mit LXC.

Ein Ziel beim Design von Proxmox VE war, die Administration des gesamten Systems so einfach wie möglich zu gestalten. Trotzdem ist es sehr flexibel: Proxmox VE kann auf einem einzelnen Server eingesetzt werden, aber auch auf einem Cluster, der aus mehreren Servern besteht. Dieser Cluster wiederum kann virtuelle Maschinen und Container bereitstellen, darüber hinaus in einem hyperkonvergenten System als Storage dienen und in Form eines Hochverfügbarkeits-Clusters auch bei Teilausfällen autonom die Verfügbarkeit von virtuellen Servern erhöhen.

Alle täglichen Administrationsaufgaben können direkt über die Web-GUI erledigt werden: Auch ohne jahrelange Erfahrung in der Systemadministration können Sie innerhalb von wenigen Minuten eine Installation durchführen.

Wenn Sie jedoch weitreichende Linux-Kenntnisse besitzen, können Sie direkt über die Shell als `root` arbeiten: So stehen Ihnen die umfassenden Möglichkeiten einer Linux-Installation zur Verfügung, mit der Sie die Administration automatisieren und Sonderlösungen für eigene Anforderungen bauen können. Alles, was der Verbund von Proxmox VE und dem darunter liegenden Debian Linux bietet, steht Ihnen uneingeschränkt zur Verfügung.

1.1 Einführung in Proxmox VE: Features

Hört sich das gut an? Schauen wir uns die Features und Möglichkeiten etwas genauer an, die Proxmox VE Ihnen bietet:

- **Zentrale Verwaltung**

  Obwohl Sie wahrscheinlich zunächst mit einem einzelnen Server starten, kann Proxmox VE auf eine hohe Anzahl Server erweitert werden und auf diese Weise zu einem Scale-out-Cluster anwachsen. Alles, was dazu benötigt wird, ist bereits in Proxmox VE enthalten. Proxmox VE ermöglicht auch beim Einsatz mehrerer Server eine zentrale Verwaltung über eine Web-GUI, über die Shell oder über die zentrale API.

- **Multi-Master-Design**

  Die Administration – auch von mehreren Servern – kann über eine auf jedem Server bereits verfügbare, einheitliche Web-GUI durchgeführt werden. Sie benötigen keinen weiteren (externen oder internen) Management-Server. Eine gemeinsame und zentrale Verwaltung aller Server Ihres Clusters ist über einen einzigen Zugang möglich.

- **Proxmox-Cluster-Filesystem (pmxcfs)**

  Proxmox VE verwendet ein integriertes Cluster-Filesystem: `pmxcfs`. Dabei handelt es sich um ein datenbankgestütztes Filesystem für Konfigurationsdaten. In diesem Filesystem sind nahezu die gesamte Konfiguration Ihres Proxmox-Servers oder -Clusters sowie aller virtuellen Maschinen, Container und Services abgelegt.

  In einem Cluster werden Änderungen auf einem Proxmox-Server in Echtzeit über *Corosync* auf alle anderen Nodes übertragen und dort ebenfalls abgelegt. Obwohl die Maximalgröße des Filesystems auf 128 MB begrenzt ist, können auf ihm die Konfigurationsdaten für Tausende VMs und Container liegen.

- **Webbasierte Verwaltung**

  Die auf *Ext JS* basierende GUI ermöglicht die zentrale Verwaltung aller Ressourcen über eine einfache Oberfläche. Proxmox VE benötigt keinen externen Management-Server und keine sonstigen proprietären Lizenzen für Betriebssysteme oder Datenbanken zur Verwaltung. Die gesamte Installation kann über einen einzelnen Server gemanagt werden, und es spielt dabei keine Rolle, über welchen der vorhandenen Server die Verwaltung erfolgt. Ein zentrales Cluster-Log, Ergebnisse von ausgeführten Aufgaben oder der Stand aktuell laufender Aufgaben können jederzeit eingesehen werden.

- **Command Line Interface (CLI)**

  Wenn Sie Ihre Server lieber über die Kommandozeile administrieren, steht Ihnen die gesamte Administration eines oder mehrerer Proxmox-VE-Server auch über diese offen. Sie können selbst entscheiden, für welche Aufgabe Sie die Kommandozeile oder die Web-GUI verwenden. Da Proxmox VE ein vollständiges Debian Linux verwendet, können Sie beliebige Software aus den Debian-Repositories nachinstallieren und verwenden. Besonders wenn es um die Fehlersuche oder die Performance-Analyse geht, ist das eine große Hilfe.

- **REST-API**

  Seit der Version 2.0 von Proxmox VE ist eine REST-API in Proxmox enthalten. Diese API bietet einen direkten Zugang zu allen Ressourcen eines Proxmox-VE-Clusters oder eines Single-Hosts. Mit ihr lassen sich leicht Automatisierungen, wiederkehrende Aufgaben, das Monitoring oder andere Aufgaben realisieren. Auch das Webinterface von Proxmox VE ist ein Client für diese API, und es existieren dafür Wrapper, die eine Verwendung aus verschiedenen Programmiersprachen noch einfacher machen. Der Wrapper für Perl stammt von Proxmox selbst und wird offiziell unterstützt.

- **Rollenbasiertes Rechtemanagement**

  Das rollenbasierte Rechtemanagement sorgt dafür, dass Sie granular kontrollieren können, wer Zugriff auf bestimmte Ressourcen und Funktionen innerhalb der Virtualisierungsumgebung hat:

  - **Benutzer** können in Gruppen organisiert werden, wobei jeder Gruppe spezifische Rollen zugewiesen werden, die festlegen, welche Aktionen ihre Mitglieder ausführen dürfen.
  - **Rollen** sind vordefinierte Gruppen von Berechtigungen, die sich auf Aufgaben wie VM-Verwaltung, Netzwerkkonfiguration oder Systemwartung beziehen können.
  - **ACLs** (*Access Control Lists*) werden genutzt, um den Zugriff auf Ressourcen wie VMs oder Storages zu erlauben. Das Rechtemanagement erlaubt daher eine delegierte Administration, beispielsweise um Entwicklern oder Endanwendern eingeschränkte Rechte zur Konfiguration oder Administration ihrer eigenen VMs zu erlauben.

- **Authentifizierung über verschiedene Backends**

  Proxmox VE kann Benutzer gegen mehrere Backends authentifizieren, darunter mehrere interne Quellen wie PAM oder den integrierten *Proxmox Authentication Server*, aber auch gegen externe Systeme wie ein LDAP, ein Active Directory oder OpenID Connect. Bei der OpenID-Connect-Authentifizierung ist sogar ein Single Sign-on möglich, das auch für andere Systeme verwendet werden kann.

- **Flexible Storage**

  Nahezu jede Art von Storage kann für Proxmox VE verwendet werden – egal ob es sich dabei um dateibasierte oder blockbasierte Speicher handelt und ob diese lokal als physische Disks oder als Shared Storage über ein Netzwerk angebunden sind.

  Je nach Einsatzszenario ist ein lokaler, ein zentraler oder auch ein verteilter Speicher möglich.

- **Integriertes Backup und Restore**

  Backup- und Restore-Funktionen sind in Proxmox VE bereits vorhanden und können sofort eingesetzt werden. Für kleinere Umgebungen ist die integrierte Backup-Lösung einfach und direkt verwendbar.

  Für umfangreichere Datenmengen oder beim Einsatz in größeren Umgebungen, bei geplanter Sicherung auf Band oder komplizierten Air-Gapped-Setups zu anderen Standorten lässt sich ein Proxmox VE auch an einen *Proxmox-Backup-Server* anbinden. Darum wird es in Kapitel 23 ausführlich gehen.

  Zusätzlich gibt es inzwischen auch Backup-Lösungen von Drittherstellern wie *SEP sesam* oder *Veeam*, die an Proxmox angebunden werden können und zusätzlich auch anwendungsbezogene Backups erzeugen.

- **Hochverfügbarkeit im Cluster**

  Wenn Sie mehrere Server und eine zentrale oder verteilte Storage-Lösung aufgebaut haben, kann Proxmox VE als Hochverfügbarkeitscluster selbstständig einen Hardwareausfall kompensieren und auch selbstständig dafür sorgen, dass ausgefallene VMs und Container auf einem der verbleibenden Server erneut gestartet werden. Das schauen wir uns in Kapitel 19 genauer an.

- **Flexible Netzwerke**

  Wenn Sie Proxmox VE in Ihr bestehendes Netzwerk sinnvoll einbinden, können Sie virtuelle Netzwerke innerhalb eines Proxmox-Servers oder in einem Cluster über mehrere Server hinweg erstellen. Auch VLAN, Bonding, Multipathing und weitere Funktionen stehen zur Verfügung.

  Mit Version 8.0 wurde schrittweise ein *Software-Defined Networking (SDN)* eingeführt, das diese Möglichkeiten VM- bzw. containerseitig erweitert und damit erlaubt, virtuelle Netzwerke zu segmentieren oder über gesamte Cluster-Infrastrukturen hinweg zu verwenden. In Kapitel 25 gibt es mehr Infos dazu.

- **Integrierte Firewall**

  Die integrierte High-Performance-Firewall ermöglicht die Absicherung von Proxmox VE für einen sicheren Betrieb und einen Zugriff, der nur von berechtigten Systemen oder Netzwerken oder auf diese erfolgt.

  Sie basiert auf dem im Linux-Kernel bereits integrierten `nftables` und sorgt für eine Paketfilterung auf Datacenter-, Node- und VM-/Container-Ebene. Durch eine integrierte Vererbung lassen sich Voreinstellungen auf Datacenter-Ebene treffen, die sich dann bei Nodes und VMs wiederverwenden lassen.

  Der integrierten Firewall fehlen zwar UTM-Funktionen, die heute bei vielen Firewalls zum Einsatz kommen, allerdings lässt sie sich auch durch weitere Open-Source-Komponenten um zusätzliche Funktionen wie ein IPS/IDS ergänzen.

- **Hyperkonvergente Infrastruktur**

  Der in Proxmox integrierte *Ceph*-Storage ermöglicht Ihnen einen Betrieb als *Hyperconverged Infrastructure (HCI)* und damit oft Kostenvorteile gegenüber einem Setup mit zentralisierten, redundant vorzuhaltenden Storage-Systemen: Bei einer HCI-Lösung führen die Server nicht nur Compute-, sondern auch Storage-Workloads aus.

  Obwohl die Stärken von Ceph in Scale-out-Szenarien liegen, lässt es sich auch hervorragend auf kleineren Clustern ab drei Servern einsetzen. Ceph ermöglicht eine performante und sichere Bereitstellung von Block-Storage, die Einrichtung eines verteilten Cluster-Filesystems und die Nutzung einer Object Storage. Darüber hinaus ist es hochverfügbar und resilient gegen Ausfälle von Teilen der Infrastruktur.

1.2 Open Source

Proxmox VE ist zu 100 % Open Source und steht unter der Lizenz *AGPLv3*. Viele andere Open-Source-Produkte wählen einen anderen Ansatz, nämlich *Open Core* oder *Commercial Open Source*, und stellen nur die Grundfunktionalitäten frei zur Verfügung. Die wirklich netten Features erhalten Sie jedoch erst mit dem Erwerb einer Lizenz oder einer Subscription.

Bei Proxmox VE ist das anders! Sie erhalten direkt das vollständige, uneingeschränkte Produkt mit allen Features. Auch durch den Erwerb einer Subscription kommen keine weiteren Funktionen hinzu, allerdings erhalten Sie so Zugriff auf das Enterprise-Repository mit den umfangreich getesteten und daher sehr stabilen Enterprise-Updates.

Der Erwerb einer Subscription ist aus meiner Sicht empfehlenswert und bei produktiven Umgebungen absolut sinnvoll. Sie unterstützen damit die Weiterentwicklung des Projekts und erhalten besser getestete Update-Pakete. Ab dem Subscription-Level *Basic* erhalten Sie zusätzlich direkten Support durch das Core Developer Team über das Portal von Proxmox, garantierte Reaktionszeiten und weitere Vorteile. Mehr zu den Subscriptions erfahren Sie in Kapitel 13.

1.3 Development - selbst etwas zu Proxmox VE beitragen oder selbst entwickeln

Proxmox VE ist Open-Source-Software und ermöglicht es Ihnen, sich an der Weiterentwicklung des Produktes zu beteiligen. Das kann auf ganz unterschiedliche Arten geschehen:

- Sie können Bug Reports oder Feature Requests auf *https://bugzilla.proxmox.com* einreichen, im Forum unter *https://forums.proxmox.com* anderen Benutzern Hilfestellung geben oder Tutorials verfassen.
- Ihnen stehen auch die User- oder Entwickler-Mailinglisten unter *https://lists.proxmox.com* zur Verfügung, wenn Sie mitdiskutieren oder eigene Patches für entwickelte Features oder Verbesserungen einreichen oder die aktuellem Entwicklungen verfolgen möchten.
- Auch im Wiki unter *https://pve.proxmox.com* oder beim Verbessern der sowieso schon sehr guten und umfangreichen Dokumentation können Sie sich einbringen. Das alles ist natürlich freiwillig, aber fühlen Sie sich eingeladen, denn Proxmox VE ist seit jeher stark community-fokussiert.

Wenn Sie sich an der Entwicklung beteiligen möchten, schauen Sie sich den Workflow in Abbildung 1.1 an.

Am besten ist, Sie reden zunächst über das, was Sie vorhaben, bevor Sie es implementieren. Ein guter Anlaufpunkt dafür ist die Developer-Mailingliste von Proxmox VE unter *https://lists.proxmox.com/cgi-bin/mailman/listinfo/pve-devel*, über die auch alle Patches eingereicht werden können.

Als Einstieg möchte ich Ihnen die Developer-Dokumentation im Proxmox-VE-Wiki empfehlen. Diese finden Sie unter *https://pve.proxmox.com/wiki/Developer_Documentation*. Sie wird ständig gepflegt und ergänzt, um neuen Beitragenden den Einstieg zu erleichtern.

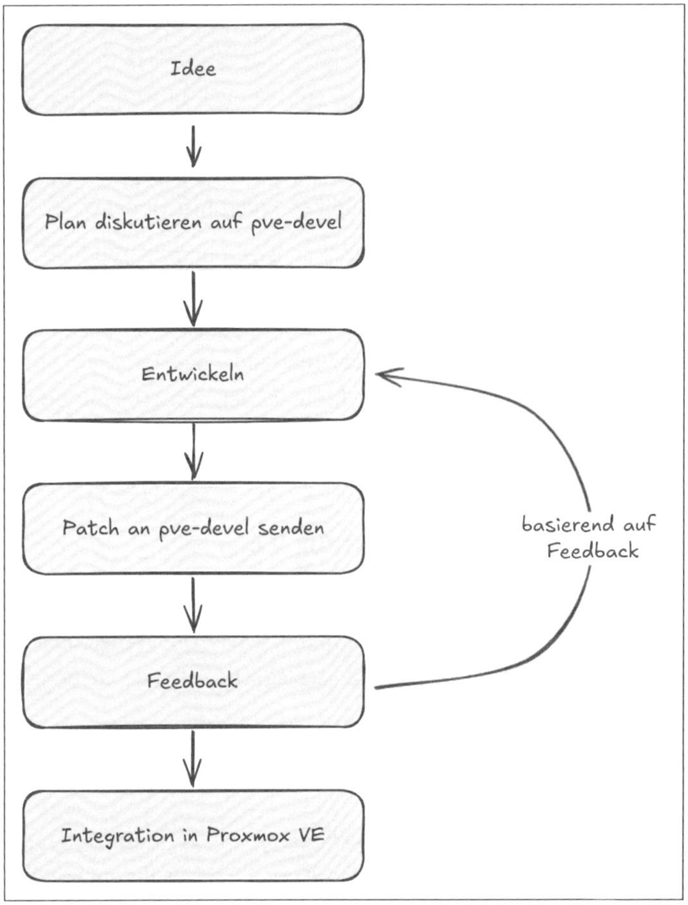

Abbildung 1.1: Entwicklungsworkflow von Proxmox VE

1.4 Die Proxmox-VE-Dokumentation verbessern

Beiträge zur Verbesserung der Dokumentation sind natürlich genauso willkommen wie Code-Beiträge.

Wenn Sie Fehler in der offiziellen Dokumentation gefunden haben oder kleinere Ergänzungen dazu beitragen möchten, dann erstellen Sie bitte einen Bug-/Feature-Request im Proxmox-Bug-Tracker unter *https://bugzilla.proxmox.com*.

Neue Inhalte hinzufügen können Sie außerdem über die folgenden Wege:

- **Wiki:** Sie haben eine besondere Vorgehensweise für bestimmte Setups oder können etwas zur Performance bestimmter Eigenschaften beitragen? Für spezielle Setups, Anleitungen oder Tutorials ist das Wiki der richtige Ort.
- **Die offizielle Dokumentation:** Neue Inhalte, die allgemein in die Referenzdokumentation aufgenommen werden sollten – also alle Informationen zur Installation, Konfi-

guration, Nutzung und Fehlerbehebung von Proxmox VE –, können über die Developer-Mailingliste eingereicht werden. Die Referenzdokumentation wird im *Asciidoc*-Format geschrieben. Mehr Informationen zu diesem Format finden Sie unter *https://asciidoc.org*.

Um die Dokumentation zu bearbeiten, müssen Sie das Git-Repository unter `git://git.proxmox.com/git/pve-docs.git` klonen und dann dem Dokument `README.adoc` folgen.

1.5 Vorteile mit Proxmox VE

Mit dem Einsatz von Proxmox VE können Sie im Vergleich mit anderen Hypervisoren einige Vorteile erlangen. Die aus meiner Sicht wichtigsten Vorteile möchte ich Ihnen hier nennen.

1.5.1 Kostenvorteile

Sie erzielen mit dem Einsatz wahrscheinlich Kostenvorteile gegenüber anderen Hypervisoren. Sei es, weil Sie Standard-Hardware kaufen können und somit verschiedene Hersteller und Angebote besser miteinander vergleichen können oder weil Sie keine teure Lizenz kaufen müssen, sondern eine Subscription erwerben können (was Sie aber nicht müssen – selbst für den kommerziellen Einsatz nicht).

1.5.2 Einfachere Lizenzierung

Proxmox VE ist unter der *AGPLv3* lizenziert. Die *AGPLv3*-Lizenz ist eine Copyleft-Lizenz, die sicherstellt,

- dass Modifikationen veröffentlicht werden müssen,
- dass Quellcode-Zugriff gewährt wird,
- dass die Netzwerkverwendung eines Produkts wie eine Verbreitung des Produkts wirkt und daher den Quellcode bereitstellen muss und
- dass Kompatibilität mit anderen GPL-Lizenzen besteht.

Während die *GPL* (GNU Public License) die Freiheit und den Austausch von Software sicherstellt, erweitert die *AGPL* (*Affero GNU Public License*) dies auch bei Netzwerkbereitstellung.

1.5.3 Vermeiden eines Vendor-Lock-ins

Durch die Offenlegung des Quelltextes gibt es beim Proxmox-VE-Hypervisor keine Geheimnisse. Eine Migration zu Proxmox VE ist genauso einfach wie eine Migration von Proxmox VE zu einem anderen Hypervisor (auch wenn dies eher unwahrscheinlich sein mag). Sie sind nicht an einen bestimmten Hersteller für Hardware oder sonstige Komponenten gebunden: Proxmox VE läuft auf Standardhardware eines beliebigen Herstellers.

Sie entscheiden! Und genießen die neu gewonnene Freiheit.

1.5.4 Einfache Administration

Im Gegensatz zu anderen Hypervisoren benötigt Proxmox keine Client-Software und keine Shell. Sie installieren Proxmox VE über einen einfachen Installer innerhalb von wenigen Minuten. Die Administration lässt sich über eine einfache, übersichtliche Web-GUI mit den gängigen modernen Browsern erledigen.

1.6 Hilfe erhalten

Ich gebe mir Mühe, Ihnen alle relevanten Informationen zu Proxmox VE in diesem Buch zu vermitteln. Dennoch werden Sie vielleicht früher oder später zu spezifischen Fragestellungen Hilfe suchen. Daher nenne ich Ihnen vorab schon einmal die wichtigsten Möglichkeiten:

- **Offizielle Dokumentation:** Die überaus gute und ausführliche Dokumentation finden Sie unter *https://pve.proxmox.com/pve-docs*.
- **Wiki:** Anleitungen und Best Practices finden Sie im offiziellen Wiki unter *https://pve.proxmox.com*.
- **Community-Forum:** Tauschen Sie sich mit anderen Benutzern im offiziellen Proxmox-Forum unter *https://forum.proxmox.com* aus.
- **Support Portal:** Offiziellen technischen Support erhalten Sie über das *Support Portal* unter *https://my.proxmox.com*.
- **Mailinglisten:** Abonnieren Sie die Mailinglisten unter *https://lists.proxmox.com*.
- **YouTube und Tutorials:** Zahlreiche Videoanleitungen und Tutorials finden Sie auf YouTube.
- **Blogs und Drittanbieter-Foren:** Hilfreiche Beiträge gibt es auch auf Linux- oder Technik-Blogs und in vielen IT-Foren.
- **Spezialisierte Dienstleister:** Eine Auswahl an auf Proxmox spezialisierten IT-Dienstleistern finden Sie unter *https://proxmox.com/en/partners/explore*.

1.7 Projekthistorie

Proxmox VE ist kein ganz junges Angebot mehr, und wie bei jedem Software-Projekt spielen Entscheidungen, die vor 15 Jahren getroffen wurden, auch heute noch eine Rolle.

Sie müssen die Versionsgeschichte zwar sicherlich nicht genau kennen, aber der Blick zurück hilft manchmal doch, den Status quo zu verstehen. Tabelle 1.1 gibt Ihnen einen kurzen Überblick.

Datum	Erwähnenswerte Funktionen und Änderungen
22.07.2008	Version 0.9beta2 erblickt das Licht der Öffentlichkeit. Sie ist die erste überhaupt veröffentlichte Version.
29.10.2008	Version 1.0 erscheint – die erste stabile Veröffentlichung von Proxmox VE.
05.04.2012	Version 2.0 erscheint – und mit ihr eine komplett neue GUI, Hochverfügbarkeit für KVM und OpenVZ, Corosync für die Cluster-Kommunikation sowie eine RESTful-Web-API.
24.05.2013	Version 3.0 bringt eine Event-getriebene API und weitere Detailverbesserungen, die den Apache Webserver obsolet machen. Proxmox VE ist die erste Linux-Distribution, die ZFS ausliefert und ermöglicht, es sowohl als VM-Storage wie auch als Root-Filesystem zu verwenden und davon zu booten. Im Laufe der Version 3 kann Proxmox VE an externe Ceph-Cluster angebunden werden. Danach werden auch die Ceph-Server-Komponenten unterstützt, sodass ein direkter Co-Betrieb von Ceph auf den Proxmox-VE-Nodes und damit ein hyperkonvergenter Betrieb möglich wird.
05.10.2015	Version 4.0 liefert einen neuen HA-CLuster-Stack und ersetzt OpenVZ durch LXC.
04.07.2017	Version 5.0 ermöglicht es, Cluster für einen stabileren Betrieb mit einem Quorum-Device auszustatten. Eine Live-Migration ist nun auch beim Einsatz von lokalem Storage möglich. Des Weiteren wird eine asynchrone Storage-Replication auf Basis von ZFS eingeführt.
16.07.2019	Version 6.0 verwendet Corosync 3 und damit Kronosnet (*knet*) als Transport. Statt Multicast ist nun UDP/Unicast als Standard voreingestellt. Ceph 14.2 mit vielen Verbesserungen ist an Bord.
06.07.2021	Version 7.0 liefert ZFS 2.0, QEMU 6.0, LXC 4.0 und Ceph 16.2.
22.06.2023	Version 8.0 hat den Kernel 6.2, LXC 5.0, QEMU 8.0, Ceph Quincy 17.2 sowie ZFS 2.1 mit im Gepäck. Das seit Version 6 entwickelte *Software Defined Networking* (SDN) wird als Tech Preview veröffentlicht. Für Ceph existiert nun ein separates *Enterprise Update Repository* ähnlich dem *Proxmox VE Enterprise Repository*. Es gibt mit `x86-64-v2-aes` einen neuen CPU-Standardtyp für neue VMs. Der Installer besitzt jetzt zusätzlich einen Textmodus. Die Live-Migration von VMs mit durchgereichten PCIe- und USB-Geräten wird über Ressource-Mappings möglich.

Tabelle 1.1: Die Geschichte von Proxmox VE

Datum	Erwähnenswerte Funktionen und Änderungen
23.11.2023	Version 8.1 unterstützt nun *Secure Boot*. Die Core-Komponenten des Software Defined Networkings werden nun offiziell unterstützt und damit für den produktiven Einsatz freigegeben. DHCP für SDN-Simple-Zones wird als Tech Preview veröffentlicht, und DHCP-Leases können nun über die GUI eingesehen und editiert werden. Das neue Notification-System erlaubt Benachrichtigungen über Regeln gesteuert über den lokalen Postfix, einen entfernten SMTP-Server und an einen Gotify-Server. Proxmox erhält ein eigenes MAC-Präfix `BC:24:11` für virtuelle Gäste. Ceph Reef 18.2 wird nun unterstützt und wird bei neuen Installationen verwendet.
24.04.2024	Version 8.2 bringt einen ESXi-Import-Wizard für die Migration von Gästen direkt von VMware ESXi. Später sollen auch andere Hypervisoren unterstützt werden. Der Proxmox-Installer kann nun unbeaufsichtigt und automatisch eine Installation vornehmen. Backup-Fleecing ermöglicht ein lokales Puffern von Backups, um laufende VMs während des Backups nicht durch langsame Netzwerkverbindungen zu beeinträchtigen. Die in Proxmox VE integrierte Firewall basiert noch auf dem *iptables*-Interface und wird nun auf eine neue, in Rust implementierte Variante für *nftables* umgestellt. Die neue *nftables*-Variante ist noch im Tech-Preview-Stadium und wird noch nicht als Standard verwendet.
21.11.2024	Version 8.3 bringt Kernel 6.8 sowie optional Kernel 6.11. Ceph Squid 19.2 ist als Tech Preview enthalten. Es existiert ein neuer *Tag-View* in der GUI. Das SDN wurde besser in die Proxmox-VE-Firewall integriert. Der Import von OVF-Images und OVA-Appliances wurde verbessert, um die Migration von anderen Hypervisoren zu vereinfachen. Das Notification-System wurde um Webhooks als Ziele erweitert. Container-Backups wurden durch ein neues Format deutlich beschleunigt, sodass nur noch Dateien verarbeitet werden, die sich seit dem letzten Backup verändert haben.
09.04.2025	Version 8.4 verwendet nun Kernel 6.8 als Default und bietet die Möglichkeit, Kernel 6.14 optional zu installieren. Neben QEMU 9.2 ist auch LXC 6.0 mit an Bord. Ceph Squid 19.2 ist als stabil gekennzeichnet und wird deshalb für neue Installationen empfohlen. Zwischenzeitlich hat NVIDIA die offizielle Unterstützung von Proxmox VE bekannt gegeben, und die Live-Migration mit mediated Devices wird nun unterstützt. Proxmox VE hat eine neue Backup-API veröffentlicht, mit der Backup-Hersteller ihr Produkt leichter in den Proxmox-VE-Stack integrieren können. Virtiofs erlaubt Shared Folder zwischen Hypervisor und VM-Gästen.
05.08.2025	Version 9.0 bringt als Tech Preview die lange erwarteten Snapshots auf FC-/iSCSI- und anderen Storages durch Volume-Chains. HA-Affinitätsregeln ersetzen HA-Gruppen. OpenFabric und OSPF erlauben die direkte Verbindung von Proxmox-VE-Nodes über geroutete Netzwerke. Die mobile Web-GUI wurde überarbeitet, und ZFS beherrscht nun die RAID-Expansion für RAIDZ.

Tabelle 1.1: Die Geschichte von Proxmox VE (Forts.)

Eine vollständige Historie der Versionen, Entwicklungen und Änderungen ist in der Roadmap unter *https://pve.proxmox.com/wiki/Roadmap* verzeichnet, die von Beginn an gepflegt wurde.

Neuere Releases bringen sehr umfangreiche Changelogs, mit und zu Beginn findet sich auch eine grobe Zusammenfassung der Zukunftspläne, die Proxmox für das Projekt pflegt. Die Roadmap möchte ich Ihnen ans Herz legen: Reinschauen lohnt sich!

1.8 Was Sie schon wissen sollten und was Sie lernen werden

Vielen Dank, dass Sie sich für dieses Buch entschieden haben! Beim Konzipieren und Schreiben habe ich mir natürlich einige Gedanken dazu gemacht, auf welchem Vorwissen es beruhen soll und was ich Ihnen zeigen möchte.

1.8.1 Was Sie schon wissen sollten

Die offizielle Dokumentation von Proxmox VE unter *https://pve.proxmox.com/pve-docs* ist in den vergangenen Jahren sehr umfangreich und sehr gut geworden – nach meiner persönlichen Einschätzung ist sie eine der besten Referenzdokumentationen, die Open-Source-Software aktuell zu bieten hat. Da die Dokumentation teilweise automatisiert und direkt aus dem Quellcode erstellt wird und sie bei neuen Features zeitnah angepasst wird, gibt es gibt nicht viel, was Sie nicht in ihr finden werden.

Sie ist jedoch vor allem eine Dokumentation zum aktuellen Stand des Produkts, seiner Funktionen und seiner Möglichkeiten, also eine Dokumentation dessen, was Proxmox VE ist und was es kann.

Dieses Buch soll und kann die offizielle Referenzdokumentation zu Proxmox VE nicht ersetzen, sondern soll sie vielmehr um praktische Beispiele, Anwendungsmöglichkeiten und Best-Practice-Ansätze ergänzen. Mein Ziel mit diesem Buch ist es, Ihnen das Wissen für einen stabilen, dauerhaften Betrieb von Proxmox VE an die Hand zu geben.

Debian Linux

Proxmox VE basiert auf Debian Linux, und daher wird es sicherlich nicht schaden, wenn Sie bereits ein paar erste Erfahrungen mit Linux gemacht haben. Sie müssen aber kein Experte sein – und selbst, wenn Sie noch keine Linux-Erfahrung mitbringen, lassen sich Wissenslücken dank der großartigen und zahlreich vorhandenen Dokumentationen zu Debian und Linux schließen. Lesen Sie sich die benötigten Informationen an oder fragen Sie Kollegen und Kolleginnen, die sich bereits auskennen.

Den Open-Source-Gedanken tragen viele in der Linux-Community im Herzen und helfen daher gerne. Seien Sie freundlich und bescheiden, dann wird Ihnen die Community gerne beistehen.

Netzwerkgrundlagen

Sie sollten die Grundlagen eines IP-Netzwerks kennen. Bei Proxmox VE handelt es sich um eine Plattform zur Servervirtualisierung: Daher gibt es nahezu immer (auch bei Single-Server-Umgebungen!) Tätigkeiten und Konfigurationen, die etwas mit dem Netzwerk zu tun haben.

Netzwerke müssen nicht Ihr tägliches Brot sein, aber es hilft sicherlich, mit IP-Adressen, Netzwerkmasken und Gateways vertraut zu sein und vielleicht auch schon einmal mit VLANs gearbeitet zu haben.

1.8.2 Was Sie lernen werden

Möglicherweise haben Sie bereits Erfahrungen mit Proxmox VE oder der Installation, Konfiguration, Administration und dem Betrieb von anderen Hypervisoren sammeln können.

In diesem Buch lernen Sie zusätzlich die Konzepte hinter Proxmox VE kennen und erfahren, wie Sie sie in Enterprise-Umgebungen einsetzen. Sie finden hier Best-Practice-Ansätze zur Installation, Konfiguration, Administration und zum Betrieb von Proxmox-VE-Umgebungen, egal ob es sich um einzelne Server oder große Multi-Cluster-Umgebungen handelt. Auch lernen Sie die Verwendung vorhandener Storage-Systeme und erhalten einen Einstieg in Ceph-Storage, damit Sie auch eine hyperkonvergente Infrastruktur aufbauen können. Die richtige Integration in Ihre vorhandene Netzwerk- und IT-Infrastruktur wird ebenso ein Thema werden wie auch die optimale Nutzung aller Ressourcen.

Ich hoffe also, dass dieses Buch Sie in die Lage versetzt, eine optimale Virtualisierungsumgebung auf Proxmox VE zu planen, aufzusetzen, zu managen und zu betreiben.

Kapitel 2

Grundlagen der Virtualisierung

Virtualisierung ist kein besonders neues Konzept. Ihree Anfänge reichen bis in die Mainframe-Zeit der 1960er-Jahre zurück, mit dem Ziel, mehrere Betriebssysteme und Anwendungen auf dem gleichen, sehr teuren Computersystem parallel und damit kostengünstiger einsetzen zu können.

Die grundlegenden Prinzipien der Virtualisierung – Isolierung, Abstraktion und die Möglichkeit, mehrere Betriebssysteme auf einer einzigen Hardwareplattform zu betreiben – wurden in diesen frühen Jahren etabliert. Die Technologie basierte auf einem Hypervisor, also einer Schicht zwischen der Hardware und den Betriebssystemen, die den Zugriff auf die physische Hardware kontrollierte und die Ressourcen effektiv verteilte.

Mit der zunehmenden Verbreitung kostengünstiger und leistungsstarker Personal Computer (PCs) in den 1980er- und 1990er-Jahren verlor die Virtualisierung an Bedeutung. Die meisten Anwendungen liefen direkt auf dedizierten Servern, da die Hardware relativ erschwinglich wurde und die Nachfrage nach Mainframes zurückging.

Erst in den frühen 2000er-Jahren erlebte die Virtualisierung einen Wiederaufstieg, angetrieben durch neue Anforderungen an die IT. Unternehmen suchten nach Wegen, ihre Infrastruktur effizienter zu gestalten und die stark wachsenden Kosten für Rechenzentren zu senken. Gleichzeitig ermöglichte der technologische Fortschritt leistungsfähigere CPUs und darauf aufsetzende Hypervisoren für x86-Architekturen, wie *VMware*, *Xen* und später *KVM*, was die Virtualisierung für kleinere und mittlere Unternehmen zugänglich machte. Während in früheren Virtualisierungsplattformen der Quellcode des Betriebssystems und der Anwendung an den jeweiligen Hypervisor angepasst werden musste, war dies bei einer *Vollvirtualisierung* wie *VMware*, *Xen* und *KVM* nicht mehr notwendig. Daher ist heute auch der Einsatz von unmodifizierten Betriebssystemen wie Windows oder BSD problemlos möglich.

Mit der Verbreitung der Cloud-Computing-Technologie wurde die Virtualisierung zu einem unverzichtbaren Bestandteil moderner IT-Infrastrukturen. Plattformen wie *VMware vSphere*, *Microsoft Hyper-V* und Open-Source-Lösungen wie *Proxmox VE* oder Standalone-*KVM* ermöglichen heute die flexible und effiziente Nutzung von Servern, die Bereitstellung von unterschiedlichsten Betriebssystemen und Anwendungen sowie eine damit einhergehende Skalierung von Infrastrukturen.

2.1 Vorteile durch den Einsatz von Virtualisierung

Die Vorteile von Virtualisierung sind schnell aufgezählt:

- bessere Ressourcennutzung bei CPU, RAM und Disk-Speicher
- Kosteneffizienz durch weniger Server, Strom und Kühlung
- einfachere Migration, da physische Hardware abstrahiert wird
- einfacheres Backup und einfachere Wiederherstellung
- geringere Ausfallzeiten durch Hochverfügbarkeit
- geringere Kosten durch Hyperkonvergenz
- leichterer Austausch durch neue Server

Virtualisierungslösungen wie Proxmox VE ermöglichen eine zentrale Verwaltung, vereinfachte Backup- und Wiederherstellungsprozesse sowie die Implementierung hochverfügbarer Cluster, um die Verfügbarkeit kritischer Anwendungen sicherzustellen. Man könnte auch sagen: Es wird einfacher und weniger aufwendig, große IT-Infrastrukturen mit vielen unterschiedlichen Servern und Diensten zu betreiben.

Virtualisierung ist ein grundlegender Baustein moderner IT-Infrastrukturen und bietet eine Vielzahl an Vorteilen, die über die reine Konsolidierung physischer Server hinausgehen. Sie ermöglicht es, mehrere virtuelle Maschinen (VMs) oder Container auf einer einzigen physischen Hardware auszuführen, wodurch die Effizienz und Auslastung der Server deutlich gesteigert werden können. Dies wird durch Virtualisierungsplattformen wie Proxmox VE erreicht, die sowohl eine Vollvirtualisierung (KVM) als auch eine containerbasierte Virtualisierung (LXC) nutzen. Dies reduziert den Bedarf an physischer Hardware erheblich, was nicht nur die Anschaffungs- und Betriebskosten senkt, sondern auch den Platzbedarf in Rechenzentren minimiert und den Energieverbrauch reduziert.

Ein weiterer wesentlicher Vorteil der Virtualisierung besteht in der einfachen Migration von virtuellen Servern im Vergleich zu physischen Servern. Virtuelle Maschinen können nahtlos von einem Host auf einen anderen verschoben werden, sei es für Wartungsarbeiten, Hardware-Upgrades oder zur Lastverteilung. Diese Migration erfolgt oft in Echtzeit und ohne nennenswerte Ausfallzeiten, was eine hohe Verfügbarkeit von Diensten sicherstellt und Unternehmen die Flexibilität bietet, ihre Infrastruktur dynamisch an aktuelle Anforderungen anzupassen oder regelmäßige Sicherheitsupdates während der normalen Geschäftszeiten durchzuführen. Denn auch Administratoren haben ein Privatleben und sind dankbar, wenn sie nicht abends oder nachts Updates installieren müssen, damit niemand gestört wird.

Länger verwendete Server neigen eventuell aber auch zu einer höheren Ausfallwahrscheinlichkeit. Ein weiterer Vorteil der Virtualisierung ist die Reduzierung von Ausfallzeiten im Falle eines Serverdefekts.

Mit hochverfügbaren Cluster-Lösungen, wie sie beispielsweise in Proxmox VE integriert sind, können Sie VMs automatisch auf alternative Hosts innerhalb des Clusters migrieren, wenn ein physischer Server ausfällt. Dort werden die VMs dann erneut gestartet und sind nach wenigen Sekunden oder Minuten wieder online und bieten ihre Services an. Diese automatische Wiederherstellung minimiert die Ausfallzeiten erheblich und erhöht die Resilienz der gesamten Infrastruktur.

Virtualisierung ist heutzutage ein fester Bestandteil (fast) aller IT-Infrastrukturen. Durch sie werden Umgebungen effizienter, kostengünstiger und ausfallsicherer. Somit profitieren Sie von einer besseren Planbarkeit, von geringeren Betriebskosten und einer zukunftssicheren Infrastruktur.

2.2 Was Sie auf einem einzelnen Proxmox-VE-Server tun können

Ein einzelner Proxmox-VE-Server erlaubt Ihnen bereits den Einsatz einer Vollvirtualisierung mit KVM sowie die Verwendung von Containern mit LXC. Sie können auf ihm also fast jedes beliebige Betriebssystem virtuell betreiben und für den Einsatz von Linux-Containern auch eine schlanke Containertechnologie verwenden.

Auf einem einzelnen Proxmox-VE-Host können Sie bereits Folgendes tun:

- virtuelle Maschinen und Container installieren und betreiben
- in den Server integrierte Disks nutzen oder externe Storage-Systeme wie beispielsweise NFS- oder iSCSI-Storages anbinden
- Ihre VMs und Container mit der integrierten Backup- und Wiederherstellungsfunktion absichern oder einen *Proxmox-Backup-Server* verwenden oder die Lösung eines Drittanbieters wie *Veeam*, *SEP sesam* nutzen
- die Server mittels Bonds und VLANs in bereits vorhandene Netzwerkinfrastrukturen integrieren
- virtuelle Netzwerksegmente für unterschiedliche VMs/Container oder Zonen nutzen
- die Durchsetzung von Sicherheitsrichtlinien mit der integrierten Firewall inklusive der Möglichkeit von Mikrosegmentierung garantieren
- wiederkehrende Aufgaben mittels der integrierten API oder eines simplen Scripts automatisieren
- in Abhängigkeit vom verwendeten Storage auch Snapshots von VMs und Containern erzeugen und jederzeit zu einem alten Stand zurückkehren

Diese Liste bietet nur einen ersten Überblick, was Sie bereits mit einem einzelnen Proxmox-VE-Host tun können.

2.3 Was Sie auf mehreren Proxmox-VE-Servern tun können

Neben der Möglichkeit, mehrere voneinander unabhängige Proxmox-VE-Hosts einzusetzen, lassen sich mehrere Server auch in einem oder gar mehreren voneinander unabhängigen Clustern betreiben.

Auf mehreren Proxmox-VE-Hosts können Sie zusätzlich Folgendes tun:

- einen oder mehrere Cluster erzeugen, die jeweils mehrere Proxmox-VE-Hosts umfassen
- mehrere Server und deren VMs/Container über eine gemeinsame Oberfläche verwalten
- Hochverfügbarkeit umsetzen, um nach einem Ausfall die betroffenen VMs und Container innerhalb einer kurzen Zeit wieder verfügbar zu machen
- clusterweite Konfigurationen durchführen
- Updates ohne Downtime von VMs und Containern installieren
- Wartungsarbeiten an physischen Servern durchführen, ohne dass VMs oder Container davon betroffen sind
- virtuelle Netzwerke über mehrere Server zentral konfigurieren und verwenden

Selbstverständlich ist es auch möglich, mehrere Proxmox-VE-Server voneinander isoliert zu betreiben und diese explizit nicht in einen gemeinsamen Cluster zu stecken. Denn obwohl ein Cluster beim Einsatz mehrerer Server meist sinnvoll ist, gibt es Szenarien, in denen es gerechtfertigt ist, mehrere voneinander isolierte Server zu betreiben.

Kapitel 3
Architektur und Hardware

Damit Sie sinnvolle Server-Infrastrukturen planen können, müssen Sie sich mit den Grundlagen der Architektur befassen, denn ohne ein gutes Fundament endet jedes Projekt im Chaos. Dazu gehört auch, sich einige Gedanken zur Hardware zu machen.

3.1 Architektur

Bei der Architektur geht es um die unterschiedlichen Bestandteile der Proxmox-Installation. In den folgenden Abschnitten schauen wir uns an, aus welchen Teilen die Infrastruktur besteht.

3.1.1 Die Basis: Debian Linux mit einem Custom-Kernel von Proxmox

Proxmox VE nutzt ebenso wie alle anderen Proxmox-Produkte ein vollständiges Debian Linux als Basis. Ich sehe darin einen enormen Vorteil, denn die Distribution Debian ist beliebt, community-getrieben und frei. Von Debian behauptet man, es sei so stabil, weil die Softwarepakete in dieser Distribution etwas älter sind, dafür aber weniger Bugs beinhalten: Statt neuster Features wird auf Bewährtes gesetzt.

Nun wird ein Hypervisor häufig auf neueste Serverhardware installiert, die eventuell von einem älteren Linux-Kernel noch nicht unterstützt wird. Proxmox VE verwendet daher nicht den Kernel von Debian, sondern liefert einen eigenen Custom-Kernel aus, der auf einem gut gepflegten Ubuntu-Kernel aufsetzt. Sie erhalten also das Beste aus zwei Welten, und es ergeben sich gleich mehrere Vorteile für den Betrieb eines Hypervisors:

- Neuere Kernel besitzen eine gute Unterstützung für neue Hardware und neue Komponenten.
- Sie haben weniger Bugs und oft eine bessere Performance, da Subsysteme des Kernels stetig optimiert werden.
- Die beiden in Proxmox VE verwendeten Virtualisierungstechnologien KVM und LXC sind im Linux-Kernel bereits enthalten und profitieren so ebenfalls von neuen Features und Bugfixes.
- Während des Lebenszyklus einer Proxmox-Major-Version bleibt Proxmox im Gegensatz zu Debian nicht bei der ursprünglichen Major-Kernel-Version stehen, sondern liefert häufig neue Major-Kernel-Releases.

Proxmox orientiert sich bei der Versionierung seiner Produkte am Releasezyklus von Debian. Wenn also eine neue Hauptversion von Debian erscheint, wird im gleichen Zeitraum auch eine neue Major-Version der Proxmox-Produkte veröffentlicht. So basiert also ein Proxmox VE 7 immer auf einem Debian 11, ein Proxmox VE 8 immer auf einem Debian 12 und ein Proxmox VE 9 immer auf einer Version 13 der Debian-Distribution.

Nur Debian

Der Vollständigkeit halber möchte ich noch erwähnen, dass Proxmox VE immer und ausschließlich auf einem Debian Linux aufsetzt und nie auf einer anderen Distribution. Das gilt auch für Linux-Distributionen, die von Debian abgeleitet wurden, wie beispielsweise Ubuntu oder Devuan Linux. Die Komponenten von Proxmox VE sind mit dem Debian Linux darunter verzahnt und setzen daher immer auf einem Debian Linux auf.

3.1.2 Proxmox-VE-Services

Debian Linux fügt Proxmox weitere Services hinzu, damit daraus ein vollwertiger Hypervisor entsteht. Im Folgenden betrachten wir, welche Services Proxmox hinzufügt oder aus Debian integriert. Natürlich schauen wir uns auch an, welche Funktionen diese Services bereitstellen.

pve-cluster

Die Aufgaben des Service `pve-cluster` bestehen hauptsächlich im Bereitstellen des Proxmox-Cluster-Filesystems unter */etc/pve*, das nahezu sämtliche Konfiguration für die Proxmox-Services beinhaltet. Daher wird dieser Service auch vor den anderen Services gestartet, denn ohne diese Daten haben auch die restlichen Proxmox-Daemons keine Konfiguration und können daher nicht gestartet werden.

Zusätzlich übernimmt dieser Service Locking-Funktionen, sodass eine Maschine nicht zwei konkurrierende Aufgaben gleichzeitig auf einer Ressource ausführen kann.

Wenn Sie diesen Service stoppen, ist das Verzeichnis */etc/pve* leer. Aktive virtuelle Maschinen und Container laufen weiter, sind in dieser Zeit jedoch nicht mehr verwaltbar, und es können keine administrativen Aufgaben oder Änderungen daran vorgenommen werden.

pvedaemon

Der `pvedaemon` ist der zentrale REST-API-Server auf jedem Server. Er dient als Endpunkt für alle Anfragen, die schreibenden Zugriff auf das System benötigen, und läuft deshalb unter dem Benutzer `root` auf jedem Server.

Da dieser Daemon als `root` läuft und volle Zugriffsrechte auf dem Linux-System besitzt, ist er nicht direkt von außen erreichbar, sondern nur an `tcp:localhost:85` gebunden, also an den TCP-Port 85 auf dem Loopback-Interface.

Neben dem schreibenden Zugriff wird der `pveproxy` auch für Authentifizierungsvorgänge benötigt. Passwörter für lokal angelegte Benutzer des Proxmox-Authentication-Servers sind im Proxmox-VE-Cluster-Filesystem unter dem Pfad */etc/pve/priv* gespeichert, auf den nur `root` Zugriff hat. Daraus ergibt sich, dass nur der `pvedaemon` diese Authentifizierungsanfragen beantworten kann.

Damit Zugriffe von außen auf die API möglich sind, benötigen Sie deshalb eine weitere Komponente, nämlich den `pveproxy`. Auch der `pveproxy` beantwortet bereits API-Requests, wenn diese ausschließlich lesend sind.

pveproxy

Der `pveproxy` stellt das Web-Interface sowie den Zugang zur Proxmox-VE-API auf dem TCP-Port 8006 zur Verfügung. Dies ist der Dienst, mit dem sich Ihr Webbrowser bei der Nutzung der Web-GUI verbindet. Es handelt sich dabei also um einen Webserver, Reverse-Proxy und REST-API-Proxy, je nachdem welche Anfrage wir dorthin senden. Er bindet sich auf alle im Host verfügbaren IP-Adressen (`0.0.0.0`).

Er arbeitet in drei möglichen Varianten:

- als API-Proxy für den `pvedaemon` aus dem letzten Abschnitt
- als Reverse-Proxy, wenn die Anfrage eines Clients zu einem anderen Node weitergeleitet werden muss
- als Webserver, wenn der Client die Docroot-URL / anfragt und damit das Webinterface geladen werden soll

Um den Zugriff von extern auf `pveproxy` und damit auf das Web-Interface und die API zu erlauben, gibt es mehrere Wege. Sie können

- *Host-based Access Control* einrichten, damit `pveproxy` nur von bestimmten IP-Adressen erreichbar ist,
- eine *Listening-Address* festlegen, damit `pveproxy` nur auf bestimmten IP-Adressen erreichbar ist,
- die in Proxmox VE integrierte Firewall nutzen, um noch genauere ACLs zu verwenden, oder
- mithilfe von VLAN-Interfaces die Proxmox-Administration in ein Admin-VLAN verlegen.

In einem Cluster-Setup aus mehreren Servern kommunizieren die Server untereinander über den `pveproxy`. Daher ist es nicht empfehlenswert, die Option `LISTEN_IP` bei Cluster-Setups zu verwenden.

Für die Host-based Access Control und die Listening-Address lässt sich die Konfiguration in der Konfigurationsdatei */etc/default/pveproxy* hinterlegen. Diese Datei ist nach der Installation noch nicht vorhanden und muss bei Änderungen der Konfiguration neu angelegt werden. Alle Einstellungen in ihr gelten nicht nur für den `pveproxy`, sondern auch für den `spiceproxy`.

Zugriff auf pveproxy einschränken

Im Folgenden möchte ich Ihnen einige Beispiele zeigen, um das Web-Interface und die API abzusichern und nur noch über bestimmte Wege verfügbar zu machen.

In einem ersten Beispiel nutzen wir die Host-based Access Control, um den Proxmox-VE-Server nur noch von bestimmten IP-Adressen aus erreichbar zu machen:

```
ALLOW_FROM="10.0.0.1-10.0.0.5,192.168.0.0/22"
DENY_FROM="all"
POLICY="allow"
```

IP-Adressen können so angegeben werden, wie diese von `Net::IP` verarbeitet werden können. Die Aliasse `0/0` für alle IPv4- und `::/0` für alle IPv6-Adressen können verwendet werden. Die Default-Policy ist `allow`.

Match	POLICY=deny	POLICY=allow
Match Allow only	allow	allow
Match Deny only	deny	deny
No match	deny	allow
Match Both Allow & Deny	deny	allow

In einem zweiten Beispiel legen Sie die Listening-Address fest, mit der Sie den pveproxy an bestimmte IP-Adressen binden:

```
LISTEN_IP="192.0.2.1" # IPv4-Adresse
LISTEN_IP="2001:db8:85a3::1" # IPv6-Adresse
LISTEN_IP="fe80::c463:8cff:feb9:6a4e%vmbr0" # IPv6-Link-Local-
Adresse
```

Bei einer IPv6-Link-Local-Adresse muss das Interface jeweils mit angegeben werden. Dies ist keine Besonderheit von Proxmox, sondern gilt unter Linux grundsätzlich.

In der Datei */etc/default/pveproxy* können Sie zusätzlich auch noch die SSL-Ciphers, die erlaubten TLS-Versionen, die Diffie-Hellmann-Parameter und alternative HTTPS-

Zertifikate sowie weitere Einstellungen konfigurieren, wenn Sie diese detaillierten Optionen brauchen. Der Befehl **`man pveproxy`** (oder *https://pve.proxmox.com/pve-docs/pve-admin-guide.html#_pveproxy_proxmox_ve_api_proxy_daemon*) liefern Ihnen eine Referenz.

Wenn Änderungen vorgenommen wurden, dann muss zum Aktivieren dieser Änderungen der Dienst `pveproxy.service` neu gestartet werden. Dies kann durch den Befehl `systemctl restart pveproxy.service` oder über die Web-GUI unter **Server • System • Restart** durchgeführt werden.

spiceproxy

SPICE ist eine Open-Source-Software für den Remote-Zugriff auf entfernte Maschinen. Sie erlaubt das Teilen von lokalen Ressourcen wie USB-Devices, Peripheriegeräten wie Druckern oder lokalen Laufwerken und Verzeichnissen zur gemeinsamen Nutzung.

Die Homepage des SPICE-Projekts finden Sie unter *https://spice-space.org*.

Proxmox VE erlaubt Ihnen neben der *NoVNC*- und der *xterm.js*-Konsole auch die Nutzung von *SPICE*-Konsolen für VMs und Container.

Der Dienst `spiceproxy` dient dazu, Verbindungen für SPICE-Konsolen verschlüsselt durch einen einzigen TCP-Port des Hypervisors zu tunneln. Er stellt seine Services unter dem TCP-Port 3128 über alle IP-Adressen des Proxmox-VE-Hypervisors zur Verfügung.

Im Proxmox-VE-Stack läuft `spiceproxy` als eigenständige systemd-Unit, nutzt aber dieselbe Code-Basis wie `pveproxy` und versteht daher auch sämtliche Access-Control-Mechanismen des `pveproxy`. Ebenso läuft der Dienst `spiceproxy` als Benutzer `www-data` und hat deshalb aus Sicherheitsgründen stark eingeschränkte Rechte.

Eine SPICE-Verbindung von einem externen SPICE-Client auf den Port 3128 des Nodes wird als Proxy-Request `CONNECT` an die SPICE-Konsole der jeweiligen VM weitergereicht. Damit nutzen Sie eine Verbindung zur Konsole, ohne eine direkte Netzwerkverbindung mit dem Client selbst zu benötigen (anders als bei RDP beispielsweise). Umgekehrt bedeutet es, dass Sie über die SPICE-Konsole sogar VMs erreichen und administrieren können, wenn diese gar nicht mit dem Netzwerk verbunden sind oder keine Verbindungen von außen zulassen.

pvestatd

Der Daemon `pvestatd` kümmert sich darum, ständig den Status aller Resourcen wie VMs, Container, Nodes und Storages zu prüfen. Konkret fragt er also ab, ob VMs gestartet sind, wie viel Speicher sie gerade verwenden und welche CPU-Leistung sie konsumieren. Bei Storages fragt `pvestatd` regelmäßig die Größe des Storages, den Füllstand und die Erreichbarkeit ab.

Wenn Sie das dynamische Speichermanagement von Proxmox VE nutzen, ist es auch die Aufgabe des `pvestatd`, einer VM Speicher zu entziehen oder mehr Speicher zuzuteilen.

Mehr zum Memory-Ballooning finden Sie in Abschnitt 11.6.3.

pvescheduler und cron

Der Dienst `pvescheduler` ist der von Proxmox selbst entwickelte Zeitplandienst, der für die zeitlich geplante Ausführung von verschiedenen Aufgaben zum Einsatz kommt. Bis Version 7.0 von Proxmox VE kam `cron` zum Einsatz, ein nahezu überall eingesetztes Werkzeug, das dann aber in Version 7.1 vom `pvescheduler` beerbt wurde.

Der `pvescheduler` verwendet *Calendar Events* von `systemd.time` (*https://www.freedesktop.org/software/systemd/man/latest/systemd.time.html#Calendar%20Events*), um die einmalige oder wiederkehrende Zeit zur Ausführung eines Jobs zu bestimmen.

Die Zeitangaben von `systemd.time` sind gut leserlich, weil sie aus natürlicher Sprache abgeleitet wurden. Als Grundlage können echte Kalenderdaten dienen. Wenn Sie eine höhere Präzision brauchen, können Sie auch komplexe Abhängigkeiten formulieren und eine bedingte Ausführung einrichten.

Schauen wir uns in Tabelle 3.1 ein paar Beispiele an:

Ausführungszeitpunkt(e)	systemd.time
Alle 30 Minuten	`*/30`
Alle 2 Stunden	`*/2:00`
Täglich um 21 Uhr	`21:00`
Täglich um 2:30 und 22:30	`2,22:30`
Montag bis Freitag 0 Uhr	`mon..fri 00:00`
Montag bis Freitag stündlich	`mon..fri */1:00`
Montag bis Freitag zwischen 7 und 18:45 Uhr alle 15 Minuten	`mon..fri 7..18:00/15`
Sonntags um 1 Uhr	`sun 01:00`
Am ersten Tag des Monats um 0 Uhr	`monthly`
Am ersten Samstag eines jeden Monats um 15 Uhr	`sat *-1..7 15:00`
Am ersten Tag eines Jahres um 0 Uhr	`yearly`

Tabelle 3.1: Beispiele für Zeitangaben mit »systemd.time«

Mithilfe des CLI-Befehls `pvescheduler` können Sie den Dienst steuern:

```
USAGE: pvescheduler  <COMMAND> [ARGS] [OPTIONS]

       pvescheduler help [<extra-args>] [OPTIONS]
       pvescheduler restart
       pvescheduler start [OPTIONS]
       pvescheduler status
       pvescheduler stop
```

pve-firewall

Der systemd-Service `pve-firewall.service` dient dazu, eine Konfiguration der Firewall auf einem Node oder auf einer VM oder einem Container anzuwenden. Ein zugehöriger, gleichnamiger CLI-Befehl erlaubt das Steuern des Firewall-Daemons:

```
USAGE: pve-firewall  <COMMAND> [ARGS] [OPTIONS]

       pve-firewall help [<extra-args>] [OPTIONS]

       pve-firewall compile
       pve-firewall localnet
       pve-firewall restart
       pve-firewall simulate [OPTIONS]
       pve-firewall start [OPTIONS]
       pve-firewall status
       pve-firewall stop
```

pvefw-logger – die zentrale Log-Instanz der pve-firewall

Da Proxmox VE den im Kernel vorhandenen Paketfilter `nftables` nutzt, müssen eventuelle Log-Meldungen in den Userspace gelangen, um diese zu protokollieren. Der `pvefw-logger` übernimmt an dieser Stelle das Bindeglied als *NFLOG*-Daemon und empfängt sämtliche Firewall-Logs, sofern das Logging der Firewall aktiviert wurde.

`nftables`-Regeln, die das Flag `nflog` besitzen, schicken Pakete über NFLOG-Gruppen (standardmäßig `group 0`) in den Userspace. Der Daemon horcht auf den konfigurierten Gruppen, versieht jede Meldung mit zusätzlichen Metadaten wie Node, VMID, Regel-Handle und gibt sie an den Syslog-Dienst `systemd-journald` weiter.

Unter **Datacenter** • **<Node>** • **Firewall** • **Log** oder **<vmid>** • **Firewall** • **Log** lassen sich die protokollierten Pakete dann live analysieren oder zeitlich filtern, um Vorgänge in der Vergangenheit zu sehen.

pve-daily-update

Obwohl der Service `pve-daily-update` nicht im Services-Dashboard von Proxmox VE auftaucht, spielt er eine wichtige Rolle für täglich notwendige Jobs.

Dieser Service löst einen Start des Programms `/usr/bin/pveupdate` aus, das dann wiederum verschiedene Aufgaben nacheinander durchführt:

- Update der Subscription-Info (`pvesubscription update`)
- Update der verfügbaren LXC-Container-Templates (`pveam update`)
- Update der APT-Repositories (`apt-get update`)
- Update der ACME-Zertifikate, falls das Ablaufdatum innerhalb der nächsten 30 Tage liegt
- Aufräumen abgelaufener Task-Logs unter `/var/log/pve/tasks`

Der Dienst `pve-daily-update.timer` startet den Service jede Nacht zwischen um 1:00 und 6:00 Uhr zu einem zufälligen Zeitpunkt, damit in Cluster-Umgebungen aus mehreren Servern die Jobs zeitlich verteilt werden und nicht alle gleichzeitig an der Reihe sind.

Corosync

Der Corosync-Service stellt grundlegende Funktionen bereit, die Proxmox bei der Verwendung eines Clusters nutzt. *Corosync* ist ein Open-Source-Cluster-Manager, der hauptsächlich zur Kommunikation und zum Konsens zwischen den einzelnen Nodes eines Clusters verwendet wird und wesentliche Funktionen für die Hochverfügbarkeit (*High Availability*) und das Cluster-Management bereitstellt. Einige wichtige Funktionen von Corosync sind:

- **Cluster-Kommunikation**

  Corosync ermöglicht eine zuverlässige und effiziente Kommunikation zwischen den Knoten eines Clusters. Seit Corosync-Version 3.0 verwendet es `kronosnet` oder `knet` als Transportprotokoll.

- **Quorum-Management**

  Corosync bildet ein Quorum über alle verfügbaren Cluster-Nodes, das sicherstellt, dass genügend Nodes aktiv und in der Lage sind, Entscheidungen zu treffen. Dies ist wichtig, um ein sogenanntes *Split Brain* zu vermeiden, bei dem zwei Teile (*Partitionen*) des gleichen Clusters unabhängig voneinander arbeiten und inkonsistente Daten verursachen können.

- **Ressourcenverwaltung**

  In Kombination mit anderer Software wie dem Proxmox-Cluster-Stack bietet Corosync eine umfassende Verwaltung von Ressourcen und Diensten innerhalb des Clusters. Der Proxmox-Cluster-Stack übernimmt dabei die Funktion des *Cluster Ressource Managers* (*CRM*), der in Verbindung mit Corosync arbeitet, um die Ressourcenzuweisung und -überwachung zu steuern.

- **Benachrichtigung und Event-Dienst**
  Corosync bietet Mechanismen zur Benachrichtigung über und zur Behandlung von Ereignissen im Cluster. Dies ermöglicht eine schnelle Reaktion auf Veränderungen im System, wie das Starten oder Migrieren von VMs oder Containern.

Corosync wird nicht nur bei Proxmox in hochverfügbaren Clustern (*High-Availability*, kurz *HA*) eingesetzt, um sicherzustellen, dass Anwendungen und Dienste auch bei Ausfällen einzelner Knoten weiterhin verfügbar bleiben oder nach kurzer Zeit wieder verfügbar gemacht werden. In der Cluster-Welt ist Corosync für diese Aufgaben der Quasi-Standard.

pve-ha-crm und pve-ha-lrm

Die beiden Services `pve-ha-crm` sowie `pve-ha-lrm` kommen erst dann zum Einsatz, wenn Sie einen Cluster zu einem HA-Cluster heraufstufen, ihn also zu einem Cluster machen, der selbstständig Entscheidungen trifft und Handlungen vornimmt, um die Verfügbarkeit von VMs und Containern nach Ausfällen wiederherzustellen.

Die beiden Services haben eine klare Aufgabenverteilung:

- **`pve-ha-crm`:** Der *Cluster Resource Manager* (CRM) ist die zentrale Instanz, die nur auf einem Server im gesamten Cluster aktiv ist und den Status aller als hochverfügbar markierten VMs und Container im gesamten Cluster kennt. Er ist bereits auf allen Servern installiert.

  Für den Fall, dass ausgerechnet der Server mit dem aktiven `pve-ha-crm` ausfällt, wird auf einem anderen Server des Clusters der `pve-ha-crm` aktiviert, sodass nach kurzer Zeit der Cluster wieder funktionsfähig ist.
- **`pve-ha-lrm`:** Der *Local Ressource Manager (LRM)* ist dagegen auf jedem Server im Cluster aktiv und verwaltet die lokalen VMs und Container, die als HA deklariert sind.

In Abbildung 3.1 können Sie den Zusammenhang und die Aufgabenverteilung der beiden Komponenten besser erkennen.

Nehmen wir an, Sie haben ein paar Dutzend VMs und Container. Sie können nun entscheiden, welche dieser VMs und Container hochverfügbar gehalten werden sollen, indem Sie die jeweilige VM oder den Container als hochverfügbar markieren. Es können also in einem HA-Cluster auch nicht verwaltete, nicht hochverfügbar gehaltene VMs und Container existieren. Wie das gemacht wird, schauen wir uns später in Kapitel 19, »Hochverfügbarkeit mit Proxmox-VE-Clustern«, an.

Der LRM verwaltet alle VMs und Container auf seinem Server, die als HA gekennzeichnet sind. Alle nicht gekennzeichneten Ressourcen lässt er links liegen und kümmert sich nicht um diese. Den Status der Ressourcen meldet der LRM regelmäßig an den zentralen CRM, der dann den Zustand aller HA-Ressourcen im gesamten Cluster kennt.

Wenn Sie nun entscheiden, eine HA-Ressource herunterzufahren oder auf einen anderen Server zu migrieren, dann setzen Sie eine Anfrage an den CRM ab. Der CRM leitet ihre

Anfrage an den LRM weiter, auf dessen Server die entsprechende HA-Ressource sich jetzt befindet, und der LRM kümmert sich um die Durchführung des gewünschten Befehls. Das Ergebnis dieses Befehls meldet der LRM zurück an den CRM, der ihn dann im Cluster-Log vermerkt.

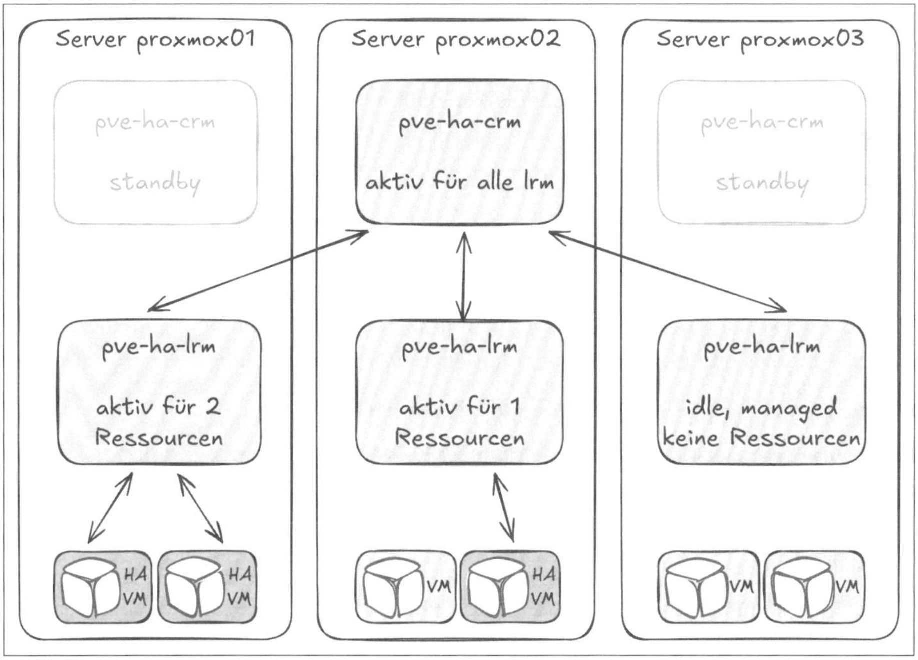

Abbildung 3.1: »pve-ha-crm« und »pve-ha-lrm« im HA-Cluster

3.1.3 Sonstige relevante Linux-Services

Da ein Proxmox-VE-Hypervisor ein Debian-Linux-System als Basis besitzt, gibt es weitere Services, die Sie auch aus anderen Linux-Serverumgebungen bereits kennen und verwenden.

Wir sollten trotzdem kurz gemeinsam einen Blick auf diese Services werfen, denn sie spielen für den Betrieb von Proxmox VE eine Rolle und kümmern sich um diverse Aufgaben.

Zeitsynchronisation: NTP mit Chrony oder systemd-timesyncd

Sie lernen nun einen der häufigsten Gründe dafür kennen, warum Cluster auseinanderfallen. Und diese Aussage trifft nicht nur auf Proxmox-VE-Cluster zu, sondern auf so ziemlich jeden Cluster. Und damit natürlich auch auf Ihren.

Wenn Sie nur einen einzelnen Server und keinen Cluster verwenden, ist eine funktionierende Zeitsynchronisation über den Service *NTP* (*Network Time Protocol*) auch nett, aber nicht überlebensnotwendig. In einem Cluster wird NTP allerdings zu einer der kritischsten Komponenten für einen stabilen Betrieb.

Bei der Echtzeitkommunikation innerhalb eines Clusters werden Pakete zwischen den einzelnen Servern im Cluster ausgetauscht, damit jeder Server in einem Cluster den gleichen Informationsstand besitzt. Es wäre fatal, wenn zwei Server in einem Cluster einen unterschiedlichen Informationsstand haben und darauf basierend Entscheidungen treffen. VMs könnten dann doppelt gestartet werden oder VM-Images mehrfach verwendet werden, ohne dass die darauf zugreifenden VMs von ihren Gegenspielern wüssten.

Die Cluster-Kommunikation wird ja, wie ich bereits ausgeführt habe, durch Corosync erledigt. Sendet nun ein Server ein Update an die anderen Server, so erhält das Paket einen Zeitstempel. Beim Empfang wird dieser Zeitstempel geprüft und der empfangende Server stellt fest, ob die Information in Ordnung ist und verarbeitet werden kann (der Zeitstempel ist so gut wie identisch mit der eigenen Zeit) oder ob das Paket aus der Vergangenheit oder der Zukunft kommt. Weicht der Zeitstempel zu weit ab, kann das dazu führen, dass dieses Paket sogar verworfen und nicht verarbeitet wird.

Ein verarbeitetes Paket wird bestätigt, ein verworfenes Paket natürlich nicht. Wenn keine Bestätigung erfolgt, kann der Absender jedoch nicht wissen, ob sein Paket angekommen ist. Deshalb erfolgt nach kurzer Zeit ohne eine Bestätigung ein erneuter Versand der Information, ein sogenannter *Retransmit*. Diese Retransmits erscheinen im Log, und in HA-Clustern lohnt es sich, sie zu monitoren.

Wenn diese Informationen nun aufgrund zu stark abweichender Zeitstempel immer wieder verworfen werden, dann fällt einer der Server aus dem Cluster heraus und der Cluster ist beeinträchtigt.

Kurz zusammengefasst: Weichen die Uhrzeiten der Server eines Clusters voneinander ab, kann der Cluster auseinanderbrechen, und ohne weitere Maßnahmen könnte ein Split-Brain-Szenario entstehen. Daher ist es in einer Cluster-Umgebung unbedingt notwendig, dass Sie für gleiche Zeitstempel auf allen Servern sorgen.

Auf einem Proxmox-VE-Server ist der Service *NTP* (*Network Time Protocol*) bereits installiert und tut seine Pflicht. Er synchronisiert in regelmäßigen Abständen seine eigene Uhrzeit mit der Uhrzeit von frei verfügbaren NTP-Servern im Internet. Seit Version 7 kümmert sich auf Proxmox-VE-Servern *Chrony* (*https://chrony-project.org*) darum.

Chrony und systemd-timesynced

Bis Proxmox VE 6.4 kam `systemd-timesyncd` zum Einsatz. Wenn Sie also die Installation von Proxmox VE vor 7.0 durchgeführt und seither Upgrades gemacht haben, könnte bei Ihnen auch noch ein `systemd-timesyncd` laufen und *Chrony* deaktiviert sein.

Sofern Ihre Hypervisoren also Zugang zum Internet haben, funktioniert die Zeitsynchronisation von Beginn an automatisch.

Viele Hypervisoren stehen jedoch in einer eigenen, vom Internet getrennten Zone, um eine höhere Sicherheit zu gewährleisten (was oft auch als *Air-Gapped* bezeichnet wird). Wenn dies bei Ihnen zutrifft, kann der NTP-Service folglich die eigene Uhrzeit nicht synchronisieren und die Zeitstempel aller Server im Cluster entfernen sich im Laufe der Zeit voneinander.

In einem solchen Fall haben Sie mehrere Möglichkeiten:

- **Öffnen Sie benötigte Zugänge:** Sie können explizit in Ihrer Firewall den Zugriff der Hypervisoren auf NTP-Server im Internet erlauben.
- **Verwenden Sie einen internen NTP-Server:** Sie betreiben einen NTP-Server innerhalb Ihres Netzwerks, den die Proxmox-VE-Server über das Netzwerk erreichen können.
- **Machen Sie einen Hypervisor zum NTP-Server:** Wenn Sie keinen NTP-Server von Ihren Hypervisoren aus erreichen können, dann machen Sie einfach einen der Hypervisoren zum NTP-Server und hinterlegen diesen auf den anderen Hypervisoren. Die Uhrzeit wird dann auf allen Proxmox-VE-Servern synchronisiert.

  Im Laufe der Zeit werden alle Server gegenüber der echten Standardzeit da draußen falsch gehen, aber alle Server werden gleich falsch gehen. Wichtig ist nur, dass alle die gleiche Uhrzeit besitzen, nicht dass diese auch noch richtig ist.
- **Verwenden Sie ein Hardware-Device als Zeitgeber:** Unabhängig vom Internet oder überhaupt einem Netzwerk können Sie auch ein Hardware-Device nutzen, das über ein DCF77-Signal die offizielle Normalzeit empfängt und diese über einen USB-Anschluss an einen Server weitergeben kann.

Egal welcher Weg Ihr bevorzugter ist: Sie müssen in einem Cluster unbedingt sicherstellen, dass NTP funktioniert. Ein Problem daran ist, dass es einem nicht sofort auffällt, wenn NTP nicht funktioniert. Im Log könnte man es feststellen, und eventuell meldet es auch Ihr Monitoring-System, wenn die Uhrzeit abweicht. Wenn beides nicht auffällt, funktioniert der Cluster zunächst über Wochen, Monate oder Jahre völlig normal, bis die Uhrzeit zu stark abweicht – und dann fällt er auseinander.

Meine Empfehlung lautet daher: Auch wenn Sie sich (eigentlich) ganz sicher sind, dass es bei Ihnen funktioniert: Testen Sie die Zeitsynchronisation, bevor Sie den Cluster in Betrieb nehmen.

NTP auf Funktion prüfen

Der Chrony-Server `chronyd` ist normalerweise bereits installiert, konfiguriert und gestartet. Mit dem Client `chronyc` kann man von der Commandline aus mit Chrony interagieren und prüfen, ob die Zeitsynchronisation erfolgreich ist.

Verwenden Sie `chronyc tracking`, `chronyc sources` oder `chronyc sourcestats`, um die ordnungsgemäße Funktion von Chrony zu prüfen:

```
# chronyc tracking
Reference ID : 4F852C8D (79.133.xx.xxx)
Stratum : 2
Ref time (UTC) : Sat Aug 31 15:40:57 2024
System time : 0.000026342 seconds fast of NTP time
Last offset : +0.000050363 seconds
RMS offset : 0.000033491 seconds
Frequency : 48.128 ppm fast
Residual freq : -0.001 ppm
Skew : 0.010 ppm
Root delay : 0.005438035 seconds
Root dispersion : 0.000367782 seconds
Update interval : 1039.5 seconds
Leap status : Normal
# chronyc sources
MS Name/IP address Stratum Poll Reach LastRx Last sample
=======================================================================
^+ s7.xxxxxxste.in 2 10 377 297 -201us[ -201us] +/- 6757us
^+ ntp2.xxxcom.net 1 10 377 828 -33us[ +18us] +/- 5579us
^* 79.133.xx.xxx 1 10 377 384 +90us[ +140us] +/- 2734us
^- xxxgvir.de 2 8 377 183 +85us[ +85us] +/- 16ms
# chronyc sourcestats
Name/IP Address NP NR Span Frequency Freq Skew Offset Std Dev
=======================================================================
s7.xxxxxxste.in 11 7 172m -0.005 0.015 -127us 32us
ntp2.xxxcom.net 16 6 258m -0.001 0.012 +13us 55us
79.133.xx.xxx 7 5 103m +0.014 0.096 +40us 81us
xxxgvir.de 15 9 30m +0.107 0.086 +166us 44us
```

Anpassen der Chrony-Konfiguration

Um Änderungen an der Chrony-Konfiguration vorzunehmen, bearbeiten Sie die Konfigurationsdatei */etc/chrony/chrony.conf*. `2.debian.pool.ntp.org` ist die Vorgabe, dies lässt sich aber je nach gewünschter Lösung auf einen anderen Pool aus mehreren Servern oder durch einen einzelnen NTP-Server anpassen:

```
pool <poolname> [OPTIONS]
# Beispiel:
pool pool.ntp.org iburst
server <hostname> [OPTIONS]
# Beispiel:
server myntp.internal.org iburst
```

Tragen Sie hier Ihren eigenen Pool oder NTP-Server ein und starten Sie Chrony über die Web-GUI oder mit `systemctl restart chrony.service` neu.

Chrony als NTP-Server konfigurieren

Wenn Sie einen der Hypervisoren zum NTP-Server machen möchten und die anderen daran anbinden möchten, benötigen Sie in der Konfigurationsdatei mindestens eine `allow`-Zeile. Damit geben Sie an, welche IP-Adressen berechtigt sind, auf den NTP-Server zuzugreifen:

```
[…]
allow 10.0.0.0/8
[…]
```

Danach starten Sie den Chrony-Service per GUI oder mit dem Befehl `systemctl restart chrony.service` neu, und Ihr Hypervisor kann das hinter `allow` angegebene Netzwerk mit Informationen zur Zeitsynchronisation versorgen.

Benachrichtigungen: Postfix, SMTP, Gotify oder Webhooks

Manchmal möchte Ihr Proxmox-VE-Server Ihnen etwas mitteilen: Ein geplantes Backup war erfolgreich oder auch nicht, vielleicht stehen Updates zur Installation bereit (nur wenn der Server eine Subscription besitzt) oder ein Event wurde in einem HA-Cluster ausgelöst.

Während bei älteren Versionen von Proxmox VE dafür ausschließlich eine Mail über den vorinstallierten MTA Postfix versendet wurde, können Sie ab Proxmox VE 8.1 auch andere Möglichkeiten verwenden. Sie haben nun also die Auswahl zwischen folgenden *Notification Targets*:

- **Lokaler Mailversand über Postfix:** Proxmox VE sendet über den lokalen Postfix eine E-Mail an die E-Mail-Adresse des Administrators (die Sie bei der Installation angegeben haben).
- **SMTP-Versand:** Diese Option ermöglicht den Versand über einen Smarthost, also den E-Mail-Server Ihres Providers inklusive Authentifizierung.
- **Gotify-Benachrichtigungen:** Diese Variante erlaubt es Ihnen, Meldungen von Proxmox VE über einen Gotify-Server an Mobilgeräte oder andere Clients zuzustellen.
- **Webhooks:** Seit Version 8.3 können Sie Meldungen über Webhooks ausliefern, beispielsweise direkt an einen Matrix-Server oder an sonstige Messengerdienste.

Zusätzlich haben Sie die Möglichkeit, über *Matchers* unterschiedliche Benachrichtigungen unter Berücksichtigung von bestimmten Bedingungen an verschiedene Ziele zu senden.

Diese Kombination aus verschiedenen Matchers und Targets ermöglicht Ihnen eine granulare Einstellung, wann welche Benachrichtigungen wohin gesendet werden sollen. Damit lassen sich Szenarien abbilden, in denen Sie unkritische Update-Benachrichtigungen per E-Mail an Ihr Ticketsystem schicken und bei kritischen Events in einem HA-Cluster eine Eskalationskette über Gotify mit sofortigem Push auf Mobilgeräte anschubsen können. Abbildung 3.2 zeigt Ihnen ein Beispiel für ein solches Regelwerk.

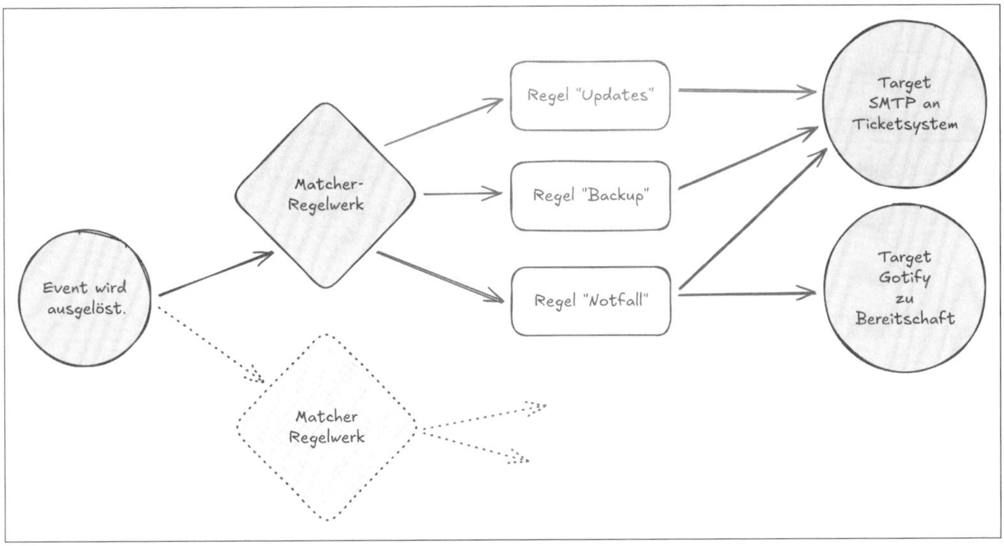

Abbildung 3.2: Matcher-Regeln und Notification Targets

Proxmox VE verwendet die bei der Installation angegebene E-Mail-Adresse als Empfänger und die Adresse `root@$hostname` als Absender für sämtliche Benachrichtigungen. Den Absender können Sie bei Bedarf einfach unter **Datacenter • Options • Email from address** ändern, den Empfänger unter **Datacenter • Permissions • Users • root • E-Mail**.

Benachrichtigung über den lokalen Postfix

Diese Methode wird verwendet, wenn Sie nichts weiter konfigurieren.

Folgende Schritte werden nach dem Auslösen einer Benachrichtigung ausgeführt:

1. Es wird eine E-Mail vom Standardabsender an den Standardempfänger generiert und dem lokalen Postfix übergeben.
2. Der lokale Postfix ermittelt anhand der Domain des Empfängers den MX-Record aus dem DNS.
3. Postfix baut eine Verbindung zu Port 25 des MX-Servers auf.
4. Die Mail wird per SMTP-Protokoll auf dem Zielserver eingeliefert.

Der lokale Postfix nimmt übrigens keine Mail von außen entgegen, er ist lediglich für den Versand von E-Mails nach außen vorgesehen.

Zustellung über SMTP

Falls Sie einen externen Mailserver bei einem Provider als Smarthost verwenden, können Sie den direkten SMTP-Versand konfigurieren, um die Zuverlässigkeit der Zustellung zu erhöhen. Damit lässt sich die Benachrichtigung direkt auf Ihrem Mailserver absetzen, der sich dann um die weitere Zustellung kümmert.

Benachrichtigung über einen Gotify-Server

Gotify (*https://gotify.net/*) ist ein einfacher Open-Source-Notification-Server, den Sie selbst auf verschiedenen Betriebssystemen betreiben und neben Proxmox VE auch für Benachrichtigungen aus anderen Systemen heraus ansprechen können.

Applikationen oder Server wie Proxmox VE können Benachrichtigungen dorthin senden, aber nicht empfangen. Clients können Benachrichtigungen abonnieren und empfangen, aber nicht versenden. Diese Trennung macht den Betrieb sehr einfach und sicher.

Meldungen über Webhooks versenden

Ein Webhook ermöglicht den Transport eines Datenpakets per HTTP oder HTTPS direkt zu einem Ziel. Sofern Ihr Proxmox-VE-Server also die Möglichkeit hat, das Ziel über einen normalen Web-Aufruf zu kontaktieren, ist diese Methode einfach und sicher umzusetzen und erfordert keine Konfiguration von eigenen Relay-Systemen wie bei Mailservern oder einem Gotify-Server.

Den Inhalt der Nachricht bestimmen Sie mit einem Template selbst, abgestimmt auf das empfangende System.

Diese Methode ist gut geeignet, um Benachrichtigungen in einem Slack-Channel, zu Discord oder an einen Matrix-Server zu versenden.

Log-Analyse: Die Journals von systemd

Immer dann, wenn Sie nach einem Vorfall den Ursprung eines Problems analysieren möchten, ist es gut, ein Protokoll zu haben. Diese Logs werden unter Debian und damit auch unter Proxmox von `systemd-journald` für uns eingesammelt, protokolliert und zur Analyse bereitgehalten.

Weitere Information zu *journald* finden Sie unter *https://www.freedesktop.org/software/systemd/man/latest/systemd-journald.service.html*.

journald ist sehr gut dokumentiert, und es lohnt sich sehr, sich in die zahlreichen Funktionen und Schalter einzuarbeiten, denn mit Logs werden Sie oft arbeiten müssen. Ich möchte Ihnen dazu nur ein paar Beispiele aus der Praxis zeigen, wie Sie allgemeine oder bestimmte Logs untersuchen können:

- `journalctl -f` zeigt das allgemeine System-Log an und meldet neue Einträge sofort. `-f` steht für die Option `follow`.
- `journalctl --since yesterday -u pveproxy.service [-r/--reverse]` zeigt nur das Log des `pveproxy`-Service seit gestern an. Zu den Parametern sollten Sie Folgendes wissen:
  - `--since` zeigt Logs ab einem bestimmten Zeitpunkt an.
  - `-u <name>` beschränkt sich auf die Logs einer bestimmten *systemd-Unit*.
  - `-r` / `--reverse` zeigt die neuesten Log-Einträge zuerst.
- `journalctl --boot` zeigt die Logs seit dem letzten Bootvorgang an.

Zeitgesteuerte Aufgaben mit pvescheduler

Bis zur Version 7.0 verwendete Proxmox den unter Linux weit verbreiteten *cron*-Service für alle zeitgesteuerten Aufgaben. Seit Version 7.1 wird der von Proxmox selbst entwickelte `pvescheduler` für Backup-Pläne und die Storage-Replication verwendet. Der *cron*-Service ist nach wie vor verfügbar und kann von anderen Systemdiensten auch weiterhin verwendet werden.

Der `pvescheduler` verwendet die flexibleren Möglichkeiten von Systemd-Timern und startet einmal pro Minute fällige Jobs. Seine Konfiguration bezieht er aus der */etc/pve/jobs.cfg*. Alte, vor Version 7.1 in der *crontab* angelegte Jobs werden weiterhin ausgeführt und bei einer Anpassung automatisch zum `pvescheduler` übernommen.

Speicherdeduplizierung mit dem ksmtuned

Als *Kernel Samepage Merging* (*KSM*) bezeichnet man eine Funktion, die gleiche Speicherseiten im RAM zusammenfasst und nur mehrfach referenziert. Es wird also eine Speicherdeduplizierung durchführt. Insbesondere KVM-VMs können davon profitieren, denn bei vielen VMs mit gleichen Betriebssystemen gibt es auch viele gleiche Speicherseiten. Damit lässt sich sogar auf dem Hypervisor mehr RAM für VMs nutzen, als physisch überhaupt vorhanden ist! Sie können auf diese Weise eine der knappsten Ressourcen (nämlich den Hauptspeicher) überprovisionieren.

Der *ksmtuned*-Service läuft im Hintergrund und sucht regelmäßig nach gleichen Speicherseiten, um diese dann zu deduplizieren. Er beginnt seine Arbeit jedoch erst, wenn der Hauptspeicher des Hypervisors zu 80 % belegt ist. Über die Konfigurationsdatei */etc/ksmtuned.conf* können Sie die Eigenschaften und Schwellenwerte anpassen.

Achtung, Sicherheitsrisiko

Das *Kernel-Samepage-Merging* ist prinzipbedingt anfällig für Seitenkanalangriffe. Dies könnte Sie betreffen, wenn Sie beispielsweise als Hosting-Unternehmen VMs von unterschiedlichen Kunden auf dem gleichen Hypervisor betreiben.

Die Wikipedia liefert eine gute Einführung in das Problem: *https://de.wikipedia.org/wiki/Seitenkanalattacke*

Administration und Cluster-Kommunikation über ssh

Wenn Sie Linux-Server über die Shell administrieren, dann werden Sie auch bereits einen Client wie `ssh` unter unixoiden System, *Putty* unter Windows oder *iTerm2* unter macOS verwenden. Das Gegenstück auf dem Server ist der SSH-Daemon. Bei Proxmox VE ist das ein *OpenSSH*-Server.

Dieser SSH-Service wird jedoch nicht nur für die Administration benötigt, sondern auch innerhalb eines Proxmox-VE-Clusters beispielsweise für folgende Zwecke:

- **Storage-Replication:** Das gesamte Image sowie die Image-Deltas bei subsequenten Durchläufen vom Quell- zum Zielserver werden über einen SSH-Tunnel übertragen (zumindest in der Standardeinstellung; Sie können die Nutzung des SSH-Tunnels unter **Datacenter • Options • Migration Network** auch abschalten).
- **Node/VM/Container-Remote-Konsole:** Wenn Sie über die Web-GUI auf die Konsole eines anderen Proxmox-VE-Nodes, einer VM oder eines Containers auf einem anderen Cluster-Node zugreifen, dann wird dazu zwischen den beiden beteiligten Proxmox-VE-Nodes ein SSH-Tunnel verwendet.
- Beim Hinzufügen eines Nodes werden die SSH-Schlüssel bereits automatisch ausgetauscht, sodass ein passwortloser Zugriff zwischen allen Nodes eines Clusters gewährleistet ist.

Es ist also keine gute Idee, den SSH-Zugang aus Sicherheitsgründen zu deaktivieren, denn Proxmox nutzt ihn für verschiedene Zwecke selbst. Wenn Sie die Sicherheit des SSH-Zugangs erhöhen möchten, kann ich Ihnen die Nutzung der integrierten Firewall, das Abschalten von passwortbasierter Authentifizierung oder anderer Methoden zur allgemeinen Härtung von SSH-Zugängen empfehlen, jedoch nicht die komplette Deaktivierung.

3.2 Hardware

Bei der Architektur geht es um die unterschiedlichen Bestandteile der Proxmox-Installation. In den folgenden Abschnitten schauen wir uns an, aus welchen Teilen die Infrastruktur besteht.

Für Proxmox VE existiert keine *Hardware Compatibility List* (*HCL*) wie bei manch anderem Hypervisor-Hersteller. Jedoch können wir grundsätzlich festhalten, dass Proxmox VE auf jeder Hardware läuft, die vom Linux-Kernel unterstützt wird. Hersteller von Enterprise-Hardware sorgen heute nahezu ausnahmslos dafür, dass ihre Hardware unter Linux funktioniert.

Dennoch gibt es Komponenten, die in Proxmox-VE-Servern besser oder schlechter funktionieren oder einfach andere Eigenschaften besitzen. Ich gebe Ihnen im Folgenden eine Hilfestellung, was Sie in welchem Fall berücksichtigen sollten.

Durch meine Tätigkeiten durfte ich viele gute und erfahrene Proxmox-Partner kennenlernen, die Sie bei der Auswahl geeigneter Hardware unterstützen können und ihre eigenen Erfahrungen bei der Auswahl und Konfiguration einfließen lassen. Wenn Sie sich bei Auswahl oder Konfiguration unsicher sind, ist das sicherlich eine weitere Möglichkeit, die Sie in Anspruch nehmen können.

Enterprise-Hardware

Grundsätzlich ist es eine gute Idee, wenn Sie für eine produktive Umgebung Hardware zum Einsatz bringen, die für den Dauerbetrieb (24/7) ausgelegt ist. Verwenden Sie beispielsweise ECC-RAM und SSDs, die eine hohe Lebensdauer und gute Performance garantieren. Auch ein zweites Netzteil ist für die Ausfallsicherheit wichtig. Zudem sollte eine unterbrechungsfreie Stromversorgung an mindestens einem der Netzteile angeschlossen sein.

3.2.1 CPU

Für den performanten Betrieb von virtuellen Maschinen mit KVM müssen CPUs Virtualisierungserweiterungen unterstützen. Bei Intel-CPUs muss *VT-x* (CPU-Flag `vmx`) unterstützt sein, bei AMD benötigt die CPU das Feature *AMD-V* (CPU-Flag `svm`).

Gelegentlich unterstützen die CPUs diese Flags zwar, diese Flags sind im BIOS oder UEFI des Hardware-Servers jedoch noch deaktiviert. Wenn Sie bei der Installation von Proxmox VE die Warnung bekommen, dass die CPU keine Virtualisierung unterstützt, lohnt ein Blick ins BIOS des Servers: Meist lässt sich dort das Flag aktivieren.

Auch andere CPU-Architekturen wie ARM, PowerPC und S390 unterstützen mittlerweile zwar die Virtualisierung mit KVM, aber Proxmox VE wird ausschließlich für x86-CPUs entwickelt. Mehr dazu finden Sie im KVM-Wiki unter *https://www.linux-kvm.org/page/Processor_support*.

3.2.2 RAM

Während Sie CPUs problemlos überprovisionieren können (die Systemlast steigt und VMs und Container werden dann einfach langsamer), ist RAM eine knappe Ressource. Daher sollten Sie bei einer Neuanschaffung von Hardware darauf achten, genügend RAM für Ihre Workloads einzuplanen.

Der RAM-Bedarf für einen Proxmox-VE-Hypervisor ergibt sich aus folgenden Teilen:

- **System**

  Für das Proxmox-VE-System selbst benötigen Sie 2 GB RAM. Auch wenn das bei heutigen Speichergrößen fast vernachlässigbar ist, insbesondere bei absichtlich klein dimensionierten Umgebungen, sollten Sie diesen Wert beachten.

  Das ist also einfach: 2 GB

- **VMs und Container**

  Die auf dem Server laufenden VMs und Container sind häufig die größten Speicherkonsumenten. Nehmen Sie die Summe des RAM-Bedarfs aller VMs und Container.

Sehen wir uns dazu ein einfaches Beispiel an: Sie haben 20 VMs, davon 10 mit 8 GB RAM und 10 mit 16 GB RAM:

- 10 × 8 GB = 80 GB
- 10 × 16 GB = 160 GB
- Gesamtbedarf: 80 GB + 160 GB = 240 GB RAM

- **ZFS**

  Falls Sie ZFS als Filesystem für das System oder den Datenspeicher verwenden, sollten Sie 1 GB RAM pro 1 TB Storage zur Verfügung stellen. Angenommen, Sie nutzen 10 TB Speicher für VMs und Container, dann sollten Sie 10 GB RAM zusätzlich einplanen.

  Berechnung: Disk-Speicher in TiB: 1000 = RAM-Bedarf für ZFS

- **Ceph**

  Falls Sie einen hyperkonvergenten Cluster mit Ceph als Storage betreiben möchten, sollten Sie mit 5 GB RAM pro Storage-Device rechnen. Bei einem Ceph-Storage wird meist eine Disk von einem einzelnen Daemon betrieben. Dieser Daemon benötigt RAM (und weitere Ressourcen, mehr dazu folgt in Kapitel 17, »Hyperkonvergenz mit Proxmox VE und Ceph«). Auch andere Ceph-Komponenten benötigen noch Speicher, aber als grobe Regel sollte dies für eine erste Einschätzung oder Planung ausreichend sein.

  Berechnung: Anzahl OSDs (vereinfacht: Storage Devices) × 5 GB RAM

  Beispiel: 12 Disks × 5 GB = 60 GB RAM zusätzlich im Server

  Der Vollständigkeit halber möchte ich darauf hinweisen, dass Sie beim Einsatz von sehr schnellen NVMe-Devices vielleicht zwei Daemons pro NVMe haben möchten, um die Performance der NVMe-Devices besser ausreizen zu können. In diesem Fall müssen Sie 2 × 5 GB = 10 GB RAM pro Storage-Device einkalkulieren.

- **Wachstumsreserve**

  Zusätzlich sollten Sie das Wachstum des Speicherbedarfs pro Jahr und die geplante Laufzeit Ihrer Server berücksichtigen. Manchmal ist es sinnvoll, die Server gleich so auszulegen, dass diese für die Anforderungen der nächsten fünf Jahre ausreichend sind; und manchmal ist es besser, klein anzufangen und weitere Ressourcen bei Bedarf nachzurüsten.

  Zumindest versuche ich, ein wenig Wachstumsreserve in Servern zu lassen, indem ich nicht sofort alle Speicherbänke oder Storage-Slots fülle und im Zweifel einen größeren Server wähle. Dann können Sie gegebenenfalls eine spätere Aufrüstung von RAM oder weiteren Disks durchführen, ohne gleich den gesamten Server austauschen zu müssen. Planen Sie neue Server so, dass noch RAM-Bänke verfügbar sind sowie weitere Disk- oder PCI-Slots für eine spätere Nachrüstung von Storage-Devices vorhanden sind.

3.2.3 RAID-Controller oder HBA

Ob Sie einen Hardware-RAID-Controller oder einen Host-Bus-Adapter (HBA) in Ihren Servern verwenden sollten, hängt von ein paar Faktoren ab.

Ein Hardware-RAID sollte bei diesen Storages zum Einsatz kommen (siehe Abbildung 3.3):

- LVM und ext4 (Default bei einer Proxmox-VE-Installation)
- LVM und xfs

Ein HBA sollte bei folgenden Storages verwendet werden:

- ZFS
- btrfs
- Ceph

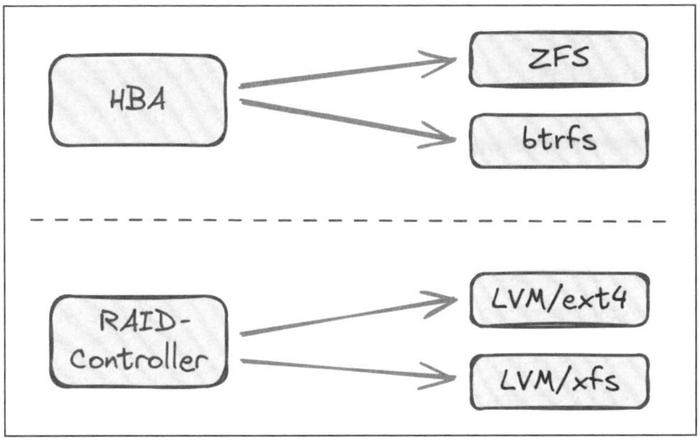

Abbildung 3.3: HBA oder Hardware-RAID?

Grundsätzlich können Sie Proxmox VE in beiden Varianten betreiben. Der HBA oder RAID-Controller muss natürlich eine Linux-Unterstützung besitzen, damit er möglichst problemlos unter Proxmox VE funktioniert und im Idealfall keine proprietären Treiber benötigt.

Neuanschaffung oder Wiederverwendung bestehender Server

Für welche Storage-Lösung Sie sich entscheiden, hängt natürlich zunächst davon ab, welche Hardware bereits vorhanden ist: Soll die vorhandene Hardware weitergenutzt werden oder können neue Geräte eingekauft werden?

Ich kenne viele Kunden, die bei ihrem ersten Kontakt mit Proxmox VE auf vorhandene Server zurückgegriffen haben – und das ist auch völlig okay, sofern die Hardware grundsätzlich dafür geeignet ist.

Ist die Hardware bereits vorhanden, bestimmt sie, welche Storage-Systeme zum Einsatz kommen sollten (sofern Sie keine Komponenten tauschen möchten). Wird die Hardware neu angeschafft, wählen Sie die Hardware so, dass Sie Ihren Anforderungen entspricht.

Wofür sollten Sie sich nun aber entscheiden, wenn Sie die Hardware neu anschaffen? Folgende Auflistung der Vor- und Nachteile hilft Ihnen hoffentlich bei der Entscheidung:

- **Vorteile eines HBA mit ZFS gegenüber einem Hardware-RAID**
  - **Datensicherheit:** ZFS beugt mit seinen Funktionen einem Datenverlust vor. Durch seine automatische Datenintegritätsprüfung (*Scrubbing*) und die Fehlerbehebung beim Entdecken von Prüfsummenfehlern (*Resilvering, self-healing*) besitzt es mehrere Sicherheitsmechanismen.
  - **Unabhängigkeit von bestimmter Hardware oder bestimmten Herstellern:** Einem ZFS ist es egal, von welchem Hersteller der HBA ist. Sie können ihn bei einem Defekt jederzeit durch einen anderen HBA auch eines anderen Herstellers austauschen. Bei einem RAID-Controller können Sie oft nur das gleiche Modell des gleichen Herstellers und manchmal auch nur mit der gleichen Firmware-Version verwenden. Geht so ein Controller nach einigen Jahren kaputt, kann die Suche nach einem baugleichen Ersatz aufwendig bis unmöglich werden. Bei einem Defekt eines gesamten Servers, weil ein Mainboard ja auch mal kaputtgeht, können Sie sämtliche Disks eines ZFS-Pools in einen anderen Server stecken und dort wieder importieren und damit Ausfallzeiten verkürzen. Diese Methode könnten Sie sogar für eine Migration verwenden, wenn Sie einen Server ersetzen. Aber ich gebe zu, das ist ein eher ungewöhnlicher Weg.
  - **Mehr Funktionen:** Snapshots, asynchrone Synchronisation (*zfs-send, zfs-receive*), transparente Komprimierung und Deduplizierung erhalten Sie zusätzlich als Dreingabe. *Besser haben als brauchen* heißt es doch immer.
  - **Weiterentwicklung:** Durch die Weiterentwicklung von ZFS und die regulären Updates Ihres Proxmox VE erhalten Sie im Laufe des Serverlebens weitere Funktionen und Fehlerbehebungen. Ein RAID-Controller wird eher weniger umfangreiche Updates über Firmware-Updates erfahren.
- **Vorteile eines Hardware-RAID gegenüber einem HBA mit ZFS**
  - **Einfacheres Rebuild:** Im Falle eines Disk-Defekts ist es bei einem korrekt konfigurierten RAID-Controller einfacher, eine defekte Disk durch eine neue Disk zu ersetzen. Das anschließende Rebuild des RAID übernimmt im besten Fall der Controller selbst. Das kann sich vor allem auszahlen, wenn die Server in einem Rechenzentrum stehen, in dem zwar Hands-on-Support, nicht aber abrufbares Wissen über die Wiederherstellung eines ZFS-RAID vorhanden ist.

- **Einfacheres Handling:** Im Betriebssystem sehen Sie ein Device, auf dem Sie aufsetzen können. Was darunter geschieht oder aus wie vielen physischen Devices das RAID besteht, braucht Sie nicht zu kümmern.

3.2.4 System-Disk

Die Disks, auf denen das Betriebssystem selbst installiert wird, *müssen* nicht unbedingt SSDs oder NVMes sein. Da aber SSDs oder NVMes heute nicht mehr viel teurer sind als drehende Disks und mittlerweile zuverlässiger und auch langlebiger sind, empfehle ich, bei neuen Servern mindestens SSDs oder gleich NVMes einzusetzen.

Proxmox VE selbst benötigt nur wenige Gigabyte auf dieser Disk. Ich empfehle Ihnen dennoch, die root-Disk nicht kleiner als 32 GB anzulegen. Bei der Installation von Updates ist es sicher ebenfalls hilfreich, wenn genügend Speicher zur Verfügung steht.

Meist werden für die Installation des Betriebssystems zwei Disks im RAID1 (gespiegelt) eingesetzt. Dies ist auch sinnvoll und in der Regel die beste Wahl.

Wird der Server auch als Ceph-MON eingesetzt, sollte die System-Disk in jedem Falle aus SSD- oder NVMe-Devices bestehen und 400 GB oder größer sein. Ceph-MONs speichern Ihren Zustand in lokalen Datenbanken, deren Größe unter bestimmten Umständen kurzfristig anwachsen kann.

Auf die Qualität kommt es an

Falls Sie SSDs oder NVMes verwenden, nutzen Sie Enterprise-Geräte, auf die Sie sich verlassen können. Achten Sie auf einen DWPD-Wert (*Drive Writes Per Day*) von 0.7 oder mehr. Ebenso muss der interne Storage-Controller der SSD/NVMe für den Serverbetrieb geeignet sein, weil Sie sonst eine schlechte Performance erhalten, wenn parallele Zugriffe wie in einer Virtualisierungsumgebung getätigt werden.

Manche SSDs/NVMes werden angepriesen, als seien sie auch für Server geeignet, sind aber in Wirklichkeit nur Desktop- bzw. Workstation-Geräte. Diese sollten Sie unbedingt vermeiden, da sie nur eine geringe Haltbarkeit und eine schlechte Performance in Virtualisierungsumgebungen aufweisen.

Dieser Unterschied ist wirklich gravierend! Ich habe Benchmarks gesehen, in denen solche Workstation-SSDs gerade mal doppelt so schnell wie eine SATA-Festplatte mit 7200 Umdrehungen pro Minute gemessen wurden.

3.2.5 Daten-Disks für VMs und Container

Wie auch bei den SSDs/NVMes für das Betriebssystem gilt:

- Verwenden Sie nur Enterprise-SSDs/NVMes ab einem DWPD-Wert von 0.7.

- Verwenden Sie nur Enterprise-SSDs/NVMes, die auf den Betrieb in Servern ausgelegt sind.
- Verwenden Sie RAID1 oder RAID10.
- Nehmen Sie Abstand von Sie RAID5, RAID6 und RAID-Z.

3.2.6 Netzwerkkarten

Proxmox VE unterstützt alle gängigen Netzwerkkarten mit Geschwindigkeiten von 1 Gbit/s über 10 Gbit/s, 25 Gbit/s und 40 Gbit/s bis hin zu 100 Gbit/s und darüber.

Bedenken Sie bei der Wahl die Anzahl der notwendigen Ports im Hinblick auf redundante Netzwerkanbindungen. Jeder benötigte Netzwerk-Port sollte daher am besten doppelt vorhanden sein, damit sich daraus eine ausfallsichere Verbindung mit einem *Bond* (oft auch als *Trunk* bezeichnet) konfigurieren lässt.

Die optimale Anzahl und Geschwindigkeit von Netzwerk-Interfaces kann sich zwischen Single-Server- und Cluster-Umgebungen teilweise deutlich unterscheiden. Daher möchte ich Ihnen ein paar Hinweise zum Sizing nennen:

Netzwerk-Interfaces für Single-Server-Umgebungen

- **Port 1: Anbindung des Proxmox-VE-Servers und seiner VMs und Container an das vorhandene Netzwerk**

  In kleinen Umgebungen mit nur einem Proxmox-VE-Server benötigen Sie zumindest ein einzelnes Netzwerk-Interface, um Ihren Server und alle VMs und Container über das Netzwerk erreichen zu können. Je nachdem, welche Anforderungen Sie an die Geschwindigkeit stellen, könnte ein 1-Gbit/s-Interface bereits genügen. Es schadet aber auch nicht, 10 Gbit/s oder schneller zu verwenden, wenn diese im Server bereits vorhanden sind.

- **Port 2: Redundanz schaffen**

  Schaffen Sie Redundanz, indem Sie einen zweiten Port gleicher Geschwindigkeit hinzunehmen und die beiden Ports in einem Bond-Interface zusammenführen. Damit schützen Sie sich bereits vor dem Defekt eines einzelnen Netzwerkkabels oder -ports.

- **Weitere Ports: Optional und nur wenn notwendig**

  Weitere Ports sind nicht zwingend notwendig, werden aber gelegentlich verwendet für die Anbindung an eine externe Storage-Lösung oder weitere Netzwerkzonen, die physisch angebunden werden.

Netzwerk-Interfaces für Cluster-Umgebungen

Verwenden Sie in Cluster-Umgebungen, wo immer es möglich ist, redundante Anbindungen. Ich verwende in Abbildung 3.4 die Bezeichnung *Zone* statt *Ports*, bestehend aus mehreren Netzwerk-Interfaces.

Des Weiteren sind die von mir angegebenen Interface-Geschwindigkeiten nur eine gute Basis, aber nicht für jedes Szenario die einzig wahre Empfehlung. Es macht natürlich einen gewaltigen Unterschied, ob der Cluster 10 oder 1000 VMs besitzt, welchen Storage Sie verwenden und welche Anforderungen sonst noch bestehen.

In einem Cluster benötigen Sie meist zwei bis vier verschiedene Zonen, abhängig davon, welchen Storage und welche weiteren Zonen Sie benötigen.

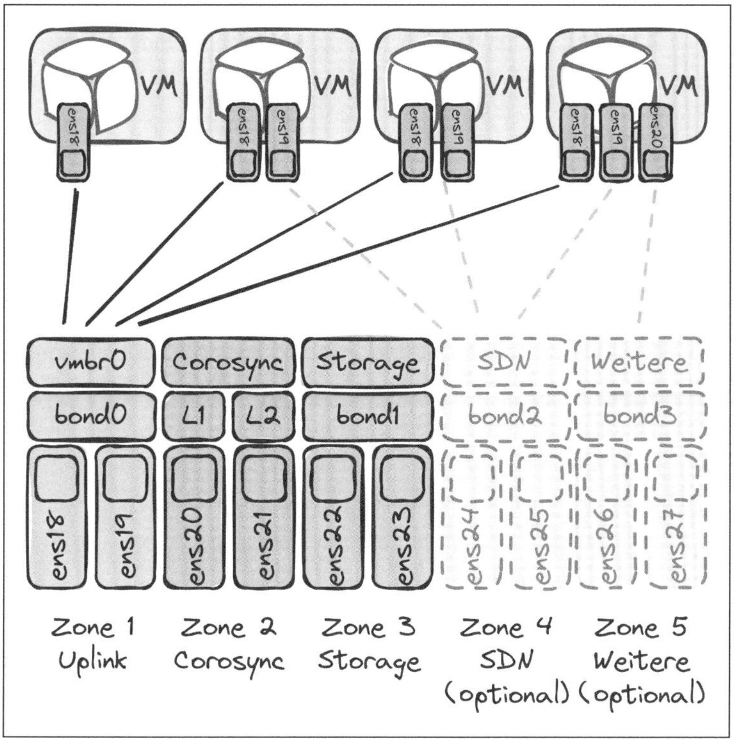

Abbildung 3.4: Übersicht über die Netzwerkzonen und ihre Verwendung

Schauen wir uns die Empfehlungen für die einzelnen Zonen genauer an:

- **Zone 1: Zwei Ports mit 1 Gbit/s oder mehr – externe Anbindung wie bei einer Single-Server-Umgebung: Bond**

  Da Ihre Cluster-Nodes, Ihre VMs und Container mit anderen Systemen im Netzwerk kommunizieren müssen, benötigen Sie eine Anbindung an die Außenwelt. Redundant ausgelegt, benötigen Sie hierfür zwei Netzwerk-Interfaces mit je 1 Gbit/s oder schneller. Diese sollten Sie als Bond konfigurieren und auf diesen Bond die Uplink-Bridge für die VMs legen.

  Wie viele Daten über diese Verbindung laufen, hängt davon ab, welche Services auf Ihrem Cluster laufen. So wird ein gut frequentierter Fileserver davon profitieren, wenn Sie dafür 25-Gbit/s-Interfaces verwenden. Ein Datenbankserver oder ein Webserver, der nur kleine Datenmengen transportiert, wird auch mit 1 Gbit/s oder 10 Gbit/s auskommen.

- **Zone 2: Zwei Ports mit 1 Gbit/s oder mehr - Cluster-Kommunikation zwischen den einzelnen Proxmox-VE-Nodes**

  Die einzelnen Cluster-Nodes kommunizieren untereinander über *Corosync* und tauschen ihren Status sowie Änderungen in Echtzeit aus. Corosync selbst funktioniert bereits redundant, wenn es mehr als eine Netzwerkverbindung hat. Daher sollten Sie hier auf einen Bond verzichten und die physischen Interfaces direkt mit einer IP-Adresse versehen. Anschließend weisen Sie Corosync an, beide Interfaces zu nutzen. In Kapitel 15, »Cluster mit Proxmox VE«, finden Sie die genaue Vorgehensweise dafür.

  Für dieses Netzwerk ist die Latenz zwischen den Proxmox-Cluster-Nodes am wichtigsten und muss dauerhaft unter 5 ms liegen. Corosync benötigt nicht viel Bandbreite, sodass Sie mit 1-GBit/s-Interfaces in der Regel gut ausgerüstet sind.

- **Zone 3: Zwei Ports mit 25 Gbit/s oder mehr - Storage-Netzwerk für den Zugriff auf VMs und Container-Images**

  Cluster greifen häufig auf externe NFS, iSCSI oder hyperkonvergenten Ceph-Storage zu. Da auf dem Storage die Images gespeichert sind, wird in der Regel viel Bandbreite benötigt, und geringe Latenzen sorgen für eine gute Performance. In der Regel ist dies das breitbandigste Netzwerk, da hier die meisten Netzwerkpakete durchlaufen.

  Planen Sie hier bei neuen Systemen mit mindestens zwei 25-Gbit/s-Netzwerk-Interfaces. Bei NFS und Ceph-Storages verwenden Sie ein Bond aus den Interfaces, bei iSCSI verwenden Sie einzelne Interfaces und Multipathing.

- **Zone 4: Zwei Ports (optional) - Netzwerk für das Software Defined Networking (SDN)**

  Das SDN von Proxmox VE erlaubt es Ihnen, virtuelle Netzwerke für Gruppen von VMs und Containern zu erstellen. Dieser Traffic kann problemlos auch über das Netzwerk für die externe Anbindung (Zone 1) oder das Storage-Netzwerk (Zone 3) ausgetauscht werden. Wenn Sie sehr viel Datenverkehr über das SDN erwarten, ist es jedoch ratsam, eine eigene Zone dafür vorzusehen und für die Zone noch mal verfügbare Bandbreite zu schaffen.

  Verwenden Sie eine angemessene Bandbreite und orientieren Sie sich an der Geschwindigkeit des Netzwerks für die externe Anbindung oder zu Ihrem Storage-Netzwerk.

- **Weitere Zonen: Darf's noch etwas mehr sein?**

  Der Linux-Networking-Stack ist so flexibel, dass Sie bei Bedarf nahezu beliebige weitere Zonen verwenden können. Das mag beispielsweise die physische Anbindung einer oder mehrerer DMZ oder sonstiger Zonen sein.

3.2.7 Switches

Damit die oben geplanten Netzwerkkarten auch mit irgendetwas angemessen verbunden werden können, ist ein Blick auf Ihre Switching-Infrastruktur nötig. Proxmox-VE-Cluster können untereinander auch direkt und ohne Switches verkabelt werden, aber spätestens für die externe Anbindung müssen Sie sich dazu ein paar Gedanken machen.

Verwenden Sie mindestens zwei Enterprise-Switches pro Zone, um eine möglichst hohe Verfügbarkeit zu erreichen. Dann können auch Firmware-Updates der Switches durchgeführt werden, ohne eine Downtime des Clusters zu riskieren. Selbst wenn ein Switch ausfällt, ist der Cluster selbst in der Regel weiterhin funktionsfähig.

In Abbildung 3.4 sehen Sie, dass in Clustern häufig zwei bis drei, manchmal auch vier oder mehr Zonen verwendet werden. Sie benötigen nicht zwangsläufig für jede Zone einen eigenen Switch-Stack, sondern können auch mehrere oder alle Zonen über den gleichen, redundant ausgelegten Switch abwickeln. Allerdings müssen Sie sich dann an den schnellsten Netzwerk-Interfaces orientieren, und es kann wirtschaftlich sinnvoll sein, den Traffic auf Switches unterschiedlicher Geschwindigkeiten aufzuteilen.

Mehr zu diesem Thema finden Sie in Kapitel 24, »Erweiterte Netzwerkkonfiguration für Enterprise- und Cluster-Umgebungen«.

Kapitel 4
Installation und Updates

Ein Grund für den Erfolg von Proxmox VE ist sicherlich der einfache Einstieg, und dazu trägt die Installation bei. In diesem Kapitel schauen wir uns die Installation und die Durchführung von Updates an.

4.1 Installation

Möglicherweise haben Sie selbst schon mal die Installation durchgeführt und sich wenige Minuten später darüber gefreut, dass es wirklich so einfach ist. Der Installer kann jedoch mehr, und außerdem kann Proxmox VE nicht nur mit dem offiziellen ISO-Image manuell installiert werden.

Sie können für die Installation zwischen verschiedenen Vorgehensweisen wählen:

- **Installation mit dem ISO-Image von Proxmox VE**

  Sie verwenden das offizielle ISO-Image von Proxmox VE und installieren einen Proxmox-VE-Server in wenigen Schritten. Das ISO-Image enthält bereits ein vollwertiges Debian Linux. Verwenden Sie nach Möglichkeit diese Variante.

  Nach dem Start des ISO-Images können Sie sich entscheiden, ob Sie den Installer im grafischen oder im textbasierten Modus (*Text User Interface*, *TUI*) verwenden möchten. Das TUI kam mit Version 8.0 neu hinzu und ist vor allem dann interessant, wenn Ihr Server eine nicht unterstützte Grafikkarte besitzt, wenn Ihnen der Textmodus lieber ist oder wenn Sie sonstige Schwierigkeiten mit dem grafischen Installer haben. Die Funktionen und Schritte beider Varianten sind gleich.

  Seit Version 8 lässt sich die Installation mit dem offiziellen ISO-Image sogar einfach automatisieren. Das lohnt sich vor allem in zwei Szenarien: Wenn Sie regelmäßig neue Server installieren, beispielsweise in einem Datacenter oder als Hardwarelieferant, oder wenn Sie absolut sicher gehen möchten, auf allen Servern die exakt gleiche Konfiguration angewendet zu haben.

- **Installation über Debian mit Proxmox-VE-Repositories**

  Immer dann, wenn Sie bei der Installation jedoch etwas benötigen, das der Proxmox-VE-ISO-Installer nicht anbietet, können Sie auch alternativ ein vollständiges Debian installieren und anschließend die Proxmox-VE-Repositories einbinden und die Proxmox-VE-Pakete nachinstallieren.

Beispiele hierfür sind eine vom Standard abweichende Partitionierung oder die Einbindung von Hardware, die vom Proxmox-VE-Installer nicht erkannt oder unterstützt wird.

Achten Sie auf den Support

Nicht jedes Feature einer Debian-gestützten Installation ist vom Proxmox-Support abgedeckt. Beispielsweise ist ein *mdraid* (also ein Linux-Software-RAID) explizit davon ausgenommen. Wenn Sie ein Software-RAID verwenden möchten, machen Sie es einfach wie die coolen Kids und verwenden Sie das von Proxmox supportete ZFS.

4.1.1 Systemvoraussetzungen

Eine allgemeine Empfehlung für Produktivumgebungen ist nicht einfach zu geben. Proxmox VE wird von ganz kleinen Umgebungen mit nur wenigen, kleinen VMs bis hin zu größeren Cluster-Systemen mit Dutzenden Servern und Tausenden VMs verwendet. Vor allem die Ressourcen für die VMs sind an dieser Stelle natürlich nicht anzugeben; ich kann nur entsprechende Herleitungen bieten, damit Sie Ihre Hardware ordentlich auswählen und dimensionieren können.

Mindestvoraussetzungen zur Evaluierung

Falls Sie sich den Hypervisor nur mal ansehen möchten, geht das auch schon auf sehr schmal ausgestatteten Maschinen. Sie brauchen in diesem Fall:

- eine 64-Bit-CPU (Intel x86-64 oder AMD64)
- eine Intel-VT- oder AMD-V-fähige CPU und ein ebensolches Mainboard für eine vollständige KVM-Unterstützung
- mindestens 1 GB RAM für den Hypervisor zuzüglich RAM für virtuelle Maschinen
- mindestens 10 GB Disk Speicher für Proxmox VE und weiteren Speicher für virtuelle Maschinen
- eine 1-Gbit/s-Netzwerkkarte

Empfohlene Systemvoraussetzungen für den Produktivbetrieb

Für einen Produktivbetrieb darf es dann schon etwas mehr Ausstattung sein:

- eine 64-Bit-CPU (Intel x86-64 oder AMD64).
- eine Intel-VT- oder AMD-V-fähige CPU und ein ebensolches Mainboard für eine vollständige KVM-Unterstützung.
- mindestens 2 GB RAM für den Hypervisor zuzüglich RAM für virtuelle Maschinen. Beim Einsatz von Ceph- oder ZFS-Storage wird weiterer RAM benötigt.
- schnelle und redundante Storage-Systeme sind ideal. Die besten Ergebnisse werden Sie mit SSDs oder NVMes erzielen.

- Storage für das Betriebssystem: 100 GB redundanter Disk-Speicher in einem Hardware-RAID1 oder einem ZFS-Mirror aus NVMe-Devices, SSDs oder drehenden Disks. Verwenden Sie keine USB-Sticks und SD-Karten als Installationsmedium. Da Proxmox auch auf der System-Disk viele Schreibzugriffe durchführt, werden auch gute USB-Sticks und SD-Karten relativ schnell kaputtgehen.
- Storage für virtuelle Maschinen:
  - Für lokalen Speicher sollte entweder ein Hardware-RAID-Controller mit BBU/FBU oder ein HBA verwendet werden.
  - Shared Storage mit Ceph, iSCSI, FibreChannel und NFS ist möglich und sollte bei mehreren Proxmox-VE-Servern verwendet werden.
- Mehrere 1-Gbit/s- oder schnellere Netzwerkkarten, abhängig vom weiteren Faktoren wie Storage, der Anzahl an VMs und benötigter Performance
- Für PCI(e)-Passthrough wird VT-d oder AMD-d benötigt.

4.1.2 Installation über den ISO-Installer von Proxmox VE

Beginnen Sie mit dem Download des offiziellen ISO-Images von der Proxmox-Homepage. Da es sich um ein Hybrid-ISO-Image handelt, können Sie es entweder direkt auf eine CD oder DVD oder auf einen USB-Stick schreiben und anschließend von diesem Medium booten.

Gehen wir die Installation Schritt für Schritt durch:

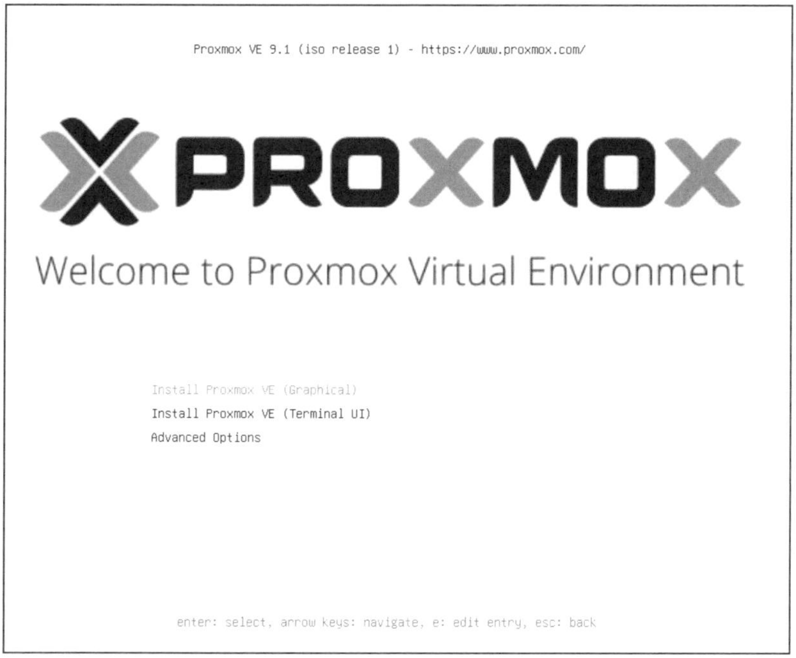

Abbildung 4.1: Nach dem Start erscheint das Bootmenü.

Zunächst bootet das ISO-Image in ein Menü, in dem Sie wie in Abbildung 4.1 zwischen dem grafischen Installer (Standard), der Installation im Textmodus (TUI) oder erweiterten Funktionen (**Advanced Options**) wählen können. Meistens möchten Sie hier den Standard beibehalten und dem grafischen Installer folgen.

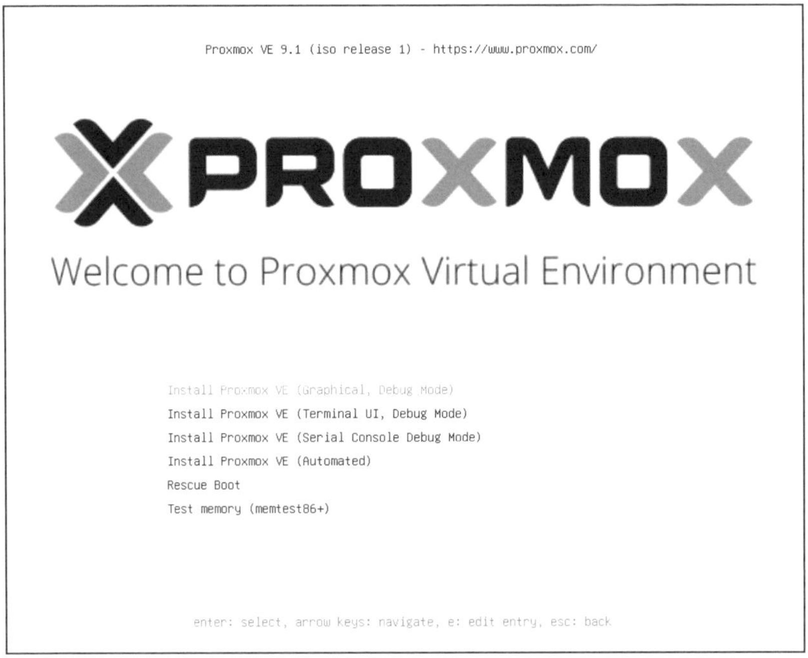

Abbildung 4.2: Wählt man »Advanced Options«, erscheinen weitere Möglichkeiten.

Im optionalen Menü **Advanced Options** finden Sie folgende Möglichkeiten (siehe Abbildung 4.2):

- **Install Proxmox VE (Graphical, Debug Mode):** Verwenden Sie den grafischen Installer im Debug-Modus, wenn Sie während der normalen Installation auf Probleme stoßen und diese näher untersuchen möchten. Der Debug-Modus geht den gleichen Weg wie der normale Modus, hält aber an verschiedenen Punkten während der Installation an, und Sie können zusätzliche, manuelle Untersuchungen oder Änderungen durchführen.
- **Install Proxmox VE (Terminal UI, Debug Mode):** Die Installation erfolgt wie beim Debug-Modus des grafischen Installers, aber eben im Textmodus.
- **Install Proxmox VE (Serial Console Debug Mode):** Wenn Sie keinerlei Ausgabe auf dem Bildschirm erhalten oder vielleicht sogar keine Grafikkarte oder keinen Bildschirm haben, erlaubt dieser Modus die Installation und den Zugriff über eine serielle Konsole.
- **Install Proxmox VE (Automated):** Dieser Punkt erlaubt den Start des ISO-Images für die automatische Installation anhand einer vorher festgelegten Konfiguration. Sie

müssen danach keine Angaben mehr machen, da die Konfiguration bereits vorab festgelegt wird.

- **Rescue Boot:** Erlaubt es, einen nicht mehr startenden Server mit einem temporären System zu booten, um anschließend eine Fehleranalyse oder Reparatur vorzunehmen.
- **Test memory (memtest86+):** Der übliche Speichertest, mit dem Sie bei Bedarf den RAM auf Fehler testen können.

Beim Bootvorgang sehen Sie diverse Meldungen sowie einen DHCP-Request des Servers. Nur der Installer verwendet DHCP, der Server selbst erhält eine fest eingetragene IP-Adresse während der Installation. Obwohl der Server nun möglicherweise eine funktionierende Internetverbindung genießt, wird die Installation nur mit den Paketen aus dem ISO-Image durchgeführt. Während der Installation werden keine Updates oder sonstigen Pakete aus dem Internet heruntergeladen.

Reproduzierbare Installationen

Dies ermöglicht Ihnen übrigens auch, jederzeit reproduzierbare Installationen durchzuführen, solange Sie das gleiche ISO-Image einsetzen.

Nach dem Start der Installation müssen Sie zunächst den Lizenzvertrag (EULA) bestätigen (siehe Abbildung 4.3). Mehr zu der Lizenzierung von Proxmox VE erfahren Sie in Kapitel 13, »Subscriptions«.

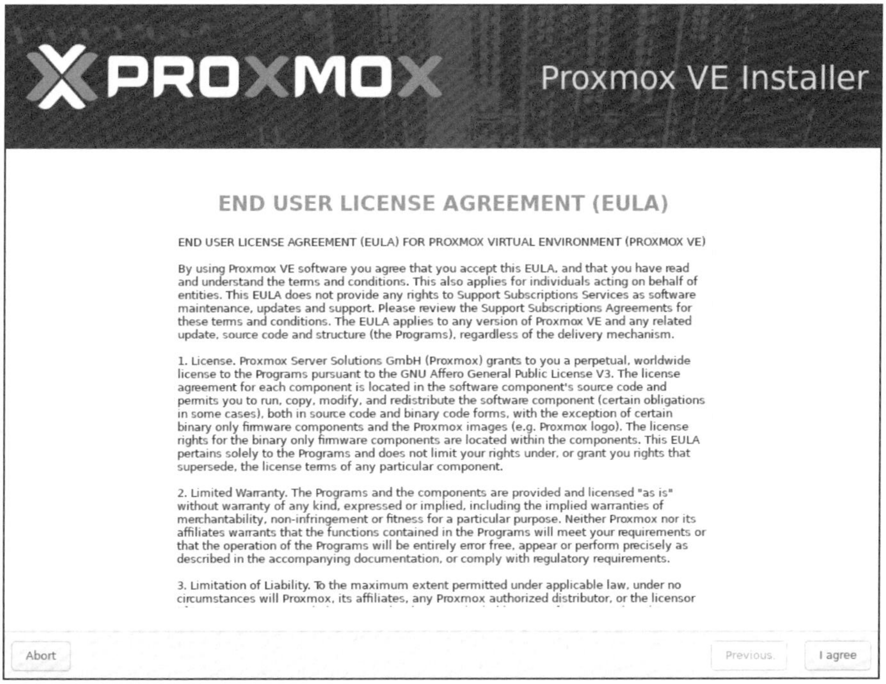

Abbildung 4.3: Seite 1 – Bestätigen des End-User-License-Agreements (EULA)

In Virtualisierungsservern sind häufig mehrere lokale Disks eingebaut. Für die Installation sind jedoch nur die Disks wichtig, auf denen Proxmox VE installiert werden soll. Nehmen wir an, Sie haben einen Server mit zwei 500-GB-Disks für das System und zwei 8-TB-Disks für die VMs und Container. Für diesen Schritt sind nur die beiden 500-GB-Disks relevant. Ihren Datenspeicher aus den beiden 8-TB-Disks erstellen Sie erst später, wenn der Server fertig installiert und betriebsbereit ist.

Auf Seite 2 (siehe Abbildung 4.4) ist es entscheidend, ob Sie einen Hardware-RAID-Controller oder ein ZFS/btrfs-Software-RAID verwenden. Sie können auf dieser Seite nur eine einzelne Disk angeben, auf die Proxmox VE installiert werden soll. Gehen Sie am besten so vor, wie ich es in den folgenden beiden Abschnitten beschreibe.

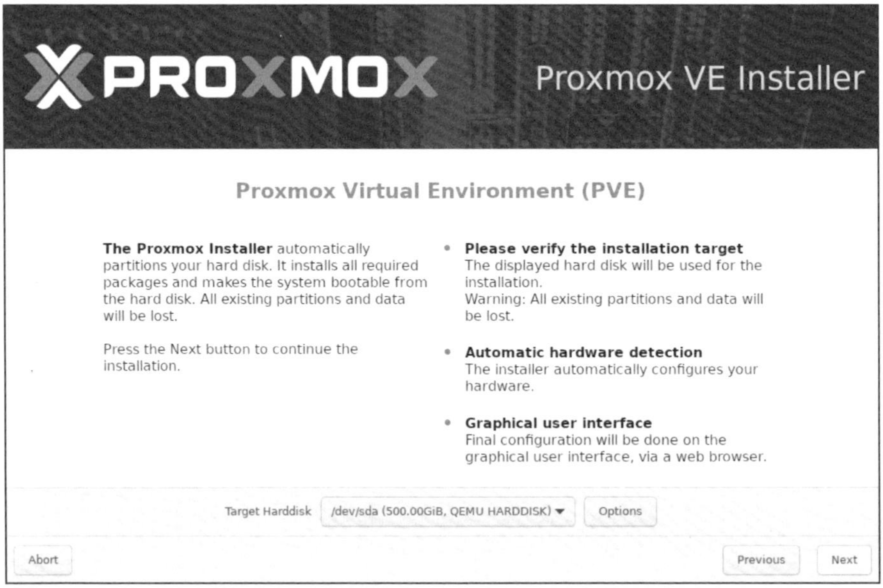

Abbildung 4.4: Seite 2 – Auswahl der Disk(s), auf denen die Installation ausgeführt werden soll

Hardware-RAID

Bei einem Hardware-RAID haben Sie bereits vorher im RAID-Controller Ihre Disks zu einem RAID-Volume konfiguriert. Wählen Sie hier das im RAID-Controller erstellte RAID-Volume aus, das Sie für Ihr Betriebssystem vorgesehen haben.

Wählen Sie hier nur das RAID-Volume oder eine einzelne Disk aus, wird dieses Volume als *LVM Physical Volume (PV)* verwendet. In diesem PV wird eine *Volume Group (VG)* namens `pve` erstellt, und darin werden drei verschiedene *Logical Volumes (LV)* mit den Namen `root`, `data` und `swap` angelegt.

Das Volume `root` wird mit *ext4* formatiert und das Betriebssystem wird auf ihm installiert. Auf `swap` wird ein Auslagerungsspeicher bereitgestellt, und auf `data` werden später die Images Ihrer VMs und Container abgelegt. Das Logical Volume `data` wird vom Installer als *LVM Thin Volume* bereitgestellt.

Im Dialog können Sie zusätzlich folgende Einstellungen vornehmen, die für eine LVM-basierte Installation relevant sind:

- `hdsize` gibt den maximal zu verwendenden Speicher des zugrunde liegenden Volumes an. Haben Sie beispielsweise nur zwei 8-TB-Disks, können Sie diesen Wert auf 100 GB setzen. Dann werden nur diese 100 GB für die Installation verwendet. Die restlichen 7,9 TB stehen Ihnen damit für das Erstellen weiterer Datenvolumes zur Verfügung.
- `swapsize` gibt an, wie groß der Auslagerungsspeicher maximal dimensioniert sein soll. Gibt man hier keinen Wert an, ermittelt der Installer anhand der RAM- und Disk-Größe einen Wert zwischen 512 MB und 8 GB.
- `maxroot` legt fest, wie viel Speicher dem root-Filesystem maximal zur Verfügung stehen soll. Wird kein Wert angegeben, ermittelt Proxmox anhand des verfügbaren Speichers selbstständig einen Wert. Bei den Ressourcen heutiger Hypervisoren liegt die Größe des root-Volumes zwischen 25 % und 33 % der gesamten Disk-Größe.
- `minfree` gibt an, wie viel Speicher der Installer in der LVM-Volume-Group frei lassen soll. In älteren Versionen von Proxmox VE mit *LVM thick Volumes* war dies notwendig, um Storage-Snapshots zu ermöglichen.
- `maxvz` legt die maximale Größe für das Volume `data` fest.

In Abbildung 4.5 sehen Sie am Beispiel eines Servers mit zwei 500-GB-System-Disks und zwei 8-TB-Daten-Disks das Zusammenwirken der Komponenten.

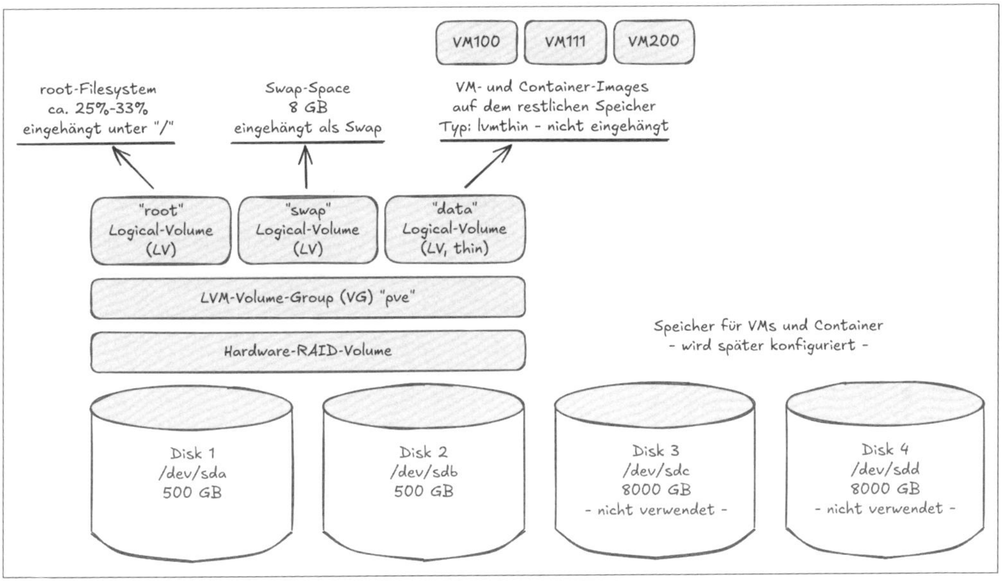

Abbildung 4.5: Datenspeicher-Layout bei LVM-basierter Installation

Unten sehen Sie die Disks, auf denen ein RAID-Volume durch den Hardware-RAID-Controller bereitgestellt wird. Dieses wird als Physical Volume für LVM eingerichtet und eine LVM-Volume-Group wird darin angelegt. In der Volume Group finden Sie dann die Logical Volumes `root`, `swap` und `data`. `data` ist als *LVM thin Volume* angelegt und nimmt die VM- und Container-Images auf.

Software-RAID mit ZFS/btrfs

Wenn Sie einen HBA statt eines RAID-Controllers im Server verwenden, sollten Sie ein Software-RAID auf Basis von ZFS oder btrfs nutzen. Über einen Klick auf **Options** (siehe Abbildung 4.4) gelangen Sie in einen Pop-up-Dialog mit weiteren Möglichkeiten, den Sie in Abbildung 4.6 sehen.

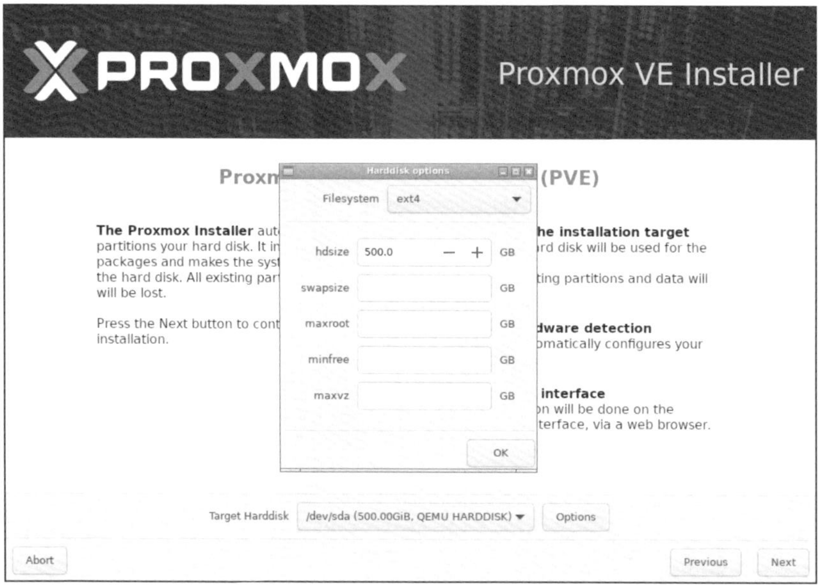

Abbildung 4.6: Optional können Sie die Filesystem- und Software-RAID-Konfiguration bestimmen.

Zu Beginn ist im Dialog *ext4* als **Filesystem** ausgewählt. Sie können hier andere Dateisysteme wie *xfs*, *zfs* und *btrfs* für das root-Filesystem wählen:

- ext4
- xfs
- zfs (RAID0)
- zfs (RAID1)
- zfs (RAID10)
- zfs (RAIDZ-1)
- zfs (RAIDZ-2)
- zfs (RAIDZ-3)
- btrfs (RAID0)
- btrfs (RAID1)
- brtfs (RAID10)

Sobald Sie sich für ein Filesystem mit angegebenem RAID-Level entscheiden (siehe Abbildung 4.7), verändert sich das Dialogfenster und Sie erhalten passende Auswahlmöglichkeiten für die Disks, auf denen der Hypervisor installiert werden soll (siehe Abbildung 4.8).

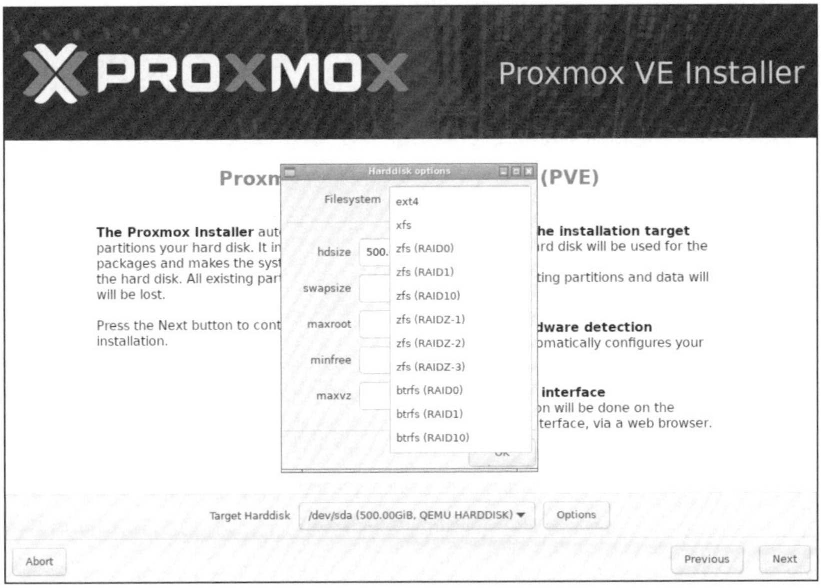

Abbildung 4.7: Filesystem und Software-RAID-Konfiguration bestimmen, Auswahlmöglichkeiten

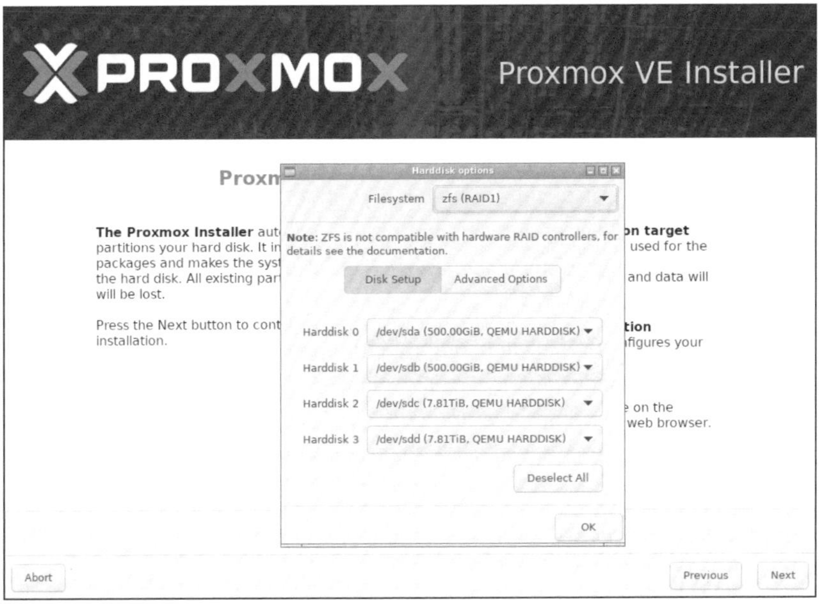

Abbildung 4.8: ZFS – RAID-Level und Disks auswählen

Wählen Sie am besten zuerst alle Disks ab und suchen Sie danach ausschließlich die Disks aus, auf die das Proxmox-VE-System installiert werden soll. Alle ausgewählten Disks werden bei der Installation gelöscht. Deshalb prüfen Sie bei einer Neuinstallation, ob Sie die richtigen Disks ausgewählt haben.

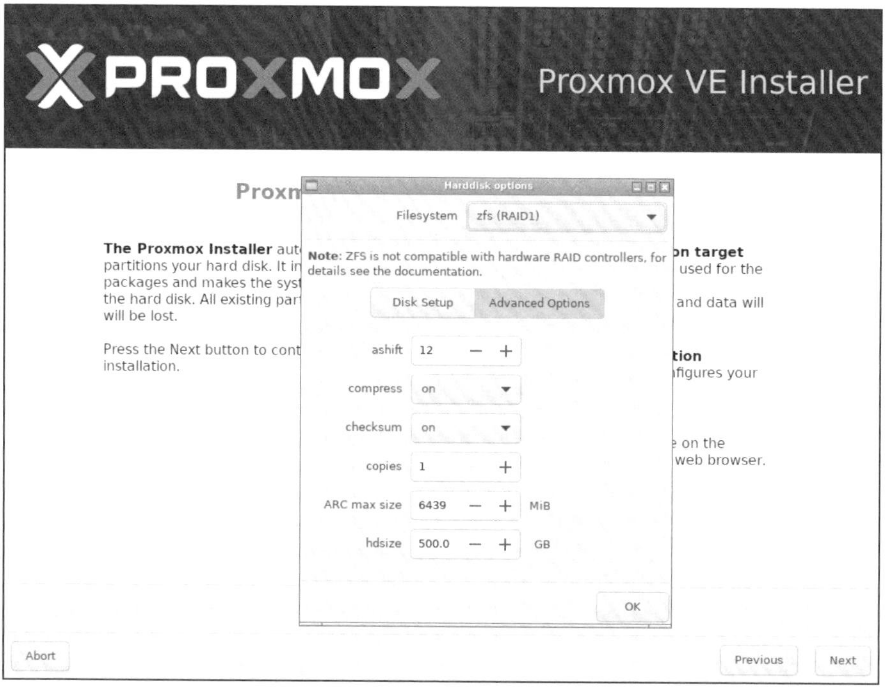

Abbildung 4.9: ZFS – Advanced Options

Die Wahl von ZFS erlaubt es Ihnen, einige Parameter anzupassen (siehe Abbildung 4.9):

- **ashift** gibt das *Alignment* an, also die Ausrichtung von Sektoren auf den Datenträgern. Der Default-Wert von 12 entspricht 2^{12} = 4096 Byte oder 4k Byte. Die meisten Festplatten, SSDs und NVMe-Devices verwenden heute eine Sektorgröße von 4k Byte, sodass dieser Wert in den allermeisten Fällen passt. Falls Ihr Device eine größere Sektorgröße verwendet, wie 8k oder gar 16k, setzen Sie diesen Wert auf 13 oder 14 hoch.
- **compress** schaltet die integrierte Datenkomprimierung von ZFS ein oder aus. Sie können die Komprimierung auch später jederzeit deaktivieren und wieder aktivieren, aber bedenken Sie, dass ZFS die Komprimierung auch für *Sparse Files* verwendet. Der voreingestellte Komprimierungsalgorithmus ist `lz4`, Sie können ihn jedoch später jederzeit anpassen.
- **checksum** bestimmt, welcher Algorithmus zum Berechnen der Prüfsummen im ZFS-Root-Pool verwendet wird.
- **copies** bestimmt die Anzahl der Kopien, die ZFS schreibt. Es ist kein Ersatz für Redundanz, jedoch kann es bei extrem kritischen Daten die Wahrscheinlichkeit erhöhen, mit

der Daten wiederherstellbar sind. In der Regel werden Sie diese Einstellung beim Standardwert 1 belassen, insbesondere beim Root-Pool.

- **ARC max size** bestimmt die Größe des *Adaptive Read Cache* (ARC) von ZFS und kann seit Version 8 direkt im Installer hinterlegt werden. Sie erhalten hier einen errechneten Vorschlagswert, den Sie übernehmen oder ändern können. Der ARC-Cache steht nicht nur für den root-Pool bereit, sondern auch für alle anderen Pools im System. Wenn Sie weitere Disks erst später in Betrieb nehmen, sollten Sie diesen Wert am besten gleich anpassen. Pro TiB nutzbarem Disk-Speicher in Ihrem Server sollten Sie hier 1 GiB oder 1024 MiB eintragen. Hat Ihr Server alles in allem 50 TiB nutzbaren Speicher, tragen Sie in dieses Feld 50 × 1024 = 51200 MiB (50 GiB RAM) ein.
- **hdsize** gibt an, wie viel Disk-Speicher verwendet werden soll, und zeigt per Default die gesamte Größe des Device an. Wenn Sie die Größe an dieser Stelle reduzieren, können Sie den freien Speicher später für die Einrichtung einer Swap-Partition oder für andere Zwecke nutzen.

Eine Swap-Partition wird bei der Verwendung eines ZFS nicht automatisch angelegt. Ihr Server verfügt damit zunächst nicht über einen Auslagerungsspeicher. Das ist auch erst einmal gar nicht tragisch, da die meisten Hypervisoren genügend RAM besitzen und gar nicht swappen müssen.

Vorsicht beim Swap-Space auf ZFS

Wenn Sie dennoch einen Swap-Space einrichten möchten, dann legen Sie dafür später einen separaten Pool an! **Legen Sie den Swap nie mit auf den rpool**, da dies bei hoher Systemauslastung zum Stillstand des Servers führen kann!

Wenn Sie **btrfs** statt ZFS aus der Liste der Filesysteme auswählen, stehen Ihnen nur die Optionen **compress** und **hdsize** zur Verfügung. Während die **hdsize** exakt das Gleiche meint, können Sie bei **compress** statt on auch direkt `zlib`, `lzo` und `zstd` als gewünschten Algorithmus angeben.

Da Sie nun ein Software-RAID mit ZFS oder btrfs verwenden, haben Sie auch mehrere Bootloader. Die erste einzelne Disk oder das erste RAID0, RAID1 oder RAID10 sowie jede Disk in einem RAID-Z erhält einen Bootloader. Der Server kann also selbst nach Ausfall einer Disk weiterhin über den Bootloader einer anderen Disk im RAID gestartet werden (aber natürlich nicht bei einer einzelnen Disk oder einer RAID0-Konfiguration).

Wenn Sie die richtigen System-Disks ausgewählt haben (siehe Abbildung 4.10), können Sie weiter zur nächsten Seite springen (siehe Abbildung 4.11). Wie schon gesagt, um die Datenspeicher für VMs und Container kümmern wir uns später.

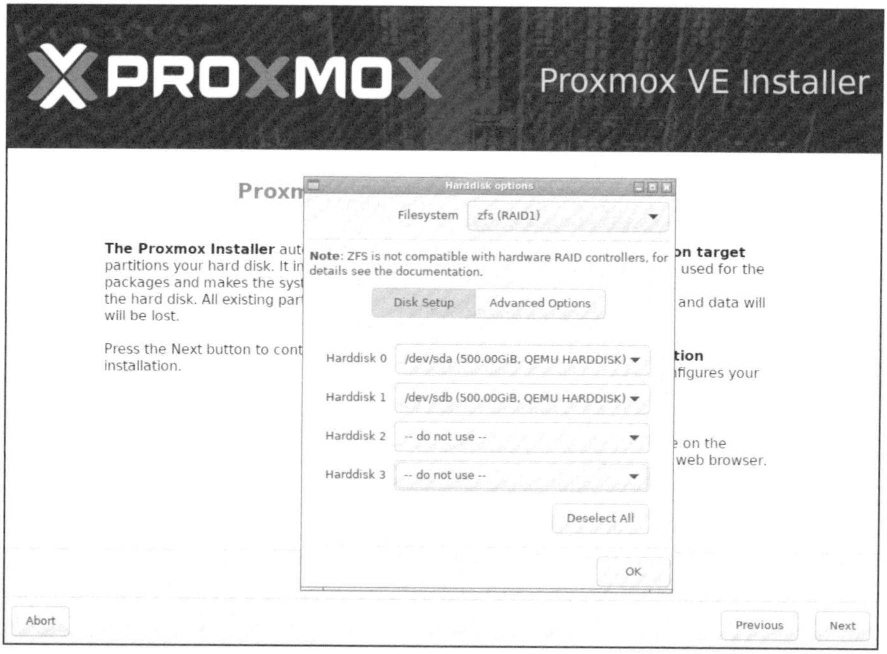

Abbildung 4.10: ZFS – RAID1 für die gewählten System-Disks

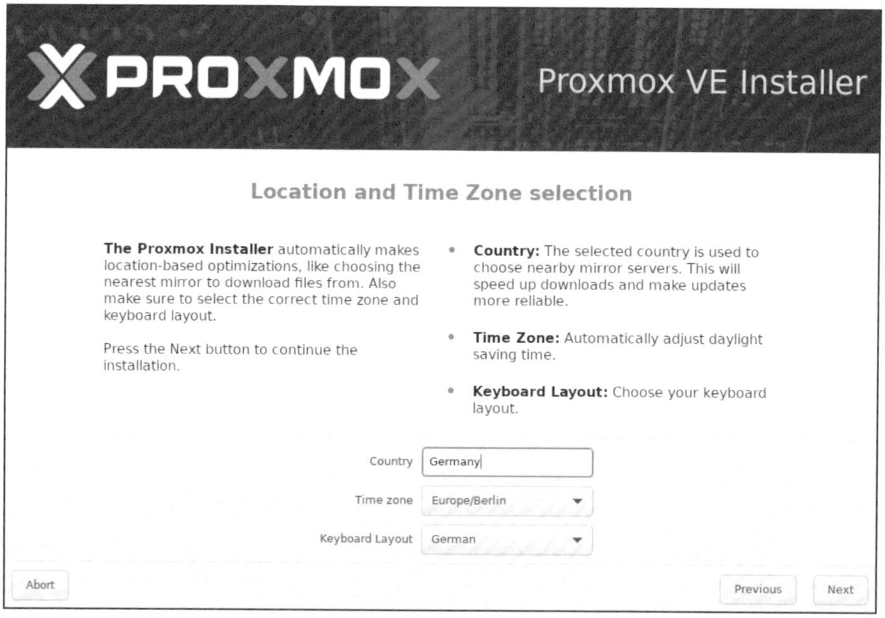

Abbildung 4.11: Seite 3 – Land, Zeitzone, Tastaturbelegung

Auf der darauffolgenden Seite legen Sie die Einstellungen für das Land, die Zeitzone sowie die gewünschte Tastaturbelegung fest.

Sofern beim Booten des Installers ein DHCP-Request erfolgreich war und der Server eine IP-Adresse erhalten hat, versucht der Installer, Ihren Aufenthaltsort über ein Traceroute an die Adresse 8.8.8.8 zu ermitteln. Ist dieser Schritt erfolgreich, sehen Sie ziemlich sicher das Land, in dem Sie sich befinden, die richtige Zeitzone sowie die richtige Tastaturbelegung.

Ist der Server nicht mit einem Netzwerk verbunden, erhalten Sie die von Proxmox festgelegten Voreinstellungen. Dies kann auch ein Hinweis darauf sein, dass Ihr Server noch keine Netzwerkverbindung aufbauen konnte.

Passen Sie die Einstellungen gerne nach Ihren Wünschen an.

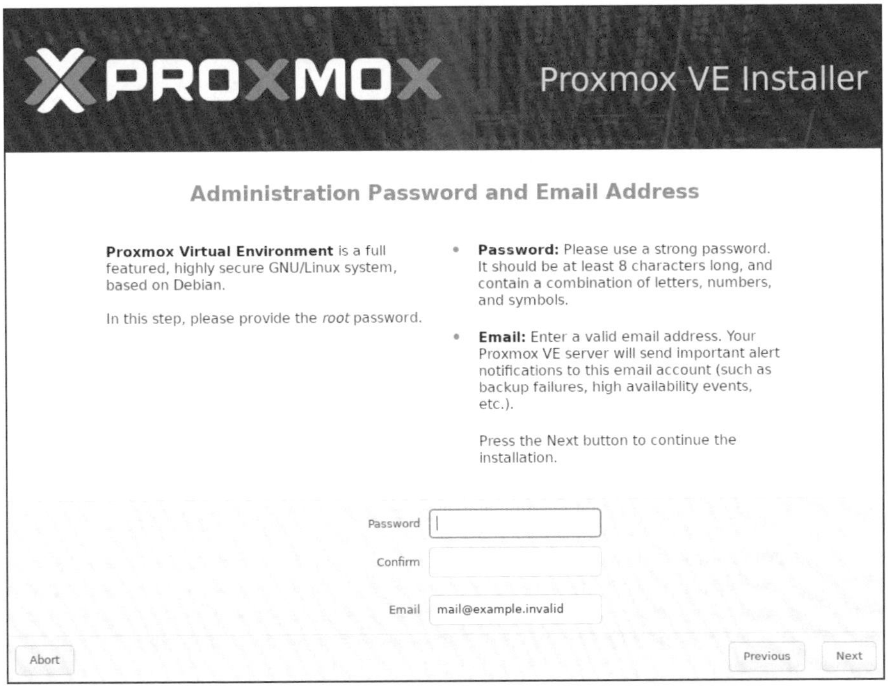

Abbildung 4.12: Seite 4 – Passwort und E-Mail-Adresse des Administratorkontos

Nun ist es an der Zeit, das Kennwort für den `root`-User und die E-Mail-Adresse für Benachrichtigungen festzulegen (siehe Abbildung 4.12). Sie können beides später bei Bedarf jederzeit anpassen.

Die E-Mail-Adresse dient zur Benachrichtigung über den integrierten Postfix-Mailserver und kommt beispielsweise für abgeschlossene Backup-Jobs, bei Update-Benachrichtigungen oder bei (Teil-)Ausfällen eines Clusters zum Einsatz.

Ich hatte es bereits erwähnt: Beim Bootvorgang fordert der Server per DHCP eine IP-Adresse an. Erhält er eine, wird diese im Feld **IP-Address (CIDR)** als Voreinstellung gesetzt (siehe Abbildung 4.13). Allerdings ist es keine gute Idee, eine IP-Adresse aus dem DHCP-Bereich hier fest zu hinterlegen. Daher sollten Sie hier eine feste IP-Adresse außerhalb Ihrer DHCP-Range eintragen oder diese IP-Adresse aus dem Pool Ihres DHCP entfernen oder als reserviert markieren.

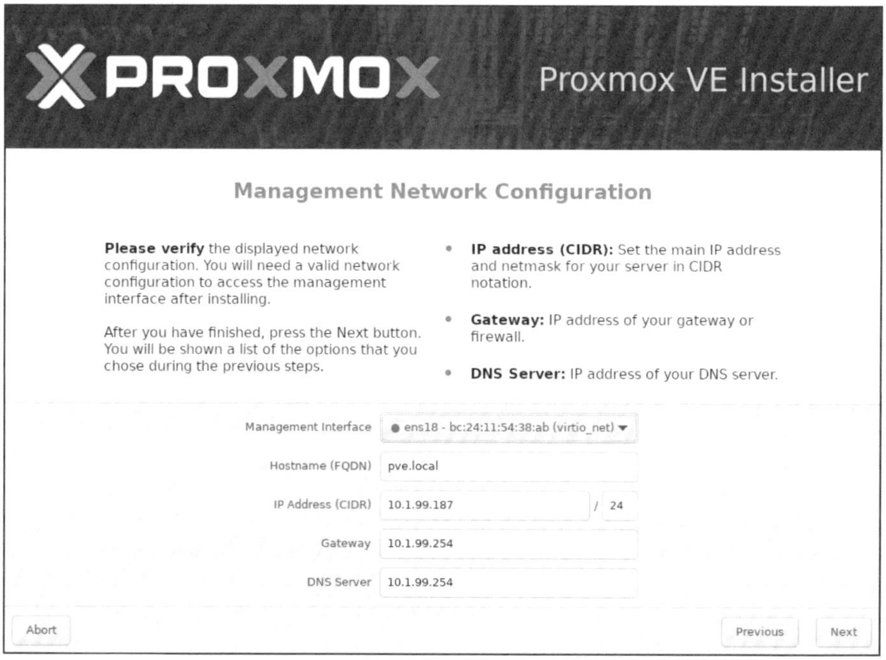

Abbildung 4.13: Seite 5 - Netzwerkeinstellungen

Das **Management Interface** setzt die Netzwerkschnittstelle, die mit der Standard-Bridge `vmbr0` verbunden wird und über die Ihr Proxmox-Server erreichbar ist und alle VMs und Container ebenfalls kommunizieren - zumindest so lange, bis Sie die Netzwerkkonfiguration ändern.

Die Einträge bei **Hostname**, **Gateway** und **DNS Server** passen Sie Ihrer Infrastruktur entsprechend an, damit der Server mit der Außenwelt kommunizieren kann - sofern Sie das wünschen. Ein Air-Gapped-Betrieb ist durchaus eine Option, und in der Praxis werden auch viele Hypervisoren so betrieben.

Auf der nächsten Seite erhalten Sie eine Zusammenfassung der von Ihnen gewählten Einstellungen (siehe Abbildung 4.14). Sie können den automatischen Neustart nach der Installation verhindern, indem Sie den Haken bei **Automatically reboot after successful installation** löschen.

Bis hierher können Sie jederzeit zurückgehen und Einstellungen korrigieren oder die Installation abbrechen.

Bestätigen Sie diese Seite und fahren Sie fort, werden die angegebenen Disks gelöscht und Proxmox VE wird installiert.

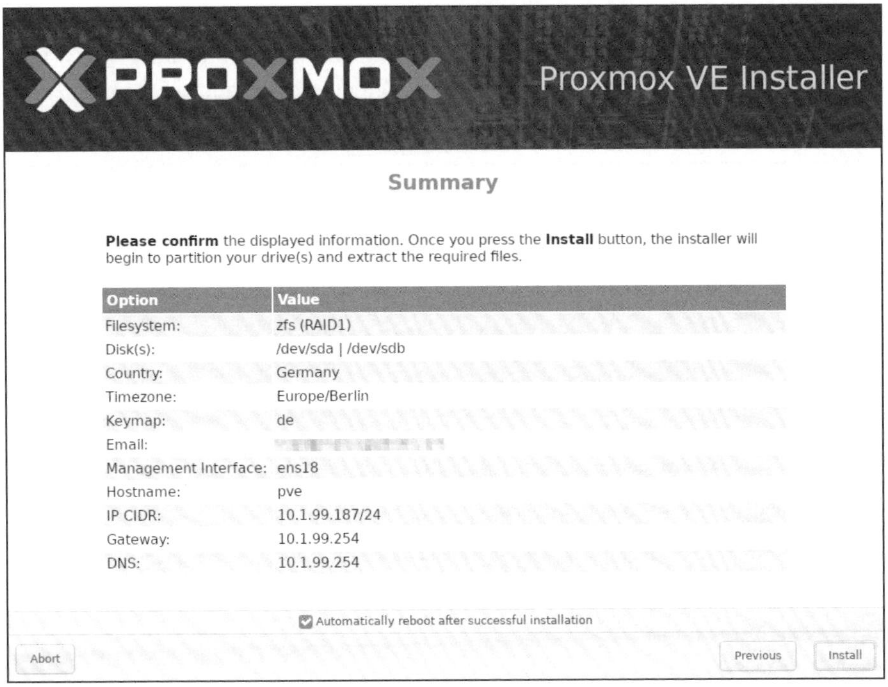

Abbildung 4.14: Seite 6 – Zusammenfassung

Wie in Abbildung 4.15 erscheinen ein Fortschrittsbalken sowie einige Informationen über Proxmox VE im oberen Teil des Fensters.

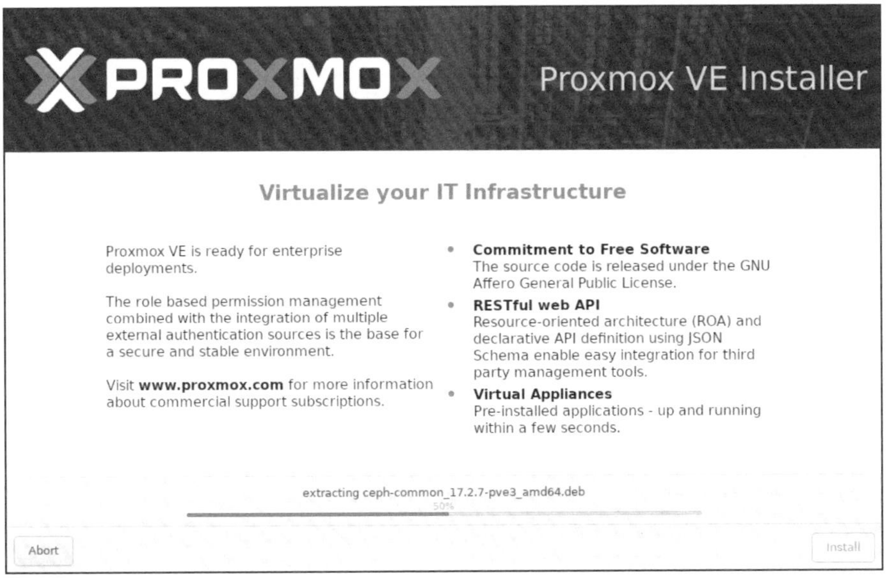

Abbildung 4.15: Die Installation läuft ...

Sollten Sie an dieser Stelle jemals ein Problem bekommen oder einfach das Bedürfnis haben, ein wenig mehr über den Installationsvorgang zu erfahren, dann folgen Sie mir bitte hier entlang: Mit einigen Tastenkombinationen können Sie auf andere Terminals umschalten und weitere Informationen sehen.

```
initial setup startup
mounting proc filesystem
mounting sys filesystem
boot comandline: BOOT_IMAGE=/boot/linux26 ro ramdisk_size=16777216 rw quiet spla
loading drivers:  i2c_piix4 pata_acpi vmgenid floppy qemu_fw_cfg mac_hid uhci_hc
pkr intel_cstate rapl aesni_intel sha1_ssse3 sha256_ssse3 ghash_clmulni_intel po
intel intel_rapl_common
modprobe: ERROR: could not insert 'intel_cstate': No such device
searching for block device containing the ISO proxmox-ve-8.3-1
with ISO ID '20c7412e-a788-11ef-9ee4-4f61d2460cfb'
testing device '/dev/sr0' for ISO
found Proxmox VE ISO
preparing installer mount points and working environment
switching root from initrd to actual installation system
Starting Proxmox installation
Installing additional hardware drivers
Starting hotplug events dispatcher: systemd-udevd.
Synthesizing the initial hotplug events (subsystems)...done.
Synthesizing the initial hotplug events (devices)...done.
Waiting for /dev to be fully populated...done.
mount: devpts mounted on /dev/pts.
/bin/dbus-daemon
starting D-Bus daemon
Attempting to get DHCP leases... Internet Systems Consortium DHCP Client 4.4.3-P1
Copyright 2004-2022 Internet Systems Consortium.
All rights reserved.
For info, please visit https://www.isc.org/software/dhcp/

Listening on LPF/ens19/bc:24:11:0f:e6:0c
Sending on   LPF/ens19/bc:24:11:0f:e6:0c
Listening on LPF/ens18/bc:24:11:54:38:ab
Sending on   LPF/ens18/bc:24:11:54:38:ab
Sending on   Socket/fallback
DHCPDISCOVER on ens19 to 255.255.255.255 port 67 interval 3
DHCPDISCOVER on ens18 to 255.255.255.255 port 67 interval 8
DHCPOFFER of 10.1.99.126 from 10.1.99.252
DHCPREQUEST for 10.1.99.126 on ens19 to 255.255.255.255 port 67
DHCPOFFER of 10.1.99.187 from 10.1.99.252
DHCPREQUEST for 10.1.99.187 on ens18 to 255.255.255.255 port 67
DHCPACK of 10.1.99.126 from 10.1.99.252
bound to 10.1.99.126 -- renewal in 220 seconds.
done
Starting chrony for opportunistic time-sync...
Starting a root shell on tty3.
trying to detect country...
detected country: DE
Starting the installer GUI - see tty2 (CTRL+ALT+F2) for any errors...
```

Abbildung 4.16: `Strg`+`Alt`+`F1` *– Bootscreen*

Den Bootscreen erreichen Sie über die Tastenkombination `Strg`+`Alt`+`F1` (siehe Abbildung 4.16). Hier sehen Sie, ob der Installer normal gestartet ist und ob der DHCP-Request erfolgreich war und welche IP-Adresse dem Server zugeteilt wurde.

Sollte die Installation an irgendeiner Stelle einmal abbrechen, könnten Sie mit den Tasten Strg+Alt+F2 zum Installer-Log umschalten und sehen, ob es gerade ein Problem bei einem bestimmten Paket gibt (siehe Abbildung 4.17).

```
(Reading database ... 19363 files and directories currently installed.)
Preparing to unpack .../libnet-subnet-perl_1.03-2_all.deb ...
Unpacking libnet-subnet-perl (1.03-2) ...
Selecting previously unselected package libnet1:amd64.
(Reading database ... 19369 files and directories currently installed.)
Preparing to unpack .../libnet1_1.1.6+dfsg-3.2_amd64.deb ...
Unpacking libnet1:amd64 (1.1.6+dfsg-3.2) ...
Selecting previously unselected package libnetaddr-ip-perl.
(Reading database ... 19378 files and directories currently installed.)
Preparing to unpack .../libnetaddr-ip-perl_4.079+dfsg-2+b1_amd64.deb ...
Unpacking libnetaddr-ip-perl (4.079+dfsg-2+b1) ...
Selecting previously unselected package libnetfilter-conntrack3:amd64.
(Reading database ... 19461 files and directories currently installed.)
Preparing to unpack .../libnetfilter-conntrack3_1.0.9-3_amd64.deb ...
Unpacking libnetfilter-conntrack3:amd64 (1.0.9-3) ...
Selecting previously unselected package libnetfilter-log1:amd64.
(Reading database ... 19466 files and directories currently installed.)
Preparing to unpack .../libnetfilter-log1_1.0.2-3_amd64.deb ...
Unpacking libnetfilter-log1:amd64 (1.0.2-3) ...
Selecting previously unselected package libnewt0.52:amd64.
(Reading database ... 19473 files and directories currently installed.)
Preparing to unpack .../libnewt0.52_0.52.23-1+b1_amd64.deb ...
Unpacking libnewt0.52:amd64 (0.52.23-1+b1) ...
Selecting previously unselected package libnfnetlink0:amd64.
(Reading database ... 19565 files and directories currently installed.)
Preparing to unpack .../libnfnetlink0_1.0.2-2_amd64.deb ...
Unpacking libnfnetlink0:amd64 (1.0.2-2) ...
Selecting previously unselected package libnfsidmap1:amd64.
(Reading database ... 19570 files and directories currently installed.)
Preparing to unpack .../libnfsidmap1_2.6.2-4_amd64.deb ...
Unpacking libnfsidmap1:amd64 (1:2.6.2-4) ...
Selecting previously unselected package libnftables1:amd64.
(Reading database ... 19581 files and directories currently installed.)
Preparing to unpack .../libnftables1_1.0.6-2+deb12u2_amd64.deb ...
Unpacking libnftables1:amd64 (1.0.6-2+deb12u2) ...
Selecting previously unselected package libnftnl11:amd64.
(Reading database ... 19588 files and directories currently installed.)
Preparing to unpack .../libnftnl11_1.2.4-2_amd64.deb ...
Unpacking libnftnl11:amd64 (1.2.4-2) ...
Selecting previously unselected package libnl-3-200:amd64.
(Reading database ... 19593 files and directories currently installed.)
Preparing to unpack .../libnl-3-200_3.7.0-0.2+b1_amd64.deb ...
Unpacking libnl-3-200:amd64 (3.7.0-0.2+b1) ...
Selecting previously unselected package libnl-route-3-200:amd64.
(Reading database ... 19604 files and directories currently installed.)
Preparing to unpack .../libnl-route-3-200_3.7.0-0.2+b1_amd64.deb ...
Unpacking libnl-route-3-200:amd64 (3.7.0-0.2+b1) ...
```

Abbildung 4.17: Strg+Alt+F2 *– Installer-Log*

Sie möchten sich auf dem frisch installierten System schon einmal umschauen, Administrationstätigkeiten oder gar Änderungen vornehmen? Dann erreichen Sie über Strg+Alt+F3 eine frische **`root`**-Shell, mit der Sie bereits vollen Zugriff während der Installation haben (siehe Abbildung 4.18). Bedenken Sie, dass Sie sich im System des laufenden Installers befinden und noch nicht auf dem fertig installierten Proxmox-Hypervisor.

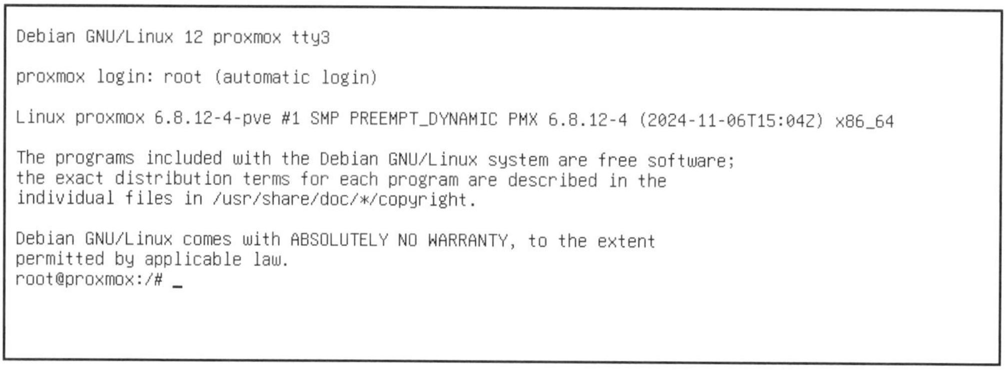

Abbildung 4.18: [Strg]+[Alt]+[F3] *– eine frische root-Konsole erwartet Sie.*

Diese `root`-Shell kann sehr praktisch sein, wenn Sie vor der Installation über die Konsole schon VLANs oder Storages einbinden möchten.

Sie haben sich umgesehen, möchten nun aber sehen, wie weit der Installer fortgeschritten ist? Kehren Sie mit [Strg]+[Alt]+[F4] zum grafischen Installer zurück (siehe Abbildung 4.19).

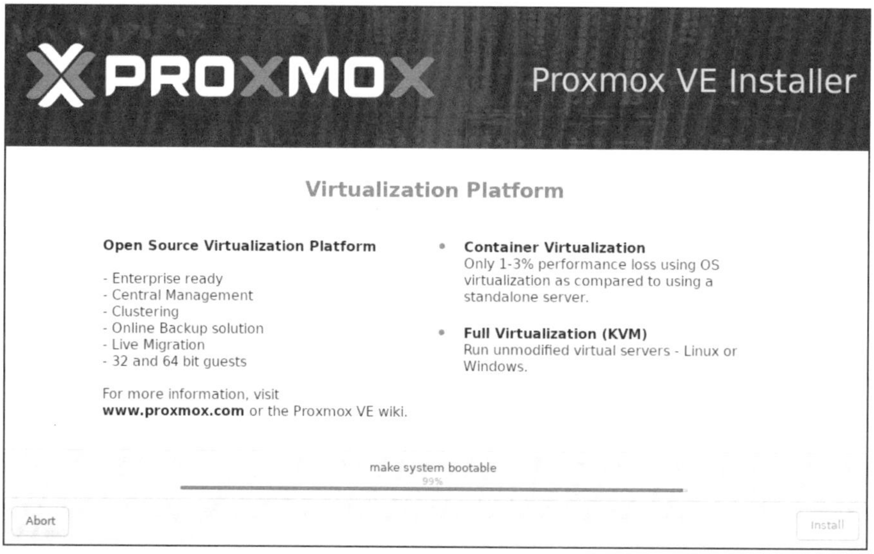

Abbildung 4.19: [Strg]+[Alt]+[F4] *– zurück zum grafischen Installer*

Am Ende der Installation rebootet der Server automatisch und startet den grade installierten Proxmox-VE-Hypervisor (siehe Abbildung 4.20).

Sie werden von einem freundlichen Terminal empfangen. Netterweise erhalten Sie oben den Hinweis, wie Sie sich über einen Browser nun mit der GUI verbinden können.

Damit ist die Installation abgeschlossen und Ihr Hypervisor ist einsatzbereit.

```
initial setup startup
mounting proc filesystem
mounting sys filesystem
boot comandline: BOOT_IMAGE=/boot/linux26 ro ramdisk_size=16777216 rw quiet spla
loading drivers:  i2c_piix4 pata_acpi vmgenid floppy qemu_fw_cfg mac_hid uhci_hc
pkr intel_cstate rapl aesni_intel sha1_ssse3 sha256_ssse3 ghash_clmulni_intel po
intel intel_rapl_common
modprobe: ERROR: could not insert 'intel_cstate': No such device
searching for block device containing the ISO proxmox-ve-8.3-1
with ISO ID '20c7412e-a788-11ef-9ee4-4f61d2460cfb'
testing device '/dev/sr0' for ISO
found Proxmox VE ISO
preparing installer mount points and working environment
switching root from initrd to actual installation system
Starting Proxmox installation
Installing additional hardware drivers
Starting hotplug events dispatcher: systemd-udevd.
Synthesizing the initial hotplug events (subsystems)...done.
Synthesizing the initial hotplug events (devices)...done.
Waiting for /dev to be fully populated...done.
mount: devpts mounted on /dev/pts.
/bin/dbus-daemon
starting D-Bus daemon
Attempting to get DHCP leases... Internet Systems Consortium DHCP Client 4.4.3-P1
Copyright 2004-2022 Internet Systems Consortium.
All rights reserved.
For info, please visit https://www.isc.org/software/dhcp/

Listening on LPF/ens19/bc:24:11:0f:e6:0c
Sending on   LPF/ens19/bc:24:11:0f:e6:0c
Listening on LPF/ens18/bc:24:11:54:38:ab
Sending on   LPF/ens18/bc:24:11:54:38:ab
Sending on   Socket/fallback
DHCPDISCOVER on ens19 to 255.255.255.255 port 67 interval 3
DHCPDISCOVER on ens18 to 255.255.255.255 port 67 interval 8
DHCPOFFER of 10.1.99.126 from 10.1.99.252
DHCPREQUEST for 10.1.99.126 on ens19 to 255.255.255.255 port 67
DHCPOFFER of 10.1.99.187 from 10.1.99.252
DHCPREQUEST for 10.1.99.187 on ens18 to 255.255.255.255 port 67
DHCPACK of 10.1.99.126 from 10.1.99.252
bound to 10.1.99.126 -- renewal in 220 seconds.
done
Starting chrony for opportunistic time-sync...
Starting a root shell on tty3.
trying to detect country...
detected country: DE
Starting the installer GUI - see tty2 (CTRL+ALT+F2) for any errors...
```

Abbildung 4.20: Nach Installation und Neustart landen Sie auf der Konsole und es kann losgehen.

4.1.3 Installation von Proxmox VE auf Basis eines Debian Linux

Eine zweite Möglichkeit ist die Installation von Proxmox VE auf einem Debian Linux in der 64-Bit-Variante (amd64). Diesen Weg sollten Sie wählen, wenn Sie besondere Anforderungen haben, die der offizielle Proxmox-Installer nicht bereitstellt. Der Support dieser Variante ist ebenfalls durch den Hersteller gewährleistet.

Entscheiden Sie sich für diese Variante, wenn Sie beispielsweise

- eine vollständige Verschlüsselung (inklusive der root-Partition) mit LUKS verwenden möchten,
- während der Installation bereits Zugriff auf ein Netzwerk in einem VLAN brauchen (wobei dies vielleicht auch über die root-Konsole des Installers umsetzbar wäre).

- auf ein besonderes Partitionsschema setzen wollen und/oder
- ein root-Filesystem einsetzen möchten, das der PVE-Installer nicht zur Auswahl stellt.

Die Installation einer bestimmten Proxmox-VE-Version ist nur auf einer bestimmten Version von Debian möglich. Ein Proxmox VE 9.x setzt Debian 13 (Trixie) voraus, Version 8.x benötigte Debian 12 (Bookworm), und ich wage die Voraussage, dass PVE in der Version 10.x ein Debian 14 (Forky) voraussetzen wird.

Nicht vom Hersteller unterstützt wird übrigens die Installation auf

- einem 32-Bit Linux,
- einer anderen Version von Debian Linux,
- einem anderen Linux-System als Debian (selbst dann nicht, wenn es sich um Debian-Derivate wie Ubuntu oder Devuan Linux handelt) und/oder
- die Nutzung eines Linux-Software-RAID (`mdraid`).

Sofern dies Ihren Plänen nicht im Wege steht, können Sie nun mit der Installation beginnen.

Installation eines Debian 13 (Trixie) als Basissystem

Starten Sie, indem Sie Debian 13 (Trixie) installieren. Folgen Sie dem Installer, bis das Debian-System vollständig und nach Ihren Wünschen installiert ist.

Verwenden Sie eine statische IPv4-Adresse bei der Einrichtung des Netzwerks und stellen Sie sicher, dass der Hostname des Systems auf genau diese IP-Adresse aufgelöst wird. Normalerweise wird eine Abfrage des Hostnamens ja in die IPv4-Loopback-Adresse `127.0.0.1` oder die IPv6 Loopback-Adresse `::1` aufgelöst. Wenn Sie dies jedoch einfach so beibehalten, werden die Proxmox-Services nicht starten und Ihr Hypervisor wird nicht funktionsfähig sein.

Passen Sie daher mit einem Editor Ihrer Wahl die Datei */etc/hosts* an, indem Sie die richtige Adresse, beispielsweise `10.10.1.1`, mit dem vollständigen Hostnamen inklusive Domain und Alias hinterlegen:

```
127.0.0.1 localhost
10.11.12.13 pve01.mydomain.com pve01 <- Hier die IP-Adresse, den FQDN
und den Alias hinterlegen

# The following lines are desirable for IPv6 capable hosts
::1 localhost ip6-localhost ip6-loopback
ff02::1 ip6-allnodes
ff02::2 ip6-allrouters
```

Testen Sie die Einstellung anschließend und stellen Sie sicher, dass eine von außen erreichbare IP-Adresse als Ergebnis angezeigt wird und nicht die Loopback-Adresse:

```
hostname --ip-addresses
10.11.12.13
```

Bei der Paketauswahl genügt es, die **Standard System Utilities** und den **SSH server** auszuwählen. Alle anderen benötigten Pakete werden von Proxmox in eigenen, teilweise angepassten Versionen bereitgestellt und werden später aus den Proxmox-Repositories geladen.

Eine Desktop-Umgebung wie Gnome, KDE oder Xfce4 können Sie zwar installieren, Sie brauchen diese jedoch nicht. Ich empfehle auch, auf einem Hypervisor nur die Software zu installieren, die für den Betrieb benötigt wird. Dank der Web-GUI und dem SSH-Zugang gehört ein Desktop-Environment meist nicht dazu. Eine Ausnahme gibt es jedoch: Wenn Sie auch selbst für Proxmox entwickeln möchten, kann eine Desktop-Umgebung als Teil einer Developer-Workstation sinnvoll sein. Unter *https://pve.proxmox.com/wiki/Developer_Workstations_with_Proxmox_VE_and_X11* finden Sie weitere Informationen zu diesem Thema.

Mehr Details zur Installation von Debian Linux als Grundlage erhalten Sie im Proxmox-Wiki unter *https://pve.proxmox.com/wiki/Install_Proxmox_VE_on_Debian_13_Trixie*.

Einbinden der Proxmox-VE-Repositories

Um die PVE-Pakete herunterzuladen und dann installieren zu können, teilen Sie dem Debian Linux zunächst mit, woher es diese Pakete erhalten kann. Sie müssen also die Paketquellen (*Repositories*) erweitern bzw. die von Proxmox zusätzlich hinterlegen:

```
~# cat > /etc/apt/sources.list.d/pve-install-repo.sources << EOL
Types: deb
URIs: http://download.proxmox.com/debian/pve
Suites: trixie
Components: pve-no-subscription
Signed-By: /usr/share/keyrings/proxmox-archive-keyring.gpg
EOL
```

Damit Debian das Repository als gültig anerkennt, wird noch der GPG-Schlüssel für es benötigt. Diesen laden Sie mit wenigen Schritten herunter und deklarieren ihn als vertrauenswürdig:

```
~# wget https://enterprise.proxmox.com/debian/proxmox-archive-keyring-
trixie.gpg -O /usr/share/keyrings/proxmox-archive-keyring.gpg
```

Um ganz sicher zu gehen, dass Sie den richtigen Schlüssel importiert haben, verifizieren Sie ihn anschließend:

```
~# sha256sum /usr/share/keyrings/proxmox-archive-keyring.gpg
136673be77aba35dcce385b28737689ad64fd785a797e57897589aed08db6e45 /usr/
share/keyrings/proxmox-archive-keyring.gpg
```

```
~# md5sum /usr/share/keyrings/proxmox-archive-keyring.gpg
77c8b1166d15ce8350102ab1bca2fcbf /usr/share/keyrings/proxmox-archive-
keyring.gpg
```

Nun lesen Sie die verfügbaren Pakete aller Repositories neu ein und führen ein vollständiges Upgrade aller Pakete auf den aktuellen Stand durch:

```
~# apt update && apt full-upgrade
```

Installation des Proxmox-VE-Kernels

Dann führen Sie eine Installation des Proxmox-Kernels durch und starten den Server anschließend neu:

```
~# apt install proxmox-default-kernel
[...]
~# systemctl reboot
```

Installation der Proxmox-VE-Pakete

Nun installieren Sie die Proxmox-VE-Pakete nach, um aus dem Debian-Linux-Server einen Proxmox-VE-Hypervisor zu machen. Wundern Sie sich nicht darüber, dass viel mehr Pakete installiert werden als die paar hier angegebenen. Die Abhängigkeiten werden automatisch aufgelöst und installiert.

```
~# apt install proxmox-ve postfix open-iscsi chrony
```

Beantworten Sie die Fragen von `apt` bei der Installation entsprechend Ihrer Wünsche. Postfix sollte als *satellite system* konfiguriert werden, wenn Sie bereits einen Mailserver betreiben oder als *local only*, wenn Sie sich nicht sicher sind. Wie Benachrichtigungen zu Ihnen kommen, lässt sich auch später noch flexibel über das Notification-System von Proxmox konfigurieren.

Entfernen des Debian-Kernels

Da Sie nun den Proxmox-Kernel installiert haben und nach dem Reboot bereits nutzen, sollten Sie den ursprünglich mit Debian installierten Kernel entfernen:

```
# Kernel-Version daraufhin prüfen, ob die Version einen Hinweis
# auf "Proxmox" oder "pve" enthält
~# uname -a
Linux pve 6.14.11-1-pve #1 SMP PREEMPT_DYNAMIC PMX 6.14.11-1 (2025-08-
26T16:06Z) x86_64 GNU/Linux
# dann den Debian-Kernel entfernen
~# apt remove linux-image-amd64 'linux-image-6.12*'
```

Danach aktualisieren Sie den Bootloader des Systems:

```
~# update-grub
```

Abschluss der Installation

Ein erstes Login in der Web-GUI ist nun unter der Adresse *https://<ip-adresse>:8006* möglich. Wählen Sie die Option **PAM** bei **Realm** aus. Danach können Sie sich als Benutzer `root` und dem root-Passwort anmelden.

Ihr Hypervisor funktioniert nun zwar bereits, aber Ihre VMs oder Container könnten noch nicht mit der Außenwelt kommunizieren. Dazu müssen Sie noch eine Linux-Bridge erstellen. Wählen Sie für sie den Namen `vmbr0`, um möglichst gleiche Namen wie der ISO-Installer zu verwenden und eine weitere Bearbeitung durch die GUI zu ermöglichen. Haben Sie die `vmbr0`-Bridge erstellt, geben Sie ihr die IP-Adresse des physischen Interface und legen die Bridge auf das physische Interface. Um Ihnen dies zu erleichtern, zeige ich Ihnen hier eine Vorher-nachher-Beispielkonfiguration:

Ursprünglich sieht die Debian-Netzwerkkonfiguration in der Datei */etc/network/interfaces* so aus:

```
auto lo
iface lo inet loopback

auto ens18
iface ens18 inet static
        address 10.11.12.13/24
        gateway 10.11.12.1
```

Nach der Umstellung sollte sie so aussehen:

```
auto lo
iface lo inet loopback

iface ens18 inet manual # <- "static" auf "manual" umstellen,
                             "auto ens18" entfernen

auto vmbr0 # <- vmbr0 soll automatisch hochgefahren werden
iface vmbr0 inet static # <- Konfiguration von vmbr0 ab hier
        address 10.11.12.13/24
        gateway 10.11.12.1
        bridge-ports ens18 # <- vmbr0 wird mit der physischen ens18
                                verbunden
        bridge-stp off
        bridge-fd 0
```

Als letzten Schritt sollten Sie nun Ihre Proxmox-Subscription über das Web-Interface hochladen oder auf der Shell mit `pve-subscription set <subscription-key>` aktivieren. Entfernen Sie nun das Repository `no-subscription`, damit Sie die Updates aus dem Enterprise-Repository erhalten:

```
~# rm /etc/apt/sources.list.d/pve-install-repo.sources
```

Wenn in Ihrem Bootmenü später auch Einträge Ihrer virtuellen Maschinen auftauchen, sollten Sie das Paket `os-prober` von Debian deinstallieren. Mit dem Befehl `apt remove os-prober` ist das schnell erledigt. Nach einem weiteren `update-grub` sollten die zusätzlichen Einträge im Bootmenü verschwunden sein.

Die Installation ist nun vollständig abgeschlossen und Sie können Ihren neuen Proxmox-VE-Hypervisor nun verwenden. Hurra!

4.1.4 Automatische Installation

Nachdem Sie die Standardinstallation per ISO-Image und die manuelle Installation über ein Debian Linux kennengelernt haben, möchte ich Sie noch auf die Möglichkeit einer *unattended*, also einer unbeaufsichtigten, automatischen Installation von Proxmox VE hinweisen.

Mit Proxmox VE 8.0 hielt diese Funktion Einzug in das offizielle ISO. In älteren Versionen war eine automatische Installation zwar bereits möglich, aber komplizierter umzusetzen.

Die automatische Installation eines Debian Linux ist seit vielen Jahren über eine `preseed`-Datei möglich, aber nicht trivial. Alternativ dazu war es möglich, den Installer von Proxmox VE anzupassen, da er auch im Quellcode unter der AGPLv3-Open-Source-Lizenz frei unter *https://git.proxmox.com/?p=pve-installer.git;a=summary* verfügbar ist, und hier Ihr gewünschtes Installationsverfahren zu automatisieren.

Eine automatische, unbeaufsichtigte Installation von Proxmox VE ist meist für zwei Anwendungsfälle interessant:

- Sie müssen regelmäßig neue Server installieren, beispielsweise in einem Datacenter oder als Hardwarelieferant.
- Sie möchten absolut sichergehen, auf allen Servern die exakt gleiche Konfiguration anzuwenden.

Es gibt weitere Szenarien, die jedoch nicht ganz so gängig sind. Ich nutze den automatischen Installer mittlerweile, um Proxmox-Server für Trainings vorzubereiten, und sicherlich gibt es noch weitere valide Anwendungsmöglichkeiten.

Die automatische Installation basiert auf einer Antwortdatei (z. B. `answer.toml`), die alle notwendigen Installationsparameter enthält, wie z. B. das Passwort für den root-User sowie die Netzwerkkonfiguration und Festplatteneinstellungen. Diese Datei kann Filterregeln enthalten, um die Installation auf spezifischen Geräten anhand von Eigenschaften wie Seriennummern oder MAC-Adressen durchzuführen.

Vorbereitung des Installationsmediums

Um die automatische Installation nutzen zu können, müssen Sie ein Installations-ISO-Image vorbereiten, das die Antwortdatei enthält oder auf diese verweist. Sie benötigen dazu das Tool `proxmox-auto-install-assistant` sowie zur Erstellung des neuen ISO-Images `xorriso`. Beides können Sie zusammen mit dem folgenden Befehl auf einem Proxmox-VE-Server installieren:

```
~# apt install proxmox-auto-install-assistant xorriso
```

Mit dem Befehl `proxmox-auto-install-assistant prepare-iso` kann ein bestehendes Proxmox-ISO angepasst und für die automatische Installation vorbereitet werden.

Vorher benötigen Sie jedoch noch die passende Antwortdatei für Ihre geplante Installation. Diese Antwortdatei kann dem Installer auf verschiedene Weisen bereitgestellt werden.

Mit der Option `--fetch-from` präparieren Sie das ISO-Image so, dass die Antwortdatei von einer vorher definierten Quelle gelesen wird. Folgende Möglichkeiten stehen Ihnen zur Verfügung:

- **Integriert in das ISO-Image:** Die Antwortdatei wird direkt in das ISO-Image eingebunden und bei der automatischen Installation von dort geladen. Sie haben damit keine externen Abhängigkeiten, und die automatische Installation beginnt, sobald Sie das ISO-Image von einem USB-Stick oder einem CD/DVD-Medium booten.

  ```
  ~# proxmox-auto-install-assistant prepare-iso \
     proxmox-ve_8.3-1.iso --fetch-from iso \
     --answer-file answer.toml
  ```

- **Auf separater Partition:** Die Antwortdatei befindet sich auf einer separaten Partition, z. B. einem USB-Stick mit dem Label `proxmox-ais`. Sie brauchen also neben dem Installationsmedium auch noch ein zweites Medium, auf dem die Konfiguration bereitgestellt wird. Sie benötigen damit nur ein ISO-Image und pro unterschiedlicher Konfiguration einen separaten USB-Stick. Diese Variante ist vor allem dann praktisch, wenn Sie immer wechselnde Konfigurationen installieren möchten.

  ```
  ~# proxmox-auto-install-assistant \
     prepare-iso /pfad/zum/source.iso -fetch-from partition
  ```

- **Über HTTP:** Die Antwortdatei wird während der Installation über das Netzwerk von einem HTTP-Server abgerufen. Sie können die URL der Antwortdatei auch per DNS-TXT-Record oder DHCP-Option 250 bereitstellen. Dies ist die flexibelste Option, da Sie die Antwortdatei jederzeit auf einem Server ändern oder über ein Skript beim Abruf generieren könnten.

```
~# proxmox-auto-install-assistant \
   prepare-iso /pfad/zum/source.iso \
   --fetch-from http [--answer-url http://<webserver>/answer.toml]
```

Das Präparieren des ISO-Image dauert nur eine kurze Zeit und Sie erhalten folgende Ausgabe:

```
~# proxmox-auto-install-assistant prepare-iso \
   /mnt/pve/cephfs/template/iso/proxmox-ve_9.1-1.iso --fetch-from http
Copying source ISO to temporary location...
Preparing ISO...
Moving prepared ISO to target location...
Final ISO is available at "/mnt/pve/cephfs/template/iso/proxmox-ve_9.1-
1-auto-from-http.iso".
```

Im obigen Beispiel muss auf dem DHCP-Server zusätzlich folgende DHCP-Option gesetzt sein:

```
Option: 250
Type: Text
Value: https://<webserver>/path/answer.toml
```

Anschließend können Sie vom neuen ISO-Image booten und sich an der automatischen Installation erfreuen.

Format der Antwortdatei

Die *answer.toml*-Datei muss im TOML-Format bereitgestellt werden und enthält mehrere Abschnitte:

- `[global]`: allgemeine Einstellungen wie das root-Passwort, die Zeitzone, die Tastaturbelegung, die E-Mail Adresse des Administrators und ssh-Keys
- `[network]`: Konfiguration der Netzwerkschnittstellen
- `[disk-setup]`: Definition der Festplattenpartitionierung und des Filesystems und dessen Parametern
- `[post-installation-webhook]`: optionale URL, die nach erfolgreichem Abschluss der Installation aufgerufen wird. Sie erhalten darüber Informationen zur angewendeten Konfiguration, die Sie dann weiterverarbeiten können, um beispielsweise einen Prozess oder einen Kunden über den Abschluss der Installation zu informieren.
- `[first-boot]`: Skripte, die beim ersten Systemstart ausgeführt werden. Sie können damit weitere Konfigurationen oder Anpassungen des Systems durchführen, beispielsweise mittels Ansible oder einem simplen Bash-Skript.

Ein Beispiel für eine *answer.toml*-Datei könnte so wie in Listing 4.1 aussehen:

```
[global]
keyboard = "de"
country = "de"
mailto = "admin@example.com"
timezone = "Europe/Berlin"
root_password = "password"

[network]
source = "from-answer" # alternativ "from-dhcp", dann darf nichts
                         anderes angegeben werden
cidr = 10.11.12.13/24
dns = 10.11.12.1
gateway = 10.11.12.1

[disk]
filesystem = "zfs"
disk_list = ["sda", "sdb"]
zfs.raid = "raid1"
```

Listing 4.1: Beispiel für eine »answer.toml«-Datei

Erstellen Sie eine solche Datei mit Ihren Vorgaben als *answer.toml* oder unter einem anderen Namen. Bevor Sie diese Datei verwenden, können Sie mit einem Check sicherstellen, dass der Installer sie auch für gültig hält:

```
~# proxmox-auto-install-assistant validate-answer answer.toml
The file was parsed successfully, no syntax errors found!
```

Durchführen der automatischen Installation

Nach der Vorbereitung des Installationsmediums und der Antwortdatei kann das System von dem angepassten ISO-Image gebootet werden. Im Bootmenü existiert unter **Advanced** der Eintrag **Automated Installation**, der nach einem 10-Sekunden-Timeout automatisch ausgewählt wird. Der Installationsprozess läuft dann unbeaufsichtigt ab, basierend auf den in der Antwortdatei definierten Parametern.

Weitere Details und Beispiele sowie die vollständige Referenz aller gültigen Parameter der automatischen Installation von Proxmox VE finden Sie im offiziellen Proxmox-VE-Wiki unter *https://pve.proxmox.com/wiki/Automated_Installation*.

4.2 Updates und Upgrades

In der Regel möchte man einen Proxmox-VE-Server nicht nur installieren, sondern auch durch Updates auf dem aktuellen Stand halten. Mit den Updates erhalten Sie Sicherheitspatches wie auch neue Funktionen, und das sogar innerhalb eines Major-Release.

Halten Sie sich an die folgende grundsätzliche Vorgehensweise für einen möglichst reibungslosen Ablauf:

1. (optional, nur wenn notwendig) Repositories anpassen
2. Abruf der verfügbaren Updates
3. Installation der verfügbaren Updates
4. Reload des Webinterface durchführen
5. (bei Bedarf) Reboot nach Kernel-Update
6. (bei Bedarf) Stopp und anschließender Start aller VMs nach QEMU-Update
7. (bei Bedarf) Stopp und anschließender Start aller LXC-Container nach Update des `pve-container`-Pakets

4.2.1 Quellen für Updates

Proxmox VE nutzt die Paketverwaltung *APT* bzw. *dpkg* und damit verschiedene Quellen, um Updates herunterzuladen. Für alle Basispakete werden die normalen Debian-Pakete direkt von den Debian-Repositories heruntergeladen, während für die Proxmox-VE-Pakete die Updates aus den Repositories kommen, die Proxmox selbst dafür bereitstellt.

4.2.2 Proxmox-Repositories

Gleich drei unterschiedliche Paket-Repositories sind für Proxmox verfügbar: Updates können aus den Repositories `Enterprise`, `No-Subscription` und `Test` bezogen werden.

Das Wichtigste in aller Kürze: Für produktive Umgebungen und maximale Stabilität sollten Sie das Repository `Enterprise` verwenden.

Die drei verschiedenen Paketquellen unterscheiden sich in der Stabilität, der Aktualität der Pakete und darin, ob Sie eine Subscription für den Zugriff darauf benötigen. Tabelle 4.1 vergleicht die Möglichkeiten:

Enterprise	No-Subscription	Test
Voreingestellt	Muss manuell aktiviert werden	Muss manuell aktiviert werden
Nur mit Subscription	Frei verfügbar	Frei verfügbar

Tabelle 4.1: Die verschiedenen Proxmox-VE-Update-Repositories

Enterprise	No-Subscription	Test
Stabile Pakete	Nicht umfangreich getestet	Rudimentär getestet
Für den produktiven Einsatz	Für unkritische Umgebungen	Entwicklung und Tests

Tabelle 4.1: Die verschiedenen Proxmox-VE-Update-Repositories (Forts.)

Änderungen können Sie seit Version 7 auch über **Datacenter • <Server> • Updates • Repositories** konfigurieren oder auch mit einem Texteditor über die Shell vornehmen.

In Abbildung 4.21 sehen Sie, wie auf einem Server, der nicht in einer Produktionsumgebung genutzt wird, das Repository auf die `No-Subscription`-Variante geändert wurde. Im Dashboard wird Ihnen daher neben der Bestätigung, dass Sie Updates erhalten, auch eine Warnung angezeigt, da das aktivierte Repository nicht für den produktiven Betrieb verwendet werden sollte.

Abbildung 4.21: Die Repositories lassen sich seit Proxmox VE 7 auch in der GUI verwalten.

Das Enterprise-Repository für den produktiven Einsatz

Das `Enterprise`-Repository ist das Default-Repository. Es ist nach der Installation eines Proxmox-Servers bereits als Quelle für Updates in der Datei */etc/apt/sources.list.d/pve-enterprise.sources* hinterlegt. Für den Zugriff auf diese Paketquelle benötigen Sie eine gültige Subscription auf dem Server.

In dieser Paketquelle finden sich die ältesten, aber auch am besten getesteten Pakete, weshalb Sie sie für den produktiven Einsatz verwenden sollten:

```
Types: deb
URIs: https://enterprise.proxmox.com/debian/pve
Suites: trixie
Components: pve-enterprise
Signed-By: /usr/share/keyrings/proxmox-archive-keyring.gpg
Enabled: true
```

Das No-Subscription-Repository für den nichtproduktiven Einsatz und Tests

Auf das Repository `No-Subscription` ist der Zugriff auch ohne Subscription möglich. Allerdings müssen Sie es erst hinzufügen und anschließend das `Enterprise`-Repository entfernen, damit Updates installiert werden können und keine Fehlermeldungen dabei angezeigt werden.

Die Pakete dieser Quelle umfassen neuere Features, die jedoch noch nicht ausführlich getestet wurden. Sie können dieses Repository nutzen, um sich mit Proxmox VE besser vertraut zu machen, um Tests durchzuführen oder um es in nichtproduktiven oder unkritischen Umgebungen zu verwenden.

Über die Shell können Sie dies wie folgt tun:

```
~# cat > /etc/apt/sources.list.d/pve-install-repo.sources << EOL
Types: deb
URIs: http://download.proxmox.com/debian/pve
Suites: trixie
Components: pve-no-subscription
Signed-By: /usr/share/keyrings/proxmox-archive-keyring.gpg
EOL
```

Solange das `Enterprise`-Repository noch aktiv ist, erhalten Sie mangels Subscription eine Fehlermeldung beim Zugriff. Deaktivieren Sie das `Enterprise`-Repository mit einem Editor in der Datei */etc/apt/sources.list.d/pve-enterprise.soures*, indem Sie `Enabled:` auf `false` setzen setzen.:

```
Enabled: false
```

Das Test-Repository für Entwickler und Tests

Das Repository `pve-test` ist ebenfalls frei und ohne Subscription verfügbar. Es beinhaltet die neuesten Pakete mit brandaktuellen Features und Erweiterungen. In produktiven Umgebungen sollten Sie dieses Repository nicht verwenden. Nutzen Sie es für Testumgebungen, wenn Sie neue Versionen evaluieren wollen oder Experimente starten möchten.

Falls Sie es verwenden möchten, tragen Sie es am besten in die Datei */etc/apt/sources.list.d/proxmox.sources* ein:

```
~# cat > /etc/apt/sources.list.d/pve-install-repo.sources << EOL
Types: deb
URIs: http://download.proxmox.com/debian/pve
Suites: trixie
Components: pve-test
Signed-By: /usr/share/keyrings/proxmox-archive-keyring.gpg
```

Der Ablauf in Abbildung 4.22 zeigt, wann die Pakete in welchem Repository landen:

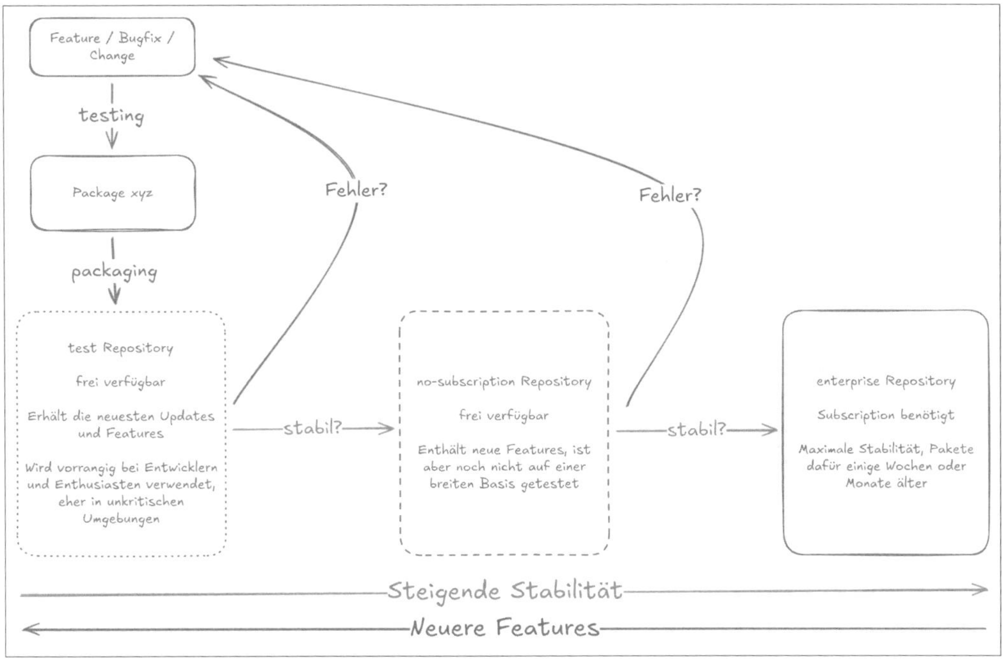

Abbildung 4.22: Proxmox-VE-Update-Repositories

Weitere Details zu den einzelnen Repositories finden Sie im Proxmox-Wiki auf der Seite *Package Repositories* unter *https://pve.proxmox.com/wiki/Package_Repositories*.

4.2.3 Installation von Updates

Kleinere Updates, also Updates innerhalb der gleichen Hauptversion, können Sie entweder über die GUI oder über die Shell installieren.

Bei einem Update gehen Sie automatisch immer auf die letzte verfügbare Version, egal von welcher Version Sie ausgehen. Ein Server in der Version 9.0 wird mit dem Update auf Version 9.2 aktualisiert, ohne dass vorher die Version 9.1 installiert wird. Innerhalb der gleichen Hauptversion aktualisiert man also jeweils auf die letzte und damit neueste verfügbare Version.

Update via GUI

Unter **Datacenter • <Server> • Updates** finden Sie alles, was Sie zur Installation von Aktualisierungen benötigen (siehe Abbildung 4.23).

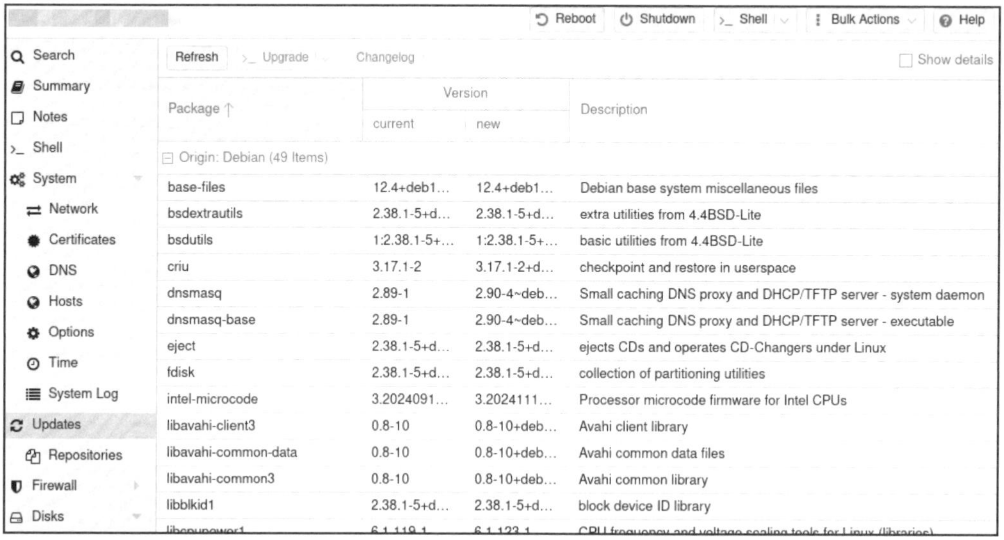

Abbildung 4.23: Update-Bereich der GUI

Normalerweise aktualisiert Ihr Server nachts automatisch die Liste der verfügbaren Updates (installiert sie jedoch nicht automatisch). Haben Sie gerade erst auf ein anderes Repository gewechselt, müssen Sie zunächst mit einem Klick auf **Refresh** die Paketquellen neu einlesen. Anschließend werden Ihnen die verfügbaren Updates angezeigt. Wenn Sie sich genauer informieren möchten, erreichen Sie über einen Doppelklick auf ein Paket oder den Button **Changelog** die Dokumentation der Änderungen.

Sind Sie bereit, das Update durchzuführen, klicken Sie auf **Upgrade**. Dann öffnet sich ein Terminalfenster, in dem Sie den Update-Vorgang beobachten können. Je nachdem, welche Pakete aktualisiert werden, müssen Sie vielleicht noch Rückfragen beantworten.

Ist das Update durchgelaufen, können Sie das Terminalfenster durch einen Klick rechts oben, die Eingabe von `exit` oder durch `Strg`+`D` beenden.

Update via Shell

Da Proxmox für Updates die Debian-Paketverwaltung aus `apt` und `dpkg` verwendet, ist es auch auf der Kommandozeile einfach, die Aktualisierungen zu installieren.

Es existieren mehrere Commandline-Tools, mit denen Sie unter Debian Linux die Installation und Updates von Paketen durchführen können. Am häufigsten werden dazu `apt-get` sowie `apt` verwendet. Ich verwende an manchen Stellen in diesem Buch `apt` und an manchen Stellen `apt-get`. Während `apt-get` als älteres Standardwerkzeug aufgrund seiner Abwärtskompatibilität in Skripten verwendet werden sollte, bietet `apt` als moderneres Werkzeug eine bessere Benutzererfahrung auf der Shell.

Sie könnten mit einem simplen `apt-get update && apt-get dist-upgrade` alle verfügbaren Pakete aktualisieren. Die Ausgabe ist die gleiche wie über die GUI. Das `&&` vor dem zweiten Befehl sorgt dafür, dass er nur ausgeführt wird, wenn der erste Befehl ohne Fehler beendet wurde.

Proxmox liefert jedoch die Wrapper-Skripte `pveupdate` und `pveupgrade` dafür mit, die zusätzliche Aufgaben erfüllen:

- Das Skript `pveupdate` können Sie nicht nur manuell anstatt eines `apt-get update` durchführen, es wird auch jede Nacht einmal ausgeführt. Seine Aufgaben sind:
  - Repositories aktualisieren
  - LXC-Container-Templates aktualisieren
  - Let's-Encrypt-Zertifikate prüfen und vor ihrem Ablauf verlängern
  - Falls eine Subscription auf dem Server hinterlegt ist, geht das Skript davon aus, dass es sich um einen produktiven Server handelt, und sendet dem Administrator eine E-Mail, dass neue Updates verfügbar sind
- Als zweites Skript existiert noch `pveupgrade`, das die eigentlichen Updates herunterlädt und installiert, indem es `apt-get dist-upgrade` aufruft. Es leistet aber noch ein wenig mehr, denn es gibt zusätzliche Hinweise aus. Wurde beispielsweise ein neuer Kernel installiert, erhalten Sie die Empfehlung, über einen Reboot nachzudenken. Ebenso verfährt das Skript, wenn es neue QEMU/KVM- oder LXC-Versionen installiert. In diesem Fall müssen Sie nicht den ganzen Server neu starten, wohl aber die einzelnen VMs und Container – mehr dazu aber gleich.

Kernel-(proxmox-kernel-)Upgrades

Nach einem Kernel-Update ist weiterhin der alte Kernel aktiv, bis Sie den Server rebooten und der neue Kernel beim Systemstart geladen wird.

Es gibt unter Linux auch Ansätze und Anbieter von Kernel-Live-Patching, die ein Update eines laufenden Kernels ermöglichen. In Proxmox-VE-Umgebungen empfehle ich jedoch aufgrund von Erfahrungen aus Kundenprojekten, darauf zu verzichten.

Sie müssen nicht sofort rebooten. Suchen Sie sich ein passendes Zeitfenster aus und planen Sie den Reboot dann, um den neuen Kernel zu aktivieren.

QEMU-(pve-qemu-)Upgrades

Die Basis für virtuelle Maschinen ist QEMU/KVM. *KVM* ist ein Kernelmodul und wird daher mit dem Linux-Kernel bereits aktualisiert, *QEMU* dagegen ist ein separates Paket.

Um nach einem Update von QEMU diese Version für eine VM zu verwenden, muss die VM neu gestartet werden. Es genügt nicht, innerhalb der VM einen Reboot durchzuführen. Stattdessen muss der QEMU/KVM-Prozess neu gestartet werden, und das wiederum bedeutet einen kompletten Shutdown der VM mit einem anschließenden Start.

Beim Start einer VM wird die dann jeweils installierte Version von QEMU verwendet, und zwar solange die VM läuft.

Auch hier gilt: Es ist nicht zwingend notwendig, den Stopp und Start sofort durchzuführen. Sie können das entweder mit einem Reboot wegen eines Kernel-Updates verbinden oder einen beliebigen Zeitpunkt für die VM wählen.

LXC-(pve-container-)Upgrades

Auch bei LXC-Containern gilt das Prinzip, dass der Container nach einem Update des `pve-container`-Pakets komplett heruntergefahren werden muss und erst bei einem Kaltstart die neuere LXC-Version verwendet.

Ebenfalls gilt: Suchen Sie sich den geeigneten Zeitpunkt aus, wann Sie das tun möchten. Bis dahin laufen die Container einfach auf der vorherigen Version weiter.

4.2.4 Major-Upgrades

Von einem Major-Upgrade spricht man, wenn die Hauptversionsnummer von Proxmox VE sich ändert wie bei einem Upgrade von Proxmox VE Version 8.4 auf Version 9.0. Da eine bestimmte Proxmox-VE-Hauptversion immer auf einer bestimmten Debian-Hauptversion basiert, schließt ein Major-Upgrade eines Proxmox-VE-Servers somit auch ein Debian-Upgrade mit ein. Wenn Sie also zum Beispiel ein Major-Upgrade von Proxmox VE 8.4 auf 9.0 durchführen, dann müssen Sie im gleichen Schritt auch von Debian 12 (Bookworm) auf Debian 13 (Trixie) aktualisieren.

Wie Sie bei einem Major-Upgrade allgemein vorgehen, ist im Proxmox-Wiki für jeden Versionssprung sehr gut und ausführlich dokumentiert. Sie finden die entsprechende Seite unter *https://pve.proxmox.com/*. Geben Sie oben rechts im Suchfeld »Upgrade from« als Begriff ein. Dann erhalten Sie sämtliche Seiten, die Major-Upgrades seit der ersten Version bis heute beschreiben (siehe Abbildung 4.24).

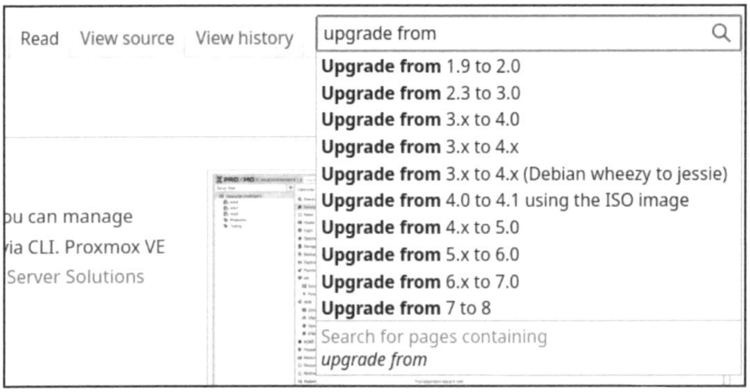

Abbildung 4.24: Die Suchfunktion im Proxmox-VE-Wiki findet alle Anleitungen zu Major-Upgrades.

Lassen Sie uns den Ablauf exemplarisch am Major-Upgrade von Proxmox VE 8 auf 9 einmal durchspielen.

4.2.5 Major-Upgrade von Proxmox VE 8 auf 9

Neuinstallation oder In-Place-Upgrade

Beim Major-Upgrade eines PVE-Servers können Sie zwischen zwei grundsätzlichen Vorgehensweisen wählen:

- **komplette Neuinstallation eines Servers auf der gleichen oder auch auf neuer Hardware inklusive Backup und Restore Ihrer VMs und Container**

  Ich empfehle Ihnen diese Vorgehensweise, wenn Sie
  - mehr als ein Upgrade machen müssen, zum Beispiel von Version 7 auf Version 9,
  - gleichzeitig zum Upgrade auf neue Hardware wechseln und/oder
  - grundlegende Änderungen wie den Wechsel des Root-Filesystems planen.
- **Das In-Place-Upgrade Ihres Servers durch Aktualisierung der vorhandenen Installation auf ein neues Major-Release. Hierzu werden die `apt`-Paketmanager von Debian verwendet.**

  Diese Variante empfehle ich, wenn Sie
  - nur einen Versionssprung benötigen, beispielsweise von Version 8 auf 9,
  - das Upgrade mit möglichst wenig Ausfallzeit durchführen möchten und/oder
  - mehrere Server in einem Cluster betreiben.

Im Folgenden werden wir uns das In-Place-Upgrade genauer anschauen.

Allgemeine Hinweise

- Ein direktes Upgrade auf Version 9 ist nur von Proxmox VE 8 möglich. Ältere Versionen (Proxmox VE 7.x und darunter) müssen Sie zunächst auf 8 aktualisieren.
- Planen Sie genügend Zeit für das Upgrade ein. Eine Schätzung ist schwer möglich, da die Dauer des Upgrades von vielen Faktoren abhängt.
- Erstellen Sie Backups aller VMs und Container. Ein Backup des Proxmox-VE-Hypervisors ist nicht zwingend notwendig, kann aber nicht schaden, um zur Not eine Wiederherstellung oder den Zugriff auf Netzwerkeinstellungen oder andere Informationen zu haben. Wenn Sie nicht die Möglichkeit haben, den Hypervisor vorher komplett zu sichern, kann auch ein Snapshot die Sicherheit vor dem Upgrade erhöhen. Prüfen Sie vor Beginn, dass ein Rollback oder eine Wiederherstellung möglich ist.
- Lesen Sie zunächst die gesamte Upgrade-Anleitung und besonders genau die *Breaking Changes* unter *https://pve.proxmox.com/wiki/Roadmap#9.0-known-issues*. Das sind die Änderungen, die nach einem Upgrade weitere Schritte oder Anpassungen erfordern. Darin werden auch Konstellationen aufgeführt, die nach dem Upgrade mögli-

cherweise fehlerhaft sind oder gar nicht mehr funktionieren. Prüfen Sie unbedingt, ob etwas in diesen Breaking Changes auf Ihre Installation zutrifft, bevor Sie mit dem Upgrade starten.

- Ein Major-Upgrade wird ausschließlich über die Shell durchgeführt. Ein Weg per GUI existiert dafür nicht. Keine Sorge - es ist nicht kompliziert, selbst wenn Sie auf der Shell nicht sehr erfahren sind.

Voraussetzungen und empfohlene Vorbereitungen

1. **Systemsicherung (Backups)**
   - Führen Sie vollständige Backups Ihrer virtuellen Maschinen und Container durch.
   - Sichern Sie die Konfiguration des Proxmox-VE-Hypervisors, zumindest aber das Verzeichnis */etc/pve* und die Dateien */etc/network/interfaces*, */etc/vzdump.conf*, */etc/resolv.conf* sowie selbst erstellte Skripte und alles, was Sie nach der Standardinstallation angepasst haben.
   - Prüfen Sie die Backups auf Fehler und darauf, ob eine korrekte Wiederherstellung möglich ist.
2. **Überprüfen Sie Ihre Hardware**
   - Stellen Sie sicher, dass Ihre Hardware mit Debian 13 (Trixie) und dem Proxmox-Kernel, der mit Proxmox VE 9 ausgeliefert wird, kompatibel ist. Das erste Release 9.0 beinhaltete einen Kernel 6.14 und spätere Releases auch die Kernel-Version 6.17.
   - Achten Sie darauf, dass genügend Speicherplatz für das Herunterladen und Installieren der Pakete zur Verfügung steht, insbesondere auf der root-Partition.
3. **Besonderheiten bei Cluster-Setups**
   - Falls Sie einen Proxmox-VE-Cluster betreiben, sollten Sie unbedingt *Server für Server* vorgehen und *nicht mehrere Server gleichzeitig* aktualisieren. Achten Sie stets darauf, dass es ein intaktes Quorum gibt. Weshalb das so wichtig ist, erkläre ich in Kapitel 15 eingehend.
   - Aus eigener Erfahrung empfehle ich Ihnen, vorab einen Snapshot der root-Partition zu erstellen, insbesondere bei dem Server, mit dem Sie beginnen. Sollten Sie während des Upgrades feststellen, dass etwas nicht nach Plan läuft, haben Sie damit eine einfache Möglichkeit, das Upgrade früh abzubrechen und den Ursprungszustand wiederherzustellen. Sie können dann in aller Ruhe eine Lösung finden und zu einem späteren Zeitpunkt einen erneuten Anlauf planen.
4. **Prüfen der Repository-Konfiguration**
   - In */etc/apt/sources.list* und in den Dateien unter */etc/apt/sources.list.d/* sollten Sie nur offizielle Einträge von Debian und Proxmox VE für das aktuelle Release haben.
   - Falls Sie weitere Repositories aus anderen Quellen eingebunden haben, sollten Sie diese für die Durchführung des Upgrades deaktivieren, damit Ihnen weitere Abhän-

gigkeiten oder von Drittanbietern bereitgestellte Pakete keinen Strich durch die Rechnung machen. Bevor Sie die sonstigen Repositories wieder aktivieren, sollten Sie prüfen, ob diese Einträge ebenfalls Anpassungen erfordern, da es sich nach dem Upgrade ja auch um ein neues Debian-Release handelt.

5. **Vorbereitende Paket-Updates**
   - Aktualisieren Sie zuerst alle Server auf den letzten verfügbaren Stand. Mit einem Blick in die GUI unter **Datacenter • <Servername> • Repositories** können Sie die aktuelle Version ermitteln und sehen, ob noch Updates ausstehen. Alternativ zeigt die Eingabe des Shell-Befehls `pveversion` die Versionsnummer an. Sollten Sie eine Version kleiner als 8.4.1 haben, müssen Sie zunächst alle noch ausstehenden Updates über die GUI oder die Shell installieren:

     ```
     apt-get update
     apt-get dist-upgrade
     ```
   - Starten Sie den Server anschließend neu, um sicherzustellen, dass alle aktuellen Kernel und Dienste laufen.
6. **Ceph-Kompatibilität vor dem Upgrade prüfen**
   - Nicht jede Ceph-Version ist mit jeder PVE-Version kompatibel. Proxmox stellt jedoch sicher, dass es einen Upgrade-Pfad gibt. Dies bedeutet, dass die letzte unter Proxmox VE 8.x unterstützte Ceph-Version gleichzeitig die erste unter Proxmox VE 9.x unterstützte Version ist und dass Sie stets die Möglichkeit eines Upgrades haben. Dies kann auch mehrere Ceph-Upgrades vor dem Proxmox-Upgrade erfordern. Ein Beispiel zur Erläuterung: Sie haben Proxmox VE 8.0 installiert und einen HCI-Cluster mit der damals aktuellen Version *Ceph Quincy 17.2* in Betrieb genommen. Nun haben Sie durch Updates die Proxmox-Version 8.4 erreicht und stehen vor einem Upgrade auf 9.0. Für ein Upgrade auf PVE 9 müssen Sie jedoch zunächst von Ceph Quincy 17.2 auf *Ceph Reef 18.2* und dann nochmals auf *Ceph Squid 19.2* aktualisieren, da diese Version die erste von Proxmox VE 9.0 unterstützte Version ist (siehe Abbildung 4.25).
   - In einem hyperkonvergenten Setup müssen Sie daher vor einem Upgrade des Hypervisors prüfen, ob ihre Ceph-Version auch unter dem neuen Release funktioniert. Sie können die aktuelle Version Ihrer Ceph-Komponenten am einfachsten auf dem Ceph-Dashboard unter **Datacenter • Ceph** in der Proxmox-GUI einsehen oder sie sich alternativ auf der Commandline mit dem Befehl `ceph -v` anzeigen lassen.
   - Falls Ihre Ceph-Version unter Proxmox VE 9.0 nicht mehr unterstützt wird, müssen Sie vor dem Upgrade des Hypervisors noch ein Upgrade Ihrer Ceph-Installation vornehmen. Proxmox veröffentlicht auch hierfür im Wiki für jeden Versionssprung eine detaillierte Anleitung. Diese finden Sie unter *https://pve.proxmox.com*, indem Sie nach *Ceph <Alte Version> to <Neue Version>* suchen, beispielsweise mit *Ceph Quincy to Reef*.

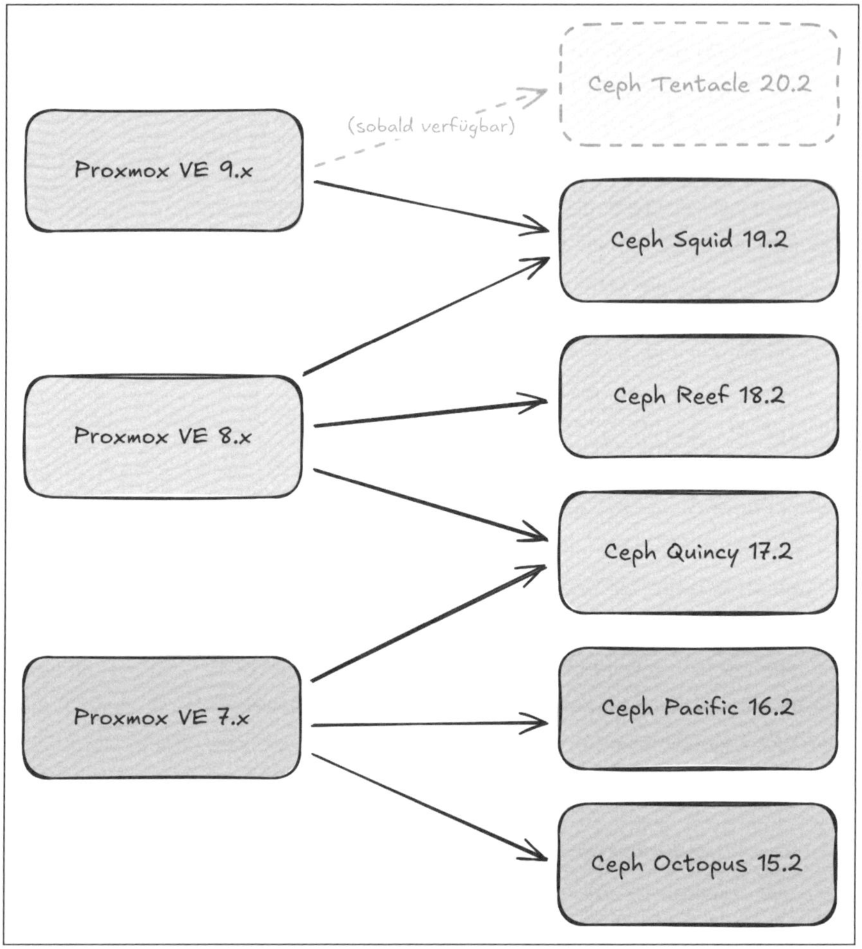

Abbildung 4.25: Kompatibilität von Proxmox VE und Ceph

7. **Upgrade eines mitinstallierten Proxmox Backup Servers prüfen**
   - Eine *Proxmox Backup Server* (PBS) kann auf einem Proxmox-VE-Server mitinstalliert sein. Falls Sie diese Variante verwenden, prüfen Sie vor dem Upgrade des PVE auch die Vorgehensweise für ein Major-Upgrade des PBS. Da die PBS-Version analog zu einem PVE ebenfalls von der Debian-Linux-Version des Systems abhängt, müssen Sie auch den PBS gleichzeitig oder vorab auf eine neue Version aktualisieren.
   - Im Falle eines Upgrades von PVE 8.4 auf 9.0 müssen Sie also auch den PBS von 3.x auf 4.0 aktualisieren. Keine Sorge, der Aufwand ist in den meisten Fällen überschaubar und erfordert nur wenige Schritte zusätzlich. Auch hier existiert wie üblich eine Schritt-für-Schritt-Anleitung im PBS-Wiki unter *https://pbs.proxmox.com/wiki/index.php/Upgrade_from_3_to_4*.

8. **Mindestens eine zuverlässige Zugriffsmöglichkeit sicherstellen**
   - Sorgen Sie dafür, dass es mindestens eine zuverlässige Möglichkeit gibt, wie Sie auch bei Fehlern im Upgrade-Prozess auf den Server zugreifen können. Führen Sie das Upgrade beispielsweise per SSH durch und es kommt zu Fehlern bei der Zuweisung von Netzwerk-Interfaces, dann könnten Sie den Zugriff verlieren und damit auch die Möglichkeit, den Fehler schnell zu beheben.
   - Ein Zugang zur Konsole des Servers mit Tastatur und Monitor ist zwar ideal, aber nicht gut machbar, wenn der Server in einem Rechenzentrum statt in einem Serverraum nebenan steht. In diesem Fall ist es sicher eine gute Idee, vorab eine Remote-Konsole oder einen Zugang zur IPMI-Konsole bereitzuhalten.
   - Alternativ dazu könnten Sie auch das Upgrade auf einem identischen, aber nicht produktiv verwendeten Server testen. Ein fehlerfreies Upgrade ist zwar keine absolute Sicherheit, dass es auf dem produktiven Server genauso funktionieren wird, aber der Test hilft Ihnen, potenzielle Fehlerquellen vorab zu erkennen und zu reduzieren.
9. **Gesundheitszustand des Servers oder Clusters prüfen**
   - Führen Sie Upgrades nur auf gesunden Servern und Clustern durch, da der Erfolg von Upgrades sonst kaum vorherzusagen ist. Im schlimmsten Fall enden Sie mit einem gar nicht mehr funktionierenden Server oder Cluster.
   - Bringen Sie also Ihre(n) Server zuerst in Ordnung, und führen Sie dann das Upgrade durch.
   - Achten Sie darauf, dass mindestens 10 GB Speicherplatz auf dem root-Filesystem und 5 GB RAM verfügbar sind.
10. **Das pve8to9-Checklist-Skript ausführen**
    - Auf Ihrem PVE-Server existiert das `pve8to9`-Skript, das Sie ähnlich wie ein Preflight-Check in der Luftfahrt bei einem Upgrade Ihres Servers unterstützt. Es prüft und meldet lediglich Dinge, die Ihnen beim Upgrade auf die Füße fallen könnten. Von Ihnen selbst angepasste Konfigurationen oder zusätzliche Software wird das Skript nicht berücksichtigen. Ein fehlerfreies Ergebnis des Skripts garantiert also leider noch kein erfolgreiches Upgrade.
    - Das Skript nimmt keine Veränderungen oder Fehlerbehebungen an Ihrer Installation vor, und Sie können es jederzeit und immer wieder ausführen.
    - Führen Sie das Skript zunächst ohne Parameter aus, indem Sie auf der Konsole `pve8to9` eingeben. Die wichtigsten Checks werden dann durchgeführt, und das Ergebnis wird Ihnen auf der Konsole angezeigt. Beheben Sie die Fehler, und führen Sie das Skript dann erneut aus, bis keine weiteren Fehler mehr auftauchen. Ein Beispiel ist in Listing 4.2 zu sehen.

- Anschließend starten Sie das Skript nochmals mit `pve8to9 --full`, um *alle* Checks durchlaufen zu lassen. Sollten Fehler angezeigt werden, beheben Sie auch diese, bevor Sie das Upgrade starten.

```
root@pve:~# pve8to9
= CHECKING VERSION INFORMATION FOR PVE PACKAGES =
Checking for package updates..
PASS: all packages up-to-date
Checking pve-manager package version..
PASS: pve-manager package has version >= 8.0-0
Checking running kernel version..
PASS: running kernel '6.8.12-9-pve' is considered suitable for upgrade.
= CHECKING CLUSTER HEALTH/SETTINGS =
SKIP: standalone node.
= CHECKING HYPER-CONVERGED CEPH STATUS =
SKIP: no hyper-converged ceph setup detected!
= CHECKING CONFIGURED STORAGES =
PASS: storage 'local' enabled and active.
PASS: storage 'local-lvm' enabled and active.
INFO: Checking storage content type configuration..
[...]
= VIRTUAL GUEST CHECKS =
INFO: Checking for running guests..
[...]
PASS: All VM machine versions are recent enough
= MISCELLANEOUS CHECKS =
INFO: Checking common daemon services..
[...]
INFO: Checking if the legacy sysctl file '/etc/sysctl.conf' needs to be
migrated to new '/etc/sysctl.d/' path.
SKIP: NOTE: Expensive checks, like CT cgroupv2 compat, not performed
without '--full' parameter

= SUMMARY =
TOTAL: 42
PASSED: 34
SKIPPED: 6
WARNINGS: 2
FAILURES: 0
```

Listing 4.2: Das mitgelieferte Skript »pve8to9« führt für Sie einen Preflight-Check vor dem Upgrade durch.

4.3 Die Upgrade-Schritte im Detail

Nachdem Sie nun die Vorbereitungen abgeschlossen haben, können wir mit dem Upgrade auf Version 9 beginnen. Falls möglich, sollten Sie das Upgrade an der physischen Konsole des Servers durchführen. Alternativ ist ein Upgrade auch über eine SSH-Verbindung möglich, jedoch sollten Sie sicherstellen, dass Sie eine weitere Möglichkeit haben, auf den Server zuzugreifen, falls die Verbindung abbrechen sollte.

Führen Sie das Major-Upgrade auf keinen Fall über die root-Konsole der Web-GUI durch, da die Verbindung auf jeden Fall abbrechen wird, spätestens beim Upgrade der Proxmox-VE-Komponenten.

4.3.1 VMs und Container migrieren oder herunterfahren

Auf einem einzelnen Server ist nun der Zeitpunkt gekommen, zu dem Sie Ihre VMs und Container herunterfahren müssen.

In einem Cluster können Sie die wichtigsten oder sogar alle VMs auf einen anderen Node des Clusters migrieren, sodass VMs meist weiterlaufen und Container nach kurzer Unterbrechung wieder verfügbar sind, damit Sie anschließend den Server einem Upgrade unterziehen können.

Eine Migration von LXC-Containern ist immer mit einem Restart verbunden. Der Container wird heruntergefahren, wird offline migriert und auf dem Zielserver wieder gestartet. Das dauert möglicherweise nur wenige Sekunden, vielleicht aber auch etwas länger, bis die Dienste im Container wieder zur Verfügung stehen.

Die Migration von VMs dagegen kann meist live und ohne Downtime erfolgen, sodass die VM permanent erreichbar bleibt und während des Umzugs normal funktioniert. Eine solche Live-Migration funktioniert generell auch von einem älteren Proxmox-VE-Server auf einen neueren. Umgekehrt – von einer neueren Version auf eine ältere Version – könnte es sogar auch funktionieren, das wird jedoch nicht offiziell unterstützt. Bei einem normalen Update-Zyklus jedoch werden Sie VMs immer nur auf Hypervisoren der gleichen oder neuerer Versionen migrieren müssen. Dies funktioniert selbst bei Major-Upgrades, wenn Sie eine VM beispielsweise von einem Proxmox VE 8.x auf einen Proxmox VE 9.x live migrieren möchten.

Betreiben Sie sogar einen HA-Cluster, gibt es eine besonders elegante Möglichkeit, Ihre VMs und Container zu migrieren und dafür zu sorgen, dass der betroffene Server fürs Erste nicht mehr für weitere VMs verwendet wird: Sie schalten den Node in den Wartungsmodus (*Maintenance Mode*). Auf einem einzelnen Server oder einem Nicht-HA-Cluster ist dies übrigens nicht möglich: Hier müssen Sie sich als Administrator selbst um die Migration oder das Herunterfahren kümmern. Mehr darüber erfahren Sie auch in Kapitel 15 und Kapitel 19.

Auf einem HCI-Cluster stellen Sie zunächst bitte unbedingt sicher, dass Ceph sich im Status `HEALTH_OK` befindet. Sollte sich der Ceph-Cluster in einem Warn- oder Error-Status befinden, lösen Sie unter allen Umständen zuerst das Ceph-Problem, bevor Sie fortfahren.

Aktuell ist das Aktivieren des Wartungsmodus nur über die Shell mit folgendem Befehl möglich:

```
~# ha-manager crm-command node-maintenance enable <server>
```

Als Folge werden alle VMs und Container, die als hochverfügbar konfiguriert sind, auf andere Nodes des Clusters live migriert, bis der Server leer ist.

Nach dem Upgrade können Sie mit folgendem Befehl den Wartungsmodus für diesen Server wieder aufheben:

```
~# ha-manager crm-command node-maintenance disable <server>
```

4.3.2 Repository-Einträge anpassen

Als nächsten Schritt passen wir die Update-Quellen an, aus denen Debian sowie Proxmox VE die Updates herunterladen sollen.

In Debian 13 (Trixie) hat Debian bei neuen Installationen von der bekannten */etc/apt/sources.list* auf die neue */etc/apt/sources.list.d/debian.sources* im deb822-Format umgestellt. Sie können bei einem Upgrade jedoch auch das ältere Format weiterhin verwenden.

Proxmox verwendet ebenfalls das neue Format und lagert nun die Proxmox-Repositories in eine separate Datei */etc/apt/sources.list.d/proxmox.sources* aus. Daher kommentieren Sie am besten alle Proxmox-Repositories in der Datei `/etc/apt/sources.list` aus, sofern bei Ihnen dort überhaupt noch Einträge gibt.

Aktualisieren Sie die Einträge in der Repository-Datei */etc/apt/sources.list* von `Debian Bookworm` auf `Debian Trixie`. Dies können Sie entweder mit einem Editor Ihrer Wahl auf der Shell erledigen oder mit dem Stream-Editor `sed` und dem Befehl `sed -i 's/bookworm/trixie/g' /etc/apt/sources.list` automatisch erledigen.

Die Texteditoren `nano` sowie `vim` sind bereits installiert. Mit `nano` finden Sie sich schnell zurecht, da er sehr einfach zu bedienen ist.

Mit dem Befehl `nano /etc/apt/sources.list` können Sie nun die Datei editieren. Ersetzen Sie alle Vorkommen von `bullseye` durch `bookworm` und speichern Sie die Datei danach.

- **Vorher:**

  ```
  deb http://ftp.de.debian.org/debian bookworm main contrib
  deb http://ftp.de.debian.org/debian bookworm-updates main contrib
  ```

```
# security updates
deb http://security.debian.org bookworm-security main contrib
deb http://download.proxmox.com/debian/pve bookworm pve-no-subscription
```

- **Nachher:**

```
deb http://ftp.de.debian.org/debian trixie main contrib
deb http://ftp.de.debian.org/debian trixie-updates main contrib
# security updates
deb http://security.debian.org trixie-security main contrib
# deb http://download.proxmox.com/debian/pve trixie pve-no-subscription
```

Prüfen Sie, dass es keine Repositories mehr gibt, die noch auf die Version `bookworm` verweisen. Falls doch, kommentieren Sie sie aus, indem Sie ein # an den Anfang der Zeile setzen.

Als Nächstes passen wir nun die Paketquellen für Proxmox VE an. Da Proxmox nun das neue Format verwendet, sollten Sie alle alten Einträge auskommentieren, beispielsweise in der Datei */etc/apt/sources.list* und in der Datei */etc/apt/sources.list.d/pve-enterprise.list*

Mit dem folgenden Kommando legen Sie die neuen Repositories in der Datei */etc/apt/sources.list.d/pve-enterprise.sources* an:

```
~# cat > /etc/apt/sources.list.d/pve-enterprise.sources << EOF
Types: deb
URIs: https://enterprise.proxmox.com/debian/pve
Suites: trixie
Components: pve-enterprise
Signed-By: /usr/share/keyrings/proxmox-archive-keyring.gpg
EOF
```

Das Repository `pve-enterprise` benötigt eine gültige Subscription für den Abruf von Updates. Wenn keine Subscription auf dem Server eingetragen ist oder die Subscription nicht mehr gültig ist, erhalten Sie beim späteren Abruf eine Fehlermeldung. In diesem Falle erhalten Sie zwar weiterhin Updates von Debian, jedoch nicht von Proxmox.

Falls Sie eines der anderen Repositories wie `pve-no-subscription` oder `pve-test` verwenden, müssen Sie möglicherweise andere Dateien editieren. Das hängt davon ab, wie das Repository ursprünglich hinzugefügt wurde:

- Der Repository-Dialog in der Web-GUI fügt das `pve-no-subscription`-Repository direkt in die */etc/apt/sources.list* ein.
- Falls es auf der Shell hinzugefügt wurde, könnte es auch in */etc/apt/sources.list.d/pve-no-subscription.list* oder einer anderen Datei konfiguriert worden sein.

Der Inhalt dieser Datei sieht dann wie folgt aus:

```
deb http://download.proxmox.com/debian/pve trixie pve-no-subscription
```

Einen Hinweis für hyperkonvergente Umgebungen mit Ceph möchte ich an dieser Stelle noch einfügen: Seit Proxmox VE Version 8.0 gibt es die gleiche Repository-Struktur wie für den Proxmox-VE-Hypervisor. Neben einem Ceph-Enterprise-Repository existieren nun auch Ceph-No-Subscription- und Ceph-Test-Quellen. Die Enterprise-Pakete sind auch hier nur mit einer Proxmox-VE-Subscription verfügbar.

Falls Sie Ceph verwenden, müssen Sie an dieser Stelle auch die Ceph-Repositories an die neue Version sowie die neue Struktur anpassen. Außerdem müssen Sie hier sicherstellen, dass Sie bereits Ceph Quincy 19.2 verwenden, da diese Version sowohl unter PVE 8 wie auch unter PVE 9 unterstützt wird.

4.3.3 Paketlisten aktualisieren

Nachdem wir nun die Update-Repositories auf die neue Version zeigen lassen, rufen wir zunächst die Liste aller verfügbaren Pakete ab. Dafür können wir einen beliebigen `apt`-Paketmanager verwenden. Proxmox verwendet für Skripte und Wrapper meist `apt-get`, Sie können jedoch auch den etwas neueren `apt`-Befehl einsetzen, der die Funktionen verschiedener `apt`-Befehle kombiniert und dabei etwas hübscher und benutzerfreundlicher ist.

Mit dem Befehl `apt-get update` aktualisieren wir nun zunächst die Paketlisten der Debian- und Proxmox-Repositories.

Falls bei diesem Schritt eine Fehlermeldung angezeigt wird, könnte es an ungültigen Repositories, an simplen Schreibfehlern oder an einer fehlenden Enterprise-Subscription liegen. Korrigieren Sie den Fehler zunächst; dann versuchen Sie es erneut, bis der Befehl fehlerfrei durchläuft.

4.3.4 Dist-Upgrade durchführen

Bis zu diesem Schritt haben wir noch keinerlei Pakete aktualisiert. Dies nehmen wir als Nächstes in Angriff. Wir beginnen also mit dem eigentlichen Upgrade aller Pakete.

Mit dem Befehl `apt-get dist-upgrade` werden nun alle neuen Pakete heruntergeladen und anschließend installiert.

Möglicherweise werden Sie während des Prozesses aufgefordert, eine Entscheidung für Konfigurationsdateien zu treffen, die nach der ursprünglichen Installation verändert worden sind. Prüfen Sie die Änderungen und entscheiden Sie, was für Ihre Umgebung notwendig ist. Im Zweifelsfall sollten Sie die bestehenden Konfigurationsdateien behalten und nicht durch neue Konfigurationen überschreiben lassen. Während dieses Vorgangs werden alle nötigen Pakete heruntergeladen und installiert.

Hier sind noch einige Empfehlungen für bestimmte Dateien:

- */etc/issue*: Die Datei wird von Proxmox beim Bootvorgang automatisch erstellt. Behalten Sie die Datei einfach, so wie es Ihnen auch vorgeschlagen wird.

- */etc/lvm/lvm.conf*: Hier ist es meist sinnvoll, die neue Datei aus dem Update zu nehmen und die vorhandene zu überschreiben. Falls Sie eigene Anpassungen vorgenommen haben, prüfen Sie, ob diese auch in der neuen Version wieder eingetragen werden sollten.
- */etc/ssh/sshd_config*: Falls Sie hier eine angepasste Konfiguration verwenden, übernehmen Sie Ihre Anpassungen ebenfalls nach dem Überschreiben der Datei. Wenn Sie sich nicht sicher sind, behalten Sie Ihre bestehende Konfigurationsdatei.
- */etc/default/grub*: Prüfen Sie genau, ob Sie beispielsweise besondere Kernel-Commandline-Optionen verwenden, und übernehmen Sie diese Änderungen ebenfalls in die neue Konfiguration. Wenn Sie sich unsicher sind, bleiben Sie lieber bei der vorherigen, bereits vorhandenen Version.
- */etc/chrony/chrony.conf*: Falls Sie Anpassungen an der Konfiguration vorgenommen haben, sollten Sie diese in eine eigene conf-Datei unter */etc/chrony/conf.d/* migrieren. Zum Eintragen eigener NTP-Server verwenden Sie eine separate Datei unter */etc/chrony/sources.d/*.

Nachdem das `apt-get dist-upgrade` beendet wurde, sollten Sie prüfen, ob dabei Fehler aufgetreten sind. Dazu können Sie das schon erwähnte Skript `pve8to9` nochmals durchlaufen lassen und seine Ausgabe überprüfen.

Anschließend führen Sie einen Neustart des Servers mit dem Befehl `reboot` durch. Nach einigen Minuten sollte Ihr Server wieder erreichbar sein und Ihnen die Version 8 anzeigen. Wie auch bei normalen Updates sollten Sie den Browser-Cache leeren oder einen Force-Reload der Seite mit [Strg]+[⇧]+[R] durchführen.

Herzlichen Glückwunsch: Sie haben das Upgrade des Servers nun erfolgreich durchgeführt. Prüfen Sie nach dem Neustart, ob alle Dienste wie erwartet laufen. Am einfachsten geht dies über die GUI unter **Datacenter • <Server> • System**, wo der Status aller relevanten Dienste aufgelistet ist.

Bei einem einzelnen Server können Sie nun Ihre VMs und Container wieder starten.

In einem Cluster können Sie die VMs zurück auf diesen Server migrieren und anschließend mit dem nächsten Server fortfahren.

Falls Sie einen HA-Cluster verwenden und zu Beginn des Upgrades den Wartungsmodus aktiviert haben, schalten Sie den Wartungsmodus für diesen Node nun mit `ha-manager crm-command node-maintenance disable <server>` wieder aus und aktivieren ihn für den nächsten Node mit `ha-manager crm-command node-maintenance enable <name des nächsten servers>`.

Da Ceph möglicherweise noch zwischenzeitlich erfolgte Änderungen repliziert, warten Sie ab, bis der Ceph-Status ebenfalls wieder auf `HEALTH_OK` steht, bevor Sie mit dem nächsten Node fortfahren.

4.3.5 Alte oder obsolet gewordene Pakete entfernen

Nach Abschluss des Upgrades können alte oder nicht mehr benötigte Pakete übrig bleiben, darunter beispielsweise alte Kernel-Versionen. Mit einem beherzten `apt-get autoremove` entfernen Sie diese und machen dadurch Speicher für die nächsten Kernel-Versionen frei.

4.4 Zusätzliche Schritte bei Cluster-Setups

In der vorangegangenen Anleitung habe ich bereits an den entsprechenden Stellen auf die Besonderheiten von Clustern, HA-Clustern und HCI-Clustern hingewiesen. Falls Sie jedoch den Teil übersprungen haben, lesen Sie bitte hier noch einmal die wichtigsten Hinweise für Cluster-Upgrades in der Zusammenfassung:

- Führen Sie das Upgrade Server für Server durch. Vermeiden Sie das parallele Upgrade mehrerer Server zur gleichen Zeit. Aktualisieren Sie also zunächst einen Server, prüfen Sie anschließend dessen Funktionalität (GUI, VMs/Container, HA, Storages etc.) und fahren Sie erst nach Abschluss mit dem nächsten Server fort.
- In HA-Clustern können Sie den *Maintenance-Mode* verwenden, um VMs und Container vor einem Upgrade auf einen anderen Server zu migrieren.
- Stellen Sie sicher, dass der aktualisierte Server ordnungsgemäß mit den anderen Knoten kommunizieren kann und dass das Quorum erhalten bleibt.
- In einem Ceph-HCI-Cluster warten Sie mit dem Upgrade des nächsten Servers so lange, bis auch Ceph wieder im Status `HEALTH_OK` ist.

4.5 Abschließende Arbeiten

Nachdem die Upgrades abgeschlossen sind, sollten Sie einige Punkte überprüfen, bevor es mit dem Tagesgeschäft weitergeht:

- **Netzwerk-Konfiguration prüfen:** In seltenen Fällen führt ein Kernel-Upgrade zu geänderten Namen für Netzwerk-Interfaces. Dies kann im schlimmsten Fall dafür sorgen, dass der Server nicht mehr erreichbar ist oder Netzwerkzonen vertauscht werden. Prüfen Sie daher nach einem Upgrade alle Netzwerk-Interfaces und korrigieren Sie die Konfiguration, falls erforderlich.
- **Quellen für neue Pakete einbinden:** Wenn Sie zusätzliche Software installiert haben, vergewissern Sie sich, dass Sie jetzt auch Bookworm-kompatible Repositories verwenden.

Kapitel 5
Benutzerverwaltung und Rechtemanagement

Um virtuelle Maschinen und Container effizient und sicher zu verwalten, sind eine durchdachte Benutzerverwaltung und ein granulares Rechtemanagement unerlässlich. Dieses Kapitel bietet Ihnen einen umfassenden Überblick über die Konzepte und Funktionen der Benutzerverwaltung und des Rechtemanagements in Proxmox VE.

Eine gut konfigurierte Benutzerverwaltung in Proxmox VE ermöglicht es, den Zugriff auf sensible Daten und Ressourcen zu kontrollieren und die Sicherheit des Systems zu gewährleisten. Durch die Definition von Benutzern mit spezifischen Rechten und die Gruppierung von Benutzern können Administratoren den Zugriff auf bestimmte Funktionen, virtuelle Maschinen, Container, Storage-Bereiche und andere Ressourcen präzise steuern oder eingeschränkte Berechtigungen an bestimmte Benutzer oder Gruppen delegieren.

5.1 Die grundlegende Funktionsweise der rollenbasierten Zugriffskontrolle

Bei einer rollenbasierten Zugriffskontrolle, die auch als *Role-Based Access Control (RBAC)* bezeichnet wird, handelt es sich um ein Sicherheitskonzept, bei dem der Zugriff auf bestimmte Objekte nicht für jeden Benutzer einzeln festgelegt werden muss, sondern auf Basis von Rollen erfolgt.

Wir sprechen oft von *Berechtigungen*, was jedoch nicht immer eindeutig ist. Wenn wir Berechtigungen in bessere Begriffe zerlegen, lassen diese sich leichter erläutern. Von Berechtigungen spreche ich also, wenn ich mehrere Komponenten oder die allgemeine Funktionsweise meine.

Lassen Sie mich also zunächst die Berechtigungen in einzelne Begriffe zerlegen, weil sie sich im weiteren Text besser erklären lassen.

5.1.1 Benutzer

Ein *Benutzer* bezeichnet in der Regel einen echten Menschen, der sich am System mit Benutzername und Passwort anmeldet. Benutzer können einer oder mehreren Gruppen angehören. Das könnten Sie oder einer Ihrer Kollegen sein. Benutzer können entweder lokal auf dem Proxmox-System angelegt sein oder von einem externen Active Directory oder einem LDAP-Server stammen. Sie finden die Benutzer unter **Datacenter • Permissions • Users**.

Um das Risiko eines unerlaubten Zugriffs zu minimieren, kann jeder Benutzer für sich selbst einen zweiten Faktor einrichten, der bei der Anmeldung am System zusätzlich abgefragt wird. Auf die Zwei-Faktor-Authentifizierung gehe ich im weiteren Verlauf des Kapitels noch näher ein.

5.1.2 Tokens

Ein *Token* besitzt wie ein Benutzer die Möglichkeit, sich am System zu authentifizieren. Tokens sind im Grunde genommen digitale Schlüssel, die immer einem Benutzer zugeordnet sind und deshalb auch maximal dessen Berechtigungen besitzen können. Jedoch können die Berechtigungen eines Tokens weiter eingeschränkt werden, um beispielsweise in Skripten oder in anderen Systemen nur bestimmte Zugriffe zu erlauben.

Damit müssen Sie nicht Ihre eigenen Zugangsdaten in einem Skript hinterlegen und übermitteln, sondern können speziell dafür ein Token erzeugen. Bei Bedarf lässt sich das Token auch unabhängig vom Benutzer sperren oder durch ein neues ersetzen.

Tokens werden meist für API-Aufrufe in folgenden Szenarien verwendet:

- **Automatisierung:** Skripte oder Anwendungen, die auf die Proxmox-VE-API zugreifen müssen, können Tokens verwenden, um sich zu authentifizieren.
- **Integration:** Externe Systeme oder Dienste können über Tokens in Proxmox VE integriert werden, um beispielsweise Metriken zu sammeln oder VMs zu verwalten.

Beim Anlegen eines Tokens wählen Sie den Besitzer aus und geben dem Token eine **Token ID**, also seine Bezeichnung (siehe Abbildung 5.1). Durch die Option **Privilege Separation** entscheiden Sie, ob das Token die Berechtigungen des Besitzers erbt (Häkchen nicht gesetzt) oder ob Berechtigungen explizit für das Token gesetzt werden müssen (Häkchen gesetzt – Voreinstellung).

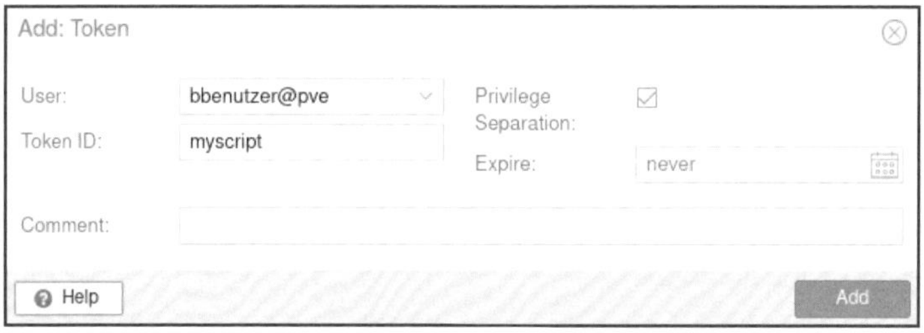

Abbildung 5.1: So legen Sie ein Token über die Proxmox-VE-GUI an.

Im nächsten Schritt erhalten Sie nun ein generiertes Token. Die finale Token-ID ist nach dem Schema <benutzer>@<realm>!<tokenname> zusammengesetzt, und das **Secret**, also das geheime Passwort dazu, wird Ihnen nur einmal angezeigt (siehe Abbildung 5.2).

Diese Daten können Sie nun aus Skripten oder anderen Systemen für die Authentifizierung an der Proxmox-VE-API verwenden.

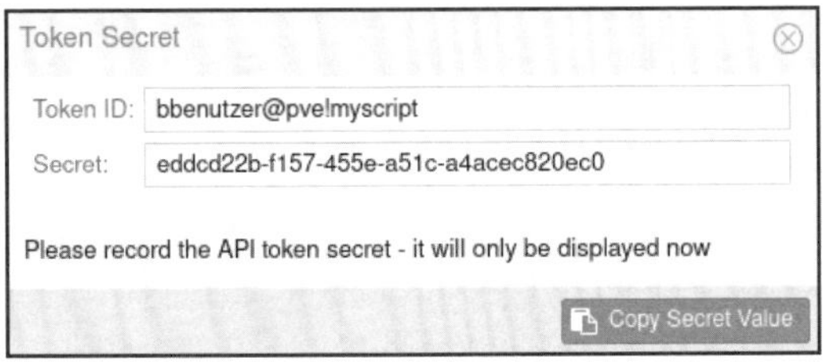

Abbildung 5.2: Ausgabe des Tokens in der Proxmox-VE-GUI

Tokens überprüfen

Überprüfen Sie regelmäßig die vorhandenen Tokens und deren Berechtigungen, um nur autorisierte Zugriffe zuzulassen. Falls es Ihnen möglich ist, können Sie Tokens auch in regelmäßigen Abständen erneuern, um das Risiko eines Missbrauchs zu minimieren. Wenn Sie die Sicherheit noch weiter erhöhen möchten, können Sie Tokens auch ein automatisches Ablaufdatum geben. Allerdings birgt diese Vorgehensweise auch die Gefahr, dass der Zugriff dann »plötzlich« nicht mehr funktioniert und Prozesse darunter leiden.

Tokens werden wie die anderen Bestandteile des Berechtigungssystems in der Datei */etc/pve/user.cfg* abgelegt, und die Secrets dazu stehen in */etc/pve/priv/token.cfg*.

5.1.3 Gruppen

Eine *Gruppe* umfasst mindestens einen, jedoch meistens mehrere Benutzer mit ähnlichen Tätigkeiten oder Berechtigungen. Eine Gruppe könnten beispielsweise alle Administratoren, alle Entwickler oder alle Anwender einer Abteilung sein. Auch Gruppen können lokal angelegt oder extern definiert werden. In der GUI sind die Benutzergruppen unter **Datacenter • Permissions • Groups** zu sehen.

5.1.4 Privilegien

Ein *Privileg* ist ein spezifisches Recht auf eine bestimmte Aktion, eine Tätigkeit oder eine Eigenschaft. Privilegien sind in Proxmox nach dem Schema `<Bereich>.<Aktion>[.<Eigenschaft>]` aufgebaut, wobei die Eigenschaft nicht immer vorhanden ist. Konkrete Beispiele für Privilegien sind die Optionen von `Sys.PowerMgmt`, mit dem Sie einen Node starten, stoppen oder rebooten können. Ein weiteres Beispiel ist das Privileg `VM.Config.CPU`, das Ihnen die Konfiguration der CPU-Einstellungen einer VM ermöglicht. Privilegien lassen sich in Rollen gruppieren und sind von Proxmox vorgegeben. Sie finden die existierenden Privilegien in der Proxmox-VE-Dokumentation oder hinter den vordefinierten Rollen unter **Datacenter • Permissions • Roles**.

5.1.5 Rollen

Eine *Rolle* umfasst mehrere Privilegien, man könnte sie also als Gruppe von Privilegien betrachten. So könnten Sie mit einer Rolle *VMRestart* beispielsweise die Privilegien `VM.Audit`, `VM.PowerMgmt` und `VM.Console` gruppieren und einer Benutzergruppe damit erlauben, bestimmte VMs zu sehen, neu zu starten und die VM-Konsole zu verwenden.

Proxmox VE bringt bereits vordefinierte Rollen für die gängigsten Anwendungszwecke mit. Falls diese nicht ausreichen, können Sie weitere Rollen selbst definieren und spezifische Privilegien darin gruppieren. In der GUI finden Sie die Rollen unter **Datacenter • Permissions • Roles**.

Tabelle 5.1 zeigt Ihnen die Liste der bereits vordefinierten Rollen in Proxmox VE inklusive Privilegien und Verwendungszwecken:

Rolle	Privilegien
`Administrator`	Hat volle Zugriffsrechte.
`NoAccess`	Hat keine Zugriffsrechte und wird verwendet, um den Zugriff zu verbieten, beispielsweise nach Vererbung von übergeordneten Berechtigungen.
`PVEAdmin`	Kann die meisten Aufgaben ausführen, hat aber keine Rechte zum Ändern von Systemeinstellungen (`Sys.PowerMgmt`, `Sys.Modify`, `Realm.Allocate`) oder Berechtigungen (`Permissions.Modify`).
`PVEAuditor`	Hat nur Lesezugriff. Gut geeignet zur Anbindung von Monitoring-Systemen oder Helpdesk-Mitarbeitern, die den Status sehen sollen, jedoch keine Änderungen vornehmen dürfen.
`PVEDatastoreAdmin`	Kann Backup-Speicherplatz und -Templates erstellen und zuweisen.
`PVEDatastoreUser`	Kann Backup-Speicherplatz zuweisen und Speicher anzeigen.
`PVEMappingAdmin`	Kann Ressourcenzuordnungen verwalten.
`PVEMappingUser`	Kann Ressourcenzuordnungen anzeigen und verwenden.
`PVEPoolAdmin`	Kann Pools zuweisen.
`PVEPoolUser`	Kann Pools anzeigen.
`PVESDNAdmin`	Kann die SDN-Konfiguration verwalten.

Tabelle 5.1: Privilegien und deren Verwendung

Rolle	Privilegien
`PVESDNUser`	Hat Zugriff auf Bridges/VNets.
`PVESysAdmin`	Kann Audits durchführen, auf die Systemkonsole und Systemprotokolle zugreifen.
`PVETemplateUser`	Kann Templates anzeigen und klonen.
`PVEUserAdmin`	Kann Benutzer verwalten.
`PVEVMAdmin`	Kann VMs vollständig verwalten.
`PVEVMUser`	Kann VMs anzeigen, sichern, CD-ROMs konfigurieren, auf die VM-Konsole zugreifen und die VM-Energieverwaltung nutzen.

Tabelle 5.1: Privilegien und deren Verwendung (Forts.)

5.1.6 Objekte

Ein *Objekt* ist in Proxmox VE etwas, worauf sich Privilegien anwenden lassen. Das könnte beispielsweise eine VM, ein Container, ein Proxmox-VE-Node, ein Storage, eine Netzwerk-Bridge oder das Software Defined Networking insgesamt oder auch in Teilen sein.

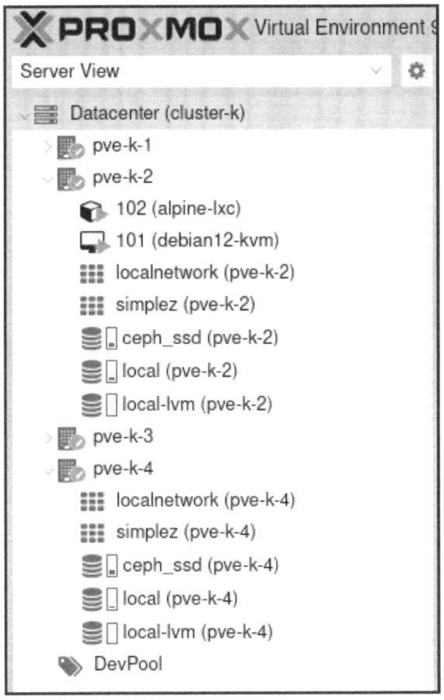

Abbildung 5.3: So werden Objekte in Proxmox VE angezeigt.

Objekte sehen Sie in der Proxmox-GUI ganz links in einer Baumstruktur (siehe Abbildung 5.3). Klicken Sie ein Objekt an, finden Sie im zweiten Menü die **Permissions**, auf denen Sie die Berechtigungen für dieses Objekt einsehen oder setzen können.

Objekte sind in *Pfaden* definiert, die wiederum Platzhalter verwenden oder sogar benötigen können. Einige Beispiele für Objekte/Pfade sind:

- `/nodes/{nodename}`: Berechtigungen auf den Proxmox-Node `{nodename}`
- `/vms`: Berechtigungen auf alle VMs
- `/vms/{vmid}`: Berechtigungen auf die VM mit der ID `{vmid}`
- `/storage/{storeid}`: Berechtigungen auf den Storage `{storageid}`
- `/pool/{poolname}`: Berechtigungen auf den Pool mit dem Namen `{poolname}`
- `/access/groups`: Berechtigungen auf die Administration aller Benutzergruppen
- `/access/realms/{realmid}`: Berechtigungen auf den Realm `{realmid}`

Aus den Objektarten lassen sich mehrere Ebenen ableiten:

- **root-Ebene:** Alle hier gesetzten Berechtigungen gelten als Standard für alle Objekte.
- **Node-Ebene:** Rechte werden für einen bestimmten Knoten im Cluster vergeben. Ein Benutzer mit Rechten auf Knotenebene kann auf alle Ressourcen dieses Knotens zugreifen, es sei denn, es gibt spezifischere Berechtigungen auf niedrigeren Ebenen.
- **VM-Ebene:** Rechte werden für eine bestimmte virtuelle Maschine vergeben. Dies ermöglicht eine präzise Kontrolle darüber, welche Benutzer auf welche VMs zugreifen dürfen und welche Aktionen sie dort ausführen dürfen.
- **Storage-Ebene:** Rechte werden für einen bestimmten Storage vergeben. Benutzer können beispielsweise Lese- oder Schreibzugriff auf bestimmte Storage-Bereiche erhalten.
- **Access-Ebene:** Setzt die Zugriffsberechtigungen für Authentifizierungs- und Berechtigungslisten.
- **Mapping-Ebene:** Rechte auf diesem Pfad dienen zur Zugriffskontrolle auf *Device Mappings*.
- **SDN-Ebene:** Unter diesem Pfad werden Berechtigungen auf Einheiten des Software Defined Networkings gesetzt.

5.1.7 Resource Pools

Ein *Pool* erlaubt es Ihnen, mehrere Objekte wie VMs, Container und Storages zu gruppieren, um gleiche Berechtigungen auf sie anzuwenden. So könnten Sie mehrere VMs sowie einen Storage und ein Netzwerk zu einem Pool zusammenfassen. Auf diesen Pool lassen sich dann Berechtigungen anwenden. Ein Pool erscheint in der Proxmox-VE-GUI im linken Bereich unterhalb der Nodes (siehe Abbildung 5.4). Dort können Sie dem Pool auch Mitglieder zuweisen und Berechtigungen zuordnen.

Während für VMs und Container die gleichen Privilegien verwendet werden, benötigen Sie für Storages andere Privilegien.

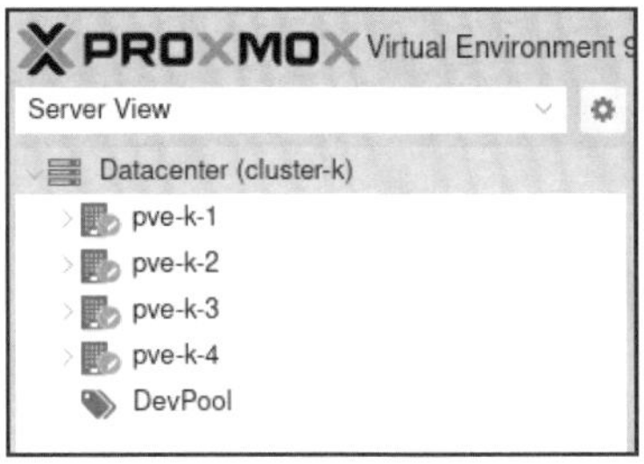

Abbildung 5.4: So wird ein Pool in der Proxmox-VE-GUI angezeigt.

Beispiel: Ihr Pool umfasst eine VM und einen Storage für ISO-Images. Die Benutzer sollen nun die VMs verwenden dürfen und dazu auch bereits vorhandene ISO-Images für eine eventuelle Neuinstallation verwenden dürfen.

In diesem Fall müssen Sie auf Ihrem Pool für die Nutzer die folgenden Berechtigungen einrichten:

- die Rolle `PVEVMUser` zur Verwendung der VM und des Containers als normaler Benutzer: Auch normale Benutzer dürfen bereits den Inhalt der virtuellen CD-ROM ändern und damit auch ein anderes ISO-Image auswählen und davon starten.
- die Rolle `PVEDatastoreUser` zum Zugriff auf den ISO-Storage. Damit erlauben Sie die Nutzung von Inhalten auf dem Storage.

5.1.8 Vererbung

Berechtigungen auf übergeordnete Entitäten werden auf darunterliegende vererbt, wenn Sie die Vererbung nicht explizit deaktivieren.

Die Vererbung wird nach den folgenden Regeln in Proxmox angewendet:

- Berechtigungen für einzelne Benutzer ersetzen Berechtigungen für Gruppen.
- Gruppenberechtigungen werden angewendet, wenn der Benutzer dieser Gruppe zugewiesen ist.
- Berechtigungen in Unterpfaden ersetzen höhergesetzte Berechtigungen.
- `NoAccess` entfernt alle anderen Rollen auf einem bestimmten Pfad.
- Tokens können nur Berechtigungen besitzen, auf die der Eigentümer des Tokens ebenfalls Zugriff besitzt.

Greifen wir uns zur Erläuterung zwei Pfade heraus und sehen wir uns ein konkretes Beispiel dazu an:

1. Sie setzen für den Benutzer *Steven Readonly* die Rolle `PVEAuditor` auf den Pfad `/vms`. Damit kann der Benutzer alle VMs sehen, jedoch nichts ändern, administrieren oder gar eine Konsole der VMs aufrufen, da die benötigten Privilegien nicht in der `PVEAuditor`-Rolle enthalten sind.

2. Wenn Sie *Steven Readonly* nun zusätzlich die Rolle `PVEVMUser` zuweisen und sie auf den Pfad `/vms/111` legen, dann kann er für die VM mit der ID 111 auch die Konsole aufrufen, das ISO-Image wechseln und die VM auch starten, stoppen oder einen Neustart durchführen.
3. Sie können für *Steven Readonly* nun auch noch die Rolle `NoAccess` auf dem Pfad `/vms/222` hinzufügen. Damit entziehen Sie ihm sämtliche vorher gesetzten Privilegien für diesen Pfad. Damit wird die VM mit der ID 222 für ihn nicht einmal mehr sichtbar sein.

5.2 Kombination der Komponenten und Anwendungsbeispiele

Die Zuweisung von Rollen mit den minimal notwendigen Privilegien ist ein wichtiger Aspekt eines *Least-Privilege-Sicherheitsmodells*. Durch die Beschränkung der Benutzerrechte auf das Nötigste minimieren Sie das Risiko, dass kompromittierte Konten Schaden anrichten können. Deshalb empfehle ich Ihnen, Berechtigungen sorgsam zu vergeben und eher zu wenige Berechtigungen zu erteilen und diese - falls überhaupt nötig - bei Bedarf zu erweitern.

Mit den genannten Komponenten können Sie nun *Access Control Lists* (ACLs) bilden. Die Administration des gesamten Rechtemanagements erfolgt entweder per GUI unter **Datacenter • Permissions** oder mit dem Befehl `pveum` (*PVE User Manager*) über die Shell. Insgesamt erhalten Sie damit die elegante Möglichkeit, gleichartige Dinge zusammenzufassen und damit kürzere Berechtigungslisten zu erhalten. Abbildung 5.5 zeigt es etwas konkreter anhand von Beispielen.

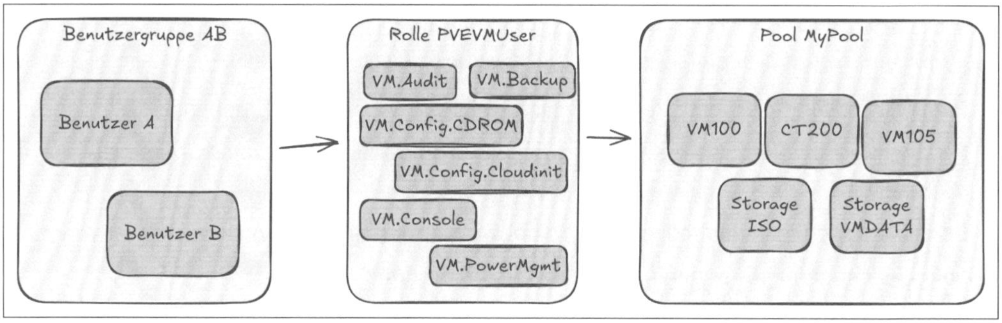

Abbildung 5.5: Benutzer werden in Benutzergruppen, Privilegien in Rollen und VMs in Resource Pools gruppiert.

5.2.1 Beispiel: Die Administration bestimmter VMs an Entwickler delegieren

Sie möchten einem Team von Entwicklern die Möglichkeit geben, ihre eigenen VMs neu zu installieren und zu verwalten. Die Entwickler sollen jedoch die zugeordneten Ressourcen wie CPUs und Speicher nicht ändern dürfen.

Um das zu erreichen, können Sie über die GUI folgendermaßen vorgehen: Legen Sie unter **Datacenter • Permissions • Pools • Create** einen Pool mit dem Namen *DevPool* an (siehe Abbildung 5.6).

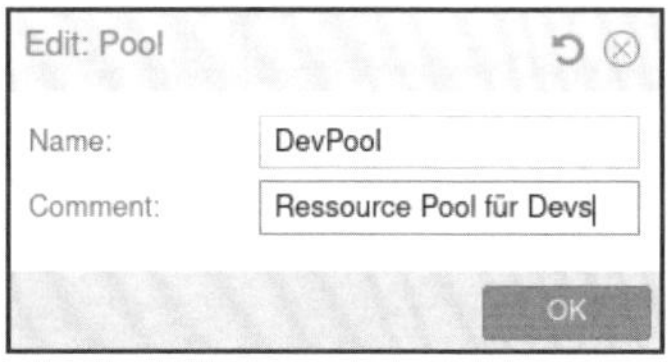

Abbildung 5.6: Nachdem Sie »Create« gewählt haben, erscheint der einfache Dialog, um einen Pool zu erstellen.

Der soeben angelegte Pool mit dem Namen *DevPool* erscheint nun im Menü links unterhalb der Serverliste (siehe Abbildung 5.7).

Unter **Datacenter • DevPool • Members • Add** fügen Sie dem Pool nun alle VMs und Container hinzu, die von den Entwicklern selbst administriert werden sollen.

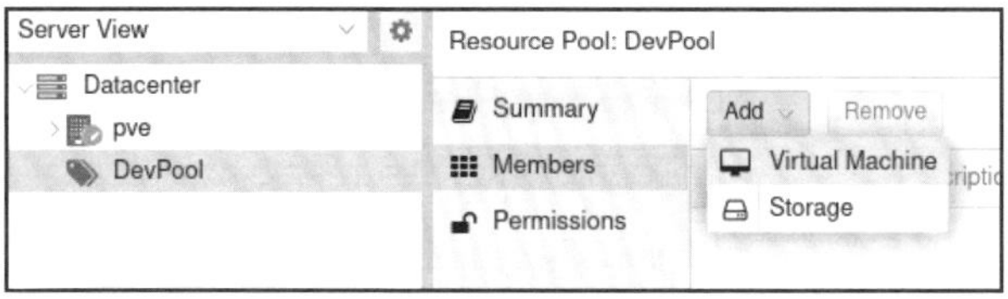

Abbildung 5.7: Pools erscheinen unter den Nodes. Dort können dem Pool nun auch Mitglieder zugewiesen werden.

Unter **Datacenter • Permissions • Groups • Create** legen Sie nun eine Benutzergruppe *Developers* an, in die wir anschließend die berechtigten Entwickler aufnehmen können.

Unter **Datacenter • Permissions • Users • Add** legen Sie für jeden Entwickler einen Benutzer an (siehe Abbildung 5.8), den Sie anschließend der Gruppe *Developers* zuordnen können.

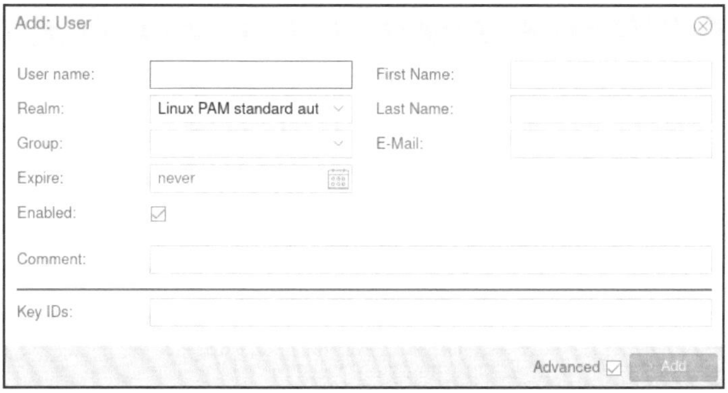

Abbildung 5.8: In diesem Dialog werden die Eigenschaften des neuen Benutzers festgelegt.

Unter **Datacenter • DevPool • Permissions** legen Sie nun eine Zugriffsregel (ACL) an, die der Gruppe *Developers* die Rolle `PVEVMAdmin` auf diesem Pool zuordnet und damit die Berechtigungen anwendet (siehe Abbildung 5.9).

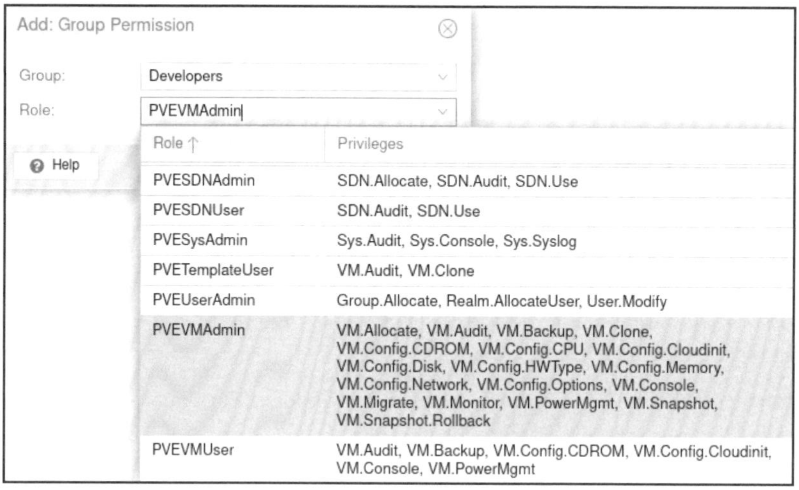

Abbildung 5.9: In diesem Dialog wählen Sie die Gruppe, den User, das Token sowie die gewünschte Rolle.

Optional können Sie eine weitere ACL-Regel auf dem *DevPool* anlegen, die der Gruppe *Developers* zusätzlich die Rolle `PVEDatastoreUser` gibt und damit den Zugriff auf einen ausgewählten Storage ermöglicht, beispielsweise um ISO-Images von dort für eine Neuinstallation der VM bereitzustellen.

Das Gleiche könnten Sie auch mit einer Reihe von Shell-Befehlen tun:

```
pveum pool add DevPool
pveum pool modify DevPool --vms 100,101 --storage local-zfs
pveum group add Developers
pveum user add user1@pve --groups Developers --password <passwort>
pveum acl modify /pool/DevPool --roles PVEVMAdmin --groups Developers
```

Die Berechtigungen werden über beide Wege sofort in Kraft gesetzt, und die Entwickler können nun selbst in einem eingeschränkten Umfang die angegebenen VMs administrieren. Eine vollständige Übersicht zu den gesetzten Berechtigungen auf allen Objekten erhalten Sie unter **Datacenter • Permissions**, wie in Abbildung 5.10 zu sehen.

Alle aufgeführten Berechtigungen werden in der Konfigurationsdatei `/etc/pve/user.cfg` gespeichert. Diese umfasst alle Einstellungen für Gruppen, Benutzer, Rollen, Pools, ACLs und andere Komponenten.

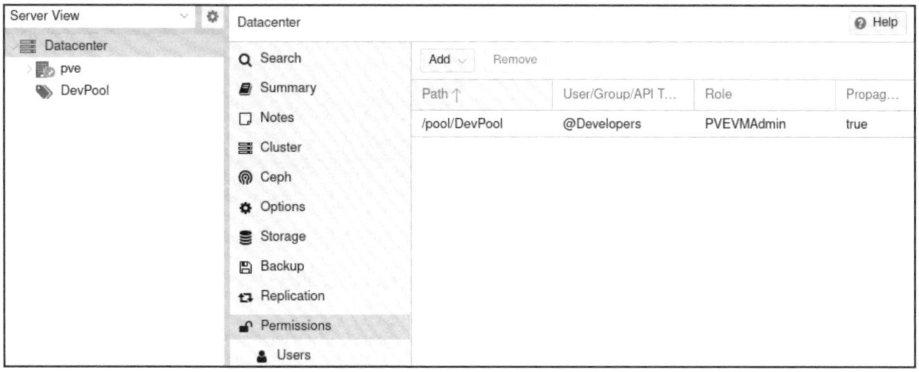

Abbildung 5.10: Alle Berechtigungen auf einen Blick unter »Datacenter • Permissions«

5.2.2 Beispiel: Anwendern erlauben, ihre VMs selbst neu zu starten

Nehmen wir mal kurz an, Sie betreiben einen Applikationsserver für eine bestimmte Anwendung. Ihre Anwender benötigen diesen Server, um ihre Arbeit erledigen zu können – auch außerhalb der Zeiten, in denen ein Administrator verfügbar ist. Eine Lösung könnte darin bestehen, dass Sie einem oder zwei Power-Usern der Abteilung erlauben, sich auf einem Proxmox-VE-Server einzuloggen und die betroffenen Server neu zu starten.

In diesem Fall könnten Sie folgendermaßen vorgehen:

1. Legen Sie die Benutzergruppe *App123Restart* an.
2. Legen Sie die Benutzer *Roland Reboot* und *Nicole Neustart* an und nehmen Sie beide in die Gruppe *AppRestart* auf.
3. Legen Sie den Pool *App123* an und nehmen Sie die betroffenen VMs *AppServer* und *TerminalServer* in den Pool auf.
4. Legen Sie die Rolle *VMRestart* an und statten Sie sie mit den Privilegien `VM.Audit`, `VM.PowerMgmt` und optional `VM.Console` aus.
5. Führen Sie auf dem Pool die Einstellungen dann zusammen, indem Sie der Gruppe *App123Restart* die Rolle *VMRestart* zuordnen.

Die Änderungen sind sofort aktiv, da die Berechtigungen bei jedem einzelnen Request des Benutzers geprüft werden. Eventuell eingeloggte Benutzer sehen also sofort die Auswirkungen und können die VMs nun selbst neu starten, sonst jedoch keine Änderungen vornehmen.

Benutzer ohne Berechtigungen

Eine letzte Anmerkung zu den Grundlagen möchte ich Ihnen noch mitgeben: Falls Sie einen Benutzer anlegen und diesem keine weiteren Berechtigungen zuordnen, dann wird der Benutzer sich dennoch anmelden können und die Proxmox-VE-GUI sehen. Er wird auch die Anzahl und Namen der Proxmox-VE-Server sehen und die Einstellungen seines eigenen Benutzerprofils und sein Passwort ändern können. Diese minimalen Eigenschaften und Möglichkeiten lassen sich nicht weiter einschränken, ohne das Login des Benutzers komplett zu sperren.

5.3 Berechtigungen konfigurieren und administrieren

Sie können zur gesamten Konfiguration und Administration des Berechtigungssystems sowohl die Proxmox-Web-GUI (siehe Abbildung 5.11) als auch den Commandline-Befehl `pveum` verwenden. Eine Hilfe zu `pveum` finden Sie in der Proxmox-VE-Dokumentation unter *https://pve.proxmox.com/pve-docs/pveum.1.html* oder auf der Shell Ihres Proxmox-VE-Servers, indem Sie dort `pveum` oder für eine etwas umfangreichere Hilfe `pveum help` eingeben.

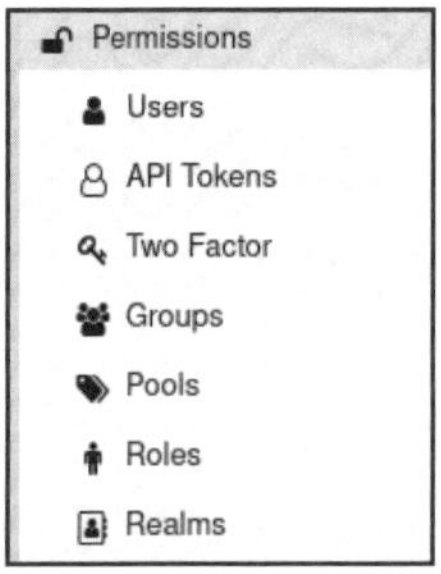

Abbildung 5.11: Unter »Datacenter • Permissions« finden Sie sämtliche Möglichkeiten zur Administration von Berechtigungen.

5.3.1 Authentifizierung und Domänen (Realms)

Bevor Berechtigungen überhaupt angewendet werden können, muss ein Benutzer sich gegenüber dem System eindeutig ausweisen. Dies geschieht normalerweise über eine erfolgreiche Authentifizierung per Benutzername und Passwort.

Mehr Benutzer für mehr Transparenz

Ich empfehle Ihnen, auf jedem Proxmox-VE-Server und erst recht in Clustern zusätzliche Benutzer neben dem `root`-User anzulegen und diese mit den notwendigen Berechtigungen für die täglichen Administrationsaufgaben auszustatten. Wenn jeder Administrator mit seinem eigenen Account arbeitet, können Sie dann durch das Task-Log auch gut nachvollziehen, welcher Administrator zuletzt welche Aufgaben durchgeführt hat.

Proxmox VE kann die eingegebenen Daten gegen verschiedene interne und externe Authentifizierungsdomänen prüfen. Der Lesbarkeit halber werde ich diese Authentifizierungsdomänen im Folgenden einfach als *Realms* bezeichnen – so macht es auch die GUI (siehe Abbildung 5.12).

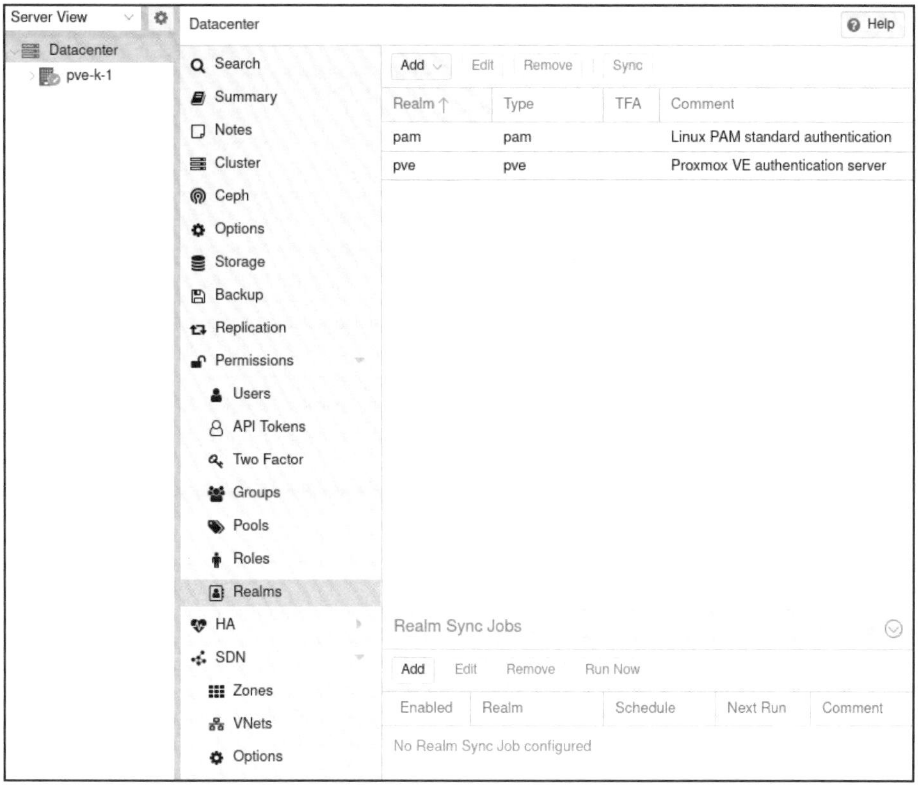

Abbildung 5.12: Unter »Datacenter • Permissions • Realms« finden Sie sämtliche Einstellungen zu Authentifizierungsdomänen.

Alle Realm-Typen haben einige Eigenschaften gemeinsam:

- Wenn Sie das Häkchen bei **Default** setzen (siehe Abbildung 5.13), legen Sie diesen Realm als Standardeinstellung für den Login-Dialog fest. Das kann sinnvoll sein, wenn Sie ein LDAP mit Tausenden Benutzern haben, die sich auf einem Proxmox VE anmelden sollen. Benutzer von anderen Realms müssen beim Login das Backend dann zuerst umstellen.
- Die Einstellung **Require TFA** setzt zwingend einen zweiten Faktor für die Anmeldung an diesem Realm voraus (siehe den folgenden Abschnitt 5.3.2). Hat ein Benutzer keinen zweiten Faktor, kann er sich nicht über diesen Realm anmelden.

Abbildung 5.13: Die Eigenschaften »Default« und »Require TFA« sowie »Comment« sind bei allen Realm-Typen vorhanden – hier am Beispiel eines PAM-Realms.

Bei der Anmeldung an einem Proxmox-VE-Server müssen Sie Ihren Benutzernamen und Ihr Passwort eintragen. Darunter gibt es jedoch auch noch ein Feld zur Auswahl des Realms, also des Backends, gegen das Sie sich authentifizieren möchten (siehe Abbildung 5.14). Intern werden Benutzer immer als <username@realm> verarbeitet. Beispiele dazu folgen weiter unten nach der Erklärung der einzelnen Realm-Typen.

Voreingestellt ist zunächst der Realm *PAM*, allerdings merkt sich der Browser auch, was hier zuletzt ausgewählt wurde. Wenn man bei der Anmeldung nicht darauf achtet, kann ein Login auch fehlschlagen – trotz richtigem Benutzer und Passwort.

Abbildung 5.14: Anmeldemaske mit Benutzername, Passwort, Realm und Sprache der Web-GUI

In der Proxmox-VE-GUI finden Sie die Konfiguration der Realms unter **Datacenter • Permissions • Realms**. Sie können aber auch mit dem CLI-Befehl pveum realm <add/delete/list/modify/sync> [OPTIONS] sämtliche Einstellungen vornehmen.

Die folgenden Realm-Typen stehen Ihnen zur Auswahl:

- **PAM:** Das *Pluggable Authentication Module* (*PAM*) ist nach der Installation bereits aktiviert und der Default. In kleinen Umgebungen ist es die einfachste Option.
- **PVE:** Auch die Option über den *Proxmox VE Authentication Server* ist nach der Installation bereits aktiviert. Auch dieser Weg eignet sich für den einfachen Einsatz in kleinen Cluster-Umgebungen mit mehreren Administratoren.
- **LDAP:** Die Authentifizierung über das *Lightweight Directory Access Protocol* ist gut für den Einsatz in größeren Umgebungen mit Hunderten oder Tausenden von Benutzern geeignet, wenn bereits ein LDAP-Server existiert.

- **AD:** Wenn stattdessen ein *Active Directory* existiert – wie in quasi allen Windows-lastigen Infrastrukturen –, nehmen Sie diese Option.
- **OIDC:** *OpenID Connect* ist am besten geeignet für Single-Sign-on-Setups.

Alle Realm-Einstellungen werden im Proxmox-Cluster-Filesystem in der Datei */etc/pve/domains.cfg* gespeichert und werden in einem Cluster auf alle Nodes repliziert. Wundern Sie sich nicht, wenn Sie die Datei bei sich nicht finden: Sie wird erst erzeugt, wenn Sie Änderungen an den bereits existierenden Realms *PAM* oder *PVE* vornehmen oder weitere Realms anlegen.

Schauen wir uns die Backends mit ihren Besonderheiten einmal genauer an.

PAM (per Default und nach der Installation bereits aktiv)

Die Variante *Pluggable Authentication Module* (PAM) bezeichnet die unter Linux-Systemen gängige lokale Authentifizierung gegen die Benutzerdatenbank des Linux-Systems. Die vollständige Bezeichnung des `root`-Users lautet also `root@pam`, und das dazugehörige Passwort wird auf dem Hypervisor in der Datei `/etc/shadow` verschlüsselt gespeichert. Der Typ *PAM* kann pro Server nur einmal vorhanden sein, Sie können also keinen zweiten Realm vom Typ *PAM* anlegen.

Abbildung 5.15: Der Dialog unter »Datacenter • Permissions • Realms • PAM • Edit« zum Bearbeiten der Eigenschaften des »PAM«-Realms

Wenn Sie einen weiteren Benutzer auf diesem Backend anlegen möchten, müssen Sie zwei Schritte unternehmen:

1. Sie legen einen lokalen Linux-User an, z. B. mit **adduser <username>**, und erstellen einen Benutzer und ein Passwort. Damit können Sie sich nun an der lokalen Konsole des Servers und via SSH anmelden, aber noch nicht an der Proxmox-VE-GUI.
2. Sie legen einen Proxmox-VE-User mit gleichem Namen an, entweder über die GUI oder auf der Shell mit **pveum user add <username>@pam**. Hier wird kein Passwort hinterlegt, da der Realm *pam* gegen das lokale Linux-System authentifiziert.

Damit sind Sie in der Lage, sich an der GUI des Proxmox-Servers anzumelden. Nach dem Login werden Sie aber feststellen, dass Sie keine Rechte besitzen und nur wenige Optionen in der GUI sehen. Nun können Sie dem Benutzer <username>@pam Berechtigungen zuweisen.

Wenn Sie Ihre Proxmox-VE-Server häufig über die Shell administrieren möchten, kann ein zusätzlicher lokaler Benutzer sinnvoll sein, da er tendenziell die Sicherheit und Nachvollziehbarkeit erhöht. Damit ist eine Anmeldung über SSH möglich, die im Log protokolliert wird. Falls notwendig, kann der Benutzer sich mittels `su` oder `sudo` zum root-Benutzer hochstufen.

In einem Cluster aus mehreren Servern kann das Passwort eines Benutzers auf jedem Node unterschiedlich sein. Das kann durchaus gewünscht sein, aber in einheitlichen Cluster-Systemen führt es öfter zu Verwirrung. Spätestens dann sollten Sie die Authentifizierung über SSH-Keys in Betracht ziehen.

PVE (nach der Installation bereits aktiv)

Beim *Proxmox VE Authentication Server* handelt es sich um eine eingebaute Authentifizierungsmethode, bei der Benutzer in der Datei */etc/pve/user.cfg* auf dem Proxmox-Cluster-Filesystem gespeichert werden. Passwörter für Benutzer dieses Realms werden in der Datei */etc/pve/priv/shadow.cfg* verschlüsselt aufbewahrt. Der Realm-Typ *PVE* kann nur einmal vorhanden sein. Daher können Sie keinen zweiten Realm dieses Typs anlegen.

Abbildung 5.16: Der Dialog unter »Datacenter • Permissions • Realms • PVE • Edit« zum Bearbeiten der Eigenschaften des »PVE«-Realms

Für die Anmeldung an der Proxmox-VE-GUI oder -API ist dieser Realm-Typ vollkommen ausreichend. Ein lokaler Systembenutzer ist dafür nicht notwendig und kann daher auch nicht für eine Anmeldung am zugrunde liegenden Linux-System verwendet werden, was wiederum die Sicherheit erhöht.

Ein weiterer Vorteil ergibt sich beim Einsatz in Clustern: Da die Benutzer- und Passwortdateien im Proxmox-Cluster-Filesystem liegen und damit im Cluster automatisch repliziert werden, kann die Anmeldung auf jedem Server mit den gleichen Daten erfolgen.

Benutzer dieses Realms erkennen Sie immer an der kompletten Bezeichnung `<username>@pve`. Wie auch beim PAM-Realm ist der Name dieses Realms vorgegeben und nicht änderbar.

Den Einsatz des PVE-Realms kann ich Ihnen wärmstens empfehlen. Sie erhalten damit eine einfache und sichere Möglichkeit, Benutzer unabhängig vom darunter liegenden Linux-System Berechtigungen zu erteilen, die clusterweit gelten und dennoch für die täglichen Administrationsaufgaben mit einem eingeschränkten Satz an Berechtigungen ausgestattet werden. Des Weiteren besitzt der PVE-Realm keine Abhängigkeiten zu anderen, externen Systemen und funktioniert daher auch in Ausfallsituationen zuverlässig.

LDAP und Active Directory

Das *Lightweight Directory Access Protocol* (LDAP) ermöglicht die zentrale Authentifizierung von Benutzern an einem Verzeichnisdienst. Proxmox VE kann gegen einen LDAP-Server oder ein Active Directory (AD) authentifizieren, wodurch sich Benutzerkonten zentral auf einem externen Server verwalten lassen.

Den Realm-Typ *LDAP* können Sie verwenden, wenn Sie Proxmox VE an einen generischen LDAP-Server wie *OpenLDAP* oder den *389 Directory Server* anbinden möchten (siehe Abbildung 5.17). Den Realm-Typ Active Directory (*AD*) sollten Sie verwenden, wenn Sie bereits ein Active Directory besitzen und Proxmox-VE-Logins dagegen authentifizieren möchten (siehe Abbildung 5.18).

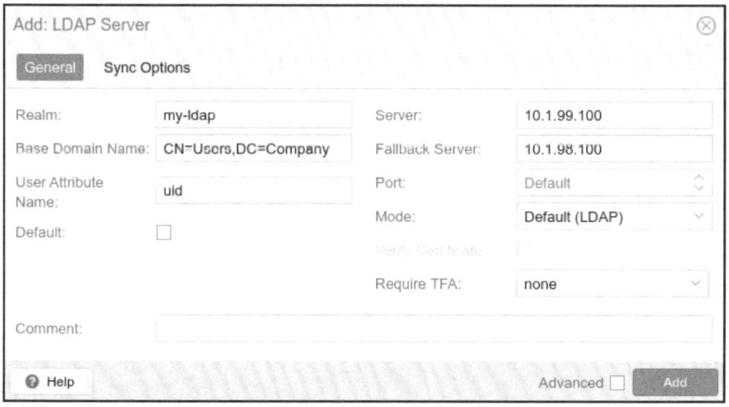

Abbildung 5.17: Der Dialog unter »Datacenter • Permissions • Realms • LDAP • Add/Edit« zum Anlegen oder Bearbeiten der Eigenschaften eines »LDAP«-Realms

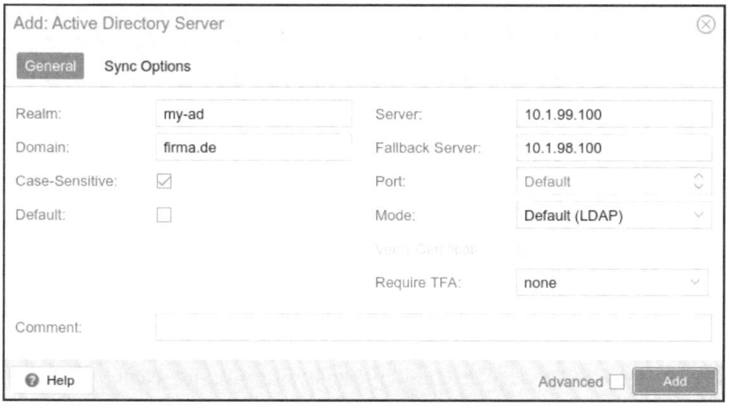

Abbildung 5.18: Der Dialog unter »Datacenter • Permissions • Realms • AD • Add/Edit« zum Anlegen oder Bearbeiten der Eigenschaften eines »Active Directory«-Realms

Bei beiden Realm-Typen werden auf den Proxmox-Servern keine Passwörter gespeichert. Beim Login wird dem externen Server eine Authentifizierungsanfrage geschickt, und bei einer erfolgreichen Rückmeldung gilt der Benutzer als erfolgreich eingeloggt. Alle weiteren Berechtigungen müssen für den Benutzer auf dem Proxmox-System selbst eingerichtet werden, wie bereits beschrieben.

Die beiden Realm-Typen *LDAP* und *Active Directory* nutzen zwar die gleiche technische Basis, unterscheiden sich jedoch in einigen Details.

- **Base Domain Name/Domain:** Während Sie bei einem LDAP-Server den *Base Domain Name* angeben, benötigen Sie bei der Windows-Domain nur den Namen der Domain.
- **User Attribute Name:** In einem Active Directory ist festgelegt, dass der Benutzername im Attribut `sAMAccountName` hinterlegt ist. Bei einem LDAP kann das ebenfalls so sein, aber der Benutzername kann auch in einem anderen Attribut wie `uid` stehen. Daher müssen Sie bei der LDAP-Konfiguration angeben, in welchem LDAP-Attribut der Benutzername hinterlegt ist.
- **Case-Sensitive:** Ein Active Directory ignoriert die Groß-/Kleinschreibung bei Benutzernamen, für Proxmox VE jedoch sind *USER* und *user* eben aufgrund der unterschiedlichen Groß-/Kleinschreibung zwei verschiedene Benutzer. Damit Proxmox VE sich wie das Active Directory verhält und die Groß-/Kleinschreibung bei Benutzernamen ignoriert, entfernen Sie das Häkchen bei **Case-Sensitive**.

Damit Sie nun den Benutzern und Gruppen auch entsprechende Berechtigungen zuweisen können, muss dafür auch ein lokaler Benutzer existieren, dem diese Berechtigungen zugeordnet werden können. In großen LDAP- oder Active-Directory-Umgebungen können Sie daher eine Synchronisation einrichten, die Ihnen die Benutzer und Gruppen automatisch in Proxmox VE importiert. Die Authentifizierung wird weiterhin gegen das dahinter liegende LDAP oder AD durchgeführt, die Eigenschaften der Benutzer jedoch sind dann auch dem Proxmox-Server selbst bekannt. Die Einrichtung der Benutzersynchronisierung wird ebenfalls im Realm-Dialog vorgenommen (siehe Abbildung 5.19).

Um die Benutzer in regelmäßigen Abständen zu synchronisieren, erlaubt Ihnen Proxmox VE die Einrichtung eines *Realm Sync Jobs* unter **Datacenter • Permissions • Realms • Realm Sync Jobs • Add** (siehe Abbildung 5.20). Hier legen Sie also fest, welche Benutzer und Gruppen von diesem Realm in Proxmox importiert oder synchronisiert werden sollen.

Sie legen in diesem *Realm Sync Job* fest, für welchen Realm die Synchronisation wie häufig durchgeführt werden soll. Meist wird ein täglicher Import an dieser Stelle ausreichend sein, Sie können bei Bedarf aber die Zeit zwischen den Importvorgängen reduzieren.

Die Einträge unter **Remove Vanished Options** entfernen Einträge, wenn das Objekt in der Quelle nicht mehr existiert. Entfernen Sie beispielsweise einen Benutzer im Active Directory, wird ein Realm Sync Job für dieses AD in Proxmox den Benutzer ebenfalls entfernen, wenn die Option **Remove vanished user and group entries** aktiviert ist. Falls der Haken nicht gesetzt ist, bleibt der Benutzereintrag in Proxmox weiterhin bestehen.

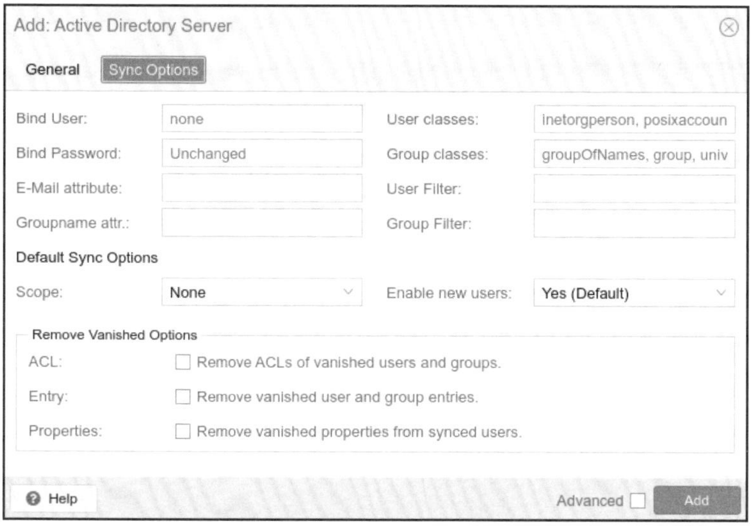

Abbildung 5.19: Der »Sync Options«-Dialog des Realms

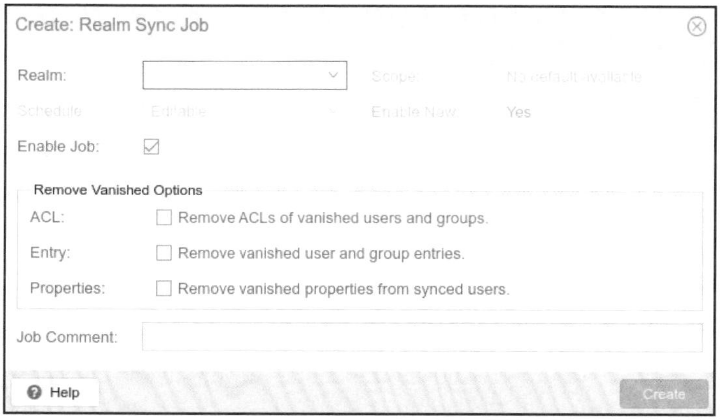

Abbildung 5.20: Anlegen eines »Realm Sync Jobs« über die GUI

OIDC (OpenID Connect)

OpenID Connect (OIDC) ist ein modernes und benutzerfreundliches Protokoll, das auf dem OAuth-2.0-Standard aufbaut und eine sichere Authentifizierung über *externe Identitätsanbieter (IdPs)* ermöglicht.

Mit OIDC können Sie in Proxmox VE einen *Single-Sign-on*-(SSO-)Mechanismus nutzen, durch den sich Benutzer nur einmal bei einem zentralen Identitätsanbieter anmelden müssen und danach Zugriff auf alle daran angebundenen Dienste erhalten. Dadurch verringert sich der administrative Aufwand für die Passwortverwaltung und steigert sich die Sicherheit, da nur ein vertrauenswürdiger IdP zur Anmeldung genutzt wird.

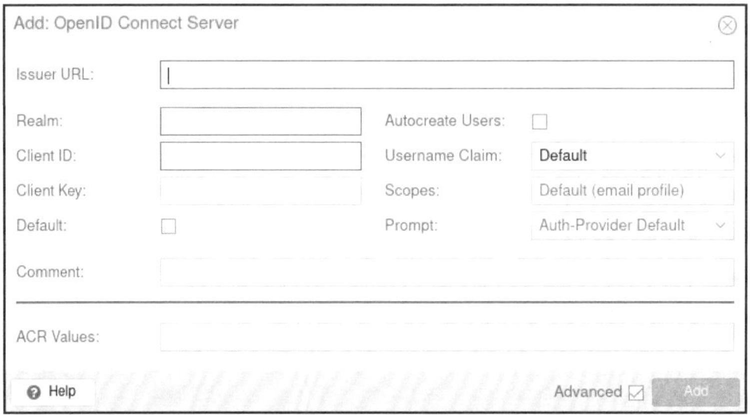

Abbildung 5.21: Dialog zur Einrichtung einee »OpenID Connect«-Realms

Im Unternehmensumfeld gibt es eine Reihe von gängigen OpenID-Connect-Anbietern, die Sie als Service direkt beziehen können. Sie können jedoch auch einen eigenen Service als Identitätsprovider betreiben und Ihre Benutzer- und Geheimnisverwaltung damit in Ihrer eigenen Hand behalten. Hier sind einige der gängigsten Lösungen:

- **Microsoft Entra ID (früher: Azure AD):** Als Teil der Microsoft-Cloud-Dienste ist Entra ID weit verbreitet und bietet umfassende Funktionen für Identitäts- und Zugriffsmanagement (IAM), einschließlich OIDC-Unterstützung.
- **Okta** ist ein führender Anbieter von Cloud-basierter Identitätsverwaltung und stellt eine robuste OIDC-Implementierung zur Verfügung. Okta ist für seine Flexibilität und Benutzerfreundlichkeit bekannt und wird von Unternehmen jeder Größe eingesetzt. Mehr Informationen finden Sie unter *https://www.okta.com*.
- **Google Identity Platform:** Googles Identitätsplattform bietet OIDC-Funktionen für die Authentifizierung von Benutzern in Web- und mobilen Anwendungen. Es ist besonders beliebt bei Unternehmen, die Google Workspace oder andere Google-Cloud-Dienste nutzen.
- **Keycloak** ist ein Open-Source-Identitäts- und Zugriffsverwaltungssystem, das OIDC unterstützt. Es bietet Unternehmen die Möglichkeit, ihre eigene Identitätsinfrastruktur zu hosten und anzupassen. Mehr Informationen zu Keycloak finden Sie auf seiner Homepage unter *https://www.keycloak.org/*.
- **Authentik** ist eine Open-Source-Identity-Provider-Lösung, die sich durch ihre Flexibilität und Anpassbarkeit auszeichnet. Sie bietet umfassende Unterstützung für OIDC und andere Authentifizierungsprotokolle und ermöglicht es Unternehmen, ihre eigene Identitätsinfrastruktur zu hosten. Die Authentik-Homepage und -Dokumentation finden Sie unter *https://goauthentik.io/*.

Keycloak und Authentik sind besonders interessant für Unternehmen, die Wert auf digitale Souveränität und eine hohe Anpassbarkeit legen. Ihre Benutzerdaten verlassen Ihre eigene Infrastruktur nicht und Sie behalten die Kontrolle über diese sensiblen Daten.

Funktionsweise

OpenID Connect erweitert das OAuth-2.0-Autorisierungsframework um ein standardisiertes User-Identifikationsverfahren. Ein Client – in diesem Fall Proxmox VE – leitet Benutzer an den Identitätsanbieter weiter, der anschließend die Authentifizierung durchführt. Nach erfolgreicher Authentifizierung stellt der IdP ein ID-Token aus. Dieses enthält Informationen über den Benutzer (z. B. Benutzername, E-Mail-Adresse oder Gruppen), die Proxmox VE zur weiteren Verifizierung und Autorisierung nutzt.

Konfiguration in Proxmox VE

Um OpenID Connect als Realm in Proxmox VE zu nutzen, sind folgende Schritte erforderlich:

1. **Client in IdP konfigurieren:** Erstellen Sie im jeweiligen Identitätsanbieter eine neue Client-App (z. B. *my-proxmox*). Dabei erhalten Sie die Client-ID und das Client-Secret sowie die Endpunkte (Issuer-URL, Authorization- und Token-Endpunkt), die Proxmox VE für die Kommunikation mit dem IdP benötigt.
2. **OIDC-Realm in Proxmox VE anlegen:** In der GUI von Proxmox VE gehen Sie zu **Datacenter • Permissions • Realms • Add • OpenID Connect** und legen einen neuen OpenID-Connect-Realm an. Dort geben Sie die Parameter des IdPs an, die Ihnen im ersten Schritt genannt wurden (siehe Abbildung 5.21):
   - **Issuer URL** (z. B. *https://idp.example.com/auth/realms/master*)
   - **Client ID**
   - Client Secret
   - Realm-Name in Proxmox (z. B. `oidc`)
3. **Zertifikatsprüfung und weitere Einstellungen:** Sie haben die Möglichkeit, die Validierung des SSL-Zertifikats Ihres IdP-Anbieters zu prüfen oder eigene Zertifikate zu hinterlegen. Außerdem können Sie angeben, welche Benutzeransprüche (*Claims*) Proxmox VE für Benutzername und Gruppenname verwenden soll.
4. **Berechtigungen und Rollen festlegen:** Nachdem der OIDC-Realm eingerichtet ist, können Sie Benutzern aus Ihrem IdP entsprechende Rollen und Berechtigungen in Proxmox VE zuweisen. Dies geschieht genau wie bei anderen Realms über die Rechteverwaltung im Webinterface.
5. **Test und Fehlersuche:** Wählen Sie beim Login-Dialog den neuen OIDC-Realm aus und melden Sie sich an Proxmox VE an. Bei Problemen lohnt ein Blick in die Proxmox-VE-Logs mit `journalctl -r -u pvedaemon` sowie in die Debug-Ausgaben des IdP.

5.3.2 2FA – Zwei-Faktor-Authentifizierung

Proxmox VE unterstützt verschiedene Mechanismen der *Zwei-Faktor-Authentifizierung* (*2FA*) für Benutzerkonten. Damit erhöht sich die Sicherheit von Zugängen deutlich, da für jede Anmeldung zusätzlich ein weiterer Faktor neben Benutzername und Passwort abgefragt wird. Sie können zwischen folgenden Mechanismen wählen:

- **TOTP (zeitbasiertes Einmalpasswort):** Diese Methode ist recht beliebt, da sie eine hohe Sicherheit mit einer einfachen Bedienung kombiniert. In Abbildung 5.22 sehen Sie ein Beispiel. Sie können eine beliebige 2FA-App auf Ihrem Mobiltelefon verwenden, mit der Sie alle 30 Sekunden einen 6-stelligen Zahlencode erhalten.

Abbildung 5.22: Die Einrichtung eines TOTP-2FA ist einfach, und der von Proxmox erzeugte QR-Code lässt sich meist direkt in die 2FA-App Ihrer Wahl importieren.

- **WebAuthn:** Diese Methode basiert auf kryptografischen Schlüsseln, die auf dem Endgerät des Benutzers gespeichert werden, beispielsweise in einem Hardware-Sicherheitsschlüssel oder im TPM-Modul des Computers. Bei der Anmeldung wird der Benutzer aufgefordert, den Schlüssel zu aktivieren (z. B. durch Berühren eines Sensors oder Eingabe einer PIN). Da die Schlüssel nicht übertragen oder ausgelesen werden können, gilt diese Methode als sehr sicher. Allerdings benötigen Sie zur Verwendung einen WebAuthn-fähigen Browser.

- **Recovery Keys (Wiederherstellungsschlüssel):** Dieser Mechanismus lässt sich als zweite, zusätzliche Methode verwenden und erlaubt Ihnen, mehrere Codes zu erzeugen, die Sie bei einem Verlust Ihres zweiten Faktors alternativ nutzen können. Sie sollten sich Recovery Keys zusätzlich erzeugen und diese an einem sicheren Ort oder in Ihrem Passwortmanager hinterlegen.
- **Yubico OTP:** Dies ist eine spezielle Form der 2FA, die auf Hardware-Sicherheitsschlüsseln des Herstellers Yubico basiert. Der Benutzer benötigt einen Yubico-Schlüssel, der über USB oder NFC mit dem Computer oder Mobiltelefon verbunden wird. Bei der Anmeldung muss der Benutzer den Schlüssel berühren, um einen eindeutigen Code zu generieren, der dann zusammen mit dem Passwort übermittelt wird.

Egal für welche Variante Sie sich entscheiden, Sie sollten auf jeden Fall einen Satz Recovery Keys erzeugen und diesen sicher verwahren für den Fall, dass Ihr Mobiltelefon, WebAuthn oder Yubikey verloren geht (siehe Abbildung 5.23).

Abbildung 5.23: Recovery Keys sind für den Fall notwendig, dass Ihr primär verwendetes 2FA-Device verloren geht.

Um 2FA für einen Benutzer zu aktivieren, gibt es zwei Wege über die GUI:

1. Der Benutzer aktiviert 2FA selbst (siehe Abbildung 5.24).

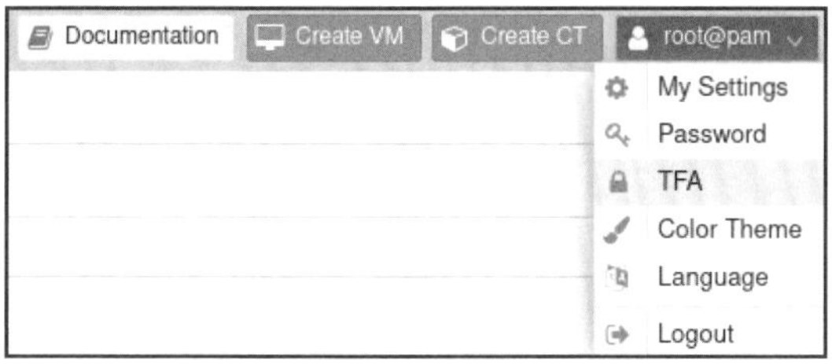

Abbildung 5.24: Im Benutzermenü kann 2FA individuell aktiviert werden.

2. Sie als Administrator aktivieren 2FA stellvertretend für den Benutzer (siehe Abbildung 5.25).

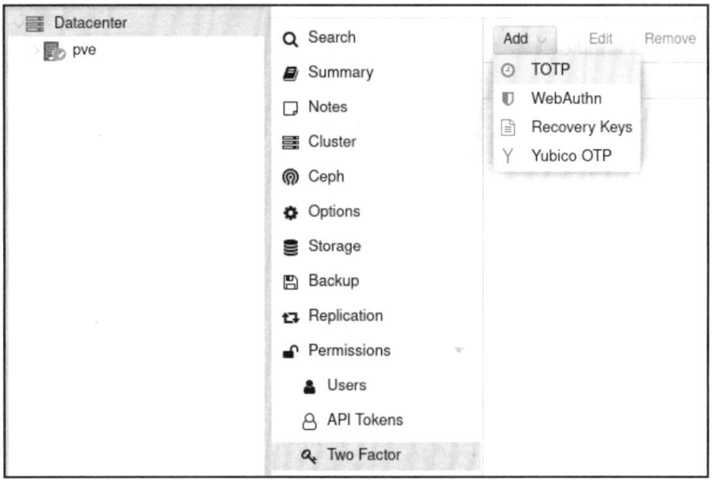

Abbildung 5.25: Für alle User aktivieren Sie die 2FA hier.

Beide Wege führen zum gleichen Dialog, jedoch kann der Benutzer den zweiten Faktor nur für sich selbst hinterlegen oder ändern, während ein Administrator über die zweite Variante dies für alle Benutzer tun kann.

Kapitel 6
Die Firewall in Proxmox VE

Die *Proxmox VE Firewall* (`pve-firewall`) ist eine in Proxmox VE integrierte Firewall-Lösung. Sie bietet eine einfache, leistungsstarke und flexible Möglichkeit, den eingehenden und ausgehenden Datenverkehr sowie den Netzwerkverkehr innerhalb eines PVE-Clusters zu steuern und zu filtern. Die Firewall unterstützt sowohl IPv4 als auch IPv6 und ist vollständig in die Weboberfläche sowie die API von Proxmox VE integriert. Der dazugehörige Befehl ist `pve-firewall`, und er besitzt einige Optionen zur Administration, Steuerung und zum Debugging von Firewall-Regeln.

Proxmox setzt standardmäßig `iptables` als Basis für seine Firewall-Regeln ein. Seit Proxmox VE 8.2 gibt es jedoch eine neue Firewall-Variante namens *proxmox-firewall* (statt *pve-firewall*), die auf `nftables` basiert und mehr Flexibilität sowie eine bessere Performance bietet.

Die neue Variante ist derzeit noch als Tech-Preview gekennzeichnet und wird daher für den produktiven Betrieb noch nicht empfohlen. Wenn Sie einen Blick darauf werfen möchten, können Sie die *proxmox-firewall* optional installieren und in Betrieb nehmen. Dies hat zur Folge, dass die *pve-firewall* automatisch deinstalliert und deaktiviert wird. In Produktionsumgebungen sollten Sie daher vorsichtig sein. Die in Proxmox VE angelegten Regeln bleiben gleich und werden auch von der neueren *proxmox-firewall* unterstützt.

In diesem Kapitel werden wir uns beide Varianten ausführlich anschauen.

6.1 Features

Die Proxmox VE Firewall stellt die im Linux-Kernel vorhandenen *Netfilter*-Komponenten in Proxmox VE einfach für Hosts, VMs und Container zur Verfügung.

Für Netzwerkpakete bringt der Linux-Kernel in Form von *Netfilter* eine zentrale Paketverarbeitungs- und Filterarchitektur mit, über die sämtliche Filterregeln und NAT-Einstellungen umgesetzt werden. Um Netfilter mitzuteilen, was es mit welchen Paketen tun soll, benötigen wir zusätzliche Administrationswerkzeuge. Früher war dies `iptables`, heute ist das `nftables`. Bei `nftables` handelt es sich um das modernisierte Framework, das auf Netfilter aufsetzt und die Konfiguration der Paketfilterung steuert.

Einfacher erklärt: Netfilter ist die »Engine« im Kernel, die die Arbeit erledigt, während `nftables` (bzw. früher `iptables`) die »Bedienkonsole« darstellt, mit der Administratoren ihre Regeln und Filter definieren. Heute hat `nftables` als moderneres Konzept weitgehend `iptables` ersetzt und fasst viele Funktionen in einer einzigen, flexiblen Syntax zusammen:

- **Zonen und Vererbung**

  Damit der administrative Aufwand überschaubar bleibt, erlaubt die Firewall die Nutzung von diversen Firewall-Zonen. Dies macht die Administration einfacher und übersichtlicher und sorgt dafür, dass einmal eingerichtete Definitionen wiederverwendet werden können.

- **Performant und skalierbar**

  Da die Firewall von jedem Proxmox-Hypervisor bereitgestellt wird, erhöht sich in einem Cluster mit der Anzahl der Nodes auch die Leistungsfähigkeit der Firewall. Die Arbeit der Paketfilterung für sämtliche Hosts, VMs und Container wird also von dem Node durchgeführt, auf dem die entsprechende Ressource gerade läuft.

- **Schlanke Administration**

  Mit *Aliases* und *IPSets* lässt sich die eigene Infrastruktur beschreiben. Mit *Security Groups* können Sie Firewall-Regelsätze definieren und später an beliebiger Stelle verwenden. Ändert sich irgendwann eine IP-Adresse, muss dies nur an einer einzelnen Stelle geändert werden und nicht in jeder Regel. Ändert sich der Regelsatz für interne Webserver, benötigen Sie nur eine Änderung in der entsprechenden Security Group für interne Webserver.

- **Mikrosegmentierung**

  Im Zusammenspiel mit dem *Software Defined Networking* (SDN, siehe Kapitel 25) lässt sich eine Mikrosegmentierung für alle virtuellen Ressourcen aufbauen. Ohne das SDN ist ebenfalls eine Segmentierung denkbar, jedoch fügt das SDN weitere Möglichkeiten hinzu, wie die Isolation von Gästen oder die Option, entsprechende Firewall-Regeln an den Übergängen von SDN-VNets einzurichten.

6.2 Vererbung von Regeln und Definitionen

Die unterschiedlichen Zonen, deren Zusammenhang und ihre Bedeutung möchte ich kurz erklären (siehe auch Abbildung 6.1):

- **Datacenter-Zone**

  In dieser Zone, die Sie unter **Datacenter • Firewall** finden, legen Sie den Grundstein Ihrer Konfiguration. Sie können hier angelegte Aliases, IPSets und Security Groups auf darunter liegenden Ebenen clusterweit wiederverwenden. Das erlaubt eine zentrale, kurze Konfiguration; und spätere Änderungen müssen Sie nur an einer einzigen Stelle durchführen, beispielsweise wenn sich die IP-Adresse eines Servers ändert oder ein neues Netzwerksegment hinzugefügt wird. In dieser Zone definierte Firewall-Regeln werden auf die *Host-Zone* und damit alle Hypervisoren des Cluster vererbt und dort angewendet.

Die Konfiguration ist in der Datei */etc/pve/firewall/cluster.fw* gespeichert.

- **Host-Zone**

  Die Einstellungen dieser Zone nehmen Sie unter **Datacenter • <host> • Firewall** vor. Alle in der Datacenter-Zone gesetzten Regeln werden auf die Hosts vererbt und können auf jedem Host durch eine andere Regel ersetzt oder übersteuert werden. Erlauben Sie beispielsweise auf Datacenter-Ebene den Zugriff aus dem Netz `172.16.32.0/24`, können Sie auf einem Host darunter die Regel übersteuern und den Zugriff von `172.16.32.32/32` wieder erlauben. Was weiter unten im Baum definiert wird, übersteuert das weiter oben Gesetzte.

  Die Konfiguration dieser Zone steht in der Datei */etc/pve/nodes/<Node>/host.fw*.

- **VM/CT-Zone**

  In dieser Zone konfigurieren Sie unter **Datacenter • <host> • <vmid> • Firewall** die Regeln für eine einzelne VM oder einen Container. Regeln, die auf Datacenter-Ebene konfiguriert wurden, werden zwar auf die Hypervisoren, nicht aber auf die VMs oder Container vererbt.

  Würden Sie also den SSH-Zugang über Port 22/TCP auf Datacenter-Ebene sperren, so wäre das für alle Proxmox-VE-Hypervisoren der Host-Zone sofort gültig, nicht jedoch für alle darauf laufenden VMs in der VM/CT-Zone. Diese sind weiterhin per SSH erreichbar. Sie können jedoch auf Datacenter-Ebene eine Security Group für den Zugriff auf SSH einrichten und diese bei der VM einfach hinzufügen.

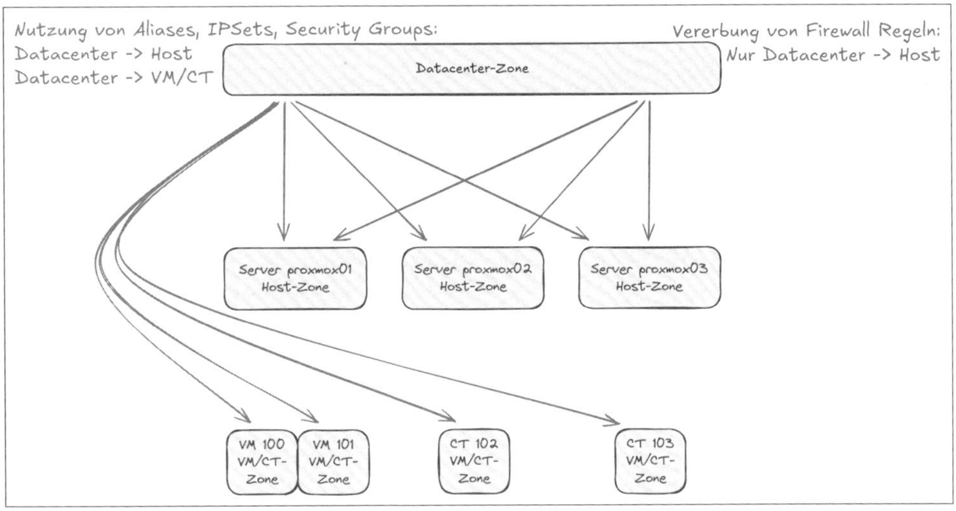

Abbildung 6.1: Vererbung von Regeln und Definitionen in der Proxmox VE Firewall

Die Konfiguration der jeweiligen VM-/Container-Firewall wird unter */etc/pve/firewall/<vmid>.fw* persistent gespeichert.

- **VNet-Zone**

  Hier steuern Sie den den Paketfilter von und zu einem VNet des Software Defined Networkings (siehe Kapitel 25).

  Die Konfiguration der Firewall eines jeden VNets wird unter */etc/pve/sdn/firewall/<vnet>.fw* gespeichert.

6.3 Aliases und IPSets

Einen Alias legen Sie unter **Datacenter • Firewall • Alias** an (siehe Abbildung 6.2). Sie können Aliases für einzelne IP-Adressen vergeben oder für ganze Netzwerke inklusive deren Netzmasken.

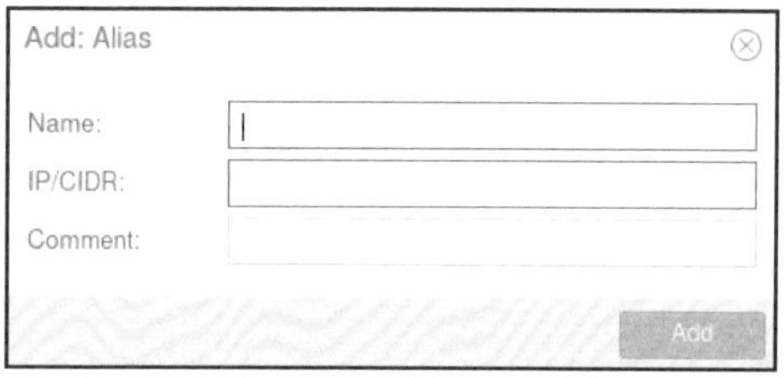

Abbildung 6.2: Dialog zum Anlegen eines Alias

Für die spätere Verwendung in Security Groups oder einzelnen Regeln wird Ihnen der hier angegebene Name angezeigt.

Tabelle 6.1 liefert Ihnen einige Beispiele für Aliases.

Name	IP/CIDR	Beschreibung
DMZ	`172.16.55.0/24`	Alle IPs des DMZ-Netzwerks unter 172.16.55.0/255.255.255.0
Fileserver	`10.9.8.7`	IP des Fileservers in Berlin
Kunde12345	`99.88.77.0/28`	Alle öffentlichen IP-Adressen des Kunden 12345
Net_Berlin	`10.9.0.0/16`	Netzwerk Standort Berlin
Net_Munich	`10.11.0.0/24`	Netzwerk Standort München
Net_Hamburg	`10.12.0.0/24`	Netzwerk Standort Hamburg

Tabelle 6.1: Beispiele für Aliases

Da Sie in einem Alias immer nur eine IP-Adresse oder einen IP-Bereich angeben können, kommen die IP-Sets zur Gruppenbildung zum Einsatz. Ein IPSet kann Ihnen also helfen, mehrere Netzwerke in eine Gruppe aufzunehmen und Regeln auf die gesamte Gruppe anzuwenden. Neben vorab gesetzten Aliases lassen sich hier auch direkt IP-Adressen und Netzwerke hinterlegen.

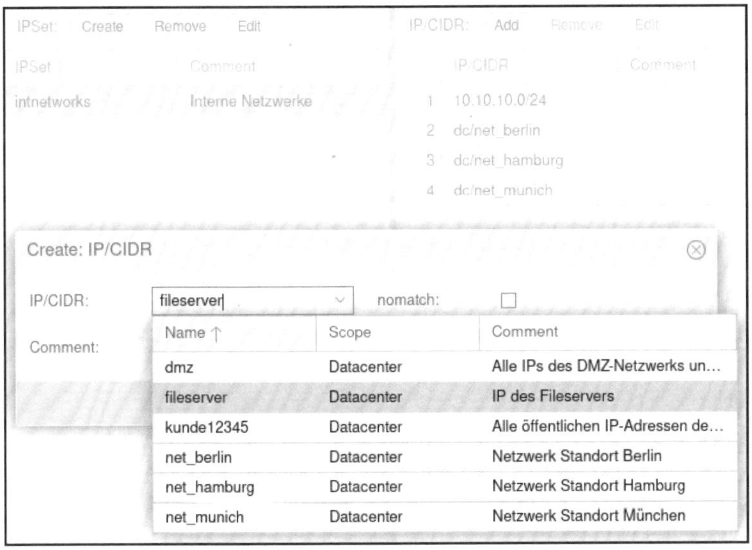

Abbildung 6.3: Dialog zum Anlegen eines IPSet

Beispiel für ein IPSet als Gruppe einiger oben definierten Aliases:

Name	IP/CIDR	Comment

int_networks	`10.10.10.0/24`
	`net_berlin`
	`net_munich`
	`net_hamburg`
		Zusätzliches Netz 10.10.10.0/24

Tabelle 6.2: Beispiele für IPSets

6.4 Vordefinierte Ausnahmen im lokalen Netzwerk

Damit Sie sich nicht selbst beim Einschalten der Firewall aussperren, werden in der `pve-firewall` automatisch Ausnahmen für bestimmte Ports im lokalen Netzwerk angelegt, damit bestimmte Verbindungen mit anderen Hosts im lokalen Netzwerk möglich sind. Darunter fallen auch der Zugriff auf SSH und die Web-GUI wie auch eine Reihe weiterer Ports. Eine vollständige Liste der Ausnahmen finden Sie in der Dokumentation unter *https://pve.proxmox.com/pve-docs/pve-admin-guide.html#_ports_used_by_proxmox_ve.*

Ein besonderer Alias ist `local_network`. Proxmox VE setzt für das hier hinterlegte Netzwerk bestimmte Ausnahmen, damit der Zugriff auf den Knoten auch nach der Aktivierung der Firewall möglich ist.

Dieser Alias ist zunächst einmal nicht vordefiniert. In diesem Fall ermittelt Proxmox VE beim Start der `pve-firewall` automatisch anhand seines Hostnamens seine eigene IP-Adresse, danach das eigene Netzwerk und setzt die Ausnahmen für dieses soeben ermittelte Netzwerk. Sofern Sie sich also im gleichen Netzwerksegment befinden wie der Host, haben Sie weiterhin Zugriff auf SSH und die Web-GUI sowie auf einige weitere Services.

Um das Ergebnis dieses Checks zu prüfen und Ihr `local_network` zu sehen, verwenden Sie den Befehl `pve-firewall localnet` auf der Kommandozeile:

```
root@pve1:~# pve-firewall localnet
local hostname: pve1
local IP address: 10.1.10.80
network auto detect: 10.1.10.0/24
using detected local_network: 10.1.10.0/24

accepting corosync traffic from/to:
 - pve2: 10.1.6.70 (link: 0)
 - pve2: 10.10.10.70 (link: 1)
 - pve3: 10.1.6.90 (link: 0)
 - pve3: 10.10.10.90 (link: 1)
```

Indem Sie einen eigenen Alias mit dem Namen `local_network` anlegen, können Sie das automatisch ermittelte Netzwerk jedoch auch festlegen.

Wenn Sie verschiedene Netzwerke nutzen, um den Proxmox-VE-Host zu administrieren, können Sie ein IPSet namens `management` anlegen und alle IP-Adressen und Netzwerke aufnehmen, auf die die Ausnahmen ebenfalls angewendet werden, damit Sie sich nicht selbst aussperren. Das IPSet `management` wird nur auf Proxmox-VE-Hosts angewendet, nicht auf VMs oder Container.

Es existieren auch weitere IPSets namens `blacklist` und `ipfilter-net-<interface>`, die Sie bei Bedarf definieren können. Was im IPSet `blacklist` steht, wird von allen Hosts und VMs sowie Containern verworfen. Das IPSet `ipfilter-net-<interface>` wird nur bei VMs und Containern angewendet und vor allem dazu verwendet, das Vortäuschen falscher Absender-IP-Adressen (*IP-Spoofing*) aus der VM oder dem Container zu verhindern. Alle Pakete, die nicht von der konfigurierten Quell-IP-Adresse stammen, werden verworfen.

Mehr Informationen zu den vordefinierten IPSets finden Sie auch in der Dokumentation unter *https://pve.proxmox.com/pve-docs/pve-admin-guide.html#pve_firewall_ip_sets*.

6.5 Firewall-Regeln definieren

Der Sinn einer Firewall ist es, bestimmte Pakete zu verwerfen oder eben passieren zu lassen. Meist geschieht sogar beides, indem man nur Pakete passieren lässt, die aus bestimmten Netzwerken stammen oder mit bestimmten Ports kommunizieren möchten, und alle anderen Pakete verwirft.

Die Proxmox-Firewall bringt dazu einen Dialog für die Erstellung von Firewall-Regeln mit (siehe Abbildung 6.4).

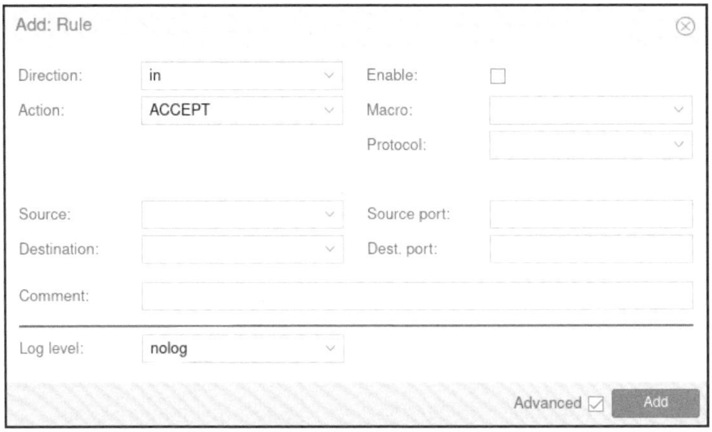

Abbildung 6.4: Dialog zur Konfiguration von Firewall-Regeln

Zunächst filtern Sie entsprechende Pakete heraus, die von der Firewall in irgendeiner Art behandelt werden sollen. Im einfachsten Fall geben Sie nur die Richtung (**Direction**) des Pakets (eingehend, ausgehend, weitergeleitet) sowie ein **Macro** an. Makros sind gängige Protokoll-Port-Kombinationen; beispielsweise können Sie das Makro namens `SSH` wählen, um das IP-Protokoll `TCP` mit dem Destination-Port `22` zu erhalten. Makros sind einfacher zu handhaben und deshalb für gängige Anwendungen bereits vordefiniert. Sie lassen sich jedoch nicht erweitern oder anpassen.

Benötigen Sie über die vorgegebenen Makros hinaus andere Ports oder andere IP-Protokolle, können Sie das Feld **Macro** leer lassen und im Feld **Protocol** das gewünschte IP-Protokoll auswählen und darunter die gewünschten **Source** oder **Destination Ports** konfigurieren. Um mehrere Ports einzutragen, geben Sie diese nacheinander durch Komma getrennt an (`80,81`), und Port-Ranges können Sie mit einem Bindestrich (`-`) definieren (`80-82`).

Als Nächstes sagen Sie der Firewall im Feld **Action**, was mit den Paketen geschehen soll, auf die der Filter zutrifft:

- `ACCEPT` lässt ein Paket durch die Firewall passieren.
- `DROP` verwirft ein Paket an der Firewall, und der Absender erhält keine Antwort.
- `REJECT` weist das Paket an der Firewall zurück und informiert den Absender darüber.

Die Firewall besitzt bereits Standardregeln (*Default Policy*) für verschiedene Übergänge, die Sie in der GUI unter den jeweiligen Firewall-Optionen finden:

Zone	Richtung	Bezeichnung	Voreinstellung	Bedeutung
Datacenter	Eingehend	Input-Policy	DROP	Alle eingehenden Pakete werden verworfen.
	Ausgehend	Output-Policy	ACCEPT	Alle ausgehenden Pakete werden akzeptiert.
	Weiterleitung	Forward-Policy	ACCEPT	[SDN-VNet] Alle weitergeleiteten Pakete werden akzeptiert (nur mit der neuen *proxmox-firewall*).
Host				Aus der Datacenter-Zone vererbt, keine Übersteuerung pro Host möglich.
VM/CT	Eingehend	Input-Policy	DROP	Alle eingehenden Pakete werden verworfen.
	Ausgehend	Output-Policy	ACCEPT	Alle ausgehenden Pakete werden akzeptiert.
VNet	Weiterleitung	Forward-Policy	ACCEPT	Alle weitergeleiteten Pakete werden akzeptiert (nur mit der neuen *proxmox-firewall*).

Tabelle 6.3: Default-Regeln der Proxmox VE Firewall

Zusammengefasst lässt sich Folgendes sagen:

- Pakete von innen (nach außen) dürfen passieren.
- Pakete von außen (nach innen) werden verworfen.
- Pakete von innen nach innen (Weiterleitung zwischen SDN-VNets) dürfen passieren.

Diese Standardregeln (*Default Policies*) lassen sich in den Firewall-Optionen der jeweiligen Zone ändern. Wenn Sie beispielsweise eine Hochsicherheitsumgebung betreiben und Sie jedwede Art von Kommunikation der Hypervisoren nach außen unterbinden möchten, können Sie die Default-Output-Policy in der Datacenter-Zone auf DROP umstellen. Alle Pakete, die Sie nach außen erlauben möchten, benötigen dann weitere explizite ACCEPT-Regeln, um die Default-Policy für diesen speziellen Fall zu übersteuern.

Besonderheiten der SDN-VNet-Firewall

Wenn Sie *Software Defined Networking* (SDN) in Proxmox VE nutzen, erhalten Sie auch die Firewall-Zone der VNets. Hier gibt es einige Besonderheiten:

- **`Forward`: `ACCEPT` als Standard:** VNet-Datenverkehr ist nicht `Output` oder `Input`, sondern `Forward`, weil der Traffic die Firewall-Zone nicht verlässt, sondern nur in ein anderes VNet der Zone weitergeleitet wird. Die Default-Policy hierbei ist `ACCEPT`, lässt also alle Pakete zwischen verschiedenen VNets passieren, sofern keine weiteren Regeln eingerichtet wurden.
- **Bidirektionale Regeln:** Während bei anderen Firewall-Zonen der Datenverkehr für eingehenden und ausgehenden Traffic mit zwei separaten Regeln gesteuert wird, funktioniert die VNet-Firewall bidirektional. Alle Regeln werden also am gleichen Übergang eingesetzt – oder anders gesagt: Man konfiguriert an der entsprechenden VNet-Zone die Regeln für eingehende und ausgehende Pakete.
- **Nur beim Einsatz der `proxmox-firewall`:** Mit der aktuellen IPTables-basierten Firewall lässt sich die VNet-Firewall nicht verwenden. Erst mit dem Einsatz der neuen `proxmox-firewall` können in dieser Zone Regeln angewendet werden.

6.6 Automatisch gesetzte Firewall-Ausnahmen

Für bestimmte Kommunikationen sind auf der Firewall für das lokale Netzwerk (`local_network`) bereits gewisse Ausnahmen gesetzt, damit Sie sich nicht selbst aussperren:

Protokoll	Port	Zweck/Dienst
TCP	8006	Web-GUI (`pveproxy`)
TCP	5900–5999	VNC-Web-Konsole (WebSocket)
TCP	3128	SPICE-Proxy für den Zugriff auf VM-Konsolen
TCP	22	`ssh` für die Administration und diverse Aufgaben zwischen Cluster-Nodes (z. B. Migration)
UDP	111	`rpcbind` für RPC-basierte Dienste wie z. B. den Zugriff auf NFS-Server
TCP	25	Mailversand über den lokalen Postfix-MTA, nur ausgehend
UDP	5405–5412	Corosync-Cluster-Kommunikation zwischen den Nodes eines Clusters
TCP	60000–60050	Migration von VMs und lokalen Disk-Images auf andere Nodes

Tabelle 6.4: Default-Ausnahmen im lokalen Netzwerk

6.7 Security Groups

Für häufiger verwendete Regeln lassen sich sogenannte *Security Groups* definieren und dann auf verschiedene VMs und Container anwenden. Sie können als Beispiel eine Security Group für öffentliche Webserver anlegen, bei denen eingehender Traffic auf Port 80/TCP und 443/TCP erlaubt ist, während alle anderen Pakete verworfen werden (siehe Abbildung 6.5). Diese Security Group können Sie anschließend auf mehrere Webserver anwenden.

Abbildung 6.5: Anlegen von Security Groups für häufiger verwendbare Regelsätze

6.8 Logging von Firewall-Verbindungen

Die Logging-Funktion der Proxmox VE Firewall ermöglicht Ihnen eine Nachverfolgung und Analyse von gefiltertem Netzwerkverkehr. Standardmäßig ist das Logging deaktiviert und muss explizit auf Host- oder VM-/CT-Ebene in den Optionen der Firewall aktiviert werden. Hierbei lässt sich ein Loglevel für die jeweiligen Regeln definieren. Dieser Loglevel-Wert ist die Priorität eines Logeintrags und fügt eine `LOGID` als Präfix zum Logeintrag hinzu. Dies erleichtert Ihnen die spätere Auswertung.

Per Default ist überall der Level `nolog` hinterlegt, der eben kein Protokoll erzeugt. Diesen Wert kann man auf einen jeweils gewünschten anderen Loglevel konfigurieren. Die verfügbaren weiteren Loglevel bzw. Prioritäten reichen von `emerg` (Priorität 0) bis `debug` (Priorität 7) und ermöglichen eine feine Steuerung der Logausgaben für unterschiedliche Regeln. Beispielsweise möchten Sie vielleicht Datenverkehr, der eine bestimmte Firewall-Regel passiert, in einem `alert`-Level loggen und unwichtigen Traffic einer anderen Regel nur im `info`-Level.

Sie können auf verschiedenen Ebenen Firewall-Loglevel hinterlegen:

- Für den Traffic eines jeden einzelnen Nodes unter **Datacenter • <Node> • Firewall • Options** gibt es
  - `log_level_in` für eingehenden Traffic zum Node,
  - `log_level_out` für ausgehenden Datenverkehr,
  - `log_level_forward` für Datenpakete zwischen verschiedenen VNets,
  - `tcp_flags_log_level`, die illegale TCP-Flags protokollieren, sowie den
  - `smurf_log_level` für potenzielle Smurf-Angriffe.

- Auf VM-/CT-Ebene lassen sich unter **<vmid> • Firewall • Options** die Level für `log_level_in` sowie `log_level_out` konfigurieren, also für eingehenden und ausgehenden Traffic.
- In SDN-VNets können Sie unter **Datacenter • SDN • VNet Firewall • <vnet> • Options** lediglich den Standard-Loglevel für `log_level_forward` konfigurieren.

Für jede benutzerdefinierte Firewall-Regel lässt sich das Logging einstellen – unabhängig von den oben genannten Default-Regeln für Nodes, VMs und VNets. Dies ist sowohl über die Weboberfläche bei der Erstellung oder Bearbeitung einer Regel möglich als auch direkt in der entsprechenden Konfigurationsdatei (`/etc/pve/firewall/*.fw`) oder über die API. Beispielsweise erzeugt der Eintrag `IN REJECT -p icmp -log debug` in der Konfigurationsdatei detaillierte Logs für ICMP-Pakete auf Debug-Level.

Sobald Sie Loglevel von `nolog` auf einen anderen Level stellen und ein Paket auf die entsprechende Regel passt, wird nun ein Logeintrag erstellt. Einsehen können Sie die entsprechenden Einträge in der Web-GUI unter **Datacenter • <Node> • Firewall • Log** für die Firewall auf Datacenter-, Hypervisor- oder VNet-Ebene oder für Logs der VM-Ebene unter **<vmid> • Firewall • Log**.

Das Log der eigentlichen Firewall-Komponente können Sie entweder mit dem Befehl `journalctl -f -u pve-firewall.service` anschauen oder direkt die Datei */var/log/pve-firewall.log* begutachten.

6.9 Aktivierung der Firewall

Wenn Sie die Konfiguration der Firewall abgeschlossen sowie eigene Firewall-Regeln angelegt haben, können wir die Firewall nun in Betrieb nehmen. Damit die Firewall überhaupt etwas tut, müssen Sie sie auf allen relevanten Ebenen aktivieren. Je nachdem, welche Zonen oder Ebenen die Firewall schützen soll, sind dies unterschiedliche Optionen. Hier ist die Liste der zu schützenden Ebenen mit den notwendigen Einstellungen:

- **Node-Ebene**
  - **Datacenter • Firewall • Options • Firewall** aktivieren (Voreinstellung: Aus)
  - **Datacenter • <Node> • Firewall • Options • Firewall** aktivieren (Voreinstellung: Ein)
- **VM-/Container-Ebene**
  - **Datacenter • Firewall • Options • Firewall** aktivieren (Voreinstellung: Aus)
  - **Datacenter • <Node> • Firewall • Options • Firewall** aktivieren (Voreinstellung: Ein)
  - **<vmid> • Firewall • Options • Firewall** aktivieren (Voreinstellung: Aus)
  - (Netzwerk-Interface in VMs) **<vmid> • Hardware • <Network Device> • Firewall** aktivieren (Voreinstellung: Ein)
  - (Netzwerk-Interface in Containern) **<vmid> • Network • <Network Device> • Firewall** aktivieren (Voreinstellung: Ein)

- **VNet-Ebene**
  - **Datacenter • Firewall • Options • Firewall** aktivieren (Voreinstellung: Aus)
  - **Datacenter • <Node> • Firewall • Options • Firewall** aktivieren (Voreinstellung: Ein)
  - **Datacenter • SDN • VNet Firewall • <VNet> • Options • Firewall** aktivieren (Voreinstellung: Aus)

Wenn eine der Optionen nicht aktiviert ist, wird die Firewall an dieser Stelle nicht funktionieren. Sie muss also auf allen relevanten Ebenen aktiviert werden, um Ihre Regeln anzuwenden und Pakete zu filtern.

Ob die Firewall aktiviert ist, lässt sich über die Kommandozeile mit `pve-firewall status` ermitteln:

```
root@pve1:~# pve-firewall status
Status: enabled/running
```

Hier gibt `enabled` oder `disabled` an, ob die Firewall in der Konfiguration aktiviert wurde, und `running` oder `stopped` gibt an, ob der Firewall-Daemon dieses Nodes läuft oder nicht. Nur wenn der Status `enabled/running` lautet, ist die Firewall aktiviert.

Haben Sie sich durch eine Fehlkonfiguration ausgesperrt, erlaubt der Befehl `pve-firewall stop`, den Daemon anzuhalten. Die Firewall ist deaktiviert und alle Firewall-Regeln sind ebenfalls deaktiviert – Ihre Hypervisoren sind dann nicht länger geschützt. Es erlaubt Ihnen aber, die fehlerhafte Regel zu korrigieren und mit einem anschließenden `pve-firewall start` die Firewall und die konfigurierten Regeln wieder in Betrieb zu nehmen.

6.10 Installation der proxmox-firewall

Die `pve-firewall` ist bereits vorhanden und installiert. Die neuere, in Rust geschriebene `proxmox-firewall`, die `nftables` verwendet, wurde so implementiert, dass keine Anpassungen an den Firewall-Regeln notwendig sind. Sie können also Ihre bestehende Konfiguration beibehalten und ohne Anpassungen weiterverwenden. Wenn Sie sich für die Nutzung der neueren `proxmox-firewall` entscheiden, müssen Sie diese noch installieren, bevor sie verwendet werden kann. In diesem Schritt wird die bisherige `pve-firewall` automatisch deinstalliert.

Die Installation führen Sie auf der Shell mit folgenden Befehlen durch:

```
apt update && apt install proxmox-firewall
```

Nach der Installation der neuen Firewall-Komponente müssen Sie dem System noch mitteilen, dass es die neue Komponente auch verwenden soll. Dies tun Sie nach der Installation des neuen Paketes auf jedem Hypervisor. Bearbeiten Sie die Datei */etc/pve/nodes/<Node>/host.fw* und fügen Sie die Zeile `nftables: 1` in der Sektion `[OPTIONS]` hinzu:

```
[OPTIONS]
nftables: 1
```

Zum Abschluss starten Sie die `proxmox-firewall` mit dem Befehl `systemctl restart proxmox-firewall` neu.

Als Kontrolle, dass die neue Firewall nun aktiv ist, prüfen Sie mit dem Shell-Kommando `nft ruleset list`, ob Sie eine Liste von Regeln erhalten. Bei einer leeren Ausgabe ist die Firewall noch nicht aktiv und Sie sollten erneut die Konfiguration prüfen. Sehen Sie Regeln, hat es funktioniert und Sie verwenden ab jetzt die `proxmox-firewall`.

6.11 Beispiele für Firewall-Regeln

Im ersten Beispiel definieren wir ein Management-Netzwerk. Dazu wird das IPSet `management` in der Datei */etc/pve/firewall/cluster.fw* konfiguriert:

```
[IPSET management]
192.168.1.0/24
10.10.0.0/16
162.16.16.16/32
```

Sie brauchen dann noch eine Regel zum Zulassen des Management-Zugriffs, die Sie in der Datei */etc/pve/firewall/cluster.fw* notieren:

```
[RULES]
IN ACCEPT -source +management
```

Im nächsten Beispiel geht es um die Security Group für einen Webserver. Legen Sie dazu die Gruppe `webserver` in der Datei */etc/pve/firewall/cluster.fw* an:

```
[GROUP webserver]
IN ACCEPT -p tcp -dport 80
IN ACCEPT -p tcp -dport 443
```

Wenn die Gruppe eingerichtet wurde, aktivieren Sie sie in der Datei */etc/pve/firewall/<vmid>.fw*:

```
[RULES]
GROUP webserver
```

Kapitel 7
Backup und Restore mit dem integrierten vzdump

Die Sicherung von Daten und Systemzuständen ist ein unverzichtbarer Bestandteil jeder IT-Infrastruktur. Im Vergleich zu vielen anderen Hypervisoren besitzt Proxmox VE mit `vzdump` bereits ein einfaches, integriertes Werkzeug, um vollständige Backups von virtuellen Maschinen und Containern zu erstellen.

Dieses Kapitel zeigt Ihnen die Grundlagen der Datensicherung mit `vzdump`, erläutert die verschiedenen Backup-Modi, zeigt, wie Sie Ad-hoc- und geplante Backups durchführen, und geht auf erweiterte Optionen und Konfigurationsmöglichkeiten ein.

7.1 Überblick und Architektur

Proxmox VE bringt mit `vzdump` ein integriertes Backup-Werkzeug mit, das sowohl KVM-VMs als auch LXC-Container sichern kann. Es läuft direkt auf dem Host, erzeugt ein *VM Archive* im Format *VMA*, packt es optional mit *ZStandard*, *GZip* oder *LZO* und legt das Ergebnis auf jedem Storage-Backend ab, das die Eigenschaft `VZDump backup` besitzt.

Als Storage kommt dafür grundsätzlich jeder dateibasierte Speicher in Betracht, sei es ein lokales Verzeichnis (zumindest auf separaten Disks), ein NFS-Storage oder irgendein anderer Storage, auf dem sich die `*.vma`-Archive ablegen lassen. Blockbasierte Storages wie iSCSI- oder FC-Speicher werden nicht direkt unterstützt.

7.2 Features und Einschränkungen des integrierten vzdump-Backups

Von `vzdump` erstellte Backups sind immer vollständige Backups – sie enthalten die Konfiguration der VM oder des Containers sowie alle zugehörigen VM-Images oder Dateien der Container-Filesysteme mit generalisierten Namen, die keine VM-ID mehr enthalten.

- **(Nur) Full Backups:** Jedes Backup enthält die komplette Konfiguration und alle Daten des Gastes zum Zeitpunkt des Backups. Differenzielle oder inkrementelle Backups sind mit `vzdump` allein nicht möglich. In Verbindung mit dem *Proxmox Backup Server* als Backup-Ziel kommt jedoch die Möglichkeit inkrementeller Backups hinzu.

- **Mehrere Modi für Backup-Konsistenz:** `vzdump` bietet verschiedene Backup-Modi wie `snapshot`, `suspend` und `stop` (siehe Abschnitt 7.5), um die Konsistenz des Backups sicherzustellen, jeweils mit unterschiedlichen Auswirkungen auf die Verfügbarkeit des Gastes.
- **Komprimierung:** `vzdump` unterstützt die Kompressionsalgorithmen `gzip`, `lzo` und `zstd`, um den Speicherplatzbedarf der Backups zu reduzieren. `zstd` bietet dabei in der Regel die beste Balance aus Geschwindigkeit und Kompressionsrate. Die beiden Algorithmen `gzip` und `lzo` werden für das Restore von älteren Backups benötigt.
- **Storage-Integration:** Backups können auf jedem in Proxmox VE konfigurierten Storage gespeichert werden, der den Inhaltstyp *Backups* unterstützt. Das sind also alle dateibasierten Storages wie lokale Verzeichnisse, NFS, CIFS, Proxmox Backup Server und weitere.
- **Ad-hoc- und geplante Backups:** Backups können manuell zu jeder Zeit (*ad hoc*) oder regelmäßig und geplant über Backup-Jobs ausgeführt werden.
- **KVM-Live-Backup:** Es können Snapshots für Backup-Zwecke erzeugt werden, ohne dass der Storage darunter Snapshots beherrschen muss. Dies sorgt für konsistente Backups unabhängig von dem verwendeten Storage.
- **Container-Snapshot-Modus:** Diese Option erfordert einen snapshot-fähigen Storage für das `rootfs` sowie für alle Mountpoints des Containers.
- **Clientseitige Verschlüsselung nur mit PBS:** `vzdump` kann Backup-Archive nur verschlüsseln, wenn diese auf einem Proxmox-Backup-Server gespeichert werden.

7.3 Live-Snapshots und VMA-Archive

Mit Proxmox VE 2.3 stellte Proxmox das `.vma`-Format (*VM-Archive*) für Backups vor und ersetzte das vorher verwendete `.tar`-Format.

Die Notwendigkeit für das VMA-Format ergab sich daraus, wie Backups mit den KVM-Live-Snapshots in Proxmox VE durchgeführt werden. Im Vergleich zu einem herkömmlichen Archiv, bei dem die Daten meist sequenziell gelesen und geschrieben werden, können in einem VMA-Archiv Inhalte nacheinander, aber auch in beliebiger Reihenfolge stehen. Die einzelnen Datenblöcke sind mit ihrer Position im Image gespeichert und können in beliebiger Reihenfolge geschrieben werden und dennoch sequenziell für eine Wiederherstellung gelesen werden.

Mehr Details zum VMA-Format finden Sie auch im Proxmox-VE-Wiki unter *https://pve.proxmox.com/wiki/VMA*.

Ein gängiger Ansatz der meisten Hypervisoren und anderer Systeme ist es, einen möglichst konsistenten Storage-Snapshot zu erzeugen und diesen dann unabhängig von der laufenden VM in ein Backup zu sichern. Dies erfordert jedoch einen Storage, der Snapshots unterstützt. Proxmox VE unterstützt viele verschiedene Storage-Backends, von denen jedoch nicht alle die Snapshot-Funktionalität bieten. Um unabhängig von dem verwendeten Storage ein möglichst konsistentes Backup erzeugen zu können, ohne die VM stoppen zu müssen, hat Proxmox die KVM-Live-Snapshots entwickelt und implementiert.

Die KVM-Live-Snapshots funktionieren nach folgender Art:

1. Das Backup der VM startet (siehe Abbildung 7.1). Die Images werden dazu Block für Block gelesen und in ein Backup-Archiv geschrieben. Lesezugriffe durch die VM stellen kein Problem dar, denn die Daten des Images werden dadurch nicht verändert.

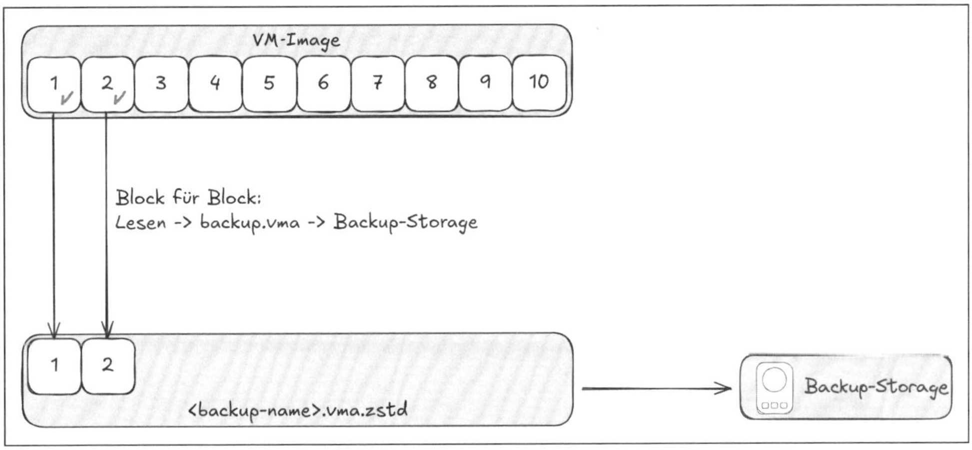

Abbildung 7.1: KVM-Live-Snapshot – das Backup startet.

2. Sobald die VM nun Daten schreiben, das Image also verändern möchte, würde das Image inkonsistent werden, weil nicht mehr alle Blöcke den Stand zu Beginn des Backups hätten (siehe Abbildung 7.2).

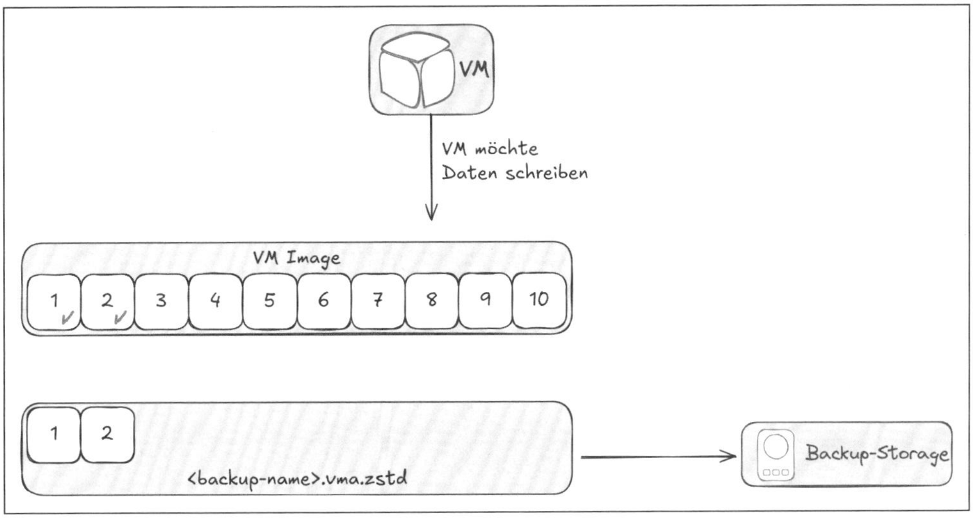

Abbildung 7.2: KVM-Live-Snapshot – die VM möchte Daten schreiben.

3. Im nächsten Schritt kommt das KVM-Live-Backup zum Einsatz und blockiert den Schreibzugriff der VM zunächst. Dann wird der Block, der überschrieben werden soll, gelesen und außerhalb der normalen Reihenfolge gesichert und in das VMA-Archiv geschrieben (siehe Abbildung 7.3).

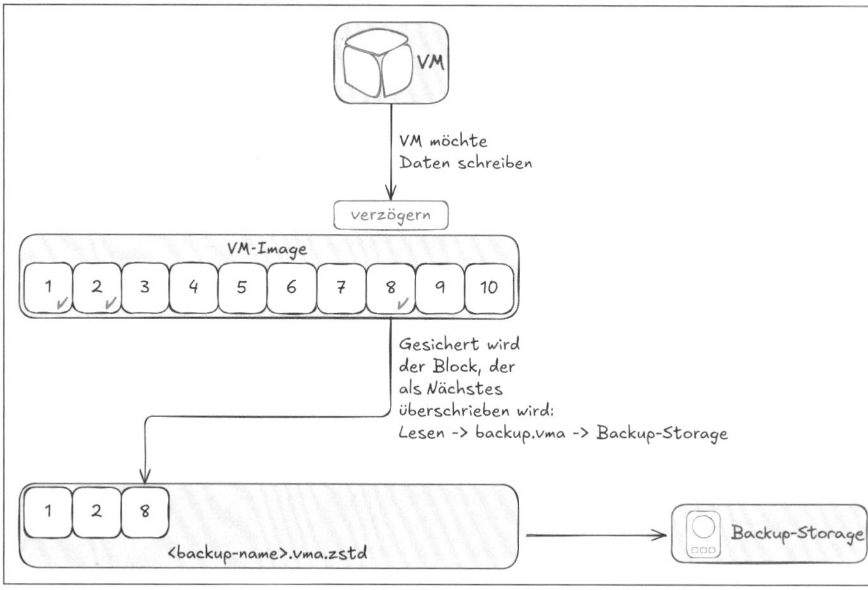

Abbildung 7.3: KVM-Live-Snapshot – das Schreiben wird verzögert, bis der Block gesichert wurde.

4. Da der ursprüngliche Inhalt nun gesichert wurde, wird der Schreibzugriff der VM durchgeführt (siehe Abbildung 7.4). Die VM registriert für den Schreibzugriff möglicherweise eine etwas höhere Latenz bis zur Bestätigung, sonst bekommt sie jedoch nichts davon mit und wird daher auch nicht weiter gestört oder unterbrochen.

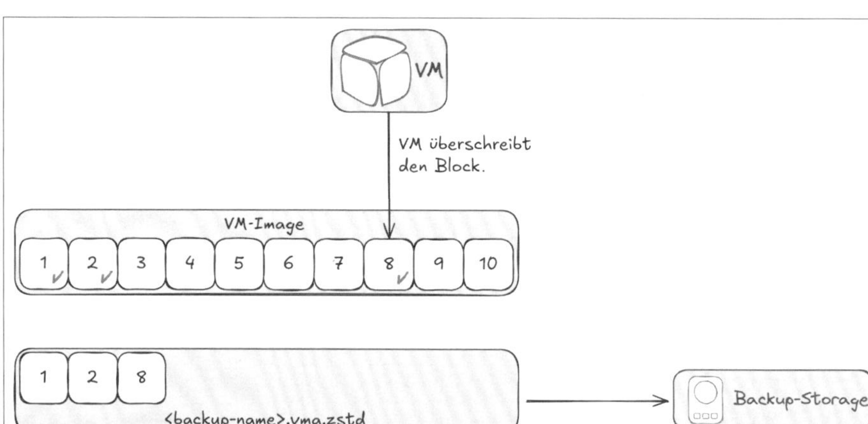

Abbildung 7.4: KVM-Live-Snapshot – die VM darf den Block nun überschreiben.

5. Anschließend wird das Backup wieder dort fortgesetzt, wo es vor dem Schreibvorgang der VM unterbrochen wurde, und die nächsten Blöcke werden gesichert (siehe Abbildung 7.5).

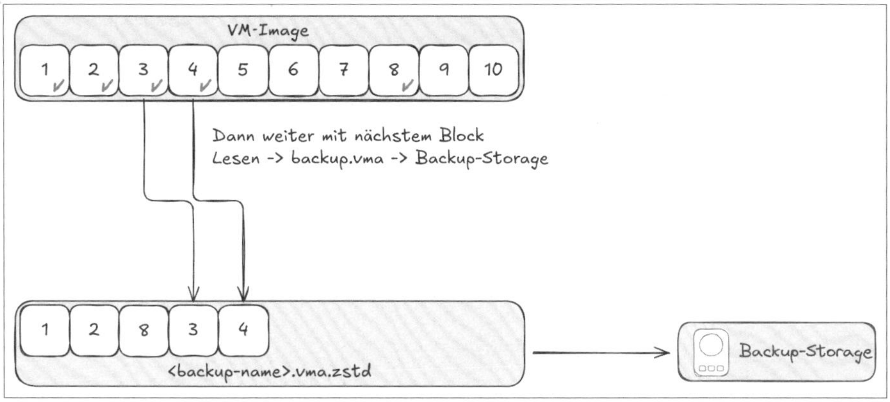

Abbildung 7.5: KVM-Live-Snapshot – das Backup wird fortgesetzt, wo es vorher unterbrochen wurde.

Falls Sie eines Tages in die Verlegenheit kommen, ein VMA-Archiv manuell bearbeiten zu müssen, dann hilft Ihnen der Befehl `vma`:

```
usage: vma command [command options]

vma list <filename>
vma config <filename> [-c <config>]
vma create <filename> [-c <config>] [-d format=<format>:<device name>=
<path> [-d...]]
vma extract <filename> [-d <drive-list>] [-r <fifo>] <targetdir>
vma verify <filename> [-v]
```

Als Beispiel zeige ich Ihnen eine Ausgabe des Befehls `vma list <backup-archive>.vma`, der den Inhalt eines `.vma`-Archivs auflistet:

```
# vma list <backup-archive>
CFG: size: 534 name: qemu-server.conf
DEV: dev_id=1 size: 8589934592 devname: drive-scsi0
CTIME: Mon Apr 21 10:52:53 2025
```

7.4 Backup-Fleecing

Nachdem Sie die Funktionsweise der KVM Live-Snapshots kennen, ergibt sich daraus eine Frage: Wie gut funktioniert diese Methode, wenn es sehr viele Schreibzugriffe gibt oder wenn die verfügbare Bandbreite zum Backup-Storage zu niedrig oder die Latenz zu hoch ist?

Es gibt Umgebungen, bei denen dies auf die Performance innerhalb von VMs zurückfallen kann. Die VMs reagieren mit Schreibverzögerungen oder im schlimmsten Fall mit Timeouts bei Schreibzugriffen, während ein Backup läuft.

In diesem Fall können Sie dem Hypervisor einen Backup-Fleecing-Storage spendieren. Dieser agiert wie ein temporärer, lokaler Schreibcache für den Backup-Speicher. Alle zu sichernden Daten werden also in den Fleece-Cache geschrieben und von dort aus auf den eigentlichen Backup-Storage übertragen (siehe Abbildung 7.6). Damit sorgen Sie für performante Schreibzugriffe der VMs, selbst wenn der Backup-Storage an einem anderen Standort steht oder zu langsam ist.

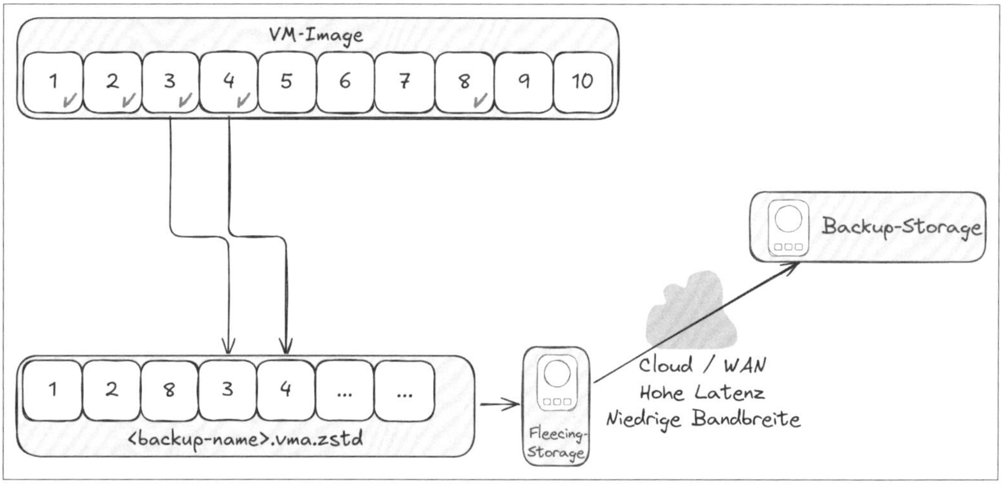

Abbildung 7.6: Backup-Fleecing

> **Fleecing**
> Der Begriff *Fleecing* leitet sich vom englischen »to fleece« für »scheren« ab. Wie beim Scheren eines Schafes, wo die Wolle vom Schaf getrennt und eingesammelt wird, so werden beim Backup-Fleecing die soeben gesicherten Datenblöcke auf einer Storage gesammelt und zwischengespeichert.

Nutzen Sie als *Fleecing-Cache* einen schnellen, lokalen Speicher mit Unterstützung für Thin-Provisioning und Discard. Beispielsweise ist eine lokale NVMe- oder schnelle SSD-Disk dafür gut geeignet. Binden Sie die NVMe- oder SSD-Disk als separaten ZFS-Storage mit aktiviertem Thin-Provisioning in Ihren Proxmox-VE-Hypervisor mit ein. Alternativ können Sie auch ein anderes Filesystem nutzen, das optimalerweise (jedoch nicht notwendigerweise) Sparse-Files abbilden kann.

Im **Advanced**-Tab eines Backup-Jobs lässt sich das Fleecing aktivieren (siehe Abbildung 7.7). Darunter können Sie den entsprechenden Storage angeben, der als Cache dienen soll.

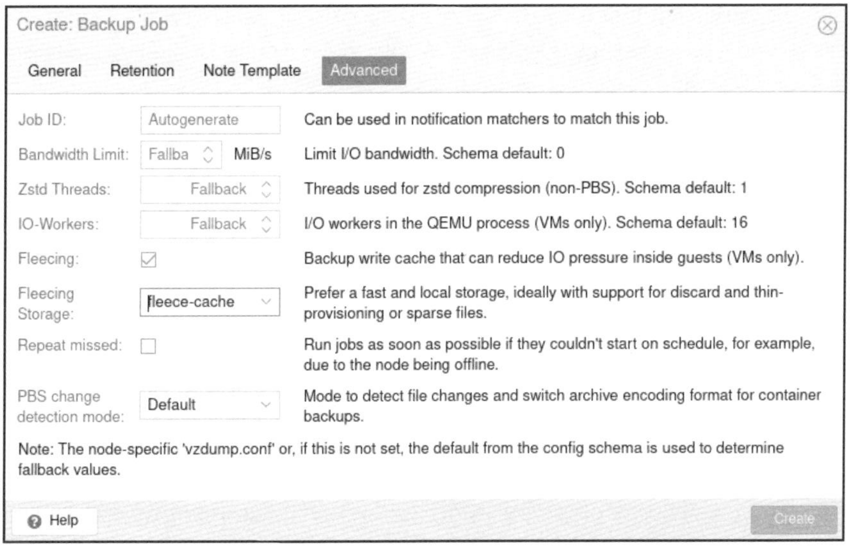

Abbildung 7.7: Das Fleecing kann in den »Advanced«-Optionen konfiguriert werden.

Falls Sie für den Fleece-Cache einen Storage verwenden, der weder *Thin Provisioning* noch *Sparse Files* beherrscht, wird beim Backup der VM die gesamte Größe des Original-Images auf dem Fleecing-Storage belegt.

7.5 Backup-Modus

Sie haben bei Sicherungen die Auswahl zwischen unterschiedlichen Backup-Modi, die sich je nach Typ des Gastes – VM oder Container – unterschiedlich verhalten:

- **Verhalten der Backup-Modi bei KVM-VMs**
  - `Stop`: Dieser Modus bietet die höchste Konsistenz, erfordert aber eine kurze Downtime der VM. Die VM wird ordnungsgemäß heruntergefahren, es wird ein Live-Snapshot erzeugt und die VM wieder gestartet, falls sie lief. Anschließend wird der Live-Snapshot in ein Backup-Archiv gesichert. Der Vorteil ist die absolute Konsistenz, da die VM zum Zeitpunkt des Snapshots ausgeschaltet war. Wie dies technisch funktioniert, können Sie in Abschnitt 7.3 nachlesen.
  - `Suspend`: Hält die VM während des Backups an. Dies führt zu einer längeren Downtime als im `snapshot`-Modus und wird primär aus Kompatibilitätsgründen angeboten. Sie sollten diesen Modus nicht verwenden, weil die anderen beiden Modi schlicht vorteilhafter sind. Die Konsistenz ist hoch, aber nicht besser als im `snapshot`-Modus mit Guest-Agent.
  - `Snapshot`: Bietet ein Backup ohne Downtime bei einem geringen Risiko von Inkonsistenz, da die VM durchgehend läuft und erreichbar ist. Nutzt genau wie der Stop-Modus die Proxmox-VE-Snapshot-Funktion. Wenn der QEMU-Guest-Agent

in der VM installiert und aktiv ist, werden Dateisysteme mittels `guest-fsfreeze-freeze` und `guest-fsfreeze-thaw` zur Wahrung der Konsistenz kurz eingefroren.

- **Verhalten der Backup-Modi bei Containern**
  - `Stop`: Stoppt den Container für die gesamte Dauer des Backups. Dies kann bei kleinen Containern einige Sekunden bis Minuten dauern, bei mehreren TiB großen Containern aber auch einige Stunden Downtime bedeuten, in denen der Container nicht erreichbar ist.
  - `Suspend`: Nutzt `rsync`, um die Daten in ein temporäres Verzeichnis zu kopieren. Der Container wird kurz angehalten (»suspendiert«), geänderte Dateien werden erneut mit `rsync` kopiert, und der Container wird wieder gestartet (`resume`). Dieses Verfahren benötigt zusätzlichen temporären Speicherplatz.
  - `Snapshot`: Nutzt die Snapshot-Fähigkeiten des zugrunde liegenden Storage (beispielsweise ZFS, LVM thin, Ceph RBD). Es wird ein Storage-Snapshot erstellt, ohne dass eine Downtime benötigt wird, jedoch existiert ein Inkonsistenzrisiko. Der zuvor erzeugte Snapshot wird dann in ein Backup-Archiv gesichert. Unterstützt der Storage keine Snapshots, wird automatisch der Suspend-Modus verwendet.

Welchen der Modi sollten Sie nun für welche Zwecke verwenden? Meine Empfehlung für einen Best-Practice-Ansatz zu den Backup-Modi lautet zusammengefasst:

- Verwenden Sie `Snapshot` zur Vermeidung von Downtime.
- Verwenden Sie `Stop` bei älteren Gastsystemen mit fehleranfälligen Dateisystemen oder für den Fall, dass Sie eine hundertprozentige Konsistenz des Backups sicherstellen müssen.
- Verwenden Sie `Suspend` nicht (mehr).

7.6 Backup-Ziele, Dateiformate und Kompression

Als Backup-Ziel kommt jeder Storage in Betracht, auf dem Sie Dateien speichern können und der eine ausreichende Performance bereitstellt. Die gängigsten Ziele sind beispielsweise lokale Filesysteme als einfaches Directory, ein ZFS- oder btrfs-Storage oder ein NAS-Netzwerkspeicher mit NFS oder CIFS. Weiterhin muss der Storage den Content-Type **VZDump backup** besitzen, damit er in Proxmox als Backup-Ziel angezeigt wird (siehe Abbildung 7.8).

Achten Sie unbedingt darauf, dass die Geschwindigkeit Ihres Backup-Speichers ausreichend ist, insbesondere in Cluster-Umgebungen. Bei der Sicherung mehrerer VMs eines Hypervisors arbeitet der Host eine VM nach der nächsten ab und schreibt das Backup-Archiv auf den Backup-Storage. Nehmen wir an, der VM-Storage, auf dem Ihre Images gespeichert sind, liefert Ihnen 500 MiB pro Sekunde lesend bei einem Backup. Die CPUs im Server verarbeiten diese Daten, komprimieren sie und schreiben dann 250 MiB pro

Sekunde auf den Backup-Storage, der diese wiederum auf seine Disks wegschreiben muss.

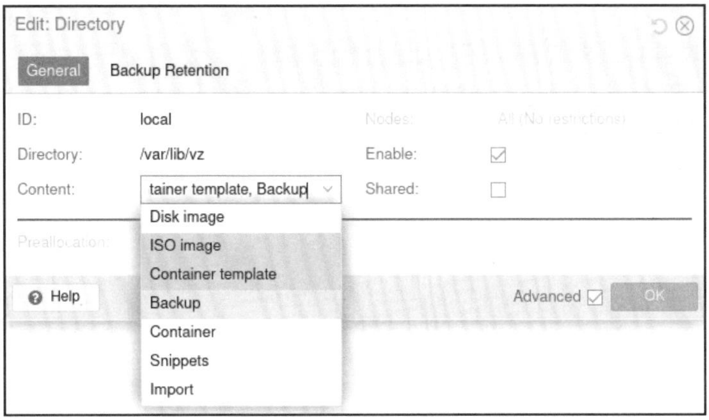

Abbildung 7.8: Der Content-Type »VZdump backup file« muss in der Storage-Konfiguration aktiviert werden.

Hier lauern nun mehrere Fallen, wenn Ihr Backup-Storage langsamer ist und die 250 MiB/s in unserem Beispiel nicht wegschreiben kann:

- Durch die Live-Snapshot-Sicherung (siehe Abschnitt 7.3) kann sich eine Schreibverzögerung bis in KVM-VMs bemerkbar machen und im schlimmsten Fall für Timeouts sorgen.
- In Cluster-Umgebungen haben Sie nicht einen einzelnen Hypervisor, der 250 MiB/s Speicherdruck erzeugt, sondern ein Vielfaches davon. In einem 3-Node-Cluster, der aus solchen Nodes besteht, erzeugen Sie eventuell schon einen Speicherdruck von 750 MiB/s – und das Problem vergrößert sich mit jedem weiteren Node, um den Ihr Cluster wächst.
- Backup-Server, die per NFS angebunden sind und eine unzureichende Performance haben, können sich bis hin zum Host und damit sogar auf mehrere VMs gleichzeitig auswirken.

Stellen Sie also sicher, dass Ihr Backup-Target schnell genug ist, um die Daten in benötigter Geschwindigkeit aufzunehmen. Falls das aus irgendwelchen Gründen noch nicht möglich ist, können Sie Live-Snapshots verwenden oder die Anzahl der parallelen Backup-Jobs reduzieren, indem Sie unterschiedliche Zeitpläne für jeden Node konfigurieren und die Backups nacheinander statt gleichzeitig laufen lassen.

Ein weiterer Workaround ist es, die Bandbreite für Backups im **Advanced**-Tab zu limitieren. Aber bedenken Sie, dass ein Workaround eben ein Workaround ist. Die beste Lösung ist ein schnellerer Backup-Storage.

Von **vzdump** erzeugte Backup-Archive werden nach der folgenden Konvention benannt:

<type>-<vmid>-<date>.<ext>

- <type>: Der Typ **qemu** steht für KVM-VMs, und `lxc` steht für LXC-Container.
- <vmid> gibt die eindeutige VM-ID der VM oder des Containers an.
- <date> ist das aktuelle Datum mit Uhrzeit.
- <ext> steht für die Extension, also die Dateiendung, die sich aus dem Archivtyp und der verwendeten Komprimierungsalgorithmus ergibt. Container-Backups nutzen standardmäßig `.tar.zst` und VMs verwenden `.vma.zst`.

Zur Komprimierung der Backups stehen Ihnen mehrere Algorithmen zur Verfügung:

- **none** verzichtet auf Komprimierung. Nur dann sinnvoll, wenn der als Backup-Ziel verwendete Storage selbstständig die Backups dedupliziert.
- `gzip` erreicht eine sehr gute Kompressionsrate, benötigt dazu aber viel Zeit. Verwendet nur einen einzelnen CPU-Kern und ist deshalb weniger gut geeignet für heutige CPUs mit vielen Cores.
- `lzo` verwendet mehrere Cores und ist schnell, erreicht aber im Vergleich zu GZip weniger gute Kompressionsraten.
- `zstd` ist der Default; erreicht Kompressionsraten von GZip und die Geschwindigkeit von LZO.

Verwenden Sie für neue Backups *Zstandard* (`zstd`) und nur in Ausnahmefällen andere Algorithmen oder unkomprimierte Backups.

7.7 Retention (Haltezeiten)

Damit Ihr Backup-Speicherplatz nicht vollläuft, müssen alte Backups regelmäßig entfernt werden. Nicht nur bei Proxmox VE wird das in Form von Haltezeiten (Retention-Policies) getan.

Standardmäßig ist die Option **Keep all backups** aktiviert (siehe Abbildung 7.9). Damit wird vom Hypervisor aus keine Bereinigung von alten Backups vorgenommen. Dies ist sinnvoll, wenn Sie den *Proxmox Backup Server* (PBS) als Backup-Storage-Ziel verwenden. Der PBS sorgt selbstständig für das Aufräumen der Datastores und damit auch für das Entfernen alter, abgelaufener Datensicherungen. Nutzen Sie dagegen einen normalen, dateibasierten Storage wie NFS, CIFS oder einen lokalen Storage, dann muss der Hypervisor seine Backups in der Regel selbst aufräumen und abgelaufene löschen. Dann entfernen Sie den Haken und setzen im Folgenden bitte entsprechende Anzahlen von Backups, die aufbewahrt werden sollen.

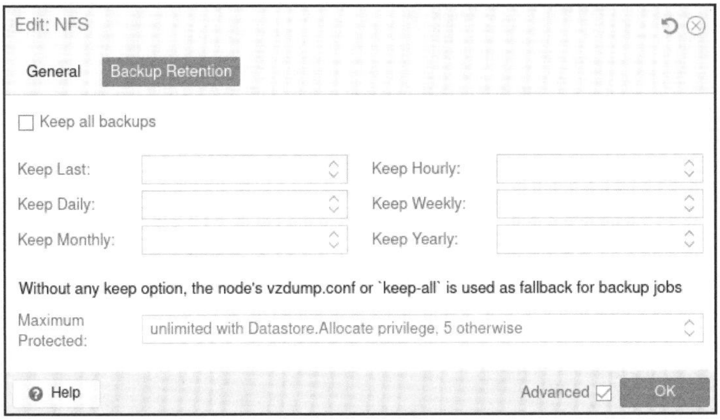

Abbildung 7.9: Haltezeiten (Retention) werden auf dem jeweiligen Backup-Storage definiert.

Innerhalb von Proxmox VE geben Sie beim Backup-Storage im Tab **Backup Retention** die Anzahl aufzubewahrender Backups an:

- die Anzahl der letzten Backups (egal welche) sowie **zusätzlich**
- die Anzahl der stündlichen Backups
- die Anzahl der täglichen Backups
- die Anzahl der wöchentlichen Backups
- die Anzahl der monatlichen Backups
- die Anzahl der jährlichen Backups

Die Anzahlen ergänzen sich und ergeben eine Summe an Backups insgesamt. Wenn Sie als Retention-Policy einstellen, dass Sie die letzten 3 Backups und die letzten 3 stündlichen Backups aufbewahren möchten, dann werden Sie 3 + 3 = 6 Backups insgesamt auf dem Storage speichern.

Prune Simulator

Falls Sie sich bei den Einstellungen der Haltezeiten unsicher sind, gibt es als kleinen Service beim Proxmox Backup Server einen *Prune Simulator*, der Ihnen die eingestellte Policy etwas plastischer darstellt. Sie finden ihn unter *https://pbs.proxmox.com/docs/prune-simulator/*.

7.8 Backups durchführen

Nach all den Grundlagen haben Sie sich die Backups redlich verdient, und wir schauen gemeinsam, wie Sie manuelle Ad-hoc-Backups, aber auch regelmäßige, unbeaufsichtigte Backups erzeugen.

7.8.1 Manuelle Backups (ad hoc) erzeugen

Die einfachste Variante ist natürlich, ein Backup dann zu erzeugen, wenn man es benötigt – beispielsweise bevor man Updates installiert, Konfigurationsänderungen vornimmt oder ähnliche, manchmal mehr oder minder potenziell gefährliche Arbeiten erledigt.

Sie können ein Backup sowohl über die GUI wie auch per Shell erzeugen. In der GUI gehen Sie dazu über **<vmid> • Backup • Backup now**. Sie sehen dann den Dialog aus Abbildung 7.10.

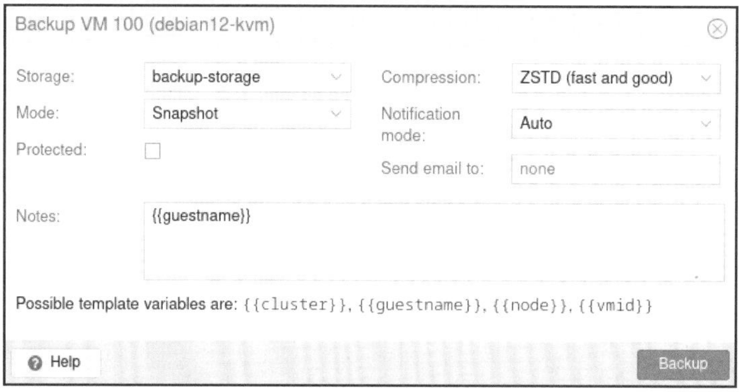

Abbildung 7.10: Dialog zum Starten eines manuellen Ad-hoc-Backups

- **Storage:** Wählen Sie den gewünschten Storage aus, auf dem das Backup abgelegt werden soll. Hier wird Ihnen jeder in Proxmox VE angelegte Storage angezeigt, der den Content-Type **Backup** besitzt.
- **Mode:** Stellen Sie hier den gewünschten Backup-Modus ein (**Snapshot**, **Suspend**, **Stop**).
- **Protected:** Ein gesetzter Haken verhindert, dass dieses Backup gelöscht wird, wenn die Haltezeit abgelaufen ist. Die Haltezeiten für Backups werden bei der Storage-Konfiguration eingerichtet.
- **Compression:** Hier wählen Sie den Komprimierungsalgorithmus.
- **Notification mode:** Hier definieren Sie, wie das Ergebnis des Backups kommuniziert werden soll:
  - **Email (legacy)** versendet eine E-Mail an die im nächsten Feld angegebenen E-Mail-Adressen.
  - **Notification System** verwendet zur Benachrichtigung das mächtigere Benachrichtigungssystem von Proxmox.
  - **Auto** sendet eine E-Mail, wenn im nächsten Feld **Send email to** etwas angegeben ist, oder verwendet das Benachrichtigungssystem, falls das Feld leer ist.
- **Send email to** gibt die E-Mail-Adresse des Empfängers an, falls Sie im Feld **Notification mode** die Option **Email (legacy)** oder **Auto** ausgewählt haben. Sie können meh-

rere E-Mail-Adressen eintragen, indem Sie diese durch Komma getrennt und ohne Leerzeichen dazwischen angeben.

- **Notes** ermöglicht es Ihnen, eine Notiz zu diesem Backup hinzuzufügen, z. B. den Grund für das Backup. Der Standardwert dieses Feldes ist `{{guestname}}` und wird automatisch durch den Namen der VM ersetzt. Ihnen stehen daneben auch weitere Platzhalter zur Verfügung, die automatisch mit Inhalt befüllt werden. Mögliche Platzhalter und deren Bedeutungen sind:
  - `{{cluster}}` wird durch den Namen des Clusters ersetzt, auf dem die VM sich befindet. Bei Single-Server-Umgebungen wird *Standalone* verwendet.
  - `{{guestname}}` enthält den frei wählbaren Namen der VM. Sie sollten diesen Namen immer angeben, um später in Backup-Listen auf den ersten Blick zu sehen, welche VM sich hinter der ID verbirgt. Wenn Sie von Zeit zu Zeit VMs löschen und später neue VMs erzeugen, kann es sein, dass eine alte VM-ID erneut verwendet wird, aber für eine völlig andere Maschine. Dann ist es sehr wertvoll, wenn man direkt am Backup erkennen kann, zu welcher ehemaligen VM das Backup gehört.
  - `{{node}}` enthält in einem Cluster den Namen des Hypervisors, der das Backup durchgeführt hat, weil die VM zu diesem Zeitpunkt dort lag.
  - `{{vmid}}` gibt die eindeutige ID der VM an.

Meiner Meinung nach schadet es nicht, alle Variablen in den Notizen anzugeben und deshalb die Vorlage in die Notiz zu übernehmen: `{{cluster}}, {{guestname}}, {{node}}, {{vmid}}`. Ihre eigenen Ergänzungen wie den Grund des Backups können Sie zusätzlich vermerken.

Sie können alternativ auch Backups über die Kommandozeile oder in Skripten erzeugen. Auf der Kommandozeile kommen einige weitere Möglichkeiten hinzu, die Sie bei der GUI nicht haben. Beispielsweise können Sie Backup-Hook-Skripte (siehe Abschnitt 20.1) angeben, die während des Backup-Prozesses zu Beginn und am Ende verschiedener Phasen aufgerufen werden.

Solche Skripte ermöglichen es Ihnen, Backup-Storages erst dann einzuhängen, wenn sie benötigt werden, oder zusätzliche Aktionen bei Backups bestimmter VMs oder Container zu starten.

Zum Erstellen von Backups über die Kommandozeile verwenden Sie den Befehl `vzdump {<vmid>} [OPTIONS]`. Beispielsweise kann dies so aussehen:

- **alle VMs dieses Nodes:**
  - im Modus Snapshot (default)
  - auf den Pfad `/mnt/backup-nfs`
  - mit Standard-Kompression sichern
  - und dabei das angegebene Backup-Hook-Skript verwenden

```
vzdump --all 1 \
  --compress zstd \
 --dumpdir /mnt/backup-nfs \
  --script /usr/local/bin/backup-hook-script
```

- **Backup der VM 101:**
  - im Stop-Modus
  - unkomprimiert
  - auf den deduplizierenden Storage `backup-dedup` sichern (der das Deduplizieren von Daten selbst übernimmt – Proxmox VE tut dies nicht)

  ```
  vzdump 101 \
  --mode stop \
  --compress 0 \
  --storage backup-dedup
  ```

- **Backup des Containers 900:**
  - auf Storage `nfs-bak` sichern
  - mit Zstandard komprimieren und
  - nach erfolgreich abgeschlossenem Backup die ältesten Backups löschen, sodass die Anzahl der maximal zu speichernden Backups erreicht wird

  ```
  vzdump 900 \
  --mode snapshot \
  --compress zstd \
  --remove 1 \
  --storage nfs-bak
  ```

Alle möglichen Optionen sind in der Manpage dokumentiert, die Sie auf der Shell mit `man vzdump` oder unter *https://pve.proxmox.com/pve-docs/vzdump.1.html* einsehen können.

7.8.2 Geplante Backups mit Backup-Jobs

Während manuelle Backups gut geeignet sind, um einen bestimmten Stand zu sichern, bevor Änderungen durchgeführt werden, eignen sie sich weniger gut, um automatische, regelmäßige Datensicherungen anzufertigen. Um diese durchzuführen, verwenden wir Backups-Jobs.

Unter **Datacenter • Backup • Add** gelangen Sie zu einem GUI-Dialog, mit dem Sie neue Jobs hinzufügen (siehe Abbildung 7.11). Sie können mehrere Jobs anlegen, um das Backup vieler VMs aufzuteilen. Gründe dafür könnten sein, dass Sie unterschiedliche VM-Gruppen auf unterschiedliche Backup-Ziele sichern möchten oder dass Sie manche VMs nur an bestimmten Wochentagen sichern möchten, andere VMs aber täglich.

Ein weiteres Szenario ist eine unzureichende Performance des Backup-Storage in Cluster-Umgebungen. Mögliche Workarounds finden Sie in Abschnitt 7.6.

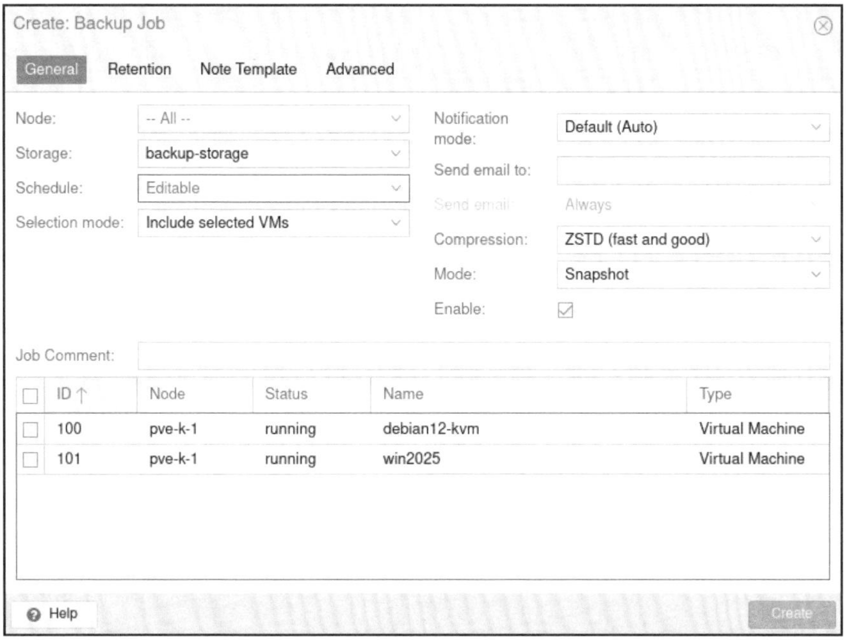

Abbildung 7.11: Dialog zum Erstellen eines Backup-Jobs für automatische Sicherungen

Auf dem ersten Tab, **General**, nehmen Sie die wichtigsten Einstellungen für diesen regelmäßigen Job vor:

- **Node:** Hier geben Sie an, auf welchen Nodes dieser Job ausgeführt werden soll. Ist hier nichts hinterlegt, gilt der Job für alle Nodes.
- **Storage:** Wählen Sie den Storage aus, auf dem die Backups abgelegt werden sollen.
- **Schedule:** Das ist der Zeitplan für diesen Job. Der `pvescheduler` wacht über den Zeitplan und kümmert sich um die Ausführung, wenn der Job fällig ist. Im Dropdown-Dialog sind ein paar Beispiele aufgeführt, die Sie einfach nach Belieben selbst anpassen können. Weitere Praxisbeispiele finden Sie in Abschnitt 3.1.2 beim `pveschduler`.
- **Selection mode:** Hier geben Sie an, wie die Auswahl der VMs geschieht, die in diesem Plan gesichert werden sollen: alle VMs, ausgewählte VMs, nicht ausgewählte VMs oder VMs, die zu einem spezifischen Ressourcen-Pool gehören. Eine Auswahl basierend auf *Tags* fehlt derzeit noch, wird aber zukünftig verfügbar sein.
- Weiter unten wählen Sie die zu sichernden VMs und Container aus. Haben Sie den **Selection mode** auf **All** eingestellt, werden alle VMs und Container gesichert und sind daher nicht einzeln auswählbar.

Die restlichen Einstellungen haben wir uns bereits in Abschnitt 7.8.1 angeschaut.

Auf dem zweiten Tab, **Retention**, konfigurieren Sie die Haltezeiten für diesen Backup-Job und übersteuern die auf dem Storage konfigurierten Haltezeiten. Konfigurieren Sie hier nichts, gelten die Haltezeiten des Storage.

Der dritte Tab, **Note Template**, dient zur Beschreibung der Backups. Er nimmt wiederum Platzhalter auf (wie bei den manuellen Backups) und ersetzt diese, wenn der Job startet.

Die erweiterten Optionen (**Advanced**) finden Sie schließlich auf dem vierten und letzten Tab (siehe Abbildung 7.12). Auf ihm finden Sie auch die wichtige Option des Backup-Fleecings, die Sie in Abschnitt 7.4 schon kennengelernt haben. Die weiteren Optionen erläutere ich später im Buch an Stellen, an denen sie sinnvoll nutzbar sind.

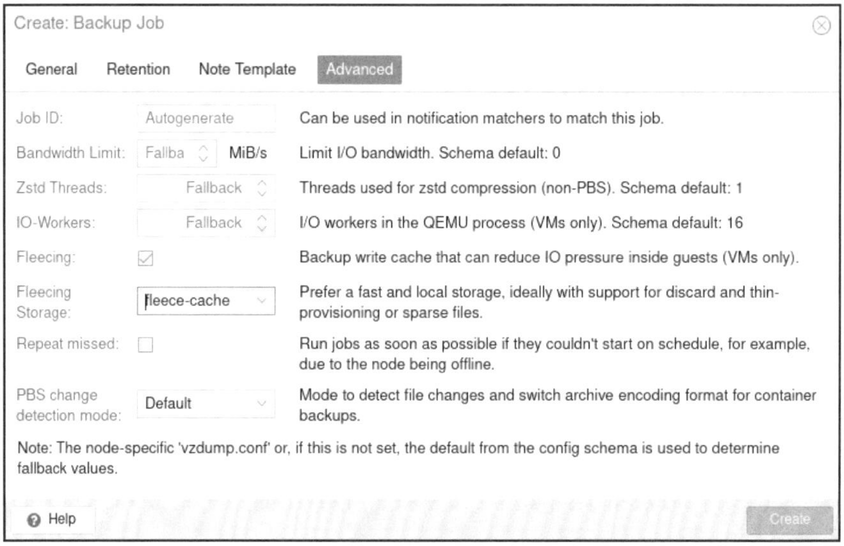

Abbildung 7.12: In den »Advanced«-Optionen erhalten Sie weitere Einstellungsmöglichkeiten.

Haben Sie Ihren Backup-Job konfiguriert und gespeichert, schließt sich der Dialog. Ihr konfigurierter Job landet nun als Eintrag in der Datei */etc/pve/jobs.cfg* und sieht in etwa so aus wie in Listing 7.1:

```
vzdump: backup-c1363353-d92c
    schedule 20:00
    enabled 1
    fleecing 0
    mailnotification always
    mailto admin@example.com
    mode snapshot
    notes-template {{cluster}}, {{guestname}}, {{node}}, {{vmid}}
    prune-backups keep-all=1
    storage backup-nfs
    vmid 118,109,110,105,102
```

Listing 7.1: Ein Backup-Job

7.9 Wiederherstellung gesicherter VMs und Container

Datensicherungen erzeugen wir eigentlich nur, damit wir diese irgendwann im Notfall wiederherstellen - also einen *Restore* durchführen - können. Der Restore von Backups lässt sich je nach Vorhaben auf verschiedene Arten erledigen: Das gewünschte Backup-Archiv lässt sich auf der gleichen oder auf einer neuen VM wiederherstellen.

7.9.1 Restore eines Backups und Überschreiben der Original-VM/des Original-Containers

Bevor Sie eine bestehende VM wiederherstellen können, müssen Sie sie herunterfahren. Solange sie läuft, lässt Proxmox VE das Überschreiben nicht zu.

Um die Wiederherstellung der VM zu starten, gehen Sie zu **Datacenter • <vmid> • Backup • Restore**. Danach erscheint ein Dialog, der es Ihnen ermöglicht, die wichtigsten Eigenschaften für die Rücksicherung zu bestätigen oder zu verändern (siehe Abbildung 7.13).

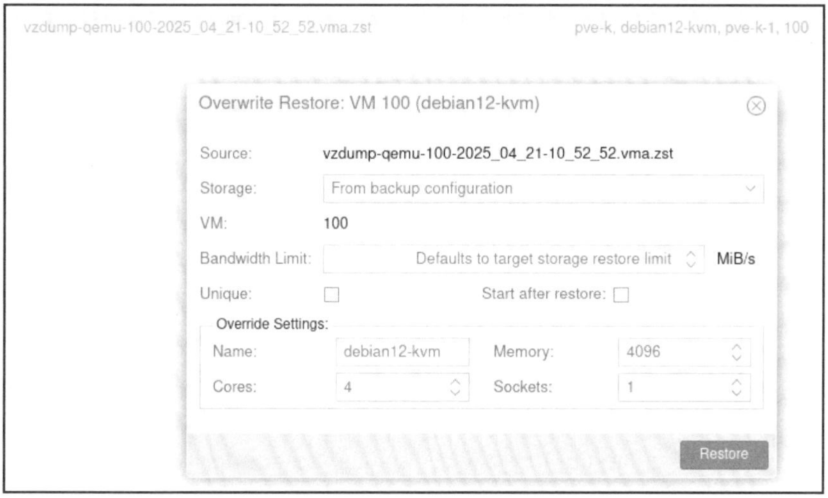

Abbildung 7.13: Die Wiederherstellung einer vorhandenen VM wird direkt auf der VM erledigt.

Die Optionen haben für die Rücksicherung folgende Bedeutung:

- **Storage:** Auf welchem Storage soll die Wiederherstellung erfolgen? Voreinstellung ist der Storage, auf dem das Image beim Backup lag.
- **VM:** Dieser Eintrag zeigt die ID der zu überschreibenden VM an und lässt sich nicht ändern. Die angegebene VM wird bei der Wiederherstellung unwiderruflich überschrieben. Wenn Sie stattdessen die Wiederherstellung auf einer neuen VM durchführen möchten, schauen Sie im nächsten Abchnitt nach.
- **Bandwidth Limit:** Hier stellen Sie ein, welche maximale Bandbreite in MiB/s bei der Wiederherstellung verwendet wird. Falls Ihr Storage oder Ihr Netzwerk-Uplink zum

Storage nicht ausreichend dimensioniert ist oder mit anderen Workloads geteilt wird, kann dies eine Option sein.

- **Unique:** Wenn Sie diese Option akivieren, erhält die VM eine neue MAC-Adresse, eine neue BIOS-UUID sowie eine neue *vmgenid*. Immer wenn Sie eine zusätzliche Kopie einer VM aus einem Backup erzeugen möchten, sollten Sie dieses Häkchen setzen, um doppelte MAC-Adressen, UUIDs oder *vmgenids* zu vermeiden.
- **Start after restore:** Mit dieser Option legen Sie fest, dass die VM direkt nach abgeschlossener Wiederherstellung gestartet werden soll.

Zusätzlich können Sie auch Eigenschaften setzen, mit denen die Konfiguration der wiederhergestellten Maschine geändert wird:

- **Override Settings • Name**: Vergeben Sie bei Bedarf einen neuen Namen.
- **Override Settings • Memory**: Ändern Sie auf Wunsch die Speichergröße der VM.
- **Override Settings • Cores**: Legen Sie die Anzahl der zugeteilten Kerne der VM fest.
- **Override Settings • Sockets**: Neben den Cores hat auch die Anzahl der Sockets Einfluss auf die CPU-Konfiguration der VM.

Wenn der Restore von einem Proxmox-Backup-Server erfolgt, gibt es noch eine weitere Eigenschaft, die Sie aktivieren können: **Live restore**. Bei Aktivierung dieser Eigenschaft wird die VM sofort gestartet und die Wiederherstellung erfolgt im Hintergrund, während die VM bereits läuft.

Bei Wiederherstellungen, die aufgrund der Image-Größe viel Zeit erfordern würden, verkürzt dies die Wiederherstellungszeiten enorm.

7.9.2 Restore eines Backups auf eine neue VM oder einen neuen Container

Um eine Wiederherstellung auf eine neue, noch nicht existierende VM durchzuführen, starten Sie den Wiederherstellungsprozess von einer anderen Stelle aus: Sie gehen über den Storage, auf dem das Backup-Archiv liegt, also über **Datacenter • <Node> • <Storage> • Backups • Restore**.

Im Gegensatz zur Wiederherstellung einer bestimmten VM erzeugen Sie hier eine neue Kopie, unabhängig von der VM, von der das Backup stammt. Deshalb müssen Sie hier eine neue, noch nicht existierende VM-ID angeben. Proxmox VE schlägt Ihnen automatisch die niedrigste noch nicht verwendete ID vor. Sie können selbstverständlich eine ID Ihrer Wahl vergeben, solange sie noch nicht verwendet wird.

Wenn die ursprüngliche VM noch existiert und läuft, sollten Sie hier das Häkchen bei **Unique** setzen, um für die neue VM-Kopie eine neue MAC-Adresse, BIOS-UUID und `vmgenid` erstellen zu lassen.

Alle anderen Einstellungen sind identisch mit den Erläuterungen aus Abschnitt 7.9.1.

7.9.3 Restore von KVM-VMs per CLI mit qmrestore

Die Wiederherstellung von KVM-VMs über die Shell führen Sie mit dem CLI-Befehl `qmrestore <archive> <vmid> [OPTIONS]` durch:

```
USAGE: qmrestore <archive> <vmid> [OPTIONS]
<archive> <string>
The backup file. You can pass '-' to read from standard input.
<vmid> <integer> (100 - 999999999)
The (unique) ID of the VM.
--bwlimit <number> (0 - N)
Override I/O bandwidth limit (in KiB/s).
--force <boolean>
Allow to overwrite existing VM.
--live-restore <boolean>
Start the VM immediately from the backup and restore in
background. PBS only.
--pool <string>
Add the VM to the specified pool.
--storage <storage ID>
Default storage.
--unique <boolean>
Assign a unique random ethernet address.
```

Hier folgen ein paar einfache Beispiele aus der Praxis:

Wiederherstellung eines Backup-Archivs der VM 333 auf die neue (also nicht existierende) VM 555 auf dem Storage `vmstorage` mit Vergabe einer neuen MAC-Adresse, BIOS-UUID und *vmgenid* (`--unique 1`):

```
qmrestore \
  /mnt/backup-nfs/dump/vzdump-qemu-333-2025_04_01-10_12_36.vma.zst 555 \
  --storage vmstorage \
  --unique 1
```

Rücksicherung einer Datensicherung der VM 222 auf die ursprüngliche VM (`--force 1`; die VM muss vorab ausgeschaltet werden, falls sie noch läuft, z. B. durch `qm stop 222`):

```
qmrestore \
  /mnt/mynfs/dump/vzdump-qemu-222-2025_03_22-10_12_42.vma.zst 222 \
  --force 1
```

Weitere Informationen finden Sie unter *https://pve.proxmox.com/pve-docs/qmrestore.1.html*.

7.9.4 Restore von Containern per CLI mit pct restore

Die Wiederherstellung eines Containers führen Sie mit `pct restore <vmid> <ostemplate oder backup-archive>` durch. Dabei handelt es sich um den gleichen Befehl, den Sie auch für das Erstellen eines Containers aus einem LXC-Template verwenden. Es handelt sich bei beidem um den gleichen Vorgang, was bedeutet, dass Sie Ihre Container-Backups auch als Templates für neue LXC-Container verwenden könnten.

Was Sie mit dem `pct`-Befehl noch alles tun können, erkläre ich in Kapitel 12, »LXC-Container«. Deshalb verzichte ich hier auf eine Referenz aller anderen Unterbefehle des Befehls. Ich möchte Ihnen aber schon einige Beispiele dafür zeigen, wie Sie LXC-Container über die Shell aus einem Backup-Archiv zurücksichern:

Rücksicherung eines LXC-Containers zu einem früheren Stand über den bereits existierenden Container 222 (`--force 1`; der Container muss vorher ausgeschaltet sein, z. B. mittels `pct stop 222`):

```
pct restore 333 \
/mnt/mynfs/dump/vzdump-lxc-333-2024_08_22-22_11_19.tar.gz \
    --force 1
```

Wiederherstellung eines Backups als neuer Container 345 mit neuer MAC-Adresse und dem neuen Hostnamen `worker2`:

```
pct restore 345 \
 /mnt/nfsbck/dump/vzdump-lxc-my-app-template.tar.gz \
    --unique 1 \
    --hostname worker2
```

7.10 Backup-Voreinstellungen pro Node in /etc/vzdump.conf

Ganz gleich, ob Sie Ihre Backups oder Restores über die Kommandozeile oder die GUI durchführen – auf jedem Hypervisor gibt es eine Datei */etc/vzdump.conf*, in der Sie Voreinstellungen für Backups setzen können. Für jeden Node kann diese Datei andere Eigenschaften enthalten, und da sie unter */etc*, aber nicht unter */etc/pve* (dem Proxmox-Cluster-Filesystem) liegt, wird sie nicht automatisch auf andere Nodes übertragen.

Sofern Sie nichts an dieser Datei ändern, sind alle Einstellungen auskommentiert:

```
# vzdump default settings

#tmpdir: DIR
#dumpdir: DIR
#storage: STORAGE_ID
```

```
#mode: snapshot|suspend|stop
#bwlimit: KBPS
#performance: [max-workers=N][,pbs-entries-max=N]
#ionice: PRI
#lockwait: MINUTES
#stopwait: MINUTES
#stdexcludes: BOOLEAN
#mailto: ADDRESSLIST
#prune-backups: keep-INTERVAL=N[,…]
#script: FILENAME
#exclude-path: PATHLIST
#pigz: N
#notes-template: {{guestname}}
#pbs-change-detection-mode: legacy|data|metadata
#fleecing: enabled=BOOLEAN,storage=STORAGE_ID
```

Listing 7.2: Die Optionen der Datei »/etc/vzdump.conf«

Die Einstellungen haben Sie bereits kennengelernt; Sie finden die ausführliche Erklärung auch in der `vzdump`-Manpage oder unter *https://pve.proxmox.com/pve-docs/vzdump.1.html*.

Sie können die Datei mit einem Editor Ihrer Wahl bearbeiten, um Änderungen vorzunehmen.

7.11 Best Practices für vzdump-Backups

Hier sind einige gut gemeinte Best-Practices-Ratschläge für zuverlässige Backups mit `vzdump` (aber auch mit anderen Backup-Produkten):

- Befolgen Sie die 3-2-1-Regel, die wichtigste Grundregel der Datensicherung: Halten Sie mindestens
- **3 Kopien** Ihrer Daten vor,
- speichern Sie diese auf mindestens **2 verschiedenen Medientypen** und
- bewahren Sie mindestens **1 Offsite-Backup-Kopie** an einem anderen physischen Standort auf.

  `vzdump` erstellt Ihnen das erste Backup und kann auf einem anderen Storage eine zweite Kopie erstellen. Die Offsite-Replikation kann durch Bandsicherungen oder durch die Offsite-Replikation auf einen entfernten Proxmox-Backup-Server erfolgen.
- Erstellen Sie Backups automatisch und in sinnvollen Intervallen (wie stündlich oder täglich). Das Intervall hängt von den Daten ab und muss individuell geprüft werden: Wie viel Datenverlust ist im Falle eines Falles akzeptabel?

- Für einen möglichst konsistenten Zustand der VM oder des Containers verwenden Sie den `Stop`-Modus oder den `Snapshot`-Modus bei installierten QEMU-Guest-Agent.
- Testen Sie regelmäßig den Restore-Vorgang für einzelne Dateien und komplette VMs/Container.
- Lassen Sie sich Backup-Benachrichtigungen senden oder monitoren Sie die Backups auf erfolgreiche Durchführung.
- Schützen Sie Ihre Backup-Daten vor unbefugtem Zugriff und vor Ransomware, indem Sie Ihre Backup-Storages vor Zugriffen schützen. Insbesondere der *Proxmox Backup Server* bei richtiger Konfiguration viele Möglichkeiten – bis hin zu unveränderlichen (*immutable*) Datastores.
- Dokumentieren Sie Ihre Backup-Strategie, die Konfiguration der Jobs und insbesondere den Restore-Prozess.

  Dies kann beispielsweise durch eine E-Mail nach einem erfolgreichen oder nach einem fehlgeschlagen Backup geschehen (siehe Abbildung 7.14 und Abbildung 7.15).

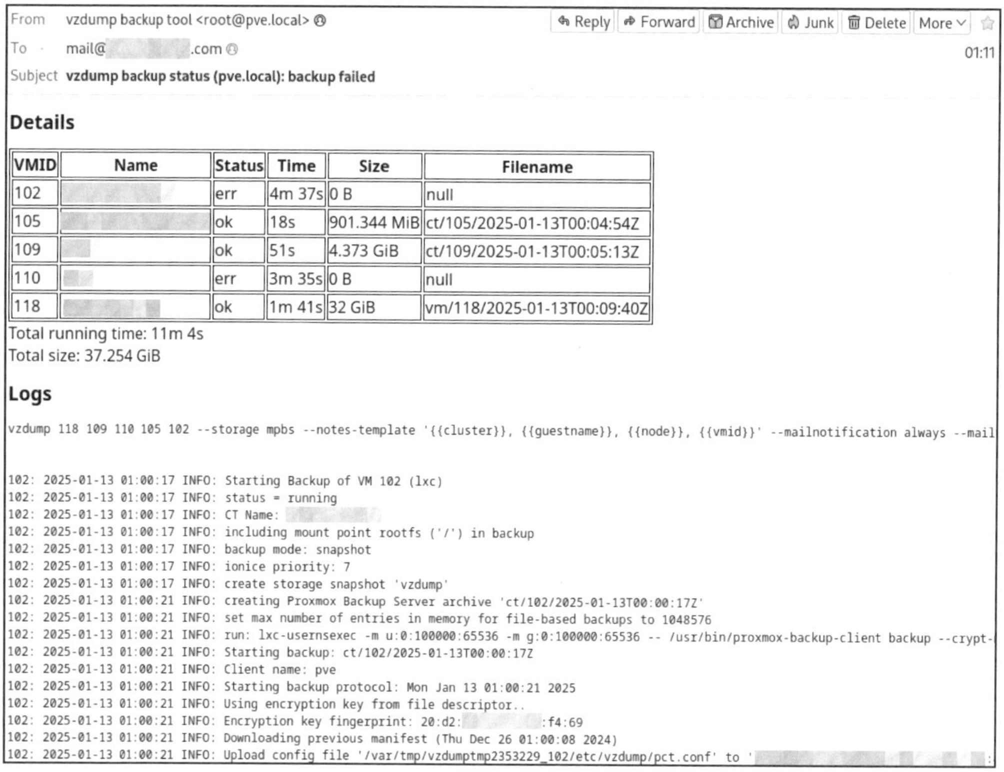

Abbildung 7.14: E-Mail-Bericht eines fehlerhaften Backups

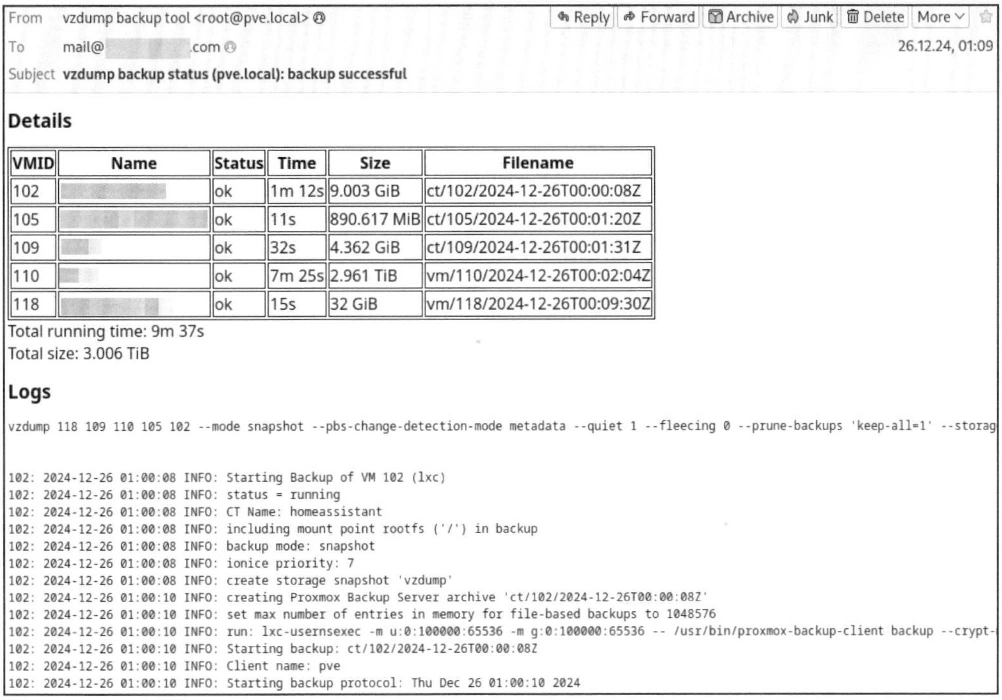

From vzdump backup tool <root@pve.local>
Reply | Forward | Archive | Junk | Delete | More
To mail@[illegible].com
26.12.24, 01:09
Subject **vzdump backup status (pve.local): backup successful**

Details

VMID	Name	Status	Time	Size	Filename
102	[illegible]	ok	1m 12s	9.003 GiB	ct/102/2024-12-26T00:00:08Z
105	[illegible]	ok	11s	890.617 MiB	ct/105/2024-12-26T00:01:20Z
109	[illegible]	ok	32s	4.362 GiB	ct/109/2024-12-26T00:01:31Z
110	[illegible]	ok	7m 25s	2.961 TiB	vm/110/2024-12-26T00:02:04Z
118	[illegible]	ok	15s	32 GiB	vm/118/2024-12-26T00:09:30Z

Total running time: 9m 37s
Total size: 3.006 TiB

Logs

```
vzdump 118 109 110 105 102 --mode snapshot --pbs-change-detection-mode metadata --quiet 1 --fleecing 0 --prune-backups 'keep-all=1' --storag


102: 2024-12-26 01:00:08 INFO: Starting Backup of VM 102 (lxc)
102: 2024-12-26 01:00:08 INFO: status = running
102: 2024-12-26 01:00:08 INFO: CT Name: homeassistant
102: 2024-12-26 01:00:08 INFO: including mount point rootfs ('/') in backup
102: 2024-12-26 01:00:08 INFO: backup mode: snapshot
102: 2024-12-26 01:00:08 INFO: ionice priority: 7
102: 2024-12-26 01:00:08 INFO: create storage snapshot 'vzdump'
102: 2024-12-26 01:00:10 INFO: creating Proxmox Backup Server archive 'ct/102/2024-12-26T00:00:08Z'
102: 2024-12-26 01:00:10 INFO: set max number of entries in memory for file-based backups to 1048576
102: 2024-12-26 01:00:10 INFO: run: lxc-usernsexec -m u:0:100000:65536 -m g:0:100000:65536 -- /usr/bin/proxmox-backup-client backup --crypt-
102: 2024-12-26 01:00:10 INFO: Starting backup: ct/102/2024-12-26T00:00:08Z
102: 2024-12-26 01:00:10 INFO: Client name: pve
102: 2024-12-26 01:00:10 INFO: Starting backup protocol: Thu Dec 26 01:00:10 2024
```

Abbildung 7.15: E-Mail-Bericht eines erfolgreichen Backups

Kapitel 8

Administration der Nodes

In diesem Kapitel werden wir einen Blick auf die Administration der Proxmox-VE-Nodes werfen. Sie werden Möglichkeiten der Administration, Optimierung und Härtung der einzelnen Hypervisoren kennenlernen, egal ob diese als einzelne Server oder als Teil eines Clusters fungieren.

8.1 CPU-Microcode-Updates

Der CPU-Microcode ist die unterste Firmware-Schicht des Prozessors. Er korrigiert Design- und Sicherheitsfehler, die sich nach der Auslieferung nicht mehr in der Hardware ändern lassen. Seit Bekanntwerden der *Spectre/Meltdown*-Sicherheitslücken im Jahr 2018 werden über Microcode-Firmware-Updates häufig kritische Sicherheitslücken geschlossen. Ohne ein aktuelles Microcode-Image muss der Kernel härtere Software-Mitigations aktivieren – das beeinträchtigt die Performance stärker als der gepatchte Microcode selbst. Deshalb ist es sinnvoll, CPU-Microcode-Firmware-Updates zu installieren, um die Sicherheit sowie die Performance zu erhöhen.

Sie haben zwei Möglichkeiten, um Microcode-Updates in Proxmox VE zu aktualisieren:

- **BIOS/UEFI-Update des Mainboards:** Der Patch wird vor der Übergabe an den Bootloader des folgenden Betriebssystems vorgenommen. Das ist der frühestmögliche Patch, und er hat keinerlei Abhängigkeiten zum verwendeten Betriebssystem oder Kernel. Allerdings sind Sie vom Hersteller Ihres Mainboards abhängig, der die Firmware-Updates Ihres Mainboards pflegen und regelmäßig veröffentlichen muss. Ein geringes Risiko bei der Update-Installation ist, dass die aktuelle Konfiguration Ihres Mainboards verloren geht.
- **Update beim Bootvorgang des Betriebssystems:** Nachdem der Bootvorgang des Betriebssystems gestartet ist, kann ein Microcode-Update ebenfalls noch installiert werden. Da die Microcode-Firmware-Updates oft besser gepflegt sind und zudem aktueller sind als BIOS-/UEFI-Updates, lohnt es sich, auch die Pakete `intel-microcode` bzw. `amd64-microcode` aus den `non-free-firmware`-Repositories der Debian-Distribution zu installieren, um die neue Firmware zu erhalten. Der Vorteil ist die Aktualität, selbst wenn der Mainboard-Hersteller kein Update zur Verfügung stellt.

Nutzen Sie beide Wege: Installieren Sie regelmäßig aktuelle BIOS-/UEFI-Updates als Basis-Schutz, und nutzen Sie die Microcode-Updates der Debian-Distribution.

8.1.1 Einrichtung der Microcode-Firmware beim Bootvorgang

Gehen Sie zur Einrichtung der Microcode-Firmware wie folgt vor:

1. **Debian-Firmware-Repository aktivieren:** Hängen Sie in der Datei */etc/apt/sources.list* an jede Zeile mit einem Debian-Repository zusätzlich `non-free-firmware` an, wie im folgenden Beispiel zu sehen ist:

   ```
   deb http://ftp.de.debian.org/debian trixie main contrib non-free-
   firmware

   deb http://ftp.de.debian.org/debian trixie-updates main contrib
   non-free-firmware

   # security updates
   deb http://security.debian.org trixie-security main contrib non-
   free-firmware
   ```

2. Führen Sie anschließend ein `apt update`, gefolgt von einem `apt dist-upgrade`, aus, um die neu hinzugefügten Repositories zu aktualisieren.
3. Installieren Sie das für Ihre CPU passende Microcode-Paket. Für Intel-CPUs führen Sie die Installation mit `apt install intel-microcode` durch, und für AMD-CPUs nutzen Sie `apt install amd64-microcode`:

   ```
   # Intel
   ~# apt install intel-microcode

   # AMD
   ~# apt install amd64-microcode
   ```

4. Starten Sie den Server neu, um den neuen Microcode zu aktivieren.

Nach jedem Kernel- oder Microcode-Update ist ein Neustart erforderlich, damit der neue Microcode geladen wird. Aber wie ich schon in Abschnitt 4.2, »Updates und Upgrades«, beschrieben habe: Nach einem Paket-Update gehört ein Reboot sowieso zu den Best-Practices.

8.1.2 Prüfen der bekannten CPU-Sicherheitslücken und deren Mitigation

Mit dem Befehl `lscpu` können Sie recht einfach prüfen, von welchen Sicherheitslücken Ihre CPU betroffen ist bzw. welche davon abgemildert oder geschlossen wurden. Die Ausgabe dieses Befehls liefert Ihnen viele weitere Informationen über die CPU. Im folgenden Beispiel habe ich die Ausgabe aber auf die relevanten Zeilen zu den Sicherheitslücken und Mitigations beschränkt:

```
root@pve:~# lscpu
[…]
Vulnerabilities:
  Gather data sampling: Not affected
  Ghostwrite: Not affected
  Itlb multihit: KVM: Mitigation: Split huge pages
  L1tf: Mitigation; PTE Inversion; VMX conditional cache flushes, SMT
vulnerable
  Mds: Mitigation; Clear CPU buffers; SMT vulnerable
  Meltdown: Mitigation; PTI
  Mmio stale data: Mitigation; Clear CPU buffers; SMT vulnerable
  Reg file data sampling: Not affected
  Retbleed: Not affected
  Spec rstack overflow: Not affected
  Spec store bypass: Mitigation; Speculative Store Bypass disabled via
prctl
  Spectre v1: Mitigation; usercopy/swapgs barriers and __user pointer
sanitization
  Spectre v2: Mitigation; Retpolines; IBPB conditional; IBRS_FW; STIBP
conditional; RSB filling; PBRSB-eIBRS Not affected; BHI Not affected
  Srbds: Not affected
  Tsx async abort: Not affected
```

8.2 Disk-Management

Die Verwaltung eingebauter Disk-Devices wie HDDs, SSDs oder NVMes stellt die GUI unter **Datacenter • <Node> • Disks** zur Verfügung. Die wichtigsten Tätigkeiten – wie das Initialisieren neuer Datenträger oder das Löschen von Disks, die aus dem System entfernt werden sollen – sind hier ebenso vorhanden wie Untermenüs für die Erstellung von LVM-Volume-Groups, LVM-Thin-Pools, ZFS-Pools oder einfachen Verzeichnissen (siehe Abbildung 8.1).

In der Liste aller Devices finden Sie viele relevante Informationen über die Datenträger:

- Disks und Partitionen, z. B. `/dev/sda` oder `/dev/sdb3`
- den Typ des Storage-Device wie `HDD`, `SSD`, `NVMe` oder `partition`
- Verwendung der Disks, beispielsweise `ZFS`, `BIOS boot`, `EFI`, `LVM`
- die Größe der Disk oder Partition
- die Information, ob das Device eine GPT-Partitionstabelle besitzt (`Yes`/`No`)
- das Modell des Storage-Device
- die Seriennummer des Device
- den Status des letzten SMART-Checks

- die Information, ob das Device oder die Partition gemountet ist
- den `Wearout`-Wert für Devices, die ein Wearout liefern (wie SSDs und NVMes)

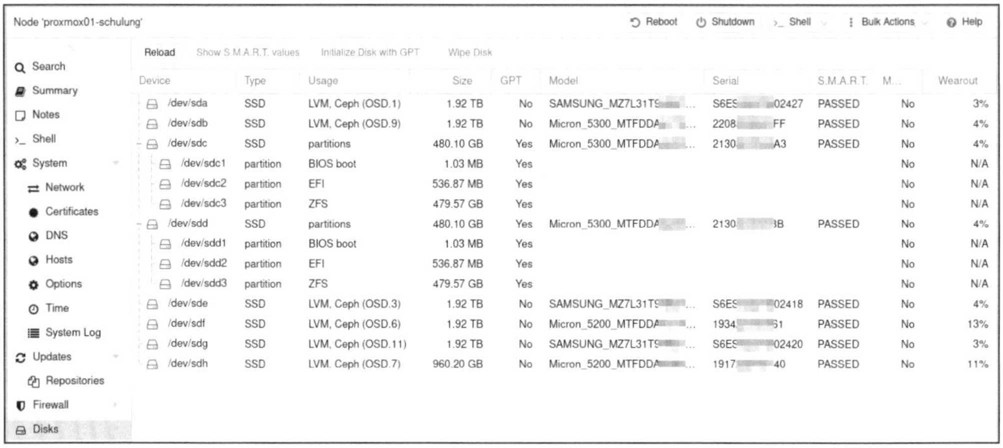

Abbildung 8.1: Übersicht aller lokalen Disk-Devices des Servers

8.2.1 SMART-Werte mit smartctl auslesen

Mit dem Auslesen der SMART-Werte eines Device lässt sich der Gesundheitszustand des Device prüfen. Eventuell gefundene Fehler (z. B. `Uncorrectable Sector Count` und `Current Pending Sector Count`) werden bei drehenden Disks genauso berichtet wie die verbleibende Restlebensdauer (`Wearout`) von Flash-Speichern wie SSD- oder NVMe-Devices. In Listing 8.1 sehen Sie in der letzten Spalte der Anzeige den `Wearout`-Wert direkt in der GUI, was Ihnen einen regelmäßigen Check ermöglicht, ob SSDs oder NVMes bald ausgetauscht werden sollten.

Über die Kommandozeile haben Sie noch ein paar weitere Möglichkeiten:

- `smartctl` ist Teil der *Smartmontools* und bereits in Proxmox VE integriert.
- `nvme-cli` lässt sich mit `apt install nvme-cli` nachinstallieren.

Wenn Sie beispielsweise die SMART-Werte eines Device abfragen und ausgeben wollen, nutzen Sie `smartctl -a <device>`:

```
root@pve:~# smartctl -a /dev/sda
smartctl 7.3 2022-02-28 r5338 [x86_64-linux-6.11.11-2-pve] (local
build)
Copyright (C) 2002-22, Bruce Allen, Christian Franke,
www.smartmontools.org

=== START OF INFORMATION SECTION ===
[... Informationen zum Device ...]
```

```
=== START OF READ SMART DATA SECTION ===
SMART overall-health self-assessment test result: PASSED

General SMART Values:
[… Informationen zu den SMART-Fähigkeiten des Device …]

SMART Attributes Data Structure revision number: 1
Vendor Specific SMART Attributes with Thresholds:
ID# ATTRIBUTE_NAME FLAG VALUE WORST THRESH TYPE UPDATED WHEN_FAILED
RAW_VALUE
  5 Reallocated_Sector_Ct 0x0032 100 100 000 Old_age Always - 0
  9 Power_On_Hours 0x0032 100 100 000 Old_age Always - 46447
 12 Power_Cycle_Count 0x0032 100 100 000 Old_age Always - 76
[… gekürzt …]
187 Uncorrectable_Error_Cnt 0x0032 100 100 000 Old_age Always - 0
190 Drive_Temperature 0x0022 078 075 000 Old_age Always - 22 (Min/Max
19/26)
[… gekürzt …]
197 Pending_Sector_Count 0x0012 100 100 000 Old_age Always - 0
199 CRC_Error_Count 0x003e 100 100 000 Old_age Always - 0
[… gekürzt …]
233 Media_Wearout_Indicator 0x0032 095 095 000 Old_age Always - 0
[… gekürzt …]
```

Listing 8.1: Die Smart-Werte einer Festplatte

Die Ausgabe ist lang und liefert Ihnen die wichtigsten Kennzahlen zu einem Device. Allerdings gibt es herstellerspezifische Abweichungen der Kennzahlen, was es nicht leichter macht. So gibt es Devices, die auf den ersten Blick falsche Zahlen liefern, weil der Hersteller sie in einem anderen Datentyp ausgibt. Kommen Ihnen SMART-Werte also seltsam vor, recherchieren Sie, ob es für dieses Device oder diesen Hersteller mehr Informationen zur Deutung der SMART-Werte gibt.

Falls Sie anstatt der oben aufgeführten Ausgabe die Meldung `SMART support is: Disabled` erhalten, müssen Sie SMART auf dem Device zuerst noch aktivieren. Dies gelingt in der Regel mit dem Befehl `smartctl --smart=on --offlineauto=on --saveauto=on <device>`. Mehr darüber liefert auch die Manpage über den Befehl `man smartctl`.

Neben `smartctl` existiert auch noch ein System-Daemon `smartd`, der standardmäßig auf einem Proxmox-VE-Host alle Disk-Devices `/dev/sd*` und `/dev/hd*` jeweils alle 30 Minuten auf Fehler und Warnungen prüft und eine E-Mail an den `root`-Benutzer versendet, wenn er Fehler oder Warnungen findet. Konfigurierbar ist der `smartd` über die */etc/smartd.conf*, die ausgezeichnet dokumentiert ist. Auch die Manpage ist hier sehr hilfreich und kann mit `man smartd.conf` angezeigt werden.

8.2.2 SMART bei Verwendung von RAID-Controllern

Bei Verwendung eines Hardware-RAIDs reicht `smartctl` jedoch oft nicht aus, weil Controller die ATA/NVMe-Passthrough-Befehle blockieren. Viele Hersteller liefern deshalb ein eigenes Administrationswerkzeug für die Kommandozeile mit, über das Sie SMART-ähnliche Gesundheitsinformationen, Fehler und Logs abfragen können. Tabelle 8.1 listet einige Beispiele für solche Tools auf:

Hersteller	CLI-Tool
Broadcom / LSI MegaRAID	`storcli` oder `megacli`
Dell PERC	`perccli` oder `perccli64`
HPE SmartArray	`ssacli` oder `hpssacli`
Adaptec	`arcconf`
Areca	`cli64` oder `cli32`
3ware	`tw_cli`
Promise	`promiseutil`

Tabelle 8.1: CLI-Tools von RAID-Controller-Herstellern

Liefert der Hersteller kein eigenes Tool zur Abfrage von Health-Werten eines Device, gibt es in einigen Fällen auch die Möglichkeit, `smartctl` zu verwenden und ihm durch weitere Kommandozeilenparameter mitzuteilen, dass es mit einem bestimmten Hardware-RAID-Controller spricht. Allerdings kann es zu Fehlinterpretationen von Daten kommen, weil der Hersteller eventuell ein spezifisches Datenformat nutzt. Deshalb sollten Sie bei einem RAID-Controller bevorzugt das Werkzeug des Herstellers verwenden.

8.2.3 NVME-Devices mit nvme-cli beobachten

Für NVMe-Devices gibt es zusätzlich das CLI-Tool `nvme-cli`, das Sie direkt aus den APT-Repositories nachinstallieren sollten, da es bei einem Proxmox-VE-Server noch nicht automatisch vorinstalliert ist.

```
root@pve:~# apt install nvme-cli
```

Hier stehen Ihnen spezifische Optionen für NVMe-Devices zur Verfügung, mit denen Sie die SMART-Werte, aber auch das Error-Log und viele weitere Informationen auslesen können. Das Tool kennt auch herstellerproprietäre Erweiterungen, sodass Sie die Informationen auch vernünftig abgefragt und interpretiert bekommen. Listing 8.2 und Listing 8.3 zeigen Beispiele für das Abfragen des Smart- und des Error-Logs.

```
root@pve:~# nvme smart-log /dev/nvme0
Smart Log for NVME device:nvme0 namespace-id:ffffffff
critical_warning : 0
temperature : 26°C (299 Kelvin)
available_spare : 100%
available_spare_threshold : 10%
percentage_used : 0%
endurance group critical warning summary: 0
Data Units Read : 145,643,509 (74.57 TB)
Data Units Written : 129,252,436 (66.18 TB)
host_read_commands : 898,155,374
host_write_commands : 1,584,179,188
controller_busy_time : 1,861
power_cycles : 2
power_on_hours : 4,816
unsafe_shutdowns : 1
media_errors : 0
num_err_log_entries : 0
Warning Temperature Time : 0
Critical Composite Temperature Time : 0
Temperature Sensor 1 : 32°C (305 Kelvin)
Temperature Sensor 2 : 28°C (301 Kelvin)
Temperature Sensor 3 : 26°C (299 Kelvin)
Thermal Management T1 Trans Count : 0
Thermal Management T2 Trans Count : 0
Thermal Management T1 Total Time : 0
Thermal Management T2 Total Time : 0
```

Listing 8.2: Abfrage des Smart-Logs mit »nvme-cli« bzw. »nvme smart-log <device>«

```
root@pve:~# nvme error-log /dev/nvme0
Error Log Entries for device:nvme0 entries:64
.................
 Entry[ 0]
.................
error_count : 0
sqid : 0
cmdid : 0
status_field : 0 (Successful Completion: The command completed without
error)
phase_tag : 0
parm_err_loc : 0
lba : 0
nsid : 0
```

```
vs : 0
trtype : 0 (The transport type is not indicated or the error is not
transport related)
csi : 0
opcode : 0
cs : 0
trtype_spec_info: 0
log_page_version: 0
..............
[...]
```

Listing 8.3: Abfrage des Error-Logs vom Device »/dev/nvme0«

8.3 Node-Management mit pvenode

Wie üblich entscheiden Sie selbst, ob Ihnen die Administration eines Nodes über die GUI oder über die Shell eher liegt. Für viele Aufgaben der Administration über die Shell steht Ihnen der CLI-Befehl pvenode zur Verfügung:

```
USAGE: pvenode <COMMAND> [ARGS] [OPTIONS]

pvenode acme account deactivate [<name>]
pvenode acme account info [<name>] [FORMAT_OPTIONS]
pvenode acme account list
pvenode acme account update [<name>] [OPTIONS]
pvenode acme account register [<name>] {<contact>} [OPTIONS]
pvenode acme cert order [OPTIONS]
pvenode acme cert renew [OPTIONS]
pvenode acme cert revoke
pvenode acme plugin add <type> <id> [OPTIONS]
pvenode acme plugin config <id> [FORMAT_OPTIONS]
pvenode acme plugin list [OPTIONS] [FORMAT_OPTIONS]
pvenode acme plugin remove <id>
pvenode acme plugin set <id> [OPTIONS]

pvenode cert delete [<restart>]
pvenode cert info [FORMAT_OPTIONS]
pvenode cert set <certificates> [<key>] [OPTIONS] [FORMAT_OPTIONS]

pvenode config get [OPTIONS]
pvenode config set [OPTIONS]

pvenode task list [OPTIONS] [FORMAT_OPTIONS]
pvenode task log <upid> [OPTIONS]
```

```
pvenode task status <upid> [FORMAT_OPTIONS]
pvenode migrateall <target> [OPTIONS]
pvenode startall [OPTIONS]
pvenode stopall [OPTIONS]
pvenode wakeonlan <node>
pvenode help [<extra-args>] [OPTIONS]
```

Listing 8.4: Der Befehl »pvenode« und seine Verwendung

Der `pvenode`-Befehl lässt sich für folgende Tätigkeitsbereiche nutzen:

- für das Management von Let's-Encrypt-Zertifikaten über das ACME-Protokoll (`pvenode acme`)
- für die Administration eigener Zertifikate oder von Zertifikaten, die eine CA ausgestellt hat (`pvenode cert`)
- für die Konfiguration von Einstellungen, die Sie auch unter **Datacenter • <Node> • Options** finden (`pvenode get/set`)
- für die Nutzung und Administration der Task-Logs (`pvenode task`)
- für Node-Bulk-Actions (`pvenode *all`, `pvenode wakeonlan`)

8.4 Zertifikate in Proxmox VE

Damit die Kommunikation zwischen Ihrem Browser und der GUI von Proxmox VE ausschließlich verschlüsselt erfolgt, verwendet Proxmox immer und ausschließlich HTTPS. Während der Installation des Nodes erzeugt der Installer automatisch eine eigene *Certificate Authority* (CA) und ein X.509-Serverzertifikat, das von der vorher erstellten CA signiert wird.

Das generierte X.509-Serverzertifikat kommt für die HTTPS-Verbindung zum `pveproxy` zum Einsatz und ist ebenso sicher wie ein gekauftes Zertifikat einer öffentlichen CA. Dennoch wird Ihr Browser beim Aufruf der Proxmox-VE-GUI eine Warnung anzeigen, weil er die Proxmox-VE-interne CA nicht kennt. Bei der Verwendung eines extern erworbenen Zertifikats einer öffentlichen CA wie *Let's Encrypt*, *Buypass* (als ACME-Alternative aus Norwegen), *Comodo*, *GlobalSign* oder anderen jedoch bleibt Ihnen diese Meldung erspart, da der Browser die zugehörige Root- oder Intermediate-CA bereits im Trust-Store führt.

Der Unterschied zwischen dem selbst generierten und dem extern zugekauften HTTPS-Zertifikat ist also, dass Ihr Browser die gängigen öffentlichen CA-Anbieter bereits kennt, in seinem Schlüsselspeicher die digitale Unterschrift der CA prüfen kann und das damit signierte HTTPS-Zertifikat deshalb für vertrauenswürdig hält. Die CA des neu installierten Proxmox-VE-Nodes jedoch kennt der Browser nicht, und deshalb präsentiert er Ihnen den Warnhinweis. Die Meldung dazu aus Abbildung 8.2 kennen Sie vermutlich.

Abbildung 8.2: Wenn der Browser das HTTPS-Zertifikat nicht validieren kann, erscheint eine Warnung.

Sie haben nun mehrere Möglichkeiten, mit diesen Warnhinweisen umzugehen:

- **Warnung dauerhaft ignorieren:** Sie können den Hinweis ignorieren und die Fehlerseite durch einen Klick auf **Erweitert • Risiko akzeptieren** überspringen. An der Sicherheit ändert das nichts, jedoch erfordert es zusätzliche Klicks und – was viel wichtiger ist – Sie konditionieren sich darauf, Zertifikatsfehler zu übergehen. Ein echter Angriff oder ein abgelaufenes Zertifikat bliebe so möglicherweise unbemerkt.
- **Unternehmens-CA verwenden:** Importieren Sie das eigene CA-Root- oder Intermediate-Zertifikat in alle relevanten Trust-Stores, z. B. von Browser und System. Stellen Sie für jeden Proxmox-VE-Node ein Serverzertifikat mit passenden Namenseinträgen (SAN) aus. Die Verwaltung einer eigenen CA ist jedoch nicht trivial und erfordert einigen Aufwand. Sie eignet sich daher eher für größere Unternehmen.
- **Zertifikat einer öffentlichen CA verwenden:** Mit einem relativ überschaubaren Aufwand konfigurieren Sie die automatische Erstellung eines passenden Zertifikats und dessen regelmäßige Prüfung und Erneuerung. Diese Variante ist mit dem geringsten Wartungsaufwand und ohne manuelle Trust-Store-Anpassungen die einfachste Lösung. Sie ist ideal für produktive Cluster, sofern eine öffentlich erreichbare FQDN- oder kontrollierte DNS-Zone vorhanden ist.

Egal ob Sie eine eigene Certificate Authority (CA) betreiben oder ob Sie Ihrem Proxmox-VE-Hypervisor ein öffentlich validierbares Let's-Encrypt-Zertifikat spendieren möchten: Beide Varianten stehen Ihnen bereits zur Verfügung. Dafür besitzt Proxmox VE unter **Datacenter • <Node> • System • Certificates** auch eine GUI, die Sie in Abbildung 8.3 sehen.

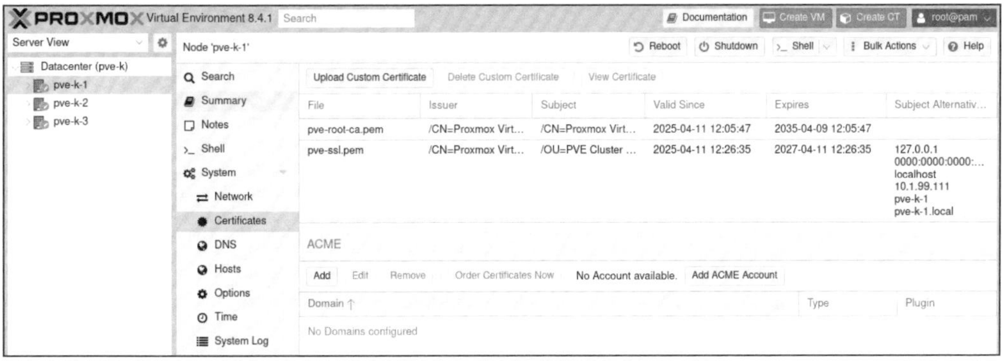

Abbildung 8.3: Dashboard zum Verwalten der Zertifikate oder zur Verwendung von ACME-Certs

Das bei der Installation erzeugte und vom **pveproxy** verwendete Zertifikat liegt unter */etc/pve/nodes/<Node>/pve-ssl.pem*. Es ist von der Cluster-CA signiert, die der Browser nicht kennt. Deshalb kann er von ihr signierte Zertifikate nicht validieren. Der Key findet sich unter */etc/pve/priv/pve-root-ca.key*.

Bei beiden Varianten liegen die Zertifikate unter */etc/pve/local/pveproxy-ssl.pem* und */etc/pve/local/pveproxy-ssl.key* und werden vom **pveproxy** anstelle der selbstsignierten Zertifikate genutzt. Die Zertifikate dürfen nicht durch ein Passwort geschützt sein.

8.4.1 ACME-Protokoll für automatisierte Zertifikate

Seit Proxmox VE 6 existiert ein integrierter ACME-Client für Let's Encrypt sowie für andere CA-Server nach RFC 8555. Wir werden uns hier im Beispiel auf Let's Encrypt konzentrieren, aber die Schritte sollten bei anderen Anbietern ähnlich sein.

Weil die Zertifizierungsstelle Ihnen ein gültiges Zertifikat ausstellt, möchte sie auch sicher sein, dass die Domain Ihnen gehört. Dazu wird in einem Challenge-Response-Verfahren eine Überprüfung durchgeführt, dass Sie die Kontrolle über die Domain besitzen, für die das Zertifikat ausgestellt werden soll.

Das Challenge-Response-Verfahren läuft in folgenden Schritten ab:

1. Client an CA: »Ich beantrage ein Zertifikat für *example.com*.«
2. CA an Client: »Beweise den Besitz dieser Domäne mit dieser Challenge.«
3. Der Client erfüllt die Challenge innerhalb einer gesetzten Frist.
4. Die CA verifiziert die Challenge über das öffentliche Internet.
5. Bei Erfolg signiert die CA das Zertifikat, andernfalls wird der Antrag abgelehnt.

In Proxmox VE können Sie eines von zwei Challenge-Response-Verfahren wählen:

- *HTTP-01-Challenge*
- *DNS-01-Challenge*

Im 4. Schritt werden Sie sehen, dass die Antwort (*Response*) auf die gestellte Aufgabe (*Challenge*) über das öffentliche Internet ausgewertet wird. Bei öffentlich erreichbaren Proxmox-VE-Nodes können Sie den einfacheren Weg der `HTTP-01`-Challenge wählen.

Für Nodes, die nicht von extern erreichbar sind, können Sie über die `DNS-01`-Challenge dennoch valide Zertifikate generieren. Sie müssen in diesem Fall dafür sorgen, dass die CA den Besitz der Domain über DNS validieren kann. Dazu übergibt die CA dem Client zunächst ein Token, das dann zusammen mit dem Account-Key in einem `TXT`-Record namens _acme-challenge.<domain> der Domain beim DNS-Provider eingetragen werden muss. Für etliche DNS-Systeme wie *PowerDNS* oder *OPNsense* sowie viele DNS-Provider besitzt Proxmox VE bereits entsprechende Plugins, die Sie verwenden können, um auch diese Schritte vollautomatisch durchführen zu lassen.

Mehr Informationen und die technischen Details der Challenge-Response-Verfahren finden Sie direkt bei Let's Encrypt unter *https://letsencrypt.org/docs/challenge-types*.

In den nächsten Schritten lernen Sie die Einrichtung von ACME-Zertifikaten auf einem Proxmox-VE-Host. Gehen Sie in folgender Reihenfolge vor:

1. ACME-Account hinzufügen
2. Bei Verwendung von DNS: ACME-Challenge-Plugins konfigurieren
3. ACME-Domain hinzufügen
4. Zertifikat anfordern

In den folgenden Abschnitten finden Sie detaillierte Erläuterungen dazu.

ACME-Account registrieren oder bestehenden Account verwenden

Als ersten Schritt müssen Sie Ihren ACME-Account registrieren, um neue Zertifikate anzufordern oder bestehende Zertifikate zu verlängern. Dies tun Sie über **Datacenter • ACME • Accounts • Add** in dem Dialog, der in Abbildung 8.4 zu sehen ist.

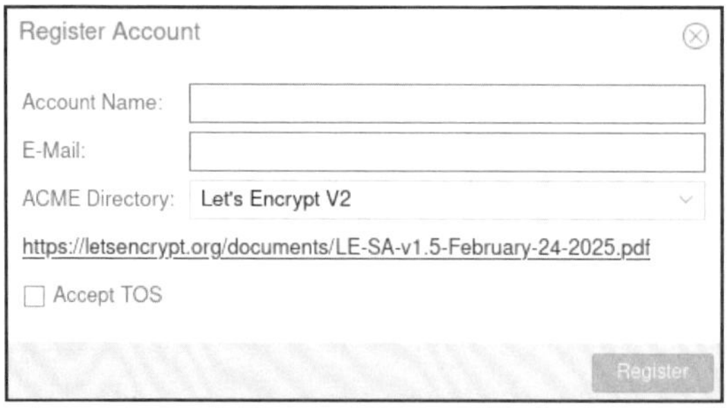

Abbildung 8.4: ACME-Account hinzufügen

Vergeben Sie optional einen Namen für diesen Account, tragen Sie die E-Mail-Adresse Ihres Accounts ein und wählen Sie das ACME-Directory, aus dem die Zertifikate generiert werden sollen. Das ACME-Directory `Let's Encrypt V2` erzeugt dauerhafte, für den Produktivbetrieb geeignete Zertifikate. Falls Sie diese vorher testen möchten, verwenden Sie das `Let's Encrypt V2 Staging`-Directory. Mit dem Setzen des Häkchens bei **Accept TOS** (TOS steht für *Terms of Service*, also die Nutzungsbedingungen) erklären Sie sich mit den Bedingungen des Anbieters einverstanden. Da Let's Encrypt Nutzungslimits hat, sollten Sie beim Experimentieren das Staging-Directory verwenden.

Wenn Sie einen anderen ACME-kompatiblen Anbieter verwenden möchten, wie beispielsweise *Buypass Go SSL* oder *ZeroSSL*, können Sie in einem *Custom-Directory* die Daten des Anbieters hinterlegen. Der Dialog ändert sich entsprechend und gibt die zusätzlich notwendigen Felder frei, die in Abbildung 8.5 zu sehen sind.

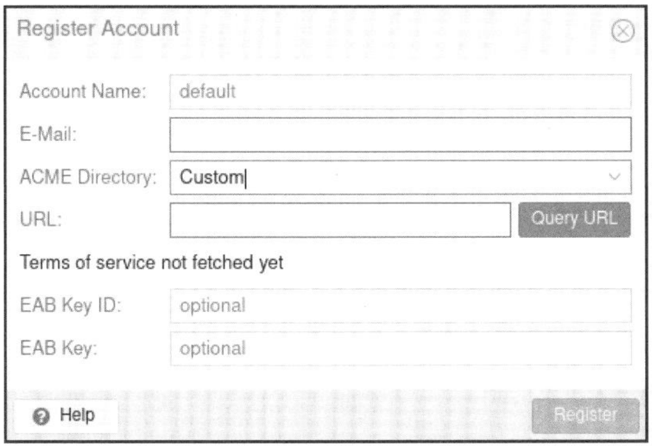

Abbildung 8.5: Bei Verwendung des Custom-Directorys müssen die Daten des Anbieters noch hinterlegt werden.

Durch den Klick auf **Register** führt der Node nun die Registrierung des Servers durch und präsentiert das Ergebnis im Log:

```
Generating ACME account key..
Registering ACME account..
Registration successful, account URL: 'https://acme-
v02.api.letsencrypt.org/acme/acct/1981xxxxx'
TASK OK
```

Nach der erfolgreichen Erstellung werden die Daten des ACME-Accounts im Proxmox-Cluster-Filesystem unter */etc/pve/priv/acme/<name>* gespeichert; der **Register**-Button verschwindet und der Account ist nun in der Web-GUI zu sehen.

Sie können auch mehrere ACME-Accounts hinterlegen, davon allerdings nur den ersten über die GUI. Über die Kommandozeile gewährt Ihnen der CLI-Befehl `pvenode acme account register [<name>] {<contact>} [OPTIONS]` das Hinzufügen weiterer ACME-Accounts von weiteren Anbietern oder für weitere Zwecke. Mit `pvenode acme account` list rufen Sie alle konfigurierten ACME-Accounts ab, mit pvenode acme account info [<name>] können Sie die Konfiguration sehen, und mit pvenode acme account deactivate [<name>] deaktivieren Sie einen ACME-Account.

```
~# pvenode acme account register mystaging my-mail@example.com \
   --directory https://acme-staging-v02.api.letsencrypt.org/directory
```

ACME-Challenge-Plugins für DNS-01 konfigurieren

DNS-Challenge-Plugins müssen Sie nur hinzufügen und konfigurieren, wenn Sie die oben genannte DNS-01-Challenge verwenden möchten.

In diesem Schritt kommt es ganz darauf an, in welchem System oder bei welchem Anbieter Ihre DNS-Einträge verwaltet werden. Unter **Datacenter • ACME • Challenge Plugins • Add** wählen Sie das gewünschte Plugin aus. In Abbildung 8.6 sehen Sie ein Beispiel für einen *PowerDNS*-Server. Beim Einsatz anderer Plugins verändern sich die anzugebenden Daten.

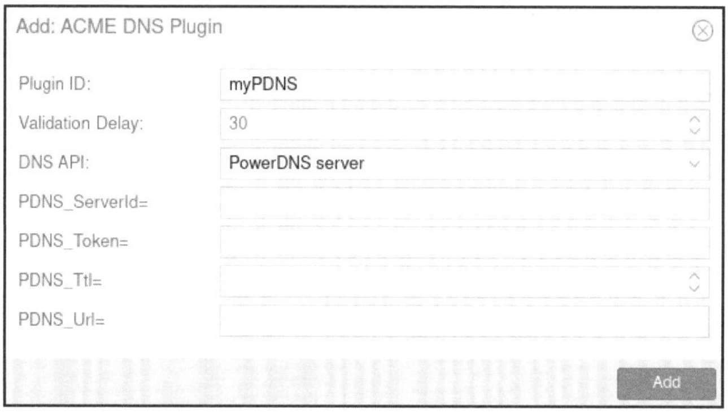

Abbildung 8.6: Im Dialog konfigurieren Sie das Plugin sowie die erforderlichen Zugangsdaten, hier am Beispiel eines PowerDNS-Servers.

Auf der Kommandozeile verwenden Sie für diesen Schritt den einen der Unterbefehle pvenode acme plugin add|config|list|remove|set, beispielsweise das Kommando pvenode acme plugin add <type> <id> [OPTIONS].

Sie können mehrere Challenge-Plugins verwenden und damit auch mehrere Anbieter und Systeme verwenden. Die Plugins, die hier konfiguriert werden, können dann später bei der Beantragung eines Zertifikats ausgewählt werden.

ACME-Domain hinzufügen

Nachdem Sie den Account eingetragen und eventuell benötigte Challenge-Plugins konfiguriert haben, geben Sie dem Server einen FQDN, der auch im Zertifikat hinterlegt wird. In der GUI tun Sie dies über **<Node> • System • Certificates • ACME • Add**.

Im Dialog wählen Sie nun **HTTP** oder **DNS** als Methode der Verifikation aus und tragen den gewünschten *Fully Qualified Domain Name* (FQDN) des Servers unter **Domain** ein. Nach einem Klick auf **Create** wird die eingegebene Domain für diesen Server hinterlegt.

Möchten Sie die Domain über die Shell hinzufügen, verwenden Sie dazu den Befehl `pvenode config set --acme <FQDN>`.

Das Zertifikat ausstellen lassen

Vor der letztlichen Beantragung des Zertifikats wählen Sie eventuell noch den zu verwendenden Account aus, klicken danach auf die Domain und können anschließend mit **Order Certificates Now** die sofortige Beantragung des Zertifikats starten.

Per Shell erledigen Sie diese Aufgabe mit `pvenode acme cert order`, ohne den FQDN dabei angeben zu müssen.

Im Log sehen Sie dann, ob die Validierung erfolgreich war oder ob es zu einem Fehler kam. Bei erfolgreicher Durchführung wird das Zertifikat gespeichert und der `pveproxy` neu gestartet, damit das neu installierte Zertifikat verwendet wird.

Um die Verlängerung des Let's-Encrypt-Zertifikats brauchen Sie sich nicht zu kümmern. Solange das Challenge-Response-Verfahren funktioniert und die Domain validiert werden kann, geschieht dies automatisch durch den Dienst `pve-update`. Jener läuft jede Nacht, und eine seiner Aufgaben ist die Prüfung, ob das Zertifikat zur Verlängerung ansteht und die Verlängerung des Zertifikats vor dem Ablauf.

Sie können die Verlängerung eines Zertifikates auch über die Shell mittels `pvenode acme cert renew` durchführen. Hängen Sie zusätzlich ein `--force 1` an, wird das Zertifikat auch dann verlängert, wenn es noch nicht zur Verlängerung ansteht.

8.4.2 Einbinden von Proxmox in eine eigene Certificate Authority (CA)

Falls Sie eine eigene CA betreiben, generieren Sie für einen Proxmox-VE-Node ein entsprechendes Serverzertifikat, das auf den FQDN des Servers ausgestellt ist, und lassen es durch die CA signieren. Erwerben Sie ein Serverzertifikat bei einer externen, kommerziellen Zertifikatsstelle, ist dieses bereits durch die CA signiert. Bei beiden Varianten ist die weitere Vorgehensweise identisch.

Zusammen mit der Zertifikatskette können Sie das neue Serverzertifikat nun unter **<Node> • System • Certificates • Upload Custom Certificate** hochladen. Den Dialog dazu sehen Sie in Abbildung 8.7.

Auf der Shell bemühen Sie den Befehl `pvenode cert set <certificates> [<key>] [OPTIONS] [FORMAT_OPTIONS]`, um die Aufgabe zu erledigen. Der Parameter `<certificates>` ist die PEM-codierte Zertifikatskette inklusive des Serverzertifikats. Mit dem optionalen `<key>`-Parameter geben Sie den PEM-codierten privaten Schlüssel an. Falls bereits ein Zertifikat besteht, das durch ein neues ersetzt werden soll, geben Sie `--force 1` mit an. Der `pveproxy` wird dabei nicht automatisch neu gestartet, sondern muss mit einem angehängten `--restart 1` dazu animiert werden.

Abbildung 8.7: Upload des Serverzertifikats sowie der Zertifikatskette

8.5 Task-Logs auf den Nodes

In einer Virtualisierungsumgebung wie Proxmox VE laufen ständig irgendwelche Aktionen ab – sei es das Starten einer VM, das Erstellen eines Backups, die Migration einer VM oder die Replikation eines VM-Image. Damit Sie während länger laufenden Aktionen weiterarbeiten können, statt ein Fenster anzuschauen, werden die Aktionen als Hintergrundprozesse, sogenannte *Tasks*, ausgeführt. Jeder dieser Tasks wird protokolliert, und das zugehörige *Task-Log* enthält den detaillierten Verlauf und das Ergebnis der Ausführung, inklusive eventuell aufgetretener Warnungen oder Fehler.

8.5.1 Funktionsweise des Task-Logs

Die Ausführung der Tasks überlässt der Server sogenannten *Worker-Threads*, damit mehrere Tasks parallel laufen können. Der Standardwert von vier Worker-Threads kann bei Bedarf in der GUI unter **Datacenter • Options • Maximal Workers/bulk-action** angepasst werden.

In einer produktiven Umgebung mit mehreren Administratoren oder bei automatisierten Prozessen (beispielsweise per API) sind die Task-Logs sehr hilfreich für das Troubleshooting, Monitoring und Auditing. Hier zahlt es sich auch aus, wenn Sie nicht nur den root-Benutzer verwenden, sondern wenn jeder Administrator und API-Client sein eigenes Login verwendet. Dann können Sie die einzeln im Task-Log protokollierten Befehle nämlich den einzelnen Admins oder den API-Clients zuordnen.

Sobald ein Task gestartet wird, erhält er eine eindeutige Task-ID (*Unique Process ID* oder kurz *UPID*). Die UPID ist nicht nur eine eindeutige ID, sondern ein strukturierter Bezeichner, der Ihnen bereits wichtige Metadaten über den Task verrät. Den Aufbau sehen Sie in folgendem Schema:

```
UPID:<node>:<pid>:<pstart>:<starttime>:<type>:<id>:<user>:
```

Schauen wir uns die einzelnen Felder genauer an:

- `UPID`: feststehende Bezeichnung für ein UPID-Task-Log
- `node`: der Name des Proxmox-VE-Nodes, auf dem der Task gestartet wurde
- `pid`: die Prozess-ID (PID) des Worker-Prozesses auf dem Host-System in hexadezimaler Schreibweise
- `pstart`: die Startzeit des Worker-Prozesses als hexadezimaler Unix-Timestamp
- `starttime`: die Startzeit des Tasks selbst, ebenfalls als hexadezimaler Unix-Timestamp
- `type`: der Typ der ausgeführten Aktion, z. B. `vzdump` für ein Backup, `qmstart` für den Start einer VM oder `aptupdate` für die nächtliche Ausführung des `pveupdate`-Jobs
- `id`: die ID der betroffenen Ressource, beispielsweise die VMID einer virtuellen Maschine oder eines Containers. Dieses Feld ist optional.
- `user`: der Benutzer, der den Task ausgelöst hat, im Format @.

Das vom Task erzeugte Logfile landet unter */var/log/pve/tasks/<DIR>/<UPID>*. Dieses Backend für die Task-Logs ist schon sehr lange in Proxmox VE vorhanden und nicht gut für große Mengen an Tasks und deren Logs geeignet. Damit nicht Tausende Logfiles im gleichen Verzeichnis landen, existiert als Zwischenschritt im Pfad der Platzhalter <DIR>. Dafür wird die letzte Ziffer der `starttime` verwendet, um die Tasks auf 16 Unterverzeichnisse `0` bis `F` hexadezimal zu verteilen. Darunter folgt dann das Logfile <UPID>, das das eigentliche Log enthält.

Die Task-Logs werden von Proxmox VE im Rahmen der nächtlichen Wartung durch `pveupdate` automatisch bereinigt.

8.5.2 Anzeige und Nutzung der Task-Logs in der GUI

In der Web-GUI sind Task-Logs direkt am unteren Ende des Fensters zu sehen. Sie werden so wie in Abbildung 8.8 angezeigt.

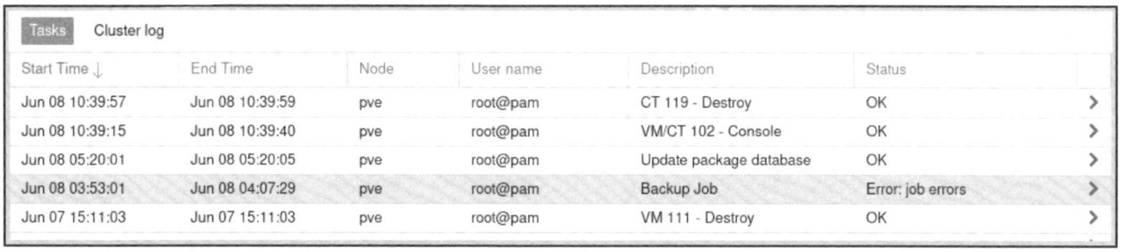
Tasks Cluster log

Start Time ↓	End Time	Node	User name	Description	Status
Jun 08 10:39:57	Jun 08 10:39:59	pve	root@pam	CT 119 - Destroy	OK
Jun 08 10:39:15	Jun 08 10:39:40	pve	root@pam	VM/CT 102 - Console	OK
Jun 08 05:20:01	Jun 08 05:20:05	pve	root@pam	Update package database	OK
Jun 08 03:53:01	Jun 08 04:07:29	pve	root@pam	Backup Job	Error: job errors
Jun 07 15:11:03	Jun 07 15:11:03	pve	root@pam	VM 111 - Destroy	OK

Abbildung 8.8: Die Task-Logs in der Web-GUI

Durch einen Doppelklick auf einen Eintrag oder mit einem Klick auf den Pfeil am Ende der Zeile können Sie sich das Log anschauen und herunterladen.

In dieser Liste sehen Sie auch die Cluster-Logs, wenn Sie auf den zweiten Tab klicken. Hier erhalten Sie eine Liste aller Vorgänge im Cluster, jedoch höchstens die letzten 50 Einträge. Diese Einträge werden in Echtzeit über das Proxmox-Cluster-Filesystem synchronisiert und als JSON-Objekt in */etc/pve/.clusterlog* gespeichert.

Dieses Panel hat ein paar Besonderheiten, die Ihr Leben einfacher machen können:

- Der obere Rand lässt sich mit der Maus in der Höhe verschieben. Demnach lässt sich die Anzahl der angezeigten Tasks variieren.
- In der Mitte des oberen Randes gibt es einen Pfeil nach unten, den man leicht übersieht. Mit einem Klick auf ihn versenken Sie die Anzeige der Tasks, sodass mehr Platz auf dem Bildschirm entsteht. Durch einen erneuten Klick auf den jetzt nach oben zeigenden Pfeil blenden Sie die Tasks wieder permanent ein.
- Wenn Sie die versenkte Task-Liste nur kurz sehen möchten, reicht ein Klick auf die breite hellgraue Fläche, in der auch **Logs** steht. Dann fährt die Task-Liste zwar aus, versenkt sich aber wieder, wenn die Maus den Bereich verlässt.

8.5.3 Task-Logs über die CLI anzeigen und filtern

Auf der Kommandozeile sehen Sie die Liste der Tasks mit `pvenode task list` und können die Anzeige mit verschiedenen Filtern direkt eingrenzen. So zeigt Ihnen `pvenode task list --errors` nur die Tasks an, die mit einem Fehler beendet wurden.

Im folgenden Listing sehen Sie ein paar weitere Beispiele aus der Praxis:

```
# Anzeige aller Tasks:
~# pvenode task list

# Anzeige fehlerhaft beendeter Tasks:
~# pvenode task list --error

# Anzeige aller von <user>@<realm> ausgeführten Tasks und Rückgabe im
# JSON-Format:
~# pvenode task list --output-format json --userfilter root@pve

# Anzeige aller Tasks seit Mitternacht. Da nur Unix-Timestamps zulässig
# sind, müssen wir "date" zu Hilfe nehmen, um einen passenden Timestamp
# zu generieren:
~# pvenode task list --since $(date -d "" +%s)

# Anzeige aller Tasks der letzten 24 Stunden. Auch hier verwenden
# wir "date" zur Umrechnung der Unix-Timestamps:
~# pvenode task list --since $(date -d '24 hours ago' +%s)
```

Ihnen stehen die folgenden Möglichkeiten und Filter zur Verfügung:

- `--errors[=1]`: nur Tasks auflisten, die mit dem Status Error beendet wurden
- `--limit=<NUM>`: nur die angegebene Anzahl an `<NUM>`-Tasks auflisten
- `--since=<TIMESTAMP>`: nur Tasks ab dem UNIX-Timestamp `<TIMESTAMP>` auflisten
- `--source=<active|all|archive>`: nur Tasks aus dieser Quelle auflisten
- `--start=<TIMESTAMP>`: nur Tasks auflisten, die später als `<TIMESTAMP>` begonnen haben
- `--statusfilter=<STATUS>`: nur Tasks mit dem Status `<STATUS>` auflisten
- `--typefilter=<TYPE>`: nur Tasks des Typs `<TYPE>` auflisten, z. B. `qmstart`, `vzdump`, `qmigrate`
- `--until=<TIMESTAMP>`: nur Tasks bis zum UNIX-Timestamp `<TIMESTAMP>` auflisten
- `--userfilter=<USER>@<REALM>`: nur Tasks des Benutzers `<USER>@<REALM>` auflisten
- `--vmid=<VMID>`: nur Tasks der VM oder des Containers mit der ID `<VMID>` auflisten

8.6 Node-Bulk-Actions

Neben der Administration einzelner VMs und Container virtueller Maschinen und Container über die GUI oder über die `qm`- und `pct`-Befehle auf der Kommandozeile gibt es Situationen, in denen Sie Operationen für viele oder alle Gäste auf einem Node gleichzeitig durchführen möchten - sei es, um einen Host für Wartungsarbeiten vorzubereiten, sei es, um nach einem Stromausfall alle relevanten Systeme wieder zu starten.

Für diese Anwendungsfälle stellt der `pvenode`-Befehl Unterbefehle für Massenoperationen wie das Starten, Stoppen oder Migrieren aller VMs zur Verfügung.

Schauen wir uns die wichtigsten Bulk-Actions einmal genauer an.

8.6.1 Alle Gäste mit pvenode startall starten

Stellen Sie sich vor, ein Proxmox-VE-Host wurde neu gestartet, sei es geplant oder nach einem Stromausfall. Nun möchten Sie natürlich, dass die darauf laufenden Gäste ebenfalls wieder hochfahren. Mit dem `pvenode startall`-Befehl können Sie genau das veranlassen.

Standardmäßig startet dieser Befehl nur die VMs und Container, bei denen Sie die Option **Start at boot** (in der Konfiguration als `onboot=1` vermerkt) aktiviert haben. Dies ist das übliche Verhalten, das Sie für einen automatisierten Start nach einem Reboot des Hypervisors erwarten würden.

Es gibt jedoch Szenarien, in denen Sie gezielt alle oder eine bestimmte Auswahl an Gästen starten möchten, unabhängig von deren `onboot`-Einstellung. Dazu können Sie die

--force-Option nutzen. Der Befehl `pvenode startall --force` startet alle auf dem Node befindlichen Gäste.

Alternativ dazu können Sie den Parameter `--vms=<VMID>,<VMID>,<VMID>,...` verwenden und die zu startenden VMs und Container als kommaseparierte Liste angeben. Kombinieren Sie dies mit dem `-force`-Parameter, um die VMs unabhängig von ihrer `onboot`-Einstellung zu starten.

8.6.2 Alle Gäste mit pvenode stopall stoppen

Das Gegenstück zum Starten ist natürlich das Stoppen aller Gäste, was besonders bei geplanten Wartungsarbeiten am Hostsystem von Nutzen ist. Der Befehl `pvenode stopall` führt diese Aufgabe für Sie durch.

Dabei versucht Proxmox VE zunächst, alle laufenden Gäste sauber herunterzufahren, indem es für Gäste mit aktivierem QEMU-Guest-Agent dem Agent den Shutdown-Befehl gibt und anderen Gästen ein ACPI-Shutdown-Signal sendet. Danach wartet der Host 300 Sekunden, bis die Gäste sich selbst heruntergefahren haben.

Sollte ein Gast innerhalb dieses Zeitfensters nicht reagieren, wird er standardmäßig hart gestoppt (das entspricht profan gesagt dem Ziehen des Steckers). Dieses Verhalten wird durch die Option `--force-stop` gesteuert, die per Default aktiviert ist. Wenn Sie ein hartes Stoppen unter allen Umständen vermeiden wollen, können Sie es mit `--force-stop 0` deaktivieren. Der `stopall`-Prozess würde dann für die nicht reagierenden Gäste einfach fehlschlagen, anstatt sie hart auszuschalten.

Auch hier können Sie die Operation mit der `--vms`-Option auf eine bestimmte Auswahl von Gästen einschränken.

8.6.3 Alle Gäste migrieren mit pvenode migrateall

Eine der elegantesten Methoden, um einen Host auf Wartungsarbeiten vorzubereiten, ist die Migration aller seiner Gäste auf einen anderen Knoten im Cluster. Der Befehl `pvenode migrateall` gibt Ihnen genau diese Möglichkeit. Mit dem Befehl `pvenode migrateall <target-node>` versucht der Node nun, alle VMs und Container auf den `<target-node>` zu migrieren. Dabei wird für laufende VMs standardmäßig eine Live-Migration versucht und für ausgeschaltete VMs und Container die Offline-Migration verwendet.

Eine besonders nützliche Option ist `--with-local-disks`: Wenn Sie diese aktivieren, werden auch die lokalen Disks einer VM live auf den Ziel-Node migriert. Dies ermöglicht die Live-Migration von VMs-Images, die auf lokalem Storage liegen. Wenn Sie hier jedoch große Images migrieren, wird der Task entsprechend viel Zeit in Anspruch nehmen.

Auch `migrateall` unterstützt den `--vms`-Parameter, um nur eine spezifische Auswahl an Gästen zu migrieren. Darüber hinaus können Sie mit `--maxworkers` die Anzahl der parallelen Migrationen einschränken oder erweitern. Geben Sie hier nichts an, wird die Anzahl der vorhandenen Worker-Threads verwendet, die unter **Datacenter • Options** für das gesamte System eingestellt sind.

Ein praktisches Beispiel wäre die Migration der VMs 100, 101 und 102 auf den Node pve2 unter Mitnahme ihrer lokalen Festplatten und der Limitierung auf maximal 2 gleichzeitige Migrationen:

```
~# pvenode migrateall pve2 --vms 100,101,102 --with-local-disks \
   --maxworkers 2
```

8.7 Nodes mit Wake on LAN starten

Neben den genannten Bulk-Actions für Gäste bietet pvenode noch eine weitere nützliche Funktion: Mit `pvenode wakeonlan <node>` können Sie einen ausgeschalteten Cluster-Node über das Netzwerk starten, sofern das Mainboard und die Netzwerkkarte *Wake on LAN* unterstützen und die MAC-Adresse in der Node-Konfiguration hinterlegt ist.

Wenn Sie beispielsweise über Nacht oder am Wochenende nicht alle Nodes Ihres Clusters benötigen, könnten Sie bewusst einige Nodes herunterfahren, um Energie zu sparen oder um aus Sicherheitsgründen den Zugriff einzuschränken. Bitte bedenken Sie aber, dass Ihr Cluster weiterhin ein funktionierendes Quorum benötigt und deshalb immer mehr als die Hälfte aller Nodes noch laufen müssen.

Sie müssen dazu zunächst die Hardware entsprechend konfigurieren und Wake on LAN im BIOS/UEFI-Setup aktivieren und auf jedem Node die MAC-Adresse hinterlegen, über die dieser Node per Wake on LAN aufgeweckt werden kann. Die MAC-Adresse hinterlegen Sie in der GUI unter **Datacenter • <Node> • System • Options • MAC address for Wake on LAN** (siehe Abbildung 8.9). Alle anderen Nodes im Cluster wissen dann, an welche MAC-Adresse das Magic Packet für diesen Server geschickt werden soll.

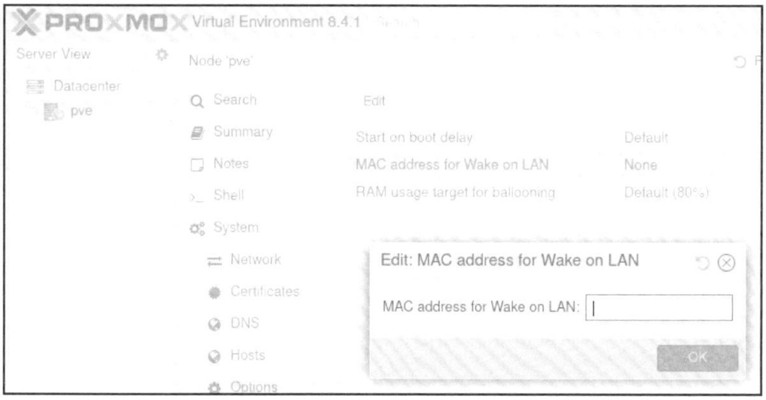

Abbildung 8.9: Die MAC-Adresse lässt sich unter »<Node> • System • Options« hinterlegen.

Nun können Sie einen ausgeschalteten und richtig konfigurierten Node mit dem Befehl `pvenode wakeonlan <node>` starten und anschließend VMs und Container auf ihm starten oder diese auf ihn migrieren.

8.8 Optimierung und Best Practices

Obwohl der Proxmox-VE-Installer sowie der Kernel und Pakete bereits einige Optimierungen enthalten, lassen sich anschließend weitere Optimierungen vornehmen. Im Internet finden Sie einige Post-Install-Skripte für Proxmox VE. Sie sollten jedoch vor dem Einsatz dieser Skripte genau abwägen, ob die hier vorgenommenen »Optimierungen« für Sie relevant sind.

Einige dieser Skripte sind heute veraltet und verwenden daher Workarounds, die heute schlechter sind als die Default-Einstellungen von Proxmox VE. Andere Skripte installieren zusätzliche Software, die Sie unter Umständen weder brauchen noch haben wollen. Wieder andere Skripte sorgen mit falschen Einstellungen für schlechtere Leistungen oder sogar Fehler.

Ein paar relevante Einstellungen möchte ich Ihnen im Folgenden zeigen.

8.8.1 Das Swapping anpassen

Die Tatsache, ob Sie Ihren Server auf LVM installiert haben (Standard) oder ob Sie einen HBA mit ZFS verwenden, wirkt sich schon darauf aus, wie Ihr Server Speicher auslagert:

- Auf ZFS-basierten Systemen existiert kein Swap-Space, d. h., eine Auslagerung von Hauptspeicher auf eine Disk findet nicht statt, wenn Sie nicht selbst einen Swap-Speicher nachträglich hinzugefügt haben.
- Auf LVM-basierten Systemen dagegen lagert der Hypervisor gerne mal ein paar Speicherseiten auf das Logical Volume `swap` aus. Mit dem Auslagern beginnt der Linux-Kernel jedoch nicht erst, wenn kein Hauptspeicher mehr zur Verfügung steht, sondern er kümmert sich relativ früh darum. Auf Hypervisoren, die genügend RAM besitzen, können Sie daher die Einstellung so anpassen, dass die Auslagerung von Hauptspeicher erst sehr spät geschieht. Das sorgt für eine gleichbleibende, anhaltende Performance und vermeidet das unnötige Auslagern von Hauptspeicher, wenn Sie genug RAM haben.

Die Swap-Freudigkeit des Linux-Kernels lässt sich durch einige Parameter beeinflussen. Der für uns relevante ist `vm.swappiness`, der per Default auf dem Wert 60 steht. Diesen Wert können Sie mit dem `sysctl`-Befehl beeinflussen:

```
# Ermitteln des aktuellen Wertes, Default ist 60
root@pve:~# sysctl vm.swappiness
vm.swappiness = 60
```

```
# Setzen der Swappiness auf 10
root@pve:~# sysctl -w vm.swappiness=10
vm.swappiness = 10
```

Diese Einstellung ist zwar sofort gültig, überlebt jedoch den nächsten Reboot nicht. Um diese Einstellung bootfest zu machen, können Sie sie in eine Konfigurationsdatei des `sysctl`-Befehls stecken.

Am einfachsten geht das mit dem Befehl `echo vm.swappiness=10 >> /etc/sysctl.conf`, gefolgt von einem `sysctl -p`, um die Konfiguration neu einzulesen und anzuwenden. Nun wird die Swappiness automatisch beim Bootvorgang auf den gewünschten Wert gesetzt.

8.8.2 Die Anzahl der Worker-Threads konfigurieren

Etwas weiter oben haben wir schon die *Tasks* besprochen, also asynchron ausgeführte Befehle. Proxmox VE verwendet *Worker-Threads*, damit mehrere Tasks parallel ablaufen können. Immer wenn ein Worker-Thread frei wird, kann er den nächsten Befehl abarbeiten. Wird innerhalb einer gewissen Zeit kein Worker-Thread frei, quittiert der Befehl das mit einem Timeout.

In den meisten Umgebungen werden die 4 Worker-Threads völlig ausreichend sein. In manchen Szenarien allerdings wäre es hilfreich, wenn man vielleicht 8 oder 24 Worker-Threads haben könnte, beispielsweise für eine Bulk-Migration, Bulk-Starts, Bulk-Stopps oder für massenhafte Automatisierungen über die API.

Unter **Datacenter • Options • Maximal Workers/bulk-action** lässt sich die Anzahl der Threads konfigurieren, wie in Abbildung 8.10 zu sehen ist. Obwohl diese Einstellung unter **Datacenter** vorgenommen wird, legen Sie damit die Anzahl der Worker-Threads auf jedem Node fest.

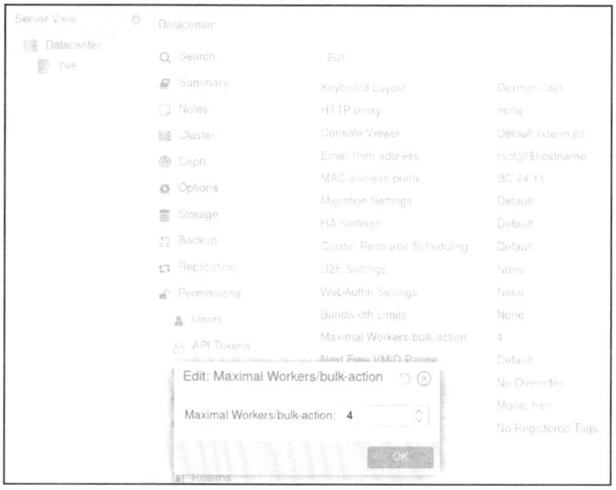

Abbildung 8.10: Anzahl der Worker-Threads einstellen

Die Erhöhung der Threads hat jedoch auch Nebenwirkungen:

- Mit steigender Anzahl von Worker-Threads steigt auch der Druck auf Ihre Hardware-Ressourcen wie CPUs, Storage und Netzwerk. Wenn Ihr Speicher oder Ihr Netzwerk am Limit ist, bringt Ihnen eine weitere Erhöhung der Threads nichts außer einer verlangsamten Durchführung von mehr parallelen Aufgaben.
- Je mehr Worker-Threads gleichzeitig laufen, desto höher ist die Wahrscheinlichkeit, dass sie auf *Locks* (siehe Abschnitt 15.11) von anderen Workern stoßen und warten müssen, bis diese Locks aufgehoben wurden. Dies kann also zu vermehrten Timeouts und damit zu abgebrochenen Tasks führen.

8.9 Sicherheitshärtung eines Proxmox-VE-Servers

Obwohl ein Proxmox-VE-Server mit seiner Debian-Linux-Basis schon relativ sicher ist, lässt sich die Sicherheit durch einige Maßnahmen weiter verbessern. Im Folgenden möchte ich Ihnen einige Optionen nennen, die Sie wahlweise verwenden können:

- **Firewall und offene Ports**

  Konfigurieren und aktivieren Sie die integrierte Firewall von Proxmox VE. Lassen Sie nur den Zugriff auf die Web-GUI und SSH von ausgewählten Netzwerken oder IP-Adressen zu und verbieten Sie den Zugriff von anderen Netzwerken.
- **Separate Netzwerkzone und Management-Netzwerk**

  Wenn ein Angreifer es schafft, Ihren Hypervisor zu übernehmen, übernimmt er damit auch meist alle VMs und Container auf diesem. Deshalb müssen Hypervisoren ganz besonders gut geschützt werden und gehören in eine eigene Netzwerkzone. Denn VMs oder Container haben ein höheres Risiko, einem Angriff zum Opfer zu fallen, und falls ein Angreifer eine VM übernimmt, sollte er keinesfalls Zugriff auf die Administration des Proxmox-Servers haben.

  Indem Sie Ihre Proxmox-VE-Nodes – insbesondere das Management – in eine separate Netzwerkzone oder ein separates VLAN verlegen, reduzieren Sie die Angriffsfläche.
- **Separate Admin-Benutzer verwenden**

  Im Gegensatz zu vielen anderen Linux-Systemen legt der Proxmox-VE-Installer keinen separaten Benutzer für die Administration an und lässt den Zugriff mit dem root-Benutzer und dessen Passwort auch remote per SSH zu.

  Sie können dies jedoch nachholen, indem Sie auf der Kommandozeile für jeden berechtigten Administrator einen weiteren lokalen Benutzer mit eingeschränkten Rechten anlegen. Nachdem sich der Admin mit seinem eigenen Benutzer eingeloggt hat, kann er `su` oder `sudo` verwenden, um sich root-Berechtigungen zu verschaffen.

- **SSH-Schlüssel statt Passwörter verwenden**

  Hinterlegen Sie für jeden Benutzer einen SSH-Public-Key und schalten Sie anschließend die passwortbasierte Anmeldung bei SSH ab. Verwenden Sie dazu den Eintrag `PermitRootLogin prohibit-password` in der */etc/ssh/sshd_config*. Um die passwortbasierte Authentifizierung für alle Benutzer abzuschalten, nutzen Sie `PasswordAuthentication no`:

  ```
  PermitRootLogin prohibit-password
  PasswordAuthentication no
  ```

  Anschließend führen Sie `systemctl restart sshd.service` aus, um die Änderung zu aktivieren.

  Deaktivieren Sie SSH auf einem Proxmox-VE-Server niemals komplett, da dieser auch für die Kommunikation zwischen Proxmox-VE-Nodes benötigt wird. Hier kommen allerdings SSH-Schlüssel zum Einsatz, weshalb die passwortbasierte Anmeldung problemlos abgeschaltet werden kann.

- **KSM deaktivieren**

  Um das Risiko von Seitenkanalangriffen zu reduzieren, insbesondere bei Hosts in Datacenter-Umgebungen mit fremden VMs und Containern, schalten Sie KSM ab. Wie das geht, lesen Sie in Abschnitt 8.10.2, »Security-Aspekte von KSM«.

- **Kernel-Microcode-Updates verwenden**

  Fehler in CPUs werden mit Microcode-Updates der CPU-Hersteller behoben oder abgemildert. Daher ist es sinnvoll, die Microcode-Updates zu installieren. Mehr dazu finden Sie in Abschnitt 8.1.

- **Unnötige Dienste deaktivieren**

  Der `rpcbind`-Service ist auf einem Proxmox-VE-Server installiert und aktiv, wird jedoch nicht immer benötigt. Wenn Sie keine Software verwenden, die RPC benötigt, können Sie `rpcbind` mit dem Befehl `systemctl disable --now rpcbind` stoppen und deaktivieren.

  Die bessere Alternative ist meiner Meinung nach das Sperren des Ports `111/tcp+udp` für eingehende Verbindungen mithilfe der Proxmox-Firewall.

- **Software in VMs, nicht auf dem Hypervisor installieren**

  Auf einem Proxmox-VE-Node ist meist wenig installiert, und das sollte auch so bleiben. Installieren Sie Dienste also eher in VMs und Containern als auf dem Host selbst.

- **2-Faktor-Authentifizierung nutzen**

  Indem Sie die 2-Faktor-Authentifizierung (2FA) für die Anmeldung an der Web-GUI verwenden, machen Sie auch diese Eingangstür etwas sicherer – allerdings auch *nur* diese. 2FA wird weder bei Zugriffen über die API noch bei SSH-Logins verwendet.

- **Fail2ban gegen Brute-Force-Angriffe**

  Fail2ban ist ein Werkzeug, das Ihre Logs durchforstet und bei wiederholten Events bestimmte Firewall-Regeln setzen kann. Wenn ein Angreifer von einer bestimmten IP-Adresse kommt und mehrfach falsche Passwörter verwendet, wird diese IP-Adresse für den Zugriff auf eine Verbotsliste gesetzt und für eine bestimmte Zeit gesperrt. Fail2ban nimmt die IP-Adresse nach einer konfigurierbaren Dauer wieder von der Liste und der Zugriff wird von dort wieder ermöglicht. Es hilft also vor allem gegen Brute-Force-Angriffe von einer oder wenigen IP-Adressen. Bei Angriffen durch ein Botnet, die von vielen unterschiedlichen IP-Adressen stammen, hilft Fail2ban weniger.

  Besser ist hier ebenfalls die Absicherung durch die Proxmox-Firewall, indem Sie Zugriffe schon nur von bestimmten Netzwerken oder IP-Adressen erlauben.

8.10 Speicherdeduplizierung mit Kernel Samepage Merging (KSM)

Dass auf einem Hypervisor gleich welcher Bauart gewisse Hardware-Ressourcen überprovisioniert werden, macht einen Teil des Effizienzgewinns bei der Virtualisierung aus. Eine physische CPU, einen Core oder einen vCore können wir mehrfach an VMs zuweisen, da eine VM alleine in der Regel nicht den gesamten Hypervisor auslasten wird. Wenn Ihre virtuellen Ressourcen viel CPU-Leistung benötigen, dann klebt die CPU-Auslastung des Hypervisors vielleicht eine Weile bei 100 % fest, aber außer dass VMs eben etwas langsamer ausgeführt werden, geschieht nichts Tragisches.

Bei RAM ist es allerdings etwas schwieriger. Wenn dem Hypervisor der Hautspeicher ausgeht, ergreift er mehrere Gegenmaßnahmen:

1. RAM wird freigemacht, indem Caches reduziert werden. Beispielsweise wird damit der Page-Cache des Linux-Systems reduziert, wodurch die I/O-Leistung sinkt.
2. Nichtaktive Prozesse werden in den Swap-Speicher ausgelagert. Damit reduziert sich erneut die I/O-Leistung des Hypervisors.
3. Der berüchtigte OOM-Killer (*Out-Of-Memory*-Killer) beendet Prozesse im RAM, um ein weiterhin lauffähiges System bereitzustellen. Prozesse zu beenden, kann allerdings auch das Gegenteil bewirken: Teile des Hypervisors funktionieren dann nicht mehr ordnungsgemäß.

Das *Kernel Samepage Merging* (KSM) ermöglicht es dem Hypervisor, gleiche Speicherseiten im RAM zu finden, diese anschließend zusammenzufassen und dann nur noch mehrfach zu referenzieren. Es handelt sich also um eine nachgelagerte, asynchron laufende Speicherdeduplizierung, die es zulässt, mehr RAM zu verwenden, als physisch im Server vorhanden ist. Das soll nun kein Ansporn sein, Server mit zu wenig RAM auszustatten – selbstverständlich sollten Sie RAM von Servern stets ausreichend bis großzügig für den geplanten Einsatzzweck dimensionieren. Dieses Feature hilft jedoch, wenn RAM mal knapp wird.

Dazu läuft ein Daemon namens **ksmtuned**, der erst dann aktiv wird, wenn mehr als 80 % des Hypervisor-Hauptspeichers verwendet werden. Vorher ist es in der Regel nicht sinnvoll, die Rechenleistung aufzubringen, denn es gibt ja ausreichend RAM.

Der Befehl **ksmtuned** findet gleiche Speicherseiten und fasst diese zu einer Speicherseite zusammen. Er kann somit wichtigen Hauptspeicher wieder freigeben. Verändert eine VM den Speicherinhalt, wird die Speicherseite einfach wieder dupliziert. Die VM bemerkt den Vorgang nicht. Wenn viele gleichartige Systeme (also viele gleiche Speicherseiten) im RAM laufen, kann KSM einen deutlichen Effekt haben und Dutzende oder gar Hunderte von GiB RAM deduplizieren.

Auf dem Proxmox-VE-Dashboard lässt sich die KSM-Nutzung direkt ablesen (siehe Abbildung 8.11).

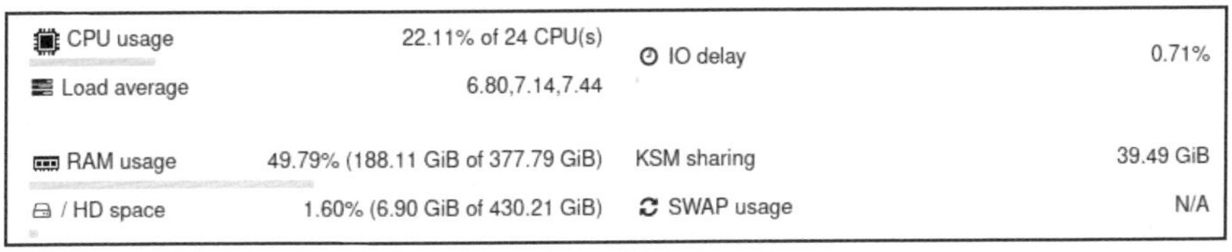

Abbildung 8.11: Rechts sieht man KSM bei der Arbeit.

Wenn Sie auf Ihrem Hypervisor eine `0 B` sehen, dann bedeutet es in den allermeisten Fällen einfach nur, dass Ihr Hauptspeicher noch nie zu 80 % oder mehr in Verwendung war.

KSM ist nur für QEMU/KVM-Maschinen verfügbar, Container profitieren von dieser Speicheroptimierung nicht.

8.10.1 Die KSM-Konfiguration anpassen

Unter besonderen Umständen lassen sich die Schwellenwerte von KSM auch anpassen. Die entsprechende Konfiguration ist in */etc/ksmtuned.conf* hinterlegt. Mit dem Befehl `KSM_THRES_COEF` lässt sich konfigurieren, wann KSM überhaupt zum Einsatz kommt.

In Listing 8.5 sehen Sie ein Beispiel in der Konfigurationsdatei */etc/ksmtuned.conf*:

```
# Configuration file for ksmtuned.

# How long ksmtuned should sleep between tuning adjustments
# KSM_MONITOR_INTERVAL=60

# Millisecond sleep between ksm scans for 16Gb server.
# Smaller servers sleep more, bigger sleep less.
# KSM_SLEEP_MSEC=100
```

```
# KSM_NPAGES_BOOST=300
# KSM_NPAGES_DECAY=-50
# KSM_NPAGES_MIN=64
# KSM_NPAGES_MAX=1250

# KSM_THRES_COEF=20
# KSM_THRES_CONST=2048

# uncomment the following if you want ksmtuned debug info

# LOGFILE=/var/log/ksmtuned
# DEBUG=1
```

Listing 8.5: Eine exemplarische /etc/ksmtuned.conf

Anpassungen nehmen Sie am einfachsten an der Option `KSM_THRES_COEF` vor. Fällt der verfügbare Hauptspeicher unter diesen Schwellenwert, wird KSM aktiv.

Um Änderungen an der Konfiguration zu aktivieren, müssen Sie den systemd-Service `ksmtuned` mit dem Befehl `systemctl restart ksmtuned.service` neu starten.

8.10.2 Security-Aspekte von KSM

KSM erlaubt es dem Linux-Kernel, identische anonyme Speicherseiten mehrerer Prozesse und damit auch mehrerer VMs zu einer einzigen physischen Seite zusammenzuführen. Das spart RAM und ist - zusammen mit *Memory Ballooning* - eine Möglichkeit, um auf Proxmox VE ein *Memory-Overcommitment* zu nutzen, also mehr Speicher für VMs zu verwenden, als physisch im Host verfügbar ist. Allerdings wird dabei Speicher von Gästen unterschiedlicher Isolationsebenen miteinander geteilt, was zwangsläufig sicherheitsrelevante Fragen aufwirft.

So kann ein Angreifer Latenzen beim Zugriff auf Speicherseiten messen und daraus ableiten, ob andere VMs die gleiche Speicherseite nutzen. Damit lassen sich Code- oder Datenzugriffe beobachten, beispielsweise ob eine Speicherseite vorhanden ist sowie kryptografisches Schlüsselmaterial, Website-Fingerprints oder Ähnliches. Solche Seitenkanalangriffe, aber auch andere, weniger relevante Verfahren können sich negativ auf die Isolation und damit auf die Sicherheit Ihrer Umgebung auswirken.

Insbesondere in Multi-Tenant-Umgebungen, in denen auf einem Hypervisor mehrere voneinander unabhängige Kunden oder sogar komplett fremde, nicht unter Ihrer Kontrolle stehende VMs laufen, sollten Sie über folgende Anpassungen auf dem Proxmox-VE-Hypervisor nachdenken:

- **KSM komplett deaktivieren:** Diese Möglichkeit verhindert oben genannte Angriffe komplett, ergibt also die höchste Sicherheit, da die gemeinsame Nutzung von Speicherseiten deaktiviert ist. Allerdings ergibt sich dann ein höherer RAM-Bedarf. Mit `systemctl disable --now ksmtuned.service` deaktivieren Sie KSM komplett für den jeweiligen Node.

- **Gäste gruppieren:** Legen Sie VMs mit gleichem Schutzbedarf oder gleichen Sicherheitsdomänen auf dedizierte Hosts. Auf einem Proxmox-VE-HA-Cluster können Sie dazu eine HA-Gruppe definieren.
- **RAM-Verschlüsselung (z. B. AMD SEV):** Sie verhindert, dass der Host eindeutigen Speicherinhalt sieht, hebelt KSM jedoch aus. Allerdings haben Sie die Möglichkeit, dies bei besonders schutzwürdigen VMs zu aktivieren und alle anderen VMs von KSM profitieren zu lassen. Die CPU im Node muss die entsprechende Technologie wie *AMD SEV* unterstützen, und es muss für die jeweilige VM unter **<vmid> • Options • AMD SEV** aktiviert sein.

8.10.3 KSM deaktivieren

Es existieren mehrere Möglichkeiten, KSM stillzulegen und zu deaktivieren für den Fall, dass Sie genügend RAM besitzen oder in hochsicheren Umgebungen so viele Angriffskanäle wie möglich ausschließen möchten.

Die einfachste Variante ist die Deaktivierung des `ksmtuned.service` über die Shell auf jedem Node:

```
~# systemctl disable --now ksmtuned.service
```

Theoretisch könnte es zum Zeitpunkt der Deaktivierung auch zusammengefasste Speicherseiten geben. Deshalb empfehle ich nach der Deaktivierung einen anschließenden Neustart des Hypervisors. Die Alternative dazu ist, auf der Shell den Befehl `echo 2 > /sys/kernel/mm/ksm/run` auszuführen, um den Kernel anzuweisen, alle deduplizierten Speicherseiten wieder zu duplizieren, sodass keine geteilten Seiten mehr existieren.

Zu KSM existiert im Proxmox-VE-Wiki auch eine eigene Seite unter *https://pve.proxmox.com/wiki/Dynamic_Memory_Management*, die ergänzende Informationen liefert.

Kapitel 9

Netzwerkkonfiguration für Single-Server-Umgebungen

Die Netzwerkfunktionen spielen für den Einsatz von Proxmox VE eine essenzielle Rolle, da sie nicht nur die Verbindungen zwischen weiteren externen Systemen sowie dem Internet herstellen, sondern auch die Verbindungen zwischen den virtuellen Maschinen und dem Host-System verwalten. In diesem Kapitel lernen Sie die Grundlagen des Netzwerks in Proxmox VE kennen und werden verstehen, wie Sie es optimal konfigurieren.

9.1 Networking-Support durch den Linux-Kernel

Der Linux-Kernel bringt bereits viele, sehr umfangreiche Komponenten für die Anbindung an Netzwerke und den Transport von Netzwerkpaketen mit. Proxmox VE nutzt daher die im Linux-Kernel integrierten Netzwerk-Subsysteme. Sämtliche Layer-2- und Layer-3-Funktionen – von klassischen Ethernet-Bridges (Linux-Bridge) über Bonding, VLAN-Tagging (*802.1Q*, *QinQ*, *802.1ad*) bis hin zu fortgeschrittenen Features wie VRRP-basiertem IP-Failover oder Anycast – stammen direkt aus dem Networking-Stack des Kernels und werden nicht durch proprietäre Komponenten ersetzt. Dadurch profitieren Sie automatisch von den kontinuierlichen Performance- und Sicherheitsverbesserungen der Upstream-Kernel-Entwicklung, halten die Administrationswerkzeuge wie `iproute2`, `ethtool` und `ifupdown2` konsistent und vermeiden einen Vendor-Lock-in durch proprietäre Komponenten. Kurz gesagt: Wenn eine Funktion im aktuellen Linux-Kernel vorhanden ist, können Sie sie in Proxmox VE sofort produktiv nutzen – ohne zusätzliche Patches oder Module.

9.2 Netzwerkkonfiguration per GUI und /etc/network/interfaces

Grundsätzlich gibt es zwei Wege, um das Netzwerk zu konfigurieren: über die grafische Oberfläche und direkt über die Konfigurationsdatei.

Entscheiden Sie sich

Sie sollten die beiden Wege nicht mischen! Haben Sie sich einmal für die Anpassung mit einem Editor entschieden, bleiben Sie dabei. Verwenden Sie die GUI dann nicht mehr.

9.2.1 Konfiguration des Netzwerks in der GUI

Obwohl Ihnen sämtliche Netzwerkfunktionen von Linux zur Verfügung stehen, sind nicht alle Features über die Proxmox-VE-GUI oder die API nutzbar. Sie können sie bei Bedarf jedoch trotzdem verwenden, indem Sie die Optionen der Datei */etc/network/interfaces* anpassen. Diesen Weg sollten Sie jedoch nur wählen, wenn Sie Konfigurationen brauchen, die Ihnen die GUI nicht ermöglicht.

In der GUI finden Sie die Netzwerkkonfiguration unter **Datacenter • <Node> • System • Network**. In Abbildung 9.1 sehen Sie eine einfache Netzwerkkonfiguration eines Servers mit zwei Interfaces und der standardmäßig bei der Installation angelegten Linux-Bridge `vmbr0`.

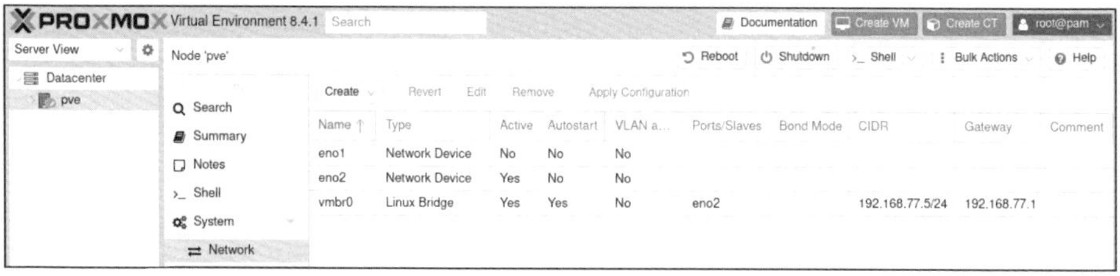

Abbildung 9.1: Übersicht der Netzwerkkonfiguration eines einzelnen Servers mit zwei Netzwerkschnittstellen

Sobald Sie auf die Netzwerkkonfiguration der GUI wechseln, liest Proxmox VE die Datei */etc/network/interfaces* des Systems ein, analysiert die Konfiguration und stellt sie in der GUI dar. Ändern Sie in der GUI die Konfiguration, wird eine neue Konfigurationsdatei unter */etc/network/interfaces.new* angelegt, die die zukünftige Konfiguration beinhaltet, und die GUI zeigt im unteren Bereich des Fensters ein Diff zwischen der aktuellen und der neuen Konfiguration an. Ein Beispiel sehen Sie in Abbildung 9.2.

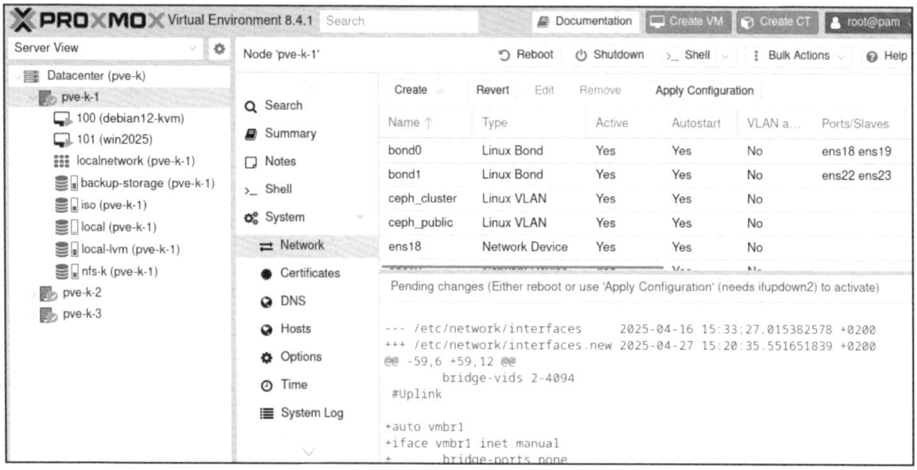

Abbildung 9.2: Das eingeblendete Diff zeigt die Anpassungen an, durch die sich die aktuelle von der neuen Konfiguration unterscheidet.

9.2.2 Konfiguration mit einem Editor in der /etc/network/interfaces

Als zweite Variante der Konfiguration können Sie auch einen Editor Ihrer Wahl verwenden und die Datei */etc/network/interfaces* direkt bearbeiten (oder Sie kopieren die Inhalte sicherheitshalber in eine Datei */etc/network/interfaces.new* und passen diese an).

Wenn Sie sich dafür entscheiden, die Netzwerkeinstellungen mit einem Editor zu bearbeiten, könnte zukünftig jedoch die von der GUI verwendete Analyse beim Einlesen der Konfiguration fehlschlagen, ohne dass es Ihnen sofort auffällt. Das kann zu großen Problemen führen, denn Kleinigkeiten entscheiden, ob ein Server erreichbar ist und in der richtigen Netzwerkzone platziert wird. Daher gilt: Mischen Sie die beiden Wege nicht! Wenn Sie den Weg über die Konfigurationsdatei nehmen, sollten Sie das grafische Menü nicht mehr nutzen.

9.2.3 Anwenden der neuen Konfiguration

Nachdem Sie nun die Netzwerkkonfiguration angepasst haben, muss diese noch aktiviert werden.

Um die neue Konfiguration zu übernehmen und damit zu aktivieren, haben Sie verschiedene Möglichkeiten:

- In der GUI gehen Sie über **Datacenter • <Node> • System • Network • Apply Configuration**.
- Auf der Shell verwenden Sie `ifreload -a` als bevorzugte Variante oder `systemctl restart networking.service`, falls Sie einen Holzhammer brauchen. Der Befehl `ifreload -a` wendet nur Änderungen an, während `systemctl` das gesamte Netzwerk einmal neu startet und damit auch zu Verbindungsunterbrechungen führt.
- Ein Neustart des Nodes aktiviert die neue Konfiguration ebenfalls.
- Wenn Sie die API für Automatisierungen nutzen, sorgt die Methode `PUT /api2/json/nodes/{node}/network` für einen Neustart.

Solange Sie die neue Konfiguration nicht anwenden, bleibt die aktuelle Konfiguration in Betrieb. Damit können Sie selbst große Umbauten im Netz vorbereiten und erst zu einem bestimmten Zeitpunkt anwenden. Allerdings wird die neue Konfiguration auch bei einem Neustart des Nodes angewendet.

Während des Bootvorgangs wird geprüft, ob die */etc/network/interfaces.new* existiert, und falls dem so ist, wird sie in */etc/network/interfaces* umbenannt und damit in Kraft gesetzt. Von der vorherigen Version der *interfaces*-Datei wird keine Sicherung angelegt. Daher empfehle ich Ihnen, vor größeren Anpassungen eine Kopie der Konfiguration als Sicherung anzulegen, beispielsweise mit `cp /etc/network/interfaces /etc/network/interfaces.backup`.

Falls Sie irgendwo bei der Konfiguration falsch abgebogen sind, können Sie in der GUI mit einem Klick auf den Button **Revert** die neue Konfiguration verwerfen. Dann wird die

/etc/network/interfaces.new gelöscht und es bleibt alles beim Alten. Alternativ können Sie die Datei natürlich auch manuell auf der Shell löschen.

9.3 Netzwerktypen in Proxmox VE

In Proxmox VE werden drei Haupttypen von Netzwerken verwendet – *Bridged Network*, *NAT Network* und *Host-Only Network*:

- **Bridged Network:** Bei einem Bridged Network wird die virtuelle Maschine direkt mit dem physischen Netzwerk des Host-Systems verbunden und erhält so eine eigene IP-Adresse aus dem gleichen IP-Adressbereich wie der Host.
- **NAT Network:** Bei einem NAT Network wird die virtuelle Maschine über eine interne IP-Adresse vom Host-System aus über einen Netzwerk-Übersetzer mit dem externen Netzwerk verbunden. Dies ermöglicht es den virtuellen Maschinen, auf das externe Netz zuzugreifen, ohne dass sie direkt mit diesem verbunden sind.
- **Host-Only Network:** Bei einem Host-Only Network sind die virtuellen Maschinen nur untereinander und mit dem Host-System verbunden, jedoch nicht mit dem externen Netzwerk. Dies bietet eine isolierte Umgebung für spezifische Anwendungsfälle.

9.4 Networking mit Linux-Netzwerkkomponenten

Werfen wir einen Blick auf die Netzwerkkomponenten von Linux, die sich bei Proxmox VE auch direkt über die GUI verwenden lassen. Diese Komponenten lassen sich miteinander kombinieren, um bestimmte Szenarien umzusetzen.

9.4.1 Linux-Bridges

Um die Kommunikation zwischen den virtuellen Maschinen und dem externen Netzwerk zu ermöglichen, können Bridges in Proxmox VE eingerichtet werden. Eine Bridge verbindet die virtuellen Netzwerkkarten mit dem physischen Netzwerk des Host-Systems und ermöglicht es den virtuellen Maschinen, direkt auf das externe Netzwerk zuzugreifen.

Funktionsweise der Linux-Bridge

Bridges verhalten sich wie physische Switches und vermitteln Netzwerkpakete an alle angeschlossenen Netzwerk-Interfaces. Alle VMs oder Container können also untereinander kommunizieren, solange sie an der gleichen Bridge angeschlossen sind.

Eine Bridge kann zusätzlich einen physischen oder logischen Uplink in die externe Infrastruktur enthalten, beispielsweise ein simples Netzwerk-Interface wie `ens18`, ein Bond wie `bond0`, das aus mehreren physischen Interfaces besteht, oder auch ein VLAN-Interface wie `dmz`, das wiederum auf einem Bond oder einem normalen physischen Interface liegen kann.

Die Konfiguration einer Bridge umfasst die Auswahl des physischen Netzwerkadapters, die Definition der IP-Adressen, Subnetzmasken und Gateways sowie die Aktivierung von VLANs für die Netzwerktrennung. Durch die Einrichtung von Bridges können virtuelle Maschinen nahtlos mit dem externen Netzwerk kommunizieren und Ressourcen wie Internetzugang und Dateifreigaben nutzen.

Eine Linux-Bridge hat zusätzlich noch ein sogenanntes Pseudo-Interface. Damit lässt sich der Bridge eine IP-Adresse zuweisen, sodass der Host über diese Bridge auch erreichbar ist. Proxmox nutzt dieses Pseudo-Interface und legt darauf die bei der Installation angegebene IP-Adresse. Über diese Adresse kann der Proxmox-VE-Host dann über verschiedene Zugangsmöglichkeiten wie HTTPS und SSH erreicht werden.

Bridges werden in Proxmox ausschließlich benötigt, um VMs und Container untereinander oder mit einem externen Netzwerk zu verbinden. Da einer Bridge auch eine IP-Adresse zugeordnet sein kann, wäre auch die Nutzung anderer Services über eine Bridge durchaus möglich – der `pveproxy` für die Web-GUI sowie SSH beispielsweise sind ja auch daran angebunden.

Konfiguration einer Linux-Bridge

Nach der Installation eines Proxmox-Servers mithilfe des Proxmox-Installers existiert normalerweise der in Abbildung 9.3 dargestellte Aufbau des Netzwerks.

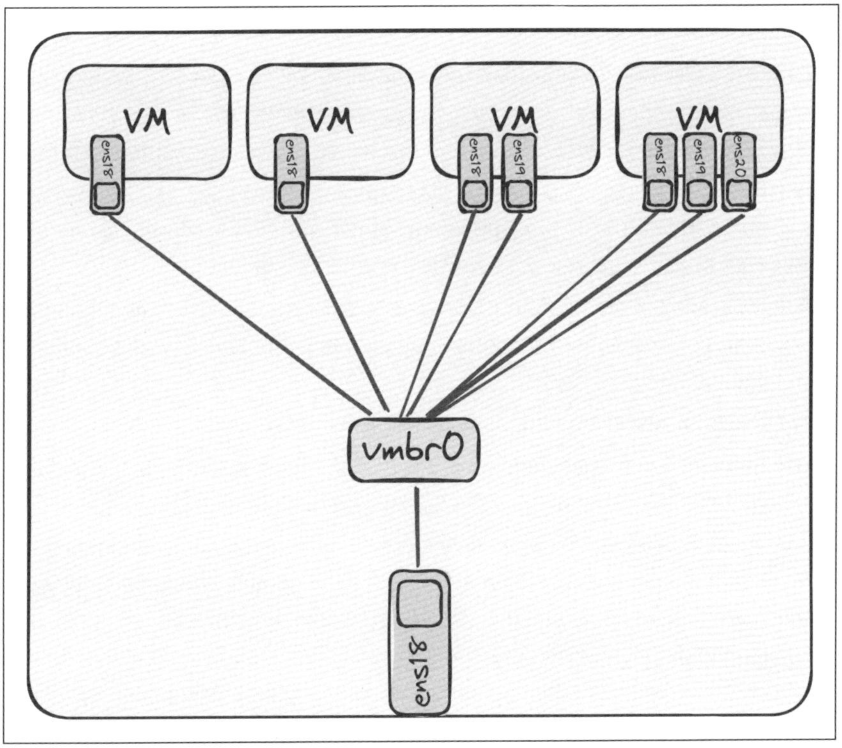

Abbildung 9.3: Aufbau des Netzwerks direkt nach der Installation

Durch einen Doppelklick unter **Datacenter • <Node> • System • Network** auf die jeweilige Bridge, z. B. `vmbr0`, können Sie die Konfiguration anpassen oder durch Klick auf den Button **Add • Linux Bridge** eine weitere Bridge hinzufügen. Da es meist schon eine `vmbr0` gibt, schlägt die GUI in diesem Fall den nächsten verfügbaren Namen, also `vmbr1`, vor. In Abbildung 9.4 sehen Sie den Dialog dazu.

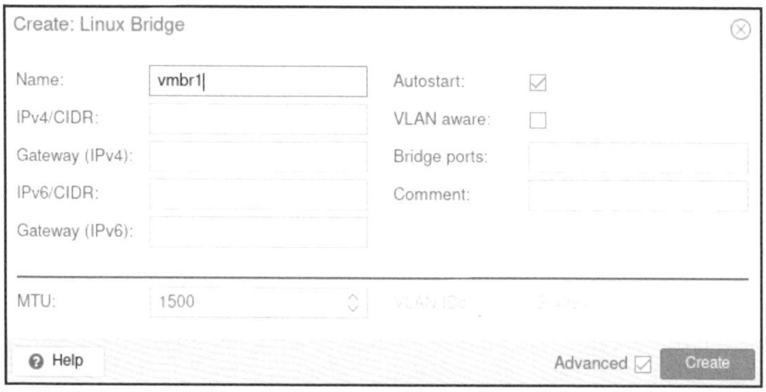

Abbildung 9.4: Hinzufügen einer Linux-Bridge

- **Name:** Bridges haben immer eine Bezeichnung nach dem Schema `vmbr[0..4094]`. Sie beginnen also stets mit `vmbr`, gefolgt von einer Zahl zwischen `0` und `4094`. Die GUI schlägt Ihnen automatisch die nächste freie Bezeichnung vor, die Sie jedoch nach eigenem Ermessen ändern können.
- **IPv4/CIDR:** Falls die Bridge eine IP-Adresse erhalten soll, tragen Sie diese hier im CIDR-Format ein, beispielsweise als `192.168.1.100/24`. Lassen Sie die IP-Adresse weg, wenn Sie über die Bridge nur VMs und Container anbinden möchten.
- **Gateway (IPv4):** Hinterlegen Sie hier das Standardgateway des Servers, wenn es sich um den Uplink handelt. Da es prinzipbedingt immer nur ein Standardgateway gibt, wird dieses Feld in der Regel nur auf dem Uplink-Interface gefüllt.
- **IPv6/CIDR:** Hinterlegen Sie hier die IPv6-Adresse der Bridge in CIDR-Notation, falls Sie Services darüber ansprechen möchten. Für VMs und Container wird die Adresse hier nicht benötigt.
- **Gateway (IPv6):** Ihr IPv6-Standardgateway, falls es benötigt wird.
- **Autostart:** Bei aktiviertem Häkchen wird die Bridge automatisch beim Systemstart hochgefahren. In der Regel ist dieser Haken also eingeschaltet.
- **VLAN aware:** Aktivieren Sie diese Option, wenn Sie VLANs direkt an den Interfaces Ihrer VMs und Container konfigurieren. Ist diese Option gesetzt, arbeitet die Bridge in einem transparenten Modus und die virtuellen Netzwerk-Interfaces der VMs und Container sind mit dem jeweiligen VLAN getaggt. Ist diese Option nicht aktiviert, wird für jedes VLAN-Netzwerk-Interface eines Gastes eine separate Bridge auf dem Host konfiguriert. Dies führt zu einer deutlich umfangreicheren Konfiguration und verringert die Effizienz.

- **Bridge ports:** Der Uplink-Port der Bridge. Dies ist nach der Installation zunächst ein einzelnes physisches Interface wie `ens18` oder `eno0` oder ein logisches Interface wie `bond0` bei der Nutzung eines Bonds oder `vlan123`, wenn ein VLAN-Interface verwendet wird.
- **Comment:** Dieser Kommentar eignet sich hervorragend, um die Bezeichnung der Netzwerkzone wie `Uplink` einzutragen. Wenn Sie später das Netzwerk einer VM konfigurieren, wird Ihnen dieser Kommentar bei der Auswahl der Bridge mit angezeigt und Sie müssen sich nicht merken, welche Bridge nun in welcher Zone hängt.
- **MTU:** Der Standardwert ist `1500`. Bei Bedarf passen Sie die MTU auf einen anderen Wert an, z. B. `9000`, wenn Sie mit Jumbo-Frames arbeiten oder wenn Sie für QinQ das VLAN-Stacking, VXLAN oder aus sonstigen Gründen die MTU anpassen möchten.
- **VLAN IDs:** Dieses Feld ist nur anpassbar, wenn **VLAN aware** aktiviert wurde, und definiert quasi das Spektrum der gültigen VLANs dieser Bridge. Der Standardwert von `2-4094` ermöglicht also eine uneingeschränkte Verarbeitung aller VLANs von 2-4094.

In der */etc/network/interfaces* sieht die Standardkonfiguration einer einzelnen Bridge auf einem physischen Interface dann so aus:

```
auto vmbr1
iface vmbr1 inet static
    address <ip-adress>
    gateway <gateway>
    bridge-ports ens18
    bridge-stp off
    bridge-fd 0
```

Ein Beispiel für eine VLAN-aware Bridge ist:

```
auto vmbr0
iface vmbr0 inet static
    bridge-vlan-aware yes
    bridge-vids 2-4094
```

9.4.2 Linux-Bonds

Mithilfe eines Linux-Bonds sorgen wir für Redundanz (*Fault-Tolerance*) und eine höhere Bandbreite durch Lastverteilung (*Load Balancing*). Ein Bond fasst mehrere physische Interfaces zu einem logischen Interface zusammen. Dieses logische Interface wird dann als Uplink für weitere Netzwerkkomponenten verwendet. Man kann einem Bond auch eine IP-Adresse zuteilen und Services auf dem Proxmox-VE-Host darüber ansprechen. Abbildung 9.5 zeigt den Aufbau eines Bonds.

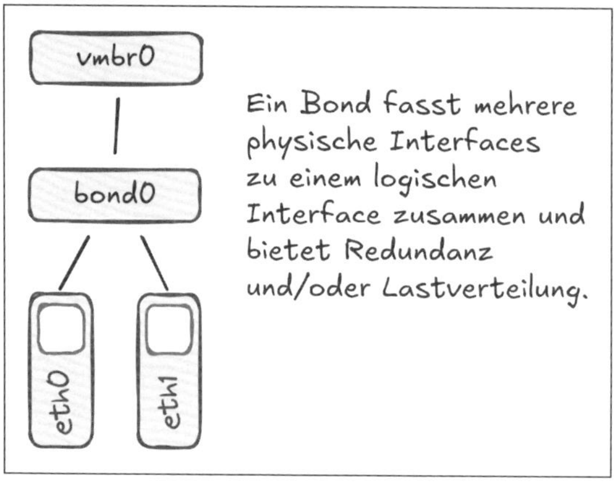

Abbildung 9.5: Netzwerk mit Bond und zweitem Uplink-Interface

Ein Bond kann Netzwerkpakete nach einem von uns eingestellten Modus auf verschiedene physische Netzwerk-Interfaces verteilen. Einige dieser Modi, zum Beispiel *LACP*, benötigen eine entsprechende Konfiguration auf dem angeschlossenen externen Switch; andere Modi wie *Active/Backup* benötigen keine besondere Konfiguration.

Konfigurierbare Bond-Modi eines Linux-Bonds und deren Eigenschaften sehen Sie in Tabelle 9.1:

Bond-Modus	Bietet Redundanz	Bietet Lastverteilung	Benötigt Switch-Support
`balance-rr` (Default)	ja	ja	Trunk/LAG
`active-backup`	ja	nein	nein
`balance-xor`	ja	ja	Trunk/LAG
`broadcast`	ja	nein	Trunk/LAG
`802.3ad` (LACP)	ja	ja	ja
`balance-tlb`	ja	ja	nein
`balance-alb`	ja	ja	nein

Tabelle 9.1: Linux-Bond-Modi

- `balance-rr`: *Balance Round Robin* verteilt ausgehende Netzwerkpakete auf den jeweils nächsten verfügbaren physischen Link und bietet deshalb Redundanz und Lastverteilung, benötigt jedoch Switches, die eine *Link Aggregation Group* (LAG) für mehrere Switch-Ports bilden können. Ein bedeutender Nachteil ist, dass die Pakete häufig in falscher Reihenfolge am anderen Ende ankommen und dann die Verbindung durch die *TCP Congestion Control* ausgebremst oder zum erneuten Transfer des gleichen Pakets gezwungen wird (*Retransmit*).

- `active-backup`: Ein Active-Backup-Bond sendet Pakete über das unter `bond-primary` angegebene Interface, bis das Link-Monitoring `miimon` eine Störung feststellt. Dann schaltet das Bond auf den nächsten verfügbaren Link um. Active-Backup bietet deshalb nur Redundanz, aber verwendet immer nur einen Link aktiv. Es benötigt keine besondere Switch-Konfiguration und ist deshalb problemlos direkt nutzbar, um die Wahrscheinlichkeit von Ausfällen zu reduzieren.
- `balance-xor`: Verteilt ausgehende Pakete auf festgelegte Links anhand der MAC-Adresse, IP-Adresse oder des Ports des Empfängers, weshalb gleiche Verbindungen immer den gleichen physischen Link verwenden. Erst durch unterschiedliche Empfänger ergibt sich eine Lastverteilung auf verschiedene Interfaces. Das Verfahren bietet Redundanz und Lastverteilung wie `balance-rr` und benötigt ebenfalls Switch-Support für Link-Aggregation-Gruppen.
- `broadcast`: Dieser Modus sendet ein Paket über alle Interfaces des Bonds gleichzeitig. Er bietet daher nur Redundanz und keine Lastverteilung und benötigt einen Switch auf der anderen Seite, der eine Link-Aggregation-Gruppe über mehrere Ports verwenden kann. Einsetzbar ist dieser Modus in besonderen Konfigurationen wie einem Full-Mesh-Netzwerk, das Sie in Kapitel 15 noch kennenlernen werden.
- `802.3ad`: *LACP* steht für das *Link Aggregation Control Protocol*, das ein herstellerunabhängiger Standard nach *IEEE 802.3ad* ist. Daher rührt auch der Name dieses Modus. Er bietet Redundanz sowie Lastverteilung und benötigt Switch-Support in gleicher Form: Ihr Switch muss in der Lage sein, mehrere Ports zu einem LACP-Trunk zusammenzufassen. Aus den Eigenschaften MAC-Adresse, IP-Adresse und TCP/UDP-Port auf Absender- und Empfängerseite wird ein Hash-Wert ermittelt. Dieser Wert wird dann einem physischen Interface des Bonds zugewiesen, sodass die gleiche Verbindung immer den gleichen physischen Link verwendet.
- `balance-tlb`: Der Modus *Transmit Load Balancing (TLB)* kombiniert Lastverteilung für ausgehenden Netzwerkverkehr mit Redundanz für eingehenden Traffic, ohne dass dafür eine besondere Switch-Unterstützung gegeben sein muss. Er kann zusätzlich die Auslastung von Links berücksichtigen, sodass er eine bessere Verteilung von Traffic für ausgehende Pakete erzielt. Er teilt jedoch einige negative Eigenschaften mit dem `balance-rr`-Modus und kann daher ebenfalls zu Retransmits und tendenziell unzuverlässigerer Bandbreite führen.
- `balance-alb`: Der Modus *Adaptive Load Balancing (ALB)* baut auf `balance-tlb` auf und erweitert ihn um eine intelligente Verteilung auch des eingehenden Traffics ohne Mitarbeit des Switches. Dieser Modus bietet Ihnen eine in beiden Verkehrsrichtungen lastverteilende, fehlertolerante Lösung. Negativ ist jedoch, dass er für die eingehende Lastverteilung gefälschte ARP-Antworten (IPv4) bzw. *ND-Neighbor-Advertisements* (IPv6) mit unterschiedlichen Quell-MAC-Adressen versendet. Der externe Switch lernt

die gefälschten MAC-Adressen und verwendet sie. Da dieser Modus mit falschen MAC-Adressen arbeitet, ist er wahrscheinlich nicht die beste Wahl in größer werdenden Umgebungen.

Für einen tieferen Einstieg in dieses Thema empfehle ich Ihnen die Dokumentation des *Linux Ethernet Bonding Driver HOWTO* unter *https://www.kernel.org/doc/Documentation/networking/bonding.txt*.

Im Enterprise-Einsatz kommen von den Bond-Modi meist nur zwei zum Einsatz:

- *802.3ad*, wenn die externen Switches LACP beherrschen, oder
- *active-backup*, wenn die externen Switches nicht dazu in der Lage sind

Natürlich können Sie auch die anderen Modi verwenden, sofern diese für Ihren spezifischen Anwendungsfall besser geeignet sind und – falls notwendig – mit den verwendeten Netzwerk-Switches kompatibel sind.

Mit einigen der oben angegebenen Modi ist eine bessere Bandbreitennutzung bei der Verwendung mehrerer physischer Links möglich. Auch hierbei gibt es allerdings Einschränkungen. Bei LACP etwa kann man problemlos ein Bond aus 4 × 10 Gbit/s konfigurieren, jedoch nutzt jede einzelne TCP-Verbindung nur die maximale Geschwindigkeit einer einzelnen Strecke, also 10 Gbit/s. Gleiche Verbindungen laufen bei einem LACP immer über die gleichen physischen Strecken. Wenn man allerdings genügend unterschiedliche Verbindungen über das LACP-Bond abwickelt, verteilen diese sich auf die physischen Links, sodass man dann in Summe mehr Bandbreite verwenden kann.

Konfiguration eines Linux-Bonds

Unter **Datacenter • <Node> • System • Network • Add • Linux Bond** fügen Sie ein Linux-Bond hinzu. Dann erscheint der Dialog aus Abbildung 9.6:

- **Name:** Bonds tragen in Proxmox VE die Namen `bond[0..9999]`, also zunächst den Bezeichner `bond`, gefolgt von einer Zahl zwischen `0` und `9999`. Sie erhalten bei der Neuanlage automatisch den nächsten freien Bezeichner.
- **IPv4/CIDR:** Falls das Bond eine IP-Adresse erhalten soll, tragen Sie diese hier im CIDR-Format ein, z. B. `192.168.1.100/24`.
- **Gateway (IPv4):** Hier tragen Sie die IPv4-Adresse des Standardgateways ein, falls anwendbar.
- **IPv6/CIDR:** Falls das Bond eine IPv6-Adresse bekommen soll, hinterlegen Sie diese hier.
- **Gateway (IPv6):** Hier tragen Sie die IPv6-Adresse des Standardgateways ein, falls notwendig.
- **Autostart:** Aktivieren Sie diese Eigenschaft, wenn das Bond automatisch beim Systemstart hochgefahren werden soll. In der Regel setzen Sie diese Option auf aktiv.

- **Slaves:** Hier tragen Sie die Uplink-Ports dieses Bonds ein. Meist setzen Sie hier zwei oder mehr physische Interfaces durch Leerzeichen getrennt ein. Wenn Ihr Bond zum Beispiel die Interfaces `eno2` und `eno3` zusammenfasst, geben Sie `eno2 eno3` in dieses Feld ein.
- **Mode**: Wählen Sie den gewünschten Modus des Bonds. Die einzelnen Modi finden Sie mit einer Erklärung weiter oben ab Tabelle 9.1.
- **Hash policy:** Für die Bond-Modi `balance-xor` und `802.3ad` (LACP) lässt sich hier einstellen, aus welchen Eigenschaften der Hash-Wert für die Zuordnung auf physische Interfaces gebildet wird:
  - Layer2 verwendet die MAC-Adresse.
  - Layer2+3 verwendet die MAC-Adresse und die IP-Adresse.
  - Layer3+4 verwendet die IP-Adresse und den Port.
- **bond-primary:** Ist `active-backup` als Bond-Modus gewählt, lässt sich hier einstellen, welche Netzwerkkarte bevorzugt wird. Beispielsweise ist das nutzbar, wenn mehrere Netzwerkkarten mit unterschiedlicher Geschwindigkeit vorhanden sind, um die schnellste Verbindung zu verwenden, wenn alle Links funktionieren.
- **Comment:** Hinterlegen Sie hier einen Kommentar, der es Ihnen später leichter macht, dieses Bond zu identifizieren.
- **MTU:** Passen Sie die MTU an, wenn notwendig oder erwünscht, beispielsweise für die Nutzung von Jumbo-Frames.

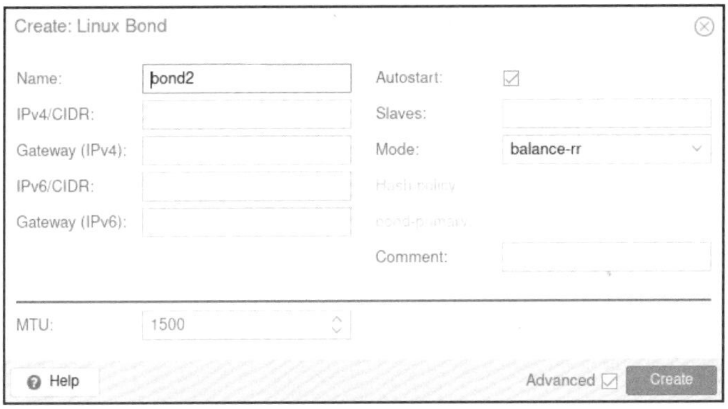

Abbildung 9.6: Ein neues Bond hinzufügen

In der */etc/network/interface* sieht ein einfaches Bond so aus wie im folgenden Beispiel:

```
auto bond0
iface bond0 inet manual
    bond-slaves eno2 eno3
    bond-miimon 100
    bond-mode active-backup
    bond-primary eno2
```

Ein LACP-Bond mit der Hash-Policy `Layer3+4`, das aus vier verschiedenen Interfaces von zwei unterschiedlichen Netzwerkkarten und einer auf 9000 Byte angepassten MTU besteht, könnte wie im folgenden Beispiel aussehen:

```
auto bond0
iface bond0 inet manual
    bond-slaves ens3f0 ens3f1
    bond-miimon 100
    bond-mode 802.3ad
    bond-xmit-hash-policy layer3+4
    mtu 9000
```

9.4.3 Linux-VLAN

Mit einem Linux-VLAN-Interface lassen sich Services des Hosts direkt einem VLAN zuordnen. Alle ausgehenden Pakete werden mit dem konfigurierten VLAN getaggt. Bei allen eingehenden Paketen mit diesem VLAN-Header werden die Tags entfernt. Meist wird dies verwendet, um Services auf einem Proxmox-VE-Host direkt in ein bestimmtes VLAN zu stecken, beispielsweise wenn die Administration und die Web-GUI in einem bestimmten Admin-VLAN verfügbar sein sollen oder wenn der Zugriff auf einen Storage nur in einem bestimmten VLAN möglich ist.

Abbildung 9.7 zeigt die grundlegende Funktionsweise.

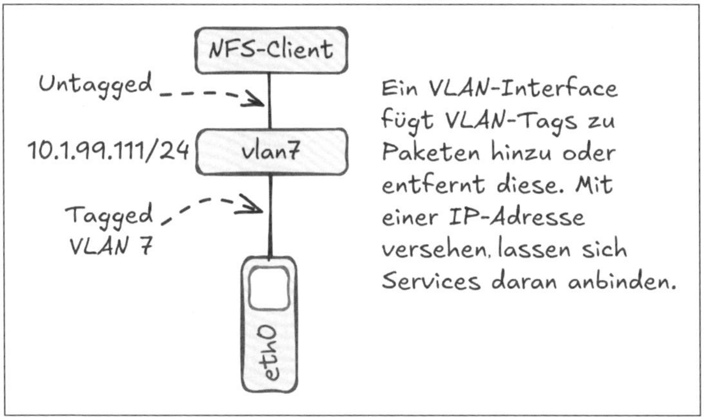

Abbildung 9.7: Grundlegende Funktionsweise eines Linux-VLAN-Interface

Nehmen wir an, der extern angebundene NFS-Storage hängt im VLAN 50. In diesem Fall erstellen Sie ein VLAN-Interface, legen dieses z. B. auf ein physisches Interface `ens22` oder auf ein Bond `bond50` und erreichen über das VLAN-Interface den Storage.

VLAN-Interfaces können bei Proxmox VE frei bezeichnet werden, also auch mit sprechenden, eindeutigen Namen wie `storage` oder `dmz`. Damit Sie über dieses Interface mit dem Storage sprechen können, benötigen Sie eine IP-Adresse auf dem VLAN-Interface.

An eine VLAN-Komponente lässt sich nicht direkt eine VM oder ein Container anbinden – jedoch können Sie auf ein VLAN-Interface eine Linux-Bridge legen und an sie VMs und Container anbinden. Dann wären alle VM-/Container-Interfaces im gleichen VLAN. Ein Beispiel sehen Sie in Abbildung 9.8.

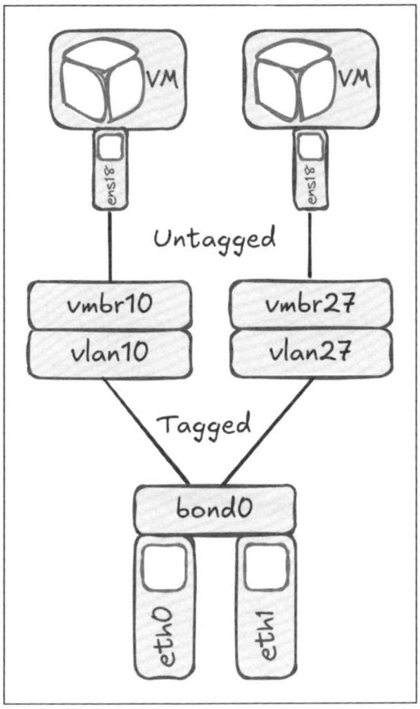

Abbildung 9.8: Ein VLAN pro Bridge

Sollten Sie für VM- oder Container-Interfaces ein VLAN benötigen, dann empfehle ich Ihnen eher die Einstellung des VLANs direkt am Interface der VM oder des Containers, weil Sie damit flexibler bleiben und die Verwendung eines neuen VLANs keine Änderungen an der Netzwerkkonfiguration Ihres Hypervisors erforderlich macht.

Konfiguration eines Linux-VLAN-Interface

In der GUI erstellen Sie ein Linux-VLAN-Interface über **Datacenter • <Node> • System • Network • Add • Linux VLAN**. In Abbildung 9.9 sehen Sie den Dialog dazu:

- **Name:** Den Linux-VLAN-Interfaces hat Proxmox automatische Funktionen bei der Benennung spendiert. Sie können eine einfache Bezeichnung wie `vlan[0..4094]` haben oder frei benannt werden, beispielsweise als `dmz` oder `ceph`. Beginnt der Name mit `vlan`, leitet die GUI automatisch aus der folgenden Zahl das gewünschte VLAN ab. Das Interface mit dem Namen `vlan123` verwendet also automatisch die VLAN-ID `123`. Verwenden Sie jedoch einen anderen Interface-Namen (wie in den Beispielen oben), können Sie das gewünschte VLAN im Feld **VLAN Tag** eintragen.
- **IPv4/CIDR:** Geben Sie dem VLAN-Interface eine IP-Adresse im CIDR-Format, wenn Sie Dienste des Nodes direkt an es anbinden möchten.

- **Gateway (IPv4)** und **(IPv6):** Hinterlegen Sie hier das Standardgateway des Servers, falls es auf diesem Interface benötigt wird.
- **IPv6/CIDR:** Hinterlegen Sie hier die IPv6-Adresse des VLAN-Interface in CIDR-Notation, falls Sie Services darüber ansprechen möchten.
- **Autostart:** Bei aktiviertem Häkchen wird das Interface automatisch beim Systemstart hochgefahren. In der Regel ist dieser Haken also gesetzt.
- **VLAN raw device:** Über dieses Feld teilen wir dem Linux-VLAN mit, über welches Device die Pakete nach draußen versendet werden sollen. In der Regel ist dies ein Bond wie `bond2`, manchmal aber auch ein einzelnes physisches Interface wie `eno1`.
- **VLAN Tag:** Geht das VLAN-Tag noch nicht eindeutig aus dem Namen des Linux-VLANs hervor, lässt es sich in diesem Feld konfigurieren.
- **Comment:** Tragen Sie hier Hinweise zur Verwendung ein. Kommentare kosten nichts extra, erhöhen aber die Übersichtlichkeit.
- **MTU:** Passen Sie die MTU bei Verwendung von Jumbo-Frames oder aus anderen triftigen Gründen auf einen anderen Wert an.

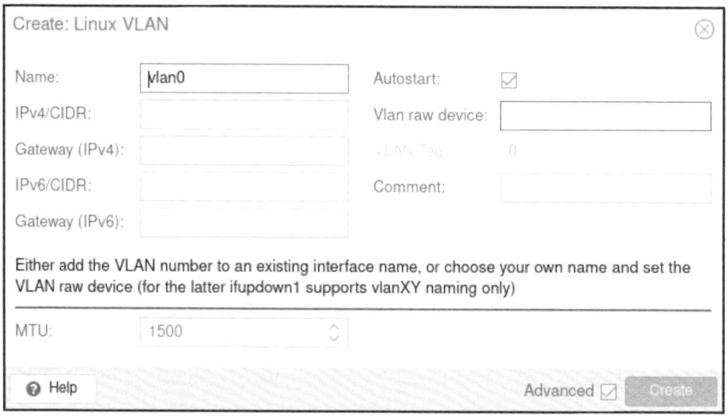

Abbildung 9.9: Dialog zur Erstellung eines Linux-VLAN-Interface

Bei der Konfiguration eines Linux-VLAN-Interface über die GUI stehen später folgende Zeilen in der */etc/network/interfaces*, hier am Beispiel eines VLAN 92 mit einer MTU von 9000 auf dem Bond 0:

```
auto vlan92
iface vlan92 inet static
    address 192.168.1.100/24
    mtu 9000
    vlan-raw-device bond0
```

Eine alternative Variante ist die direkte Angabe der VLANs in der Benennung des Netzwerk-Interface. Sie können damit zusätzlich zu Ihrer Bridge `vmbr0` eine weitere Bridge `vmbr0.111` anlegen, die dann im VLAN 111 ist. Diese Methode funktioniert sowohl mit Bridges, die VLAN-aware sind, wie auch mit Standard-Bridges. Sie müssen jedoch unterschiedlich in der `interfaces`-Datei eingetragen werden.

Schauen Sie sich dazu folgendes Beispiel der Bridge `vmbr0.111` an, die als Basis eine VLAN-aware Bridge `vmbr0` verwendet. Der von der `vmbr0` verwendete Uplink muss bei der `vmbr0.111` nicht erneut eingetragen werden:

```
iface eno1 inet manual

auto vmbr0.111
iface vmbr0.111 inet static
    address 10.11.12.13/24
    gateway 10.11.12.1

auto vmbr0
iface vmbr0 inet manual
    bridge-ports eno1
    bridge-stp off
    bridge-fd 0
    bridge-vlan-aware yes
    bridge-vids 2-4094
```

Das nächste Beispiel funktioniert identisch, nutzt jedoch eine Bridge, die nicht VLAN-aware ist. Beachten Sie die Benennung der Bridge als `vmbr0v111`, die als Uplink direkt dasselbe physische Interface wie die `vmbr0` nutzt:

```
iface eno1 inet manual

iface eno1.111 inet manual

auto vmbr0v111
iface vmbr0v111 inet static
    address 10.11.12.13/24
    gateway 10.11.12.1
    bridge-ports eno1.111
    bridge-stp off
    bridge-fd 0

auto vmbr0
iface vmbr0 inet manual
    bridge-ports eno1
    bridge-stp off
    bridge-fd 0
```

9.5 Networking mit dem Open vSwitch (OVS)

Während der im Linux-Kernel integrierte Netzwerk-Stack mit seinen Standard-Bridges und Bonds für die meisten Anwendungsfälle absolut ausreicht und sogar Vorteile gegenüber dem *Open vSwitch* (OVS) besitzt, gibt es Szenarien, in denen die Netzwerkfunktionen eines OVS hilfreich sind. Proxmox VE ermöglicht die Nachinstallation des OVS-Netzwerk-Stacks.

Als Open vSwitch in der Proxmox-VE-Version 3.2 zum ersten Mal als Tech Preview auftauchte, wurde es vor allem für komplexe Netzwerkszenarien empfohlen, die mit dem *Linux Networking Stack* nur schwer oder gar nicht umsetzbar waren. Zwischenzeitlich hat sich vieles geändert, und der Open vSwitch ist heute bei neuen Installationen meist obsolet. Er ist anders als der Linux-Netzwerk-Stack, aber oft nicht unbedingt besser.

In diesem Abschnitt werden wir uns ansehen, wann der Einsatz von Open vSwitch sinnvoll ist, welche Komponenten er mitbringt und wie Sie ihn für gängige Szenarien konfigurieren.

9.5.1 Wo Open vSwitch seine Stärken ausspielt

Die Standard-Linux-Bridge ist einfach, extrem stabil und performant. Für 95 % aller Setups ist sie deshalb die richtige Wahl. Greifen Sie erst dann zu Open vSwitch, wenn Sie Anforderungen haben, die sich mit den Linux-Komponenten nicht umsetzen lassen. Das könnte beispielsweise eine der folgenden Anforderungen sein:

- **Außerhalb des Linux-Kernels:** Wenn Sie explizit den Netzwerk-Stack vom Linux-Kernel trennen möchten, ermöglicht der Einsatz des Open vSwitch dieses Szenario, da er im Userspace läuft.
- **Quality of Service (QoS):** Verwenden Sie OVS, wenn Sie die Bandbreite für einzelne VMs oder Container präzise steuern und priorisieren möchten.
- **Detaillierte Statistiken und Monitoring:** OVS bietet über Werkzeuge wie `ovs-vsctl` und `ovs-ofctl` tiefgehende Einblicke in den Datenverkehr, inklusive Flow-Statistiken, die über das hinausgehen, was mit `brctl` oder `iproute2` möglich ist.
- **Vorbereitung auf SDN:** Open vSwitch ist die Grundlage für einige Software-Defined-Networking-Architekturen, da es Protokolle wie OpenFlow unterstützt. Für das Proxmox-VE-eigene SDN benötigen Sie OVS jedoch nicht.
- **Integration von DPDK:** Das *Data Plane Development Kit* (DPDK) ermöglicht geringere Latenzen, indem der Kernel beim Transport von Netzwerkpaketen umgangen wird, erhöht jedoch die Komplexität bei Konfiguration und Betrieb deutlich.

9.5.2 Einschränkungen durch Open vSwitch

Mit der Entscheidung für die Verwendung von Open vSwitch ergeben sich auch Einschränkungen:

- **Isolation im SDN nicht verfügbar:** Im Proxmox-VE-SDN kann ein VNet so konfiguriert werden, dass alle VMs und Container darin nur mit dem Standardgateway kommunizieren können, jedoch nicht mit anderen VMs oder Containern des gleichen VNets. Dieses Feature ist nur über die Linux-Komponenten verfügbar und in nicht Open vSwitch.
- **Strikte Trennung der Komponenten notwendig:** Eine OVS-Bridge kann nur ein OVS-Bond verwenden, jedoch kein Linux-Bond. Bei OVS handelt es sich um einen komplett anderen Netzwerk-Stack. Im Gegenzug kann auch eine Linux-Bridge nichts mit einem OVS-Bond anfangen. Sie können zwar beide Stacks auf dem gleichen Server verwenden, aber innerhalb einer Linie (phyische Ports–Bond–Bridge) müssen Sie entweder durchgängig die Linux- oder die OVS-Komponenten nutzen.
- **Host-Services über OVS-IntPort:** Wenn Sie Services auf einem Proxmox-VE-Server verwenden möchten, sei es das Webinterface oder einen NFS-Server, dann müssen Sie dazu zunächst einen Port aus dem virtuellen OVS-Switch herausführen. Die Konnektivität ist nicht mehr automatisch gegeben.
- **Komplexere Konfiguration:** Meist müssen die Optionen beim Einsatz einer OVS-Komponente direkt als Kommandozeilenparameter angegeben werden. Für die Linux-Komponenten ist in Proxmox VE die Konfiguration deutlich einfacher.
- **Eigene Befehle:** Für die Verwendung der OVS-Komponenten bringt Open vSwitch seine eigenen Kommandozeilenbefehle mit, wie `ovs-vsctl`, `ovs-ofctl`, `ovs-appctl` und `ovsdb-tool`. Zur Administration müssen diese verwendet werden statt der Linux-Befehle, die Sie vielleicht schon kennen und gut beherrschen.

9.5.3 Installation der Open-vSwitch-Pakete

Open vSwitch ist eine optionale Komponente und wird nicht standardmäßig mit Proxmox VE installiert. Wenn Sie eine OVS-Komponente hinzufügen möchten, erhalten Sie wie in Abbildung 9.10 einen Hinweis darauf, dass die Pakete zuerst nachinstalliert werden müssen. Auf der Kommandozeile lässt sich das mit dem Kommando `apt-get install openvswitch-switch` jedoch schnell erledigen. Eventuelle Abhängigkeiten werden automatisch mitinstalliert.

Abbildung 9.10: Beim Erstellen von OVS-Netzwerkkomponenten erscheint zunächst der Hinweis, dass Open vSwitch noch nachinstalliert werden muss.

Sie können die benötigten Pakete jedoch einfach auf jedem Node, auf dem Sie OVS nutzen möchten, über die Shell nachinstallieren:

```
~# apt update && apt install openvswitch-switch
```

Nach der Installation stehen Ihnen in der GUI unter **Datacenter • <Node> • System • Network • Create • OVS Bridge/Bond/IntPort** die neuen OVS-Komponenten zur Verfügung.

9.5.4 Die Komponenten von Open vSwitch

Wenn Sie mit OVS arbeiten, werden Sie auf ein paar neue Begriffe stoßen, die wir uns kurz ansehen wollen:

- **OVS-Bridge:** Dies ist das zentrale Element, Ihr virtueller Switch. Er verhält sich ähnlich wie eine Linux-Bridge, bietet aber einen erweiterten Funktionsumfang. An eine OVS-Bridge werden die Netzwerk-Interfaces der VMs sowie die physischen Uplink-Ports des Hosts angebunden. Die Anbindung der virtuellen Interfaces übernimmt Proxmox VE für Sie, genau wie bei der Linux-Bridge.
- **OVS-Port:** Repräsentiert eine physische Netzwerkschnittstelle (z. B. `ens18`), die als Uplink-Port zur OVS-Bridge hinzugefügt wird.
- **OVS-Bond:** Ähnlich einem Linux-Bond fasst ein OVS-Bond mehrere physische Interfaces zu einem logischen Interface zusammen, um Redundanz und/oder eine höhere Bandbreite zu erzielen.
- **OVS-IntPort:** Dies ist ein »interner« Port an der OVS-Bridge. Seine Hauptfunktion ist es, dem Host-System selbst eine Netzwerkschnittstelle innerhalb des Switches zur Verfügung zu stellen. Wenn Sie Services auf dem Proxmox-VE-Host anbieten oder nutzen möchten (beispielsweise den Zugriff auf einen Storage), konfigurieren Sie diese IP-Adresse auf dem OVS-IntPort.

9.5.5 Konfigurationsbeispiele

Sehen wir uns nun an, wie eine typische Netzwerkkonfiguration mit Open vSwitch in der Datei */etc/network/interfaces* aussieht.

Beispiel 1: Einfache OVS-Bridge als Ersatz für vmbr0

Dieses Szenario ersetzt die Standard-Linux-Bridge durch eine OVS-Bridge mit einem einzelnen physischen Uplink (`eno1`):

```
# /etc/network/interfaces

auto lo
iface lo inet loopback
```

```
# Das physische Interface wird nur aktiviert
iface eno1 inet manual

# OVS-IntPort für die Host-IP-Adresse
auto ovs_mgmt
iface ovs_mgmt inet static
    address 192.168.10.2/24
    gateway 192.168.10.1
    ovs_bridge vmbr0
    ovs_type OVSIntPort

# Die OVS-Bridge selbst
auto vmbr0
iface vmbr0 inet manual
    ovs_type OVSBridge
    ovs_ports eno1 ovs_mgmt
```

Listing 9.1: Änderungen in der Datei »/etc/network/interfaces« für die OVS-Bridge

Hierbei ist `ovs_mgmt` der interne Port, der dem Host die IP-Adresse gibt. `vmbr0` ist die OVS-Bridge, an die sowohl der physische Port `eno1` als auch der interne Port `ovs_mgmt` angeschlossen sind. VMs können nun wie gewohnt an `vmbr0` angebunden werden.

Beispiel 2: Redundanter Uplink mit LACP-Bond

Für maximale Verfügbarkeit und Durchsatz bündeln wir zwei 10-Gbit/s-Interfaces (`ens3f0`, `ens3f1`) zu einem LACP-Bond. Der Modus `balance-tcp` (LACP) erfordert, dass die entsprechenden Ports auf Ihrem physischen Switch ebenfalls zu einem LACP-Bond (oft als *Port-Channel* oder *Trunk* bezeichnet) konfiguriert sind.

```
# /etc/network/interfaces

auto lo
iface lo inet loopback

# Das physische Interface wird nur aktiviert
iface eno1 inet manual

# OVS-IntPort für die Host-IP-Adresse
auto ovs_mgmt
iface ovs_mgmt inet static
    address 192.168.10.2/24
    gateway 192.168.10.1
    ovs_bridge vmbr0
    ovs_type OVSIntPort
```

```
# Definition des OVS-Bonds
auto bond0
iface bond0 inet manual
    ovs_type OVSBond
    ovs_bridge vmbr0
    ovs_bond_mode balance-tcp
    ovs_slaves ens3f0 ens3f1
    lacp_rate fast

# OVS-Bridge vmbr0 mit dem Bond als Uplink
auto vmbr0
iface vmbr0 inet manual
    ovs_type OVSBridge
    ovs_ports bond0 ovs_mgmt
```

Listing 9.2: Änderungen in der Datei »/etc/network/interfaces« für das LACP-Bond

In diesem Setup stellt `bond0` den logischen, hochverfügbaren Uplink für Ihre OVS-Bridge `vmbr0` dar.

Beispiel 3: VLAN-Management mit OVS

Eine der Stärken von OVS ist das flexible VLAN-Management. Sie können VLANs direkt am VM-Interface, aber auch am internen Host-Interface (IntPort) definieren.

- **VLAN für eine VM:** Fügen Sie einer VM ein Netzwerk-Device hinzu und wählen Sie als Bridge `vmbr0`. Im Feld `VLAN Tag` tragen Sie die gewünschte VLAN-ID ein, z. B. `20`. OVS sorgt dann automatisch dafür, dass der Traffic dieser VM mit dem VLAN-Tag 20 versehen wird (*Tagging*).
- **Management-Interface des Hosts in ein VLAN legen:** Um dem Host selbst eine IP-Adresse im VLAN 20 zu geben, passen Sie die Konfiguration des `OVSIntPort` an:

```
# OVS-IntPort für die Host-IP-Adresse im VLAN 20
auto ovs_mgmt
iface ovs_mgmt inet static
    address 192.168.20.2/24
    gateway 192.168.20.1
    ovs_bridge vmbr0
    ovs_type OVSIntPort
    ovs_options tag=20
```

Listing 9.3: VLAN-Management mit OVS

Durch die Option `ovs_options tag=20` wird der gesamte Traffic vom und zum Host über diesen Port mit dem VLAN-Tag 20 versehen. Dies ist eine saubere Methode, um das Management-Interface in ein separates, sicheres Netzwerksegment zu legen.

9.6 Networking mit dem Software Defined Networking (SDN)

Proxmox VE hat seit Version 8.0 das *Software Defined Networking* (SDN) ausgeliefert und die einzelnen Komponenten schrittweise für den produktiven Einsatz freigegeben. Das SDN ist recht umfangreich, weshalb ich es ausführlich in Kapitel 25 behandeln werde. Da das SDN auch vorwiegend für VMs und Container und deren Vernetzung untereinander verwendet wird und meist erst in größeren Umgebungen zum Einsatz kommt, grenzt es sich von den oben aufgeführten Möglichkeiten etwas ab.

Kapitel 10
Storage in Proxmox VE

Für die persistente Speicherung von VM-Images, Containern, Templates und sonstigen Daten kennt Proxmox VE viele verschiedene Möglichkeiten in Form von block- und filebasierten Datenspeichern, die sowohl im Server selbst verbaut, aber auch von externen Systemen konsumiert werden können.

In diesem Kapitel schauen wir uns die Möglichkeiten im Detail und die Unterschiede genauer an.

10.1 Wie Proxmox Storage verwendet

Ihre virtuellen Maschinen verwenden Images, um ihre Daten persistent zu halten. Diese Images werden bei Proxmox VE in VM-Images gespeichert, die in verschiedenen Formaten auf unterschiedlichsten Storages und Storage-Technologien abgelegt werden können. Proxmox VE ist *storage-agnostisch*. Das heißt, dass es keinen bestimmten Storage, keine bestimmte Technologie und keinen bestimmten Hersteller voraussetzt. Verwenden Sie das, was Sie möchten und was Ihren Anforderungen an Storage gerecht wird.

Sehen wir uns zunächst an, in welcher Form diese Images unter Proxmox VE gespeichert werden können. Zwei unterschiedliche Varianten lassen sich unterscheiden:

- auf einem *File-Storage* als Datei in einem Filesystem
- auf einem *Block-Storage* als blockbasiertes Image auf einem Device

Der Zugriff auf Storages unterschiedlicher Art wird mithilfe von Storage-Plugins realisiert. Nicht jeder Storage implementiert alle Features, sodass es durchaus nennenswerte Unterschiede gibt. Wenn Sie bei der Anschaffung Ihres nächsten Storage freie Hand haben, kann Ihnen ein Blick auf die Unterschiede bei der Entscheidung helfen. Wenn Sie bereits einen Storage haben und diesen für Proxmox VE verwenden möchten, kann Ihnen Tabelle 10.1 zumindest als Hilfe dienen, um sich über die Kompatibilität der Storage-Systeme zu informieren.

10.2 File-Storage

In File-Storages legt Proxmox VE seine VM und Container-Images auf ein POSIX-kompatibles Filesystem ab. Da es sich um simple Dateien handelt, ist die Verwendung von File-Storages beliebt, einfach und sehr flexibel. Man kann diese Dateien sehen, kopieren und sichern wie andere Dateien. Alle Inhaltstypen können darin abgelegt werden, egal ob es sich dabei um Images, Templates, Snippets oder um sonstige Daten handelt.

Beispiele für File-Storages sind *ZFS*, *btrfs*, *ext4*, *XFS* und *CephFS*.

CephFS nicht für Container und VMs nutzen!
Proxmox erlaubt standardmäßig in CephFS nicht die Ablage von VM- oder Container-Images, da bei einem Ceph-Cluster die Ablage solcher Images aus diversen guten Gründen bevorzugt auf *Ceph RBD* stattfinden sollte.

10.3 Block-Storage

In Block-Storages können meist nur *Raw*-Images abgelegt werden. Sie sind weniger flexibel als File-Storages, meist jedoch schneller. Daher eignen sie sich häufig besser, wenn es darum geht, die bestmögliche Performance zu erhalten, aber sie eignen sich weniger, um Dateien wie Templates oder Backups darauf abzulegen.

Beispiele für Block-Storages sind *LVM*, *ZFS* (*zvol*), *iSCSI*, *FC* und *Ceph RBD*.

Proxmox VE kann mit unterschiedlichsten Storages umgehen. Nicht jeder Storage ist aber für alle Umgebungen oder Ziele geeignet.

Zunächst müssen Sie unterscheiden, ob Sie VMs und Container auf lokale Festplatten speichern oder auf einen zentralen Speicher oder auf verteilte Storages speichern möchten.

Wenn Sie nur einen Server besitzen, ist die Entscheidung einfach: Sie legen voraussichtlich all Ihre VMs auf lokale Speicher ab. Setzen Sie dagegen mehrere Proxmox-VE-Server ein, hat die Speicherung auf zentrale oder verteilte Storage-Systeme einige Vorteile. Mit zentralen oder verteilten Storages können Sie beispielsweise für Update- oder Wartungszwecke VMs live migrieren oder im Falle eines Hardwareausfalls die VMs auf einem anderen Server im HA-Cluster automatisch neu starten.

10.4 Storage-Typen

In Proxmox wird der Zugriff auf Storage-Systeme über Plugins gelöst. Viele Plugins für die gängigen Storages bringt Proxmox VE bereits von Haus aus mit, und einige Storage-Hersteller stellen nachinstallierbare Plugins für ihre Systeme bereit.

10.4.1 Standard-Storage-Plugins

Folgende Plugins sind in der Standarddistribution von Proxmox bereits enthalten und bieten die Funktionen/Eigenschaften aus Tabelle 10.1 an:

Name	Plugin	File/Block	Shared	Snapshots	Stable
ZFS (local)	zfspool	beides	nein	ja	ja
Directory	dir	File	nein	nein	ja
BTRFS	btrfs	File	nein	ja	Technology Preview
NFS	nfs	File	ja	nein	ja
CIFS (Samba)	cifs	File	ja	nein	ja
Proxmox Backup Server	pbs	beides	ja	n/a	ja
GlusterFS	glusterfs	File	ja	nein	ja
CephFS	cephfs	File	ja	ja	ja
LVM	lvm	Block	nein	nein	ja
LVM-thin	lvmthin	Block	nein	ja	ja
iSCSI/kernel	iscsi	Block	ja	nein	ja
iSCSI/libiscsi	iscsidirect	Block	ja	nein	ja
Ceph/RBD	rbd	Block	ja	ja	ja
ZFS over iSCSI	zfs	Block	ja	ja	ja

Tabelle 10.1: Übersicht der von Proxmox VE offiziell unterstützten Storage-Plugins

Zu Tabelle 10.1 gibt es jedoch ein paar erklärungsbedürftige Abweichungen:

- **ZFS:** VM/Container-Disk-Images werden in ZFS-Volume-(zvol-)Datasets gespeichert, die Block-Devices ähnlich sind und deren Funktionen anbieten.
- **LVM:** Ein iSCSI- oder FibreChannel-Block-Device lässt sich als Physical Volume (PV) für ein LVM verwenden. Auf diesem PV kann man anschließend eine Volume Group (VG) anlegen. In diese VG kann Proxmox dann für jedes virtuelle Disk-Image ein eigenes Logical Volume (LV) legen. Auf diese Art erhält man einen Shared Storage auf Basis von iSCSI/FC mit darüber liegendem LVM, das von mehreren Servern gleichzeitig verwendet werden kann.
- **NFS:** Obwohl für diese Art von Storage keine Snapshots von Proxmox VE direkt unterstützt werden, lassen sich darauf `qcow2`-Image-Dateien ablegen. Diese wiederum stellen Snapshots innerhalb des `qcow2`-Image bereit, sodass sich in diesem Fall trotzdem Snapshots verwenden lassen.
- **GlusterFS:** Ab Version 9.0 von Proxmox VE wird GlusterFS nicht mehr unterstützt. Die Zukunft von Gluster ist derzeit ungewiss.

Auf filebasierten Storages lassen sich Snapshots innerhalb des `qcow2`-Image-Formats erzeugen. Dies gilt beispielsweise für die oben genannten Storages Directory, NFS, CIFS und GlusterFS. Damit lassen sich Snapshots auf beliebigen filebasierten Storages nutzen. Ab Version 9 von Proxmox VE sind auch Snapshots auf Block-Devices möglich und damit die Nutzung von Snapshots auf iSCSI- und FibreChannel-Storages.

Eine weitere Besonderheit bildet der *Proxmox Backup Server* (PBS), der als Storage in Proxmox VE direkt eingebunden werden kann. Dieser kann zwar File- und Block-Storage anbieten, allerdings nur für den Content-Type *Backup*. Man kann dort also nichts anderes als Backups ablegen.

Storage-Plugins von Drittanbietern

Darüber hinaus gibt es auch Drittanbieter, die für ihre jeweiligen Storage-Lösungen eigene Plugins anbieten, damit diese direkt aus Proxmox VE heraus angesprochen und optimal eingesetzt werden können. Während die Standard-Plugins auch von Proxmox bei Updates gepflegt und nach Bedarf angepasst werden, ist bei Drittanbietern der Anbieter selbst für die Pflege des Plugins verantwortlich.

Grundsätzlich spricht nichts gegen den Einsatz eines Drittanbieter-Plugins. Allerdings sollten Sie darauf achten, dass der Drittanbieter seine Plugins auch bei Proxmox-Updates und Major Upgrades regelmäßig prüft und nach Bedarf Updates zur Verfügung stellt.

Da Proxmox VE Open Source ist, besteht natürlich auch die Möglichkeit, sich eigene Plugins zu schreiben, um einen Storage anzubinden. Proxmox wird künftig auch Schnittstellen besitzen, mit deren Hilfe Drittanbieter eine leichtere Integration vornehmen können: *https://lore.proxmox.com/pve-devel/20240813132829.117460-1-f.ebner@proxmox.com/*

10.4.2 Unterschiede und Entscheidungshilfen

Welcher Storage eignet sich für welchen Einsatzzweck?

Unterschied 1: Level – datei- oder block-basiert?

Proxmox VE kann VM-Images auf dateibasierten (filebasierten) Storages und auf Block-Devices ablegen. Blockbasierte Storages haben meist Geschwindigkeitsvorteile. Dateibasierte Storages sind einigen Administratoren aber etwas lieber, weil man die Image-Dateien auf ihnen sehen und mit normalen Copy- und Move-Befehlen arbeiten kann.

Auf dateibasierten Storages kann Proxmox die VM-Disk-Images in drei verschiedenen Formaten speichern und verwenden: als *raw*, *qcow2* und *vmdk*. Nutzt man *qcow2* als Format, lassen sich Snapshots erzeugen, da qcow2 Snapshots innerhalb des Formats unabhängig vom verwendeten Storage unterstützt.

Unterschied 2: Shared – für einen oder mehrere Server geeignet?
Auf einen Shared Storage können mehrere Server gleichzeitig zugreifen. Dies gilt beispielsweise für die Storages Ceph, NFS, CIFS oder iSCSI. Auf einen Non-Shared Storage kann nur ein Server gleichzeitig zugreifen.

Daher wird man in einem Cluster aus mehreren Servern eher einen Shared Storage verwenden wollen, auf einem einzelnen Server eher einen Non-Shared Storage.

Unterschied 3: Snapshots – ist die Erzeugung von Snapshots möglich?
Ein Snapshot ist die Möglichkeit, den Zustand einer VM oder eines Containers zu einem bestimmten Zeitpunkt zu speichern – sozusagen einen »Zwischenstand«, denn die VM oder der Container läuft danach weiter und kann ihren bzw. seinen Zustand und die darin gespeicherten Daten verändern.

Mithilfe eines Snapshots kann man durch einen sogenannten *Rollback* nun zum alten Stand zurückkehren. Dies nutzt man häufig vor größeren Änderungen an der VM bzw. am Container oder vor der Installation von Updates. Sollte ein Update fehlschlagen, kann man unkompliziert auf den alten Stand zurück und später einen neuen Anlauf wagen.

Snapshots ersetzen keine Backups, da sie auf dem gleichen Server und dem gleichen Storage gespeichert werden. Sie können aber die Wiederherstellungszeit verkürzen und somit als Ergänzung zu einem Backup dienen.

Unterschied 4: Stabilität – für den produktiven Einsatz freigegeben?
Fast alle von Proxmox unterstützten Storages sind als stabil markiert und für den produktiven Einsatz freigegeben. Die Ausnahme ist *btrfs*, da es erst mit Proxmox Version 7.0 hinzukam und weiterhin als *Technology Preview* gekennzeichnet ist.

10.5 Lokaler Storage für einzelne Server

Beim Betrieb eines einzelnen Proxmox-VE-Servers werden Sie sich in der Regel zwischen folgenden Storage-Typen entscheiden:

- **LVM-thin mit ext4 oder xfs:** bei Verwendung eines RAID-Controllers
- **ZFS:** ZFS ist ein modernes Copy-on-Write-Storage-System, das auf HBAs eingesetzt wird. Mehr zu ZFS finden Sie in Abschnitt 10.8.
- **btrfs:** Obwohl Sie seit Längerem btrfs bei der Installation als root-Filesystem auswählen können, ist es noch immer als *Technology Preview* markiert und sollte daher nicht in produktiven Umgebungen verwendet werden. Falls Sie es verwenden möchten, nutzen Sie es nur für das root-Filesystem, nicht aber als Storage für VM-Images, da es für diese Workload eine geringe I/O-Performance besitzt und Gäste sogar einfrieren können. Weitere Informationen finden Sie unter *https://linux-kvm.org/page/Tuning_KVM*.

Wenn Sie auf Seite 2 der Proxmox-Installation keine Anpassungen vornehmen, erhalten Sie ein *LVM-thin*-basiertes System, auf dem ein *ext4*-Filesystem installiert wurde. Dies sollten Sie dann wählen, wenn Sie einen Hardware-RAID-Controller in Ihrem Server nutzen.

Im Installer können Sie sich aber auch für eine *ZFS*- oder *btrfs*-basierte Installation entscheiden. Dies sollten Sie nutzen, wenn Sie keinen Hardware-RAID-Controller, sondern einen HBA in Ihrem Server verwenden. Ein RAID kann dann mit einem ZFS-RAID oder einem btrfs-RAID erzeugt werden.

Proxmox rät davon ab, *ZFS* oder *btrfs* auf Hardware-RAID-Controllern zu nutzen. In Abbildung 10.1 ist die Abhängigkeit des Storage-Systems von seinem Controller noch mal aufgeschlüsselt.

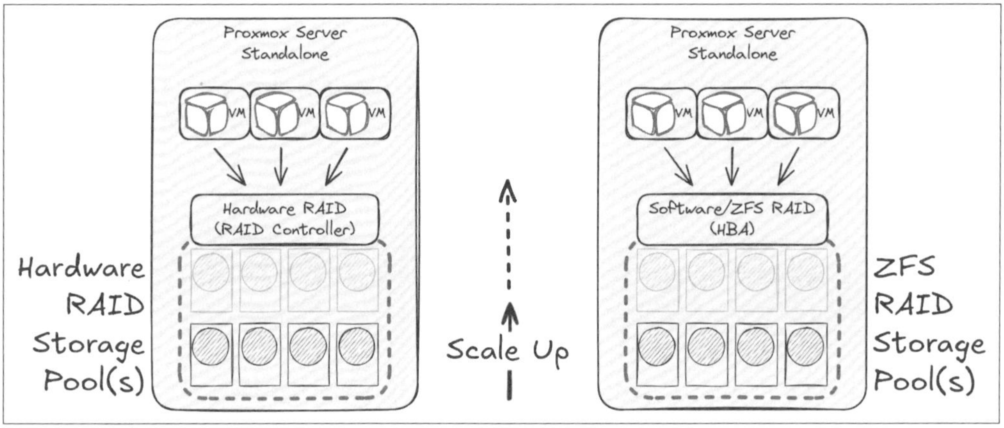

Abbildung 10.1: Verwenden Sie ein LVM-basiertes System immer mit einem Hardware-RAID-Controller und ZFS immer mit einem Host-Bus-Adapter (HBA) – und niemals umgekehrt.

Der Storage eines einzelnen (Standalone-)Servers lässt sich später meist erweitern, wenn Ihnen der Disk-Speicher zur Neige geht. Allerdings hängt es auch davon ab, für welche Art von Storage Sie sich bei der Installation entschieden haben:

- Wenn Sie einen Hardware-RAID-Controller verwenden, muss dieser eine nachträgliche RAID-Expansion unterstützen.
- Wenn Sie sich für ein ZFS-basiertes System entschieden haben, ist eine RAID-Expansion möglich.

Natürlich können Sie auch einen einzelnen Proxmox-VE-Server an einen vorhandenen Shared Storage wie NFS- oder iSCSI-Systeme anbinden. Es ist nur nicht die Regel und es ist für einen einzelnen Proxmox-VE-Server meist nicht sinnvoll.

10.6 Shared Storage für Cluster-Umgebungen

Wenn Sie jedoch mehrere Proxmox-VE-Server in einem Cluster betreiben, hat die Speicherung auf einem zentralen oder verteilten Storage einige unschätzbare Vorteile. Die beiden wichtigsten sind die Möglichkeit bzw. die Beschleunigung der Live-Migration sowie die Realisierung von Hochverfügbarkeit (HA). Da bei einem Shared Storage alle Server im Cluster auf die gleichen VM-Images zugreifen, kann eine laufende VM ohne nennenswerte Unterbrechung von einem Host auf einen anderen live migriert werden. Fällt ein Host aus, kann ein HA-Cluster die darauf befindlichen VMs und Container auf einem anderen, funktionierenden Host im Cluster automatisch neu starten und die gleichen, auf dem Shared Storage abgelegten Images dazu verwenden.

In Abbildung 10.2 sehen Sie den typischen Aufbau eines Clusters, bei dem mehrere Virtualisierungs-Hosts auf ein oder mehrere Shared-Storage-Systeme zugreifen. Dieser Aufbau ist nicht nur typisch für Proxmox VE, er gilt genauso für viele andere Virtualisierungsumgebungen.

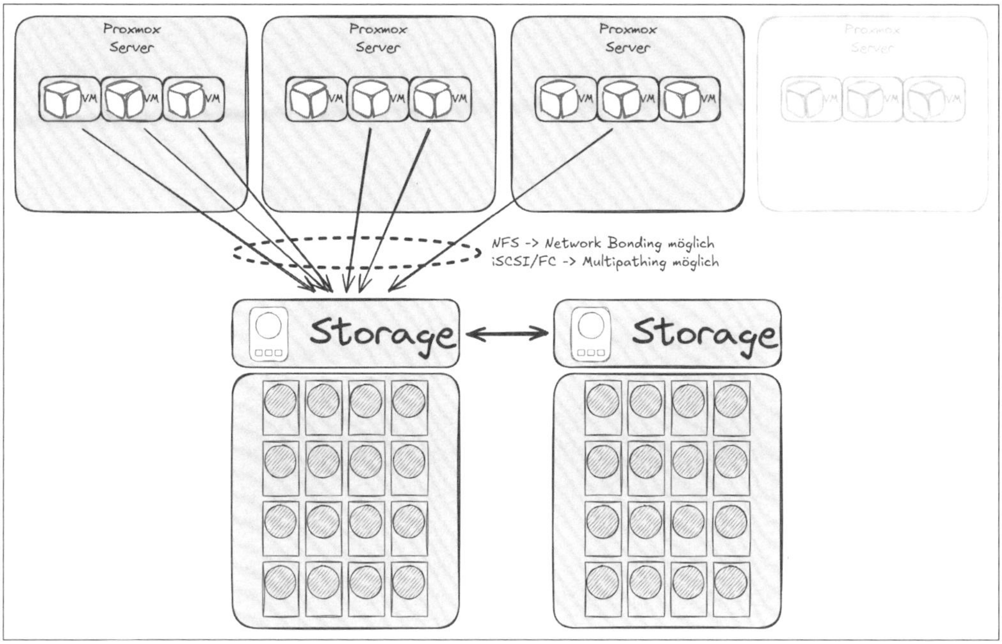

Abbildung 10.2: Anbindung von NFS-, iSCSI- und FC-Storages

Grundsätzlich lassen sich die Architekturen für Shared Storage in zwei Kategorien einteilen, die wir uns nun genauer ansehen werden: in zentralisierte und in verteilte Storages.

10.6.1 Zentralisierter Shared Storage: NFS, iSCSI und FibreChannel

Bei einer zentralisierten Storage-Lösung stellen ein oder mehrere dedizierte Storage-Server den Speicherplatz für alle Proxmox-VE-Nodes bereit. Dies ist der klassische Weg, wie er in vielen Unternehmen seit Jahren etabliert ist. Oft kommen proprietäre Storage-Systeme zum Einsatz, die Redundanz, Performance und entsprechende Enterprise-Support-Vereinbarungen mitbringen. Darüber hinaus gibt es Systeme, die sich georedundant auf mehrere Standorte verteilen lassen.

NFS, iSCSI und FibreChannel sind gängige, ausgereifte und herstellerunabhängige Protokolle, die sich an verschiedenste Systeme anbinden lassen. Auch an Proxmox-VE-Umgebungen ist die Anbindung möglich.

NFS (Network File System)

NFS ist eine der einfachsten Möglichkeiten, einen Shared Storage bereitzustellen. Als dateibasierter Storage ist NFS sehr flexibel, und Sie können darauf VM-Images, ISO-Dateien, Container-Templates und Backups ablegen. Die Einrichtung ist denkbar einfach: Sie geben in der Proxmox-VE-GUI den Server, den Export-Pfad und die gewünschten Inhaltstypen an, und Proxmox VE kümmert sich um das Einhängen der Freigabe auf allen Cluster-Nodes.

Obwohl NFS einfach und weit verbreitet ist, sollten Sie bedenken, dass der NFS-Server selbst zu einem Single Point of Failure werden kann, wenn dieser nicht redundant ausgelegt ist. Für unkritischere Umgebungen oder als Ablage für ISOs und Templates ist NFS jedoch eine hervorragende und unkomplizierte Wahl.

iSCSI und FibreChannel (FC)

iSCSI und FibreChannel sind blockbasierte Protokolle, die typischerweise in *Storage Area Networks* (SANs) zum Einsatz kommen. Sie stellen den Proxmox-VE-Hosts ein oder mehrere Block-Devices (LUNs) zur Verfügung, die als Block-Device auf dem Hypervisor zu sehen sind und sich wie lokale Festplatten verhalten. Diese Variante bietet oft eine sehr gute Performance und geringe Latenzen, erfordert aber auch eine dedizierte Netzwerkinfrastruktur. Im Falle von iSCSI ist diese Infrastruktur idealerweise getrennt vom restlichen Verkehr, bei FC kommen dedizierte FC-Switches und FC-HBAs in den Servern zum Einsatz.

Eine elegante und in der Praxis bewährte Methode ist es, eine große LUN (*Logical Unit Number*) per iSCSI oder FC an alle Proxmox-VE-Nodes anzubinden und darauf ein Shared LVM zu erzeugen. Proxmox VE legt dann auf dieser LUN ein dediziertes Logical Volume (LV) für jedes VM- oder Container-Image für Sie an. Sie erhalten damit die Flexibilität von LVM auf einem performanten, blockbasierten Shared Storage. Proxmox VE sorgt dabei durch ein clusterweites Locking dafür, dass es nicht zu konkurrierenden Zugriffen kommt.

Obwohl es sich bei iSCSI und FC um zwei unterschiedliche Technologien mit unterschiedlicher Hardware handelt, werden sie in Proxmox gleich konfiguriert ab dem Punkt, an dem die LUN im System als Block-Device auftaucht. Bei FC ist dies in der Regel sofort der Fall, da die FC-HBAs im Server die Kommunikation mit dem Storage abwickeln und die Storage-Devices direkt im System bereitstellen. Bei einer iSCSI-Verbindung müssen wir vorher die IP-Verbindung konfigurieren.

Ein paar iSCSI-Grundlagen

Eine iSCSI-Verbindung besteht immer aus zwei Teilnehmern, dem Client und dem Server:

- **Initiator:** Das ist der Client, der eine Verbindung zum Speicher anfordert. In unserem Fall ist das der Proxmox-VE-Host.
- **Target:** Der Server, der den Speicher bereitstellt. In der Regel ist dies ein iSCSI-Storage.

Der Verbindungsaufbau läuft in der Regel in den folgenden Schritten ab:

1. **Discovery:** Der Initiator (der Proxmox-VE-Host) kontaktiert das Portal des iSCSI-Systems. Der Client fragt beim Portal des Servers an, welche Speicherressourcen, auch *Targets* genannt, verfügbar sind. Jeder Client und jedes Target hat einen weltweit eindeutigen Namen, den *iSCSI Qualified Name* (IQN). Ist der Initiator berechtigt, liefert das iSCSI-Portal des Targets daraufhin die Adressen der eigentlichen LUNs zurück.
2. **Login (Anmeldung):** Nachdem der Initiator weiß, welche LUNs er ansprechen kann, führt er dort ein Login durch. In diesem Schritt wird die eigentliche iSCSI-Session aufgebaut. Hier findet auch eine eventuelle Authentifizierung mittels CHAP statt, um sicherzustellen, dass nur berechtigte Initiatoren auf das Target zugreifen können. Die Authentifizierung ist jedoch optional.
3. **LUN-Bereitstellung:** Nach dem erfolgreichen Login stellt das Target dem Initiator eine oder mehrere LUNs als Block-Device zur Verfügung. Aus Sicht des Proxmox-VE-Hosts erscheint jede LUN nun wie eine lokal angeschlossene, unformatierte Festplatte (z. B. als */dev/sdb*, */dev/sdc* usw.).

Konfiguration einer iSCSI-Verbindung

Wie bereits erwähnt, existieren zwei verschiedene iSCSI-Storage-Plugins in Proxmox VE:

- **Open-iSCSI-Initiator (Plugin `iscsi`):** Das Plugin `iscsi` verwendet den *Open-iSCSI-Initiator*, der separat konfiguriert werden muss. Sie können auf diese eingebundenen iSCSI-LUNs ein LVM legen, um die Speicherzuteilung direkt und unkompliziert durch Proxmox VE erledigen zu lassen. Dieser Initiator kann auch eine Authentifizierung gegenüber dem iSCSI-Storage vornehmen.
- **User-Mode-iSCSI-Backend (Plugin `iscsidirect`)**: Das Plugin `iscsidirect` verwendet die Bibliothek `libiscsi` statt des iSCSI-Moduls im Linux-Kernel. Sie könnten

damit etwas Performance gewinnen, weil es für Datentransfers nicht den Kernel durchlaufen muss. Andererseits müssen Sie sämtliche Speicherzuteilungen manuell auf dem Storage selbst vornehmen, weil Sie auf einem so eingebundenen iSCSI-Storage immer direkt mit einer gesamten LUN sprechen und kein LVM auf ihr nutzen können.

Best Practice und meine Empfehlung ist, den Open-iSCSI-Initiator zu verwenden. Die Konfiguration ist normalerweise schnell durchgeführt und Sie profitieren von einfacher, unkomplizierter Administration. Wenn Sie den iSCSI-Storage über die GUI anlegen, wird der Open-iSCSI-Initiator ebenfalls verwendet. Das User-Mode-iSCSI-Backend müssen Sie dagegen über die Shell hinzufügen.

Konfiguration des Open-iSCSI-Initiators

Die Konfiguration des Open-iSCSI-Initiators befindet sich unter */etc/iscsi* auf jedem Node und muss auch auf jedem Node eines Clusters separat eingerichtet werden. Folgende Dateien sind für uns relevant:

- *initiatorname.iscsi*: Sie enthält die iSCSI-IQN dieses Clients. Die IQN wird automatisch generiert, und diese Datei muss in der Regel nicht manuell angepasst werden.
- *iscsid.conf*: Hier befindet sich die Konfiguration des iSCSI-Initiators. Diese werden wir weiter unten anpassen.
- *nodes*: In diesem Verzeichnis legt der Initiator Daten zu den Portalen ab. Die hier gespeicherten Daten können bei Bedarf mit dem Befehl `iscsiadm` modifiziert werden.
- *send_targets*: Dieser Ordner enthält die beim Discovery-Schritt zurückerhaltenen Daten zu den Targets. Auch diese Inhalte können mit `iscsiadm` abgefragt und geändert werden.

Mit einem Editor können Sie nun einige Konfigurationsoptionen anpassen. Die wichtigsten möchte ich hier nennen:

- **Die Option `node.startup`:** Wenn Sie diese Option von `manual` auf `automatic` setzen, führen die systemd-Services das iSCSI-Login auf dem Storage bereits durch. Das könnte helfen, wenn auch andere Services neben VMs und Containern auf iSCSI-Storages zugreifen müssen.
- **CHAP-Settings:** Falls Ihr iSCSI-Storage eine Anmeldung mittels CHAP benötigt, können Sie hier die Zugangsdaten und Einstellungen dafür hinterlegen.
- **Die Option `node.session.timeo.replacement_timeout`:** Setzen Sie den Default-Wert von 120 Sekunden auf 15 Sekunden herunter, damit ein Ausfall schneller bemerkt wird.

Nachdem Sie die Einstellungen angepasst haben, führen Sie einen Neustart des Nodes durch, um die neuen Einstellungen zu aktivieren.

Hinzufügen der iSCSI-Verbindung über die GUI

In vielen Fällen reicht es aus, den einfachen Weg über die GUI zu wählen. Unter **Datacenter • Storage • Add • iSCSI** fügen Sie zuerst eine iSCSI-Verbindung hinzu. Im anschließenden Dialog, den Sie in Abbildung 10.3 sehen, geben Sie die gewünschten Parameter für die Verbindung an:

- **ID:** Geben Sie hier den Namen des Storage so an, wie er in Proxmox VE benannt werden soll, zum Beispiel als iscsi1.
- **Portal:** Hier tragen Sie den Namen oder die IP-Adresse des iSCSI-Portals ein. Weicht der Port des Portals vom Standardport 3260 ab, können Sie diesen hier auch angeben, beispielsweise als 10.1.99.1:3261.
- **Target:** Proxmox VE führt im Hintergrund bereits einen Scan nach Targets auf dem Portal durch. Wenn das Portal ohne Authentifizierung bereits die Targets zurückmeldet, erhalten Sie hier eine Auswahlliste der Targets. Wählen Sie das gewünschte Target nun aus.
- **Nodes:** Wählen Sie die Proxmox-VE-Nodes aus, auf denen dieser iSCSI-Storage verfügbar sein soll. Wählen Sie keine, wird der Storage bei allen Servern eingebunden.
- **Enable:** Hier aktivieren oder deaktivieren Sie den Zugriff auf den Storage, beispielsweise für Wartungszwecke.
- **Use LUNs directly:** Wenn Sie diese Option aktiviert lassen, können Sie die LUNs direkt als Disk in einer VM angeben. Deaktivieren Sie diese Option deshalb sicherheitshalber oder entfernen Sie mit dem Befehl pvesm set <storage> --content none alle Inhaltstypen des Storage, sodass er bei der Auswahl von Disk-Storages nicht mehr angezeigt wird.

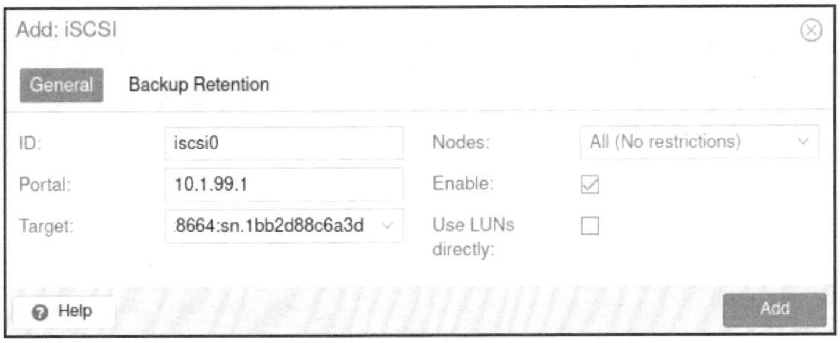

Abbildung 10.3: Hinzufügen eines iSCSI- oder FC-Storage über »Datacenter • Storage • Add • iSCSI«

Hinzufügen der iSCSI-Verbindung über die CLI

Führen Sie zunächst ein iSCSI-Discovery durch und prüfen Sie, ob der Node ein Target finden kann. In Proxmox VE können Sie diesen Schritt mit dem Befehl pvesm scan iscsi <server[:port]> durchführen, wobei <server> der Name oder die IP-Adresse des Portals ist:

```
~# pvesm scan iscsi 10.1.99.1
iqn.2003-01.org.linux-iscsi.nfs.x8664:sn.1bb2d88c6a3d 10.1.99.1:3260
```

Anschließend können Sie eine Verbindung zum iSCSI-Storage mit folgendem Befehl hinzufügen:

```
# Generisches Beispiel: Aufruf von pvesm zum Anlegen einer
# Verbindung zum iSCSI-Storage
~# pvesm add <storageplugin> <storagename> --content none \
   --portal <portal> --target <ign>

# Beispiel 1: das Plugin "iscsi" für die LVM-Nutzung
~# pvesm add iscsi myiscsi1 --content none --portal 10.1.99.1:3260 \
   --target iqn.2003-01.org.linux-iscsi.nfs.x8664:sn.1bb2d88c6a3d

# Beispiel 2: das Plugin "iscsidirect" für die direkte Nutzung,
# LVM nicht möglich
~# pvesm add iscsidirect faststorage --content none \
   --portal 10.1.99.1:3260 \
   --target iqn.2003-01.org.linux-iscsi.nfs.x8664:sn.1bb2d88c6a3d
```

Listing 10.1: Aufbau einer iSCSI-Verbindung

Die iSCSI-Verbindung prüfen

In ihrer */etc/pve/storage.cfg* ist nun ein Eintrag ähnlich dem folgenden hinzugekommen:

```
# /etc/pve/storage.cfg
iscsi: scsi0
    portal 10.1.99.1
    target iqn.2003-01.org.linux-iscsi.nfs.x8664:sn.1bb2d88c6a3d
    content none
```

Prüfen Sie mit `dmesg`, ob die iSCSI-Devices gefunden werden und im System als Block-Devices auftauchen, wie es im folgenden Beispiel zu sehen ist:

```
~# dmesg
[...]
[ 6555.918333] scsi 9:0:0:0: Direct-Access LIO-ORG my_storage_0 4.0
PQ: 0 ANSI: 5
[ 6555.931502] sd 9:0:0:0: Attached scsi generic sg8 type 0
[ 6555.933107] sd 9:0:0:0: [sdh] 20971520 512-byte logical blocks:
(10.7 GB/10.0 GiB)
[ 6555.933765] sd 9:0:0:0: [sdh] Write Protect is off
[ 6555.933772] sd 9:0:0:0: [sdh] Mode Sense: 43 00 10 08
```

```
[ 6555.934845] sd 9:0:0:0: [sdh] Write cache: enabled, read cache:
enabled, supports DPO and FUA
[ 6555.935327] sd 9:0:0:0: [sdh] Preferred minimum I/O size 512 bytes
[ 6555.935333] sd 9:0:0:0: [sdh] Optimal transfer size 8388608 bytes
[ 6555.943424] sd 9:0:0:0: [sdh] Attached SCSI disk
[...]
```

Sollte dies nicht funktionieren, lässt sich mit **iscsiadm -m session -P3** überprüfen, ob die Session vom iSCSI-Initiator zum iSCSI-Target korrekt aufgebaut werden konnte. Ganz unten sollten die einzelnen LUNs zu sehen sein.

```
~# iscsiadm -m session -P3
iSCSI Transport Class version 2.0-870
version 2.1.8
Target: iqn.2003-01.org.linux-iscsi.nfs.x8664:sn.1bb2d88c6a3d (non-
flash)
    Current Portal: 10.1.99.1:3260,1
    Persistent Portal: 10.1.99.1:3260,1
[...]
        ************************
        Attached SCSI devices:
        ************************
        Host Number: 9 State: running
        scsi9 Channel 00 Id 0 Lun: 0
            Attached scsi disk sdh State: running
```

Nutzung von LVM auf iSCSI- bzw. FC-Block-Devices

Proxmox VE bietet zwei verschiedene LVM-Storage-Plugins an: LVM und LVM-Thin.

Der Hauptunterschied zwischen LVM und LVM-Thin liegt in der Art der Speicherplatzverwaltung und in der Effizienz von Snapshots. Ein herkömmliches LVM-Volume ist *Thick Provisioned* und belegt bei seiner Erstellung sofort den gesamten zugewiesenen Speicherplatz in der Volume Group, unabhängig davon, wie viele Daten tatsächlich geschrieben werden. Im Gegensatz dazu alloziert LVM-Thin den Speicherplatz dynamisch erst dann, wenn Daten geschrieben werden, was als *Thin Provisioning* bekannt ist und eine Überprovisionierung von Speicher ermöglicht. Ein LVM-Thin lässt sich prima für die root-Partition des Proxmox-VE-Systems verwenden und auch für lokale Images und wird im Installer daher auch als Voreinstellung verwendet.

Jedoch ist nur LVM(-Thick) clusterfähig und kann auf iSCSI- und FC-Shared-Storages eingesetzt werden! LVM-Thin dagegen ist nur für lokalen Storage geeignet und kann nur von einem einzelnen Server verwendet werden.

Sobald die Block-Devices im System sichtbar sind, können wir mit iSCSI- und FC-Storages gleich verfahren und die Block-Devices nutzen. Da sie wie jedes andere, unformatierte Storage-Device erscheinen, können sie nicht sofort für Images verwendet werden. Nun haben Sie mehrere Möglichkeiten der Nutzung:

- Sie verwenden diese LUN direkt in einer VM (nur für besondere Konfigurationen, beispielsweise wenn Sie mehreren VMs den Zugriff auf eine LUN geben möchten, um Witness- oder Cluster-Anwendungen direkt in VMs zu betreiben).
- Sie erzeugen darauf ein LVM und überlassen Proxmox VE die Verwaltung einzelner Logical Volumes für VM- und Container-Images.
- In der Regel wird auf einer großen LUN mit dem *Logical Volume Manager* (LVM) ein Physical Volume (PV) und darauf eine Volume Group (VG) erstellt. In der GUI erledigen Sie das mit dem Dialog unter **Datacenter • Storage • Add • LVM**, den Sie in Abbildung 10.4 sehen.

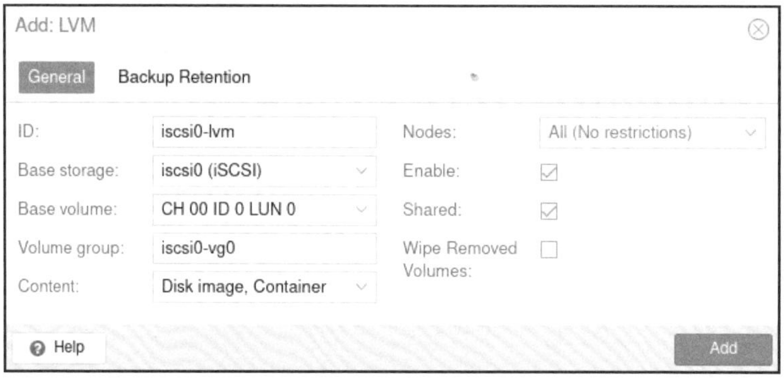

Abbildung 10.4: Einen LVM-Storage auf Basis einer iSCSI- oder FC-LUN hinzufügen

In dieser Volume Group legt Proxmox VE für Sie automatisch ein Logical Volume (LV) für jedes VM- und Container-Image an. Dies ist der empfohlene Weg, da er eine flexible Zuteilung des Speichers innerhalb einer LUN ermöglicht, anstatt für jedes einzelne Disk-Image eine eigene LUN auf dem iSCSI-Storage und in der Proxmox-Konfiguration anzulegen.

Wenn dieser Prozess abgeschlossen ist, können Sie nun VM- und Container-Images auf Ihrem neuen iSCSI-LVM-Storage ablegen. Abbildung 10.5 zeigt den Aufbau des gesamten Systems von einer Shared LUN über Multipathing bis hin zur Bereitstellung eines Logical Volume für eine VM-Disk.

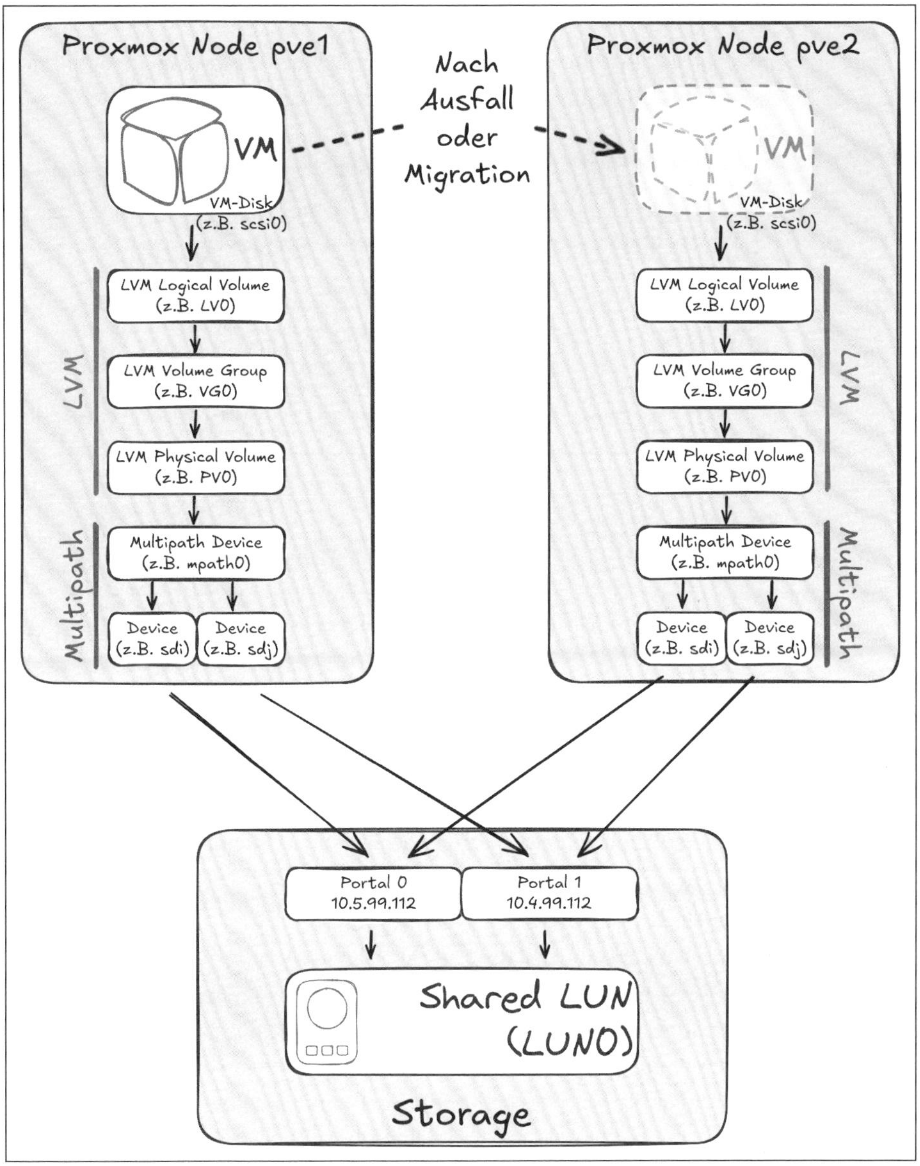

Abbildung 10.5: Bereitstellung einer VM-Disk als LVM Logical Volume über Multipathing auf der Shared LUN eines Storage

Snapshots auf iSCSI- und FibreChannel-Storages

Vielleicht haben Sie bisher andere Hypervisoren wie VMware genutzt, bei denen Sie bislang externe iSCSI- oder FC-Storages verwendet und gelegentlich Snapshots genutzt haben. Eventuell haben Sie auch schon irgendwo gelesen, dass Sie bei Proxmox VE keine Snapshots auf iSCSI- oder FC-Storages mehr verwenden können.

Welche Möglichkeiten es gibt, versuche ich im folgenden Abschnitt zu beleuchten.

Schauen wir zunächst, wie Proxmox VE im Vergleich zu VMware-Hypervisoren mit externen SAN-Block-Storages umgeht. In Abbildung 10.6 sehen Sie die Unterschiede.

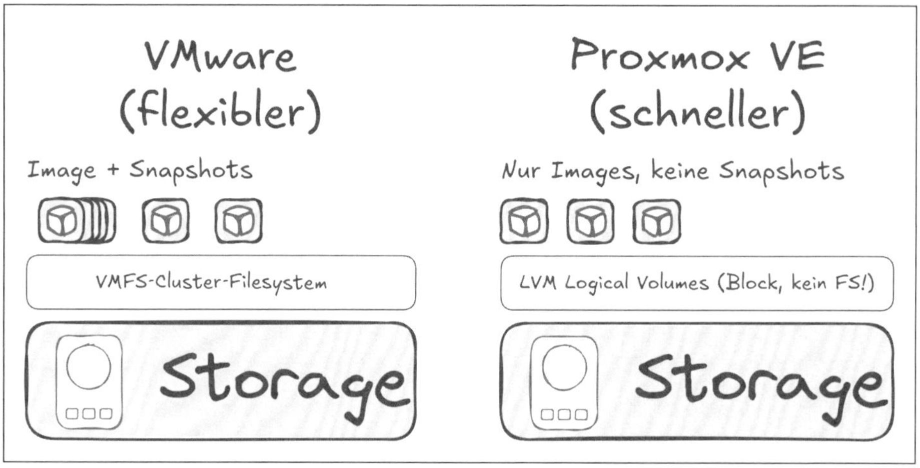

Abbildung 10.6: Unterschiede zwischen VMware und Proxmox beim Zugriff auf SAN-Systeme

VMware bindet einen SAN-Storage zunächst als Block ein und schreibt dann ein VMFS-Cluster-Filesystem darauf, das den Zugriff von mehreren Servern aus gleichzeitig zulässt. Dieses Filesystem nimmt dann *vmdk*-Image-Dateien auf und Snapshots werden innerhalb dieser vmdk-Images verwaltet. Für den Node ändert sich also nichts, egal ob das Image auf einem lokalen Speicher, einem NAS oder einem SAN liegt.

LVM und seine Snapshots

Bei Proxmox VE dagegen kommt meist der Logical Volume Manager (*LVM*) auf SAN-Storages zum Einsatz. Auch LVM beherrscht Snapshots, jedoch funktionieren diese Snapshots anders als erwartet: Bei der Erstellung eines Snapshots müssen Sie die maximale Menge an Daten angeben, die der Snapshot aufnehmen können soll. Die angegebene Größe muss in der Volume Group noch verfügbar sein und wird dann für diesen Snapshot reserviert. Überschreiten Sie die maximale Snapshot-Größe, wird der Snapshot ungültig und ein Rollback kann nicht mehr durchgeführt werden.

Falls Sie auf die Idee kommen, den Snapshot in der gleichen Größe wie das Image anzulegen, um das obige Problem zu lösen: Ja, das könnte funktionieren, jedoch sind LVM-Snapshots nur als temporäre Hilfe gedacht, um beispielsweise konsistente Backups von Logical Volumes erstellen zu können, und sie verlangsamen den Zugriff auf das Image deutlich, da vor dem Überschreiben eines Blocks die Daten in den Snapshot-Bereich bewegt werden. Das ist also leider nicht besonders performant.

OCFS2 und GFS2

Im Linux-Kernel existieren bereits zwei gängige Cluster-Filesysteme: OCFS2 und GFS2.

Damit könnte man theoretisch eine ähnliche Lösung bauen, wie sie auch VMware verwendet. Allerdings werden dafür weitere externe, verteilte Locking-Mechanismen benötigt, um sicherzustellen, dass nicht mehrere Nodes unabhängig voneinander die gleichen Daten überschreiben möchten. In der Praxis funktioniert diese Variante sogar, und je nach Konfiguration ist sie mehr oder minder stabil und einsetzbar.

Beide Varianten werden offiziell nicht von Proxmox unterstützt und damit auch nicht getestet. Wenn Änderungen an OCFS2 oder GFS2 im Kernel vorgenommen werden kann, es dazu führen, dass der Storage sich nach einem Update nicht mehr mounten lässt oder nicht mehr richtig funktioniert. Da es keinen offiziellen Support dafür gibt, hilft der Support an dieser Stelle nicht und Sie sind auf sich allein gestellt oder auf Ihren Dienstleister angewiesen.

QCOW2 direkt in LVM

Es gibt einen weiteren interessanten Ansatz[1] mit einem LVM-Logical-Volume, das mit dem QCOW2-Format formatiert wurde. QCOW2 arbeitet auch direkt auf einem Block-Device und benötigt keine Image-Datei.

Seit Proxmox VE Version 9.0 gibt es dazu eine Implementierung dieses Ansatzes als Tech Preview. Damit lassen sich auch Snapshots für VM-Disks auf iSCSI- und FC-Storages erstellen.

Der Mechanismus funktioniert so:

1. Es wird ein neues, leeres LVM-Logical-Volume in gleicher Größe wie das vorhandene Image erzeugt.
2. Das aktuelle Logical Volume, auf dem das VM-Image liegt, wird umbenannt und erhält den Namen des Snapshots.
3. Das neu erzeugte Logical Volume aus Schritt 1 wird zum Overlay-Image und erhält das aktuelle Logical Volume als Base-Image.
4. QEMU wird angewiesen, das neu erstellte Logical Volume als Storage zu verwenden.

Jeder Snapshot ist damit also ein Overlay zum vorhergehenden Snapshot bis hin zum Base-Image. In Abbildung 10.7 sehen Sie, wie mehrere Snapshots dann in der GUI dargestellt werden.

Damit die Funktion nutzbar ist, muss das VM-Image zunächst ins `qcow2`-Format konvertiert werden. Dies lässt sich mit der Storage-Migration jedoch leicht und ohne Downtime realisieren. Danach steht Ihnen die Snapshot-Funktion auch auf iSCSI- und FC-Storages zur Verfügung.

1 *https://bugzilla.proxmox.com/show_bug.cgi?id=4160*

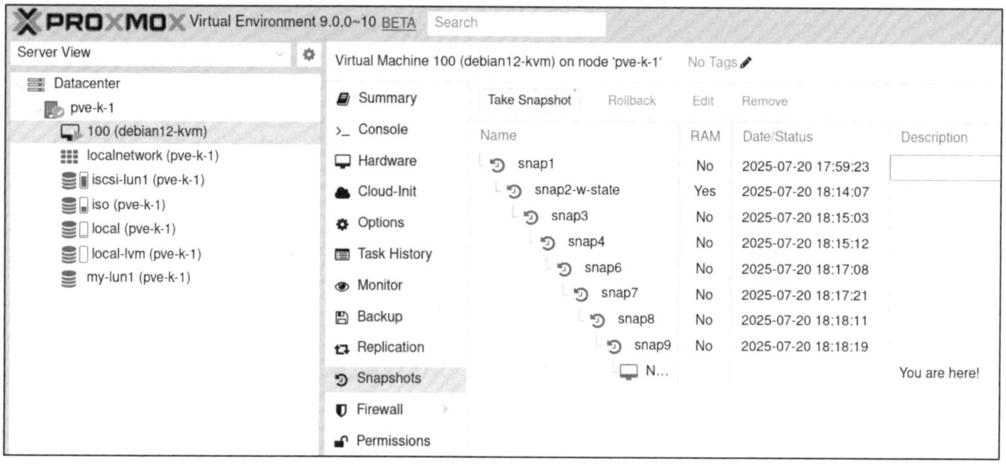

Abbildung 10.7: Snapshots auf iSCSI- und FC-Storages in der GUI

10.6.2 Multipathing für iSCSI- und FC-Storages

Wenn wir in der Unternehmens-IT über externe iSCSI- oder FC-Storages sprechen, kommen wir um zwei Begriffe nicht herum: Hochverfügbarkeit und Performance. Fällt die Anbindung zum Storage aus, weil beispielsweise ein Netzwerkkabel oder ein Port defekt sind, darf die Storage-Anbindung nicht unterbrochen werden. Und steigt die Last, soll die Leistung möglichst mitwachsen. Genau hier setzt das Multipathing zur Nutzung mehrerer Verbindungen zwischen Initiator und Target an. In Proxmox VE nutzen wir dafür die Bordmittel des Linux-Kernels, genauer gesagt den *Device-Mapper* mit seinem `dm-multipath`-Modul.

Mit Multipathing lassen sich verschiedene Verbindungen zwischen Initiator (Hypervisor) und Target (iSCSI-/FC-Storage) nutzen.

Multipathing-Grundlagen

Ein *Storage Area Network* (SAN), egal ob es auf iSCSI oder FC basiert, wird in der Regel redundant ausgelegt und angebunden. Das bedeutet, jeder Proxmox-VE-Knoten ist über mehrere physische Wege mit dem Storage-System verbunden. Diese Wege können folgende sein:

- mehrere Netzwerkkarten (NICs) für iSCSI-Verbindungen
- mehrere Host-Bus-Adapter (HBAs) für Fibre-Channel-Verbindungen
- redundante Switches in der Mitte (die im Gegensatz zu einem Netzwerk-Bond nicht miteinander kommunizieren müssen)
- zwei oder mehr Controller im Storage-System selbst

Ohne Multipathing sieht Ihr Host-System für jeden dieser Pfade ein separates Block-Device wie */dev/sdb*, */dev/sdc*, */dev/sdd*, obwohl alle auf dieselbe logische Einheit (LUN) auf dem Storage-System zeigen. Beim Erstellen des LVM sehen Sie für jeden verfügbaren Pfad also das gleiche Device wie in Abbildung 10.8. Das ist nicht nur unpraktisch, sondern auch gefährlich. Ein Schreibzugriff auf das falsche Device könnte zu einer Beschädigung der Daten führen.

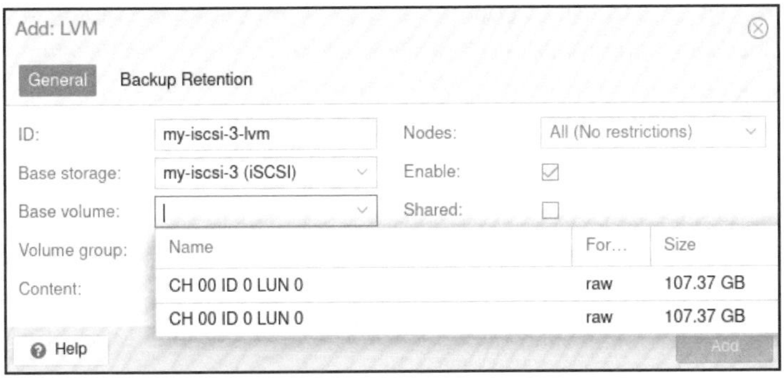

Abbildung 10.8: Ohne Multipathing taucht die gleiche LUN für jeden Pfad einzeln auf.

Hier kommt `dm-multipath` ins Spiel. Das Modul erkennt, dass diese unterschiedlichen Pfade zum selben Ziel führen, und bündelt sie zu einem einzigen, virtuellen Device. Dieses Device wird dann unter */dev/mapper/<Device>* bereitgestellt. Nur dieses Device sollten Sie für die weitere Konfiguration in Proxmox VE verwenden, sei es für LVM, ZFS oder als direktes Disk-Image.

Das Multipathing ermöglicht uns folgende Mechanismen:

- **Ausfallsicherheit/Fail Over:** Der `multipathd`-Daemon läuft auf dem Initiator und überwacht kontinuierlich alle Pfade zum Target. Fällt ein Pfad aus – beispielsweise durch einen Kabelbruch, den Ausfall eines Netzwerk-Ports, einen defekten Switch oder einen Controller-Ausfall –, leitet er den gesamten I/O-Traffic automatisch und möglichst ohne Unterbrechung auf die noch verbleibenden, funktionierenden Pfade um.
- **Lastverteilung/Load Balancing:** Wenn Ihr Storage-System die Verwendung mehrerer aktiver Pfade unterstützt, z. B. einen Active/Active-Modus, kann `dm-multipath` die Lese- und Schreibzugriffe auf alle aktiven Pfade verteilen. Das erhöht den Durchsatz und reduziert die Latenz für den Fall, dass ein Pfad ausgelastet ist.

Um einen Single Point of Failure zu vermeiden, sollten Sie nach Möglichkeit beim Einsatz von zentralen iSCSI-/FC-Storages immer Multipathing verwenden.

Die Einrichtung von Multipathing unter Proxmox VE

Die Konfiguration von Multipathing ist nicht schwierig, erfordert aber Sorgfalt. Eine fehlerhafte Konfiguration kann im schlimmsten Fall dazu führen, dass auch andere Storage-Devices (wie lokale Festplatten oder Ihre Boot-Disk) fälschlicherweise als Multipath-Devices erkannt werden.

Wir benötigen zum Start also noch zusätzliche Pakete sowie die Multipathing-Konfiguration.

Installation der Multipath-Tools

Während der Linux-Kernel bereits alles mitbringt, werden die benötigten Multipath-Tools zur Steuerung noch nicht automatisch mitinstalliert. Proxmox VE und die Debian-Basis darunter bringen jedoch alles mit, was wir brauchen. Zunächst installieren wir also über die Shell das fehlende `multipath-tools`-Paket aus den Software-Repositories mit dem Befehl `apt install multipath-tools`.

Identifizieren der richtigen iSCSI- bzw. FC-Devices

In Abschnitt 10.6.1 haben wir bereits geprüft, dass die iSCSI-Verbindung grundsätzlich funktioniert, auch wenn Sie nur einen Pfad haben. Für iSCSI-Verbindungen können Sie mit `iscsiadm -m session -P3` erneut prüfen, ob das gleiche Device über mehrere Pfade verfügbar ist.

Am einfachsten können Sie jedoch mit `ls -l /dev/disk/by-path/` direkt prüfen, welche Devices der Proxmox-VE-Node sieht und ob diese gleich sind. Ein Beispiel dafür sehen Sie in Listing 10.2. Mehrere Pfade zeigen auf die gleiche LUN, tauchen dann aber im System unter den zwei verschiedenen Devices `/dev/sdi` und `/dev/sdj` auf.

```
~#  ls -l /dev/disk/by-path/
total 0
[...]
lrwxrwxrwx 1 root root 9 Jun 15 14:26 ip-10.4.99.112:3260-iscsi-
iqn.2023-01.com.example:storage.target01-lun-0 • ../../sdi
lrwxrwxrwx 1 root root 9 Jun 15 14:26 ip-10.5.99.112:3260-iscsi-
iqn.2023-01.com.example:storage.target01-lun-0 • ../../sdj
[...]
```

Listing 10.2: Mehrere Pfade zeigen auf die gleiche LUN.

Jedes Device ist über verschiedene Identifikatoren verfügbar, beispielsweise haben wir oben die Device-Namen `/dev/sdi` und `/dev/sdj` gesehen. Da sich Namen von Devices jedoch in ungünstigen Fällen ändern können, empfiehlt Proxmox als Best Practice, stattdessen den `wwn` (*World Wide Name*, siehe *https://en.wikipedia.org/wiki/World_Wide_Name*) zu verwenden.

Den `wwn` Ihrer Storage-Devices ermitteln Sie mit dem Befehl `/lib/udev/scsi_id -g -u -d /dev/<device>` für jedes Device. Im folgenden Beispiel sehen Sie, wie unsere beiden Devices */dev/sdi* und */dev/sdj* den gleichen `wwn` besitzen. Es handelt sich also um zwei Pfade zum gleichen Backend-Storage.

```
~# /lib/udev/scsi_id -g -u -d /dev/sdi
3600140568a9f8f3f3e04f969665a690f
~# /lib/udev/scsi_id -g -u -d /dev/sdj
3600140568a9f8f3f3e04f969665a690f
```

Multipath-Devices hinzufügen

Aufgrund der Voreinstellung `find_multipaths "strict"` in der Multipath-Konfiguration müssen alle Devices, die verwendet werden sollen, explizit in der Datei */etc/multipath/wwids* hinzugefügt werden. Da diese Datei von den `multipath`-Befehlen selbst gepflegt wird, verwenden Sie dazu den Befehl `multipath -a <wwn>`:

```
~# multipath -a 3600140568a9f8f3f3e04f969665a690f
wwid '3600140568a9f8f3f3e04f969665a690f' added
```

Um die Änderungen anzuwenden, müssen Sie anschließend die Multipath-Konfiguration einmal neu laden, indem Sie `multipath -r` eingeben.

Die Konfigurationsdatei /etc/multipath.conf erstellen

Als nächsten Schritt benötigen die `multipath-tools` eine Konfiguration unter */etc/multipath.conf*. Da diese Datei standardmäßig nicht vorhanden ist, greift eine Standardkonfiguration, die für viele Szenarien bereits ausreichen kann. Dennoch empfehle ich, explizit eine Konfiguration zu erstellen.

Sie können sich die aktuelle Konfiguration jederzeit mit dem Befehl `multipath -t` anzeigen lassen. Existiert noch keine Konfiguration, sehen Sie eine sehr lange Standardkonfiguration, die Sie natürlich auch als Referenz verwenden können. Auch kann ein Blick in die Manpage der Konfigurationsdatei mit `man multipath.conf` hilfreich sein.

Eine optimale `multipath.conf` hängt vom verwendeten SAN ab. Sie sollten auf jeden Fall prüfen, ob und welche Empfehlungen oder Konfigurationshinweise der Hersteller der SAN-Storage für die Anbindung von Linux-Initiatoren empfiehlt.

Falls der Hersteller keine besonderen Empfehlungen parat hält, starten Sie mit einer leeren Konfigurationsdatei. Die Multipath-Tools verwenden automatisch ihre eingebauten Defaults, wenn sie keine Konfiguration finden. Diese Voreinstellungen umfassen auch eine Liste von vordefinierten, targetspezifischen Konfigurationen, wie Sie in Listing 10.3 am Beispiel eines LIO-Targets sehen. Viele Storage-Hersteller wie Dell EMC, HPE, NetApp und andere bieten empfohlene Konfigurationen für ihre Systeme an. Es lohnt sich, diese zu prüfen und gegebenenfalls einen `devices`-Block für Ihr spezifisches Storage-Modell hinzuzufügen.

```
[...]
devices {
    [...]
    device {
```

```
            vendor " (LIO-ORG|SUSE) "
            product ".*"
            path_grouping_policy "group_by_prio"
            hardware_handler "1 alua"
            prio "alua"
            failback "immediate"
            no_path_retry 12
        }
        [...]
}
[...]
```

Listing 10.3: Ein Devices-Block in der multipath.conf für spezielle Gerätekonfigurationen

Für eine saubere Konfiguration erstellen Sie daher zuerst eine eigene */etc/multipath.conf* und nehmen die gewünschten Anpassungen vor. Eine gute Basis sieht oft so aus:

```
defaults {
    user_friendly_names "yes"       # Default: "no"
    find_multipaths "strict"        # Default
    polling_interval 5              # Default
    path_checker tur                # Default
    path_selector "service-time 0" # Default
    failback immediate              # Default: "manual"
}
```

Schauen wir uns die wichtigsten Parameter genauer an:

- `user_friendly_names "yes"`: Erstellt die Devices unter */dev/mapper/* mit einem stabilen und lesbaren Namen wie `mpatha` statt der rohen WWID. Diese Option ist sehr zu empfehlen, damit Sie das Device auf den ersten Blick erkennen.
- `find_multipaths "yes"`: Aktiviert die automatische Erkennung von Devices, die zu einem hinterlegten `wwn` gehören.
- `polling_interval 5`: Der `multipathd`-Daemon prüft alle 5 Sekunden den Zustand der Pfade.
- `path_checker "tur"`: `tur` (*Test Unit Ready*) ist der Standard-Checker, um zu sehen, ob ein Pfad online ist. Fast alle Storages unterstützen diesen Mechanismus.
- `path_selector "service-time 0"`: Dies ist eine gängige Load-Balancing-Strategie. Der Multiplexer schickt die nächsten I/O-Anfragen an den Pfad mit der geringsten Latenz und der kürzesten Warteschlange. Für Active/Active-Storages ist das eine gute Wahl. Eine Alternative ist `round-robin 0`, die die Anfragen reihum auf alle Pfade verteilt.
- `failback "immediate"`: Wenn ein ausgefallener Pfad wieder online kommt, wird sofort wieder auf ihn zurückgeschwenkt.

Nun haben wir mit `user_friendly_names "yes"` die Möglichkeit geschaffen, alle Pfade zu einem Target eindeutig zu benennen. Die Benennung selbst ergänzen wir nun in der *multipath.conf* so wie in Listing 10.4:

```
defaults {
    user_friendly_names "yes" # Default: "no"
    [...]
}

multipaths {
  multipath {
        wwid "3600140568a9f8f3f3e04f969665a690f"
        alias mpath0
  }
}
```

Listing 10.4: Ein Multipath-Block in der Datei »multipath.conf«, mit dem die angegebene »wwid« einen bestimmten Namen wie »mpath0« erhält

Anschließend aktivieren wir die Konfiguration erneut mit dem Befehl `multipath -r`.

Den Status der Multipathing-Verbindung prüfen

Der wichtigste Befehl zur Überprüfung ist `multipath -ll`. Er zeigt Ihnen alle erkannten Multipath-Geräte und deren Pfade an, wie in Listing 10.5 zu sehen ist:

```
# multipath -ll
mpath0 (3600140568a9f8f3f3e04f969665a690f) dm-5 LIO-ORG,my_iscsi_storag
size=100G features='1 queue_if_no_path' hwhandler='1 alua' wp=rw
`-+- policy='service-time 0' prio=50 status=active
  |- 10:0:0:0 sdj 8:144 active ready running
  `- 11:0:0:0 sdi 8:128 active ready running
```

Listing 10.5: Die Ausgabe des Multipath-Status zeigt die verschiedenen Pfade und ihren Status an

In diesem Beispiel sehen wir

- den von uns gewählten Namen `mpath0` des Pfades und die eindeutige `wwid` (World Wide Identifier) `3600140568a9f8f3f3e04f969665a690f` des Targets,
- das zugeordnete Device-Mapper-Handle `dm-5`,
- die Größe des Storage, Features und den Hardware-Handler `alua`,
- die gewählte Policy `service-time 0`, mit der die Daten transferiert werden, sowie
- zwei aktive Pfade über die Geräte */dev/sdi* und */dev/sdj*, beide im Status `active ready running`.

In einem zweiten Beispiel in Listing 10.6 möchte ich Ihnen noch zeigen, wie es aussehen kann, wenn Ihnen ein Pfad wegbricht. Sie erkennen am Status des Pfades `10:0:0:0 sdj 8:144 failed faulty running`, dass hier auf der Strecke ein Problem existiert und der Pfad nicht mehr funktioniert. Die Multipath-Verbindung steht auf `status=active`, und alle Storage-Transaktionen laufen nun über die verbleibende `sdi`, deren Status weiterhin auf `active ready running` steht.

```
# multipath -ll
mpath0 (3600140568a9f8f3f3e04f969665a690f) dm-5 LIO-ORG,my_iscsi_storag
size=100G features='1 queue_if_no_path' hwhandler='1 alua' wp=rw
`-+- policy='service-time 0' prio=50 status=active
  |- 10:0:0:0 sdj 8:144 failed faulty running
  `- 11:0:0:0 sdi 8:128 active ready running
```

Listing 10.6: Ein Pfad ist gestört, der zweite jedoch funktioniert weiterhin.

Fallen Ihnen alle Pfade einer Multipathing-Verbindung aus, geht der gesamte Pfad weg von `status=active` auf `status=enabled`, wie in Listing 10.7 zu sehen ist. Damit ist Ihr Storage nicht mehr erreichbar, bis Sie das zugrunde liegende Problem beheben konnten und mindestens ein Pfad wieder funktioniert.

```
# multipath -ll
mpath0 (3600140568a9f8f3f3e04f969665a690f) dm-5 LIO-ORG,my_iscsi_storag
size=100G features='1 queue_if_no_path' hwhandler='1 alua' wp=rw
`-+- policy='service-time 0' prio=0 status=enabled
  |- 10:0:0:0 sdj 8:144 failed faulty running
  `- 11:0:0:0 sdi 8:128 failed faulty running
```

Listing 10.7: Beide Pfade funktionieren nicht mehr. Die Storage ist nicht mehr verfügbar bis mindestens ein Pfad wieder online ist.

Multipath-Geräte in Proxmox VE nutzen

Sobald das Multipathing korrekt konfiguriert ist, ist die Integration in Proxmox VE denkbar einfach und unterscheidet sich nicht mehr groß von der Konfiguration ohne Multipathing. Dazu erstellen Sie unter **Datacenter • Storage • Add • LVM** einen neuen LVM-Storage.

Sie geben dem neuen LVM-Storage einen Namen, dann können Sie das Feld **Base storage** von **Existing volume groups** auf Ihren iSCSI-Storage umstellen. Danach wählen Sie unter **Base volume** die Target-LUN, auf der im Anschluss eine neue LVM Volume Group erstellt werden soll. Bei **Base volume** erscheint nun auch dank Multipathing die LUN nur noch einmal, wie Sie in Abbildung 10.9 im Vergleich zu Abbildung 10.8 sehen.

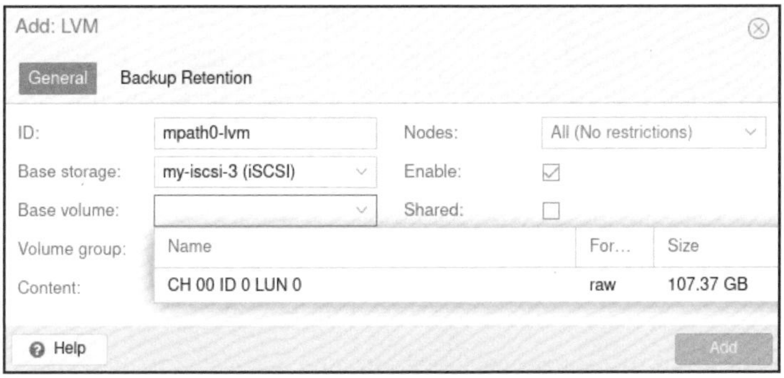

Abbildung 10.9: Bei eingerichtetem Multipathing taucht die LUN nur noch einmal auf.

Da Sie eine neue Volume Group darauf erzeugen, geben Sie einen neuen, bisher nicht verwendeten Namen für die Volume Group im Feld **Volume group** an. In unserem Beispiel in Abbildung 10.10 geben wir ihr den Namen `vg-mpath0`.

Abbildung 10.10: So könnte eine Konfiguration von LVM auf Basis eines Multipathing-iSCSI/FC-Storage aussehen.

Indem Sie das Häkchen bei **Shared** auf der rechten Seite aktivieren, deklarieren Sie diesen LVM-Storage als Shared Storage, der von mehreren Proxmox-VE-Nodes gleichzeitig verwendet werden kann.

10.6.3 Distributed Shared Storage: Hyperkonvergenz mit Ceph oder Gluster

Eine moderne und immer beliebter werdende Alternative zu zentralisiertem Storage ist der hyperkonvergente Ansatz mit *Distributed Shared Storages*. Hierbei stellen die Proxmox-VE-Server sowohl Compute- wie auch Storage-Ressourcen bereit. Mit anderen Worten, sie führen VMs und Container aus und stellen gleichzeitig ihre lokalen Storages allen Nodes zur Verfügung. Dies ermöglicht einen hochverfügbaren Betrieb, ohne dass dedizierte SAN- oder NAS-Systeme notwendig sind.

Werfen wir in den folgenden Abschnitten einen Blick auf *Ceph* und *Gluster*.

Ceph-Storage

Ceph ist die von Proxmox VE favorisierte und am tiefsten integrierte Lösung für eine *hyperkonvergente Infrastruktur* (HCI). Es handelt sich um ein massiv skalierbares, hochverfügbares und sich selbst heilendes Software-Defined-Storage-System, das auf Standard-Hardware läuft und unter einer Open-Source-Lizenz verfügbar ist. In einem Proxmox-VE-HCI-Cluster mit Ceph werden die lokalen Festplatten aller beteiligten Server zu einem großen, verteilten Storage-System.

Die wichtigsten Vorteile von Ceph in einem Proxmox-VE-Cluster sind:

- **Es gibt keinen Single Point of Failure:** Fällt eine einzelne Festplatte oder sogar ein ganzer Server aus, bleiben die Daten dank der integrierten Redundanz weiterhin verfügbar.
- **Skalierbarkeit:** Die Performance und die Kapazität des Storage-Clusters wachsen mit jedem zusätzlichen Node und jeder weiteren Festplatte.
- **Kosteneffizienz:** Sie benötigen keine teuren, proprietären Storage-Systeme. Ihre Proxmox-VE-Nodes sind gleichzeitig Compute- und Storage-Ressource, müssen dazu jedoch auch RAM- und CPU-Ressourcen für den Betrieb des Ceph-Storage bereitstellen.

Ceph kann sowohl blockbasierten Speicher (*RADOS Block Device*, kurz RBD) für VM-Images, dateibasierten Speicher (CephFS) für ISOs und Templates als auch S3-kompatiblen Objektspeicher über eine REST-API bereitstellen.

Der Betrieb eines Ceph-Clusters stellt allerdings auch höhere Anforderungen an das Netzwerk und erfordert ein grundlegendes Verständnis seiner Architektur, um einen stabilen Betrieb zu gewährleisten. Für die meisten Cluster ab drei Nodes ist Ceph jedoch eine ausgezeichnete und zukunftssichere Wahl.

Wenn Sie tiefer in Ceph einsteigen möchten, um es selbst zu nutzen und zu verstehen, lesen Sie Kapitel 17 über Hyperkonvergenz mit Proxmox VE und Ceph.

GlusterFS

Als weitere verteilte Storage-Option unterstützt Proxmox VE auch GlusterFS. Ähnlich wie Ceph ist es ein skalierbares, verteiltes Storage-System. Allerdings ist die Integration in Proxmox VE nicht so tief wie bei Ceph. Während Ceph direkt über die Proxmox-VE-API und -GUI verwaltet werden kann, erfordert GlusterFS eine separate Installation und Administration, losgelöst von der Proxmox-VE-GUI und den Kommandozeilenbefehlen. In Umgebungen, in denen bereits eine GlusterFS-Infrastruktur vorhanden ist, kann die Anbindung an Proxmox VE dennoch sinnvoll sein.

Da Red Hat als Besitzer von GlusterFS den kommerziellen Support zum Jahresende 2024 eingestellt hat, sollten Sie GlusterFS in Enterprise-Umgebungen jedoch nicht mehr verwenden und bestehende GlusterFS-Systeme durch eine andere Storage-Lösung ersetzen.

10.7 Storage-Leistung messen und optimieren

Um die Leistung Ihrer Storage-Infrastruktur bewerten und optimieren zu können, müssen Sie über die reine Speicherkapazität hinausschauen. Drei wichtige Kennzahlen bestimmen, wie schnell und reaktionsfreudig Ihr Storage auf die Anforderungen Ihrer virtuellen Maschinen und Applikationen reagieren kann: *Durchsatz*, *IOPS* und *Latenz*. Diese drei Dimensionen sind miteinander verbunden und beeinflussen sich gegenseitig. Zusammen ergeben sie die Leistung Ihres Speichersystems.

Keine dieser Kennzahlen ist für sich allein aussagekräftig. Lassen Sie uns einen Blick darauf werfen, wie sie zusammenhängen, um den richtigen Storage für die jeweilige Workload auszuwählen und Engpässe zu vermeiden. In der Praxis geht es meist nicht darum, alle drei Werte zu maximieren, sondern die richtigen Prioritäten für Ihre spezifischen Anforderungen zu setzen. Abbildung 10.11 veranschaulicht diese drei Kennzahlen, die wir uns im Folgenden genauer ansehen werden.

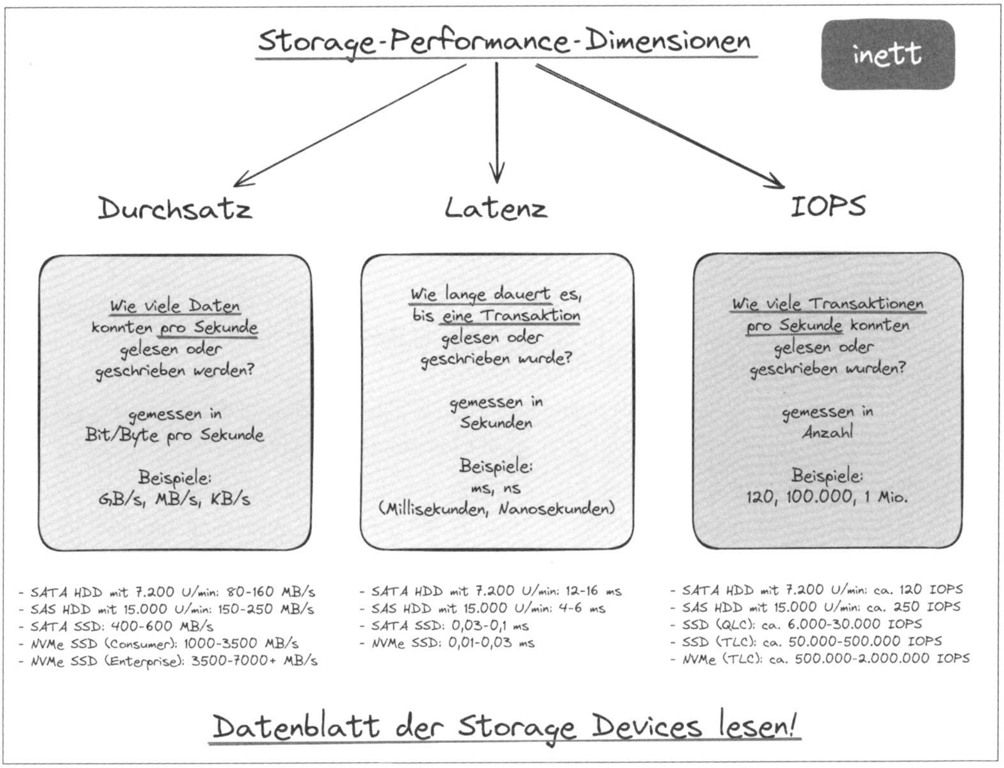

Abbildung 10.11: Die drei Dimensionen der Storage-Performance

10.7.1 Durchsatz (Throughput)

Der *Durchsatz* ist die wohl bekannteste Kennzahl und wird am häufigsten genannt. Sie beschreibt, welche Datenmenge pro Sekunde von einem Speichermedium gelesen oder auf es geschrieben werden kann. Gemessen wird der Durchsatz meist in Megabyte/Mebibyte pro Sekunde (MB/s oder MiB/s) oder in Gigabyte/Gibibyte pro Sekunde (GB/s oder GiB/s).

Ein hoher Durchsatz ist vor allem bei großen, sequenziellen Lese- und Schreibvorgängen von Bedeutung. Typische Anwendungsfälle, die von einem hohen Datendurchsatz profitieren, sind:

- **Backups und Restores:** Bei der Sicherung oder Wiederherstellung werden in kurzer Zeit große Datenmengen sequenziell gelesen oder geschrieben.
- **Große Dateitransfers:** Das Kopieren von ISO-Images, VM-Templates oder umfangreichen Archiven profitiert direkt von einem hohen Durchsatz. Fileserver lesen und schreiben häufig ganze Dateien und profitieren daher von einem Storage, der einen hohen Datendurchsatz bereitstellt.
- **Video-Streaming und -Bearbeitung:** Sequenzielle Lese- und Schreibvorgänge sind hier die Norm, weshalb auch hier der Durchsatz wichtig ist.

In Proxmox VE spielt der Durchsatz also eine wesentliche Rolle bei administrativen Aufgaben wie Backups oder dem Klonen von VMs. Storage-Technologien wie Ceph oder ein gut angebundener NFS-Server können hier ihre Stärken ausspielen und hohe Durchsatzraten erzielen.

10.7.2 IOPS (Input/Output Operations Per Second)

Die *IOPS* geben an, wie viele Lese- oder Schreiboperationen (auch *Transaktionen* genannt) ein Speichermedium pro Sekunde durchführen kann. Im Gegensatz zum Durchsatz, der die *Menge* der Daten misst, steht bei den IOPS die *Anzahl* der Operationen im Vordergrund. Durch eine hohe Parallelisierbarkeit, also die Anzahl der gleichzeitig durchführbaren Transaktionen, erzielt man in der Regel auch eine höhere IOPS-Leistung.

Diese Kennzahl ist der kritische Faktor für alle Workloads, die von vielen kleinen und zufälligen Zugriffen, also *Random I/O*, geprägt sind. Für Virtualisierungsumgebungen ist dies oft der wichtigste Wert, da viele VMs parallel eine Vielzahl von kleinen Lese- und Schreibzugriffen auf ihren virtuellen Disks erzeugen. Wenn es für jede einzelne VM nur 100 Transaktionen sind, auf einem Hypervisor aber 100 VMs laufen, muss das zugrunde liegende Speichersystem schon $100 \times 100 = 10.000$ Transaktionen pro Sekunde leisten.

Typische Anwendungsfälle, die von einer IOPS-Leistung profitieren, sind:

- **Virtualisierungshosts:** Mehrere Gastbetriebssysteme greifen gleichzeitig auf unterschiedliche Blöcke ihrer virtuellen Festplatten zu. Durch die Menge an parallel ausgeführten VMs vervielfacht sich die Anzahl der einzelnen Transaktionen pro VM.
- **Datenbanken:** Insbesondere transaktionale Datenbanken (*Online Transaction Processing*, OLTP) führen permanent viele kleine Lese- und Schreibanfragen aus. Diese profitieren noch mehr von einer geringeren Latenz, jedoch profitieren sie meist auch von einer hohen IOPS-Leistung.

- **Dateiserver und Webserver:** Viele Benutzer oder Prozesse greifen gleichzeitig auf unterschiedliche Dateien zu. Die Leistung eines Fileservers (wie oben beim Durchsatz schon genannt) kann also mit steigender Anzahl der Benutzer und beim Verwalten vieler kleiner Dateien auch von der IOPS-Leistung abhängen.

Bei der Auswahl Ihres Storage für Proxmox VE sollten Sie den IOPS besondere Aufmerksamkeit schenken. ZFS-Pools, die auf Spiegeln (RAID1/RAID10) basieren, bieten hier in der Regel eine deutlich bessere IOPS-Performance als RAIDZ-Konfigurationen. Lokale NVMe-SSDs sind in dieser Disziplin ungeschlagen und liefern hervorragende Ergebnisse. Auch ein Replicated Pool eines Ceph-Storage kann durch den Scale-out-Ansatz und die Parallelisierung eine hohe Anzahl an IOPS bereitstellen.

10.7.3 Latenz (Latency)

Die *Latenz* beschreibt die Zeit, die eine *einzelne* I/O-Anforderung vom Absenden der Anfrage bis zum Abschluss der Operation benötigt. Sie wird üblicherweise in Millisekunden (ms), Mikrosekunden (µs) oder bei extrem schnellen Speichern sogar in Nanosekunden (ns) gemessen.

Eine niedrige Latenz ist für die Reaktionsfähigkeit von Anwendungen von entscheidender Bedeutung. Selbst ein Storage mit hohen IOPS und hohem Durchsatz kann sich langsam anfühlen, wenn die Latenz einer jeden einzelnen Transaktion hoch ist. Sie können dann zwar viele Daten parallel transferieren, wenn aber jede einzelne davon lange dauert, fühlt sich die Anwendung zäh an.

Anwendungsfälle, bei denen eine niedrige Latenz wichtig ist, sind:

- **Transaktionale Datenbanken:** Jede Transaktion muss abgeschlossen werden, bevor die nächste beginnen kann. Hohe Latenzen summieren sich hier schnell auf.
- **Desktop-Virtualisierung (VDI):** Die Reaktionsfähigkeit des Desktops für den Endanwender hängt direkt von der Latenz des Storage ab.
- **Jede Anwendung mit direkter Benutzerinteraktion:** Ein Benutzer, der auf eine Aktion wartet, bemerkt hohe Latenzen sofort.

Netzwerkbasierte Storages wie iSCSI, NFS oder auch Ceph haben prinzipbedingt eine höhere Grundlatenz als direkt angebundene, lokale Speicher wie z. B. NVMe-SSDs. Die Netzwerk-Topologie und -Performance spielen hier eine entscheidende Rolle und verlängern die Reaktionszeit der eigentlichen Storage-Devices zusätzlich.

10.7.4 Das Zusammenspiel der Kennzahlen

Wie bereits erwähnt, stehen diese drei Kennzahlen in einer direkten Abhängigkeit zueinander. Folgende Wechselwirkungen existieren:

- **IOPS und Durchsatz:** Der Durchsatz ergibt sich aus der Anzahl der IOPS, multipliziert mit der Größe der jeweiligen I/O-Operation (Durchsatz = IOPS × Block-Size). Ein Storage kann also einen hohen Durchsatz mit wenigen, aber 4 MB großen I/O-Blöcken erreichen oder mit sehr vielen kleinen, aber parallel transferierten Blöcken, sofern die Latenz gering genug ist, um die kleinen Blöcke so schnell bereitstellen zu können. Für eine Virtualisierungs-Workload sind viele kleine Blöcke (hohe IOPS) meist wichtiger als der Durchsatz.
- **IOPS und Latenz:** Eine hohe IOPS-Zahl ist nur dann wertvoll, wenn die Latenz niedrig ist. Eine Million IOPS mit einer Latenz von 100 ms wären in der Praxis meist unbrauchbar, da jede einzelne Operation extrem lange dauern und das Gesamtsystem sich zäh anfühlen würde.
- **Die Wahl des richtigen Speichers:** Es gibt nicht *den* besten Storage, sondern nur den für Ihre Workload am besten geeigneten:
- Ein Fileserver, der große Datenmengen sequenziell schreibt, profitiert von hohem Durchsatz.
- Ein Datenbankserver benötigt hohe IOPS und niedrige Latenz.
- Ein Hypervisor benötigt eine hohe IOPS-Leistung, aber auch geringe (nicht geringste) Latenzen und einen ausreichenden Durchsatz.

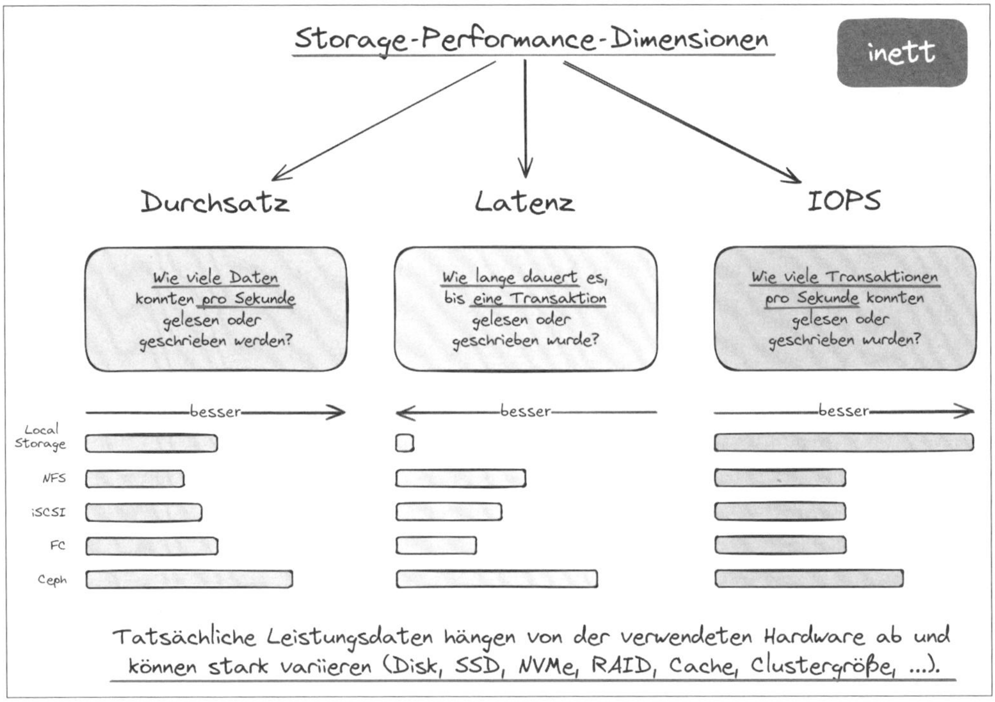

Abbildung 10.12: Vergleich der Storage-Performance

Abbildung 10.12 gibt Ihnen einen visuellen Vergleich verschiedener Storage-Technologien und zeigt, wie sie sich in diesen drei Dimensionen typischerweise verhalten. Nutzen Sie diese Abbildung als Orientierungshilfe, um Ihre Storage-Entscheidungen auf eine solide, faktenbasierte Grundlage zu stellen.

Zur Erläuterung sei aber noch gesagt, dass die Grafik Interpretation und Vorsicht benötigt: Sie gilt nur sehr allgemein und ist bei Weitem nicht auf alle Umgebungen anwendbar.

10.7.5 Performance testen

Nachdem Sie die theoretischen Grundlagen der wichtigsten Storage-Kennzahlen kennengelernt haben, geht es nun darum, diese Werte für Ihre eigene Infrastruktur zu ermitteln. Die Marketing-Angaben zu Enterprise-Storage-Systemen sind voller Superlative und sind zwar ein guter Anhaltspunkt, sind jedoch oft auf den Benchmark hin optimiert.

Nur ein eigener Test unter realen Bedingungen gibt Ihnen verlässliche Auskunft über die tatsächliche Leistungsfähigkeit Ihres Systems. Proxmox VE bietet hierfür sowohl ein einfaches integriertes Werkzeug als auch die Möglichkeit, andere Benchmark-Tools zu nutzen.

Schneller Überblick mit pveperf

Für eine erste, schnelle Einschätzung der Leistung Ihres Systems liefert Proxmox VE das Kommandozeilen-Tool `pveperf` direkt mit. Es führt eine Reihe von einfachen Benchmark-Tests für CPU und Storage durch und gibt Ihnen einen groben Überblick.

Sie können das Tool einfach auf der Shell durch Eingabe von `pveperf` ausführen.

Standardmäßig wird der Test auf dem Root-Dateisystem (`/`) ausgeführt. Sie können aber auch einen beliebigen anderen Pfad angeben, um beispielsweise einen neu eingebundenen Storage zu testen:

```
pveperf /mnt/pve/meine-nfs-storage/
```

Die Ausgabe des Tools sieht in etwa wie folgt aus:

```
~# pveperf
CPU BOGOMIPS: 239734.08
REGEX/SECOND: 2836602
HD SIZE: 430.18 GB (rpool/ROOT/pve-1)
FSYNCS/SECOND: 1653.93
DNS EXT: 12.80 ms
DNS INT: 9.11 ms (pve1.mydomain.local)
```

Für den Storage relevant ist neben der Angabe der Größe (`HD SIZE`) die Anzahl der `FSYNCS/SECOND`. Der Wert misst, wie viele `fsync`-Aufrufe pro Sekunde durchgeführt werden können. Dies ist ein Indikator für die Schreibleistung bei transaktionalen Workloads (z. B. Datenbanken). Je nachdem, ob der Storage Disks, SSDs oder NVMe-Speicher verwendet, sollten Sie ein paar Hundert oder auch einige Tausend `fsyncs` pro Sekunde erhalten.

Bedenken Sie bitte, dass `pveperf` nur einen sehr allgemeinen und schnellen Überblick liefert. Für eine detaillierte Analyse der I/O-Performance, die für Virtualisierung entscheidend ist, sollten Sie eher auf spezialisierte Werkzeuge zurückgreifen, die Sie weiter unten noch kennenlernen.

Detailliertes I/O-Benchmarking mit FIO

Wenn es um professionelles Storage-Benchmarking geht, ist FIO, der *Flexible I/O Tester*, das Werkzeug der Wahl. Es ist extrem flexibel und kann verschiedenste Workloads simulieren, um die Leistung Ihres Storage unter realitätsnahen Bedingungen zu testen. Damit können Sie die zuvor besprochenen Kennzahlen IOPS, Durchsatz und Latenz präzise für Ihr System ermitteln.

FIO hat auch verschiedene Engines für die optimale Messung unterschiedlicher Storage-Systeme »im Gepäck« und jede Menge Parameter, mit denen sich die Messung konfigurieren lässt. Es glänzt zusätzlich damit, dass seine Ausgabe gut lesbar ist und leicht interpretiert werden kann.

FIO ist standardmäßig nicht installiert, lässt sich aber einfach über die Paketverwaltung mit `apt install fio` nachinstallieren. Nach der Installation können Sie spezifischere Tests durchführen.

FIO-Grundlagen

Der Aufruf von FIO geschieht auf der Kommandozeile mit dem Befehl `fio [options] [job options] [job file(s)]`. Für einmalige, individuelle Benchmarks geben Sie die gewünschten Optionen direkt über die Kommandozeile mit an. Führen Sie bestimmte Benchmarks immer wieder durch, können Sie auch ein wiederverwendbares Job-File dafür anlegen, das die spezifischen Optionen für diesen Benchmark beinhaltet.

Gehen Sie Benchmarks mit FIO vorsichtig an, wenn Sie ganze Devices benchmarken. Falls Sie Schreibzugriffe testen, wird FIO Ihr Device überschreiben und die Daten auf ihm zerstören!

In einem Job-File geben Sie an, was genau mit welchen Parametern getestet werden soll. Jede Option, die Sie in einem Job-File angeben können, hat auch eine gleichnamige Kommandozeilenoption zur Ad-hoc-Ausführung.

Die wichtigsten Optionen sind in Tabelle 10.2 aufgelistet. Die vollständige Dokumentation finden Sie unter *https://fio.readthedocs.io/en/latest/fio_doc.html*.

Option	Parameter	Beispiel
`name`	Name des Jobs	`name=Storage1-Benchmark`
`rw`	`read`: sequenzielles Lesen `write`: sequenzielles Schreiben `randread`: zufälliges Lesen `randwrite`: zufälliges Schreiben `rw`: sequenzielles Lesen und Schreiben `randrw`: zufälliges Lesen und Schreiben	`rw=randrw`
`size`	Größe der Datei, die für den Benchmark-Test verwendet werden soll	`size=100G`
`direct`	Aktiviert `O_DIRECT`, falls möglich, und umgeht Caches bei der Messung. (Default: 0)	`direct=1`
`bs`	Block-Size, mit der die Lese-/Schreibvorgänge erfolgen sollen (Default: 4k)	`bs=4M`
`numjobs`	Wie viele parallele Zugriffe sollen verwendet werden? (Default: 1)	`numjobs=10`
`group_reporting`	Generiert bei mehreren parallelen Tests mit `numjobs` einen Sammelreport.	`group_reporting=1`
`iodepth`	Gibt die Warteschlangentiefe für ein Device an. (Default: 1)	`iodepth=4`
`runtime`	Beschränkt die Laufzeit eines Benchmark-Tests auf die angegebene Anzahl Sekunden.	`runtime=30`
`engine`	Wählt eine bestimmte I/O-Engine aus. Viele I/O-Engines stellen eigene zusätzliche Optionen bereit.	`engine=rbd`

Tabelle 10.2: Die wichtigsten Optionen von FIO

Schauen wir uns nun einige Beispiele dazu an.

Beispiel 1: Random Read/Write-IOPS testen

Dieser Test simuliert den typischen Workload eines Virtualisierungshosts oder einer Datenbank mit vielen kleinen, zufälligen Zugriffen.

Gewählte Einstellungen und deren Auswirkungen:

- `--ioengine=libaio`: *Linux Native Asynchronous I/O* – die asynchrone Standard-I/O-Engine des Linux-Kernels
- `--direct=1`: Caches möglichst umgehen, da wir die Geschwindigkeit unserer Storages, nicht des Kernel-Page-Caches messen möchten
- `--rw=randrw`: zufälliges Lesen und Schreiben
- `--bs=4k`: Blocksize 4k (= 4 Kilobyte) verwenden. Wenn Sie messen möchten, zu wie vielen IOPS Ihr Storage fähig ist, messen Sie mit einer kleinen Blocksize wie 4k. Wenn Sie den maximalen Durchsatz messen möchten, verwenden Sie eine große Blocksize wie 4M (= 4 Megabyte).
- `--size=50G`: Wie groß soll die Datei sein, mit der getestet wird? Wenn Sie die Dateigröße zu gering wählen, kann das Ergebnis verfälscht werden, da sie komplett im Cache gehalten werden kann. Alternativ verwenden Sie `direct=1`.
- `--numjobs=8`: Gibt die Anzahl der parallel zu simulierenden Clients an. Wenn Sie die IOPS-Leistung eines Scale-out-Storage wie Ceph messen möchten, experimentieren Sie hier mit 32 bis 4096 Clients. Möchten Sie den Durchsatz messen, wäre eine niedrigere Anzahl wie 2 bis 8 Clients vermutlich besser geeignet. Möchten Sie dagegen die Latenz des Storage messen, nehmen Sie hier lediglich einen einzelnen Client, lassen also `numjobs` als Option weg.
- `--iodepth=32`: Wie viele Operationen sollen in die Warteschlange eins Storage-Device geschoben werden? Dies sorgt dafür, dass direkt nach der Beendigung einer Operation die nächste durchgeführt werden kann.
- `--runtime=60`: Beschränken Sie die Laufzeit des Benchmark-Tests auf 60 Sekunden. Wählen Sie diesen Wert zu klein, erhalten Sie möglicherweise verfälschte Werte. Wählen Sie ihn zu groß, dauert der Durchlauf entsprechend lange. 30 bis 60 Sekunden sind meist eine gute Größe.
- `--group_reporting`: Zeigt am Ende eine Zusammenfassung aller Jobs an. Hilfreich, wenn `numjobs` auf einem Wert größer 1 steht.
- `--filename=/mnt/pve/nfs/testfile.dat`: Das ist die Datei oder das Device, auf dem der Benchmark-Test durchgeführt wird.

Der Befehl erzeugt anschließend folgende Ausgabe und liefert Ihnen die erreichten IOPS-Werte für das Lesen und Schreiben sowie die durchschnittlichen Latenzen:

```
~# fio --name=rand-rw-iops --ioengine=libaio --direct=1 --rw=randrw \
   --bs=4k --size=50G --numjobs=8 --iodepth=32 --runtime=60 \
   --group_reporting --filename=/testfile.dat
rand-rw-iops: (g=0): rw=randrw, bs=(R) 4096B-4096B, (W) 4096B-4096B, (T)
4096B-4096B, ioengine=libaio, iodepth=32
...
```

```
fio-3.33
Starting 8 processes
rand-rw-iops: Laying out IO file (1 file / 4096MiB)
Jobs: 8 (f=8): [m(8)][100.0%][r=47.2MiB/s,w=47.4MiB/s][r=12.1k,w=12.1k
IOPS][eta 00m:00s]
rand-rw-iops: (groupid=0, jobs=8): err= 0: pid=1832295: Sun Jun 15
17:12:16 2025
  read: IOPS=12.2k, BW=47.5MiB/s (49.8MB/s)(2853MiB/60013msec)
    slat (usec): min=4, max=9457, avg=37.03, stdev=65.90
    clat (usec): min=429, max=96185, avg=10904.12, stdev=5140.59
     lat (usec): min=1249, max=96195, avg=10941.15, stdev=5137.86
    clat percentiles (usec):
     |  1.00th=[ 4228],  5.00th=[ 5342], 10.00th=[ 5932],
     | 20.00th=[ 6849], 30.00th=[ 7701], 40.00th=[ 8586],
     | 50.00th=[ 9503], 60.00th=[10683], 70.00th=[12256],
     | 80.00th=[14353], 90.00th=[17957], 95.00th=[21103],
     | 99.00th=[28181], 99.50th=[31065], 99.90th=[37487],
     | 99.95th=[40633], 99.99th=[46924]
   bw (  KiB/s): min=36187, max=61925, per=100.00%, avg=48734.27,
stdev=659.28, samples=952
   iops        : min= 9045, max=15480, avg=12182.90, stdev=164.82, samples=952
  write: IOPS=12.2k, BW=47.5MiB/s (49.9MB/s)(2853MiB/60013msec); 0 zone
resets
    slat (usec): min=4, max=8351, avg=38.52, stdev=63.84
    clat (usec): min=520, max=49088, avg=10038.41, stdev=5123.09
     lat (usec): min=574, max=49101, avg=10076.93, stdev=5120.98
    clat percentiles (usec):
     |  1.00th=[ 3326],  5.00th=[ 4424], 10.00th=[ 5080],
     | 20.00th=[ 5997], 30.00th=[ 6849], 40.00th=[ 7701],
     | 50.00th=[ 8586], 60.00th=[ 9896], 70.00th=[11338],
     | 80.00th=[13435], 90.00th=[16909], 95.00th=[20317],
     | 99.00th=[27395], 99.50th=[30278], 99.90th=[35914],
     | 99.95th=[38536], 99.99th=[43779]
   bw (  KiB/s): min=35941, max=63580, per=100.00%, avg=48753.32, stdev=
665.80, samples=952
   iops        : min= 8984, max=15895, avg=12187.72, stdev=166.46, samples=952
  lat (usec)   : 500=0.01%, 750=0.01%, 1000=0.01%
  lat (msec)   : 2=0.04%, 4=1.74%, 10=56.04%, 20=36.28%, 50=5.90%
  lat (msec)   : 100=0.01%
  cpu          : usr=4.09%, sys=11.75%, ctx=589118, majf=0, minf=525
  IO depths    : 1=0.1%, 2=0.1%, 4=0.1%, 8=0.1%, 16=0.1%, 32=100.0%, >=64=
0.0%
```

```
     submit : 0=0.0%, 4=100.0%, 8=0.0%, 16=0.0%, 32=0.0%, 64=0.0%,
>=64=0.0%
     complete : 0=0.0%, 4=100.0%, 8=0.0%, 16=0.0%, 32=0.1%, 64=0.0%,
>=64=0.0%
     issued rwts: total=730394,730479,0,0 short=0,0,0,0 dropped=0,0,0,0
     latency : target=0, window=0, percentile=100.00%, depth=32

Run status group 0 (all jobs):
   READ: bw=47.5MiB/s (49.8MB/s), 47.5MiB/s-47.5MiB/s
(49.8MB/s-49.8MB/s), io=2853MiB (2992MB), run=60013-60013msec
  WRITE: bw=47.5MiB/s (49.9MB/s), 47.5MiB/s-47.5MiB/s
(49.9MB/s-49.9MB/s), io=2853MiB (2992MB), run=60013-60013msec

Disk stats (read/write):
    dm-1: ios=728964/729316, merge=0/0, ticks=7775500/7049815, in_queue=
14825315, util=100.00%, aggrios=730418/730600, aggrmerge=0/57, aggrticks=
7788336/7055159, aggrin_queue=14844203, aggrutil=69.01%
  sda: ios=730418/730600, merge=0/57, ticks=7788336/7055159, in_queue=
14844203, util=69.01%
```

Listing 10.8: Die Ausgabe von FIO ist detailliert und liefert Ihnen die relevanten Ergebnisse eines Storage-Benchmarks.

Beispiel 2: Sequenziellen Durchsatz testen

Das folgende Beispiel misst die maximale Transferrate bei großen, sequenziellen Zugriffen, wie sie bei Backups oder beim Kopieren großer Dateien vorkommen:

```
~# fio --name=seq-write-throughput --ioengine=libaio --direct=1 \
    --rw=write -bs=4M --size=100G --numjobs=1 --iodepth=64 \
    --group_reporting \
    --filename=/mnt/pve/nfs/testfile.dat
```

- `--rw=write`: Führt ausschließlich sequenzielle Schreibvorgänge durch. Mit `read` würden nur Lesetests durchgeführt.
- `--bs=4M`: Verwendet eine große Blockgröße von 1 Megabyte, um den sequenziellen Durchsatz zu maximieren.
- `--size=100G`: Schreibt eine 100-GB-Testdatei.

Die Ausgabe zeigt Ihnen wie oben viele verschiedene Datenpunkte an, jedoch wollten wir damit explizit den höchstmöglichen Durchsatz in MB/s messen.

10.8 ZFS-Storage

Wenn es um die Wahl des richtigen Speichersystems für Ihre Proxmox-VE-Umgebung geht, stoßen Sie irgendwann auch auf *ZFS*. Es ist weit mehr als nur ein Dateisystem, denn es integriert das Disk-Management mit RAID, das Volume-Management, das Filesystem und Block-Devices in ein robustes Software-Defined-Storage-System, das ursprünglich von Sun Microsystems entwickelt wurde. Der Quellcode von ZFS wurde im Jahr 2006 als Open Source unter der CDDL-Lizenz veröffentlicht. Seitdem hat ZFS sich zu einer der fortschrittlichsten Speichertechnologien in der Open-Source-Welt weiterentwickelt.

Seit Version 3.4 ist ZFS direkt in Proxmox VE integriert und bietet eine ganze Reihe an Enterprise-Funktionen, die oft nur in proprietären Systemen verfügbar sind. Sie müssen keine externen Module kompilieren oder umständliche Konfigurationen vornehmen, da Proxmox VE bereits alles für den Einsatz von ZFS an Bord hat. Das macht ZFS zu einer sehr attraktiven Option, sowohl für günstigere Setups mit Standard-Hardware als auch für hochperformante Systeme, die auf SSD-Caching oder reine SSD-Umgebungen setzen.

In diesem Kapitel werden wir uns ZFS genauer ansehen. Wir beginnen mit den Grundlagen und ich erkläre, was ZFS so besonders macht und welche Vorteile es Ihnen in der Praxis bringt. Danach gehe ich auf die Hardware-Anforderungen ein, denn auch wenn ZFS auf Standard-Hardware läuft, müssen Sie ein paar Dinge beachten, um sein volles Potenzial auszuschöpfen.

10.8.1 ZFS-Grundlagen

Bevor wir uns in die Details der Konfiguration und Administration stürzen, lassen Sie uns einen Blick auf einige grundlegende Eigenschaften und Vorteile von ZFS werfen, die es für den Einsatz in einer Virtualisierungsumgebung so interessant machen:

- **Einfache Konfiguration und Verwaltung:** Proxmox VE bietet sowohl über die grafische Benutzeroberfläche als auch über die Kommandozeile entsprechende Werkzeuge, um ZFS-Pools zu erstellen und zu verwalten.
- **Zuverlässigkeit und Datenintegrität:** ZFS wurde von Grund auf mit dem Ziel entwickelt, Datenintegrität zu gewährleisten. Durch Mechanismen wie Copy-on-Write, bei dem geänderte Daten nicht an Ort und Stelle überschrieben, sondern kontinuierlich vorwärts an eine neue Stelle geschrieben werden, sowie durch die kontinuierliche Überprüfung von Prüfsummen, schützt ZFS Ihre Daten aktiv vor Datenkorruption durch sterbende Storage-Devices oder *Bit Rot*.
- **Snapshots und Klone:** ZFS bietet eine sehr effiziente Implementierung von Snapshots. Da nur die geänderten Blöcke gespeichert werden, sind Snapshots nahezu augenblicklich erstellt und verbrauchen anfangs kaum zusätzlichen Speicherplatz. Darauf aufbauend, lassen sich ebenso effizient Klone von virtuellen Maschinen und Containern erstellen.

- **Software-RAID:** ZFS bringt seine eigenen, leistungsfähigen RAID-Implementierungen mit. Von *Stripes* (RAID0) über *Mirrors* (RAID1) bis hin zu *RAIDZ*- und *dRAID*-Leveln wie RAIDZ-1/2/3 und dRAID-1/2/3, die eine einfache, doppelte oder dreifache Parität und physische oder virtuelle Hotspare-Devices bieten, ist für fast jedes Bedürfnis etwas dabei.
- **Performance-Optimierung durch Caching oder Special Devices:** ZFS ermöglicht den Einsatz von schnellen NVMe- oder SSD-Devices als Lese-Cache (*L2ARC*) oder als Schreib-Cache für synchrone Schreibvorgänge (*ZIL/SLOG*). Mit schnellen Special Devices können Metadaten eines ZFS-Pools auf schnellere Storages gelegt werden. Dies kann die Performance von Pools, die auf langsameren, drehenden Festplatten basieren, erheblich steigern.
- **Selbstheilung:** Erkennt ZFS bei einem Lesevorgang einen fehlerhaften Datenblock anhand der Prüfsumme, kann es diesen defekten Block bei einer redundanten Konfiguration (beispielsweise bei einem RAID1 oder einem RAIDZ-1/2/3) automatisch durch eine intakte Kopie von einer anderen Festplatte reparieren.
- **Asynchrone Replikation:** Mit einem eingebauten Send/Receive-Mechanismus lassen sich ZFS-Snapshots effizient und inkrementell über das Netzwerk an einen entfernten ZFS-Pool senden. Dies ist die technologische Grundlage für die Storage-Replikation in Proxmox VE, um die sich Kapitel 18 dreht.

Mit diesem Feature-Set spielt ZFS sehr weit vorne mit, allerdings ist es kein Shared Storage, sondern eine lokale Storage-Lösung, die auf einem einzelnen Server betrieben wird und auf die nur von einem Server zugegriffen werden kann. Teile davon lassen sich wiederum über Protokolle wie NFS, Samba sowie auch in Kombination mit iSCSI anderen Servern zur Verfügung stellen.

10.8.2 Anforderungen für den Betrieb von ZFS

Damit ZFS seine Stärken voll ausspielen kann und stabil läuft, sollten Sie einige Hardware-Anforderungen berücksichtigen. Auch wenn ZFS prinzipiell auf fast jeder Standard-Server-Hardware läuft, gibt es ein paar Best-Practice-Empfehlungen, die Sie im praktischen Einsatz berücksichtigen müssen.

Arbeitsspeicher (RAM)

ZFS liebt RAM. Das ist wahrscheinlich der wichtigste Satz, den Sie im Zusammenhang mit ZFS hören werden. Der Arbeitsspeicher wird unter anderem für den *ARC-Cache* (*Adaptive Replacement Cache*) genutzt. Dabei handelt es sich um einen Lese-Cache, der maßgeblich zur Performance beiträgt. Als Faustregel gilt: Verwenden Sie 1 GB RAM pro TB Storage.

Um Datenkorruption zu vermeiden, ist der Einsatz von ECC-RAM dringend zu empfehlen. Dieser kann Fehler im Arbeitsspeicher erkennen und korrigieren, was eine zusätzliche Schutzschicht für Ihre Daten darstellt.

Controller: HBA statt Hardware-RAID

Verwenden Sie ZFS niemals auf einem Hardware-RAID-Controller!

ZFS als Software-Defined-Storage-System ist darauf ausgelegt, die Festplatten direkt zu verwalten, um Datenkonsistenz und Performance sicherzustellen. Ein RAID-Controller würde hier als zusätzliche Abstraktionsschicht agieren und die internen Mechanismen von ZFS stören. Das äußert sich in der Praxis durch nicht vorhersagbare Latenzen, was für Virtualisierungsumgebungen keine gute Voraussetzung darstellt. Proxmox selbst gibt an, dass ZFS inkompatibel mit Hardware-RAID-Controllern ist und deshalb nicht verwendet werden darf.

Verwenden Sie stattdessen einen HBA, der im *IT*-Mode (*Initiator-Target*-Mode) betrieben wird. In diesem Modus werden die Festplatten direkt an das Betriebssystem durchgereicht, und ZFS hat die volle Kontrolle.

Festplatten und SSDs

Wenn Sie einen dedizierten Cache (*L2ARC*) oder ein separates Log-Device (auch als *SLOG* bezeichnet) einsetzen, sollten Sie hierfür unbedingt Enterprise-SSDs oder -NVMes verwenden. Diese bieten nicht nur eine höhere Performance und geringere Latenzen, sondern auch eine höhere Lebensdauer und meist eine integrierte *Power-Loss-Protection* (PLP), die vor Datenverlust bei einem Stromausfall schützt. Den Einsatz von Consumer-SSDs sollten Sie in produktiven Umgebungen vermeiden, da sie bei vielen gleichzeitigen Zugriffen einen Engpass darstellen, keine Power-Loss-Protection besitzen und mangels ausreichender Flash-Ersatzzellen nicht lange leben werden.

ZFS-Deduplizierung nicht verwenden

Obwohl ZFS auch Deduplizierung beherrscht sollten Sie sie auf einem Hypervisor nicht verwenden. Deduplizierung spielt seine Stärken dort aus, wo viele gleichartige Datenblöcke gespeichert werden, beispielsweise auf größeren Storage-Systemen.

Bei einem neuen zu speichernden Datenblock wird geprüft, ob dieser Block bereits existiert, indem man eine eindeutige Prüfsumme über ihn bildet. Existiert diese Prüfsumme bereits im Datenpool, ist der Block schon vorhanden und muss nur noch referenziert werden. Damit das jedoch schnell genug geschieht, werden diese Prüfsummen im Hauptspeicher gehalten und benötigen für die permanenten Vergleiche auch CPU-Zyklen. Sowohl RAM wie auch die CPU-Leistung jedoch sollen auf einem Hypervisor eher dem Betrieb der VMs als der Deduplizierung zugutekommen.

10.8.3 Administration

Der Proxmox-Installer bietet die Installation auf Basis eines ZFS ja bereits an. Wenn Sie jedoch für Ihre Boot-Disks einen RAID-Controller verwenden, können Sie dennoch anschließend Ihre VMs, Container, Templates, Backups und andere Daten auf einem ZFS-

Datenpool speichern. Dazu werden wir im folgenden Abschnitt einen Blick auf die Administrationsmöglichkeiten werfen.

Für die Administration über die Kommandozeile benötigen Sie in der Regel nur zwei Befehle:

- `zpool`: Mit diesem Befehl administrieren Sie alles, was mit den physischen Storages zu tun hat. Sie verwalten damit also Storage-Pools und RAID-Konfigurationen.
- `zfs`: Dieser Befehl ermöglicht Ihnen die Verwaltung von allem, was in einem Pool geschieht, beispielsweise von Datasets oder Volumes. Datasets kann man sich wie Filesysteme vorstellen, Volumes wie Block-Devices.

ZFS-Pools

Da es sich bei ZFS um ein lokales Storage-System handelt, ist die Einrichtung und Verwendung eines ZFS-Pools unter dem jeweiligen Node zu finden. Jeder Node kann also seine komplett eigene ZFS-Konfiguration und eigene Pools mit eigenen RAID-Konfigurationen haben. In einem Proxmox-VE-Cluster sollten Sie jedoch erwägen, möglichst gleiche Namen und Konfigurationen zu verwenden. So ist beispielsweise der Einsatz der Storage-Replikation nur dann möglich, wenn die ZFS-Pools auf dem Quell- und Zielserver gleich benannt sind.

In der GUI eines Proxmox-VE-Hosts finden Sie den Einstieg in die ZFS-Pools unter **Datacenter • <Node> • Disks • ZFS**. Dort werden alle existierenden ZFS-Pools dieses Servers so angezeigt, wie Sie es in Abbildung 10.13 sehen.

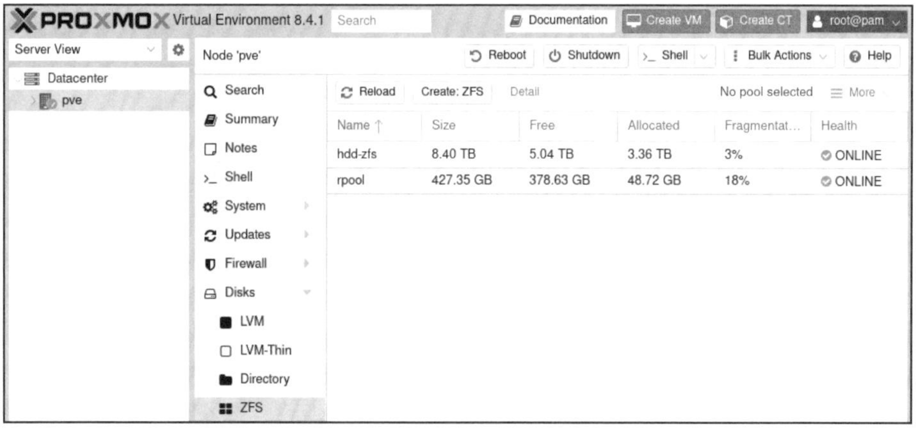

Abbildung 10.13: Die Ansicht der ZFS-Pools in der Proxmox-VE-GUI

Auf den ersten Blick erkennen Sie, ob der Pool in Ordnung ist, wenn der Status auf **ONLINE** steht. Befindet sich der Pool im Status **DEGRADED**, ist er zwar noch funktionsfähig, aber nicht mehr redundant. Durch einen Doppelklick auf den Pool oder die Auswahl des Pools und einen Klick auf den Button **Detail** können Sie sich den Zustand eines existierenden ZFS-Pools anschauen (siehe Abbildung 10.14).

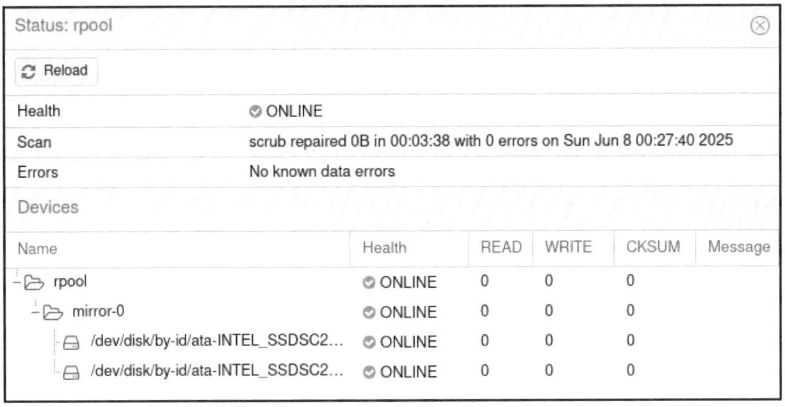

Abbildung 10.14: Detailanzeige eines RAID1-root-Pools aus zwei SSDs

In den Details würden Sie auch den Grund für den Status **DEGRADED** erkennen: Meist handelt es sich um eine oder mehrere Disks, die defekt sind und ausgetauscht werden müssen. Wie Sie defekte Disks in einem ZFS-Pool austauschen, beschreibe ich noch in Abschnitt 10.8.4.

Ein etwas komplexeres Beispiel sehen Sie in Abbildung 10.15. Dieser Pool besteht aus 4 HDDs, die in einem RAID10-Verbund konfiguriert sind und mit einem Special-Device-Mirror erweitert wurden.

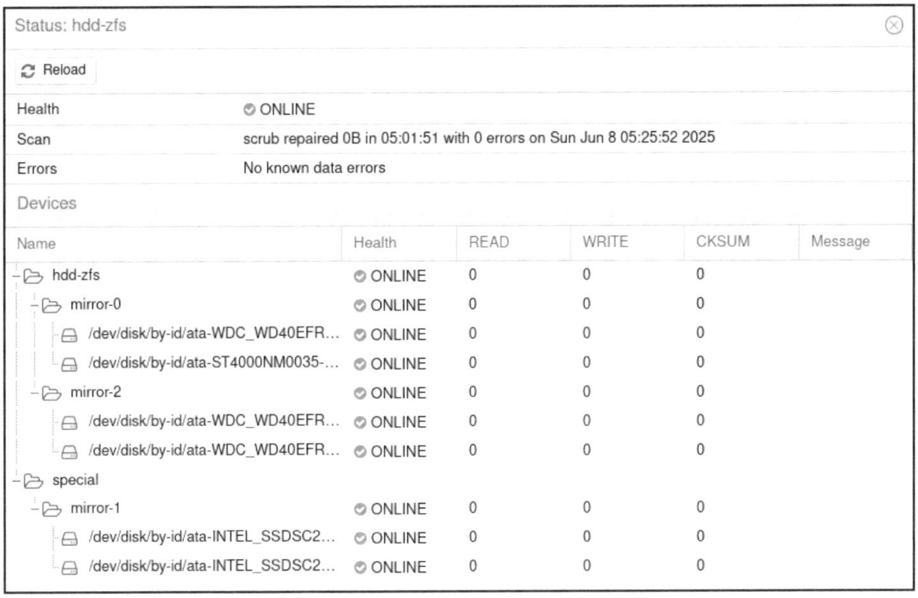

Abbildung 10.15: Ein ZFS-Daten-Pool, der aus einem RAID10 aus HDDs besteht, wird durch einen Special-Device-Mirror aus SSDs beschleunigt.

Einen ZFS-Pool erstellen

Aus dieser Ansicht heraus können Sie nun auch neue ZFS-Pools über den Button **Create: ZFS** erzeugen.

Im Dialog aus Abbildung 10.16 geben Sie nun die gewünschten Parameter für den Pool an und wählen unten die Disks aus, aus denen der Pool bestehen soll. Proxmox VE zeigt Ihnen in der Auswahl alle nicht verwendeten Disks im Server an.

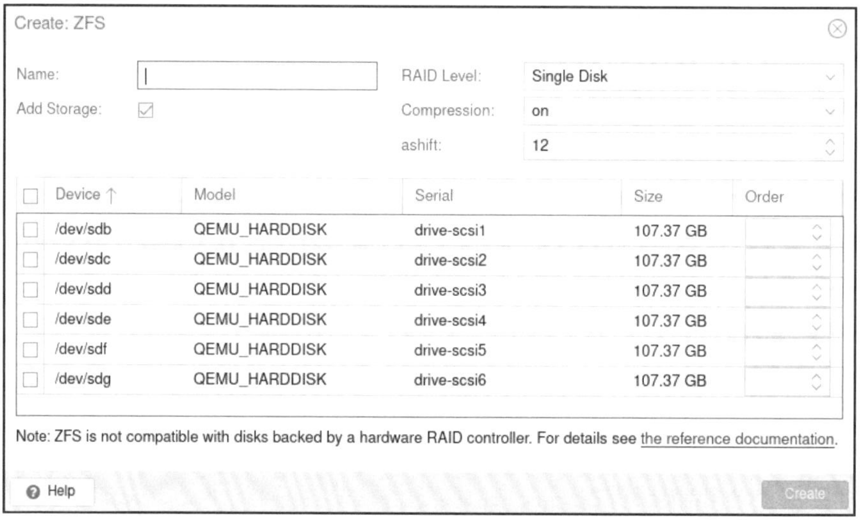

Abbildung 10.16: Der Dialog zum Erstellen eines neuen ZFS-Pools

Zum Anlegen eines neuen ZFS-Pools können Sie folgende Eigenschaften angeben:

- **Name:** Geben Sie Ihrem Pool einen Namen. Der hier eingegebene Name wird sowohl für die Benennung des ZFS-Pools selbst wie auch als Name für den Proxmox-VE-Storage verwendet, der später im Ressourcenbaum der GUI zu sehen ist.
- **Add Storage:** Ist dieser Haken gesetzt, wird eine Storage-Konfiguration in Proxmox VE automatisch angelegt. Nehmen Sie den Haken raus, wird nur der ZFS-Pool angelegt, aber kein Storage in der Proxmox-Konfiguration hinzugefügt. Dies könnte beispielsweise sinnvoll sein, wenn Sie explizit unterschiedliche Namen für den Pool und die Storage-Benennung in der Proxmox-VE-Anzeige verwenden möchten.
- **RAID Level:** Wählen Sie den gewünschten RAID-Level für diesen Pool aus. Obwohl die Voreinstellung **Single Disk** ist, empfehle ich dringend, für produktive Pools immer einen RAID-Level mit Redundanz zu verwenden.
- **Compression:** Die Voreinstellung ist **on**, was *LZ4* entspricht. Bleiben Sie bei der Voreinstellung, sofern es keinen guten Grund für einen Wechsel gibt. Andere interessante Möglichkeiten sind **off** und **zstd**:
  - **off:** Die Komprimierung ist deaktiviert. Das kann bei langsamen CPUs und extrem schnellen NVMe-Speichern Geschwindigkeitsvorteile haben.

  - **zstd:** Verwendet *Zstandard* als Kompressionsalgorithmus. Er erreicht eine deutlich bessere Komprimierung als *LZ4* bei einer etwas höheren CPU-Last und einer etwas geringeren Geschwindigkeit. Verwenden Sie diesen Algorithmus, wenn Ihnen eine bessere Komprimierung wichtiger ist als CPU-Last und Disk-Performance.
- **ashift:** Gibt den *Alignment Shift*, also die Sektorgrößen des physischen Storage an. Diese Eigenschaft kann nur bei der Erstellung angegeben werden und lässt sich später nicht mehr ändern. Die Voreinstellung **12** bedeutet, dass ZFS 2^{12} = 4096 Byte große Sektoren verwendet. Das ist für nahezu alle HDDs, SSDs und NVMes die korrekte Einstellung. Manche NVMes verwenden nativ 8096 Byte große Sektoren. In einem solchen Fall sollten Sie hier den Wert **13** verwenden (2^{13} = 8096 Byte).

Anschließend wählen Sie die Disks aus, auf denen der Pool erzeugt werden soll, und klicken auf **Create**.

Alternativ lässt sich ein ZFS-Pool mit dem Befehl `zpool create` auch über die Kommandozeile anlegen:

```
# Allgemeiner Aufruf
# zpool create -f -o ashift=12 <pool> <device>

# Erstellen des Pools vmdata-zfs als RAID1 (mirror) auf den beiden
# Devices /dev/sdc und /dev/sdd
~# zpool create -f -o ashift=12 vmdata-zfs mirror /dev/sdc /dev/sdd
```

Der Befehl liefert keine Ausgabe zurück, wenn das Kommando erfolgreich ist. Mit einem `zpool status` können Sie das Ergebnis anschließend prüfen:

```
~# zpool status
  pool: vmdata-zfs
 state: ONLINE
config:

  NAME STATE READ WRITE CKSUM
  vmdata-zfs ONLINE 0 0 0
    mirror-0 ONLINE 0 0 0
      sdc ONLINE 0 0 0
      sdd ONLINE 0 0 0

errors: No known data errors
```

Damit haben Sie Ihren neuen ZFS-Pool namens `vmdata-zfs` erstellt und können ihn verwenden. Er wird für Sie auch direkt im root unter `/vmdata-zfs` eingehängt und ist direkt verwendbar.

Wenn Sie den Pool über die Kommandozeile anlegen, kennt Proxmox VE den Pool noch nicht. Sie müssen ihn in einem weiteren Schritt zur Storage-Konfiguration Ihres Proxmox-VE-Servers hinzufügen. Dazu verwenden Sie den Befehl `pvesm` mit entsprechenden Angaben:

```
# Allgemeines Beispiel
#  <name> ist die Bezeichnung des Storage in Proxmox VE
#  <zfspool> ist der Name des ZFS-Pools
~# pvesm add zfspool <name> --pool <zfspool> --content rootdir,images

# Spezifisch für den oben angelegten ZFS-Pool vmdata-zfs
~# pvesm add zfspool vmdata-zfs --pool vmdata-zfs \
   --content rootdir,images
```

In der */etc/pve/storage.cfg* sieht der Eintrag anschließend so wie im folgenden Listing aus:

```
zfspool: vmdata-zfs
  pool vmdata-zfs
  content images,rootdir
  mountpoint /vmdata-zfs
```

Danach ist Ihr neu angelegter Pool auch in der GUI zu sehen und kann für VMs und Container verwendet werden.

Löschen eines ZFS-Pools

Wenn Sie einen ZFS-Pool löschen möchten, vergessen Sie nicht, die in ihm enthaltenen Daten vorher mit der Storage-Migration auf einen anderen Storage zu migrieren. Ist der ZFS-Pool leer oder werden die Daten in ihm nicht mehr benötigt, können Sie ihn unwiderruflich löschen.

In der GUI erledigen Sie das Löschen eines ZFS-Pools, indem Sie unter **Datacenter • <Node> • Disks • ZFS** den Pool aus der Liste auswählen und oben rechts in der Ecke auf **More** und anschließend auf **Destroy** klicken (siehe Abbildung 10.17).

Zur Sicherheit wird beim folgenden Dialog noch einmal nachgefragt, ob Sie das wirklich tun möchten. Ihren Wunsch müssen Sie mit der Eingabe des Storage-Namens in Proxmox bestätigen, wie in Abbildung 10.18 zu sehen ist.

Die folgenden Optionen können Sie dazu noch angeben:

- **Cleanup Disks**: Beim Löschen des ZFS-Pools bleiben ein paar Reste und Markierungen auf den Disk-Devices übrig. Wenn Sie auch diese beseitigen möchten, aktivieren Sie den Haken.
- **Cleanup Storage Configuration**: Die Storage-Konfiguration des Hypervisors wird bereinigt, d. h. der Storage wird auch aus Proxmox VE entfernt und ist dann im Ressourcenbaum nicht mehr sichtbar.

Abbildung 10.17: Löschen eines ZFS-Pools über die GUI

Abbildung 10.18: Bestätigung mit dem Namen des Storage, wie er in Proxmox VE angegeben ist

Wenn Sie anschließend auf **Remove** klicken, wird der ZFS-Pool inklusive seiner Daten unwiderruflich gelöscht.

Regelmäßiges Trimming und Scrubbing

ZFS führt mehrere Wartungsjobs für Pools automatisch, regelmäßig und im Hintergrund aus: *Trimming* und *Scrubbing*.

Das Trimming aller Pools geschieht an jedem ersten Sonntag eines Monats, das Scrubbing folgt an jedem zweiten Sonntag eines Monats. Jeder der beiden Jobs startet in der Nacht von Samstag auf Sonntag kurz nach Mitternacht um 00:24 Uhr. Wenn Sie also an den ersten beiden Sonntagen eines Monats Last auf Ihrem Storage bemerken, ist dies möglicherweise der Grund.

Trimming

TRIM teilt dem SSD-Controller bzw. dem Thin-Provisioning-Backend mit, welche Blöcke nicht mehr gebraucht werden. Dadurch werden auf SSDs ungenutzte Flash-Zellen frei. Das sorgt für eine bessere Schreib-Performance, für eine geringere Fragmentierung und für weniger *Write Amplification*. Außerdem kann bei Thin-Provisioned Storages wie ZFS-thin und Ceph RBD physischer Speicher wieder freigeben.

Das regelmäßige Trimming wird über das Skript `/usr/lib/zfs-linux/trim` durchgeführt und führt für jeden Pool einen ZFS-TRIM-Vorgang über **`zpool trim`** `<pool>` durch.

Scrubbing

Ein *Scrubbing* stellt sicher, dass alle gespeicherten Daten auch in Ordnung und weiterhin lesbar sind. Unter Scrubbing versteht man im Allgemeinen die Überprüfung der Metadaten und Datenstrukturen oder sogar des gesamten Datenbestands. Diese Prüfung findet statt, indem die entsprechenden Bereiche eines Storage-Systems gelesen und geprüft werden, eventuell auftretende Inkonsistenzen gemeldet oder sogar automatisch repariert werden. Ein vollständiges Scrubbing dauert natürlich entsprechend lange, da der gesamte Datenbestand gelesen werden muss; es hat aber nebenbei auch den Vorteil, dass Mediendefekte frühzeitig erkannt und nach Möglichkeit behoben werden, bevor sie sich zu einem echten Problem ausweiten.

Proxmox verwendet dazu das Skript `/usr/lib/zfs-linux/scrub` und führt für jeden gesunden Pool `zpool scrub <pool>` aus.

Ein Scrubbing kann auf langsamen Storages mit vielen Daten lange dauern. Sie können es deshalb manuell mit `zpool scrub -p <pool>` pausieren und später mit `zpool scrub <pool>` wieder starten oder mit `zpool scrub -s <pool>` ganz abbrechen. Dies wäre eine Möglichkeit, wenn der Scrub am Montagmorgen noch läuft und Ihren Storage stark verlangsamt, Sie die Performance jedoch für den Produktivbetrieb benötigen.

Regelmäßige, automatische Durchführung

In Proxmox VE existiert dazu ein Cronjob unter */etc/cron.d/zfsutils-linux*, der an jedem ersten Sonntag eines Monats einen TRIM-Job und an jedem zweiten Sonntag eines Monats einen Scrubbing-Job automatisch startet:

```
PATH=/usr/local/sbin:/usr/local/bin:/sbin:/bin:/usr/sbin:/usr/bin

# TRIM the first Sunday of every month.
24 0 1-7 * * root if [ $(date +%w) -eq 0 ] && [ -x /usr/lib/zfs-linux/
trim ]; then /usr/lib/zfs-linux/trim; fi

# Scrub the second Sunday of every month.
24 0 8-14 * * root if [ $(date +%w) -eq 0 ] && [ -x /usr/lib/zfs-linux/
scrub ]; then /usr/lib/zfs-linux/scrub; fi
```

Während ein Scrub oder ein Trim läuft, können Sie mittels `zpool status` auf der Shell den Fortschritt beobachten:

```
root@pve:~# zpool status
  pool: rpool
 state: ONLINE
```

```
  scan: scrub in progress since Sun Aug 11 00:24:01 2024
  7.95T / 7.96T scanned, 7.91T / 7.96T issued at 56.7M/s
  0B repaired, 99.39% done, 00:14:59 to go
[...]
```

Nachdem das Scrubbing beendet wurde, können Sie erneut über ein `zpool status` feststellen, ob Fehler aufgetreten sind und daher Handlungsbedarf besteht. Daraus lässt sich ableiten, ob eine Festplatte oder SSD bald ausgetauscht werden sollte. In unserem beendeten Lauf dagegen war alles in Ordnung, was Sie an der `scan:`-Zeile erkennen können:

```
root@pve:~# zpool status
  pool: rpool
 state: ONLINE
  scan: scrub repaired 0B in 11:59:01 with 0 errors on Sun Aug 11
12:23:02 2024
[...]
```

Bei Bedarf können Sie die Zeiten und die Häufigkeit der Cronjobs anpassen oder durch `systemd.timer` ersetzen. Monatlich ist ein guter Kompromiss zwischen Systemlast und Datensicherheit.

10.8.4 ZFS-Troubleshooting und Fehlerbehebung

So stabil und sicher ZFS auch sein mag, es gibt dennoch Situationen, in denen Komponenten wie Storage-Devices einmal kaputtgehen und ausgetauscht werden müssen. In diesem Abschnitt möchte ich Ihnen deshalb die gängigsten Fehler und deren Lösungen näherbringen.

Obwohl es eine Binsenweisheit ist, sollten Sie stets eine Datensicherung haben. Ein RAID ersetzt kein Backup, denn wenn Sie beim Ersetzen von defekten Storage-Devices einen Fehler machen und versehentlich das falsche Device entfernen, kann dies in einem Datenverlust enden. Sie sollten also stets darauf achten, dass Sie ein aktuelles Backup Ihrer Daten haben, um sich vor einem Datenverlust zu schützen.

Austausch einer defekten Disk

Schauen wir uns zunächst an, wie Sie vorgehen, wenn eine Festplatte ausfällt oder Fehler meldet.

Feststellen eines defekten Pools

ZFS besitzt eine permanente Selbstprüfung und Selbstheilung. Findet es beim Lesen einen defekten Block oder lässt sich der Block gar nicht mehr lesen, nimmt es in einer Mirror- oder RAIDZ-Konfiguration automatisch eine noch intakte Kopie der gleichen Daten und überschreibt den defekten Block, um ihn zu korrigieren.

Lässt sich das Problem damit jedoch nicht beheben und häufen sich die Fehler, meldet ZFS das Device als **FAULTY** ab und der Pool geht in den Status **DEGRADED** über, da er nicht mehr die vollständige Redundanz besitzt. Falls Sie den Pool mit einem *Spare-Device* ausgestattet haben oder es sich um einen **dRAID**-Pool mit einem *virtuellen Spare-Device* handelt, sorgt ZFS eigenständig für den sofortigen Beginn eines Rebuilds.

Im nächsten Beispiel sehen Sie, wie `zpool status` einen ZFS-Pool im Status **DEGRADED** anzeigt:

```
root@pve:~# zpool status
  pool: hdd-zfs
 state: DEGRADED
status: One or more devices are faulted in response to persistent
errors. Sufficient replicas exist for the pool to continue functioning
in a degraded state.
action: Replace the faulted device, or use 'zpool clear' to mark the
device repaired.
  scan: scrub repaired 1M in 05:26:26 with 0 errors on Sun May 11
05:50:27 2025
config:

    NAME STATE READ WRITE CKSUM
    hdd-zfs DEGRADED 0 0 0
     mirror-0 DEGRADED 0 0 0
       ata-WDC_WD40EFRX-68WT0N0_WD-WCC4E3JL0H25 FAULTED 38 0 27 too
                                                                 many
                                                                 errors
       ata-WDC_WD40EFRX-68WT0N0_WD-WCC4E1EJF2KR ONLINE 0 0 0
     mirror-1 ONLINE 0 0 0
       ata-WDC_WD40EFRX-68N32N0_WD-WCC7K0HP0KDA ONLINE 0 0 0
       ata-WDC_WD40EFRX-68N32N0_WD-WCC7K7EUF2LL ONLINE 0 0 0

errors: No known data errors
```

Der Grund dafür ist schnell gefunden: Die erste Disk im VDEV `mirror-0` meldet zu viele Fehler und wurde deshalb als **FAULTY** gekennzeichnet. Da das VDEV jedoch eine weitere Disk als Spiegel enthält, sind alle Daten weiterhin verfügbar und unbeschädigt. Lassen Sie sich mit dem Austausch der ersten Disk nicht zu viel Zeit, denn falls die zweite Disk nun ebenfalls ausfällt, werden Sie einen Datenverlust erleiden.

Defektes Device identifizieren

Ein Hardware-RAID-Controller würde Ihnen durch eine blinkende Disk möglicherweise schon anzeigen, welche Ihrer Disks defekt ist und ausgetauscht werden müsste. Da ZFS jedoch nie auf einem Hardware-RAID-Controller betrieben werden sollte, benötigen wir eine andere Methode, um herauszufinden, welche physische Disk defekt ist und in welchem Disk-Slot des Servers sie steckt:

- **Methode 1 (empfohlen)**: Beschriften Sie Ihre Disk-Einschübe vorher bereits mit den Seriennummern oder IDs. Damit ist es einfach, die richtige Disk nach einem Problem zu finden. Dies tun Sie idealerweise direkt bei der Installation des Servers. Später geht das auch noch, jedoch müssen Sie den Server vorher herunterfahren, dann alle Disks einzeln und nacheinander herausziehen, beschriften und wieder einstecken. Diese Methode funktioniert auch, wenn Sie bereits eine defekte Disk haben, allerdings müssen Sie sich vorher die ID notieren, dann den Server herunterfahren, um anschließend alle Disks einmal daraufhin zu prüfen, welche davon die gesuchte Disk ist. Anschließend können Sie den Server wieder starten.
- **Methode 2**: Existiert keine Beschriftung auf den Disks, können Sie es mit einem Tool wie `ledmon` versuchen und die defekte Disk möglicherweise zum Blinken bringen. Hier sind die notwendigen Schritte:

1. Installieren Sie `ledmon` mit dem Befehl `apt install ledmon` auf Ihrem Server nach.
2. Aktivieren Sie die Lokalisierung des physischen Device mit dem Befehl `ledctl locate=/dev/disk/by-id/ata-WDC_WD40EFRX-68WT0N0_WD-WCC4E3Jxxxxx` (passend zur ID Ihrer Disk, die Sie der Fehleranzeige entnommen haben).
3. Wenn Sie jetzt eine Ihrer Disks periodisch blinken sehen, dann haben Sie die defekte Disk identifiziert.
4. Deaktivieren Sie anschließend das Blinken wieder mit `ledctl locate_off=/dev/disk/by-id/ata-WDC_WD40EFRX-68WT0N0_WD-WCC4E3Jxxxxx`.

Neues Storage-Device einsetzen

Sie können nun eine neue Disk in mindestens gleicher Größe in den Server einbauen, und zwar entweder zusätzlich zum alten Device oder an seiner Stelle. Sobald Sie das alte, defekte Device entfernt haben, zeigt Ihr Pool die Disk nicht mehr als `FAULTY` an, sondern als `REMOVED`, wie Sie nach einer weiteren `zpool status`-Eingabe sehen können:

```
root@pve:~# zpool status
[...]
    NAME STATE READ WRITE CKSUM
    hdd-zfs DEGRADED 0 0 0
    mirror-0 DEGRADED 0 0 0
       ata-WDC_WD40EFRX-68WT0N0_WD-WCC4E3JL0H25 REMOVED 0 0 0
       ata-WDC_WD40EFRX-68WT0N0_WD-WCC4E1EJF2KR ONLINE 0 0 0
    mirror-1 ONLINE 0 0 0
       ata-WDC_WD40EFRX-68N32N0_WD-WCC7K0HP0KDA ONLINE 0 0 0
       ata-WDC_WD40EFRX-68N32N0_WD-WCC7K7EUF2LL ONLINE 0 0 0
```

Nach dem Einsetzen des neuen Device prüfen Sie mit `dmesg -T`, ob das neue Device vom System erkannt wurde. Im Log stehen dann ähnliche Zeilen wie die folgenden:

```
[Fri May 23 23:45:32 2025] ata3: SATA link up 6.0 Gbps (SStatus 133
SControl 300)
[Fri May 23 23:45:32 2025] ata3.00: ATA-10: ST4000NM0035-1V4107, TN04,
max UDMA/133
[...]
[Fri May 23 23:45:32 2025] scsi 2:0:0:0: Direct-Access ATA
ST4000NM0035-1V4 TN04 PQ: 0 ANSI: 5
[...]
[Fri May 23 23:45:32 2025] sd 2:0:0:0: [sdc] Attached SCSI disk
```

In diesem Fall wurde die neue Disk als `sdc` erkannt und kann unter */dev/sdc* oder (besser) unter seiner eindeutigen Disk-ID oder wwn-ID eingebunden werden. Die Disk-ID und wwn-ID finden Sie mit einem `ls -la /dev/disk/by-id/` heraus, indem Sie nachsehen, welche IDs auf die `/dev/sdc` verweisen. Diese Disk-ID oder wwn-ID nutzen Sie nun für `zpool replace` im folgenden Schritt.

Besonderheiten bei Boot-Devices

Unter Proxmox VE lässt sich ZFS auch für Ihr root-Filesystem verwenden, von dem gebootet wird und auf dem Proxmox VE installiert ist. Falls Sie sich bei der Installation für ZFS entschieden haben und den Server somit von einem ZFS-Pool booten, müssen Sie ein paar zusätzliche Schritte unternehmen, um nach dem Austausch des Device auch vom neuen Device booten zu können.

Falls Sie nicht von ZFS booten und es nur auf separaten Disks für Daten verwenden, können Sie diese Schritte überspringen und direkt zur Wiederherstellung übergehen:

1. **Den Bootloader ermitteln**

   Je nachdem, in welcher Version und auf welcher Hardware Ihr Proxmox VE ursprünglich installiert wurde, wird auf einem *UEFI*-System entweder *GRUB* oder *systemd-boot* über das `proxmox-boot-tool` (früher auch `pve-efiboot-tool`) verwendet. Auf *BIOS*-basierten Systemen kommt direkt der *GRUB*-Bootloader zum Einsatz. Um das System später auch von der neuen Disk bootfähig machen zu können, müssen Sie zuerst herausfinden, welcher Bootloader verwendet wird.

   In der GUI finden Sie auf dem Dashboard unter **<Node> • Summary** in der Zeile **Boot Mode** die Information, ob es sich um ein *EFI*- oder um ein *BIOS*-basiertes System handelt. In Abbildung 10.19 sehen den Hinweis auf ein EFI-System.

   Sie ermitteln den verwendeten Bootloader mit dem Befehl `proxmox-boot-tool status`:

   ```
   root@pve:~# proxmox-boot-tool status
   Re-executing '/usr/sbin/proxmox-boot-tool' in new private mount
   ```

```
namespace..
System currently booted with uefi
8F93-7B9D is configured with: uefi (versions: 6.11.11-1-pve,
6.11.11-2-pve, 6.8.12-10-pve)
8F94-2880 is configured with: uefi (versions: 6.11.11-1-pve,
6.11.11-2-pve, 6.8.12-10-pve)
```

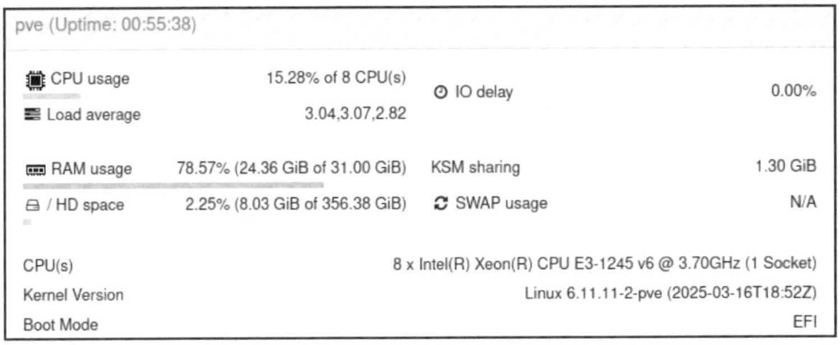

Abbildung 10.19: Bootloader-Anzeige auf dem »Summary«-Dashboard des Servers

2. **Die Partitionstabelle auf neue Disk übertragen**

   Proxmox verwendet bei den Boot-Disks mehrere Partitionen, weshalb wir zunächst die gleiche Partitionstabelle auf der neuen Disk benötigen. Die Partitionstabelle der noch intakten Disk können Sie jedoch mit dem Kommandozeilen-Tool `sgdisk` auf die neue Disk übernehmen, indem Sie folgende Befehle nacheinander verwenden:

   ```
   root@pve:~# sgdisk <intaktes_boot_device> -R <neue_disk>
   root@pve:~# sgdisk -G <neue_disk>
   ```

3. **Den Bootloader auf die neue Disk schreiben**

   Nach dem Kopieren der Partitionstabelle können wir anschließend mit dem `proxmox-boot-tool` die EFI-Systempartition auf dem neuen Device formatieren und in einem weiteren Schritt die benötigten Dateien für den Systemstart kopieren. Der im Beispiel unten erwähnte Platzhalter <neue_disk_ESP> steht für die EFI-Systempartition. Der Installer nutzt seit Version 5.4 die zweite Partition auf der Boot-Disk dafür.

   Formatieren der EFI-Systempartition:

   ```
   root@pve:~# proxmox-boot-tool format <neue_disk_ESP>
   ```

   Initialisieren der EFI-Systempartition:

   ```
   root@pve:~# proxmox-boot-tool init <neue_disk_ESP> grub
   ```

   Falls Ihr Proxmox-VE-Server vor Version 6.3 installiert wurde und noch nicht auf die Verwendung des `proxmox-boot-tool` migriert wurde, könnte der GRUB-Bootloader direkt verwendet werden. In diesem Fall führen Sie auf der neuen Disk folgenden Befehl aus:

   ```
   root@pve:~# grub-install <neue_disk>
   ```

Starten der Wiederherstellung

Bevor wir mit der Wiederherstellung des RAIDs beginnen, müssen Sie zwischen Boot-Disks und Daten-Disks unterscheiden. Während Sie bei Daten-Disks einfach das gesamte Device angeben können, geben Sie bei der Wiederherstellung eines Boot-Device nur eine Partition an und nicht das gesamte Device. Die Namen der Devices von Boot-Disks enthalten zusätzlich die Kennung der Partition; sie lauten z. B. `/dev/sdc3` statt `/dev/sdc` oder `/dev/disk/by-id/ata-INTEL_SSDSC2KB960G8_PHYF9121021W960CGN-part3` statt `/dev/disk/by-id/ata-INTEL_SSDSC2KB960G8_PHYF9121021W960CGN`. In der folgenden Beschreibung verwende ich nur Daten-Disks, aber die Schritte sind auch für ein Boot-Device die gleichen. Bei Boot-Devices, die vom Proxmox-VE-Installer angelegt wurden, ist die wiederherzustellende Partition standardmäßig die dritte Partition der Disk.

Nun starten Sie das Rebuild (bei ZFS auch als *Resilvering* bezeichnet) Ihres RAIDs mit `zpool replace -f <poolname> <altes_device> <neues_device>`. Dabei geben Sie das alte und neue Device in der Form `/dev/disk/by-id/<disk_id>` für unser oben genanntes Beispiel an. Sie können statt `/dev/disk/by-id/<device>` auch andere Bezeichner angeben wie den physischen Device-Namen, beispielsweise `/dev/sdc`, oder auch die *wwn*, beispielsweise `/dev/disk/by-id/<wwn-id>`. Obwohl das alles technisch keinen Unterschied macht, empfehle ich Ihnen, die Disk-ID zu verwenden, da diese standardmäßig von Proxmox VE auch verwendet wird und somit eine einheitliche Bezeichnung für alle Devices verwendet wird.

```
# zpool replace -f <pool> <altes_device> <neues_device>
zpool replace -f hdd-zfs /dev/disk/by-id/ata-WDC_WD40EFRX-68WT0N0_WD-
WCC4E3Jxxxxx /dev/disk/by-id/ata-WDC_WD40EFRX-68FN128_WD-WCC7ALHSFT8B
```

Der Befehl kehrt ohne Rückmeldung oder Fehler auf die Shell zurück. Der Rebuild wird im Hintergrund durchgeführt. Um den Status zu sehen, führen Sie erneut ein `zpool status` aus und sehen in etwa den folgenden Zustand:

```
root@pve:~# zpool status
  pool: hdd-zfs
 state: DEGRADED
status: One or more devices is currently being resilvered. The pool
will continue to function, possibly in a degraded state.
action: Wait for the resilver to complete.
  scan: resilver in progress since Sat May 24 00:02:43 2025
    440G / 3.03T scanned at 4.08G/s, 10.1G / 2.80T issued at 95.9M/s
    10.1G resilvered, 0.35% done, 08:27:27 to go
config:

    NAME STATE READ WRITE CKSUM
    hdd-zfs DEGRADED 0 0 0
     mirror-0 DEGRADED 0 0 0
```

```
        replacing-0 DEGRADED 0 0 0
          ata-WDC_WD40EFRX-68WT0N0_WD-WCC4E3JL0H25 REMOVED 0 0 0
          ata-WDC_WD40EFRX-68FN128_WD-WCC7ALHSFT8B ONLINE 0 0 0
(resilvering)
        ata-WDC_WD40EFRX-68WT0N0_WD-WCC4E1EJF2KR ONLINE 0 0 0
      mirror-1 ONLINE 0 0 0
        ata-WDC_WD40EFRX-68N32N0_WD-WCC7K0HP0KDA ONLINE 0 0 0
        ata-WDC_WD40EFRX-68N32N0_WD-WCC7K7EUF2LL ONLINE 0 0 0
```

Unter dem VDEV `mirror-0` erscheint nun ein `replacing-0` mit dem alten und dem neuen Device darunter sowie mit dem Hinweis `(resilvering)` am Ende der Zeile. Oben im Kopf werden der Fortschritt sowie eine Schätzung zur erwarteten Dauer der Wiederherstellung des RAIDs angegeben. Bei Disks benötigen Sie nun etwas Geduld, bei SSDs oder NVMe-Devices geht das natürlich etwas schneller. Während des Rebuilds können Sie ganz normal auf das System zugreifen.

Ist das *Resilvering* abgeschlossen, wird das alte, defekte Device auch aus dem Pool entfernt. Sowohl das neue Device wie auch der gesamte Pool sind nun wieder im Status `ONLINE`:

```
root@pve:~# zpool status
  pool: hdd-zfs
 state: ONLINE
  scan: resilvered 1.35T in 05:05:27 with 0 errors on Sat May 24
05:08:10 2025
config:

    NAME STATE READ WRITE CKSUM
    hdd-zfs ONLINE 0 0 0
     mirror-0 ONLINE 0 0 0
       ata-WDC_WD40EFRX-68WT0N0_WD-WCC4E1EJF2KR ONLINE 0 0 0
       ata-ST4000NM0035-1V4107_ZC17JFK2 ONLINE 0 0 0
     mirror-1 ONLINE 0 0 0
       ata-WDC_WD40EFRX-68N32N0_WD-WCC7K0HP0KDA ONLINE 0 0 0
       ata-WDC_WD40EFRX-68N32N0_WD-WCC7K7EUF2LL ONLINE 0 0 0
```

Der Austausch des defekten Storage-Device durch ein neues Storage-Device ist damit abgeschlossen.

Import eines fremden ZFS-Pools

Nach dem Ausfall eines gesamten Servers bietet Ihnen ZFS die Möglichkeit, alle Disks eines Pools aus dem defekten Server zu entnehmen, sie in einen anderen Server zu stecken und dort als gesamten Pool zu importieren. Anschließend haben Sie dann Zugriff auf alle Daten des Pools und können Ihre VMs und Container kurzfristig weiterverwenden. Natürlich muss der Pool selbst vollständig und gesund sein.

Falls Sie ein solches Szenario bei sich implementieren möchten, müssen Sie auf anderem Wege noch dafür sorgen, dass Ihnen auch die VM-/Container-Konfigurationsdateien und eventuell auch andere Besonderheiten wie die Netzwerkkonfiguration nicht verloren gehen. Diese liegen nämlich nicht auf dem ZFS-Pool.

Zunächst versuchen Sie, mit `zpool import -d /dev/disk/by-id` den ZFS-Pool auf dem neuen Server zu importieren, wie Sie es im nächsten Beispiel sehen. Durch die Angabe des Verzeichnisses durchsucht `zpool` alle darunter verfügbaren Devices daraufhin, ob diese Teil eines Pools sind, und baut den Pool aus ihnen zusammen:

```
# zpool import -d /dev/disk/by-id

   pool: datapool
     id: 7215xxx236
  state: ONLINE
status: The pool was last accessed by another system.
 action: The pool can be imported using its name or numeric identifier
and the '-f' flag.
   see: https://openzfs.github.io/openzfs-docs/msg/ZFS-8000-EY
 config:
[...]
```

ZFS beklagt sich dann, dass der Pool zuletzt von einem anderen System verwendet wurde, und weigert sich erst einmal, den Pool auf dem neuen Server zu importieren.

Mit einem `force` lässt sich das aber erzwingen:

```
zpool import -f -d /dev/disk/by-id <ID>
```

Et voilà: Der ZFS-Pool ist wieder verfügbar und kann verwendet werden.

Das Prinzip des Imports eines Pools müssen Sie auch beherzigen, wenn Sie ZFS auf Wechseldatenträgern verwenden. Um einen Pool sauber von einem Server auf einen anderen Server zu transferieren, müssen Sie den Pool mit `zfs export <pool>` erst exportieren. Dann funktioniert der Befehl `zfs import <pool>` auch ohne `-f`. Nur bei einem plötzlich ausgefallenen Server wird Ihnen das nicht mehr möglich sein.

Eine Empfehlung möchte ich am Ende aber noch aussprechen: Widerstehen Sie der Versuchung, ZFS auf mobilen Disks zu nutzen, und wechseln Sie für diesen Zweck besser auf andere Filesysteme.

Kapitel 11
Virtuelle Maschinen mit KVM

In diesem Kapitel schauen wir uns die erste der beiden Virtualisierungstechnologien an, die Proxmox VE bietet: Das Gespann aus KVM und QEMU bietet eine Vollvirtualisierung für viele Betriebssysteme wie Windows, Linux, BSD, Solaris und weitere sowie noch mehr Anwendungsmöglichkeiten.

11.1 KVM als Hypervisor

Die Grundlage für die Virtualisierung in Proxmox VE bildet die *Kernel-based Virtual Machine*, die meist kurz als *KVM* bezeichnet wird (*https://www.linux-kvm.org/*). KVM ist keine eigenständige Software, die Sie installieren, sondern ein integraler Bestandteil des Linux-Kernels - genauer gesagt ein Kernel-Modul. Seit der Version 2.6.20 ist KVM ein fester Bestandteil des Linux-Kernels und hat sich seitdem zur Standard-Hypervisor-Technologie auf Linux entwickelt.

KVM benötigt und nutzt die modernen Virtualisierungsfunktionen, die direkt in den CPUs von Intel (*VT-x*) und AMD (*AMD-V*) integriert sind. Diese Hardware-Unterstützung ist der Schlüssel zur Performance, denn sie erlaubt es, den Code des Gast-Betriebssystems größtenteils direkt auf der physischen CPU auszuführen, ohne dass eine langsame, softwarebasierte Emulation notwendig ist.

Features von KVM sind:

- **Isolierte Prozesse:** Jeder virtuelle Prozessor tritt als eigener Linux-Prozess auf, wodurch Standard-Linux-Werkzeuge (`cgroups`, `namespaces`) zur Ressourcen- und Sicherheitskontrolle genutzt werden können.
- **VirtIO-Paravirtualisierung:** hoher Netzwerk- und Speicherdurchsatz durch paravirtualisierte Treiber (VirtIO-Net, VirtIO-SCSI und viele mehr)
- **NUMA- und CPU-Pinning:** detaillierte Steuerung der CPU- und Speicherzuordnung für geringere Latenzen und höhere Performance in Multiprozessor-Umgebungen
- **HugePages-Unterstützung:** Nutzung sogenannter *HugePages* für eine bessere Geschwindigkeit von speicherintensiven Anwendungen
- **Live-Migration:** unterbrechungsfreie Migration laufender VMs zwischen verschiedenen Hosts
- **Snapshots und Backups:** Erzeugung konsistenter Snapshots unabhängig von dem verwendeten Storage

- **PCI(e)-Passthrough:** direkte Übergabe von PCI(e)-Geräten an Gastsysteme für GPU- oder Storage-Offloads
- **Sicherheitsintegration:** Kapselung durch AppArmor und Isolierung über Linux-Namespaces

11.2 QEMU als Basis und Management

QEMU ist eine offene, extrem vielseitige und plattformunabhängige Virtualisierungsplattform, die ein komplettes Computersystem in Software emulieren kann. Es kann auch ohne KVM verwendet werden und eine CPU komplett in Software emulieren. Dies ermöglicht es beispielsweise, ARM-Betriebssysteme auf einer x86-Maschine auszuführen – durch die Emulation allerdings deutlich langsamer.

In Proxmox VE arbeiten KVM und QEMU Hand in Hand. QEMU übernimmt die gesamte Geräteemulation, aber für die Ausführung des CPU-Codes übergibt es die Kontrolle an das KVM-Kernel-Modul. Somit können Sie auf eine umfangreiche Auswahl an virtuellen Geräten zurückgreifen und bei der Ausführung mit KVM von einer sehr hohen Performance profitieren.

Die Features von QEMU sind:

- **Umfassende Geräteemulation:** Emulation von Netzwerk-, Grafik-, Speicher-, USB- und weiteren Peripheriegeräten für die Nutzung als Hardware in virtuellen Maschinen, für die keine paravirtualisierten VirtIO-Treiber existieren
- **Beschleunigung mit KVM:** QEMU schaltet bei aktiviertem KVM die eigene CPU-Emulation ab und nutzt stattdessen die Hardware-Virtualisierung des Kernels, was zu einer deutlichen Steigerung der Geschwindigkeit führt.
- **qcow2-Disk-Image-Format:** Copy-on-Write-Image-Format mit Unterstützung für Thin-Provisioning, Kompression und verschachtelte Snapshots
- **QEMU Machine Protocol (QMP):** JSON-basierte Management-Schnittstelle zur Durchführung von VM-Operationen
- **Live-Migration:** nahtlose Migration von VMs inklusive Memory- und Gerätestatus. Unterstützt Changed-Block-Tracking für inkrementelle Migration.
- **VirtIO-Erweiterungen:** paravirtualisierte Geräte für hohen Datendurchsatz und geringe Latenz für Netzwerk, Block-Storage und weitere
- **Netzwerk-Backends:** Integration mit TUN/TAP, vhost-net, VXLAN, macvtap und mehr
- **Erweiterbare Architektur:** Plugin-System für neue Emulationsmodelle, Migrationsmethoden und Backends, wie beispielsweise Ceph RBD, iSCSI und NBD
- **Grafische VM-Konsolen:** VNC- und Spice-Support über direkt integrierte grafische Server für den Remote-Zugriff

11.3 VirtIO - paravirtualisierte Treiber für bessere Leistung

VirtIO ist ein von Red Hat entwickelter Standard für paravirtualisierte Geräte, der speziell für QEMU/KVM konzipiert ist. Im Gegensatz zu vollständig emulierter Hardware, bei der reale Geräte in Software nachbildet werden, müssen die VirtIO-Geräte nur die benötigten Funktionen besitzen, jedoch keine Hardware emulieren. Das sorgt für weniger Overhead und damit mehr Leistung beim Zugriff auf virtuelle Geräte.

11.3.1 Die gängigsten VirtIO-Komponenten

Proxmox VE setzt konsequent auf VirtIO, um die maximale Leistung zu erzielen. Die wichtigsten VirtIO-Geräte sind:

- **`virtio-net` (Netzwerkadapter):** `virtio-net` bietet einen deutlich höheren Netzwerkdurchsatz und eine geringere Latenz als emulierte Karten wie die E1000. Benchmarks zeigen oft eine bis zu dreifache Leistungssteigerung.
- **`virtio-scsi` (SCSI-Controller):** `virtio-scsi` ist der empfohlene Controller für alle modernen Betriebssysteme. Er bietet eine hervorragende I/O-Leistung, unterstützt das Trim/Discard-Kommando für Thin Provisioning und ermöglicht das Hinzufügen von Festplatten im laufenden Betrieb.
- **`virtio-blk` (Block-Gerät):** `virtio-blk` ist ein älterer, einfacherer paravirtualisierter Festplatten-Controller. Er unterstützt zwar mittlerweile ebenfalls Trim/Discard, ist jedoch eher noch als Kompatibilitätsoption für ältere VMs zu betrachten. `virtio-scsi` ist ihm in den meisten Fällen überlegen und sollte deshalb bei neuen VMs bevorzugt werden.
- **`virtio-rng` (Zufallsgenerator):** `virtio-rng` versorgt den Gast mit hochwertiger Entropie vom Host, was besonders beim Systemstart wichtig ist, um zu verhindern, dass Prozesse auf Zufallszahlen warten müssen.
- **`VirtIO-GPU` und `VirGL`:** `VirtIO-GPU` und `VirGL` bieten 2D- und 3D-Beschleunigung für Linux-Gäste, indem Rendering-Aufgaben an die Host-GPU weitergeleitet werden können. Das muss jedoch vom Gast unterstützt werden. Mehr dazu finden Sie in Abschnitt 11.8.
- **`VirtIO-fs`:** `VirtIO-fs` ermöglicht die gemeinsame Verwendung eines Verzeichnisses auf dem Host direkt mit einem oder mehreren Gast-VMs und ist deutlich performanter als Netzwerk-Dateisysteme wie Samba oder NFS. Mehr darüber finden Sie in Abschnitt 11.6.4.
- **`QEMU Guest Agent`:** `QEMU Guest Agent` kann im Gastbetriebssystem installiert werden, damit der Hypervisor direkt mit dem Gast kommunizieren kann, beispielsweise um Filesysteme vor einem Backup einzufrieren oder zum sicheren Shutdown einer VM. Mehr dazu finden Sie in Abschnitt 11.4.

Der größte Vorteil von VirtIO-Geräten ist die Performance: Sie bieten im Vergleich zu emulierter Hardware sehr viel bessere Durchsatz- und Latenzwerte. Beispielsweise liefert eine `virtio`-Netzwerkkarte bis zu dreifachen Durchsatz gegenüber einer emulierten *Intel E1000*, und die Performance einer `virtio-scsi`-Disk vervielfacht sich im Vergleich zu einem emulierten IDE-Gerät.

Die Nutzung von VirtIO setzt passende Treiber im Gast voraus. Deshalb lassen Sie uns einen Blick auf den Zustand und die Verfügbarkeit von VirtIO-Devices unter verschiedenen Betriebssystemen werfen.

11.3.2 VirtIO unter Linux

Moderne Linux-Distributionen haben bereits alles an Bord, was Sie für den Einsatz von VirtIO-Geräten benötigen. Sie können benötigte Software direkt aus den jeweiligen Repositories der Distribution nachinstallieren, wenn dies nicht schon automatisch geschieht.

11.3.3 VirtIO unter Windows

Während moderne Linux-Kernel die benötigten Module standardmäßig enthalten, müssen sie bei Windows-VMs zuerst nachinstalliert werden. Diese Treiber lassen sich online von verschiedenen Quellen herunterladen. Red Hat selbst stellt in seinem Fedora-Projekt einen kompletten Satz signierter Treiber als ISO-Image zur Verfügung.

Sie finden die neueste Version des ISO-Image am Anfang der Liste unter *https://fedorapeople.org/groups/virt/virtio-win/direct-downloads/archive-virtio/?C=M;O=D*.

Weitere Informationen zu den VirtIO-Treibern finden Sie auch im Proxmox-VE-Wiki unter *https://pve.proxmox.com/wiki/Windows_VirtIO_Drivers*.

11.3.4 VirtIO-Devices in sonstigen Betriebssystemen

Auch in anderen Betriebssystemen wie FreeBSD sind viele VirtIO-Geräte bereits verfügbar. Das ermöglicht Ihnen beispielsweise auch den optimierten VirtIO-Betrieb von virtuellen *OPNsense*-Firewalls, da diese auf FreeBSD basieren und die VirtIO-Unterstützung gegeben ist.

Insbesondere bei exotischen oder älteren Betriebssystemen existiert jedoch vielleicht keine VirtIO-Unterstützung. In diesem Fall verwenden Sie emulierte Geräte, die auch das Gastbetriebssystem kennt. IDE- oder SATA-Geräte, eine *Intel E1000* oder eine *Realtek RTL8139* werden in nahezu allen Betriebssystemen funktionieren.

Die Auswahl paravirtualisierter Hardware in der VM-Konfiguration verbessert nicht nur die Leistung, sondern reduziert gleichzeitig die CPU-Auslastung des Hosts und ermöglicht damit sogar eine höhere Dichte virtualisierter Workloads. Einfacher ausgedrückt: Sie können mehr VMs auf der gleichen Hardware laufen lassen, wenn Sie VirtIO statt emulierter Geräte verwenden.

Um also die beste Performance zu erzielen, sollten Sie standardmäßig paravirtualisierte VirtIO-Geräte und deren Treiber nutzen und die emulierten Geräte nur verwenden, wenn VirtIO-Treiber für Ihr Gastbetriebssystem nicht verfügbar sind oder Sie einen anderen, wirklich triftigen Grund dafür haben.

11.4 QEMU Guest Agent

Wenn Sie eine virtuelle Maschine auf Proxmox VE betreiben, agiert der Hypervisor zunächst wie eine Hülle um eine Blackbox. Er stellt Ressourcen bereit, startet und stoppt den Prozess, aber was innerhalb des Gastbetriebssystems geschieht, bleibt ihm weitgehend verborgen. Um diese Lücke zu schließen und eine intelligentere, engere Zusammenarbeit zwischen Host und Gast zu ermöglichen, gibt es den *QEMU Guest Agent*.

Der Guest Agent ist ein Dienst, der direkt innerhalb der virtuellen Maschine installiert und ausgeführt wird. Er stellt einen Kommunikationskanal für den Hypervisor über einen virtuellen seriellen Port bereit. Über diesen Kanal kann Proxmox VE Informationen vom Gast abfragen und Befehle an ihn senden.

Die Installation und Aktivierung des Guest Agents ist keine Pflicht, ich empfehle Ihnen jedoch die Installation, sofern Sie keine zwingenden Gründe haben, dies nicht zu tun. Der Guest Agent ist eine der wichtigsten Komponenten für einen stabilen und professionell administrierbaren Betrieb Ihrer VMs.

11.4.1 Vorteile durch den Einsatz des QEMU Guest Agents

Die Verwendung des Guest Agents bringt viele Vorteile mit sich, die weit über reinen Komfort hinausgehen. Sehen wir uns einige von ihnen an.

Konsistente Live-Backups im Snapshot-Modus

Dies ist der wohl wichtigste Vorteil in Enterprise-Umgebungen. Wenn Sie ein Live-Backup einer laufenden VM im `snapshot`-Modus durchführen, muss sichergestellt werden, dass die Daten auf der Festplatte zu diesem Zeitpunkt konsistent sind. Der QEMU Guest Agent spielt hier eine entscheidende Rolle.

Vor dem Anlegen des Snapshots sendet Proxmox VE über den Agenten den Befehl `guest-fsfreeze-freeze` an die VM. Das Gastbetriebssystem wird damit angewiesen, alle Schreibvorgänge im Dateisystem-Cache auf die Festplatte zu schreiben und das Dateisystem vorübergehend »einzufrieren«. In diesem eingefrorenen Zustand ist die Konsistenz der Daten auf der Festplatte gewährleistet. Unmittelbar nachdem der Live-Snapshot erstellt wurde, wird mit `guest-fsfreeze-thaw` das Dateisystem wieder »aufgetaut«. Dieser Vorgang dauert nur Sekundenbruchteile und sorgt für anwendungskonsistente Backups, ohne die VM anhalten zu müssen.

Unter Windows interagiert dieser Prozess mit dem *Volume Shadow Copy Service* (VSS). In bestimmten Konstellationen, insbesondere bei Datenbankservern wie *Microsoft SQL Server*, kann der `guest-fsfreeze-freeze`-Aufruf die Backup-Kette für differenzielle Backups stören. In solchen Fällen können Sie wie in Abbildung 11.1 die Option **Freeze/thaw guest filesystems on backup for consistency** in den Optionen der VM deaktivieren, was jedoch zulasten der Konsistenz gehen kann.

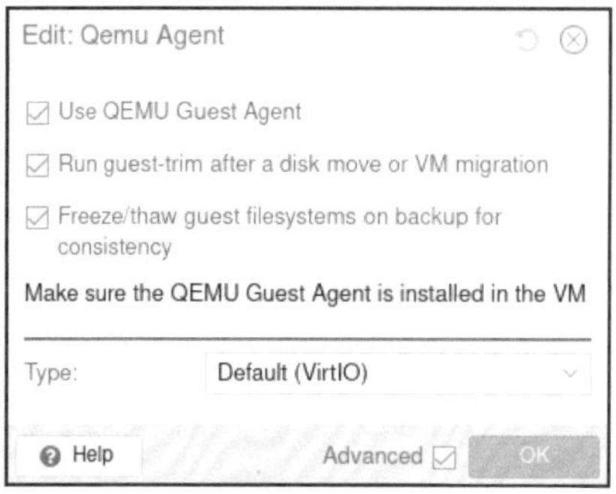

Abbildung 11.1: QEMU-Guest-Agent-Einstellungen in der VM

Sauberes Herunterfahren und Neustarten

Ohne den Guest Agent kann Proxmox VE einer VM nur ein ACPI-Power-Signal senden, ähnlich wie wenn Sie den Power-Knopf an einem physischen Server drücken. Ob und wie schnell der Gast darauf reagiert, liegt nicht in der Hand des Hypervisors und ist ungewiss. So reagieren neuere Linux-Systeme mit `systemd` oder ältere Linux-Systeme mit aktiviertem `acpid` auf den Shutdown-Wunsch. und auch ein Windows-Desktop-Betriebssystem fährt sich ebenfalls herunter. Ein Windows Server hingegen ignoriert das ACPI-Signal (sofern nicht die Gruppenrichtlinie *Unattended Shutdown* aktiviert wurde) und würde dann nach einem Timeout hart ausgeschaltet werden.

Mit einem aktiven Guest Agent sendet Proxmox VE stattdessen einen direkten Shutdown-Befehl an das Gastbetriebssystem. Der Gast fährt sich daraufhin ordnungsgemäß herunter. Dies ist die sauberste und sicherste Methode, um eine VM zu stoppen, und vermeidet lange Dateisystem-Checks oder gar Datenverluste. Sollte eine VM auf einen Shutdown-Befehl aus der GUI nicht reagieren und in einen Timeout laufen, ist ein nicht laufender oder nicht installierter Guest Agent eine der häufigsten Ursachen.

Anzeige von Gast-Informationen in der GUI

Ein sehr praktischer Vorteil ist die Anzeige von zusätzlichen Informationen in der **Summary**-Ansicht der VM. Der Guest Agent liefert dem Host die aktuell im Gast konfigurierten IP-Adressen. So sehen Sie auf einen Blick, unter welcher IP-Adresse Ihre VM erreichbar ist, ohne sich erst auf der Konsole einloggen zu müssen.

Automatisches TRIM bei Thin-provisioned Volumes

Wenn Sie Ihre VM-Images auf einem Storage mit Thin Provisioning wie ZFS oder Ceph ablegen, können Sie in den Optionen der VM die Funktion **Run guest-trim** aktivieren. Proxmox VE wird dann nach Aktionen wie einer Storage-Migration oder einer Live-Migration einen TRIM-Befehl über den Guest Agent an die VM senden. Das Gastbetriebssystem gibt daraufhin Blöcke, die es nicht mehr verwendet (beispielsweise nach dem Löschen von Dateien), wieder frei. Damit kann der Storage den tatsächlich belegten Speicherplatz reduzieren, das Image klein halten und die Effizienz steigern.

11.4.2 Installation und Konfiguration

Der QEMU Guest Agent muss im Gastbetriebssystem installiert werden, und Proxmox VE muss wissen, dass es einen Guest Agent gibt, mit dem es kommunizieren soll.

Installation im Gastbetriebssystem

Die Vorgehensweise unterscheidet sich je nach Betriebssystem.

Für die meisten Linux-Distributionen ist der Guest Agent bereits in den Standard-Repositories enthalten. Installieren Sie ihn einfach über den Paketmanager Ihrer Distribution wie im folgenden Beispiel gezeigt:

```
# Debian/Ubuntu-basierte Systeme:
~# apt update && apt install qemu-guest-agent

# Red Hat/CentOS-basierte Systeme:
~# yum install qemu-guest-agent
```

Aktivieren Sie anschließend den automatischen Start des Guest Agents und lassen Sie ihn so starten, wie es hier zu sehen ist:

```
~# systemctl enable -now qemu-guest-agent
```

Unter Microsoft Windows benötigen Sie das ISO-Image `VirtIO-Win`, auf dem Sie nicht nur die VirtIO-Treiber finden, sondern auch den QEMU Guest Agent für Windows, da das VirtIO-Treiberpaket für Windows auch den Guest Agent enthält.

Binden Sie das `VirtIO-Win`-ISO-Image als CD/DVD-Laufwerk in Ihre Windows-VM ein. Navigieren Sie im Windows Explorer zu diesem Laufwerk. Sie finden dort einen Installer mit dem Namen `virtio-win-guest-tools.exe`. Führen Sie diesen aus, klicken Sie sich durch den Wizard durch und stellen Sie sicher, dass die Komponente **QEMU Guest Agent** zur Installation ausgewählt ist. Nach der Installation wird der Agent automatisch als Windows-Dienst gestartet.

Aktivierung in den VM-Optionen

Nachdem der Agent im Gast installiert ist, müssen Sie Proxmox VE noch mitteilen, dass es ihn verwenden soll.

Über die Web-GUI navigieren Sie zu Ihrer VM und öffnen im zweiten Menü die VM-Optionen. Suchen Sie den Eintrag **Use QEMU Guest Agent** und setzen Sie das Häkchen, um diese Option zu aktivieren, wie in Abbildung 11.2 gezeigt.

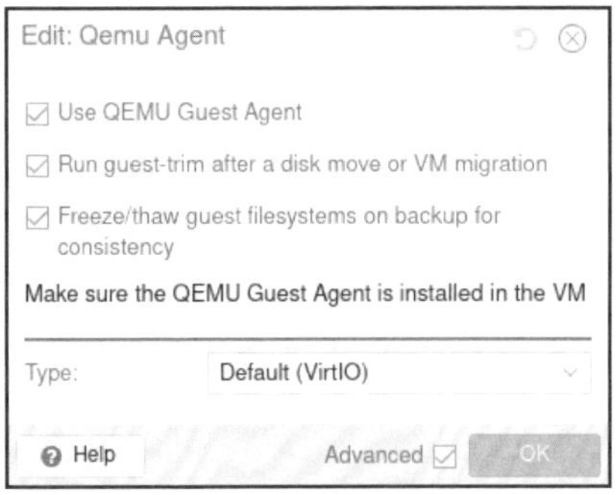

Abbildung 11.2: Ein Haken bei »Use QEMU Guest Agent« veranlasst den Hypervisor, einen installierten Guest Agent auch zu nutzen.

Über die Shell oder für eine eventuelle Automatisierung verwenden Sie den `qm`-Befehl: `qm set <vmid> --agent enabled=1`

Damit die Änderung wirksam wird, müssen Sie die VM einmal vollständig stoppen und wieder starten. Ein einfacher Neustart aus dem Gast heraus genügt nicht, da die virtuelle Hardwarekonfiguration dabei nicht neu eingelesen wird.

Ob der Guest Agent korrekt funktioniert, erkennen Sie am einfachsten in der **Summary**-Ansicht Ihrer VM. Wenn dort nach kurzer Zeit die IP-Adressen des Gastes angezeigt werden, war die Einrichtung erfolgreich.

Auf der Shell können Sie mithilfe des `qm`-Befehls ebenfalls die IP-Adressen des Gastes abfragen, indem Sie `qm guest cmd <vmid> network-get-interfaces` verwenden. Weitere Möglichkeiten des Guest Agents schauen wir uns im folgenden Abschnitt an.

11.4.3 Den Guest Agent für eigene Zwecke nutzen

Während Proxmox VE an einigen Stellen einen QEMU Guest Agent nutzt, können Sie über die API oder die Shell ebenfalls weitere Funktionen nutzen, die über die Möglichkeiten in der Proxmox-VE-GUI hinausgehen.

Vordefinierte RPC-Calls

Einige Befehle sind als sogenannte *Remote Procedure Calls* oder RPCs vordefiniert und erlauben den Zugriff auf bestimmte, im Guest Agent bereits vorhandene Funktionen wie beispielsweise das Einfrieren oder Auftauen von Filesystemen, das Abrufen von Informationen über IP-Adressen oder Netzwerkkarten oder auch das Übermitteln von Shutdown-Befehlen.

Einige praktische Beispiele für den Einsatz in Automatisierungen möchte ich Ihnen hier nennen:

- `shutdown`: Gast herunterfahren
- `ping`: Abfrage, ob der Guest Agent erreichbar ist. Auf der Shell erhalten Sie keine Rückmeldung, wenn alles funktioniert. Sie erhalten nur eine Fehlermeldung, wenn der Guest Agent nicht funktioniert.
- `fstrim`: Löst einen TRIM/Discard aus, sodass nicht verwendeter Disk-Speicher wieder freigegeben werden kann.
- `info`: Ermittelt, welche RPC-Befehle im Gast implementiert und aktiviert sind.
- `get-osinfo`: Liefert Informationen über das Betriebssystem des Gastes.
- `network-get-interfaces`: Die Anzeige der IP-Adressen der VM in der Proxmox-VE-GUI bezieht ihre Informationen über diesen Befehl. Er liefert aber noch weitere Informationen, beispielsweise die Anzahl verworfener oder kaputter Netzwerkpakete.

Darüber hinaus existieren noch weitere RPC-Calls. Sie können die RPC-Befehle auf der Shell mit einem `qm guest cmd <vmid> <befehl>` verwenden. Eine vollständige Liste aller implementierten Befehle erhalten Sie mit `qm help guest cmd`.

Beliebige Befehle im Gast ausführen

Die oben genannten RPC-Calls sind meist dazu gedacht, direkt mit dem QEMU Guest Agent zu interagieren. Möchten Sie jedoch einen Befehl direkt in Ihrer virtuellen Maschine ausführen, können Sie auf `qm guest exec <vmid> -- <befehl>` zurückgreifen.

Nach der Ausführung erhalten Sie als Antwort ein JSON-Objekt mit dem folgenden Aufbau:

```
root@pve:~# qm guest exec 110 -- cat /etc/debian_version
{
   "exitcode" : 0,
   "exited" : 1,
   "out-data" : "13.0"
}
```

Hier sehen Sie einige einfache Beispiele zur Verwendung:

```
# Startet innerhalb der VM <vmid> den sshd-Daemon mit systemctl neu.
~# qm guest exec <vmid> -- systemctl restart sshd.service
```

Listing 11.1: Beispiel 1 – Neustart des SSH-Daemons

```
# Gibt den Inhalt der Datei /etc/hosts zurück
~# qm guest exec <vmid> -- cat /etc/hosts
```

Listing 11.2: Beispiel 2 – den Inhalt der »/etc/hosts«-Datei lesen

```
# Führt das in der VM existierende Skript
# /usr/local/bin/dump_db.sh in der VM aus.
~# qm guest exec <vmid> -- /usr/local/bin/dump_db.sh
```

Listing 11.3: Beispiel 3 – lange laufende Prozesse ausführen, hier am Beispiel eines Datenbank-Dumps innerhalb der VM

Läuft der Dump dieser Datenbank länger als 30 Sekunden, wird der Guest Agent den Befehl zwar weiter im Hintergrund ausführen, aber unser `qm guest exec`-Befehl wird nach einem Standard-Timeout von 30 Sekunden zu unserer Shell zurückkehren. Im Ergebnis-Objekt haben wir in dem Fall kein `out-data`-Element, sondern ein `pid`-Element, also die Prozess-ID des noch laufenden Befehls in der VM, wie im folgenden Beispiel zu sehen:

```
root@pve:~# qm guest exec 110 -- /usr/local/bin/dump_db.sh
[… 30 Sekunden später …]
timeout reached, returning pid
{
   "pid" : 184122
}
```

Um das finale Ergebnis unseres Skripts zu erfahren, können wir nun mit `qm guest exec-status <vmid> <pid>` so lange den Status abfragen, bis der Befehl beendet wurde und das Ergebnis ausgegeben wird.

Erhalten wir schlicht ein `"exited": 0` zurück, wurde unser Befehl noch nicht beendet:

```
root@pve:~# qm guest exec-status 110 184122
{
   "exited" : 0
}
```

Bei einer erneuten Abfrage nach Beendigung unseres lange laufenen Prozesses erhalten wir das folgende Objekt:

```
root@pve:~# qm guest exec-status 110 184122
{
   "exitcode" : 0,
   "exited" : 1
   "out-data" : " […] "
}
```

Der Befehl kennt noch ein paar weitere hilfreiche Optionen:

- `--pass-stdin <boolean>` (Default = 0): Sie können über `stdin` Daten an den Befehl senden, die der Befehl im Guest Agent erhält, maximal jedoch 1 MB.
- `--synchronous <boolean>` (Default = 1): Setzen Sie den Wert auf `0`, kehrt der `qm guest exec`-Befehl direkt zur Shell zurück und wartet erst gar nicht das Timeout ab. Nutzen Sie diese Option, wenn Sie sicher sind, dass Ihr Befehl deutlich länger als die 30 Sekunden dauern wird.
- `--timeout <integer>` (Default = 30): Geben Sie das Timeout selbst an. Das kann sich lohnen, wenn Sie einen Befehl haben, der zwar länger als die 30 Sekunden dauert, Sie jedoch unbedingt das Ergebnis für den nächsten Schritt benötigen.

Noch ein Beispiel zum Schluss, das zeigt, wie Sie die Optionen verwenden können, um über `stdin` eine Eingabe zur Verarbeitung zu liefern und ein längeres Timeout für die Verarbeitung zuzulassen:

```
root@pve:~# echo "hello world" | qm guest exec 110 --pass-stdin 1 \
                                                --timeout 60 - cat
{
   "exitcode" : 0,
   "exited" : 1,
   "out-data" : "hello world"
}
```

Zurücksetzen von Passwörtern

Eine besonders interessante Funktion des Guest Agents ist die Möglichkeit, Passwörter von Benutzern innerhalb der VM direkt vom Proxmox-VE-Host aus zurückzusetzen. Dies kann ein Lebensretter sein, wenn Sie den Zugriff auf eine VM verloren haben. Der Befehl dafür lautet `qm guest passwd`.

> **Erlauben Sie mir noch einen wichtigen Sicherheitshinweis**
> Die Möglichkeit, Passwörter auf diese Weise zurückzusetzen, verdeutlicht, wie wichtig es ist, den Zugriff auf die Proxmox-VE-Server besonders gut abzusichern. Jeder Administrator mit Shell-Zugriff auf den Host hat potenziell die Möglichkeit, auf jede VM zuzugreifen, in der ein Guest Agent läuft.

Voraussetzungen zum Zurücksetzen von Passwörtern sind:

- Der QEMU Guest Agent muss im Gast installiert sein und laufen.
- Die Funktion muss im Guest Agent erlaubt sein, was normalerweise der Fall ist, sofern Sie es nicht per Konfiguration im Guest Agent unterbunden haben.

Für einen Gast mit installiertem QEMU Guest Agent können Sie das Passwort für einen Benutzer wie *root* oder *Administrator* mit dem folgenden Befehl ändern:

```
# Setzt das Passwort für den Benutzer 'root' in der VM mit der ID 110
root@pve:~# qm guest passwd 110 root
Enter new password: ********
Retype new password: ********
```

Statt *root* wie im Beispiel oben können Sie natürlich auch Passwörter anderer lokaler Benutzer ändern. Beachten Sie, dass in hochsicheren Umgebungen oder durch bestimmte Gruppenrichtlinien (GPOs) solche Passwortänderungen von außen eventuell unterbunden werden könnten. Ebenso wird das Zurücksetzen von Passwörtern für Domain-Konten oder Microsoft-Onlinekonten nicht unterstützt.

Konfiguration und Limitierung innerhalb der VM

So nützlich der QEMU Guest Agent auch ist, seine Fähigkeiten – insbesondere die Ausführung beliebiger Befehle und das Zurücksetzen von Passwörtern – stellen ein potenzielles Sicherheitsrisiko dar, sollte der Proxmox-VE-Host kompromittiert werden. In sicherheitskritischen Umgebungen ist es daher oft wünschenswert, den Guest Agent zwar zu installieren, jedoch bestimmte Funktionen gezielt zu deaktivieren.

Um dies zu erreichen, können Sie gezielt RPC-Calls vom Host zur VM erlauben (`allow-rpcs`) oder unterbinden (`block-rpcs`). Die folgenden Regeln werden dabei berücksichtigt:

- Geben Sie eine Erlaubnisliste mit `allow-rpcs` an, werden standardmäßig alle RPCs blockiert, außer den explizit erlaubten.
- Ist eine Sperrliste mit `block-rpcs` konfiguriert, werden standardmäßig alle RPCs erlaubt, außer den explizit gesperrten.
- Existieren beide Listen, gilt standardmäßig eine Sperre für alle RPCs. Danach wird die Erlaubnisliste und anschließend die Sperrliste angewendet.
- Sind Dateisysteme eingefroren, werden unabhängig von der Konfiguration alle RPCs blockiert, mit Ausnahme eines festgelegten Satzes sicherer RPCs.

Limitierung des QEMU Guest Agents unter Linux

Unter Linux erfolgt die Konfiguration über die Datei */etc/qemu/qemu-ga.conf*. Sollte diese Datei nicht existieren, können Sie sie einfach mit einem beliebigen Editor wie z. B. `nano` anlegen.

Um bestimmte Befehle zu unterbinden, nutzen Sie die Option `block-rpcs` im Abschnitt `[general]`. Um alle Befehle zu unterbinden und nur wenige zuzulassen, verwenden Sie `allow-rpcs` im Abschnitt `[general]`.

Welche RPCs zur Verfügung stehen und geblockt werden können, erfahren Sie im Gast per Shell mit `qemu-ga --block-rpcs=help` oder durch einen Blick auf die Protokolldokumentation unter *https://qemu-project.gitlab.io/qemu/interop/qemu-ga-ref.html*.

Im folgenden Beispiel sehen Sie die RPCs, die aus meiner Sicht am relevantesten für die Sicherheit der VMs sind:

```
root@pve-k-1:~# qemu-ga --block-rpcs=help
[…]
guest-set-user-password
[…]
guest-exec
guest-ssh-add-authorized-keys
guest-ssh-remove-authorized-keys
```

Um beispielsweise die Ausführung beliebiger Befehle mit `qm guest exec` und das Ändern von Passwörtern mit `qm guest passwd` sowie das Hinzufügen und Entfernen von SSH-Keys zu verbieten, würde die Konfigurationsdatei wie folgt aussehen:

```
# /etc/qemu/qemu-ga.conf
[general]
block-rpcs = guest-exec,guest-set-user-password,
guest-ssh-add-authorized-keys,guest-ssh-remove-authorized-keys
```

Damit die Änderungen wirksam werden, müssen Sie den Dienst des Guest Agents neu starten:

```
~# systemctl restart qemu-guest-agent
```

Limitierung unter Windows

Unter Windows wird der Guest Agent über die Windows-Registrierung konfiguriert. Alle Konfigurationsoptionen existieren auch als Kommandozeilenparameter für den Start des Service.

Um also bestimmte RPCs für Windows zu erlauben oder zu verbieten, öffnen Sie den Registrierungseditor (`regedit`) und navigieren zum Schlüssel `HKEY_LOCAL_MACHINE\SYSTEM\CurrentControlSet\Services\QEMU-GA`. Unter dem Eintrag `ImagePath` (siehe Abbildung 11.3) ergänzen Sie die Kommandozeile um die Parameter `--allow-rpcs` (`-a`) oder `--block-rpcs` (`-b`) und geben dahinter die gewünschten RPCs an.

Um wie im Linux-Beispiel die Befehlsausführung und das Zurücksetzen von Passwörtern zu verhindern, tragen Sie als Wert `guest-exec,guest-set-user-password` ein. Danach sieht der `ImagePath`-Eintrag so aus:

```
"C:Files-ga-ga.exe" -d --retry-path --block-rpcs=guest-exec,guest-set-
user-password
```

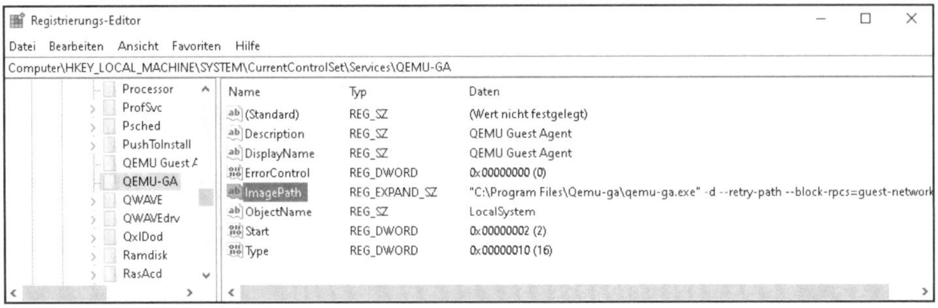

Abbildung 11.3: Deaktivieren von Guest-Agent-Befehlen mit Kommandozeilenoptionen über die Windows-Registrierung

Anschließend müssen Sie den Dienst *QEMU Guest Agent* über die Diensteverwaltung (`services.msc`) neu starten, damit die neue Konfiguration angewendet wird.

Durch diese Konfigurationsmöglichkeiten können Sie die Vorteile des Guest Agents beispielsweise für konsistente Backups und saubere Shutdowns nutzen und gleichzeitig die sicherheitskritischen Funktionen gezielt für bestimmte VMs härten.

Der QEMU Guest Agent ist eine kleine, aber sehr nützliche Komponente, die Sie in jeder KVM-Maschine einsetzen sollten. Der geringe Einrichtungsaufwand wird durch die gewonnenen Vorteile bei der Administration, der Datensicherheit und der Performance-Optimierung mehr als aufgewogen.

11.5 Eine virtuelle Maschine (KVM) anlegen

Nachdem wir die theoretischen Grundlagen geklärt haben, schauen wir uns nun an, wie Sie virtuelle Maschinen in Proxmox VE erstellen. Um das Konfigurieren und Optimieren sowie die Arbeit mit VMs geht es anschließend in Abschnitt 11.6.

Widmen wir uns zunächst dem *VM Creation Wizard*, der uns durch die Erstellung einer neuen VM führt.

Der Assistent zum Erstellen einer neuen VM in der Proxmox-VE-Weboberfläche führt Sie durch die wichtigsten Konfigurationsschritte. In diesem Wizard sind nicht alle Möglichkeiten abgebildet, die Proxmox VE bereit stellt, sondern die gängigsten für die Erstellung neuer virtueller Maschinen. Nach der Erstellung einer neuen VM können Sie die Konfiguration bearbeiten und weitere Komponenten hinzufügen oder Einstellungen ändern, bevor Sie die VM zum ersten Mal starten.

Auch eine spätere Änderung dieser VM-Eigenschaften ist jederzeit möglich. Allerdings reagieren manche Betriebssysteme auf manche Änderungen allergisch (mehr dazu erfahren Sie noch an den entsprechenden Stellen im weiteren Verlauf).

Um eine neue virtuelle Maschine zu erstellen, klicken Sie oben rechts auf den Button **Create VM**. Dann erscheint der *VM Creation Wizard* (siehe Abbildung 11.4).

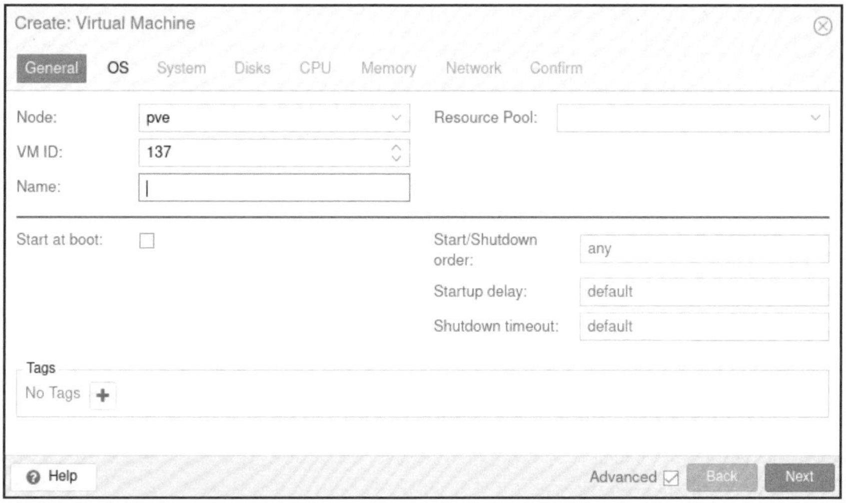

Abbildung 11.4: VM Creation Wizard Schritt 1 – der Tab »General«

11.5.1 Allgemeine Einstellungen

Unten rechts im Dialog können Sie mit dem Häkchen bei **Advanced** ein paar zusätzliche Eigenschaften auf jeder Seite einblenden, die Sie tendenziell seltener benötigen. Da sich dort aber der eine oder andere Schatz befindet, werde ich im Folgenden auch auf diese erweiterten Eigenschaften eingehen.

Auf dieser ersten Seite legen Sie einige grundlegende Eigenschaften der neuen VM fest:

- **Node:** Gibt an, auf welchem Hypervisor die neue VM erzeugt werden soll. Bei Cluster-Umgebungen können Sie damit die VM direkt auf dem Zielserver erstellen.
- **VM ID:** Hier wählen Sie eine eindeutige numerische ID zwischen 100 und 1.000.000. In Proxmox dient diese ID als eindeutige Bezeichnung der VM und darf deshalb auf einem Host bzw. auf einem Cluster nur ein einziges Mal verwendet werden. Die ID wird beispielsweise auch für den Namen der Konfigurationsdatei der VM sowie für die Namen der Disk-Images verwendet. Proxmox VE schlägt Ihnen automatisch die nächste freie ID ab 100 vor, erlaubt Ihnen jedoch auch, eine beliebige eindeutige ID hier zu hinterlegen. Sie können sich selbst ein Schema für die Vergabe von IDs festlegen, um die Übersicht zu behalten, indem Sie beispielsweise für produktive VMs eine ID ab 1.000 und für Test-VMs eine ID ab 9.000 vergeben. Unter **Datacenter • Options** lässt sich die untere und obere Grenze für VM-ID-Vorschlagswerte einstellen. Werden dort gleiche Zahlen hinterlegt, deaktivieren Sie damit den Vorschlagwert komplett und müssen beim Anlegen einer neuen VM manuell eine eindeutige ID eintragen. Dies kann beispielsweise hilfreich sein, wenn die VM-IDs in einem anderen führenden CMDB-System wie beispielsweise Netbox verwaltet werden. In diesem Buch wird die VM-ID in Beispielen oft als *<vmid>* gezeigt.

- **Name:** Bezeichnet den frei wählbaren Namen der VM, wie beispielsweise *srv-dc01-frankfurt*. Der Name hat keine technische Relevanz, dient aber der leichten Erkennbarkeit und kann jederzeit unter **VM • Options** geändert werden. Es handelt sich dabei nicht einmal um ein Pflichtfeld. Geben Sie keinen Namen an, wird die VM als `VM <vmid>` benannt. Unter **Options** lässt sich der Name später auch jederzeit anpassen.
- **Ressource Pool:** Ordnen Sie die VM optional einem Ressourcen-Pool zu, um die Verwaltung von Berechtigungen auf VMs, Container und Storages zu vereinfachen.

Unter den **Advanced Options** finden Sie weitere Möglichkeiten:

- **Start at boot:** Wenn Sie diese Option aktivieren, wird die VM automatisch nach dem Start des Servers eingeschaltet.
- **Start/Shutdown order:** Gibt die Reihenfolge an, in der VMs und Container gestartet und heruntergefahren werden sollen. Die VMs mit den niedrigsten Zahlen werden zuerst gestartet, dann folgen jeweils die höheren Zahlen, und zuletzt werden die VMs ohne Angabe (any) gestartet. Beim Herunterfahren des Hypervisors gilt die umgekehrte Reihenfolge: Es werden zuerst die VMs heruntergefahren, die keinen Wert (any) in diesem Feld haben, danach die mit der höchsten Zahl – bis zuletzt die mit der niedrigsten Zahl heruntergefahren werden. Dies ist sinnvoll, wenn Sie Abhängigkeiten zwischen VMs haben. Wenn Sie sicherstellen möchten, dass Ihre Active-Directory-VM vor der Exchange-Server-VM gestartet wird, dann geben Sie der AD-VM hier eine 10, der Exchange-Server-VM eine 20. Proxmox VE beginnt bei der niedrigsten Zahl, fährt danach bei der höheren Zahl fort und startet anschließend alle VMs ohne Zahl. Das Herunterfahren von VMs – z. B. wenn Sie den Hypervisor herunterfahren oder neu starten – verläuft genau umgekehrt: Zuerst werden alle VMs ohne Zahl heruntergefahren, danach die restlichen Zahlen absteigend.
- **Startup delay:** Sorgt für eine absichtliche Pause nach dem Start dieser VM um die angegebene Anzahl Sekunden. Nach Ablauf dieser Zeit wird die nächste VM gestartet. Dies ist hilfreich, wenn nach dem Start der VM die darin laufende Datenbank einige Minuten benötigt, bis sie erreichbar ist, und die nächste VM auf sie zugreifen muss.
- **Shutdown timeout** (Default: 300 Sekunden)**:** Gibt die Zeit an, nach der eine VM hart ausgeschaltet wird, wenn sie auf das Shutdown-Signal des Hypervisors nicht reagiert hat. Tragen Sie hier einen höheren Wert ein, wenn Ihre VM länger als 300 Sekunden benötigt, um sich geordnet herunterzufahren. Dies verlängert natürlich auch die Zeit, die der Hypervisor für den eigenen Shutdown benötigt, weil er dieser VM eine längere Zeitspanne einräumt. Damit ein Shutdown einer VM vom Hypervisor funktioniert, benötigen Sie den QEMU Guest Agent wie in Abschnitt 11.4 beschrieben oder alternativ dazu ein funktionierendes ACPI. Bei Windows Servern ohne Guest Agent müssen Sie die Gruppenrichtlinie *Shutdown: Allow system to be shut down without having to log on* aktivieren, damit sich der Windows Server auf Anfrage des Hypervisors herunterfährt.

- **Tags:** Hinterlegen Sie beliebige Tags für die VM, um diese zu kennzeichnen. Tags werden im Ressourcenbaum der GUI angezeigt und für die Suche und Gruppierung verwendet.

Danach gehen Sie zur nächsten Seite des Assistenten, die Sie in Abbildung 11.5 sehen.

Abbildung 11.5: VM Creation Wizard Schritt 2 – der Tab »OS«

11.5.2 Einstellungen zur Betriebssysteminstallation

Auf der linken Seite im Tab **OS** geben Sie an, von welchem Medium Sie die Installation der VM durchführen möchten. Sie haben die Wahl zwischen drei verschiedenen Optionen:

- Verwenden Sie ein ISO-Image.
- Nutzen Sie das CD/DVD-Laufwerk im Hypervisor.
- Verwenden Sie kein Medium zur Installation.

In den meisten Fällen werden Sie eine neue VM direkt aus einem ISO-Image erzeugen wollen. Dieses ISO-Image muss vorher auf einem Storage mit dem Content-Type *ISO image* von Proxmox VE bereitgestellt werden.

Die Nutzung des physischen CD/DVD-Laufwerks ist nach wie vor möglich, wird heute bei neuen Servern aber mangels Laufwerk kaum noch genutzt. Diese Variante lässt sich auch für Automatisierungen am schlechtesten einsetzen.

Kein Medium zu benutzen als dritte verfügbare Option wird häufig für Automatisierungs- und Migrationsszenarien verwendet. Damit erstellen Sie eine VM-Hülle, in die Sie anschließend ein vorhandenes Disk-Image eines anderen Hypervisors importieren oder die VM über PXE-Boot starten und automatisch betanken können.

Unter **Guest OS** legen Sie fest, welches Betriebssystem in welcher Version in der neuen VM installiert werden soll. Dies hat Auswirkungen auf den Assistenten sowie auch auf die Konfiguration der VM selbst.

Der VM Creation Wizard passt die Default-Werte an das gewählte Betriebssystem und die Version an. Für eine Windows-VM schlägt Ihnen Proxmox beispielsweise 4 GB Hauptspeicher vor, während der Vorschlag für eine Linux-VM bei 2 GB RAM liegt. Ebenso blendet der Wizard bei Auswahl eines Windows-Betriebssystems ein zweites virtuelles CD-ROM-Laufwerk ein, um das VirtIO-ISO-Image zur Installation der paravirtualisierten VirtIO-Komponenten zur Verfügung zu stellen. Das sehen Sie in Abbildung 11.6.

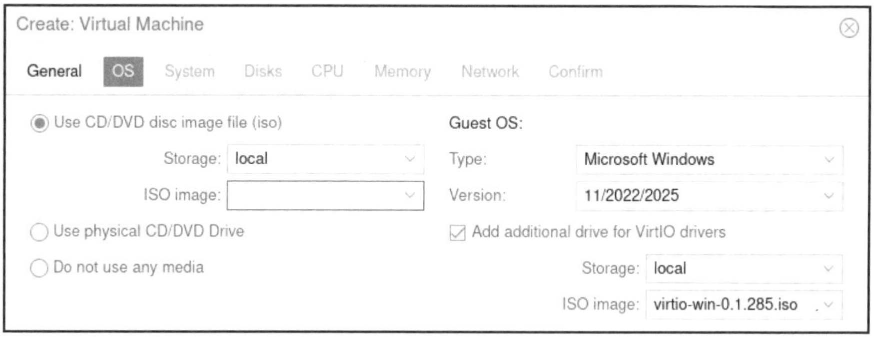

Abbildung 11.6: Der VM Creation Wizard mit zusätzlichem ISO-Image für VirtIO bei Windows

Haben Sie diese Eigenschaften ausgewählt, gehen Sie weiter zum nächsten Schritt, der Konfiguration des Systems, die Sie in Abbildung 11.7 sehen.

11.5.3 Einstellungen zum System

Stellen Sie sich den Tab **System** am besten als Ihr virtuelles Mainboard mit den Basiseigenschaften der VM vor.

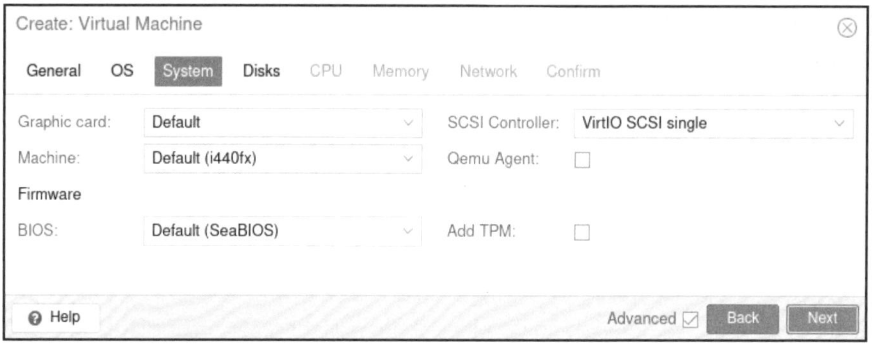

Abbildung 11.7: VM Creation Wizard Schritt 3 – »System«

Je nachdem, für welches Betriebssystem bzw. welche Betriebssystemversion Sie sich auf dem **OS**-Tab des Wizards entschieden haben, erhalten Sie hier zwar immer noch die gleichen Auswahlfelder, aber mit anderen Voreinstellungen. Daher schauen wir uns zunächst das Anlegen einer Linux-VM mit ihren Voreinstellungen an. Weiter unten werfen wir einen Blick auf die Voreinstellungen für Windows-VMs mit neueren Versionen wie Windows 11 oder Windows Server 2025.

Grafikkarte

Der Eintrag **Default** im Feld **Graphic card** entspricht der *Standard VGA*-Grafikkarte. Auch wenn dies für die meisten Fälle passend ist, schauen wir uns weitere Möglichkeiten an:

- **Standard VGA:** Diese Option steht für eine normale VGA-Grafikkarte, die ausreichend ist, um die Konsole einer virtuellen Maschine zuverlässig anzuzeigen.
- **VMware compatible:** QEMU stellt eine Hardware bereit, die wie eine VMware-paravirtualisierte Hardware aussieht. Verwenden Sie diese Konfiguration, wenn Sie Ihre VM von VMware migrieren und möglichst wenig Aufwand mit dem Austausch von Treibern haben möchten.
- **SPICE** (**dual**, **three**, **four**)**:** Proxmox VE verwendet QXL für den Zugriff auf die Konsole der VM und überträgt den Bildschirminhalt, Eingaben, Audio, USB-Geräte und mehr Informationen über das *SPICE*-Protokoll. Wenn Sie den Eintrag mit **dual**, **three** oder **four** wählen, erhalten Sie die entsprechende Anzahl virtueller Bildschirme. Wenn Sie die in Proxmox VE integrierte SPICE-Konsole nutzen möchten, benötigt die VM eine SPICE-Grafikkarte.
- **Serial terminal 0-4:** Statt einer Grafikkarte verwendet die VM serielle Terminals.
- **VirtIO-GPU:** Reicht eine paravirtualisierte GPU des Typs *VirtIO-GPU* an die VM durch. VirtIO kann durch die Paravirtualisierung die Grafikperformance eines Gastes verbessern. VirtIO-GPU-Treiber werden beispielsweise für den Einsatz von *NVIDIA GRID* verwendet. Mehr über die VirtIO-GPU erfahren Sie in Abschnitt 11.8.2.
- **VirGL-GPU:** Reicht eine paravirtualisierte GPU des Typs *VirGL* an die VM durch. Das kann sich positiv auf die Grafikperformance in Linux-VMs auswirken. Mehr darüber erfahren Sie in Abschnitt 11.8.3.
- **none:** Die VM erhält keine Grafikkarte.

Maschine

Der ältere Maschinentyp *i440fx* ist Standard und wird aufgrund seiner Stabilität und Kompatibilität mit unterschiedlichsten Betriebssystemen nach wie vor empfohlen. Sie können sich im Feld **Machine** auch optional für den Maschinentyp *q35* entscheiden. Dieser Typ ist neuer und hat zusätzliche Features.

- Eigenschaften und Vorteile des *i440fx*-Maschinentyps:
  - **Standard-Workloads:** Für die meisten Serveranwendungen und VMs, die keine direkte Hardware-Zuweisung benötigen, ist i440fx die bewährte und empfohlene Wahl. Die Funktionalität des Chipsatzes ist in der virtuellen Umgebung ohnehin größtenteils virtualisiert, sodass die Unterschiede in der Praxis oft minimal sind.

- **Ältere Gastbetriebssysteme:** Wenn Sie ältere Betriebssysteme wie Windows XP oder Windows 2000 virtualisieren müssen, ist i440fx die sicherere Wahl, da q35 diese möglicherweise nicht unterstützt.
- **Legacy-Hardware-Passthrough:** In einigen speziellen Fällen, wie beim Passthrough von älteren PCI-Geräten oder bestimmten integrierten GPUs, kann i440fx erforderlich sein.
- **Stabilität:** Da i440fx seit langer Zeit der Standard ist, gilt er als extrem stabil und gut getestet.

■ Der Hauptvorteil von *q35* liegt in der Unterstützung modernerer Technologien:

- **PCIe-Passthrough:** Wenn Sie ein physisches PCIe-Gerät (wie eine Grafikkarte, eine Netzwerkkarte oder einen Speichercontroller) direkt an eine virtuelle Maschine durchreichen möchten, ist *q35* erforderlich. Dies liegt daran, dass *q35* eine PCIe-Topologie emuliert, während *i440fx* nur eine ältere PCI-Topologie bietet.
- **Moderne Gastbetriebssysteme:** Neuere Betriebssysteme, insbesondere Windows 11 und Windows Server 2025, können von den moderneren Features des *q35*-Chipsatzes profitieren. Dazu gehören beispielsweise AHCI und eine virtuelle IOMMU.

Firmware

Unter dem Punkt **Firmware** stellen Sie ein, ob es sich um ein BIOS- (**SeaBIOS**) oder ein UEFI-(**OVMF**-)System handeln soll.

Während Ihnen für Linux und andere Betriebssysteme standardmäßig ein BIOS vorgeschlagen wird, ändert der Wizard bei Windows die Voreinstellung auf **UEFI**. Falls Sie eine Windows-11- oder eine Windows-Server-2025-VM installieren, blendet der Wizard mehr Optionen ein (siehe dazu Abbildung 11.9).

Sie können diese Einstellung bei Bedarf natürlich anpassen, wenn Sie in einer Linux-VM *Secure Boot* verwenden möchten und deshalb ein UEFI und ein TPM benötigen oder wenn Sie PCIe-Geräte an die VM durchreichen müssen. Andererseits kann es sinnvoll sein, für eine ältere Windows-Version hier auch auf ein BIOS zu gehen.

Anschließend können Sie durch das Setzen des Häkchens bei **Add EFI Disk** (siehe weiter unten in Abbildung 11.9) konfigurieren, ob Proxmox VE ein zusätzliches 4 MB großes Image anlegen soll, um UEFI-Einstellungen und Schlüssel in einem UEFI persistent zu speichern. Verzichten Sie auf den Haken, stellt Proxmox VE bei jedem Start der VM ein Standard-UEFI-Image zur Verfügung, das anschließend wieder verworfen wird.

Unter **EFI Storage** legen Sie dann noch fest, auf welchem Ihrer Storages das 4 MB große UEFI-Image abgelegt werden soll. Handelt es sich bei dem Storage um eine dateibasierte Ablage wie ein NFS oder ein lokales Filesystem, können Sie das gewünschte Disk-Format unter dem Punkt **Format** einstellen.

Als Letztes geben Sie mit dem Häkchen bei **Pre-Enroll Keys** an, ob die EFI-Disk direkt mit den *Microsoft Standard Secure Boot Keys* bestückt werden soll. Diese benötigen Sie, wenn Sie in Ihrer VM *Secure Boot* aktivieren möchten. Durch die vorab integrierten Schlüssel erkennt das Gastbetriebssystem eine gültige Secure-Boot-Umgebung und lässt sich problemlos installieren und starten.

Secure Boot

Secure Boot ist ein Sicherheitsstandard, der dafür sorgt, dass beim Startvorgang eines Systems nur vertrauenswürdige und digital signierte Software geladen wird. Dies verhindert das Ausführen von nicht autorisiertem Code, wie beispielsweise Boot-Rootkits.

Bestimmte Betriebssysteme wie *Windows 11* setzen für die Installation und den Betrieb zwingend eine UEFI-Firmware mit aktiviertem Secure Boot und einem *Trusted Platform Module (TPM)* voraus. *Windows Server 2025* hingegen benötigt die Keys nur, wenn Sie Secure Boot oder *BitLocker* zur Disk-Verschlüsselung verwenden möchten.

SCSI-Controller

Auf dem Tab **System** (siehe Abbildung 11.7) legen Sie im Feld **SCSI Controller** den Typ des verwendeten SCSI-Controllers fest (siehe Abbildung 11.8). Dies ist nur relevant, wenn Sie auf der nächsten Seite des Wizards eine SCSI-Disk als Disk-Controller verwenden.

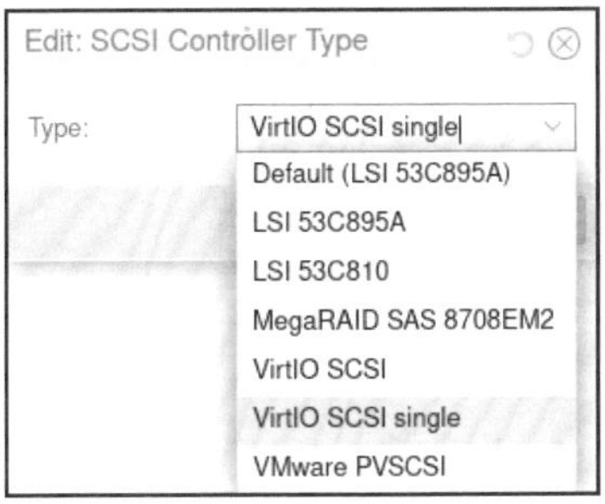

Abbildung 11.8: Diese SCSI-Controller-Typen stehen zur Auswahl.

Schauen wir uns die einzelnen SCSI-Controller-Typen an:

- **LSI 53C895A** (QEMU-Default), **LSI 53C810** und **MegaRAID SAS 8708EM2**: Diese Controller werden emuliert, bieten also keine besonders hohe Geschwindigkeit. Allerdings sind sie relativ alt und werden deshalb in vielen Betriebssystemen unterstützt. Verwenden Sie diese Typen dann, wenn in der VM alte oder exotische Betriebssysteme verwendet werden, die mit keinem anderen Controller-Typ als SCSI funktionieren.

- **VirtIO SCSI**: Verwendet den paravirtualisierten VirtIO-SCSI-Treiber. Bietet eine hohe Performance, viele Features und wird aktiv weiter-entwickelt. Existieren mehrere Disks, sind alle virtuellen Disks an einen einzigen virtuellen VirtIO-SCSI-Controller angebunden.
- **VirtIO SCSI single**: Dies ist der empfohlene Standard-Controller-Typ für moderne Betriebssysteme. Er bietet die beste Performance, viele Features und wird ebenfalls aktiv weiterentwickelt. Existieren mehrere Disks, erhält jede virtuelle Disk ihren eigenen virtuellen *VirtIO SCSI single*-Controller. Im Vergleich zum vorherigen Controller-Typ (ohne *single*) erlauben mehrere Controller eine bessere Parallelisierung von I/O und damit eine tendenziell höhere Performance. Deshalb ist dies der von Proxmox VE vorgeschlagene Default-Controller, selbst wenn an diese VM nur eine einzelne virtuelle Disk angeschlossen ist. Bleiben Sie bei der Default-Einstellung, wenn es keinen validen Grund gibt, davon abzuweichen.
- **VMware PVSCSI**: Ermöglicht die Migration einer VM von einem VMware-Hypervisor. Nutzen Sie diesen Typ im Rahmen einer Migration, um ohne den Austausch von Treibern Ihre VM zu Proxmox VE zu migrieren.

QEMU-Agent

Aktivieren Sie die Option **QEMU-Agent** (siehe Abbildung 11.7), wenn Sie später einen *QEMU Guest Agent* in der VM installieren möchten. Der Agent ermöglicht eine bessere Kommunikation zwischen Host und Gast, was für konsistente Snapshots und das saubere Herunterfahren der VM praktisch ist.

Ist dieser Haken gesetzt, versucht Proxmox VE mit dem Guest Agent zu kommunizieren. Ist diese Option nicht gesetzt, findet keine Kommunikation statt. Shutdown-Requests werden dann per ACPI an die VM gesendet, und andere Aktionen wie das kurzfristige Einfrieren der Filesysteme für konsistente Backups sind dann nicht möglich.

Der gesetzte Haken sorgt nicht für eine automatische Installation des Guest Agents: Sie müssen den Agenten anschließend noch selbst im Gast-Betriebssystem installieren.

Mehr über den QEMU Guest Agent finden Sie in Abschnitt 11.4.

Die Option »Add TPM«

Ein *Trusted Platform Module (TPM)* ist ein spezieller Mikrochip, der hardwarebasierte Sicherheitsfunktionen bereitstellt. Er fungiert als sicherer Krypto-Prozessor und ist darauf ausgelegt, kryptografische Schlüssel sicher zu speichern und zu verwalten. Ein TPM wird beispielsweise für Secure Boot bei Linux, für den Einsatz von Windows 11 sowie bei der Verwendung von BitLocker unter Windows Server 2025 zwingend benötigt.

Durch Aktivieren dieser Option stellen Sie der VM ein emuliertes TPM zur Verfügung. Ein virtuelles TPM erfüllt diese Anforderung und ermöglicht den Einsatz solcher Gastbetriebssysteme und Anwendungen auch als virtuelle Maschine.

Aber: Sie müssen sich klarmachen, dass ein emuliertes TPM nicht dieselbe physische Sicherheit wie ein Hardware-TPM bietet. Da der Zustand des virtuellen TPM nicht im Hardware-TPM des physischen Servers, sondern in einer 4 MB großen Image-Datei auf einem Ihrer Storages gespeichert wird, kann er potenziell von jedem eingesehen oder verändert werden, der Zugriff auf dieses Image hat.

Unter **TPM Storage** (siehe Abbildung 11.9) legen Sie fest, auf welchem Storage dieses Image gespeichert wird, und mit der **Version** legen Sie fest, welche TPM-Version emuliert wird.

Beispiel: Windows-VM mit UEFI und TPM

Falls Sie eine Windows-11- oder eine Windows-Server-2025-VM installieren, wird der Wizard also mehr Optionen einblenden. Ihr Dialog könnte dann statt wie in Abbildung 11.7 auch so wie in Abbildung 11.9 aussehen:

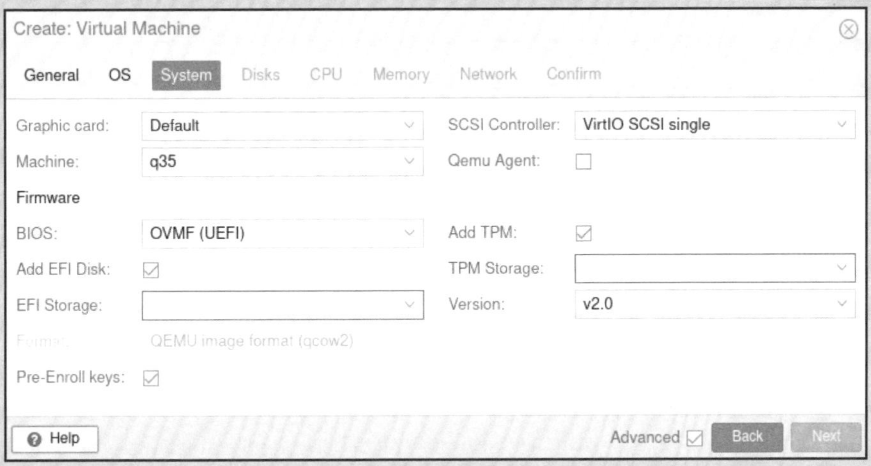

Abbildung 11.9: Der Schritt 3 des VM Creation Wizards bei Windows-VMs mit geänderten Voreinstellungen

11.5.4 Konfiguration virtueller Disks

Im nächsten Schritt legen Sie auf dem Tab **Disks** die Eigenschaften der virtuellen Disks fest. Der Dialog sieht zu Beginn so aus wie in Abbildung 11.10.

Für jede VM können Sie eine, keine oder mehrere virtuelle Disks anlegen oder in neueren Versionen von Proxmox VE auch importieren. Booten Sie beispielsweise nur ein Live-System aus einem PXE-Boot, benötigen Sie hier gar keine Disk. Meist werden Sie jedoch eine VM mit einer oder mehreren Disks verwenden. Im mittleren Bereich des Fensters befinen sich zwei Tabs, nämlich **Disk** und **Bandwidth**.

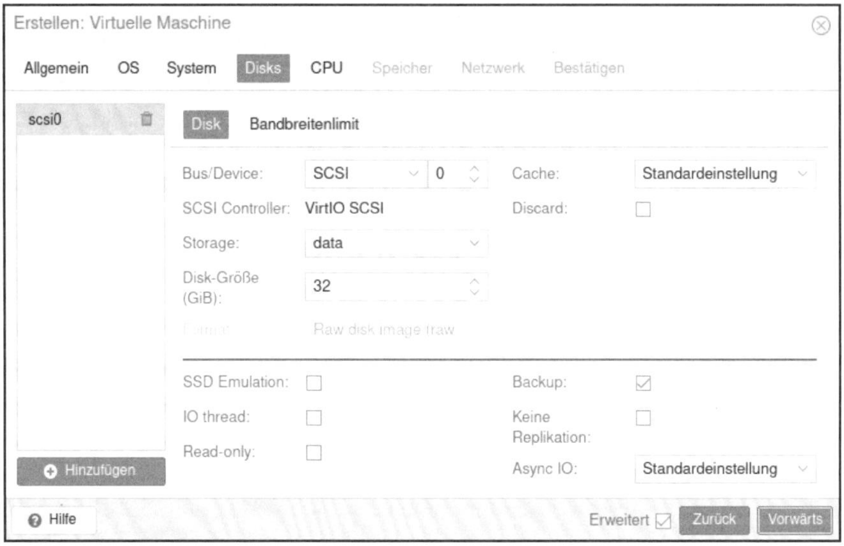

Abbildung 11.10: VM Creation Wizard Schritt 4 – »Disks«

Die folgenden Eigenschaften können Sie pro einzelner Disk in den Feldern des Tabs **Disk** konfigurieren:

- **Bus/Device:** Mit welchem virtuellen Bus soll die Disk verbunden sein? Sie haben die Wahl zwischen **IDE**, **SATA**, **VirtIO Block** und **SCSI**. Standardmäßig ist bereits **SCSI** vorausgewählt, und darunter sehen Sie den auf der vorherigen Seite **System** ausgewählten SCSI-Controller. Im numerischen Feld dahinter bestimmen Sie die Position der Disk am Bus, was nur relevant ist für die Benennung der Images zu den Disks sowie für die Reihenfolge, in der die Disks im Gast auftauchen. Bleiben Sie bei **SCSI**, wenn das VM-Betriebssystem VirtIO-SCSI unterstützt. Das ist beispielsweise bei Linux, Windows mit VirtIO-Treibern oder bei aktuelleren FreeBSD-Versionen der Fall und ermöglicht meist die größte Performance und die Nutzung neuerer Features. Für ältere oder exotischere Systeme verwenden Sie nach Bedarf SATA oder IDE, da diese Anschlüsse in nahezu allen Betriebssystemen, auch in sehr alten, unterstützt werden.

  VirtIO Block benötigen Sie nur noch, wenn Sie alte VMs mit diesem Bus verwenden und diese Einstellung nicht ändern können oder möchten.
- **Storage:** Wählen Sie den Storage, auf dem diese virtuelle Disk gespeichert werden soll.
- **Disk Size (GiB):** Stellen Sie die Größe der virtuellen Disk in GiB hier ein.
- **Format:** Wenn Sie oben im Feld **Storage** einen dateibasierten Storage wie beispielsweise NFS, CIFS oder einen local Directory Storagy ausgewählt haben, legen Sie hier das Image-Format fest, in dem die Disk gespeichert werden soll. Ihnen stehen neben dem QEMU-Standardformat *QCOW2* auch *RAW* und *VMDK* zur Verfügung. Falls die-

ses Feld bei Ihnen ausgegraut ist, haben Sie sich oben für einen blockbasierten Storage entschieden, weswegen es nicht notwendig ist, dafür ein Format auszuwählen.

- **Cache:** Hier konfigurieren Sie, ob und wie Lese- und Schreibzugriffe auf diese Disk gecacht werden sollen. Folgende Optionen stehen Ihnen zur Verfügung:
  - **No cache (Default):** Verzichtet weitgehend auf Cache-Mechanismen. Bietet eine mittlere Performance und eine sehr hohe Datensicherheit.
  - **Direct sync:** Umgeht alle Cache-Mechanismen, schreibt Daten mit `O_DIRECT` auf das Storage-Device und sendet für jede Transaktion ein `fsync` nach, damit die Daten ganz sicher auf die Disk geschrieben werden. Höchste Sicherheit, geringste Performance.
  - **Write through:** Implementiert einen Lesecache mithilfe des Page-Caches im Hypervisor. Beschleunigt lesende Zugriffe, umgeht jedoch alle Schreibcaches und ist beim Schreiben daher langsamer als **No cache**.
  - **Write back:** Sorgt für einen Lese- und einen Schreibcache und steigert die Performance. Das Risiko eines Datenverlustes der letzten Transaktionen ist jedoch höher, da Schreibzugriffe ebenfalls im Cache landen und erst verzögert nach einigen Sekunden oder nach dem Erreichen einer bestimmten Datenmenge auf den Storage zurückgeschrieben werden.
  - **Write back (unsafe):** Verwenden Sie diesen Modus niemals für produktive Maschinen! Er verhält sich wie **Write back**, verzichtet jedoch auf das regelmäßige Zurückschreiben des Caches auf den Storage. Extrem hohe Performance, aber auch extrem hohes Risiko von Datenverlusten beim Ausfall eines Hypervisors oder bei Migration der VM.
- **Discard:** Wenn Ihr VM-Disk-Image auf einem Thin-Provisioned Storage wie ZFS oder Ceph oder auf SSD/NVMe-Devices gespeichert wird, sollten Sie dieses Häkchen aktivieren. Es ermöglicht dem Gast mit `TRIM`- bzw. `UNMAP`-Befehlen, dem Host mitzuteilen, welche Datenblöcke gelöscht wurden und nicht mehr benötigt werden. SSDs/NVMes können diese Blöcke als gelöscht markieren und Thin-Provisioned Storages können diesen Speicherplatz deallozieren und wieder als frei markieren. Damit Discard im Gast auch genutzt wird, muss oft die weiter unten aufgeführte SSD-Emulation ebenfalls aktiviert werden.
- **IO thread:** Ist diese Option aktiviert, werden I/O-Operationen in einen separaten CPU-Thread auslagert. Ohne diese Option werden I/O-Anfragen im Hauptthread von QEMU bearbeitet, was die I/O-Leistung der VM reduzieren und zu höheren Latenzen führen kann. Durch den separaten I/O-Thread bleibt die VM reaktionsfähig, da die CPU-Threads nicht auf den Abschluss von Speicheroperationen warten müssen. Diese Einstellung ist nur bei Verwendung eines SCSI- oder eines VirtIO-Block-Controllers verfügbar, für IDE oder SATA steht sie nicht zur Verfügung.

Falls Sie keine neue Disk anlegen, sondern im Dialog unten links auf **Import** klicken, ändert sich der Dialog wie in Abbildung 11.11 zu sehen und Sie haben statt der Felder **Storage** und **Disk Size (GiB)** die folgenden Felder:

- **Import Storage:** Geben Sie hier an, von welchem Storage Sie ein bestehendes VM-Image importieren möchten. Sie können hier nur Storages auswählen, für die unter **Datacenter • Storage** der Content-Type **Import** ausgewählt wurde.
- **Select Image:** Wählen Sie das Disk-Image aus, das Sie als VM-Disk importieren möchten.
- **Target Storage:** Damit legen Sie fest, auf welchem Ihrer Storages die importierte Disk abgelegt werden soll.

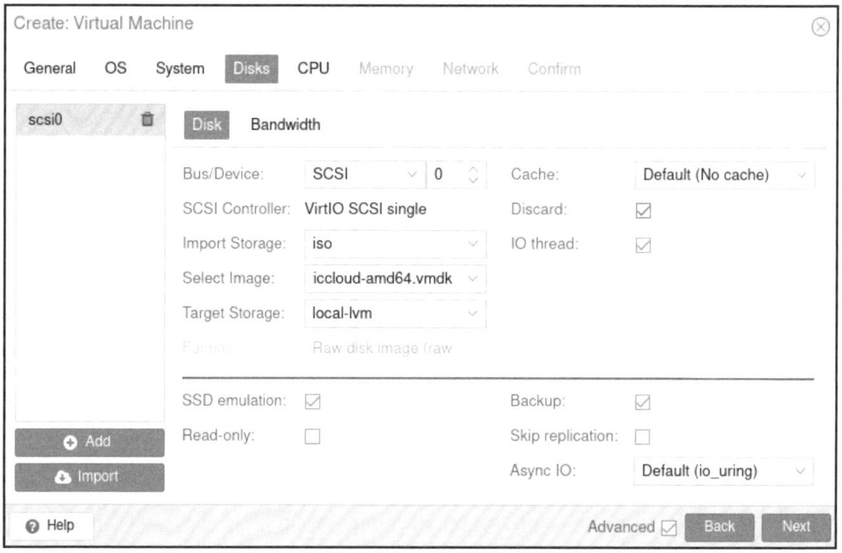

Abbildung 11.11: Beim Import eines vorhandenen Disk-Image ändert sich der Dialog zum Erstellen einer Disk.

Im **Advanced**-Teil dieses Dialogs finden Sie zusätzlich folgende Einstellungen:

- **SSD emulation:** Mit dieser Option wird dem Gastbetriebssystem signalisiert, dass es sich bei der virtuellen Festplatte um eine SSD handelt, unabhängig davon, ob der zugrunde liegende Storage tatsächlich aus SSDs besteht. Moderne Betriebssysteme wie Windows oder Linux verwenden dann automatisch das `TRIM`-Kommando. Die oben aktivierbare **Discard**-Option funktioniert also nur, wenn dieses Häkchen ebenfalls aktiviert ist. Die Emulation selbst hat keinen direkten Einfluss auf die I/O-Leistung.
- **Read-only:** Ist diese Option aktiviert, wird die virtuelle Disk als schreibgeschützt eingebunden. Die Gast-VM kann von ihr lesen, alle Schreibversuche des Gastes schlagen jedoch fehl. Dies ist nützlich, wenn Sie beispielsweise eine Disk zu forensischen Zwecken analysieren möchten, ohne deren Inhalt zu verändern.

- **Backup:** Diese Einstellung steuert, ob eine virtuelle Festplatte in Backups einbezogen wird. Standardmäßig ist dies für alle Festplatten aktiviert. Deaktivieren Sie diese Option für Laufwerke, die temporäre Daten, Swap-Partitionen oder Daten enthalten, die durch andere Mechanismen wie datenbankinterne Backups gesichert werden.
- **Skip replication:** Diese Option ist nur relevant, wenn Sie die Proxmox-VE-*Storage Replication* nutzen. Wenn eine VM für die Replikation konfiguriert ist, können Sie mit dieser Einstellung einzelne Festplatten von diesem Prozess ausschließen. Dies ist notwendig, wenn eine Disk Daten enthält, die nicht repliziert werden müssen, beispielsweise temporäre Daten.
- **Async IO:** Diese Einstellung legt fest, wie QEMU/KVM asynchrone I/O-Operationen handhabt, was die Performance maßgeblich beeinflusst. Sie haben die Wahl zwischen verschiedenen Engines:
  - **io_uring** (Default)**:** Dies ist die modernste und performanteste Async-IO-Engine im Linux-Kernel. Sie bietet den geringsten Overhead und kann Durchsatz sowie Latenz erheblich verbessern, insbesondere auf schnellen NVMe-Speichern. **io_uring** ist für die meisten Workloads die empfohlene Wahl, um maximale I/O-Leistung zu erhalten.
  - **native:** Verwendet die native asynchrone I/O-Schnittstelle des Linux-Kernels. Diese Engine ist moderner und meist schneller als **threads**, da sie Thread-Wechsel reduziert. Sie bietet in Kombination mit der **No cache**-Einstellung eine gute Wahl für Block-Storage wie iSCSI oder FC.
  - **threads:** Nutzt einen Pool von User-Space-Threads zur Abwicklung der I/O-Anfragen. Vermeiden Sie den Einsatz, wenn `io_uring` oder `native` möglich ist.

Es gibt in diesem Disk-Dialog noch einen zweiten Tab namens **Bandbreite** oder **Bandwidth**, den man leicht übersehen kann. Wechseln Sie zu diesem Tab, sehen Sie wie in Abbildung 11.12 mehrere Möglichkeiten zur Limitierung der Disk-Performance.

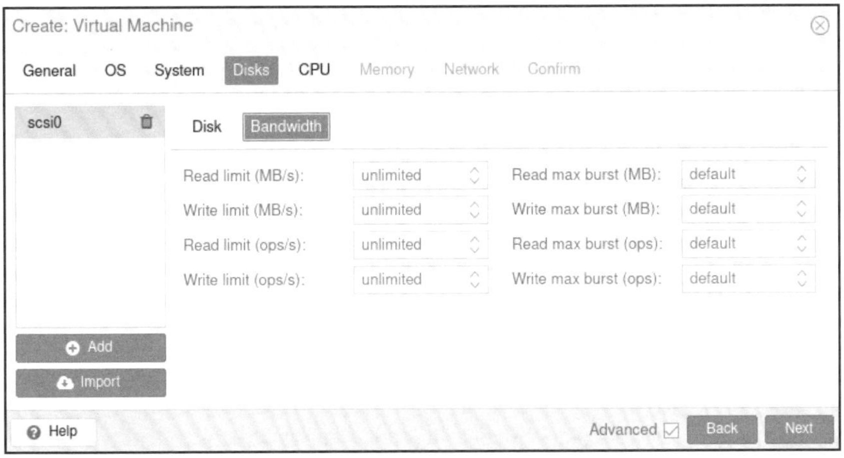

Abbildung 11.12: Die Einstellungsmöglichkeiten im Tab »Bandwidth«

In einer Umgebung, in der sich mehrere virtuelle Maschinen einen physischen Storage teilen, kann es zum sogenannten *Noisy Neighbor*-Problem kommen: Eine einzelne VM kann mit sehr vielen I/O-Zugriffen, beispielsweise während eines Backups oder einer großen Datenbankabfrage, die gesamte verfügbare Leistung des Storage konsumieren und dadurch die noch zur Verfügung stehende Leistung für alle anderen VMs auf demselben Host oder gar im selben Cluster reduzieren.

Um dies zu verhindern und eine faire Verteilung der Performance und vorhersagbaren Leistung zu gewährleisten, bietet Proxmox VE Möglichkeiten, die I/O-Leistung für jede einzelne virtuelle Festplatte zu limitieren. Diese Limits werden in zwei Dimensionen definiert: *Durchsatz* (MB/s) und *Operationen pro Sekunde* (IOPS oder Operationen pro Sekunde, ops/s).

Die Implementierung folgt dem Prinzip des *Leaky Buckets*, also bildich gesprochen einem Eimer mit Loch:

- Das **Read/Write limit** ist die dauerhafte Rate, mit der Daten aus dem Eimer tropfen können. Sie repräsentiert die garantierte, nachhaltige, reproduzierbare I/O-Leistung in MB/s oder ops/s, die der VM-Disk zur Verfügung steht.
- Der **Read/Write max burst** legt die Größe des Eimers fest. Er erlaubt der VM, für kurze Zeit mit einer höheren Geschwindigkeit zu arbeiten, als die Rate vorgibt, bis der Eimer leer ist. Der Eimer wird kontinuierlich mit der Rate des Limits wieder aufgefüllt. Ein Burst-Wert ermöglicht es also, kurzzeitig eine höhere Leistung zu verwenden, ohne andere VMs zu stören.

Praktische Anwendungsszenarien für diese Optionen sind beispielsweise:

- **Service-Level-Agreements (SLAs):** Sie können verschiedene Storage-Tiers wie »Gold«, »Silber« oder »Bronze« anbieten, indem Sie VMs je nach gebuchtem Paket unterschiedliche I/O-Limits zuweisen.
- **Noisy Neighbors »leiser« machen:** Weisen Sie VMs, die hohe I/O-Last verursachen, feste Limits zu, um die Performance kritischerer Systeme nicht zu beeinträchtigen.
- **Schutz der Storage-Infrastruktur:** Wenn Sie einen Storage mit bekannten Leistungsgrenzen verwenden (wie ein älteres NAS), können Sie durch die Summe der Limits sicherstellen, dass der Storage nicht überlastet wird.

11.5.5 Einstellungen zur virtuellen CPU

Die Konfiguration der virtuellen CPU kann die Kompatibilität, die Performance und die Migrationsfähigkeit der VM beeinflussen. Anders als bei einigen anderen Hypervisoren werden CPU-Eigenschaften unter Proxmox VE nicht global pro Node oder pro Cluster festgelegt, sondern für jede einzelne VM eingestellt.

Schauen wir uns die Optionen, die Sie in Schritt 5 des Dialogs haben, anhand von Abbildung 11.13 im Detail an.

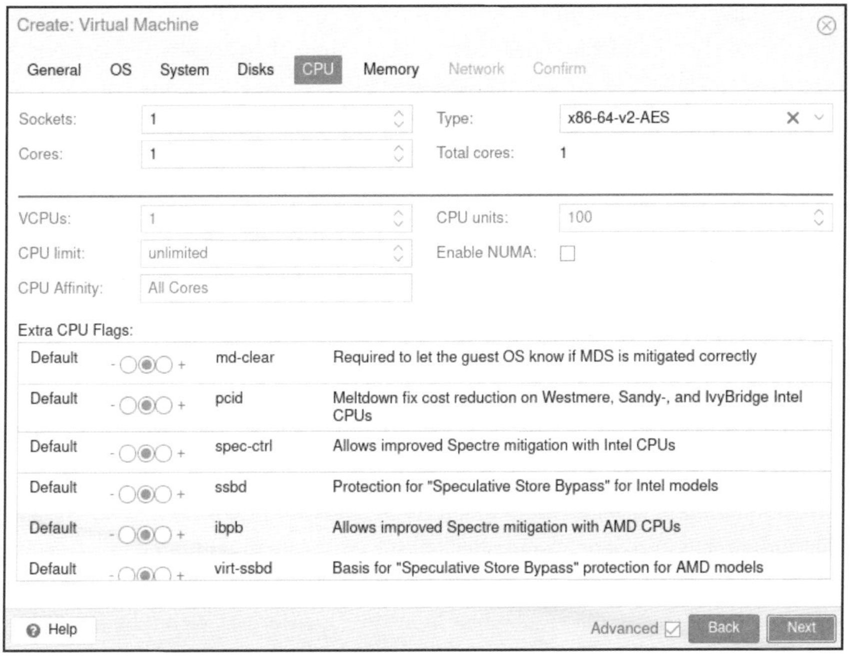

Abbildung 11.13: VM Creation Wizard Schritt 5 – »CPU«

Sockets und Cores

In den Feldern **Sockets** und **Cores** legen Sie die Anzahl der CPUs und Kerne fest, die der Gast sieht. Die Gesamtanzahl virtueller CPUs ergibt sich aus der Multiplikation dieser beiden Werte, also *Sockets × Cores = gesamte Anzahl virtueller CPUs im Gast*. Das Ergebnis wird Ihnen in der GUI hinter **Total cores** angezeigt.

Sockets entspricht der Anzahl der physischen CPU-Sockel auf einem Mainboard. In der physischen Welt hat ein Server mit zwei CPUs auch zwei Sockets, die auch jeweils eigenen RAM besitzen. **Cores** gibt die Anzahl der CPU-Kerne pro virtuellem Socket an.

Für Linux wie auch Windows hat die Unterscheidung zwischen Sockets und Cores kaum noch einen Einfluss auf die Performance. Daher sollten Sie die Anzahl der Sockets auf 1 belassen und nur die Anzahl der Cores konfigurieren.

Eine Ausnahme von dieser Regel stellen bestimmte Softwareprodukte dar, deren Lizenzierung auf der Anzahl der CPU-Sockel basiert. In einem solchen Fall können Sie die virtuellen CPUs gezielt an die Lizenzanforderungen anpassen, beispielsweise 2 Sockets mit je 4 Kernen statt 1 Socket mit 8 Kernen konfigurieren, um Lizenzkosten zu sparen.

Das *CPU-Over-Provisioning* ist unproblematisch und gängige Praxis – und, nebenbei bemerkt, einer der Hauptvorteile von Virtualisierung. Während andere Hypervisoren oft eine Empfehlung von 1:2 oder 1:4 angeben, gibt es bei Proxmox VE solche feste Richtlinien nicht. Meiner Meinung nach ist eine solche Empfehlung auch schwierig auszusprechen, da sie sehr stark von Ihren Workloads abhängig ist.

Wenn Sie eine Zahl für die Planung vor einer Hardware-Neuanschaffung benötigen, planen Sie mit der gleichen Empfehlung, die Sie auch auf Ihrem alten Hypervisor verwendet haben, oder erhöhen Sie diese, wenn Ihre neue Hardware mehr Leistung bietet.

Grundsätzlich gilt: Weisen Sie einer VM nie mehr Sockets und vCores zu, als physisch in Ihrem Server vorhanden sind. Falls Sie es dennoch tun, passiert zwar nichts Tragisches, aber die VM wird dann aufgrund häufiger Kontextwechsel langsamer statt schneller. In früheren Versionen von Proxmox VE war ein Start einer solchen VM noch möglich, aktuellere Versionen lassen den Start jedoch nicht mehr zu.

Auswahl des CPU-Typs

Die Einstellung **Type** ist die wichtigste im Hinblick auf Kompatibilität und Performance. Sie legt fest, welches CPU-Modell dem Gast präsentiert wird und welche CPU-Features, auch als *Flags* bezeichnet, die VM nutzen kann.

Diese Flags signalisieren, welche Operationen die Anwendung oder das Betriebssystem an die CPU zur Berechnung geben kann oder selbst in Software durchführen muss. Wenn die CPU beispielsweise das Flag *aes* besitzt, können Berechnungen von *aes*-Hashes an die CPU delegiert und dort deutlich schneller berechnet werden, als wenn die Operation selbst innerhalb der VM in Software durchgeführt würde. Die Performance einer VM bzw. ihrer Anwendungen steigt also, wenn die Eigenschaften moderner CPUs auch innerhalb der VM genutzt werden können.

Hinter dieser Einstellung verbirgt sich daher eine Liste von virtuellen CPUs, wie in Abbildung 11.14 zu sehen ist. Jede CPU dieser Liste besitzt entsprechende Features und die damit einhergehenden Flags.

Mit Proxmox VE können Sie auch einen Cluster aus Servern mit unterschiedlichen CPUs betreiben. Problematisch wird es allerdings bei der Live-Migration einer VM, wenn die CPU des Zielservers weniger Features (also die oben genannten Flags) unterstützt als die CPU des Quellservers, auf dem die VM ursprünglich gestartet wurde.

Eine vollständige Liste der von QEMU unterstützten CPU-Typen findet sich in der *QEMU CPU Model*-Dokumentation unter *https://qemu.readthedocs.io/en/latest/system/qemu-cpu-models.html*.

Proxmox verwendete bis zur Version 7 den CPU-Typ **kvm64**, erweitert um bestimmte CPU-Flags auf Kompatibilitätsebene des Pentium 4. Viele Anwendungen liefen daher nicht mit der bestmöglichen Performance, jedoch mit guter Abwärtskompatibilität zu älteren CPUs. Seit Proxmox VE 8 ist der CPU-Typ **x86-64-v2-aes** der neue Standard in Proxmox VE.

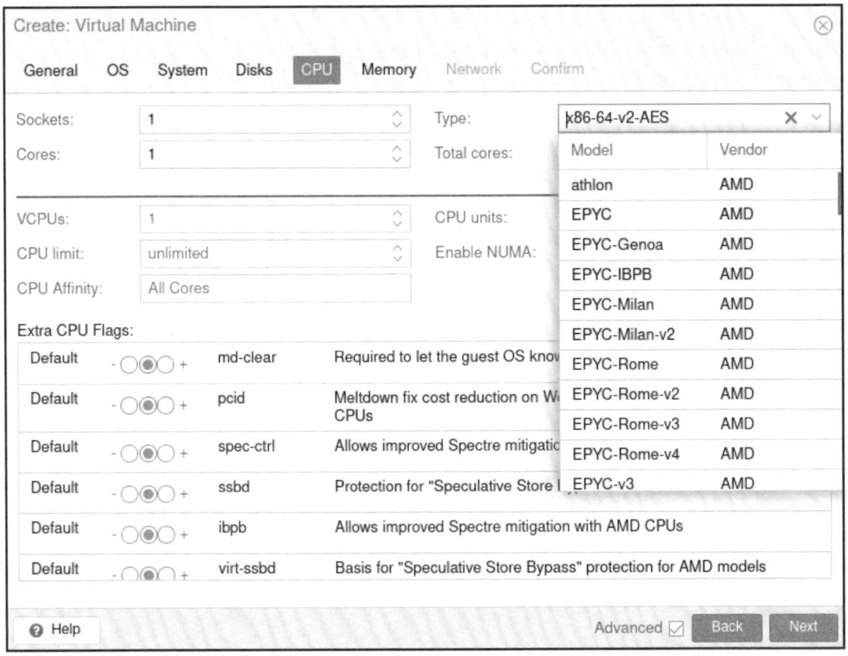

Abbildung 11.14: Die Liste der verfügbaren virtuellen CPUs

x86-64-ABI

2020 haben einige Branchengrößen wie Intel, AMD, Red Hat und SUSE drei verschiedene Standards für Mikroarchitekturebenen auf Basis der moderneren x86-64-Baseline und diversen aktivierten CPU-Flags definiert.

Details dazu können Sie in der x86-64-ABI-Spezifikation unter *https://gitlab.com/x86-psABIs/x86-64-ABI* nachlesen.

Je neuer Ihre CPUs sind, desto wahrscheinlicher unterstützen diese auch die Mikroarchitekturebenen `x86-64-v3` oder gar die `x86-64-v4`, die neuere Features bereitstellt und damit für eine höhere Performance in Ihren VMs sorgen kann.

Wenn Sie darüber hinaus eigene Anforderungen an CPUs, Flags bzw. Features haben, dann bleibt Ihnen auch noch die Möglichkeit, komplett eigene CPU-Typen zu definieren und diese an Ihre VMs zu geben. Sie haben damit freie Hand, welche Möglichkeiten Ihre VMs nutzen können. Bedenken Sie dabei, dass die Hardware-CPU natürlich Ihr Limit darstellt – nur diese Features können Sie in einer VM verwenden.

Theoretisch haben Sie mit QEMU auch die Möglichkeit, andere Architekturen innerhalb von VMs zu verwenden. Eine Debian-ARM-VM lässt sich mit ein paar manuellen Eingriffen durchaus zum Laufen bringen. Genauso verhält es sich mit anderen Architekturen.

Proxmox VE selbst wird nur und ausschließlich auf `x64-64` unterstützt, auch wenn es einige Ports auf andere Architekturen von der Community gibt.

Gehen Sie nach folgendem Schema vor, um einen bestimmten CPU-Typ für eine VM festzulegen:

1. Sie können in der Regel bei der Voreinstellung **x86-64-v2-aes** bleiben. Dieser Typ kombiniert eine hohe Performance mit einer guten Kompatibilität für alle Server-CPUs der vergangenen Jahre.
2. Haben Sie nur einen einzelnen Server oder einen Cluster mit gleichen CPUs in jedem Server, können Sie den CPU-Typ **host** verwenden. Dieser Typ reicht sämtliche Features Ihrer physischen CPU an die VM durch und erlaubt somit die höchstmögliche Performance.
3. Nutzen Sie unterschiedliche CPUs in einem Cluster, sollten Sie bei der Voreinstellung **x86-64-v2-aes** bleiben.
4. Beim Einsatz relativ alter Hardware oder bei Schwierigkeiten mit der **x86-64-v2-aes**-CPU können Sie alternativ den CPU-Typ mitgeben, der der ältesten CPU in Ihrem Cluster entspricht.

Um herauszufinden, welche Mikroarchitekturebenen Ihre CPU unterstützt, nutzen Sie den Befehl `ld.so --help`. Die Ausgabe des Befehls zeigt Ihnen ganz am Ende an, welche Ebenen von Ihrer CPU unterstützt werden:

```
root@pve:~# ld.so --help
[...]
Subdirectories of glibc-hwcaps directories, in priority order:
  x86-64-v4
  x86-64-v3 (supported, searched)
  x86-64-v2 (supported, searched)
```

In diesem Beispiel könnten Sie also Ihren VMs auch die virtuelle CPU x86-64-v3 zuweisen und so von zusätzlicher Geschwindigkeit durch weitere CPU-Features profitieren.

Erweiterte Einstellungen: Performance-Tuning und Ressourcenkontrolle

Wenn Sie unten im Dialog das **Advanced**-Häkchen setzen, finden Sie weitere Optionen zur Feinsteuerung, die über die reine Kernanzahl hinausgehen.

- **VCPUs:** Normalerweise definieren Sie die maximale Rechenleistung einer VM durch die Multiplikation von Sockets und Cores. Eine VM mit 2 Sockets und 4 Kernen kann also insgesamt 8 virtuelle CPUs nutzen. Diese Einstellung dient einem spezielleren Zweck: dem *CPU-Hot-Plug*. Mit diesem Wert legen Sie fest, mit wie vielen Kernen die VM initial starten soll. Die restlichen, bis zum Maximum konfigurierten Kerne bleiben zunächst inaktiv, können aber bei Bedarf im laufenden Betrieb der VM hinzugefügt werden. Das Gastbetriebssystem muss dazu CPU-Hot-Plug unterstützen und die neu hinzugefügten Cores aktivieren, was aktuell nur bei Linux ab einem Kernel 3.10 möglich ist und ab Kernel 4.7 empfohlen wird.

- Das Aktivieren der neuen Kerne können Sie mit einer `udev`-Regel automatisieren, indem Sie den Befehl

  ```
  echo '/etc/udev/SUBSYSTEM=="cpu", ACTION=="add", TEST=="online",
  ATTR{online}=="0", ATTR{online}="1"' > rules.d/99-vcpu.rules
  ```

  innerhalb der Linux VM ausführen. Während das Hinzufügen von vCPUs gut möglich ist, benötigt das Entfernen von vCPUs nicht nur die Unterstützung, sondern auch das Wohlwollen des Betriebssystems, da die vCPUs vor dem Entfernen über eine Anfrage per ACPI entfernt werden müssen. Aufgrund der Komplexität sollten Sie dieses Feature jedoch nur dann einsetzen, wenn es einen zwingenden Grund dafür gibt.

- **CPU limit:** Mit dieser Option setzen Sie einen harten Deckel für die maximale CPU-Auslastung, die eine VM erzeugen darf. Eine VM mit 8 virtuellen Kernen und einem CPU-Limit von 4 kann also entweder 4 Kerne zu 100 % auslasten oder alle 8 Kerne zu je 50 %.

- **CPU Affinity** (auch oft als *CPU Pinning* bezeichnet)**:** Mit dieser Option können Sie die CPUs einer VM fest an bestimmte physische CPU-Kerne des Hosts binden. Dies kann die Performance für latenzkritische Anwendungen verbessern, da CPU-Cache-Inhalte nicht durch den Scheduler auf einen anderen Kern verschoben werden. Allerdings erhöht dies die Komplexität der Konfiguration erheblich und reduziert die Flexibilität des Schedulers, weshalb es nur in speziellen Anwendungsfällen wie beispielsweise Echtzeitanwendungen oder für virtuelle Router eingesetzt werden sollte. Zusätzliche I/O-Prozesse können auch auf anderen Cores als den hier zugeordneten laufen.

  Behalten Sie auch im Blick, dass die VM zwar nur noch auf den angegebenen Kernen läuft, aber dies keine exklusive Reservierung ist. Andere VMs können diese Kerne weiterhin nutzen, damit aber zu einer asynchronen CPU-Belastung führen. Sind die angegebenen CPUs dann ausgelastet, während andere CPUs noch Kapazitäten hätten, könnte diese Einstellung sogar einen negativen Effekt besitzen. Prüfen Sie mit dem Befehl `lscpu | grep NUMA` auf dem Hypervisor (wie unten zu sehen), welche NUMA-Architektur Ihre CPUs besitzen, und tragen Sie dann die gewünschten Cores in dieses Feld als kommaseparierte Liste oder als Range ein. Für unser Beispiel könnten Sie in dieses Feld also `4,5,6,7` oder `4-7` eintragen, um 4 Cores auf der NUMA `node0` der ersten CPU fest zuzuweisen.

  ```
  root@pve:~# lscpu | grep NUMA
  NUMA node(s): 2
  NUMA node0 CPU(s): 0-7,16-23
  NUMA node1 CPU(s): 8-15,24-31
  ```

- **CPU units:** Hier können Sie eine relative Gewichtung zur Summe aller VMs vornehmen, die dem Kernel-Scheduler CFS des Hosts mitteilt, wie diese VM im Vergleich zu anderen bei CPU-Konkurrenz priorisiert werden soll. Der Standardwert ist 100. Eine

VM mit 200 Einheiten bekommt also doppelt so oft Rechenzeit zugeteilt wie eine VM mit dem Standardwert von 100. Dies ist eine Möglichkeit, Dienste mit Anforderungen an niedrige Latenzen häufiger Rechenleistung zukommen zu lassen.

- **Enable NUMA:** In Servern mit mehr als einer physischen CPU besitzt jede CPU ihren eigenen RAM. Wird ein Prozess auf der ersten CPU ausgeführt, kann er zwar auf den RAM beider CPUs zugreifen, jedoch dauert der Zugriff auf den RAM der anderen CPU etwas länger und ist damit langsamer. In Multiprozessorsystemen ist es daher von Vorteil, wenn ein Prozess auf den RAM seiner eigenen CPU zugreift. Indem Sie NUMA aktivieren, sorgen Sie dafür, dass bevorzugt der lokale RAM der CPU verwendet wird. Aktivieren Sie diese Option immer dann, wenn Ihr Server über mehrere physische CPUs verfügt, und setzen Sie die Anzahl der virtuellen CPUs auf den gleichen Wert wie die Anzahl der physischen CPUs. NUMA ist zudem eine Voraussetzung für das Hot-Plugging von vCPUs und Arbeitsspeicher, das Sie in den Optionen einer jeden VM aktivieren können.

11.5.6 Extra CPU-Flags

Moderne CPUs bieten eine Vielzahl von Befehlssatzerweiterungen, die als *Flags* bezeichnet werden. Selbst ein aktueller Microcode auf dem Host-System reicht diese jedoch nicht automatisch an den Gast weiter, wenn ein generischer, auf Kompatibilität ausgelegter CPU-Typ wie `x86-64-v2-aes` verwendet wird. Um die Sicherheit und Performance zu maximieren und gleichzeitig die Migrationsfähigkeit zu erhalten, können Features manuell als CPU-Flags für die VM aktiviert werden.

Die Tabelle im Dialog aus Abbildung 11.14 erlaubt es Ihnen, die Standardeinstellung der gewählten CPU an die VM zu geben. Mit + und - können Sie das jeweilige Flag manuell für die virtuelle CPU aktivieren (+Flag) oder deaktivieren (-Flag).

Wenn Sie den CPU-Typ einer VM konfigurieren, können Sie über die **Extra CPU Flags** spezifische Prozessor-Features aktivieren oder deaktivieren. Dies ermöglicht eine feingranulare Steuerung, die über die vordefinierten CPU-Modelle hinausgeht bzw. diese ergänzen kann. Diese Flags brauchen Sie, um auf Sicherheitslücken zu reagieren, die Performance zu optimieren oder um die Kompatibilität mit dem Gastbetriebssystem zu verbessern.

Flags zur Mitigation von Sicherheitslücken (Meltdown und Spectre)

Nach der Entdeckung der *Meltdown*- und *Spectre*-Sicherheitslücken wurden diverse Mechanismen auf CPU- und Software-Ebene eingeführt, um diese zu mitigieren. Über die folgenden Flags steuern Sie, welche dieser Schutzfunktionen an die VM weitergereicht werden. Beachten Sie, dass die Aktivierung in der Regel die Aktivierung von CPU-Microcode-Updates auf dem Host voraussetzt.

In der Proxmox-VE-Dokumentation unter *https://pve.proxmox.com/pve-docs/chapter-qm.html#qm_meltdown_spectre* finden Sie eine genauere Beschreibung der einzelnen Flags und eine Empfehlung, wann Sie diese verwenden können und sollten.

Wenn Sie direkt eine Empfehlung haben möchten, dann gebe ich diese: Installieren Sie die CPU-Microcode-Updates wie in Abschnitt 8.1 beschrieben, setzen Sie anschließend die ersten vier Flags, wenn Sie eine Intel-CPU haben, und die Flags 5 bis 8, wenn es sich um eine AMD-CPU handelt.

Darüber hinaus gibt es weitere Flags für Performance und erweiterte Funktionalität. Diese Flags aktivieren CPU-Features, die von modernen Betriebssystemen und Anwendungen für eine bessere Performance genutzt werden können.

- **Performance-bezogene Flags**
  - `aes` (*Advanced Encryption Standard*): Aktiviert die Hardware-Beschleunigung für die AES-Verschlüsselung. Dies führt zu einer massiven Leistungssteigerung bei allen kryptografischen Operationen, wie sie bei der Festplattenverschlüsselung mit BitLocker oder LUKS, VPNs oder HTTPS-Verbindungen auftreten. Das CPU-Modell `x86-64-v2-AES` in Proxmox VE hat dieses Flag standardmäßig aktiviert. Wenn Sie eines der Modelle `x86-64-v3` oder `x86-64-v4` gewählt haben, können Sie dieses Flag manuell aktivieren, sofern Ihre CPU es unterstützt.
  - `pdpe1gb` (*1 GB Page Support*): Ermöglicht dem Gastbetriebssystem die Verwendung von *Huge Memory Pages* mit einer Größe von 1 GB anstelle der standardmäßigen 4 KB oder 2 MB. Dies kann die Performance von speicherhungrigen Anwendungen wie großen Datenbanken oder wissenschaftlichen Berechnungen erheblich verbessern, da der Overhead für die Speicherverwaltung drastisch reduziert wird.
- **Flags für Hyper-V-Enlightenments**

  Diese Flags sind für die Optimierung von Windows-Gastsystemen gedacht. Sie aktivieren Schnittstellen, die es dem Gast ermöglichen, effizienter mit dem Hypervisor zu kommunizieren. Microsoft bezeichnet diese als *Enlightenments*.
  - `hv-tlbflush` (*Hyper-V TLB Flush*): Erlaubt dem Windows-Gast, den *Translation Lookaside Buffer* (TLB) effizienter zu leeren. Anstatt eines aufwendigen *Full Flush* kann der Gast gezielt nur die notwendigen Einträge invalidieren, was die Performance in speicherlastigen Szenarien verbessert.
  - `hv-evmcs` (*Hyper-V Enlightened VMCS*): Dies ist eine Optimierung für verschachtelte, mehrstufige Virtualisierung (auch als *Nested Virtualization* bezeichnet). Wenn Sie einen Hyper-V-Hypervisor innerhalb einer Proxmox-VE-VM betreiben, reduziert dieses Flag den Overhead bei VM-Entry- und VM-Exit-Operationen und sorgt für eine bessere Performance.

11.5.7 Eigene CPU-Modelle definieren mit cpu-models.conf

Während Proxmox VE eine breite Auswahl an vordefinierten virtuellen CPU-Typen bietet, die von `kvm64` bis `host` reichen, gibt es Szenarien, in denen eine noch feinere Kontrolle über die der VM präsentierten CPU-Features erforderlich ist. Das geht über die Konfigurationsdatei */etc/pve/virtual-guest/cpu-models.conf*. Sie ermöglicht es Ihnen, komplett eigene, benutzerdefinierte CPU-Modelle zu konfigurieren.

In den folgenden Beispielen kann es sinnvoll sein, ein eigenes CPU-Modell zu konfigurieren:

- Für eine Live-Migration in einem Cluster mit sehr unterschiedlicher Hardware können Sie ein eigenes CPU-Modell erstellen, das nur die Features enthält, die von allen Nodes im Cluster unterstützt werden. So erhöhen Sie die Wahrscheinlichkeit, dass eine Live-Migration möglich ist.
- Sie möchten eine neuere CPU-Instruktion für KI-Workloads nutzen, die in den generischen QEMU-Modellen noch nicht standardmäßig aktiviert ist. Die CPU `host` können Sie nicht verwenden, weil Ihr Cluster aus unterschiedlichen Servern besteht, eine Live-Migration jedoch gewünscht wird.
- Sie möchten ein unternehmensweites Standard-CPU-Modell definieren, das alle notwendigen Sicherheits-Flags gegen Spectre/Meltdown standardmäßig aktiviert, um eine konsistente und sichere VM-Bereitstellung zu gewährleisten.

Aufbau der cpu-models.conf

Die Konfigurationsdatei */etc/pve/virtual-guest/cpu-models.conf* liegt auf dem Proxmox-VE-Cluster-Filesystem und automatisch auf alle Nodes verteilt. Die Datei folgt einem einfachen Format zur Definition eigener CPU-Modelle.

Jede Definition beginnt mit dem Schlüsselwort `cpu-model`, gefolgt von einem eindeutigen Namen des Modells. Die Eigenschaften stehen eingerückt in den folgenden Zeilen, wie im folgenden Listing gut zu erkennen ist:

```
cpu-model: company-standard
    flags +pcid;+spec-ctrl;+ibpb;+ssbd;+pdpe1gb;+avx;+avx2
    phys-bits host
    hidden 0
    hv-vendor-id proxmox
    reported-model x86-64-v2-aes
```

Die wichtigsten Parameter dabei sind:

- `reported-model`: Gibt das Basis-CPU-Modell von QEMU an, von dem Ihr Custom-Modell die Eigenschaften erbt. Sie können hier jedes von QEMU unterstützte Modell wie `kvm64`, `EPYC-Rome` oder `Cascadelake-Server` eintragen. Die Option `host` ist hier ebenfalls gültig und übernimmt die Basis des physischen Prozessors. Die von Proxmox hinzugefügten CPUs `x86-64-v2`, `x86-64-v3` und `x86-64-v4` sind bereits abgeleitete Modelle, hier nicht gültig und können daher nicht als Basismodell verwendet werden.

- `flags`: Dies ist das Herzstück der Anpassung. Hier können Sie eine durch Semikolons getrennte Liste von CPU-Flags angeben. Ein vorangestelltes + aktiviert ein Flag, ein - deaktiviert es.
- `phys-bits`: Legt die Breite der physischen Speicheradressbits fest, die dem Gast gemeldet wird. Der Wert `host` übernimmt den Wert der Host-CPU, was aber die Live-Migration zu Hosts mit einem anderen Wert verhindern kann. Was die physische CPU kann, lässt sich mit `lscpu | grep -i physical` ermitteln.
- `hidden`: Ein boolescher Wert (1 oder 0), der festlegt, ob sich die VM als KVM-Maschine identifiziert oder nicht. Bei der Voreinstellung `0` kann der Gast sehen, dass es sich um eine KVM-Maschine handelt, bei `1` wird dies versteckt.
- `hv-vendor-id`: Ermöglicht es, eine spezifische Hyper-V-Vendor-ID zu setzen, was für die Kompatibilität mit manchen Windows-Treibern oder -Anwendungen erforderlich sein kann.

Ein Custom-CPU-Modell verwenden

Nachdem Sie die Datei gespeichert haben, steht das neue Modell clusterweit zur Verfügung.

Die Web-GUI zeigt Ihnen nun bei der Auswahl einer CPU auch die Custom-Modelle ganz am Ende der Liste an. Wie Sie in Abbildung 11.15 sehen, wird ein solches Modell mit dem Präfix `custom-` angezeigt, also `custom-company-standard` wie aus unserem Beispiel oben.

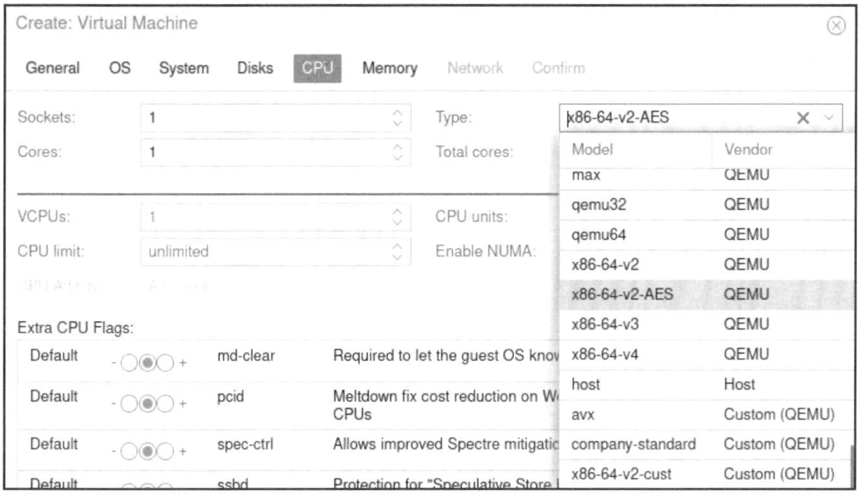

Abbildung 11.15: Selbst definierte Custom-CPUs werden in der Auswahlliste ganz unten angezeigt.

Sie können den neuen CPU-Typ natürlich auch über die Kommandozeile mit dem Befehl `qm set <vmid> --cpu <custom-cpu-name>` einer bestehenden VM zuweisen:

```
root@pve:~# qm set <vmid> --cpu custom-company-standard
update VM <vmid>: --cpu custom-company-standard
```

11.5.8 RAM-Konfiguration und dynamisches Speichermanagement

Auf der nächsten Seite des Wizards, **Memory**, legen Sie die RAM-Konfiguration der VM fest (siehe Abbildung 11.16).

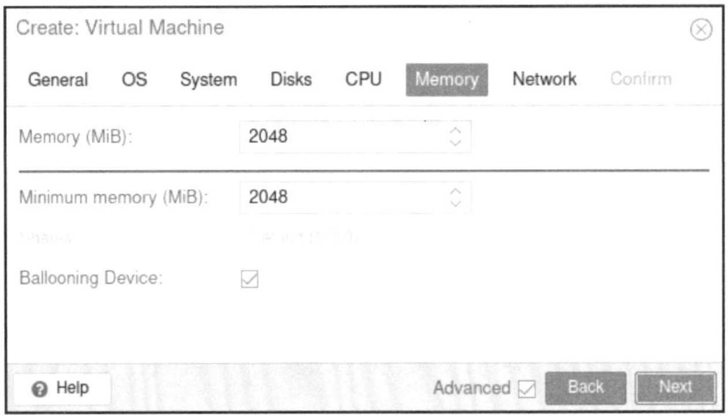

Abbildung 11.16: VM Creation Wizard Schritt 6 – »Memory«

Unter **Memory (MiB)** legen Sie die Größe des Arbeitsspeichers der VM in Mebibyte fest. Damit wäre auch schon so ziemlich alles gesagt, gäbe es nicht noch die erweiterten Einstellungen unter **Advanced**.

Unter den erweiterten Einstellungen lässt sich zusätzlich das dynamische Speichermanagement, manchmal auch **Memory Ballooning** genannt, für diese VM konfigurieren. Wie das dynamische Speichermanagement genau funktioniert und welche Vor- und Nachteile es besitzt, können Sie in Abschnitt 11.6.3 nachlesen.

Proxmox VE erlaubt eine dynamische Speicherverwaltung, falls Ihr Hypervisor nicht ausreichend RAM besitzt, um all Ihre VMs darauf auszuführen. Um sie zu aktivieren, legen Sie hier unter **Minimum memory (MiB)** einen abweichenden Wert fest. Die VM startet mit dem maximalen Wert. Ist der RAM des Hypervisors nun zu mehr als 80 % in Verwendung, fordert der `pvestatd`-Dienst über den Ballooning-Treiber im Gast Speicher bis zum konfigurierten Minimum zurück. Dies ermöglicht eine Überprovisionierung von RAM, kann aber die Performance sowie die Stabilität des Gastes beeinträchtigen.

Neben dem Wert für **Minimum Memory (MiB)** konfigurieren Sie hier die **Shares** sowie auch, ob das **Ballooning Device** überhaupt aktiviert sein soll. Wenn Sie das Ballooning-Device komplett deaktivieren, ist das dynamische Speichermanagement für diese VM deaktiviert und das virtuelle Memory-Balloon-Device taucht im Gast erst gar nicht auf.

Mit den **Shares** können Sie die Verteilung von RAM durch den Hypervisor beeinflussen. Per Default erhält jede VM gleichmäßig viel RAM vom Hypervisor zugeteilt. Erhöhen Sie den Wert auf über 1000, erhält die VM mehr RAM vom Hypervisor als andere; senken Sie den Wert, erhält sie weniger.

Als Best-Practice-Ansatz sollten Sie das Ballooning-Device aktiviert lassen, um später während der Laufzeit bei Bedarf den Wert von **Minimum Memory (MiB)** anpassen zu können, ohne die VM neu starten zu müssen. Wenn sowohl **Memory (MiB)** wie auch **Minimum Memory (MiB)** auf dem gleichen Wert stehen, ist das dynamische Speichermanagement deaktiviert.

11.5.9 Netzwerk

Auf der vorletzten Seite des Wizards, **Network**, konfigurieren Sie die Netzwerkeinstellungen der ersten Netzwerkkarte dieser VM. Sie können nach dem Wizard weitere Netzwerkkarten über **<vmid> • Hardware • Add • Network Device** hinzufügen.

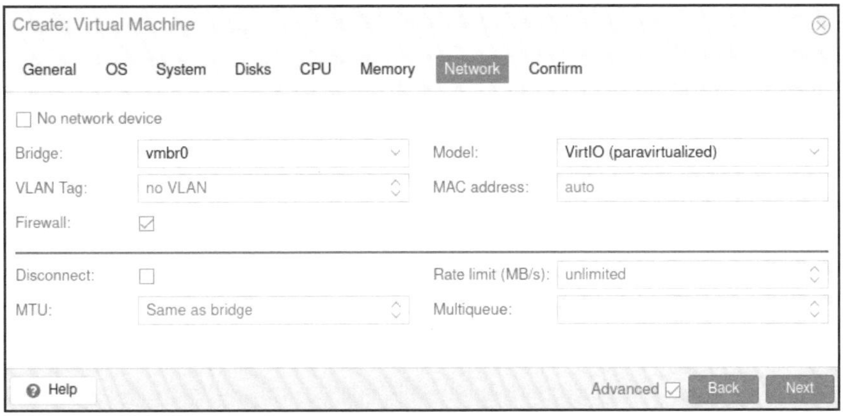

Abbildung 11.17: VM Creation Wizard Schritt 7 – »Network«

Mit der ersten Checkbox dieser Seite können Sie auch darauf verzichten, eine Netzwerkkarte zu konfigurieren. Das ist bei einer Servervirtualisierung eher selten notwendig, dennoch ist der Verzicht auf eine Netzwerkkarte mit dem Setzen des Häkchens unter **No network device** möglich.

- **Bridge:** Die hier ausgewählte Bridge bestimmt, mit welchem Netzwerk die virtuelle Maschine verbunden wird. In der Regel ist dies `vmbr0`, die Standard-Bridge, die bei der Installation von Proxmox VE erstellt und meist mit Ihrem Uplink-Netzwerk verbunden ist.
- **VLAN Tag:** Wenn Sie VLANs nutzen, um Ihr Netzwerk zu segmentieren, können Sie in diesem Feld die VLAN-ID für dieses Interface eintragen. Der Netzwerkverkehr dieser VM wird dann mit diesem Tag versehen. Voraussetzung dafür ist, dass die ausge-

wählte Bridge als *VLAN-aware* konfiguriert ist und dass der angeschlossene physische Switch dieses VLAN-Tag auf den entsprechenden Ports erwartet.

- **Firewall:** Diese Checkbox bestimmt, ob an diesem Interface die integrierte Proxmox-VE-Firewall aktiv sein kann. Die Firewall muss zusätzlich in den Optionen der VM unter **<vmid> • Firewall • Options** sowie auf Datacenter-Ebene global aktiviert sein, damit sie aktiv ist. Diese granulare Steuerung ermöglicht es Ihnen, den Schutz für jede Schnittstelle individuell zu verwalten.
- **Model:** Hier wählen Sie das emulierte Modell der Netzwerkkarte, die der virtuellen Maschine zur Verfügung gestellt wird. Die Wahl hat direkten Einfluss auf Performance und Kompatibilität:
  - **VirtIO (paravirtualized)** (Standard)**:** Dies ist die empfohlene Einstellung für alle modernen Gastbetriebssysteme (Linux und Windows). Als paravirtualisierter Treiber bietet VirtIO die mit Abstand beste Performance und den geringsten CPU-Overhead, da der Gast weiß, dass er in einer virtualisierten Umgebung läuft, und direkt mit dem Hypervisor kommuniziert. Für Windows müssen die VirtIO-Treiber während oder nach der Installation bereitgestellt werden.
  - **Intel E1000:** Dies ist die Standardeinstellung. Sie emuliert eine weit verbreitete Gigabit-Netzwerkkarte von Intel. Sie bietet eine sehr hohe Kompatibilität und wird von fast allen Betriebssystemen ohne zusätzliche Treiber erkannt. Verwenden Sie dieses Modell, wenn VirtIO keine Option ist, beispielsweise bei der Installation älterer Betriebssysteme, oder wenn die VirtIO-Treiber nicht verfügbar sind. Durch die Emulation ist allerdings der Durchsatz geringer und die CPU-Belastung höher als bei der paravirtualisierten *VirtIO*-Netzwerkkarte.
  - **Intel E1000E:** Dies ist die Emulation einer neueren Variante der oben genannten *E1000*. Für viele neuere Betriebssysteme, insbesondere Windows, ist dies eine bessere Wahl als das ältere *E1000*-Modell, falls noch keine VirtIO-Treiber installiert sind oder verwendet werden können. Falls *VirtIO*-Treiber nachinstalliert werden können, ist nach wie vor *VirtIO* die bessere Wahl.
  - **Realtek 8139:** Emuliert eine ältere 100-Mbit/s-Netzwerkkarte. Diese Option ist nur für sehr alte Gastbetriebssysteme relevant und sollte in modernen Umgebungen nicht mehr verwendet werden.
  - **vmxnet3:** Dies ist ein paravirtualisierter Netzwerkadapter von VMware. Diese Option ist primär für die Kompatibilität beim Import von VMs aus einer VMware-Umgebung gedacht, um mit geringem Aufwand die VMs nach der Migration starten zu können.
- **MAC address:** Lassen Sie dieses Feld leer, generiert Ihnen Proxmox VE automatisch eine eindeutige, zufällige MAC-Adresse, die mit `bc:24:11`, dem offiziellen Präfix für Proxmox, beginnt. In speziellen Fällen, zum Beispiel wenn eine Softwarelizenz an eine bestimmte MAC-Adresse gebunden ist oder Sie feste DHCP-Reservierungen nutzen möchten, können Sie hier manuell eine Adresse eintragen. Achten Sie bei der manuel-

len Vergabe unbedingt darauf, keine doppelten MAC-Adressen in Ihrem Netzwerk zu erzeugen. Wenn Sie ein anderes oder gar kein Präfix verwenden möchten, lässt sich die Voreinstellung für `bc:24:11` in der GUI unter **Datacenter • Options • MAC address prefix** ändern.

Durch einen Klick auf **Advanced** im unteren Bereich des Dialogs werden zusätzliche, erweiterte Netzwerkeinstellungen sichtbar:

- **Disconnect:** Wenn Sie diese Option aktivieren, ist die Netzwerkkarte zwar in der VM sichtbar, die Verbindung zur Bridge ist jedoch getrennt. Dies entspricht dem Herausziehen eines physischen Netzwerkkabels. Nützlich ist dies, wenn Sie eine VM vorbereiten, aber noch nicht mit dem Netzwerk verbinden möchten, oder für spezielle Sicherheits- und Test-Szenarien.
- **Rate limit (MB/s):** Mit dieser Einstellung können Sie die maximale Bandbreite für diese Netzwerkschnittstelle begrenzen. Der Wert wird in Megabytes pro Sekunde (MB/s) angegeben. Dies ist besonders in Hosting-Umgebungen nützlich, um die verfügbare Netzwerkbandbreite fair aufzuteilen oder um zu verhindern, dass eine einzelne VM die gesamte Netzwerkleistung für sich beansprucht.
- **Multiqueue:** Diese Option ist nur für das VirtIO-Modell verfügbar und kann die Netzwerkleistung signifikant steigern. Standardmäßig wird der gesamte Netzwerkverkehr einer VM über einen einzelnen vCPU-Kern abgewickelt. Mit *Multiqueue* können Sie die Verarbeitung der Netzwerkpakete auf mehrere Queues und somit auf mehrere vCPU-Kerne verteilen. Als Faustregel gilt, die Anzahl der Queues auf die Anzahl der vCPUs der VM zu setzen. Dies ist besonders für VMs mit hohem Netzwerkdurchsatz und vielen parallelen Verbindungen empfehlenswert, beispielsweise für Router, Firewalls oder stark frequentierte Webserver; es erhöht aber auch die CPU-Last auf dem Host und im Gast. Des Weiteren erfordert dies Anpassungen im Gastbetriebssystem. Wenn Sie mehr über diese Anpassungen erfahren wollen, möchte ich Sie auf die Proxmox-VE-Dokumentation unter *https://pve.proxmox.com/pve-docs/chapter-qm.html#qm_network_device* verweisen.
- **MTU:** Diese Einstellung ist ebenfalls nur für VirtIO-Netzwerkkarten verfügbar. Sie erlaubt die manuelle Konfiguration der MTU für diese Schnittstelle. Wenn das Feld leer gelassen wird, erbt die virtuelle Schnittstelle die MTU von der Bridge, an die sie angebunden ist. Eine Anpassung könnte beispielsweise notwendig sein, wenn Sie innerhalb der VM bereits eine geringere MTU benötigen, um die Fragmentierung von Netzwerkpaketen zu verhindern. Stellen Sie sicher, dass die gesamte Netzwerkinfrastruktur die abweichende MTU unterstützt.

11.5.10 Bestätigung und Abschluss der Konfiguration

Fast haben Sie es geschafft. Auf der letzten Seite des Wizards (siehe Abbildung 11.18) können Sie noch einmal die Einstellungen kontrollieren, die Sie vorgenommen haben.

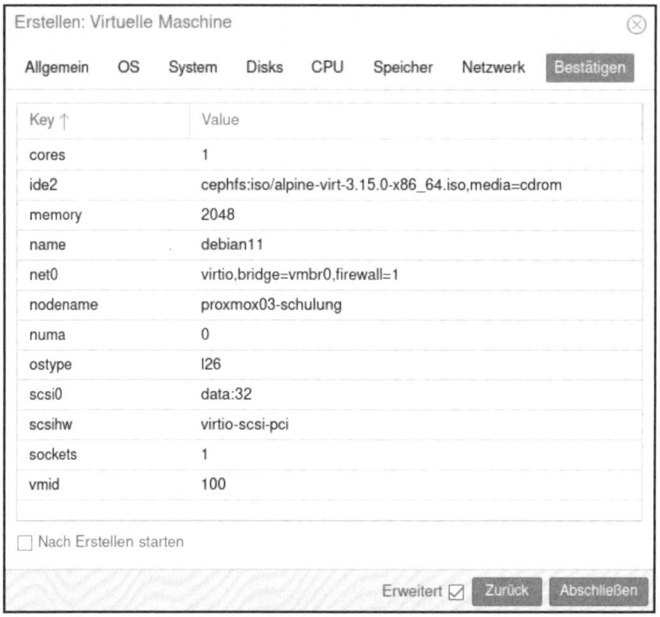

Abbildung 11.18: VM Creation Wizard Schritt 8 – »Confirm« bzw. »Bestätigen«

Wenn Sie den Haken bei **Start after created** bzw. **Nach Erstellen starten** setzen, wird die VM direkt nach Abschluss des Assistenten gestartet. Setzen Sie das Häkchen nicht, können Sie vor dem ersten Start weitere Hardwarekomponenten hinzufügen und Optionen konfigurieren.

Beenden Sie den Wizard mit einem Klick auf den Button **Finish**, um die VM nach Ihren Vorgaben erstellen zu lassen.

11.6 Arbeit mit virtuellen Maschinen (KVM)

Die VM läuft, alles wurde richtig gestartet. In diesem Abschnitt geht es nun darum, wie Sie VMs administrieren und verwalten. Um das etwas kompliziertere Passthrough geht es im Anschluss in Abschnitt 11.7 und Abschnitt 11.8.

11.6.1 Suspend und Hibernation

Um eine laufende VM anzuhalten. existieren zwei verschiedene Möglichkeiten: Sie können eine VM pausieren, indem Sie sie in den *Suspend Mode* schicken, oder Sie legen die VM schlafen, indem Sie sie in den *Hibernation Mode* schicken:

- Ein *Suspend* ist nur über die Kommandozeile möglich, indem Sie den Befehl qm suspend <vmid> verwenden. Eine Möglichkeit über die GUI existiert nicht. Die VM wird angehalten und benötigt keine CPU-Ressourcen mehr, belegt aber weiterhin den Hauptspeicher, bis Sie sie mit dem Befehl qm resume <vmid> wieder weiterlaufen lassen.
- Mit *Hibernation* schicken Sie die VM in einen gesicherten, schlafenden Zustand. Dies lässt sich entweder über die GUI durch einen Rechtsklick auf die VM mit anschließendem **Hibernate** auswählen, durch einen Untereintrag von **Shutdown • Hibernate** oben rechts oder auch durch den CLI-Befehl qm suspend <vmid> --todisk 1.

  Der Hauptspeicher und der Zustand der VM werden in einem state-File auf dem gleichen Storage gespeichert und die VM wird schlafen gelegt. Sie konsumiert dann keinen Hauptspeicher und keine Rechenleistung mehr, belegt aber für das VM-Image sowie für den gesicherten Hautpspeicher weiterhin Platz auf Ihrem Storage.

  Der für das state-File verwendete Storage lässt sich unter **<vmid> • Options • VM State storage** festlegen. Wenn Sie hier keinen Wert festlegen, wird dafür der gleiche Storage verwendet, auf dem auch bereits das Disk-Image liegt. Ist es nicht möglich, dort das state-File zu speichern, wird automatisch der Storage mit dem Namen local verwendet, wie in Abbildung 11.19 zu erkennen ist.

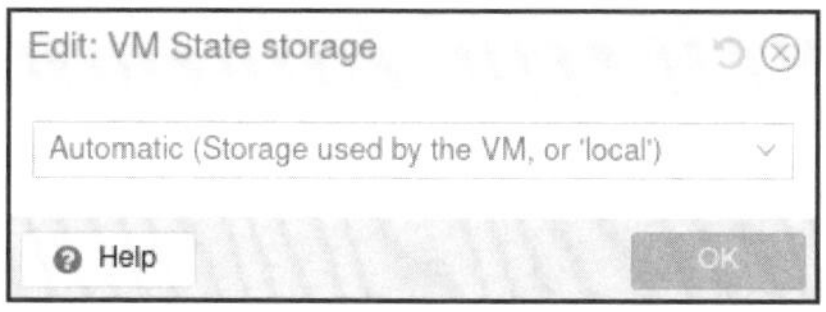

Abbildung 11.19: Wählen Sie unter den VM-Optionen den Storage aus, auf dem das »state«-File gespeichert werden soll.

Das Aufwecken der VM geschieht wie beim Suspend mittels qm resume <vmid>. Wenn Sie eine schlafende VM dann wieder starten, wird der VM-Zustand aus dem state-File wieder eingelesen und die VM wird genau an der gleichen Stelle fortgesetzt.

11.6.2 Per Kommandozeilen-Interface

Obwohl wir bereits einige Beispiele gesehen haben, mit denen sich auch VMs von der Kommandozeile aus administrieren lassen, existieren noch weitere Befehle. Mit dem qm-Befehl lassen sich jedoch nur VMs administrieren, die auf dem Hypervisor liegen, auf dem Sie sich gerade befinden. In einem Cluster bedeutet es, dass Sie nur die VMs verwalten können, die auf dem Node liegen, auf dem Sie gerade eingeloggt sind.

Mit der Eingabe von qm ohne weitere Parameter erhalten Sie eine Liste aller verfügbaren Unterbefehle.

11.6.3 Dynamisches Speichermanagement bei KVM-VMs (Memory Ballooning)

Proxmox VE besitzt ein dynamisches Speichermanagement für VMs. Wenn VMs fast den gesamten oder sogar mehr RAM verwenden, als der Hypervisor physisch bereitstellt, kann das dynamische Speichermanagement keine Wunder wirken, aber die Situation etwas verbessern.

Bei der RAM-Konfiguration in VMs können Sie im Feld **Memory** die gewünschte Größe des Hauptspeichers der VM in MiB angeben (siehe Abbildung 11.20). Im **Advanced**-Bereich des Dialogs sehen Sie zusätzlich das Feld **Minimum memory** sowie **Shares** und den Haken für die Aktivierung des **Ballooning Device**. Nur wenn das Ballooning-Device aktiviert ist, können Sie die Werte für **Minimum memory** und **Shares** befüllen.

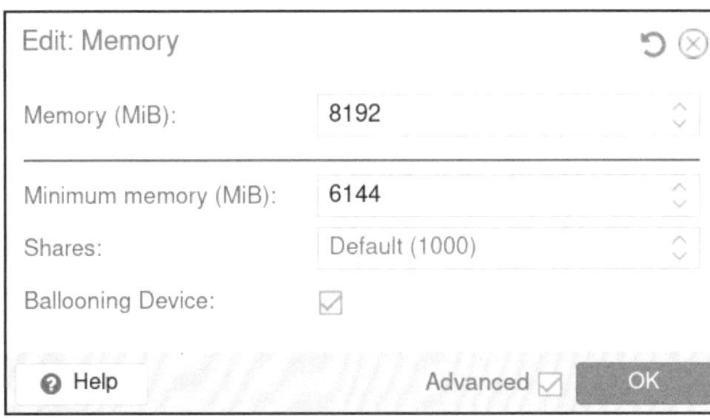

Abbildung 11.20: Ballooning-Konfiguration einer VM

Das *Ballooning-Device* ist ein Device, das im Gast erscheint und einen Treiber benötigt. Unter Windows steht der Treiber mit der Installation der VirtIO-Komponenten zur Verfügung; unter Linux ist das Ballooning-Device bereits im Kernel der Gast-VM enthalten.

Die Funktionsweise ist schnell erklärt: Die VM verwendet zunächst den konfigurierten Maximalwert an Hauptspeicher. Ist der RAM des Hypervisors zu mehr als 80 % belegt, kann der `pvestatd`-Service RAM in 100-MiB-Schritten aus der VM bis zum Wert von **Minimum memory** entnehmen, damit der Hypervisor selbst genügend RAM für seine Aufgaben hat oder um ihn anderen VMs zuzuteilen. Die erneute Zuteilung des frei gewordenen RAMs zu den laufenden VMs wird anhand der relativen Gewichtung der **Shares** aller VMs vorgenommen.

Wie viel RAM eine VM nun tatsächlich verwendet, ermittelt ebenfalls der `pvestatd`. Ist in der VM ein Ballooning-Treiber aktiv, liest er die Speicherbelegung über diesen Treiber aus. Ist kein Ballooning-Treiber installiert oder liefert er keine brauchbare Antwort, wird der Speicherbedarf des KVM-Prozesses der VM direkt auf dem Host ausgelesen. Die ausgelesenen Werte sehen Sie dann auf dem Dashboard bei jeder VM:

- **Memory** gibt an, wie viel RAM die VM sieht (Maximalwert).
- **Minimum memory** gibt die Untergrenze an, bis zu der RAM aus der VM entnommen werden darf (Minimalwert).
- **Shares** gibt die relative Gewichtung bei der neuen Zuteilung von RAM an (relative Zuteilung).

Dynamische Speicherverwaltung hilft also in erster Linie, wenn zu wenig Hauptspeicher vorhanden ist, um alle VMs und Container auszuführen.

Auf Hypervisoren mit viel RAM kann es sinnvoll sein, den Schwellenwert von 80 % auf 90 % oder höher zu setzen. Ein Hypervisor mit 1 TiB RAM hätte bei 80 % Auslastung immer noch über 200 GiB freien Hauptspeicher. Seit Proxmox VE Version 8.4 lässt sich der Schwellenwert nun auch unter **Datacenter • <Node> • System • Options • RAM usage target for ballooning** für jeden einzelnen Server konfigurieren. Auf der Shell können Sie dafür den Befehl `pvenode config set --ballooning-target 90` verwenden.

Allerdings kann diese Dynamik auch negative Auswirkungen haben, und Sie sollten diese zumindest kennen: Nachdem das Ballooning Hauptspeicher aus dem Gast abgezogen hat, steht also nun weniger Speicher im Gast zur Verfügung. Nicht der Hypervisor entscheidet, was innerhalb des Gastes nun geschehen soll. Das Gastbetriebssystem selbst reagiert darauf in der Regel mit folgenden Maßnahmen:

1. Caches werden reduziert (nachteilig für die Performance).
2. Hauptspeicher wird auf Disk ausgelagert (nachteilig für die Performance).
3. Prozesse werden beendet (nachteilig für die Stabilität).

Den Hauptspeicher des Hypervisors zu erweitern, ist in den meisten Fällen die bessere Option, als das dynamische Speichermanagement länger zu verwenden. Dennoch kann Ihnen die Dynamik über temporäre Engpässe helfen.

11.6.4 Folder-Sharing zwischen Hypervisor und Gast mit VirtIO-FS

Zum Austausch von Daten kann es ganz praktisch sein, einen Ordner zwischen einem oder mehreren Gästen und dem Hypervisor teilen zu können. Genau diese Funktion ermöglicht VirtIO-FS (*https://virtio-fs.gitlab.io/*). Die Serverkomponente `virtiofsd` ist seit Proxmox VE 8.4 bereits auf dem Hypervisor installiert. In den Gast-VMs müssen für die Nutzung eventuell jedoch zusätzliche Komponenten installiert werden.

Host-Konfiguration

Die Shared Directories müssen zunächst auf dem Hypervisor unter **Datacenter • Directory Mappings** angelegt werden (siehe Abbildung 11.21 und Abbildung 11.22).

Abbildung 11.21: Dialog für das Directory-Mapping

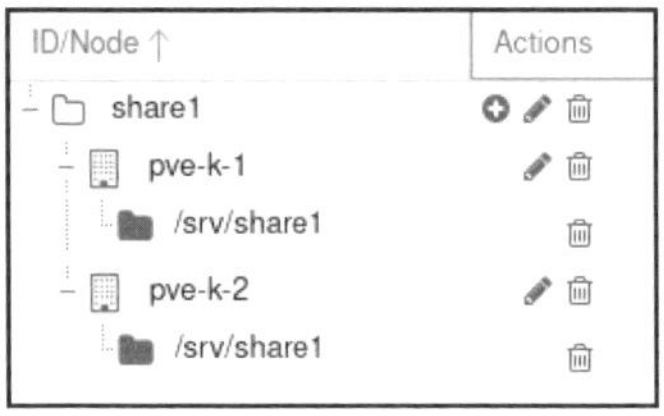

Abbildung 11.22: Dialog für das Directory-Mapping – Anzeige der Ordner

Alternativ lassen sich die Directory-Mappings auch mit einem **pvesh**-Kommando über die Shell anlegen. Hier sehen Sie ein Beispiel für ein Mapping mit dem Namen *share1*, das auf zwei Servern jeweils mit dem Pfad */srv/share1* verbunden wird:

```
~# pvesh create /cluster/mapping/dir --id share1 \
    --map node=<Server1>,path=/srv/share1 \
    --map node=<Server2>,path=/srv/share1
```

Auf jedem Server kann als Backend-Verzeichnis dazu ein anderer Pfad verwendet werden. Die VM sieht dann in der Freigabe die Dateien, die auf dem Pfad des lokalen Hypervisors liegen. Natürlich kann auch der gleiche Pfad auf allen Servern verwendet werden, insbesondere dann, wenn Sie einen Shared Storage als Datenspeicher verwenden wie ein NFS oder CephFS. Sie können damit einen gemeinsamen Cephs-Ordner verschiedenen Gästen zur Verfügung stellen, ohne dass diese direkten Zugriff auf das Ceph bräuchten.

Je nach geplanter Verwendung kann oder müssen Sie weitere Parameter wie `cache`, `direct-io`, `expose-xattr` oder `expose-acl` mit angeben. In der aktuellen Dokumentation unter *https://pve.proxmox.com/pve-docs/pve-admin-guide.html#_add_virtiofs_to_a_vm* finden Sie eine vollständige Liste aller zusätzlichen Parameter. Zu den einzelnen Cache-Modi möchte ich Ihnen hier mehr Details mit auf den Weg geben, da diese beim Zugriff mehrerer VMs auf das gleiche Host-Verzeichnis wichtig sind, um Datenkorruption zu vermeiden.

Die Cache-Modi wirken sich auf drei verschiedene Arten von Daten aus:

1. Metadaten von Dateien
2. Dateisystempfade
3. Daten (Dateiinhalte)

Je nach verwendetem Modus werden nun keine, manche oder alle diese Datentypen im Cache gehalten. Falls zwei VMs gleichzeitig auf den gleichen Pfad zugreifen, kann es bei falsch gesetztem Cache sein, dass eine VM alte Daten aus ihrem Cache erhält, weil sie nichts von Änderungen in einer anderen VM mitbekommt. Je nach gewünschter Cache-Kohärenz bzw. Performance entscheiden Sie sich daher für einen der folgenden Modi:

- `cache=auto`: Metadaten und Pfade werden für eine bestimmte Zeit im Cache gehalten (Default: 1 Sekunde) und dann verworfen. Daten werden so lange im Cache gehalten, wie die Datei geöffnet ist (*close to open consistency*).
- `cache=always`: Metadaten, Daten und Pfade werden im Cache des Gastsystems gehalten und verfallen nicht.
- `cache=never`: Metadaten, Daten und Pfade werden nicht im Cache des Gastsystems gespeichert. Die Daten werden also stets vom Host neu angefordert. Schreibzugriffe werden sofort an den Host übertragen.
- `cache=metadata`: Pfade werden im Cache des Gastsystems gehalten; für Daten und Metadaten verhält sich dieser Modus wie `cache=never`.

Linux-Gäste

Die Nutzung unter Linux ist denkbar einfach, da das benötigte Kernel-Modul seit Kernel 5.4 verfügbar ist. Zusätzliche Komponenten werden nicht benötigt.

Zunächst fügen Sie dem Gast den geteilten Ordner über **Datacenter • <Node> • <vmid> • Hardware • Add • Virtiofs** hinzu (siehe Abbildung 11.23).

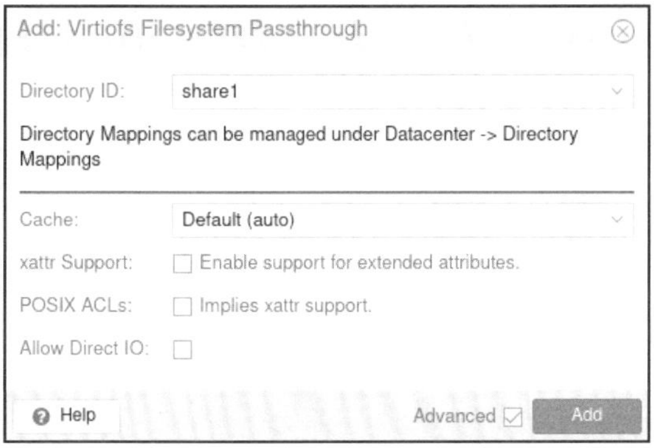

Abbildung 11.23: Der Dialog zum Hinzufügen des geteilten Ordners

Zugriff auf den Shared Folder erhalten Sie, indem Sie innerhalb des Linux-Gastsystems das geteilte Verzeichnis mit dem Befehl `mount -t virtiofs <sharename> <mountpoint>` mounten:

```
root@gastvm:~# mount -t virtiofs share1 /mnt/share1/
root@gastvm:~# ls -la /mnt/share1/
insgesamt 16
drwxr-xr-x 2 root root 4096 16. Apr 15:43 .
drwxr-xr-x 3 root root 4096 16. Apr 17:20 ..
-rw-r-r- 1 root root 478 16. Apr 15:43 test1.txt
-rw-r-r- 1 root root 681 16. Apr 15:43 test2.txt
```

Um den geteilten Ordner persistent einzubinden, können Sie die üblichen, unter Linux gängigen Wege beschreiten: Nutzen Sie einen `mount`-Eintrag in der */etc/fstab* oder legen Sie sich eine `systemd.mount`-Unit, beispielsweise unter */etc/systemd/system/share1.mount* dem folgenden Inhalt an:

```
[Unit]
Description=VirtioFS share1 Mount

[Mount]
What=share1
Where=/mnt/share1
Type=virtiofs
Options=defaults

[Install]
WantedBy=multi-user.target
```

Listing 11.4: Konfiguration der /etc/systemd/system/share1.mount

Anschließend führen Sie ein `systemctl daemon-reload` durch, um die neue Unit zu laden, und aktivieren die Unit anschließend mit dem Befehl `systemctl enable share1.mount --now`.

Windows-Gäste

Um auf den geteilten Ordner des Hypervisors unter Windows zuzugreifen, benötigen Sie noch ein paar zusätzliche Stücke Software:

1. Installieren Sie den *virtiofs*-Treiber und -Dienst aus dem VirtIO-Win-ISO-Image, sofern sie noch nicht vorhanden sind.
2. Laden Sie die *WinFSP*-Software herunter und installieren Sie mindestens das Core-Paket.

Nach getaner Installation finden Sie in den Windows-Diensten den VirtIO-FS-Dienst, der für das Einbinden verantwortlich ist (siehe Abbildung 11.24).

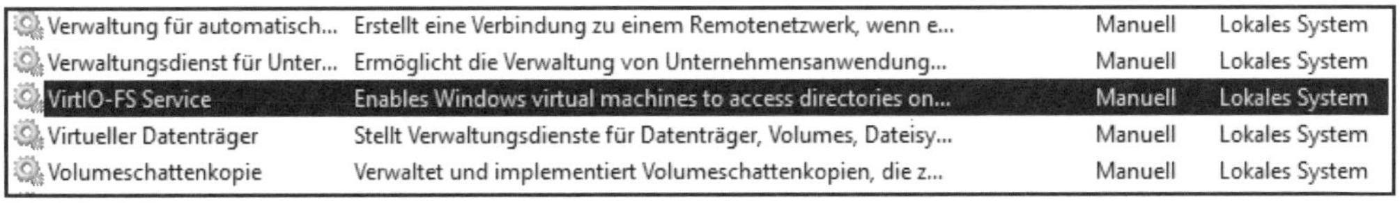

Abbildung 11.24: Der »VirtIO-FS Service« in den Windows-Diensten

Wenn Sie die *virtiofs.exe* direkt auf der Kommandozeile starten und mindestens das gewünschte Share und den lokalen Mountpoint innerhalb der VM angeben, können Sie direkt auf die Daten zugreifen (siehe Abbildung 11.25).

Abbildung 11.25: Die »virtiofs.exe« direkt von der Kommandozeile aus aufrufen.

Falls Sie den Ordner persistent einbinden möchten, bietet sich die Nutzung der *virtiofs.exe* als Windows-Dienst an. Durch die Installation der VirtIO-Win-Komponenten wurde der VirtIO-FS-Dienst bereits eingerichtet, aber nicht gestartet, da er auf einen manuellen Start konfiguriert ist. Einem Dienst mit automatischem Start unter Windows lassen sich keine Kommandozeilenparameter mitgeben, sodass der Dienst seine Argumente aus einer anderen Quelle beziehen muss. In diesem Falle ist es die Windows-Registry, in der Sie unter `HKLM\Software\virtiofs` die Einstellungen für einen automatischen Start vornehmen müssen. Danach setzen Sie den Starttyp des Dienstes auf **Automatisch** und können bei Bedarf auch den Dienst sofort starten. Die möglichen Parameter finden Sie in der Dokumentation unter *https://github.com/virtio-win/kvm-guest-drivers-windows/wiki/Virtiofs:-Shared-file-system#options*.

Mehrere Shares einbinden

Der Vollständigkeit halber möchte ich erwähnen, dass Sie unter Windows mit dieser Methode nur einen Shared Folder einbinden können. Sie finden in der Dokumentation von WinFSP jedoch auch Vorgehensweisen, die mehrere Shares pro VM zulassen.

11.6.5 Per Kommandozeilen-Interface

Obwohl Sie bereits einige Beispiele gesehen haben, mit denen sich auch VMs von der Kommandozeile aus administrieren lassen, existieren noch weitere Befehle. Mit dem `qm`-Befehl können Sie jedoch nur VMs administrieren, die auf dem Hypervisor liegen, auf dem Sie sich gerade befinden. In einem Cluster bedeutet das, dass Sie nur die VMs verwalten können, die auf dem Node liegen, auf dem Sie gerade eingeloggt sind.

Mit der Eingabe von `qm` ohne weitere Parameter erhalten Sie eine Liste aller verfügbaren Unterbefehle.

11.7 PCI- und USB-Geräte an VMs durchreichen

Eine immer häufiger verwendete Funktion von Proxmox VE ist die Möglichkeit, physische PCI-Express- und USB-Geräte direkt einer virtuellen Maschine zuzuweisen. Dieser Prozess, der als *Passthrough* bezeichnet wird, umgeht die QEMU-Emulationsschicht des Hypervisors und gewährt der VM exklusiven Zugriff auf die durchgereichte Hardware. Dies ermöglicht einige Anwendungsszenarien, die von hochleistungsfähigen Grafik-Workstations bis hin zu spezialisierten virtuellen Appliances reichen.

11.7.1 Anwendungsszenarien, Vor- und Nachteile

Beim Einsatz von Passthrough profitieren virtuelle Maschinen davon, dass sie direkt auf eine bestimmte Hardware-Komponente zugreifen können. Dadurch erreichen sie nahezu die gleiche Performance wie bei einer nativen Installation, da der Umweg über die Emulations- oder Virtualisierungsschicht des Hypervisors entfällt. Die VM kann sämtliche Funktionen und Treiber der jeweiligen Hardware nutzen, als befände sich diese in einem klassischen Bare-Metal-System. Besonders rechenintensive Aufgaben – wie etwa die Videokodierung auf einer GPU – werden direkt von der durchgereichten Hardware übernommen und entlasten so die CPU des Hosts.

Allerdings geht diese Technik auch mit einigen Nachteilen einher. Eine VM, der eine Hardware-Komponente direkt zugewiesen wurde, bleibt an den jeweiligen physischen Host gebunden. Eine Live-Migration auf einen anderen Knoten ist somit nicht ohne Weiteres möglich. Zwar bietet Proxmox VE ab Version 8 mit sogenannten *Resource-Mappings* eine Lösung, bei der jeder Server identische Hardware für die VM bereitstellen kann, doch in der Praxis ist die Live-Migration damit nur in wenigen Fällen möglich.

Hinzu kommt, dass die durchgereichte Hardware exklusiv von der VM genutzt wird und dem Host-System sowie anderen VMs nicht mehr zur Verfügung steht. Eine GPU, die mittels Passthrough angebunden wurde, kann beispielsweise nur noch von dieser einen VM verwendet werden – selbst der Hypervisor-Host hat keinen Zugriff mehr auf sie. Es ist daher notwendig, das automatische Laden von Kernel-Modulen für diese Hardware auf dem Host zu verhindern, damit keine Konflikte entstehen.

Nicht zuletzt ist die Einrichtung von Passthrough vergleichsweise aufwendig. Sie setzt voraus, dass der Server eine IOMMU-Unterstützung mitbringt, und erfordert eine sorgfältige Konfiguration sowohl aufseiten des Hosts als auch der virtuellen Maschine.

Das Durchreichen von Hardware ist dann sinnvoll, wenn eine VM eine Leistung oder Funktionalität benötigt, die eine virtualisierte Komponente nicht bieten kann. Das Durchreichen von Komponenten widerspricht dem Zweck einer Virtualisierung. Daher sollten Sie genau betrachten, ob das Durchreichen von Komponenten wirklich der sinnvollste Weg für Ihr Szenario ist.

Typische Anwendungsszenarien sind:

- **Grafikkarten (GPUs):** Seitdem KI-Workloads immer wichtiger werden, werden GPUs häufiger verwendet. Eine dedizierte GPU kann einer VM für KI-Workloads und das Training von KI-Modellen zugewiesen werden, aber auch für Aufgaben wie CAD, Videobearbeitung oder wissenschaftliche Berechnungen. Auch für virtuelle Desktop-Infrastrukturen (VDI) mit höheren grafischen Anforderungen kommt dieses Szenario zum Einsatz. Darum geht es ausführlicher in Abschnitt 11.8.
- **Netzwerkkarten (NICs):** Indem Sie eine oder mehrere physische Netzwerkkarten direkt an eine VM durchreichen, können Sie hochperformante virtuelle Router oder Firewalls erstellen. Die VM hat dann die volle Kontrolle über die Hardware, was Latenzen minimiert und den CPU-Overhead auf dem Host reduziert.
- **Speichercontroller (HBAs):** Sie können auch einen kompletten SAS- oder SATA-Host-Bus-Adapter an eine VM durchreichen. Dies ist besonders beliebt, um eine virtuelle Storage-Appliance wie *TrueNAS* zu betreiben, das dann die direkte Kontrolle über alle angeschlossenen Festplatten hat und Software-RAIDs wie ZFS selbstständig verwaltet.
- **USB-Geräte:** Spezialisierte USB-Hardware wie Lizenz-Dongles, TV-Tuner, Messgeräte oder Produktionsmaschinen können direkt einer VM zugewiesen werden, damit die darauf laufende Software diese Geräte wie an einem physischen Rechner nutzen kann.

11.7.2 Mediated Devices

Mediated Devices, auch als *MDevs* bezeichnet, ermöglichen die Aufteilung einer physischen Hardware-Ressource wie einer GPU oder einer Netzwerkkarte auf mehrere virtuellen Maschinen. Im Gegensatz zum vollen PCI(e)-Passthrough, das eine Karte exklusiv einer VM zuweist, erlauben MDevs eine gleichzeitige und dennoch isolierte Nutzung der Hardware-Funktionen durch mehrere Gäste.

Vor allem beim Einsatz von teuren GPUs und Netzwerkkarten im Enterprise-Umfeld werden MDevs genutzt. So kann beispielsweise eine GPU mit 16 Cores und 64 GB RAM in 4 virtuelle GPUs mit jeweils 4 Cores und 16 GB RAM aufgeteilt werden, die dann als Mediated Devices im System nutzbar sind. Bei Netzwerkkarten können Sie mittels SR-IOV aus einer Dual- oder Quad-Port-Karte mehrere voneinander unabhängige Karten machen, die jeweils unterschiedlichen VMs zugewiesen werden können.

Wenn Sie Mediated Devices verwenden möchten, muss die jeweilige GPU oder Netzwerkkarte dafür geeignet sein und dieses Feature unterstützen. In Tabelle 11.1 sehen Sie die einzelnen Möglichkeiten nochmals gegenübergestellt.

Anwendung	Technologie	Zweck
Grafik / GPU	NVIDIA GRID, Intel GVT-g, AMD MxGPU	Strikte Aufteilung der Rechenleistung für VDI oder KI-Workloads
Netzwerk / NIC	SR-IOV	Eine physische Netzwerkkarte stellt sogenannte *Virtual Functions* (VFs) bereit, die je einer VM zugewiesen werden können.

Tabelle 11.1: Unterschiedliche Mediated Devices für GPUs und Netzwerkkarten

11.7.3 IOMMU als notwendige Grundlage

Die technische Voraussetzung für jegliches PCI-Passthrough ist eine *IOMMU*, was für *I/O Memory Management Unit* steht. Normalerweise kann jedes Gerät über einen direkten Speicherzugriff mittels DMA auf den gesamten RAM des Systems zugreifen. Dies birgt in einer virtualisierten Umgebung jedoch ein enormes Sicherheitsrisiko, da ein Gerät, das von einer VM kontrolliert wird, potenziell den Speicher des Hosts oder anderer VMs auslesen oder manipulieren könnte.

Die IOMMU löst dieses Problem, indem sie die DMA-Anfragen der Geräte abfängt und die Speicheradressen übersetzt. Sie sorgt dafür, dass ein an eine VM durchgereichtes Gerät nur auf den Speicherbereich zugreifen kann, der dieser spezifischen VM zugewiesen ist.

Intel-Systeme mit `VT-d` und AMD-Systeme mit `AMD-Vi` unterstützen dies. Dennoch gibt es immer wieder Hardware, bei der es nicht problemlos läuft, meist aufgrund einer schlechten Umsetzung oder unzureichenden Treibern.

Wenn Sie PCI-Express-Geräte durchreichen möchten, muss die VM als Maschinentyp `q35` konfiguriert sein, da der Typ `i440fx` kein PCI-Express kennt. Obwohl das Durchreichen von normalen PCI-Geräten mit `i440fx` funktioniert, sollten Sie sich grundsätzlich für `q35` entscheiden. Der Maschinentyp lässt sich bei einer bestehenden VM nachträglich unter **<vmid> • Hardware • Machine** zwar ändern, aber nicht jedes Betriebssystem kommt damit zurecht.

Einrichtung der IOMMU auf dem Host

Die Aktivierung der IOMMU ist ein mehrstufiger Prozess, der sowohl im BIOS/UEFI als auch im Betriebssystem erfolgen muss.

1. **IOMMU im BIOS/UEFI aktivieren**

   Starten Sie Ihren Server neu und rufen Sie das BIOS/UEFI-Setup auf. Suchen Sie nach Optionen wie »Intel VT-d« auf Intel-Systemen oder »AMD-Vi« bzw. »IOMMU« auf AMD-Systemen und aktivieren Sie diese. Wie so etwas beispielsweise in Ihrem BIOS oder EFI aussehen könnte, sehen Sie in Abbildung 11.26.

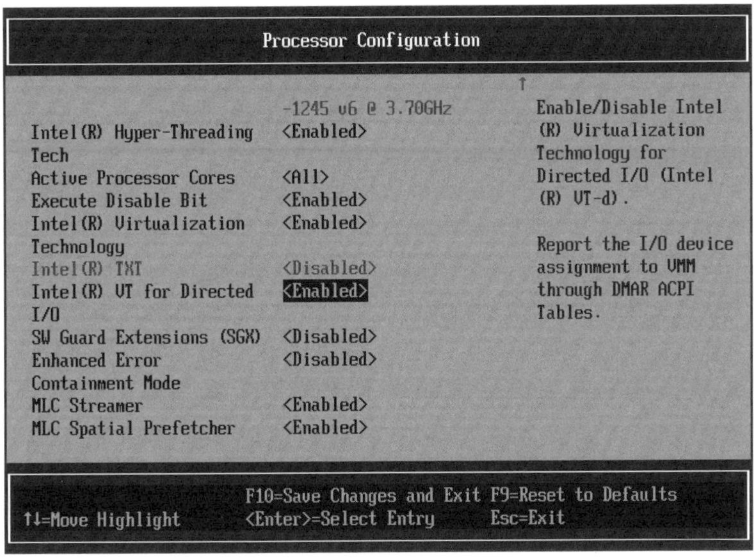

Abbildung 11.26: Im BIOS/UEFI Ihres Servers könnte die benötigte Option »VT-d« so aussehen.

2. **Kernel-Parameter bei Bedarf setzen**

   Für AMD-Systeme ist die IOMMU standardmäßig bereits aktiv, bei Intel-Systemen ist das ab Kernel 6.8 ebenfalls der Fall. Proxmox VE 8.0 startete mit einem Kernel 6.5 und erhielt danach einen Kernel 6.8. Version 9 von Proxmox VE dagegen startete direkt mit Kernel 6.14, sodass Sie die folgenden Schritte vermutlich nur dann tun müssen, wenn Sie noch einen älteren Kernel als 6.8 produktiv nutzen. Falls möglich, sollten Sie ein Kernel-Upgrade oder besser noch ein gesamtes Proxmox-Update erwägen.

   Falls Sie also einen älteren Kernel besitzen, müssen Sie die Kernel-Kommandozeile bearbeiten, um die IOMMU im Linux-Kernel zu aktivieren.

Je nachdem, ob Sie GRUB oder Systemd-Boot als Bootloader verwenden, wird das auf zwei unterschiedlichen Wegen erledigt. Was Sie verwenden, lässt sich am einfachsten in der GUI unter **Datacenter • <Node> • Summary** unter **Boot Mode** wie in Abbildung 11.27 ablesen oder über die Kommandozeile mit dem Befehl `pvesh` über die API abrufen:

```
root@pve:~# pvesh get /nodes/pve/status --noborder | grep boot-info
boot-info {"mode":"efi","secureboot":0}
```

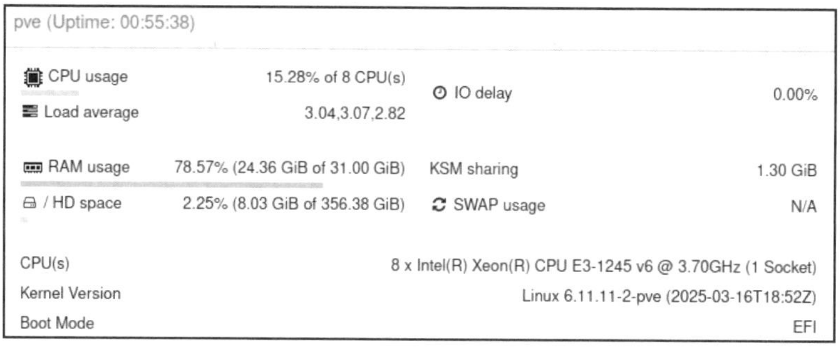

Abbildung 11.27: Der »Boot Mode« wird in der GUI unter der »Node Summary« angezeigt.

Je nachdem, ob Sie nun GRUB/Legacy oder Systemd-Boot/EFI verwenden, ändern Sie die Konfiguration an verschiedenen Stellen.

Für den GRUB-Bootloader editieren Sie die Datei */etc/default/grub* und fügen zur Option `GRUB_CMDLINE_LINUX_DEFAULT` die Argumente `intel_iommu=on iommu=pt` hinzu, wenn es sich um ein Intel-System handelt. Mit dem Editor *Nano* editieren Sie die */etc/default/grub* schnell und einfach:

```
root@pve:~# nano /etc/default/grub
[...]
GRUB_CMDLINE_LINUX_DEFAULT="quiet intel_iommu=on iommu=pt"
[...]
```

Für den Systemd-Boot-Bootlader editieren Sie die Datei */etc/kernel/cmdline* und fügen am Ende die benötigten Optionen an – beispielsweise bei einem ZFS-basierten System mit Intel-CPU:

```
root=ZFS=rpool/ROOT/pve-1 boot=zfs intel_iommu=on iommu=pt
```

- Fügen Sie für **Intel-CPUs** die beiden Parameter `intel_iommu=on iommu=pt` hinzu.
- Fügen Sie für **AMD-CPUs** nur den Parameter iommu=pt hinzu.

3. **Kernel-Module laden**

   Nutzen Sie nur sogenannte Mediated Devices, benötigen Sie die Kernel-Module nicht. Diese Geräte werden vom Host verwendet, und ein virtueller Teil des Geräts wird an eine VM weitergereicht.

Für normale, Nicht-Mediated Devices sorgen Sie dafür, dass die `vfio`-Module geladen werden. Erstellen Sie die Datei */etc/modules-load.d/iommu.conf* mit einem Editor und fügen Sie folgende Zeilen ein:

```
vfio
vfio_iommu_type1
vfio_pci
```

4. **Initramfs aktualisieren und neu starten**

   Nachdem Sie die Module hinzugefügt haben, müssen Sie das *Initramfs* aktualisieren und den Server neu starten, damit die Änderungen wirksam werden

```
root@pve:~# update-initramfs -u -k all
update-initramfs: Generating /boot/initrd.img-6.17.1-1-pve
[...]
```

   Anschließend starten Sie den Server mit dem Befehl `reboot` oder über die GUI neu.

5. **Überprüfung**

   Nach dem Neustart prüfen Sie, ob die Kernel-Module geladen wurden. Wenn die Kernel-Module erfolgreich geladen wurden, zeigt `lsmod` die entsprechenden Module an:

```
root@pve:~# lsmod | grep vfio
vfio_pci 20480 0
vfio_pci_core 86016 1 vfio_pci
irqbypass 16384 2 vfio_pci_core,kvm
vfio_iommu_type1 49152 0
vfio 65536 3 vfio_pci_core,vfio_iommu_type1,vfio_pci
iommufd 126976 1 vfio
```

   Im Anschluss können Sie mit dem Befehl `dmesg | grep -e DMAR -e IOMMU -e AMD-Vi` überprüfen, ob die IOMMU korrekt initialisiert wurde. Sie sollten im Ergebnis erkennen, dass *IOMMU Directed I/O* oder *Interrupt Remapping* aktiv ist, je nach Hardware- oder Kernel-Version. Wenn die Kernel-Module erfolgreich geladen wurden, zeigt `lsmod` die entsprechenden Module an:

```
root@pve:~# dmesg | grep -e DMAR -e IOMMU -e AMD-Vi
[...]
[ 0.136151] DMAR-IR: Enabled IRQ remapping in xapic mode
[...]
[ 0.370098] DMAR: Intel(R) Virtualization Technology for Directed I/O
```

Eine Voraussetzung für Passthrough ist, dass die Geräte, die Sie durchreichen möchten, in separaten IOMMU-Gruppen liegen. Ausnahmen sind beispielsweise ein HDMI-Audio-Device für eine GPU mit HDMI-Ausgang oder den root-Port des Gerätes oder PCI(e)-

Bridges. Diese PCI-Devices dürfen in der gleichen Gruppe liegen, da sie dem Gerät ja unmittelbar angehören.

Dies können Sie mit dem Befehl `pvesh get /nodes/<nodename>/hardware/pci --pci-class-blacklist ""` überprüfen. Befindet sich ein Gerät mit anderen, nicht verwandten Geräten in einer Gruppe, kann es nicht isoliert durchgereicht werden. Manchmal hilft es, die Karte in einen anderen physischen PCIe-Slot auf dem Mainboard zu stecken. In der Spalte `iommugroup` finden Sie die Gruppe des jeweiligen Geräts:

```
root@pve:~# pvesh get /nodes/pve/hardware/pci --pci-class-blacklist ""
class device id iommugroup vendor device_name mdev subsystem_device
subsystem_device_name subsystem_vendor
------------------------------------------------------------------------
0x010601 0xa102 0000:00:17.0 4 0x8086 Q170/Q150/B150/H170/H110/Z170/
CM236 Chipset SATA Controller [AHCI Mode] 0x7270 0x8086
0x020000 0x1533 0000:02:00.0 10 0x8086 I210 Gigabit Network Connection
0x35bc 0x8086
0x020000 0x1533 0000:03:00.0 11 0x8086 I210 Gigabit Network Connection
0x35bc 0x8086
0x030000 0x0522 0000:01:00.0 9 0x102b MGA G200e [Pilot] ServerEngines
(SEP1) 0x0103 0x8086
0x038000 0x591d 0000:00:02.0 0 0x8086 HD Graphics P630 0x2212 0x8086
0x058000 0xa121 0000:00:1f.2 8 0x8086 100 Series/C230 Series Chipset
Family Power Management Controller 0x7270 0x8086
```

Ist die IOMMU aktiv, können Sie das gewünschte Gerät für das Passthrough vorbereiten.

Ein Gerät vom Host isolieren

Damit die VM die volle Kontrolle über das Gerät erlangen kann, muss verhindert werden, dass der Host-Kernel den Standardtreiber dafür lädt. Dazu gibt es zwei gängige Methoden:

- **Über `vfio-pci.ids`:** Sie können die Vendor- und Device-ID der Geräte direkt dem `vfio-pci`-Modul übergeben – auch mehrere Geräte jeweils mit Komma getrennt. Erstellen Sie dazu eine Modprobe-Konfigurationsdatei, beispielsweise */etc/modprobe.d/vfio.conf*.

  Mit einer solchen Modprobe-Konfigurationsdatei verhindern Sie, dass der Host ein oder mehrere Devices selbst in Beschlag nimmt.

  ```
  options vfio-pci ids=8086:0103,8086:0600
  ```

  Die IDs in der Form `vendor:device` finden Sie mit dem Befehl `lspci -nn` heraus. Sie stehen in eckigen Klammern hinter dem jeweiligen Gerät.

- **Blacklisting des Kernel-Moduls:** Alternativ können Sie den Host-Treiber für das Gerät auf die Blacklist setzen. Den Namen des Treibers finden Sie mit `lspci -k` heraus.

Fügen Sie dann eine Zeile wie `blacklist nvidia` zu einer Datei in */etc/modprobe.d/* hinzu. Damit wird das entsprechende Kernel-Modul vom Host gar nicht erst geladen, und somit bleibt das Device unverwendet und kann an eine VM weitergereicht werden.

Nach beiden Methoden müssen Sie das Initramfs erneut aktualisieren, in dem Sie den Befehl `update-initramfs -u -k all` ausführen und anschließend den Host neu starten.

Nach dem Reboot zeigen die entsprechenden Geräte nun in der Zeile `Kernel driver in use` als Kernel-Treiber `vfio-pci` an. In der Zeile `Kernel driver in use` wird nun `vfio` aufgeführt:

```
root@pve:~# lspci -nnk
[...]
00:02.0 Display controller [0380]: Intel Corporation HD Graphics P630
[8086:591d] (rev 04)
    Subsystem: Intel Corporation Device [8086:2212]
    Kernel driver in use: vfio-pci
    Kernel modules: i915
[...]
```

Ein Gerät der VM zuweisen

Die Zuweisung erfolgt am einfachsten über die Web-GUI im Hardware-Tab der VM über **<vmid> • Hardware • Add • PCI-Device**. Dort können Sie das vorbereitete Device auswählen, wie in Abbildung 11.28 zu sehen ist.

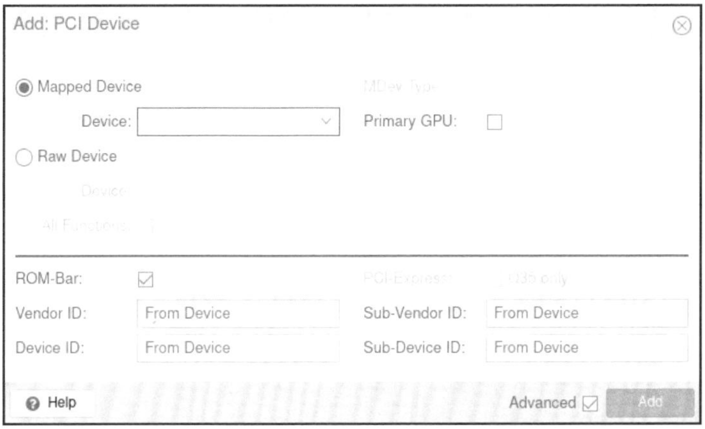

Abbildung 11.28: In der GUI lässt sich das Host-Device direkt im Feld »Device« auswählen.

Alternativ nutzen Sie die Kommandozeile wie im folgenden Beispiel:

```
# Beispiel für eine GPU
qm set 100 --hostpci0 01:00.0,pcie=on,x-vga=on
```

Einige wichtige Optionen hierbei sind:

- pcie=on: Weist das Gerät als PCI-Express-Gerät zu, was für moderne Hardware und den q35-Maschentyp empfohlen wird.
- x-vga=on: Macht eine durchgereichte Grafikkarte zur primären GPU der VM. Dies bewirkt auch, dass die standardmäßig unter **Display** konfigurierte VGA-Karte ignoriert wird.
- romfile=<file>: Ermöglicht das Laden einer spezifischen ROM-Datei für das Gerät, was manchmal für die Kompatibilität notwendig ist. Die Datei muss unter */usr/share/kvm/<file>* auf dem Host bereitgestellt sein.

Hier sind die Anforderungen sehr unterschiedlich und es kommt auf Ihre Geräte an. Möglicherweise müssen Sie hier mit den Optionen experimentieren, wenn es nicht auf Anhieb funktioniert. Die Dokumentation von Proxmox VE erläutert noch einige weitere Optionen und geht unter *https://pve.proxmox.com/pve-docs/pve-admin-guide.html#qm_pci_passthrough* auch auf Mediated Devices sowie SR-IOV näher ein. Beispiele für spezifische Hardware und einige Hinweise zum Troubleshooting finden Sie im Proxmox-VE-Wiki unter *https://pve.proxmox.com/wiki/PCI_Passthrough*.

11.7.4 Resource-Mappings: Passthrough im Cluster und mit HA

Das Durchreichen von PCI- und USB-Geräten bietet enorme Vorteile, macht den Cluster-Betrieb aber auch komplizierter. Eine Grafikkarte mag auf einem Server die PCI-Adresse 01:00.0 haben, auf einem anderen Server jedoch 03:00.0. Ähnlich kann sich der Bus- und Port-Pfad eines USB-Geräts von Host zu Host unterscheiden.

Dieses Problem macht eine VM-Konfiguration brüchig, die einen direkten, physischen Pfad verwendet. Eine Migration oder ein automatischer Neustart durch den HA-Manager würde fehlschlagen, da die in der VM-Konfiguration hinterlegte Geräteadresse auf dem Ziel-Node nicht existiert oder auf ein völlig anderes Gerät verweist.

An dieser Stelle setzen die seit Proxmox VE 8 eingeführten *Resource-Mappings* an. Sie fungieren als Abstraktionsschicht, mit der Sie einem physischen Gerät einen clusterweit eindeutigen, logischen Namen geben. Diese Zuordnung wird für jeden Knoten im Cluster einzeln definiert und verknüpft den logischen Namen mit dem korrekten physischen Gerätepfad auf dem jeweiligen Host. Die VM-Konfiguration referenziert dann nur noch diesen stabilen, logischen Namen.

Unterstützte Ressourcentypen

Proxmox VE unterstützt Mappings für drei Arten von lokalen Ressourcen:

- **PCI-Geräte** (pci): für Grafikkarten, Netzwerkkarten, Speichercontroller (HBAs) und andere PCIe-Karten

- **USB-Geräte** (`usb`)**:** für Lizenz-Dongles, Drucker, serielle Adapter oder andere USB-Peripherie
- **Verzeichnisse** (`dir`)**:** für das Durchreichen von Host-Verzeichnissen an eine VM, primär genutzt in Verbindung mit `virtiofs`

Einrichtung von Resource-Mappings

Die Konfiguration erfolgt zentral auf Datacenter-Ebene unter **Datacenter • Resource Mappings** und wird automatisch an alle Knoten im Cluster verteilt. Hier können Sie nun Mappings für PCI- und USB-Geräte erstellen. Mappings für Directories werden dagegen im Menü **Datacenter • Directory Mappings** erstellt; den Umgang damit habe ich in Abschnitt 11.6.4 ausführlich beschrieben.

Für PCI- und USB-Geräte ist die Vorgehensweise ziemlich ähnlich (siehe Abbildung 11.29). Sie unterscheidet sich nur dort, wo es die beiden Technologien durch ihre Eigenheiten erfordern.

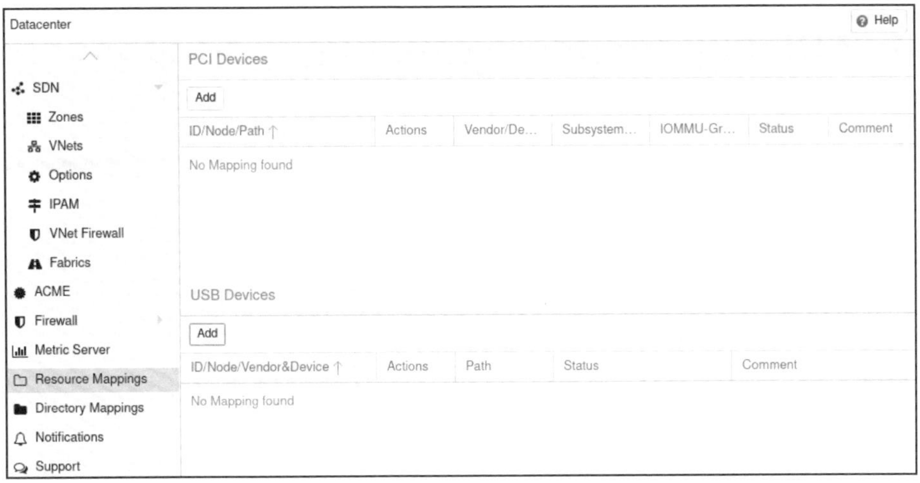

Abbildung 11.29: PVE-Resource-Mappings in der GUI

Resource-Mappings für PCI-Devices erstellen

Zunächst schauen wir uns die Konfiguration von PCI-Devices an.

Der komfortabelste Weg führt über die GUI. Navigieren Sie zu **Datacenter • Resource Mappings**. Wenn Sie ein PCI-Device-Resource-Mapping hinzufügen möchten, erhalten Sie den in Abbildung 11.30 gezeigten Dialog:

- **Name:** Geben Sie dem Mapping-Device einen eindeutigen und aussagekräftigen Namen. Dieser Name wird Ihnen später beim Hinzufügen eines PCI-Device zu einer VM angezeigt.
- **Mapping on Node:** Sie wählen hier einen der Nodes aus, auf dem dieses Device physisch vorhanden ist. Die weiteren Nodes fügen Sie erst später hinzu.

- **Use with Mediated Devices:** Handelt es sich um ein Mediated Device, setzen Sie den Haken.
- **Live Migration Capable:** Falls Ihr Device dies ermöglicht, kann eine VM damit ohne Downtime auf einen anderen Host migriert werden.

  Wählen Sie aus der Liste der PCI-Devices das entsprechende Device aus und setzen Sie einen Haken davor.
- **Comment:** Optional können Sie einen Kommentar zum Mapping verfassen. Kommentare sind toll – sie ermöglichen es auch Ihren Kollegen zu verstehen, warum dieses Device hier verwendet wird.

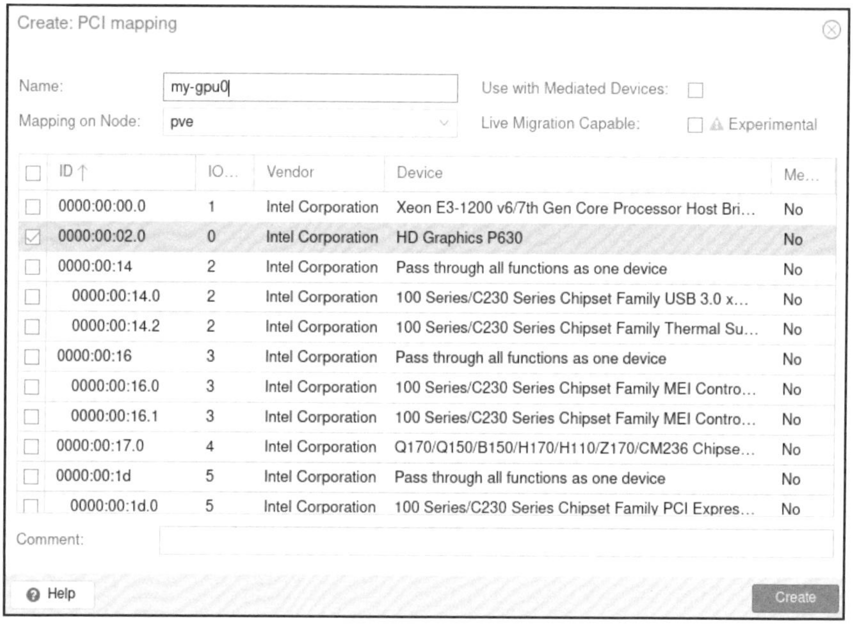

Abbildung 11.30: Die Liste der vorhandenen PCI-Devices im Host

Durch einen Klick auf den Button **Create** legen Sie das Mapping an. Sie erhalten anschließend wie in Abbildung 11.31 ein neues Mapping mit dem von Ihnen gewählten Namen, das jedoch nur einem physischen Server zugewiesen ist.

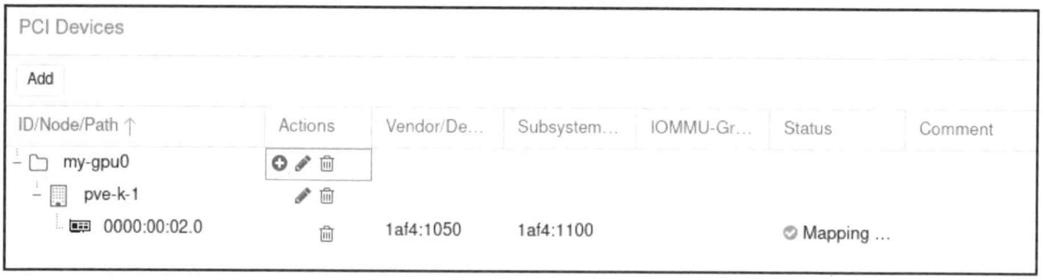

Abbildung 11.31: Das Mapping auf dem ersten Server ist erzeugt.

Mit dem +-Symbol unter **Actions** können Sie diesem Mapping nun weitere Server zuweisen, in denen die Hardware ebenfalls vorhanden ist. Im nächsten Dialog wählen Sie den weiteren Server sowie das entsprechend gleiche Device in der Liste aus.

Sie erhalten nun in einer Baumansicht alle Mappings dieses Device auf die verschiedenen Server angezeigt (siehe Abbildung 11.32).

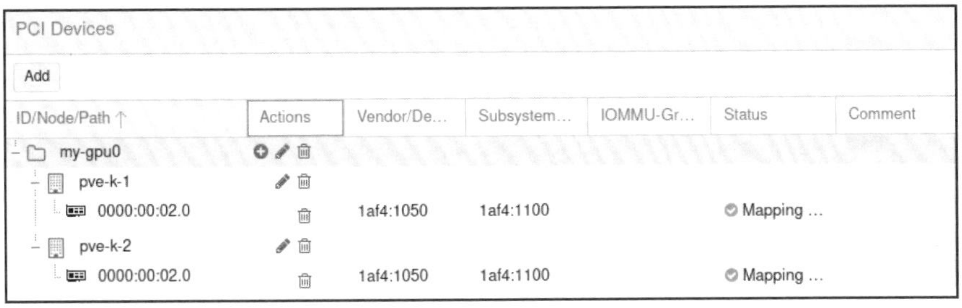

Abbildung 11.32: Das Device ist nun auf mehreren Servern des Clusters verfügbar.

Alternativ können Sie Mappings mit dem `pvesh`-Befehl erstellen. Die Syntax lautet:

```
pvesh create /cluster/mapping/pci --id <name> --map id=
<vendor:device>,node=<nodename>,path=<pfad>,subsystem-id=
<vendor:device>
```

Ein PCI-Mapping für eine GPU sieht dann beispielsweise so aus: Eine GPU hat auf `node1` die von `lspci` ermittelte Adresse `0000:01:00.0` und auf `node2` die Adresse `0000:03:00.0`. Der Aufruf lautet dann:

```
root@pve:~# pvesh create /cluster/mapping/pci --id my-gpu0 \
 --description "GPUs fuer KI-Workloads" \
 --map id=1af4:1050,node=node1,path=0000:01:00.0,subsystem-id=1af4:1100 \
 --map id=1af4:1050,node=node2,path=0000:03:00.0,subsystem-id=1af4:1100
```

Resource-Mappings für USB-Devices erstellen

Nun betrachten wir die Konfiguration von USB-Devices.

Der einfachste Weg zur Konfiguration führt auch hier wieder über die GUI. Navigieren Sie hierzu zu **Datacenter • Resource Mappings** und klicken Sie auf **Add**.

Wenn Sie ein USB-Device-Resource-Mapping hinzufügen möchten, erhalten Sie einen Dialog ähnlich dem für PCI-Geräte (siehe Abbildung 11.33):

- **Name:** Geben Sie dem Mapping einen eindeutigen und aussagekräftigen Namen. Dieser wird später beim Hinzufügen eines USB-Geräts zu einer VM angezeigt.
- **Mapping on Node:** Wählen Sie zunächst einen Node aus, an den das physische USB-Gerät angeschlossen ist. Die Zuweisung zu weiteren Servern erfolgt später.

- Wählen Sie das gewünschte USB-Device entweder über seine Device-IDs oder über den gewünschten USB-Port aus.
  - **Use USB Vendor/Device ID:** Sie können das Gerät über seine Vendor-ID und seine Product-ID auswählen. Diese Variante bezeichnet immer einen eindeutigen Gerätetyp, egal an welchem USB-Port er sich befindet. Dies ist die empfohlene Methode, da sie unabhängig vom USB-Port ist und das gleiche Gerät auch auch auf mehreren Servern die gleichen Vendor/Product-IDs besitzt. Falls Sie jedoch mehrere gleiche Geräte an jedem Server haben, ist eine Vendor/Product-ID nicht mehr eindeutig und Sie nutzen die zweite Variante: das Mapping des physischen Ports.
  - **Use USB Port:** Alternativ können Sie das Gerät über seinen physischen Anschluss am Host auswählen. Diese Methode ist fehleranfälliger, da die Port-Nummerierung nach dem Neustart des Hosts oder beim Umstecken des Geräts oft wechselt.
  - **Comment:** Ein optionaler Kommentar ist hilfreich, um den Zweck des Mappings zu dokumentieren.

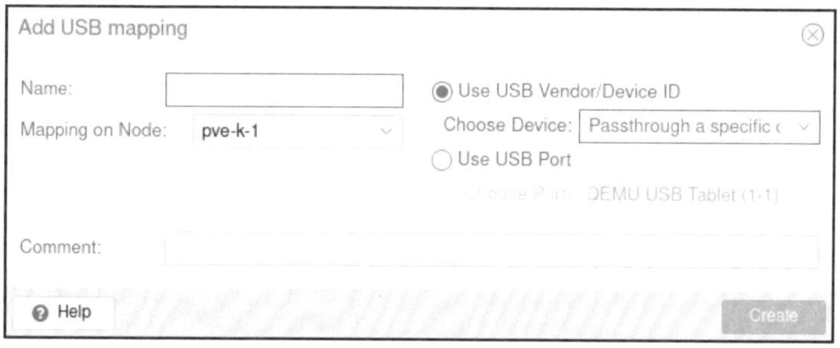

Abbildung 11.33: Ein USB-Resource-Mapping hinzufügen

Klicken Sie auf den Button **Create**, um das Mapping anzulegen. Es ist zunächst nur dem ausgewählten Host-Knoten zugewiesen.

Über das +-Symbol unter **Actions** können Sie dem Mapping weitere Server zuweisen, falls dort das gleiche USB-Gerät ebenfalls angeschlossen ist. Im folgenden Dialog wählen Sie den weiteren Server sowie das entsprechende USB-Gerät aus der Liste aus. Achten Sie darauf, dass die Geräte die gleichen Vendor/Product-IDs besitzen. Manche Hersteller entwickeln ihre Produkte unter der gleichen Bezeichnung weiter und Sie erhalten im schlimmsten Fall gleich aussehende USB-Geräte, die jedoch unterschiedliche Product-IDs besitzen.

Sie erhalten anschließend eine Baumansicht, die alle Mappings dieses USB-Geräts auf die verschiedenen Cluster-Knoten darstellt.

Alternativ können Sie USB-Mappings auch hier mit dem Befehl `pvesh` über die API erstellen. Die Syntax lautet:

```
pvesh create /cluster/mapping/usb --id <name>
--map id=<vendorid:productid>,node=<nodename>[,path=<bus>-<id>]
```

Wenn ein USB-Dongle mit der ID `1234:5678` auf `node1` und `node2` verfügbar sein soll, brauchen Sie diesen Aufruf:

```
root@pve:~# pvesh create /cluster/mapping/usb --id my-usb-dongle \
    --description "Lizenz-Dongle für CAD-Software" \
    --map id=1234:5678,node=node1 \
    --map id=1234:5678,node=node2
```

Beim Mapping über die Kommandozeile wird standardmäßig die Identifikation über Vendor/Product-IDs verwendet. Wenn Sie das Gerät über den USB-Port mappen möchten, ergänzen Sie das Mapping zusätzlich um `,path=<bus>-<port>`. Beispielsweise könnte ein USB-Dongle auf `node1` den Pfad `1-2` und auf `node2` den Pfad `2-4` haben Diese Pfade finden Sie mit `lsusb -t` heraus. Der Aufruf lautet dann:

```
root@pve:~# pvesh create /cluster/mapping/usb --id my-dongle \
  --map node=node1,path=1-2 \
  --map node=node2,path=2-4
```

11.7.5 Verwendung der Mappings in einer VM

Sobald ein Mapping erstellt ist, können Sie es zu Ihrer VM hinzufügen.

Ein USB-Resource-Mapping einer VM hinzufügen

Über die GUI erledigen Sie das Hinzufügen schnell über **<vmid> • Hardware • Add • USB Device**. Wählen Sie im folgenden Dialog zuerst **Use mapped device** aus und danach das zuvor angelegte Resource-Mapping, wie in Abbildung 11.34 zu sehen. Zusätzliche Einstellungen wie **USB3** können Sie kommasepariert an die Zeile anhängen.

Abbildung 11.34: Ein USB-Resource-Mapping einer VM hinzufügen

Auch über die CLI lässt sich das Resource-Mapping unter seinem Namen schnell einer VM hinzufügen. Anstelle des physischen Pfades verwenden Sie nun einfach die ID des Mappings:

```
root@pve:~# qm set <vmid> --usb0 mapping=my-dongle,usb3=1
```

PCI-Resource-Mapping einer VM hinzufügen

Per GUI können Sie das gemappte PCI-Device nun über **<vmid> • Hardware • Add • PCI Device** einer VM hinzufügen. Im Dialog aus Abbildung 11.35 wählen Sie zunächst **Mapped Device** und anschließend Ihr vorab angelegtes Device aus.

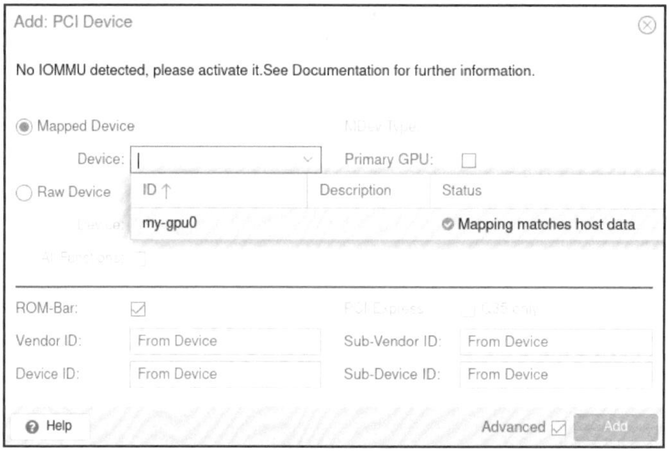

Abbildung 11.35: PCI-Mapped-Resources über die GUI einer VM hinzufügen

Auch hier ist das Hinzufügen selbstverständlich über die Shell möglich. Optionen wie `Primary GPU` oder `PCI-Express` geben Sie kommasepariert dahinter als zusätzliche Optionen an:

```
root@pve:~# qm set <vmid> --hostpci0 mapping=my-gpu0,x-vga=1,pcie=1
```

11.7.6 Die Vorteile im Cluster-Betrieb

Resource-Mappings können nur in Cluster-Umgebungen sinnvoll eingesetzt werden und sind in Kombination mit Hochverfügbarkeit oder Migration von VMs wertvoll, denn sie abstrahieren die physischen Geräte und schaffen eine stabile, logische Referenz. Sie erreichen so, dass eine VM mit durchgereichten USB- oder PCI-Geräten nicht mehr an einen bestimmten, einzelnen Host gebunden ist. Eine Live-Migration ist in diesen Fällen zwar nicht immer möglich, jedoch ist es besser, eine kurze Downtime in Kauf zu nehmen als eine längere bei Ausfall eines Hosts, wenn die VM nur an diesen einzelnen Host gebunden ist.

Fällt z. B. der Server `node1` aus, kann der HA-Manager eine VM nun erfolgreich auf `node2` neu starten. Er erkennt, dass das Mapping `my-gpu0` auf dem Zielknoten auf das lokale Gerät verweist, und startet die VM mit dem korrekten Device. Ohne das Mapping würde der Startversuch mit einem Fehler fehlschlagen, da das Gerät zuvor an einer anderen PCI- oder USB-Adresse verfügbar war und auf dem neuen Server nicht gefunden wird.

Das gleiche Prinzip gilt für eine manuelle Offline-Migration. Sie können die VM ohne Konfigurationsänderungen auf einen anderen Node verschieben, solange für alle gemappten Ressourcen auf dem Ziel-Node eine gültige Zuweisung existiert.

Dadurch wird auch der Hardware-Austausch einfacher. Wenn eine defekte Karte in `node1` durch ein neues Modell in einem anderen Slot ersetzt wird, müssen Sie nur das Mapping für `node1` aktualisieren. Die Konfigurationen aller VMs, die dieses Mapping nutzen, bleiben unverändert gültig.

11.8 Grafikkarten in VMs verwenden

Dedizierte Grafikkarten, die ich im Folgenden als GPUs (*Graphics Processing Units*) bezeichne, sind heutzutage einer normalen Allround-CPU überlegen, wenn es um spezielle Operationen geht. Deshalb werden GPUs mittlerweile nicht mehr nur in Workstations für grafikintensive Anwendungen wie CAD verwendet, sondern auch in Servern eingesetzt, um eine oder mehrere virtuelle Maschinen mit der Rechenleistung einer GPU zu versorgen.

Die heute wohl häufigste Anwendung für GPUs in Servern dürfte das Training und der Einsatz von KI-Modellen in Unternehmen sein. Während einfache KI-Modelle sich auch auf CPUs ausführen lassen, werden für komplexere Modelle und insbesondere für das Training von neuen oder verfeinerten Modellen GPUs benötigt.

Wenn Sie solche Vorhaben in VMs oder Containern unter Proxmox VE umsetzen möchten, dann haben Sie mehrere Möglichkeiten. In KVM-VMs können Sie sich zwischen verschiedenen Vorgehensweisen entscheiden:

- **GPU als PCI-(Express-)Passthrough in eine QEMU/KVM-VM:** Eine physische GPU wird als PCI- oder PCI-Express-Gerät an eine einzelne VM durchgereicht.
- **GPU als VirtIO-GPU einer VM:** Eine physische GPU wird über eine standardisierte VirtIO-GPU-Schnittstelle mit geringem Overhead einer oder mehreren VMs zur Verfügung gestellt.
- **GPU als VirGL-GPU in Linux-VMs:** Eine physische GPU kann für das Rendering von 3D-Applikationen in mehreren Linux-VMs gleichzeitig verwendet werden.
- **GPU als PCI-(Express-)Passthrough in einen LXC-Container:** Eine physische GPU lässt sich auch in einen einzelnen LXC-Container hineinreichen.

Wir sehen uns diese Optionen nun im Einzelnen an.

11.8.1 GPU mit PCI-(Express-)Passthrough

Der erste oben beschriebene Weg ist, eine im Server verfügbare GPU als PCI(e)-Gerät an eine bestimmte VM zu binden und damit durchzureichen. Die VM erhält entsprechenden

Zugriff auf die GPU-Hardware und kann diese direkt ansprechen. Andere VMs sowie auch der physische Server selbst können die GPU nicht mehr verwenden.

Sie können im Gastbetriebssystem daher die echte Karte als PCI(e)-Gerät identifizieren. Hier sehen Sie das am Beispiel einer durchgereichten NVIDIA A2 in einer Linux-VM:

```
[root@gast ~]$ lspci
[...]
01:00.0 3D controller: NVIDIA Corporation GA107GL [A2 / A16] (rev a1)
[...]
```

Die Vorteile dieser Lösung sind die Stabilität, die Verwendung der vom Hersteller bereitgestellten GPU-Hardwaretreiber und die Tatsache, dass die Anwendung die gesamte Performance der GPU nutzen kann.

Die Nachteile dieser Lösung bestehen darin, dass die GPU nur einer VM zur Verfügung steht. Durch die direkte Nutzung der Hardware-GPU lässt sich die VM auch nicht mehr live auf andere Server migrieren. Dazu gibt es jedoch eine mögliche Lösung: Wenn Sie in beiden an der Migration beteiligten Servern die gleiche GPU haben, können Sie dafür ein Resource-Mapping anlegen. Wie das geht, erfahren Sie in Abschnitt 11.7.4.

Wenn Sie GPUs für KI-Anwendungen verwenden möchten, sollten Sie diese Variante verwenden. Beispielsweise werden hierfür häufig NVIDIA-GPUs genutzt. In der Gast-VM müssen Sie dazu noch den passenden Treiber installieren sowie häufig auch das *CUDA-Framework*, auf dem KI-Anwendungen aufsetzen.

Für NVIDIA-GPUs existiert noch ein weiterer Sonderfall, den ich erwähnen möchte: *NVIDIA GRID* wurde speziell für virtuelle PCs entwickelt und ermöglicht es Ihnen, eine einzelne physische Datacenter-GPU in mehrere »virtuelle« GPUs zu partitionieren. Diese »virtuellen« GPUs sind als PCI-Geräte im physischen Server verfügbar und jede einzelne dieser »virtuellen« GPUs kann dann als phyische GPU einer VM mittels Passthrough durchgereicht werden. In diesem Fall können Sie also eine Datacenter-GPU in mehreren VMs gleichzeitig verwenden. NVIDIA GRID wird nicht offiziell unter Proxmox und Debian unterstützt, in der Praxis lässt es sich jedoch nutzen.

11.8.2 GPU als VirtIO-GPU einer VM bereitstellen

Virtio-GPU ist eine virtuelle GPU, die für virtualisierte Umgebungen wie QEMU/KVM entwickelt wurde und eine standardisierte, herstellerunabhängige GPU-Schnittstelle für Gastbetriebssysteme bereitstellt.

Anstatt ein bestimmtes physisches GPU-Modell vollumfänglich einer einzelnen VM zuzuordnen oder eine GPU zu emulieren, nutzt VirtIO eine generische Spezifikation, was den Einsatz auf verschiedenen Hypervisoren ermöglicht.

In erster Linie ermöglicht Virtio-GPU grundlegende 2D-Beschleunigung, während fortgeschrittene 3D-Funktionen mithilfe zusätzlicher Komponenten wie *Virgil3D* bereitgestellt werden können. Als paravirtualisierter Ansatz erlaubt Virtio-GPU zudem ein effizienteres Teilen von Ressourcen zwischen Host und Gästen, da Aktualisierungen im Gast direkt auf dem Host abgebildet werden können, ohne eine aufwendige GPU-Emulation durchzuführen. Damit eignet es sich besonders für Einsatzszenarien wie virtuelle Desktops, bei denen kein voller GPU-Passthrough benötigt wird.

Gleichzeitig erleichtert die Herstellerunabhängigkeit dieses Ansatzes die Virtualisierung, da Applikationen eine generische Schnittstelle verwenden können und VirtIO-GPU einen Kompromiss aus Leistungsfähigkeit und Kompatibilität gewährleistet.

11.8.3 GPU als VirGL-GPU in Linux VMs

Neben Passthrough und VirtIO-GPU stellt Proxmox VE virtuellen Maschinen auch VirGL-GPU zur Verfügung.

VirGL ist ein Projekt, das speziell darauf ausgerichtet ist, 3D-Beschleunigung in virtuellen Linux-Umgebungen zu ermöglichen. Andere Gastbetriebssysteme wie Windows werden nicht unterstützt. Dabei wird die eigentliche 3D-Rendering-Logik an den Host ausgelagert, wo sie mithilfe einer OpenGL-Implementierung ausgeführt wird. Dies geschieht in Kombination mit Virtio-GPU, das eine standardisierte, paravirtualisierte Grafik-Schnittstelle bietet.

Anstatt eine vollständige GPU-Emulation im Gastbetriebssystem zu betreiben, leitet VirGL die Rendering-Kommandos der VM lediglich weiter und lässt den Host die aufwendigen 3D-Berechnungen übernehmen. Sie können also sowohl von der Flexibilität einer virtuellen Umgebung als auch von der beschleunigten Performance physischer GPUs im Hostsystem profitieren.

Diese Herangehensweise erlaubt beispielsweise beim Einsatz von 3D-Software oder in grafiklastigen Desktop-Szenarien in virtuellen Maschinen, dass mehrere VMs gleichzeitig die physische GPU des Servers nutzen.

11.8.4 GPU als PCI-(Express-)Passthrough in einen LXC-Container

Sie können Ihre GPU auch in einen LXC-Container durchreichen. Insbesondere für KI-Workloads kann das interessant sein, da sie meist nur Berechnungen durchführen, containerisiert laufen und keine eigene Grafikausgabe in Form eines Desktops benötigen.

Diese Variante ist vergleichbar mit dem Passthrough bei QEMU/KVM-VMs: Auch hier kann keine andere VM, kein anderer Container und auch nicht mehr der physische Server selbst die GPU mehr verwenden. Sie ist diesem einzelnen LXC-Container zugewiesen und nur dort verfügbar.

Kapitel 12
LXC-Container

LXC-Container bieten eine schlanke Alternative zur Vollvirtualisierung mit KVM, jedoch nur für Linux-Maschinen. Sie besitzen eine Linux-Umgebung, jedoch keinen eigenen Linux-Kernel und nutzen stattdessen den Kernel des Hypervisors. Das sorgt für einen geringen Overhead im Vergleich zu KVM-VMs. Dadurch können Sie deutlich mehr Container auf einem Proxmox-VE-Host betreiben, als es mit herkömmlichen VMs möglich wäre. Dieses Kapitel führt Sie in die Welt der LXC-Container ein und beleuchtet ihre Architektur, ihre Vorteile, ihre Integration in Proxmox VE sowie die Unterschiede zur gängigen Anwendungsvirtualisierung mit Docker.

Auf der Projekthomepage unter *https://linuxcontainers.org* finden Sie alle Informationen rund um LXC.

12.1 Grundlagen der Container-Virtualisierung

Die Container-Technologie ist nicht neu, aber sie hat durch den Einsatz von Linux-Kernel-Technologien wie Namespaces und Cgroups eine Renaissance erlebt. Im Gegensatz zu KVM handelt es sich nicht um eine Vollvirtualisierung, bei der beliebige Betriebssysteme virtualisiert werden können. Bei Containern handelt es sich um eine Betriebssystem-Virtualisierung, bei der nicht eine Hardware emuliert, sondern lediglich das darauf laufende Betriebssystem virtuell verwendet wird.

Einer der Vorreiter dieser Technologie war OpenVZ, das Mitte der 2000er-Jahre unter einer Open-Source-Lizenz veröffentlicht wurde. Proxmox VE integrierte OpenVZ von Beginn an und verwendete OpenVZ bis zur Version 3 als leichtgewichtige, zweite Virtualisierungstechnologie. Mit Proxmox VE 4.0 wurde es durch das modernere und direkt im Linux-Kernel integrierte LXC (*Linux Containers*) abgelöst.

Durch den Wechsel von OpenVZ zu LXC ergaben sich die folgenden Vorteile:

- Wegfall des gepatchten Kernels: Der Wechsel zum Mainline-Kernel vereinfachte die Wartung und ermöglichte es Proxmox, schneller auf neue Sicherheits-Patches zu reagieren und durch neue Kernel auch eine bessere Hardware-Unterstützung zu gewährleisten.
- Die Nutzung von Namespaces und der Übergang zu unprivilegierten Containern erhöhte die Sicherheitsstandards der Container-Lösung massiv.

- Die direkte Integration von LXC in den Proxmox-Storage-Stack (insbesondere ZFS und Ceph) erlaubte es, LXC-Containern Enterprise-Features wie Replication, Snapshots und HA zu bieten.

LXC-Container laufen direkt auf dem Kernel des Host-Systems. Sie sind daher extrem leichtgewichtig und schnell, bieten aber naturgemäß eine geringere Isolation als die Vollvirtualisierung und können nur Linux-Gastsysteme betreiben.

12.1.1 Architektur und Isolationsmechanismen

LXC-Container stellen eine Form der Betriebssystem-Virtualisierung dar. Sie verwenden die gleichen Kernel-Funktionen, die auch andere Container-Lösungen nutzen, basieren jedoch auf einem anderen Ziel: dem Betrieb eines vollständigen Gastbetriebssystems. Im Gegensatz dazu zielen Anwendungscontainer wie beispielsweise Docker eher auf die Isolierung einzelner Prozesse oder Anwendungen ab.

Ein LXC-Container erzielt seine Isolation durch die Kombination verschiedener Technologien im Linux-Kernel, wie Namespaces, Control Groups, AppArmor und Seccomp.

12.1.2 Unprivilegierte und privilegierte Container

Bei der Erstellung eines LXC-Containers in Proxmox VE müssen Sie sich entscheiden, ob der Container privilegiert oder unprivilegiert laufen soll.

Unprivilegierte Container

Unprivilegierte Container nutzen User-Namespaces und sind der Standard und die empfohlene Wahl. Der Root-Benutzer mit der UID 0 im Container wird auf eine unprivilegierte UID auf dem Host abgebildet. Damit wird das Sicherheitsrisiko eines Ausbruchs aus dem Container (*Container-Escape*) minimiert, da selbst ein kompromittierter Root-Prozess im Container auf dem Host nur sehr eingeschränkte Rechte besitzt.

Ein unprivilegierter Container stellt die höchste Isolationsstufe dar, die mit LXC erreicht werden kann.

Privilegierte Container

Privilegierte Container laufen als Root mit der UID 0 direkt auf dem Host. Sie haben vollen Zugriff auf die Host-Ressourcen, was zwar die Kompatibilität mit älteren oder komplexeren Anwendungen erhöhen kann, aber ein erhebliches Sicherheitsrisiko darstellt. Ein Ausbruch aus einem privilegierten Container kann direkten Zugriff auf den Host und andere Container ermöglichen.

Proxmox empfiehlt, privilegierte Container nur in vollständig vertrauenswürdigen Umgebungen einzusetzen und sich der Tatsache bewusst zu sein, dass der LXC-Support hierfür keine Sicherheitsgarantien gibt.

12.1.3 LXC im Vergleich mit Docker: System- gegen Anwendungsvirtualisierung

Der größte Unterschied zwischen LXC-Containern und Docker liegt weniger in der Technologie als im primären Einsatzzweck.

Während Sie in einem LXC-Container gesamte Betriebssystemumgebungen virtuell betreiben, kommt ein Docker-Container für eine einzelne Anwendung zum Einsatz. Nehmen wir das Beispiel eines LAMP-Stacks, der Linux, Apache, MySQL und PHP umfasst:

- In einem LXC-Container umfasst der gesamte Stack ein einzelnes LXC-Image, in dem sämtliche benötigten Pakete mit dem Paketmanagement der jeweiligen Linux-Distribution installiert und konfiguriert sind. Updates werden ebenfalls ganz normal über die Tools der jeweiligen Linux-Distribution vorgenommen.
- Unter Docker dagegen hat jede einzelne Komponente ihr eigenes Image, und alle würden in Schichten übereinander gelegt. Updates der einzelnen Komponenten werden vorgenommen, indem die einzelnen Schichten ausgetauscht werden, ohne die anderen Schichten zu beeinflussen.

In Tabelle 12.1 sehen Sie einen Vergleich verschiedener Eigenschaften der beiden Containertechnologien.

Eigenschaft	LXC-Container	Docker
Ziel	Bereitstellung eines vollständigen Linux-Betriebssystems	Bereitstellung einer Anwendung, die auch aus mehreren Komponenten bestehen kann
Lebensdauer	Einmal erstellt, wird der Container langfristig verwendet, ähnlich einer VM	Der Container läuft nur so lange, wie die Anwendung benötigt wird; einzelne Komponenten können jederzeit durch andere Anwendungscontainer ausgetauscht werden.
Inhalt	Vollständiges Init-System, meist systemd, SSH-Daemon, Logging, eigene IP-Adressen, RAM, Benutzer etc.	Nur die Anwendung und ihre Abhängigkeiten
Verwaltung	Integration in die Proxmox-VE-GUI und -CLI mit dem `pct`-Befehl	Administration über die Docker-CLI/API
Empfehlung	Wenn ein vollständiges Betriebssystem benötigt wird	Wenn nur eine Anwendung isoliert betrieben werden soll

Tabelle 12.1: Unterschiede zwischen LXC- und Docker-Containern

Wenn Sie in Ihrer Umgebung Docker-Container für bestimmte Anwendungen nutzen möchten, ist es Best Practice, diese innerhalb einer KVM-VM zu betreiben und nicht direkt auf dem Proxmox-VE-Host. Die KVM-VM bietet eine starke Isolation zum Host und anderen VMs und ermöglicht weiterhin alle Vorteile wie Live-Migration und Hochverfügbarkeit. Auch innerhalb eines LXC-Containers können Sie einen Docker-Host betreiben oder Podman-Container laufen lassen, allerdings sind diese nicht so gut isoliert wie KVM-VMs.

12.2 Das Proxmox Container Toolkit (PCT)

`pct` ist der CLI-Befehl in Proxmox VE zur Verwaltung von LXC-Containern, äquivalent zum `qm`-Befehl für KVM-VMs. Es agiert als Wrapper um die nativen LXC-Befehle, die ebenfalls unter Proxmox VE installiert sind und Ihnen auf der Shell zur Verfügung stehen. LXC ist tief in den Proxmox-VE-Cluster-Stack integriert, wodurch Funktionen wie Storage, Netzwerk, Hochverfügbarkeit und Berechtigungsmanagement zentral für LXC-Container genau wie für KVM-VMs verwaltet werden können.

Die Befehlsreferenz von `pct` erhalten Sie ganz einfach durch die Eingabe des Befehls `pct` ohne weitere Argumente. Einige dieser Unterbefehle werden Ihnen von `qm` bereits bekannt vorkommen, beispielsweise `start`, `stop`, `shutdown`, `set`, `list` und weitere. Da es sich jedoch um eine andere Technologie mit teils anderen Möglichkeiten und Einschränkungen handelt, kennt der `pct`-Befehl eben auch andere, von `qm` unterschiedliche Unterbefehle.

12.3 LXC-Images und Templates

Einen LXC-Container erstellen Sie im Gegensatz zu einer VM nicht aus einem ISO-Image, sondern durch die Erzeugung aus einem vorhandenen Container-Template. Obwohl Sie diese Templates selbst erzeugen können, ist die einfachere Variante meist die Nutzung eines bereitgestellten Templates.

Proxmox VE stellt über eine Integration mehrerer Container-Repositories, also Download-Quellen für LXC-Container, direkt in der GUI unter **Datacenter • <Storage> • CT Templates • Templates** bereit.

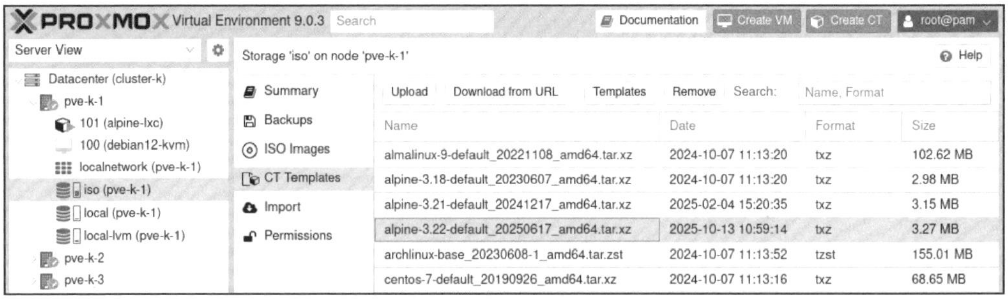

Abbildung 12.1: In der GUI finden Sie LXC-Templates auf dem jeweiligen Storage.

Klicken Sie auf den Button **Templates**, erscheint ein neuer Dialog (siehe Abbildung 12.2), der Ihnen sämtliche in den Download-Repositories verfügbaren LXC-Container-Templates auflistet.

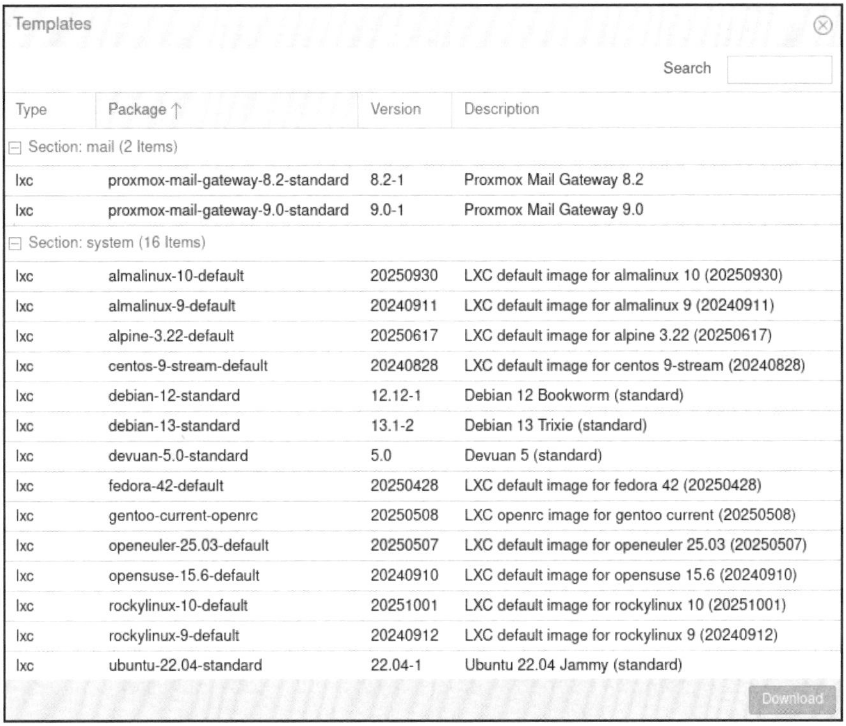
Templates

Search

Type	Package ↑	Version	Description
⊟ Section: mail (2 Items)			
lxc	proxmox-mail-gateway-8.2-standard	8.2-1	Proxmox Mail Gateway 8.2
lxc	proxmox-mail-gateway-9.0-standard	9.0-1	Proxmox Mail Gateway 9.0
⊟ Section: system (16 Items)			
lxc	almalinux-10-default	20250930	LXC default image for almalinux 10 (20250930)
lxc	almalinux-9-default	20240911	LXC default image for almalinux 9 (20240911)
lxc	alpine-3.22-default	20250617	LXC default image for alpine 3.22 (20250617)
lxc	centos-9-stream-default	20240828	LXC default image for centos 9-stream (20240828)
lxc	debian-12-standard	12.12-1	Debian 12 Bookworm (standard)
lxc	debian-13-standard	13.1-2	Debian 13 Trixie (standard)
lxc	devuan-5.0-standard	5.0	Devuan 5 (standard)
lxc	fedora-42-default	20250428	LXC default image for fedora 42 (20250428)
lxc	gentoo-current-openrc	20250508	LXC openrc image for gentoo current (20250508)
lxc	openeuler-25.03-default	20250507	LXC default image for openeuler 25.03 (20250507)
lxc	opensuse-15.6-default	20240910	LXC default image for opensuse 15.6 (20240910)
lxc	rockylinux-10-default	20251001	LXC default image for rockylinux 10 (20251001)
lxc	rockylinux-9-default	20240912	LXC default image for rockylinux 9 (20240912)
lxc	ubuntu-22.04-standard	22.04-1	Ubuntu 22.04 Jammy (standard)

Download

Abbildung 12.2: Alle LXC-Templates in den Download-Repositories

Der *Proxmox VE Appliance Manager* `pveam` erlaubt Ihnen die Nutzung auch über die CLI. Er dient zur Verwaltung der LXC-Container-Templates. Die gängigsten `pveam`-Befehle sind:

- `pveam update`: Aktualisiert die Liste der verfügbaren Templates aus den Repositories. Wird jede Nacht automatisch ausgeführt, kann aber direkt nach der Installation eines neuen Proxmox-VE-Servers sehr hilfreich sein.
- `pveam available`: Zeigt alle aktuell zum Download verfügbaren Templates aus den Repositories an. Kombinieren Sie diesen Befehl mit `| grep -i <Suchbegriff>`, um die lange Liste durch Ihren Suchbegriff zu filtern.
- `pveam download <storage> <template>`: Lädt das gewünschte Template `<template>` auf Ihren Storage mit dem Namen `<storage>` herunter. Der Hypervisor führt diesen Download selbst als Hintergrundtask durch.
- `pveam list <storage>`: Listet alle lokal auf dem Storage verfügbaren Templates auf.

In den vorkonfigurierten Repositories finden Sie Templates in drei verschiedenen Sektionen, die in Tabelle 12.2 erläutert sind:

Sektion	Inhalt
`mail`	Enthält mindestens eine Version, manchmal mehrere Versionen des *Proxmox Mail Gateway*-LXC-Containers.
`system`	Offizielle Proxmox-Templates für gängige Linux-Distributionen wie Debian, Alpine, Ubuntu, CentOS, Fedora und mehr
`turnkeylinux`	*TurnKey Linux*-Templates für vorkonfigurierte Open-Source Anwendungen

Tabelle 12.2: Die vorkonfigurierten LXC-Template-Repositories von Proxmox VE

Eigene Repositories lassen sich zwar nicht einbinden, Sie können Ihre eigenen Templates jedoch auf einem Ihrer Storages mit dem Content-Type für Container-Templates `vztmpl` ablegen und diese auch im Wizard zur Erstellung neuer Container verwenden.

12.4 Storage und Mount-Points in LXC-Containern

LXC-Container in Proxmox VE können beliebige Arten von Speicher nutzen. Proxmox VE ermöglicht es, LXC-Containern für verschiedene Verwendungszwecke unterschiedliche Speichertypen zuzuweisen. Sie können also beispielsweise Ihr Root-Filesystem auf einen NVMe-Storage legen, und das Datenvolume kann mit einem zusätzlichen Mount-Point auf einem langsameren SSD-Storage gespeichert werden.

12.4.1 Das Root-Filesystem rootfs

Der primäre Speicher für das Root-Filesystem des Containers wird über die Option `rootfs` konfiguriert. Dabei handelt es sich meist um ein Thin-Provisioned Volume auf einem Block-Storage wie LVM-Thin oder Ceph RBD oder um ein Subvolume/Dataset auf ZFS. Da das Dateisystem des Containers thin-provisioned ist, belegt es nur den Speicher, der tatsächlich genutzt wird. Das Image selbst erhält den Namen `vm-<vmid>-disk-<diskid>`, also beispielsweise `vm-123-disk-0`.

In diesem Disk-Image wird bei Erstellung zunächst das Container-Template entpackt. Daten werden stets persistent gespeichert und nicht wie bei anderen Container-Technologien bei einem erneuten Start verworfen.

Während Sie eine KVM-VM auch ohne Disk-Image anlegen können, beispielsweise für den Start eines Live-Systems von einem ISO-Image, muss für einen Container stets eine `rootfs`-Disk definiert sein. Darüber hinaus kann der Container optional weitere Volumes für weitere Mount-Points haben. Die Daten aller zusätzlichen Volumes `mp[n]` sind in eigenen Images gespeichert und werden im Root-Filesystem des Containers unter einem konfigurierten Mount-Point eingehängt. Dies kann sinnvoll sein, um beispielsweise alle benutzereigenen Daten unter */home* oder Datenbankdateien unter */var/lib* auf separate Volumes auszulagern, statt diese im `rootfs` zu speichern.

Die Nutzung mehrerer getrennter Volumes hat allerdings auch einen Nachteil, der sich beispielsweise bei Backups bemerkbar macht. Selbst wenn Sie einen Container im Backup-Modus *Snapshot* sichern, wird dieser Container eingefroren, bis alle Daten gesichert wurden. Dies kann zu Downtime und damit zu Unterbrechungen Ihrer Services führen. Wenn Sie ausschließlich ein `rootfs` für Ihren Container nutzen und auf zusätzliche Volumes verzichten, bleibt Ihr Container während eines Snapshot-Backups erreichbar. Bei VMs gibt es diese Einschränkung nicht, selbst wenn Sie mehrere Disk-Images verwenden.

12.4.2 Zusätzliche Mount-Points mp[n]

In LXC-Containern lassen sich zwei verschiedene Arten von Mount-Points verwenden: *Storage-Volumes* und *Bind-Mounts*.

- **Managed Storage-Volumes**

  Die meistverwendete Option für Mount-Points sind zusätzliche Volumes, die Sie als separate Disk-Images auf einem Ihrer Storages unter einem Namen wie `vm-<vmid>-disk-<diskid>` ablegen.

  Hierbei handelt es sich um Volumes, die über den *Proxmox VE Storage Manager* `pvesm` verwaltet werden. Sie können sämtliche Vorteile der zugrunde liegenden Storage-Systeme nutzen und sind die empfohlene Methode für persistente Anwendungsdaten. Diese Volumes profitieren von allen Speicher-Features wie Thin Provisioning, Snapshots, Backups und Storage-Replication.

  Sie sind ideal für Datenbanken, Anwendungsdaten oder separate Log-Partitionen, deren Handling, Sicherung und Replikation direkt über Proxmox VE gesteuert werden soll.

- **Unmanaged Bind-Mounts und Device-Mounts**

  Bei Bind-Mounts dagegen hängen Sie ein Verzeichnis des Hypervisors unter einem Pfad innerhalb eines Containers ein. Den gleichen Bind-Mount können Sie auch auf mehrere Container ausdehnen, sodass Sie ein geteiltes Verzeichnis auf dem Host haben, das in mehreren Containern eingehängt ist und eine Sicht auf die gleichen Daten erlaubt. Allerdings ist das Anlegen von Bind-Mounts nur per CLI möglich – die GUI kennt diese Möglichkeit nicht.

  Bind-Mounts werden vom Proxmox VE Storage Manager `pvesm` nicht verwaltet. Sie werden daher auch nicht in Backups aufgenommen und sind auch nicht in einer genutzten Storage-Replication enthalten.

Beachten Sie bei Bind-Mounts auch das höhere Risiko. Ein Container kann unter Umständen auch den Speicherplatz des Hosts vollschreiben und damit einen Ausfall aufgrund eines Speicherplatzmangels verursachen. Ebenso sollten Sie auf keinen Fall sicherheitskritische Systemverzeichnisse des Hosts wie */etc*, */root*, */var* oder Symlinks des Hypervisors in den Container weiterreichen, weil dann die Isolation des Hosts von den Containern nicht mehr gewahrt ist.

Theoretisch könnten Sie auch ein gesamtes Storage-Device wie */dev/sdc* an einen Container mit einem Mount durchreichen. Ich halte das in der Regel nicht für sinnvoll, weil es so ziemlich jedem Prinzip der Isolation und Virtualisierung widerspricht - aber es mag auch Szenarien geben, in denen genau das die Lösung für genau Ihr Problem sein kann.

Für die Enterprise-IT ist der Einsatz storage-verwalteter Volumes die klare Empfehlung, um die Vorteile der zentralen Verwaltung, konsistenter Backups und Hochverfügbarkeit voll auszuschöpfen. Unverwaltete Mounts sollten auf dedizierte Anwendungsfälle beschränkt bleiben, bei denen ein sehr geringer Overhead oder die Freigabe von Host-Ressourcen erforderlich ist.

Einen Bind-Mount-Point legen Sie über den CLI-Befehl `pct set <vmid> -mp[n] /<shared-host-dir>,mp=/<pfad-in-container>` an. Wenn Sie ein Device statt eines Bind-Mounts durchführen möchten, geben Sie das gewünschte Device an, beispielsweise in der Form `pct set <vmid> -mp[n] /dev/<device>,mp=/<pfad-in-container>`.

Über die Optionen `mp0` bis `mp255` können Sie dem Container bis zu 256 zusätzliche Mount-Points hinzufügen. Dies ist nützlich, um Daten nach Performance-Anforderungen oder Lebensdauer zu trennen. Sie können also Logs auf einen langsamen, aber großen Storage legen, während die Datenbank auf einem schnellen NVMe-Storage abgelegt wird.

12.5 Erstellung und Konfiguration von Containern

Die Erstellung eines Containers erfolgt entweder über den Wizard in der GUI oder über den CLI-Befehl `pct create`.

12.5.1 Erstellung eines LXC-Containers über die GUI

Um einen Container über die GUI zu erstellen, beginnen Sie mit einem Klick oben rechts auf den Button **Create CT**. In Proxmox VE wird Container häufig auch mit *CT* abgekürzt.

Ein Wizard begleitet Sie durch den gesamten Erstellungsprozess des Containers und bildet die wichtigsten Einstellungen ab. Sie können nach Abschluss des Wizards und vor dem ersten Start weitere Einstellungen vornehmen.

Allgemeine Einstellungen

Es geht los bei den allgemeinen Einstellungen eines Containers, die Sie in Abbildung 12.3 sehen. Wie auch beim Wizard für KVM-VMs setzen Sie unten einen Haken bei **Advanced**, um die erweiterten Einstellungen zusätzlich einzublenden.

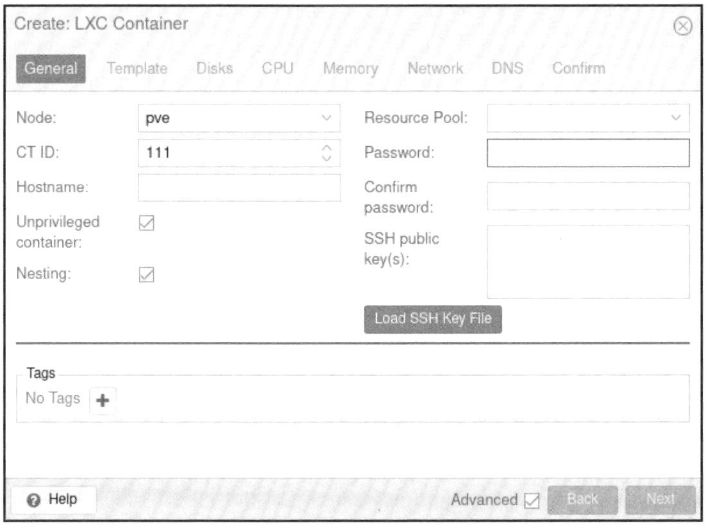

Abbildung 12.3: LXC Creation Wizard Schritt 1 – der Tab »General«

Hier konfigurieren Sie die folgenden Einstellungen:

- **Node:** Hier bestimmen Sie den Server, auf dem der Container erstellt und gestartet werden soll. Ist nur ein einzelner Server im Einsatz, sehen Sie hier nur diesen. In einem Proxmox-VE-Cluster können Sie hier einen Node aus dem gesamten Cluster auswählen.
- **CT ID:** Hier legen Sie die eindeutige ID Ihres Containers fest. Die ID ist eindeutig auf dem Server bzw. auf dem gesamten Cluster und dient der eindeutigen Identifikation. Proxmox verwendet diese ID zur internen Verwaltung, zur Zuweisung von Berechtigungen und zur Adressierung über die API und CLI. Das System schlägt automatisch die nächste freie ID vor, beginnend bei 100. Sie können diese ID manuell überschreiben, um beispielsweise ein klares ID-Schema für Ihre Umgebung festzulegen. Damit könnten Sie beispielsweise produktiven Containern die IDs zwischen 1000 und 1999 geben und Test-Containern die ID 2000 und höher zuweisen, um die Übersichtlichkeit zu gewährleisten. Sie können aber auch einfach den Vorschlagswert übernehmen.
- **Hostname:** Der hier eingestellte Hostname wird als Hostname *im* Container gesetzt. Es ist also nicht nur ein optionaler Name wie bei KVM-VMs, sondern hier legen Sie fest, unter welchem Namen der Container sich selbst kennt, und damit meist auch, wie andere Server diesen Container erkennen und adressieren. Ein eindeutiger, sprechender Hostname ist hilfreich, nicht nur bei der Suche.

- **Unprivileged container:** Dies ist eine wichtige Einstellung beim Erstellen neuer LXC-Container. Diese Option bestimmt, ob der Container privilegiert oder unprivilegiert erstellt wird, *und sie lässt sich nach der Erstellung des Containers nicht wieder ändern!*

  Meine Empfehlung lautet: Lassen Sie den Haken gesetzt, um einen unprivilegierten Container zu erstellen. Dies ist der Standard und die höchste Sicherheitsstufe für LXC. Wenn Sie dieses Häkchen entfernen und damit einen privilegierten Container erstellen, ist der Root-Benutzer (UID 0) des Containers dem root-Benutzer des Hypervisors zugewiesen und hat deutlich höhere Berechtigungen. Damit steigt das Risiko, dass ein Angreifer aus einem solchen Container ausbrechen kann.

  Entfernen Sie den Haken nur, wenn es zwingende Gründe dafür gibt, dem Container direkten Zugriff auf Kernel-Funktionen zu geben. Dies führt zu einem privilegierten Container, was mit erheblichen Sicherheitsrisiken verbunden ist.

  Falls Sie in Ihrem Container beispielsweise Samba/CIFS- oder NFS-Shares verwenden möchten, muss der Container als *privileged* erstellt werden. In diesem Fall müssen Sie abwägen, welchem Risiko Ihr Container ausgesetzt ist und ob eine VM für diesen Zweck sinnvoller wäre, da sie besser vom Hypervisor isoliert ist.

- **Nesting:** Diese erweiterte Option ist relevant, wenn Sie innerhalb des neuen LXC-Containers weitere Container- oder Virtualisierungsdienste betreiben möchten. Beispielsweise könnten Sie einen Docker-Host im LXC-Container betreiben, wenn das Nesting aktiviert ist. Das Aktivieren von Nesting lockert die Isolation nur so weit, dass die inneren Container ordnungsgemäß funktionieren können.
- **Resource Pool:** Optional können Sie den Container einem Resource-Pool zuweisen. Pools dienen primär dazu, Berechtigungen auf die Elemente zu vererben, die Teil eines Pools sind.
- **Password:** Das hier eingegebene Passwort wird für den Root-Benutzer im Container gesetzt. Da der Container initial über die Konsole oder SSH administriert werden muss, ist dieses Feld obligatorisch.
- **Confirm password:** Geben Sie hier das Passwort noch einmal zur Bestätigung an.
- **SSH public Key(s):** Für ein schlüsselbasiertes Login auf den Container können Sie einen oder mehrere öffentliche SSH-Schlüssel hinterlegen. Dies ist Best Practice für den Remote-Zugriff, da es sicherer ist, als ein Passwort über die Konsole einzugeben, und ein SSH-Key auch deutlich sicherer gegen Brute-Force-Angriffe ist.
- **Tags:** Vergeben Sie optional Tags für den Container. Die Tags sind in der GUI sichtbar und dienen zur schnellen optischen Unterscheidung. Irgendwann in der Zukunft wird es in Proxmox VE auch die Möglichkeit geben, bestimmte Jobs (beispielweise Backups für VMs und Container) auf Basis von Tags durchzuführen.

Nachdem Sie die grundsätzlichen Einstellungen festgelegt haben, gehen Sie weiter auf die nächste Seite des Wizards.

Das LXC-Container-Template wählen

Diese Seite, die auch in Abbildung 12.4 zu sehen ist, dient zur Auswahl des Container-Templates, auf dem Ihr neuer Container basieren soll.

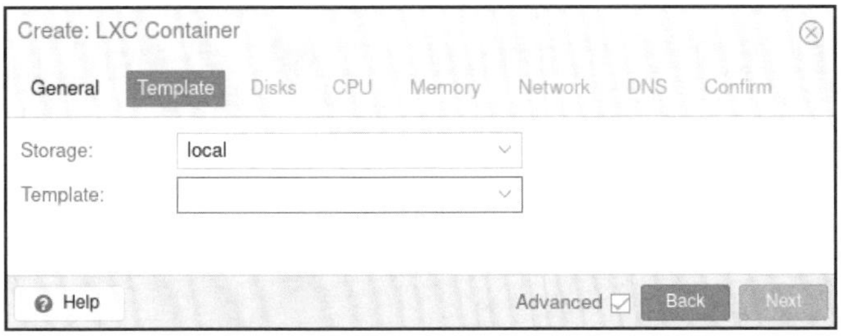

Abbildung 12.4: LXC Creation Wizard Schritt 2 – der Tab »Template«

Die folgenden Felder stehen Ihnen zur Verfügung:

- **Storage:** Wählen Sie hier den Storage aus, auf dem das Template gespeichert ist. Falls Sie noch keine Templates haben, werfen Sie einen Blick in Abschnitt 12.3, um zu erfahren, was Templates sind und woher Sie welche beziehen können.
- **Template:** Das gewünschte Template legen Sie in diesem Feld fest. Dieses Template bestimmt den Inhalt Ihres Containers.

Danach geht es schon weiter zur nächsten Seite.

Das LXC-Container-Root-Filesystem und die Mount-Points

Auf dieser Seite (siehe Abbildung 12.5) geht es um die Disks Ihres Containers. Die *rootfs*-Disk ist zwingend erforderlich, da sie das Betriebssystem enthält. Weitere Volumes und damit verbundene Mount-Points sind optional und werden im Root-Filesystem des Containers unter dem jeweils konfigurierten Mount-Point eingehängt. Dies kann sinnvoll sein, um beispielsweise alle benutzereigenen Daten unter */home* oder Datenbankdateien unter */var/lib* auf separate Volumes auszulagern, statt diese im *rootfs* zu speichern.

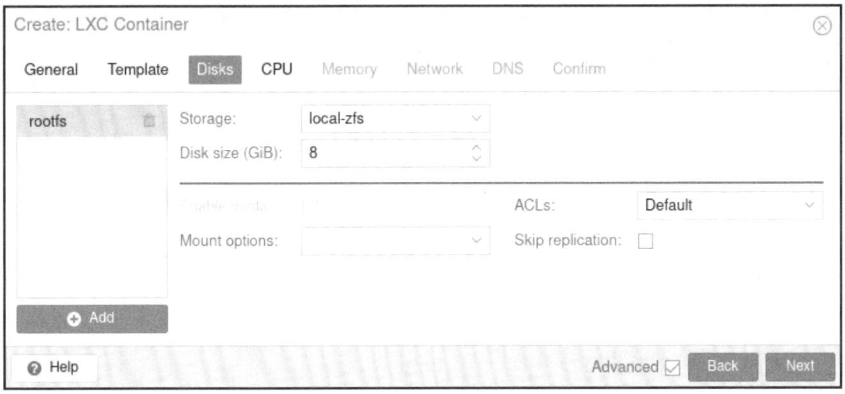

Abbildung 12.5: LXC Creation Wizard Schritt 3 – der Tab »Disks«

Nehmen wir an, Sie möchten in einem LXC-Container eine Datenbank betreiben und haben sowohl HDDs wie auch SSDs in Ihrem Server in verschiedenen Storages bereitgestellt. Sie könnten das Betriebssystem, also Ihr *rootfs* bzw. */*, auf den langsamen HDD-Storage legen und ein zusätzliches Volume namens *mp0* auf dem SSD-Storage erstellen, der auf dem *rootfs* unter */var/lib* eingehängt werden soll, da in einem Linux-System Datenbanken meist unter */var/lib/<datenbank>* gespeichert sind. In Abbildung 12.6 sehen Sie eine solche Beispielkonfiguration.

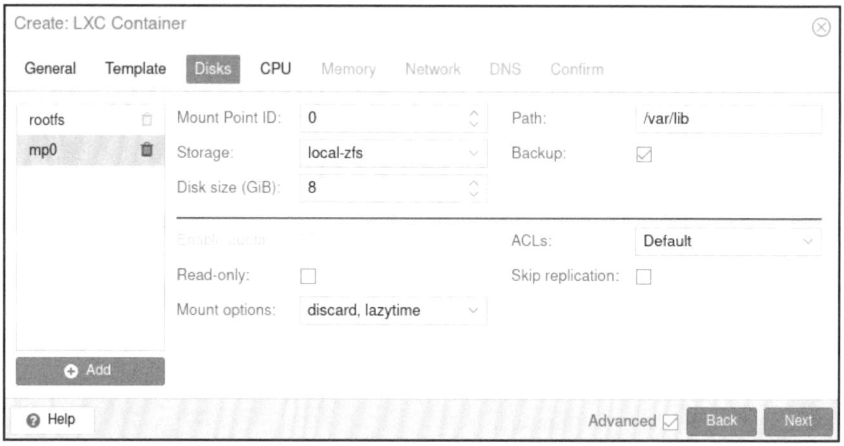

Abbildung 12.6: LXC Creation Wizard Schritt 3 – Mount-Points

Sehen wir uns zunächst die Eigenschaften des `rootfs` an:

- **Storage:** Hier wählen Sie den Storage aus, auf dem das *rootfs*-Volume gespeichert werden soll. Der Storage benötigt den Content-Type **Container**, um in dieser Auswahl angezeigt zu werden.
- **Disk size (GiB):** Die Größe des Volumes in Gibibyte (GiB). Bei Thin-Provisioned Storages wie LVM-Thin oder Ceph RBD handelt es sich hierbei um die maximale Größe - der tatsächlich belegte Speicherplatz wächst erst mit den geschriebenen Daten.
- **Enable quota:** Aktiviert Speicherplatz-Quotas innerhalb des Containers. Dies ermöglicht Beschränkungen des Speicherplatzes für Benutzer und Gruppen innerhalb des Containers. Diese Option wird nur für ext4-basierte Volumes unterstützt und funktioniert nur in privilegierten Containern.
- **Mount options:** Zusätzliche Mount-Optionen für das Volume wie `discard`, `lazytime`, `noatime` und `nosuid` können hier festgelegt werden.
- **ACLs:** Aktiviert den Support für POSIX-ACLs auf dem Volume. *Access Control Lists* (ACLs) erlauben ein erweitertes Rechtemanagement auf Dateisystem-Ebene, das über das traditionelle User/Group/Others-Modell hinausgeht und beispielsweise bei CIFS/SMB-Freigaben Verwendung findet.

- **Skip replication:** Wenn die Storage-Replication auf dem Node aktiv ist, steuern Sie mit diesem Haken, ob dieses Root-Volume von der Replikation ausgeschlossen werden soll. Dies ist nützlich, wenn das Volume unwichtige Daten enthält, die nicht über das Netzwerk synchronisiert werden müssen.

Die Optionen für zusätzliche Mount-Points sind:

- **Mount Point ID:** Die eindeutige ID des Mount-Points innerhalb der Container-Konfiguration wie `mp0` oder `mp1`. Es können bis zu 256 zusätzliche Mount-Points definiert werden.
- **Storage:** Der Storage, auf dem das Volume gespeichert wird.
- **Disk size (GiB):** Wie beim *rootfs* geben Sie hier die Größe des Volumes unter dem Mount-Point an.
- **Path:** Der absolute Pfad innerhalb des Containers, unter dem das Volume eingehängt wird, beispielsweise */var/log* oder */home*. Bei Bind-Mounts ist dies der Zielpfad im Container. Wichtig: Dieser Pfad darf keine Symlinks enthalten, da dies ein Sicherheitsrisiko darstellen würde.
- **Backup:** Mit dieser Option steuern Sie, ob dieses Volume in das Backup des Containers eingeschlossen werden soll. Volumes, die große Mengen an Logs oder unwichtige Daten enthalten, können hier ausgeschlossen werden, um die Backup-Größe und -Dauer zu reduzieren. Achtung: Unmanaged Bind-Mounts werden generell nie gesichert, selbst wenn dieser Haken gesetzt ist.
- **Enable quota:** Ermöglicht das Setzen von Benutzer-Quotas auf diesem Volume innerhalb des Containers.
- **Read-only:** Stellt das Volume im Container als schreibgeschützt zur Verfügung. Dies ist nützlich, wenn die Daten auf dem Volume gegen Änderungen geschützt sein sollen.
- **Mount options:** Erweiterte, zusätzliche Mount-Optionen, die beim Einhängen des Volumes verwendet werden. Ihnen stehen hier die Optionen `discard`, `lazytime`, `noatime`, `nodev`, `noexec` und `nosuid` zur Verfügung.
- **ACLs:** Aktiviert die Unterstützung für POSIX-ACLs auf dem Volume.
- **Skip replication:** Schließt dieses Volume von der Storage-Replication aus.

Nach der Konfiguration des *rootfs* und eventueller Mount-Points fahren wir mit der nächsten Seite fort.

LXC-Container-CPU-Einstellungen

Im nächsten Schritt (siehe Abbildung 12.7) konfigurieren Sie die CPU-Eigenschaften des LXC-Containers. Da Container den Kernel des Hostsystems nutzen, werden ihre Prozesse auch vom Linux-Scheduler des Hosts verwaltet. Proxmox verwendet dazu den CFS-Scheduler des Linux-Kernels. Es findet keine CPU-Emulation wie bei QEMU/KVM statt. Stattdessen nutzt Proxmox VE die Cgroups des Kernels, um die CPU-Nutzung eines Containers zu begrenzen.

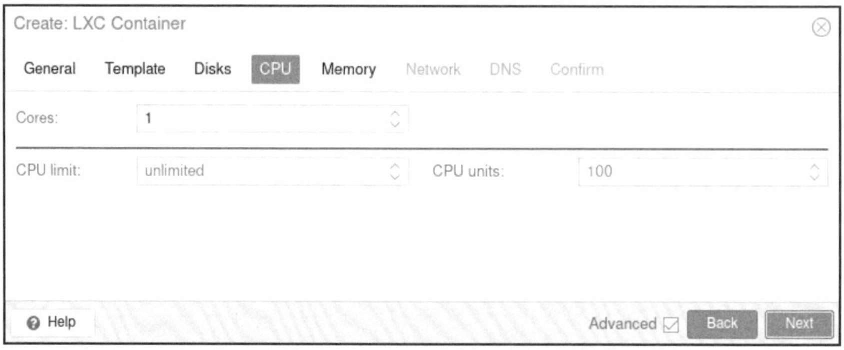

Abbildung 12.7: LXC Creation Wizard Schritt 4 - der Tab »CPU«

- **Cores:** Legt fest, wie viele Cores die Prozesse des Containers nutzen dürfen. Technisch wird dies über die `cpuset`-Cgroup realisiert. Proxmox VE verteilt die Container automatisch auf die verfügbaren Cores des Hosts, um eine gleichmäßige Grundlast zu erreichen. Mit dem CLI-Befehl `pct cpusets` können Sie die aktuelle Verteilung der Cores bestimmter Container zu den physischen Cores einsehen.
- **CPU limit:** Definiert das absolute Oberlimit für die CPU-Zeit, die der Container verbrauchen darf. Ein Wert von 1 entspricht 100 % eines einzelnen CPU-Kerns. Diese Einstellung ist recht nützlich, wenn Sie die Rechenleistung eines Containers pro Core begrenzen möchten, damit nicht ein einzelner Container einen Kern komplett auslasten kann. Allerdings bezieht sich der Wert auf die Anzahl Cores. Haben Sie 4 Cores und möchten Sie die Nutzung durch diesen Container auf 50 % beschränken, tragen Sie hier den Wert 2 ein. Keine Angabe in diesem Feld enspricht dem Wert von 0 und bedeutet »kein Limit«.
- **CPU units:** Diese Einstellung ermöglicht die Zuteilung von Rechenzeit an den Container über eine relative Gewichtung zu allen anderen Ressourcen, also Containern und VMs auf dem gleichen Host. Der Linux-*CFS Scheduler* übernimmt auch hierfür die Priorisierung. Diese Einstellung greift jedoch nur dann, wenn die CPU des Hosts ausgelastet ist, da sonst ja für jeden Prozess genügend CPU-Leistung vorhanden ist. Wenn Sie diesen Wert beispielsweise auf 200 setzen, erhält dieser Container doppelt so viele Zuteilungen wie ein Container mit dem Standardwert 100. Wenn Sie Anwendungen im Container betreiben, die Echtzeitkommunikation wie Telefonie oder Videokonferenzen durchführen, könnten Sie mit einer Erhöhung dieses Wertes eventuell auftretende Kommunikationsprobleme lindern oder beheben.

Danach gehen wir weiter auf die nächste Seite.

RAM-Zuweisung für den LXC-Container

Auf dieser Seite des Wizards (siehe Abbildung 12.8) definieren Sie die RAM-Konfiguration für Ihren Container. Ähnlich wie bei der CPU-Zuweisung wird auch die Speicherverwaltung für LXC-Container direkt durch den Linux-Kernel des Hosts über *Control Groups* (`cgroups`) gesteuert.

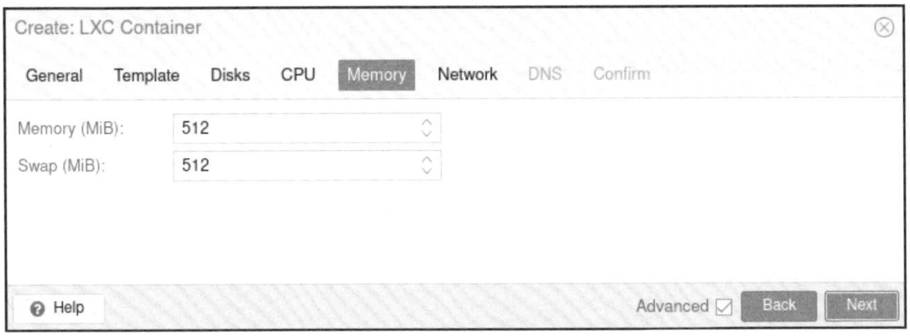

Abbildung 12.8: LXC Creation Wizard Schritt 5 – der Tab »Memory«

Der Container erhält keinen virtuellen RAM-Riegel wie eine VM, sondern seine Prozesse werden durch eine `cgroup` des Hosts auf einen hier eingestellten Wert limitiert.

In diesem Dialog legen Sie zwei Grenzwerte fest:

- **Memory (MiB):** Dies ist das harte Limit für den RAM, der durch alle Prozesse innerhalb des Containers genutzt werden darf. Der Standardwert ist 512 MiB. Wenn die Prozesse im Container sich diesem Limit nähern, wird das Betriebssystem im Container zunächst versuchen, inaktive Prozesse in den Swap-Space auszulagern. Reicht dies nicht, um den Speicherbedarf zu decken, greift der OOM-(Out-of-Memory-)Killer des Kernels ein und beendet Prozesse, um RAM freizugeben. In diesem Fall besteht das Risiko, dass Ihr Container nicht mehr das tut, was er soll – ein Datenbankcontainer ohne laufenden Datenbankprozess beispielsweise funktioniert natürlich nicht mehr.

  Container benötigen in der Regel deutlich weniger RAM als VMs, da der RAM vom Host erst zugeteilt werden muss, wenn ein Prozess im Container diesen anfordert. Es ist also durchaus üblich, dass Sie einem Container 8 GiB RAM zuteilen, im Container aber nur ein paar Hundert MiB verwendet werden und der Rest auf dem Host für andere Container oder VMs zur Verfügung steht. Massive Überprovisionierung von RAM ist in LXC-Containern also deutlich leichter und gängiger als bei KVM-VMs.

- **Swap (MiB)**: Hier definieren Sie, wie viel zusätzlichen Auslagerungsspeicher der Container auf dem Host-System nutzen darf, wenn er sich dem RAM-Limit nähert. Der Standardwert ist ebenfalls 512 MiB. Sie sollten wissen, dass LXC-Container im Gegensatz zu VMs keinen eigenen Swap-Space haben, sondern stattdessen den Swap-Space des Host-Kernels nutzen. Die Krux dabei ist, dass der Swap-Space eines Proxmox-VE-Hosts maximal 8 GiB groß ist, sofern Sie ihn bei der Installation nicht auf einen größeren Wert setzen. Und selbst dies gilt nur bei LVM-basierten Setups – nutzen Sie eine

ZFS-basierte Installation, besitzt Ihr Hypervisor standardmäßig keinen Swap. Alle Container teilen sich diesen Swap-Space des Hosts. Daher gilt die Empfehlung, manuell einen ausreichend großen Swap-Space zu konfigurieren, falls auf diesem Hypervisor sehr viele Container mit konfiguriertem Swap-Space zum Einsatz kommen sollen.

Weiter geht es mit dem nächsten Schritt, der Netzwerkkonfiguration.

Netzwerkkonfiguration für den LXC-Container

Die Netzwerkkonfiguration (siehe Abbildung 12.9) bestimmt, ob und wie Ihr neuer LXC-Container mit anderen Systemen im Netzwerk und dem Internet kommunizieren kann. Proxmox VE ermöglicht es, für jeden Container bis zu 32 virtuelle Netzwerkschnittstellen zu definieren.

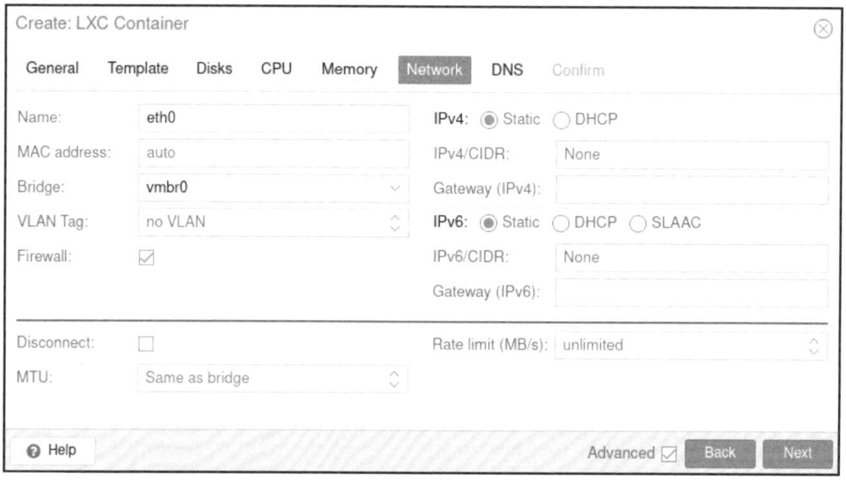

Abbildung 12.9: LXC Creation Wizard Schritt 6 – der Tab »Network«

Auf dieser Seite des Wizards konfigurieren Sie nur die erste Schnittstelle `net0`. Technisch wird hierbei ein virtuelles Ethernet-Kabel (`veth`) erzeugt, das eine Verbindung zwischen dem Interface im Container und der gewählten Bridge auf dem Hypervisor herstellt.

Folgende Konfigurationsoptionen stehen Ihnen zur Verfügung:

- **Name:** Hier legen Sie fest, wie das erste Netzwerk-Interface innerhalb des Containers benannt sein soll. Der Standardwert `eth0` ist meist die logische Schlussfolgerung für Linux-Admins, Sie könnten das Interface aber auch genauso als `uplink` oder `netgw` bezeichnen.
- **MAC address:** Hier können Sie die MAC-Adresse der virtuellen Netzwerkkarte eintragen. Proxmox VE generiert automatisch eine eindeutige MAC-Adresse für den Container. Sie können diesen Wert beliebig überschreiben, beispielsweise wenn Sie eine bestehende Konfiguration migrieren oder wenn spezielle Netzwerkanforderungen wie DHCP-Reservierungen dies erfordern. Proxmox VE verwendet standardmäßig `BC:24:11`

für die ersten drei Adressbestandteile, bei Bedarf können Sie diesen Vorschlagswert unter **Datacenter • Options • MAC address prefix** anpassen.

- **Bridge:** Diese Eigenschaft bestimmt, an welche Bridge auf dem Proxmox-VE-Host der Container angebunden wird. Meist ist dies `vmbr0`, die Standard-Bridge, die mit dem physischen Netzwerk des Hosts verbunden ist. Es kann aber auch eine andere, von Ihnen erstellte Bridge für ein separates Netzwerk sein, beispielsweise für Storage oder ein isoliertes Management-Netz.
- **VLAN-Tag:** Wenn die ausgewählte Bridge als *VLAN-aware* konfiguriert ist, können Sie hier direkt ein VLAN-Tag hinterlegen. Der gesamte Netzwerkverkehr dieses Interface wird dann automatisch diesem VLAN zugeordnet. Dies ist die bevorzugte Methode zur Netzwerksegmentierung, da sie keine zusätzlichen Bridges auf dem Host erfordert. Jedes Netzwerkpaket, das den Container über dieses Interface verlässt, erhält automatisch das hier eingetragene VLAN-Tag. Umgekehrt werden in den Container hinein nur Pakete mit diesem Tag geleitet und das Tag wird beim Durchlauf entfernt, sodass die Anwendungen im Container ein normales, ungetaggtes Netzwerkpaket sehen. Wenn Sie hier nichts eintragen, werden eventuell vorhandene Tags nicht angerührt und können auch in den Container hineintransportiert werden, was das Handling von VLAN-Tags innerhalb des Containers ermöglicht.
- **Firewall:** Dieses Setting bestimmt, ob die *Proxmox VE Firewall* an diesem Interface aktiviert werden kann. Ist diese Option nicht aktiviert, werden auf diesem Interface selbst bei aktivierter Firewall keinerlei Pakete gefiltert. Lassen Sie den Haken daher am besten aktiviert, falls Sie später die Proxmox VE Firewall für diesen Container aktivieren möchten.
- **IPv4/CIDR:** Hier legen Sie die IPv4-Adresse des Containers fest. Sie haben folgende Möglichkeiten:
  - **Static:** Weisen Sie dem Interface eine feste IP-Adresse und Subnetzmaske in CIDR-Notation sowie optional ein Standard-Gateway für den Container zu, beispielsweise `192.168.1.123/24` mit optionalem Gateway `192.168.1.1`.
  - **DHCP:** Der Container versucht beim Start eine IP-Adresse von einem DHCP-Server über die konfigurierte Bridge im entsprechenden VLAN zu beziehen.
- **IPv6/CIDR:** Analog zur IPv4-Konfiguration können Sie hier die IPv6-Adresse festlegen. Folgende Optionen sind möglich:
  - **Static:** Zuweisung einer festen IPv6-Adresse mit Präfix wie `2001:db8:1::100/64` sowie einem optionalen Default-IPv6-Gateway.
  - **DHCP:** Der Container bezieht seine Adresse über DHCPv6.
  - **SLAAC:** Der Container konfiguriert seine Adresse automatisch mittels *Stateless Address Autoconfiguration* (SLAAC) basierend auf seiner eigenen Link-Local Adresse des Netzwerk-Interface und den Router-Advertisements im Netzwerk. Dies ist eine gängige Methode in IPv6-Netzen und benötigt keinen externen DHCP-Server zur Zuteilung einer eindeutigen Netzwerkadresse.

In den erweiterten Einstellungen unter **Advanced** finden Sie zusätzlich folgende Optionen:

- **Disconnect:** Wenn Sie diese Option aktivieren, wird die Netzwerkschnittstelle zwar konfiguriert, erscheint aber im Container als `disconnected`, so als wäre das Netzwerkkabel nicht verbunden. Dies ist nützlich, um einen Container temporär vom Netzwerk zu trennen, ohne die Konfiguration selbst zu löschen.
- **MTU:** Hier können Sie die MTU für diese spezifische Schnittstelle festlegen. Steht hier keine Angabe, wird die MTU von der Bridge geerbt, an die dieses Interface angeschlossen ist. Eine Anpassung kann beispielsweise notwendig werden, wenn Sie Overlay-Netzwerke wie VXLAN oder VPNs nutzen, die einen kleineren MTU-Wert erfordern, um den zusätzlichen Header-Overhead zu kompensieren.
- **Rate limit (MB/s):** Mit dieser Option legen Sie die maximale Netzwerkbandbreite für das Interface fest. Der Wert wird in Megabyte pro Sekunde angegeben. Diese Option ist eine gute Möglichkeit, um zu verhindern, dass ein einzelner Container die gesamte verfügbare Netzwerkbandbreite des Hosts oder der Bridge auslastet. Besonders in Multi-Tenant-Umgebungen bzw. Shared-Hosting-Umgebungen oder wenn Sie mit einem *Noisy-Neighbor*-Problem kämpfen, ist das nützlich. Der Standardwert von 0 bedeutet, dass kein Limit gesetzt ist.

Auf der nächsten Seite kommen wir zu den DNS-Einstellungen.

DNS-Settings für LXC-Container

Auf der Seite **DNS** (siehe Abbildung 12.10) legen Sie die Konfiguration für die DNS-Namensauflösung innerhalb Ihres neuen Containers fest. Mit diesen Einstellungen konfigurieren Sie, ob und wie der Container Hostnamen wie `www.proxmox.com` in IP-Adressen auflösen kann. Im Vergleich zu KVM-Maschinen wird diese Einstellung von außen festgelegt und beim Start des Containers darin automatisch konfiguriert.

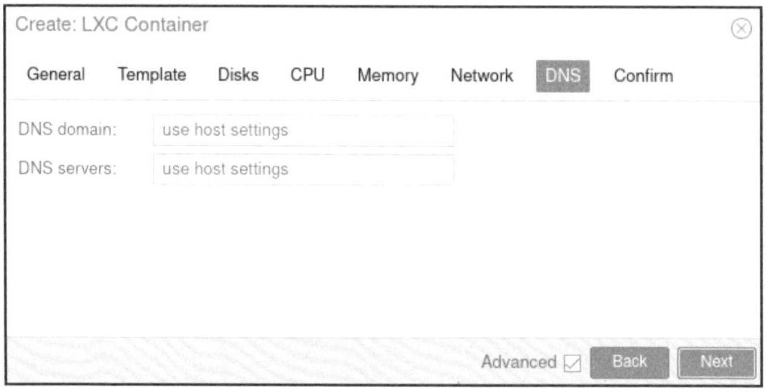

Abbildung 12.10: LXC Creation Wizard Schritt 7 – der Tab »DNS«

- **DNS domain:** Geben Sie hier die lokale Suchdomäne Ihres Netzwerks an, beispielsweise »example.com«. Wenn Sie später im Container versuchen, einen Hostnamen ohne Domainanteil aufzulösen, beispielsweise mit einem `ping fileserver`, wird diese Domäne automatisch angehängt und es wird ein `ping fileserver.example.com`.

- **DNS servers:** Tragen Sie hier die IP-Adresse Ihres DNS-Servers ein. Dies kann ein interner DNS-Server wie ein Active Directory Domain Controller sein oder ein öffentlicher DNS-Server wie die oft und gern verwendeten Quad9- (`9.9.9.9`), CloudFlare- (`1.1.1.1`) oder Google-DNS-Server (`8.8.8.8`).

Das Besondere an diesem Dialog ist das Standardverhalten von Proxmox VE: Wenn Sie beide Felder leer lassen, übernimmt der Container automatisch die DNS-Einstellungen des Proxmox-VE-Hosts.

In den meisten Fällen ist die Standardeinstellung gewünscht, da der Container sofort dieselbe Namensauflösung wie der Host verwendet, ohne dass Sie manuell IP-Adressen pflegen müssen. Sie sollten hier also nur dann Werte eintragen, wenn der Container von den DNS-Einstellungen des Hosts abweichen soll. Das ist beispielsweise dann der Fall, wenn Ihr Proxmox-VE-Host private IP-Adressen verwendet und der LXC-Container mit einer öffentlichen IP-Adresse ausgestattet ist, weil darauf vielleicht ein öffentlicher Webserver läuft.

Nehmen wir Folgendes an: Ihr Proxmox-VE-Server besitzt die IP-Adresse `192.168.1.250` und der DNS-Server dieses Netzes lauscht auf die `192.168.1.251`, der Container jedoch hat eine öffentliche IP-Adresse aus dem Bereich `184.136.82.0`. Während die Namensauflösung von den Proxmox-VE-Hosts aus problemlos funktioniert, wird der Container mit seiner öffentlichen IP-Adresse den DNS-Server `192.168.1.251` nie erreichen können. Das führt zu Timeouts und eventuell nicht funktionierenden Applikationen.

Wir stehen nun kurz vor dem Abschluss der Konfiguration. Noch einmal klicken wir uns weiter zur nächsten Seite.

Bestätigen und Abschluss der Konfiguration

Auf der letzten Seite des Wizards (siehe Abbildung 12.11) sehen Sie noch einmal die zusammengestellte Konfiguration, wie sie in die Konfigurationsdatei unter */etc/pve/lxc/<vmid>.conf* geschrieben wird.

Nehmen Sie sich einen Moment Zeit, um alle Einstellungen sorgfältig zu prüfen. Sollten Sie einen Fehler entdecken, können Sie jederzeit auf den Zurück-Button (**Back**) oder direkt auf die Überschriften klicken und zu den vorherigen Tabs navigieren und die Einstellungen korrigieren.

Unten links können Sie noch die Checkbox **Start after created** aktivieren, die für den Start des neuen Containers sorgt, sobald die Erstellung der Konfigurationsdatei erfolgreich abgeschlossen ist.

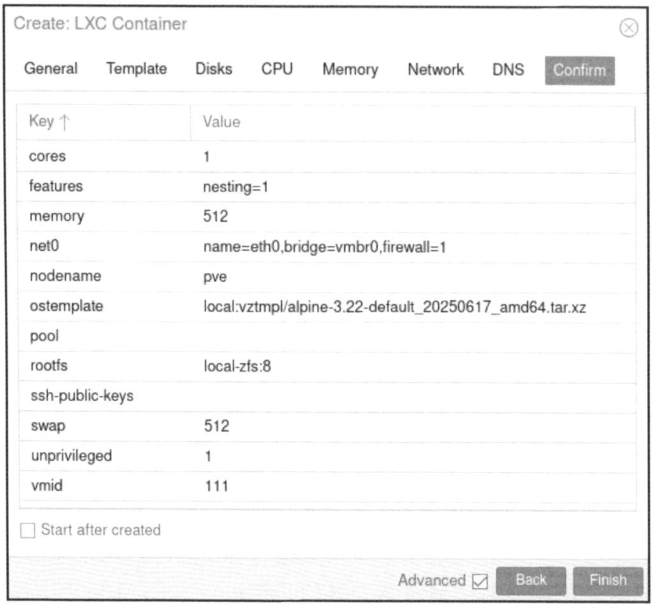

Abbildung 12.11: LXC Creation Wizard Schritt 8 – der Tab »Confirm«

Durch einen Klick auf **Finish** schließen Sie den Wizard und starten den Task zur Erstellung des Containers. Die Konfiguration wird angelegt, und das *rootfs*-Disk-Image sowie eventuelle Disk-Images für weitere Mount-Points werden erstellt. Anschließend wird das *rootfs*-Image formatiert und das zuvor ausgewählte Container-Template darauf entpackt. Diese Schritte können Sie in einem neu erscheinenden Log-Fenster beobachten, bis der Prozess abgeschlossen ist und Sie das Fenster schließen.

Glückwunsch: Ihr neuer Container ist erstellt!

Falls Sie weitere Netzwerkkarten, Mount-Points, PCI-Device-Nodes oder Features unter **<vmid> • Options** hinzufügen möchten, können Sie das noch vor dem ersten Start oder auch jederzeit später tun.

12.5.2 Einen neuen LXC-Container per CLI erzeugen

Auf der Shell verwenden Sie den `pct`-Befehl zum Erstellen eines neuen Containers (siehe Listing 12.1). Sämtliche Eigenschaften geben Sie direkt auf der Kommandozeile mit. Da es über 800 verschiedene Eigenschaften gibt, sollten Sie die Manpage des `pct`-Befehls unter *https://pve.proxmox.com/pve-docs/pct.1.html* studieren, einen Blick in die gleichnamigen Optionen der API werfen oder die Befehlsvervollständigung auf der Shell nutzen. Unterhalb von Listing 12.1 finden Sie die allerwichtigsten Optionen in einer übersichtlichen Liste aufgeführt.

```
# Template herunterladen, beispielsweise Debian 13 auf Storage "iso"
~# pveam download iso debian-13-standard_13.1-2_amd64.tar.zst

# Container erstellen mit VMID 105, auf Basis des obigen Templates,
# root-Disk 10G, unprivilegiert
~# pct create 105 iso:vztmpl/debian-13-standard_13.1-2_amd64.tar.zst \
    --unprivileged 1 \
    --hostname debian13-lxc \
    --cores 2 \
    --memory 1024 \
    --rootfs local:10 \
    --net0 name=eth0,bridge=vmbr0,ip=192.168.10.105/24,gw=192.168.10.1
```

Listing 12.1: Erzeugen eines neuen Containers über die Shell

Die Konfiguration des Containers wird in der Datei */etc/pve/lxc/<vmid>.conf* gespeichert und in einem Cluster über das Proxmox Cluster Filesystem auf alle anderen Nodes repliziert.

Die wichtigsten Optionen für den `pct`-Befehl lauten:

- `--unprivileged <0\|1>` – Definiert, ob der Container unprivilegiert oder privilegiert ist.
- `--hostname <hostname>` – Legt den Hostnamen des Containers fest.
- `--cores <anzahl>` – die Anzahl an CPU-Cores, die dem Container zur Verfügung stehen
- `--memory <MiB>` – maximaler RAM-Wert für den Container
- `--rootfs <storage>:<GiB>` – Legt den Storage und die Größe in GiB für das root-Filesystem des Containers fest.
- `--swap <MiB>` – zusätzlicher Swap-Speicher, der genutzt werden darf
- `--net[n]` ... – Konfiguration eines Netzwerk-Interface
- `--mp[n]` ... – Mount-Points für separate Storages oder Host-Verzeichnisse
- `--onboot <0\|1>` – Definiert, ob der Container beim Start des Hosts automatisch gestartet wird.

12.6 Migration und Hochverfügbarkeit

Von Zeit zu Zeit führen Sie vermutlich auch Updates der Proxmox-VE-Hypervisoren durch. In dem Fall ist es praktisch, die laufenden VMs und Container auf einen anderen Node migrieren zu können, um Downtime zu vermeiden.

12.6.1 Migration von Containern

Im Gegensatz zu KVM-VMs unterstützen LXC-Container *keine Live-Migration*. Dies liegt daran, dass Container den Kernel des Hosts nutzen und ein Prozess nicht nahtlos auf einem Host angehalten, extrahiert, migriert und dann auf einem anderen Host exakt so fortgesetzt werden kann.

Für LXC-Container steht Ihnen daher nur die Offline-Migration zur Verfügung. Da ein LXC-Container sehr schnell heruntergefahren und wieder gestartet werden kann, ist die Downtime in der Regel gering, aber nicht vermeidbar.

Eine Offline-Migration wird in folgenden Schritten abgewickelt:

1. Der Container wird heruntergefahren.
2. Eventuelle lokale Storage-Volumes werden auf den Ziel-Hypervisor migriert. Dieser Schritt entfällt, wenn die Volumes auf einem Shared Storage liegen, auf den sowohl der Quell- als auch der Ziel-Hypervisor Zugriff haben. Die benötigte Zeit für die Migration eines Volumes auf einem lokalen ZFS-Storage reduziert sich deutlich, wenn die Proxmox-VE-Storage-Replication für diesen Container verwendet wird.
3. Die Konfigurationsdatei wird auf den Ziel-Hypervisor migriert.
4. Der Container wird wieder gestartet, sofern er vorher lief oder als hochverfügbar markiert ist.

12.7 Management eines LXC-Containers

Nach dem Erstellen eines Containers schauen wir uns an, welche Möglichkeiten zur Administration des Containers für die täglichen Aufgaben existieren.

12.7.1 Fernzugriff und Ausführung von Befehlen

Nachdem Sie Ihren Container erstellt haben, stehen Ihnen mehrere Methoden für den Zugriff und die Administration des laufenden Containers zur Verfügung. Diese Methoden bieten unterschiedliche Wege, je nachdem, ob Sie über das Netzwerk oder direkt vom Hypervisor aus arbeiten möchten.

SSH-Zugriff

Auf einen neu erzeugten LXC-Container können Sie in der Regel ganz normal über seine IP-Adresse per SSH zugreifen. Dies setzt natürlich voraus, dass innerhalb des Containers ein SSH-Server installiert ist, läuft und der Zugriff per Passwort oder SSH-Schlüssel konfiguriert wurde. Ihr SSH-Public-Key für die Administration lässt sich ja bereits bei der Erstellung mit angeben. Bei den meisten Standard-Templates wie Debian oder Ubuntu ist der SSH-Server bereits enthalten, bei der Minimaldistribution Alpine Linux dagegen nicht.

Proxmox-VE-Zugriffsmethoden

Was aber, wenn der SSH-Dienst nicht läuft, die Netzwerkkonfiguration fehlerhaft ist oder wenn Sie ein minimalistisches Template wie Alpine Linux verwenden, das standardmäßig gar keinen SSH-Server beinhaltet?

Hier bietet Ihnen Proxmox VE ein paar weitere Werkzeuge, die einen Zugriff direkt vom Hypervisor aus ermöglichen – völlig unabhängig von der Netzwerkkonfiguration des Containers:

- **GUI-Konsole:** Der einfachste Weg ist der Klick auf die Konsole des Containers in der Proxmox-VE-Web-GUI. Der Hypervisor startet daraufhin eine LXC-Konsole und verbindet Sie direkt mit einem TTY-Login-Prompt innerhalb des Containers. Hier können Sie sich mit dem root-Benutzer und dem Passwort anmelden, das Sie im Wizard vergeben haben.
- **`pct enter`**: Mit dem Befehl `pct enter <vmid>` auf der Shell Ihres Proxmox-VE-Hosts »betreten« (engl. »to enter«) Sie direkt den Namespace des Containers. Dies entspricht dem Befehl `lxc-attach`. Sie landen sofort in einer vollwertigen root-Shell innerhalb des Containers, ohne sich authentifizieren zu müssen und ohne dass ein Passwort abgefragt wird. Dieser Befehl ist ideal für administrative Tätigkeiten, da er selbst dann funktioniert, wenn das Netzwerk des Containers nicht konfiguriert ist oder Sie das root-Passwort vergessen haben.
- **`pct exec`**: Wenn Sie nur schnell einen einzelnen Befehl im Container absetzen möchten, ohne eine interaktive Shell zu starten, ist `pct exec <vmid> -- <command>` die richtige Wahl. Der Befehl wird vom Host aus im Kontext des Containers ausgeführt, und die Ausgabe wird direkt auf Ihrer Host-Shell angezeigt. Dies ist extrem nützlich für Automatisierung und Skripte. Ein typisches Beispiel wäre `pct exec 101 -- apt update && apt upgrade -y`, um einen Debian-Container direkt vom Host aus zu aktualisieren. Die Ausgabe des Befehls kommt bei Ihnen auf der Shell an – ähnlich wie bei der Nutzung eines SSH-Tunnels.

Die Möglichkeit, per `pct` auf einen Container zuzugreifen, kann sogar die Sicherheit erhöhen. Wenn Sie mit diesen Befehlen arbeiten, benötigt der LXC-Container nämlich nicht zwangsläufig einen SSH-Server, der aus dem Netz erreichbar ist. Sie jedenfalls benötigen den SSH-Server nicht, da Sie ja den Container auch anders administrieren können; und ohne SSH-Server reduziert sich die Angriffsfläche für »externe Besucher«.

Neben dem reinen Shell-Zugriff (mit `pct enter`) und der direkten Befehlsausführung (mit `pct exec`) stellt das *Proxmox Container Toolkit* auch leistungsstarke Befehle für den Dateitransfer bereit. Auch diese funktionieren unabhängig vom Netzwerkstatus des Containers und nutzen den Kommunikationskanal des Hypervisors:

- `pct push <vmid> <local-file> <file-in-container>`: Mit diesem Befehl kopieren Sie eine Datei vom Proxmox-VE-Host in den Container hinein. Dies ist nützlich, um Konfigurationsdateien, Skripte oder Anwendungsbinaries direkt im Dateisystem des

Containers zu platzieren, ohne den Umweg über SSH, SCP oder einen Webserver gehen zu müssen. Sie können bei diesem Vorgang sogar direkt die Berechtigungen auf die Datei innerhalb des Containers mit `--perms` sowie den Eigentümer mit `--user` und die Gruppe mit `--group` festlegen.

- `pct pull <vmid> <file-in-container> <local-file>`: Dies ist die umgekehrte Operation. Sie kopieren eine Datei aus dem Container auf den Proxmox-VE-Host. Der häufigste Anwendungsfall hierfür ist das Sichern von Logdateien und Backups von Dateien, die Sie auf dem Host analysieren oder weiterverarbeiten möchten.

Sollten Sie tiefgreifendere Eingriffe in das Dateisystem des Containers vornehmen müssen – etwa weil eine fehlerhafte Konfigurationsdatei den Start des Containers verhindert oder weil Sie manuell komplexere Tätigkeiten durchführen müssen –, bieten `push` und `pull` eventuell nicht den nötigen Komfort.

Für diese Fälle können Sie mit `pct mount <vmid>` das gesamte *rootfs*-Image des LXC-Containers auf einen Mount-Point des Hypervisors einhängen. Sie finden die Dateien anschließend üblicherweise unter */var/lib/lxc/<vmid>/rootfs*.

Nachdem Sie `pct mount` ausgeführt haben, können Sie mit `cd` in dieses Verzeichnis wechseln und mit Standard-Linux-Befehlen wie `nano`, `cp`, `rm`, `chmod` und weiteren direkt auf die Dateien des Containers so zugreifen, als wäre es ein lokales Verzeichnis auf dem Host.

Wenn Sie Ihre Arbeiten beendet haben, hängen Sie das *rootfs* mit dem Befehl `pct unmount <vmid>` wieder aus. Anschließend können Sie den Container wieder normal starten.

Kapitel 13
Subscriptions

Obwohl Proxmox VE freie Open-Source-Software ist und die AGPLv3-Lizenz Ihnen sogar den kommerziellen Einsatz erlaubt, sollten Sie über die Aktivierung einer Subscription nachdenken. Die Gründe dafür sowie den Umgang mit Subscriptions erläutere ich in diesem Kapitel.

13.1 Grundlagen der Subscription

Open Source bedeutet nicht zwangsläufig, dass Software kostenlos sein muss. Es ist mir persönlich ein Anliegen, darauf hinzuweisen, dass professionelle Open-Source-Software auch eine solide Finanzierung und ein gutes Geschätsmodell braucht. Wenn eines von beidem nicht vorhanden ist, steht das Projekt nicht auf einem stabilen Fundament und wird langfristig nicht erfolgreich am Markt sein. Für den Einsatz in Unternehmen braucht man jedoch Software, die einen verlässlichen Herstellersupport hat, bei der Sicherheitslücken behoben werden und die Software stets an neue Gegebenheiten angepasst wird.

Open-Source-Software wie Proxmox VE und kommerzielle Software unterscheiden sich in ihrem Ansatz zur Lizenzierung und Monetarisierung. Open-Source-Software erlaubt es, den Quellcode zu sehen, zu modifizieren und zu verteilen, während kommerzielle Software proprietär ist, den Quellcode unter Verschluss hält und solche Freiheiten nicht bietet.

Die Lizenz einer Open-Source-Software, beispielsweise die *GNU AGPLv3*, unter der Proxmox VE lizenziert ist, berechtigt Sie bereits zum Einsatz der Software, selbst wenn Sie diese nicht privat, sondern im Unternehmenskontext und im Rahmen Ihrer eigenen Produkte nutzen.

Und wie können Unternehmen dann mit Open-Source-Software Geld verdienen?

Unternehmen, die Open-Source-Software (OSS) entwickeln, müssen also Wege finden, um die Weiterentwicklung des Produkts und den Support zu gewährleisten – also schlicht: Sie müssen Geld verdienen, auch wenn sie die Software selbst nicht verkaufen können oder wollen. Dann kommt oft ein abonnementsbasiertes (*subscription-based*) Finanzierungsmodell ins Spiel.

Auch wenn Abos keinen guten Ruf haben, können sie doch sowohl für den Anbieter als auch für die Kunden Vorteile bieten:

- **Kontinuierliche Entwicklung und Support**

  Open-Source-Projekte erfordern ständige Entwicklung, Updates, Fehlerbehebungen und Support für Anwender. Ein Abonnementmodell sorgt für kontinuierliche Einnahmen, die diese fortlaufenden Kosten decken und eine stetige Weiterentwicklung ermöglichen.

- **Support und Dienstleistungen**

  Viele Open-Source-Unternehmen bieten kostenpflichtigen Support, Beratung und andere Dienstleistungen an. Ein Abonnement bietet den Nutzern garantierten Zugang zu diesen Dienstleistungen, was für Unternehmen wichtig ist, die auf einen stabilen und sicheren Betrieb angewiesen sind.

- **Zusätzliche Features und Erweiterungen**

  OSS-Unternehmen bieten oft zusätzliche proprietäre Features, erweiterte Funktionalitäten oder Integrationen an, die im Abonnement enthalten sind. Diese Modelle werden häufig als *Open Core* oder *Commercial Open Source* bezeichnet. Proxmox geht hier einen anderen Weg: Alle Features sind bereits enthalten, wenn Sie das ISO-Image herunterladen. Mit dem Erwerb einer Subscription erhalten Sie also keine zusätzlichen Features, aber stabilere und besser getestete Update-Pakete sowie ab dem Subscription-Level *Basic* auch direkten Support durch das Core-Developer-Team von Proxmox.

- **Planbare Einnahmen**

  Abonnementmodelle ermöglichen es Open-Source-Unternehmen, ihre Einnahmen besser zu planen und vorherzusagen, was ihre finanzielle Stabilität verbessert und ihnen Investitionen in die Weiterentwicklung erleichtert. Planbare Einnahmen ermöglichen die Entwicklung größerer Funktionen mit einer längeren Entwicklungsdauer.

- **Community und Ökosystem**

  Die Einnahmen aus Abonnements können in die Pflege und Unterstützung der Community und des Ökosystems rund um die Software investiert werden, was wiederum die Qualität und Verbreitung der Software erhöht.

13.1.1 Unterschied zum lizenzbasierten Finanzierungsmodell

Lizenzbasierte Modelle verlangen in der Regel eine einmalige Gebühr für den Erwerb der Software, während Abonnementmodelle wiederkehrende Zahlungen (meist monatlich oder jährlich) vorsehen. In den vergangenen Jahren wechselten jedoch auch viele proprietäre, lizenzbasierte Produkte zu einem zusätzlichen Abonnementmodell oder einer gemischten Verwendung. Viele Produkte können Sie selbst von Closed-Source-Anbietern mittlerweile nur noch in einem Abonnement erwerben, da ein Modell mit einmaliger Zahlung häufig nicht mehr angeboten wird.

Zugang und Eigentum

Bei Lizenzmodellen erwirbt der Nutzer das Recht, die Software dauerhaft zu nutzen, während bei Abonnementmodellen der Zugang zur Software und zu den Diensten zeitlich begrenzt ist und regelmäßig erneuert werden muss. Auch hier existieren gravierende Unterschiede zwischen verschiedenen Abonnementmodellen.

Es existieren zwei unterschiedliche Ansätze für den Umgang mit Abonnements, wenn diese ablaufen oder gekündigt werden:

1. Bei einigen Anbietern können oder dürfen Sie bei Ablauf des Abonnements die Software nicht länger nutzen. Je nach Art der Software oder der Dienste dahinter verlieren Sie nicht nur den Zugang zu Updates und Support, sondern auch das Recht, die Software weiter zu betreiben, und müssen diese sogar innerhalb einer Frist vollständig deinstallieren.
2. Bei Anbietern wie Proxmox VE verlieren Sie zwar die Vorteile eines Abonnements wie den direkten Zugang zum Support sowie die stabileren und besser getesteten Enterprise-Updates, Sie dürfen die Software jedoch gemäß der GNU-AGPLv3-Open-Source-Lizenz weiterhin ohne Einschränkung verwenden – auch ohne gültige Subscription.

Updates und Wartung

In Lizenzmodellen können Updates und Wartung entweder inklusive sein oder separat erworben werden, während diese bei Abonnementmodellen meist als Leistungsbestandteil in den wiederkehrenden Zahlungen enthalten sind. Proxmox stellt Updates auch öffentlich und für den Einsatz ohne Subscriptions in den Repositories `pve-no-subscription` und dem `pve-test` bereit. Mit dem Erwerb einer Subscription erhalten Sie den Zugang zum `pve-enterprise`-Repository, in dem besser getestete und daher stabilere Updates bereitgestellt werden.

Flexibilität

Abonnementmodelle bieten oft mehr Flexibilität, da Nutzer ihre Abonnements je nach Bedarf anpassen oder kündigen können, was bei Lizenzmodellen nicht immer möglich ist.

Kostenverteilung

Abonnementmodelle verteilen die Kosten über einen längeren Zeitraum, was für einige Nutzer finanziell attraktiver sein kann als eine hohe Einmalzahlung.

13.2 Subscription-Level

Proxmox VE bietet Ihnen vier verschiedene Subscription-Level: *Community*, *Basic*, *Standard* und *Premium*. Mit jeder gültigen Subscription erhalten Sie Zugriff auf das Enterprise-Repository, in dem besonders stabile, dafür tendenziell etwas ältere Pakete liegen. Ab dem Level *Basic* ist der Zugang zum Support des Herstellers über das Support-Portal unter *https://my.proxmox.com* enthalten. In der günstigsten *Community*-Subscription erhalten Sie den Support lediglich über das Community-Forum und ohne garantierte Reaktionszeit – allerdings sind die Proxmox-Entwickler im Forum auch aktiv.

Die genauen Unterschiede der einzelnen Subscriptions stellt Proxmox auf der Seite *https://proxmox.com/en/proxmox-ve/pricing* bereit, und alle Details dazu finden Sie im *Subscription Agreement* unter *https://proxmox.com/en/downloads/item/proxmox-ve-subscription-agreement*.

Proxmox bietet zum aktuellen Zeitpunkt keinen Support per Telefon und keinen 24/7-Support an. Es gibt jedoch Proxmox-Partner, die solche Leistungen anbieten und eine gute Anlaufstelle für Ihre Wünsche sind. Eine Liste der Proxmox-Partner finden Sie ebenfalls auf der Proxmox-Homepage.

13.3 Wahl der passenden Subscription

Pro Server benötigen Sie eine Subscription. Um die passende(n) Subscription(s) zu finden, sind zwei Faktoren zu berücksichtigen.

13.3.1 Welche Support-Leistungen benötigen Sie?

Benötigen Sie keinen Support, genügt vielleicht sogar schon eine *Community*-Subscription. Durch sie erhalten Sie bereits Zugriff auf die stabilen Enterprise-Pakete, jedoch noch keinen Anspruch auf Support im Proxmox-Support-Portal. Als Alternative steht Ihnen das Proxmox-Forum zur Verfügung, in dem es neben den Proxmox-Entwicklern auch eine sehr große und hilfsbereite Community gibt. Sie können auch dort auf den Proxmox-VE-Support zählen, allerdings ohne jegliche SLA-Zusagen.

Ab einer Subscription der Stufe *Basic* können Sie Ihre Support-Anfragen direkt im Proxmox-Support-Portal unter *https://my.proxmox.com* stellen. In den höheren Stufen wie *Standard* und *Premium* kommt dann noch ein Remote-Support via SSH hinzu, eine höhere Anzahl an Support-Requests pro Jahr sowie kürzere Reaktionszeiten seitens Proxmox.

13.3.2 Wie viele CPUs haben Ihre Server?

Der zweite Faktor ist die Anzahl der Sockets, also der physischen CPUs im jeweiligen Server. Die Anzahl der Cores ist unerheblich – sie werden bei den Subscriptions nicht berücksichtigt.

Proxmox-Subscriptions sind erhältlich für Server mit einer, zwei oder vier CPUs.

13.4 Die Anzahl und Level der Subscriptions bestimmen

Damit Sie die richtige Entscheidung beim Bestellen von Subscriptions treffen können, möchte ich Ihnen noch ein paar wichtige Informationen dazu mitgeben.

13.4.1 Subscriptions für Single-Server-Umgebungen

Für einen einzelnen Server ist die Bestimmung sehr einfach: Sie benötigen eine einzelne Subscription. Diese wählen Sie nach dem gewünschten Leistungsumfang aus und entscheiden sich für eine Subscription: *Community*, *Basic*, *Standard* oder *Premium*.

Bei der Bestellung geben Sie dann die Anzahl der physischen Sockets/CPUs in Ihrem Server an. Das war's.

13.4.2 Subscriptions für Cluster-Umgebungen

Für die Bestellung von Subscriptions in einem Cluster gelten im Grunde die gleichen Regeln wie für einzelne Server. Allerdings müssen innerhalb eines Clusters alle Nodes den gleichen Subscription-Level besitzen.

Konkret bedeutet das, dass Sie in einem Cluster alle Nodes ohne Ausnahme mit einer Subscription ausstatten müssen, sobald ein Node eine Subscription besitzt. Sie können also in einem 3-Node-Cluster nicht eine *Premium*- und zwei *Community*-Subscriptions verwenden oder nur eine Subscription auf einem der Server und die anderen beiden ohne Subscription laufen lassen. In diesem Fall werden alle Subscriptions ungültig, bis Sie das Problem behoben und die Subscriptions neu aktiviert haben. Mit ungültigen Subscriptions erhalten Sie keinen Zugriff auf das Enterprise-Repository und damit keine stabilen Updates mehr.

In einer Cluster-Umgebung ist es aber vollkommen in Ordnung, wenn Sie eine unterschiedliche Anzahl an CPUs in den einzelnen Servern betreiben – die Anzahl der Sockets muss also für die Subscription nicht gleich sein.

Zusammenfassung zur Subscription-Bestimmung

Man kann die oben aufgeführten Erklärungen zu wenigen Regeln zusammenfassen:

- Die Anzahl der Subscriptions entspricht der Anzahl Ihrer Server. Sie benötigen pro Server genau eine Subscription.
- Der Subscription-Level ergibt sich aus dem von Ihnen gewünschten Leistungsumfang.
- Die Subscriptions der einzelnen Server müssen zur Anzahl der Sockets im Server passen.

> Wenn Sie sich dennoch unsicher sind, welche Subscriptions in welcher Anzahl Sie benötigen, nehmen Sie am besten Kontakt mit Proxmox oder einem Proxmox-Partner auf.

13.5 Subscription-Management

Sie können die Subscription eines Servers entweder mit dem Kommandozeilenbefehl `pvesubscription` oder auch über die GUI unter **Datacenter • <Server> • Subscription** verwalten.

Mit den Befehlen `pvesubscription get` und `pvesubscription set` können Sie einen Subscription-Key auslesen oder hinzufügen oder die GUI so verwenden, wie in Abbildung 13.1 dargestellt.

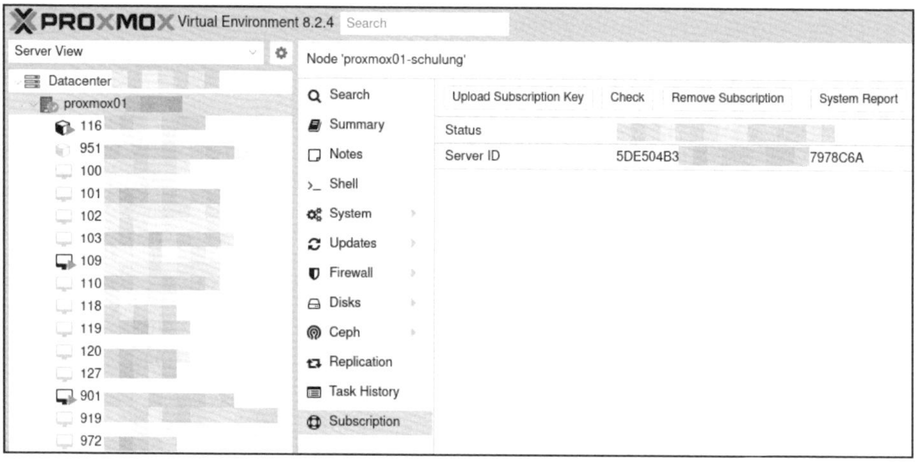

Abbildung 13.1: Subscription-Management über die GUI

13.5.1 Subscription auf einem Server hinterlegen

Mit dem Befehl pvesubscription set <subscription key> hinterlegen Sie eine erworbene Subscription auf einem Server. Der Befehl liefert keine Ausgabe zurück, wenn er erfolgreich ausgeführt wurde.

```
pvesubscription set pve2c-5fxxxxxx2f
```

Bei der Installation eines Proxmox-VE-Servers wird eine eindeutige Server-ID generiert. Wenn Sie eine Subscription auf dem Server hinterlegen, wird diese mit der Server-ID gemeinsam bei Proxmox aktiviert, sodass nur dieser Node mit seiner Server-ID und der dazu passenden Subscription nun den Zugriff auf die Enterprise-Updates erhält.

Nehmen wir an, Sie tauschen einen Server aus oder installieren ihn neu. In diesem Fall ändert sich bei der Installation des Servers die Server-ID und die Subscription wird ungültig, da sie ja für die frühere Server-ID aktiviert wurde. Allerdings müssen Sie in diesem Fall keine neue Subscription erwerben. Proxmox setzt Ihnen eine Subscription bis zu dreimal pro Jahr zurück, sodass diese mit einer neuen Server-ID erneut aktiviert werden kann.

Um die Subscription zurücksetzen zu lassen, wenden Sie sich an den Partner, von dem Sie die Subscription erworben haben. Der Partner kann diese Subscription dann zur erneuten Aktivierung freigeben.

13.5.2 Subscription eines Servers auslesen

Mit dem Befehl `pvesubscription get` lässt sich die verwendete Subscription auf einem Proxmox-VE-Server auslesen:

```
~# pvesubscription get
checktime: 1650253053
key: pve2c-5fxxxxxx2f
level: c
nextduedate: 2026-10-08
productname: Proxmox VE Community Subscription 2 CPUs/year
regdate: 2025-10-08 00:00:00
serverid: 2Dxxxxxxxxxxxxxxxxxxxxxxxxxxx5E
sockets: 2
status: Active
url: https://www.proxmox.com/proxmox-ve/pricing
validdirectory: 2Dxxxxxxxxxxxxxxxxxxxxxxxxxxx5E
```

Die Ausgabe können Sie beispielsweise auch für ein Monitoring verwenden und das Ablaufdatum verfolgen. Im Normalfall werden Proxmox-Subscriptions automatisch um ein weiteres Jahr verlängert, wenn Sie nicht vorher die Subscription kündigen. Auch für diesen Fall könnte eine Einbindung in ein Monitoring hilfreich sein.

Kapitel 14
Migration zu Proxmox VE

Eines der notwendigen Themen beim Umstieg auf einen neuen Hypervisor ist sicherlich die Migration. Das wahrscheinlichste Szenario für Leser und Leserinnen dieses Buches ist, dass Sie bereits einen anderen Hypervisor einsetzen und nun Proxmox VE einführen möchten. Also ist die Migration bestehender Systeme eine Aufgabe, über die Sie sich ein paar Gedanken machen müssen. Eine gewachsene Landschaft aus physischen Servern oder virtuellen Maschinen auf anderen Hypervisoren – oft *VMware vSphere* oder *Microsoft Hyper-V* – soll auf die neue Proxmox-VE-Plattform umgezogen werden.

Proxmox VE ist durch seine Offenheit hervorragend für solche Migrationsprojekte gerüstet. Es gibt empfohlene und meist gut funktionierende Wege, um eine Migration durchzuführen. Sollten diese nicht erfolgreich sein, existieren weitere, möglicherweise etwas komplexere Werkzeuge und Methoden, um Ihre VMs von anderen Hypervisoren und physischen Servern auf Proxmox VE zu übernehmen.

In diesem Kapitel beleuchten wir die Planung einer Migration, die verschiedenen Migrationspfade von vollautomatisch bis manuell und die Schritte, die nach der Migration für den stabilen und performanten Betrieb von migrierten VMs notwendig sind.

14.1 Planung der Migration

Eine Migration von physischen Servern (Physical-to-Virtual – *P2V*) oder von anderen Hypervisoren (Virtual-to-Virtual – *V2V*) ist ein Projekt, das mit einer guten Planung geräuschloser und besser durchzuführen ist. Ein Vorgehen nach dem Motto »Einfach mal machen« funktioniert in vielen Fällen zwar erstaunlich gut, kann aber manchmal auch in ungeplanter Downtime enden.

14.1.1 Bestandsaufnahme (Inventarisierung)

Bevor Sie das erste System anfassen, sollten Sie eine Bestandsaufnahme durchführen und sich über die folgenden Eckpunkte Klarheit verschaffen:

- **Was möchten Sie migrieren?** Erfassen Sie alle VMs und physischen Server und denken Sie über Besonderheiten nach, die einer Migration im Weg stehen könnten.
- **Betriebssysteme:** Welche Gast-Betriebssysteme in welcher Version sind im Einsatz (Windows Server, Windows-Desktops, Debian Linux, BSD oder andere Systeme)?

- **Ressourcen:** Wie sind die VMs ausgestattet (Anzahl virtueller CPUs, RAM, Disk-Größe, GPUs oder andere Besonderheiten) und sind die benötigten Ressourcen auf der neuen Umgebung vorhanden?
- **Kritikalität:** Welche VMs sind geschäftskritisch? Welche können für die Dauer einer Migration abgeschaltet werden, und bei welchen VMs muss die Downtime so weit wie möglich reduziert werden?

14.1.2 Storage- und Netzwerk-Analyse

Prüfen Sie vor der Migration Ihre alte Storage- und Netzwerkplanung und setzen Sie diese vorher auf der neuen Umgebung um. Sie müssen die aktuelle Konfiguration verstehen, um sie auf dem Proxmox-VE-Storage- und Netzwerkmodell abbilden zu können.

- **Storage**
  - Welcher Storage wird auf dem aktuellen System verwendet und wo liegen die VM-Images? So kann beispielsweise der weiter unten erwähnte ESXi-Importer keine VM-Images von einem vSAN-Storage importieren. Ein Zwischenschritt über einen anderen Storage wäre damit notwendig.
  - Welches Format haben die Disk-Images? Die gängigen Formate wie *vmdk*, *vhdx*, *qcow2* oder *raw* stellen hier keine große Hürde dar. Bei exotischen Formaten muss eventuell vorab eine Konvertierung durchgeführt werden.
  - Ist der Ziel-Storage auf der neuen Umgebung ausreichend dimensioniert, wenn es um die Größe und die Performance geht?
- **Netzwerk**
  - Wie ist das aktuelle virtuelle Netzwerk aufgebaut? Wie lassen sich vSwitches und Port-Groups in VMware oder Virtual Switches in Hyper-V auf den Bridges, Bonds und VLAN-Interfaces eines Proxmox VE abbilden?
  - Welche VLANs werden genutzt und welche Netzwerksegmente müssen an welche VMs angebunden werden?
  - Sind erweiterte Funktionen nötig, für die das Proxmox-SDN verwendet werden sollte oder gar verwendet werden muss?

14.1.3 Treiber für unterschiedliche Hypervisor-Umgebungen

Eine VM, die ursprünglich auf einem anderen Hypervisor installiert wurde und dort lief, ist für diese Plattform optimiert. Auf ihr sind meist spezielle Treiber, die sogenannten *Gast-Tools*, installiert, um effizient mit dem Hypervisor zu kommunizieren. Diese Gast-Tools sind jedoch nicht allgemeingültig, sondern für jeden Hypervisor unterschiedlich. So werden beispielsweise in Vmware-VMs die *VMware Tools* installiert oder in Hyper-V-VMs die *Integration Services*.

Auf Proxmox VE sind diese Komponenten nicht nur nutzlos, sie können sogar das Gegenteil bewirken und zu Instabilität oder Performance-Problemen führen.

Auch für Proxmox VE existieren solche Gast-Tools und etliche Treiber für paravirtualisierte QEMU/KVM-Komponenten. Diese kommunizieren direkt mit den QEMU/KVM-Komponenten und bieten die beste Performance, insbesondere bei virtuellen Disks und Netzwerkkarten.

Aus diesem Grund sollten Sie folgende Schritte bei einer Migration beherzigen.

Vor der Migration

Bevor Sie mit der Migration beginnen, müssen Sie die alten Gast-Tools innerhalb der VM deinstallieren. Es ist nicht sichergestellt, dass diese nach der Migration noch entfernt werden können; sie würden dann eventuell jahrelang unnötig in der VM verbleiben.

Nach der Migration

Wenn die Migration der VM beendet ist und diese nun auf dem Proxmox-VE-Host läuft, installieren Sie den VirtIO-Guest-Agent sowie die VirtIO-Treiber.

Sie können die migrierte VM nun eventuell auf IDE, SATA oder einem emulierten SCSI-Adapter weiterbetreiben. Um die bestehenden VM-Disks danach auf den deutlich schnelleren `virtio-scsi-single` umzustellen, sind jedoch weitere Schritte in Windows-VMs notwendig.

Selbst wenn Sie die VirtIO-Treiber bereits installiert haben, werden diese von Windows noch nicht verwendet. Damit sie unter Windows genutzt werden, ist es ausreichend, eine weitere 1 GB große Disk mit einem `virtio-scsi-single`-Controller zusätzlich anzulegen. Beim nächsten Start erkennt Windows nun den Controller und bindet anschließend den richtigen Treiber ein. Anschließend können Sie mit den folgenden Schritten in der Hardwarekonfiguration der VM nun Ihre restlichen VM-Disks als VirtIO-Disks einbinden und von höherer Geschwindigkeit profitieren:

1. Entfernen Sie die temporäre 1 GB große Disk wieder. Diese wird nicht mehr benötigt und kann dauerhaft gelöscht werden.
2. Detachen Sie die System-Disk von Ihrer VM. Sie erscheint nun unter der restlichen Hardware als *Unused Disk*.
3. Durch einen Doppelklick auf die Disk können Sie sie wieder über SCSI mit der VM verbinden und als SCSI-Controller den `virtio-scsi-single` festlegen.
4. In den Optionen der VM müssen die Boot-Devices überprüft und neu festgelegt werden. Die jetzt wieder per SCSI verbundene Disk kann nun als Boot-Disk wieder festgelegt werden.

Solche gravierenden Änderungen sollten Sie zunächst testen, damit Sie den Prozess sicher im Griff haben und keine Datenverluste auf echten VMs erleiden!

14.2 Migrationspfade und Werkzeuge

Je nachdem, von welcher Plattform Sie migrieren, bietet Proxmox VE unterschiedliche, mehr oder weniger automatisierte Wege an.

14.2.1 Migration von VMware vSphere (ESXi)

Die Migration von VMware vSphere ist aufgrund der Marktverbreitung der häufigste Anwendungsfall. Glücklicherweise bietet Proxmox VE hierfür seit Version 8 auch einen sehr komfortablen Weg über den ESXi-Import-Assistenten an. Sollte dieser für Ihre Zwecke nicht geeignet sein, haben Sie noch viele weitere Möglichkeiten zur Hand.

Methode 1: Der Proxmox-VE-Import-Assistent

Seit Proxmox VE 8.2 gibt es einen integrierten Import-Assistenten, der Ihnen die meiste Arbeit abnimmt. Dieser Assistent wurde speziell für die Migration von VMware entwickelt.

Storage-Backend einrichten

Sie fügen Ihren ESXi-Host oder das vCenter zunächst als Storage in Proxmox VE hinzu. Dies erledigen Sie unter **Datacenter • Storage • Add • ESXi**, wie in Abbildung 14.1 zu sehen ist. Geben Sie nun dem ESXi-Storage eine Bezeichnung (**ID**), tragen Sie im Feld **Server** die IP-Adresse oder den FQDN des ESXi-Servers ein und hinterlegen Sie in den Feldern **Username** und **Password** gültige Zugangsdaten.

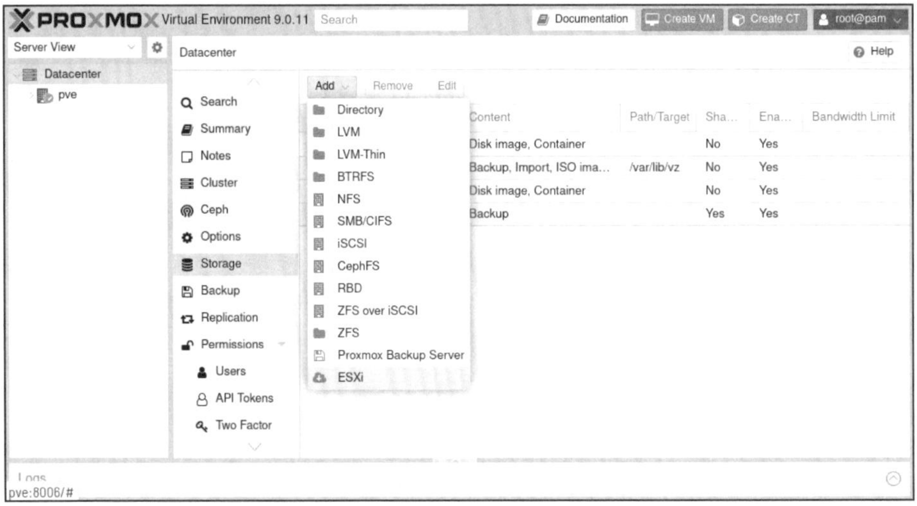

Abbildung 14.1: Hinterlegen Sie gültige Zugangsdaten zum ESXi-Server.

VM zum Import auswählen

Sobald der ESXi-Storage eingerichtet ist, taucht er unter dem gewählten Namen als Storage unterhalb des Proxmox-Hypervisors auf. Mit einem Klick auf den Storage werden Ihnen alle auf dem ESXi-Storage gefundenen VMs angezeigt.

Der ESXi-Host ist nun als Storage in Proxmox eingebunden (siehe Abbildung 14.2).

Abbildung 14.2: Der ESXi-Host wurde eingebunden.

Den Import-Assistenten starten

Wählen Sie die gewünschte VM zum Import aus und klicken Sie oben auf den Button **Import**, um den Assistenten zu starten. Sie erhalten einen neuen Dialog, in dem Sie die Konfiguration der VM entweder bestätigen oder vor der Migration anpassen können. Was Sie hier einstellen, wird die Konfiguration der VM auf dem Proxmox-Hypervisor sein.

Im Tab **General** legen Sie die neue Konfiguration der VM fest.

Die meisten Einstellungen kennen Sie bereits von der Erstellung einer neuen QEMU/KVM-Maschine. Darüber hinaus finden Sie aber noch eine Einstellung namens **Live Import**, die bei der Erstellung einer VM nicht existiert.

Wenn Sie den Live-Import aktivieren, startet der Proxmox-VE-Hypervisor die VM bereits und verwendet dazu das noch auf dem ESXi-Host liegende Disk-Image. Nachdem die VM gestartet wurde, wird dann eine Storage-Migration ohne weitere Downtime auf einen anderen Storage des Proxmox-VE-Hosts durchgeführt, während die VM bereits ihre Services bereitstellen kann.

Diese Option ist dann nützlich, wenn Sie die Downtime bei der Migration so gering wie möglich halten müssen.

Allerdings hat der Live-Import auch seine Schattenseiten:

- Der Zugriff auf die entfernte Disk, die ja noch auf dem ESXi-Host liegt, geschieht durch einen API-Zugriff über das Netzwerk. Damit ist die Disk-Performance der VM geringer, als wäre das Image bereits auf dem nativen Proxmox-VE-Storage. Bei stark frequentierten Datenbankservern oder Fileservern kann sich das auf die Performance bis hin zur Unbedienbarkeit auswirken.

- Da die VM während des Imports bereits läuft, werden auch Schreibzugriffe vorgenommen. Diese landen jedoch nicht mehr auf dem ESXi-Storage, sondern auf dem Zielstorage des Proxmox-VE-Hypervisors. Bricht der Import ab, beispielsweise weil der Zielstorage vollgelaufen oder ausgefallen ist, sind die seit dem Start der VM geschriebenen Daten weg. Sie können einen erneuten Import nach der Problembehebung durchführen, starten aber wieder auf dem Datenbestand des ESXi-Storage vor der Migration.

Die Alternative zum Live-Import ist ein angekündigtes Wartungsfenster, in dem die zu migrierenden VMs für eine Weile nicht zur Verfügung stehen.

Auf dem **Advanced**-Tab können Sie Änderungen an Ihren Laufwerken und Netzwerkkarten gegenüber der alten Konfiguration vornehmen. Da CD/DVD-Images vom Import-Assistenten ignoriert werden, müssen Sie eventuell benötigte CD/DVD-Laufwerke hier erneut konfigurieren und die benötigten Images einhängen. Der Tab **Advanced** ermöglicht zudem Änderungen an den Disks, CD/DVD-Drives und den Netzwerk-Interfaces.

Letztendlich können Sie die daraus resultierende Konfiguration im letzten Tab sehen und dann den Import beginnen. Bestätigen Sie die Konfiguration im Tab **Resulting Config**.

Import starten

Dieser Weg ist sauber, schnell und hochgradig automatisiert. Es bleibt jedoch eine Offline-Migration, für die die VM vorher unbedingt auf dem ESXi-Host heruntergefahren werden muss.

Der Assistent erstellt nun eine neue VM auf dem Proxmox-VE-Hypervisor, liest die *.vmx*-Konfiguration der Quell-VM aus, überträgt die *.vmdk*-Images der VM über das Netzwerk und konvertiert sie optional in das Format des Ziel-Storage oder in das von Ihnen angegebene Format wie *qcow2*, wenn es sich um einen filebasierten Storage handelt.

Mit der Live-Import-Option lässt sich die Downtime zwar deutlich reduzieren, allerdings um den Preis von Datenverlusten, wenn es zu einem Fehler während der Migration kommen sollte.

Methode 2: Manuelle Migration via OVF/OVA

Es gibt leider auch Situationen, in denen der Import-Assistent nicht funktioniert - sei es, weil beispielsweise vSAN-Storage als Quelle nicht unterstützt wird oder weil Sie eine ältere Proxmox-VE-Version nutzen. In einem solchen Fall ist der Export als OVF/OVA (*Open Virtualization Format*) eine weitere Möglichkeit.

Grundlagen zum OVA/OVF-Format

Das *OVF*-Format ist ein Industriestandard für den Austausch vorkonfigurierter virtueller Maschinen, die auch *Appliances* genannt werden. Oft stellen Softwarehersteller vorkonfigurierte virtuelle Maschinen in diesem Format bereit. Sie können jedoch auch aus einem ESXi-Server eine VM in diesem Format exportieren. Das Resultat nutzt eine XML-Datei mit der Endung *.ovf*, um die VM-Konfiguration wie die Anzahl der CPUs, den RAM und das Netzwerk zu definieren, und verlinkt auch die zugehörigen VM-Images. Die Images selbst liegen dann im VMDK-Format vor.

Eine *OVA*-Datei ist lediglich eine Archivdatei, die all diese einzelnen Dateien zu einem Paket bündelt. Damit geht bei der Übertragung nichts mehr verloren und es vereinfacht die Handhabung, wenn es nur noch eine einzelne Datei ist.

Proxmox VE unterstützt den Import dieser Formate über den Befehl `qm importovf`. Dieser Befehl liest die OVF-Spezifikation, konvertiert die Disk-Images in ein natives Proxmox-VE-Image-Format wie QCOW2 oder stellt die Disk-Images direkt als ZFS-Volume oder Ceph RBD wieder her. Zusätzlich wird die passende VM-Konfigurationsdatei angelegt.

OVA/OVF-Export

Der erste Schritt auf diesem Weg ist der Export einer VM aus VMware vSphere im OVF-Format. Auf dem ESXi-Server wählen Sie auf der entsprechenden VM die **Exportieren**-Funktion und wählen die gewünschten Einzelkomponenten aus. Sie erhalten dann eine *.ovf*-Datei, eine *.mf*-Datei und eine oder mehrere *.vmdk*-Dateien zum Download.

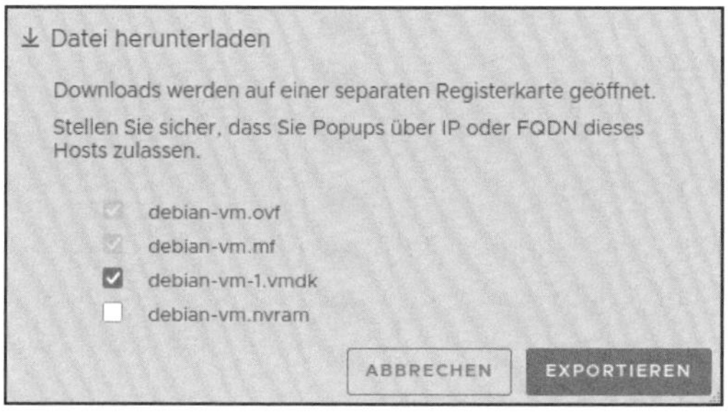

Abbildung 14.3: Der OVF/OVA-Export auf ESXi

Transfer zum Proxmox-VE-Server

Nun übertragen Sie die heruntergeladenen Dateien auf Ihren Proxmox-VE-Host oder alternativ auf einen Shared Storage, den Sie vom Proxmox-VE-Host erreichen können. Dazu verwenden Sie beispielsweise Tools wie `rsync` oder `scp`.

Import der OVA/OVF

Weiter geht es über die Kommandozeile des Proxmox-VE-Hosts mit dem Befehl `qm importovf`, um das Image in Proxmox VE zu importieren:

```
root@pve:~# qm importovf 900 <exportdatei>.ovf <storage>
transferred 0.0 B of 8.0 GiB (0.00%)
[...]
transferred 8.0 GiB of 8.0 GiB (100.00%)
```

Dieser Befehl erstellt eine neue VM (hier mit der ID 900), liest die OVF-Datei und importiert die dazugehörigen Disks auf den angegebenen Ziel-Storage.

Lassen Sie sich an dieser Stelle nicht verwirren: Die Hilfe des Befehls `qm importovf` wirft Ihnen folgende Syntax aus: `qm importovf <vmid> <manifest> <storage> [OPTIONS]`. Sie geben als Manifest aber nicht die *.mf*-Datei, sondern die *.ovf*-Datei beim Import an.

Der Import über eine OVF-Datei ist etwas unzuverlässig, was Hardware-Definitionen angeht. Es ist durchaus möglich, dass Sie die Hardware der neu erstellten VM anschließend manuell anpassen müssen. Beispielsweise kann es notwendig sein, den SCSI-Controller auf VirtIO-SCSI ändern zu müssen. Ebenso könnten andere »Hardwarekomponenten« der VM eine Anpassung brauchen.

14.2.2 Migration von Microsoft Hyper-V oder anderen Systemen

Für den Import von Hyper-V und weiteren Hypervisoren existiert kein Import-Assistent. Eine Migration von diesen Systemen ist trotzdem gut möglich. Der gleiche Weg ist auch für die Migration von Bare-Metal-Systemen, also Physical-to-Virtual, eine Möglichkeit:

Die Migration erfolgt in diesen Fällen durch das Neuanlegen einer VM-Konfiguration, eine eventuelle Konvertierung des Image-Formats und den anschließenden Import der VM-Images als Disks für die neu angelegte VM-Konfiguration.

Sehen wir uns den Prozess Schritt für Schritt an.

Exportieren oder Kopieren der Image-Dateien

Fahren Sie die VM in Hyper-V oder in dem jeweiligen System herunter und prüfen Sie, wo die Disk-Images gespeichert sind. Hyper-V verwendet dazu Dateien im Format *.vhd* oder *.vhdx*. Dateiformate anderer Hypervisoren sind *.img*, *.vdi*, *.qcow* oder auch *.raw*.

Ist die zu migrierende Maschine noch ein physischer Server, müssen Sie davon ebenfalls ein Image erzeugen. Am besten funktioniert das mit einem Offline-Klon des Servers.

Booten Sie dazu den zu migrierenden physischen Server von einem USB-Stick oder einer DVD mit einer Cloning-Software wie *Clonezilla* oder etwas anderem, das Sie bereits kennen und das mindestens eine 1:1-Kopie der physischen Disks als Datei erzeugen kann. Genau eine solche Kopie erstellen Sie als Quelldatei, die wir später als Quelle für den Import verwenden können.

Bei der Migration von physischen Servern, insbesondere unter Windows, ist der Austausch der Hardware oft schwierig: Selbst wenn es sich später um virtuelle Hardware handelt, sieht die VM jetzt plötzlich andere Devices und hat eventuell die benötigten Treiber dafür nicht. Der Bluescreen `INACCESSIBLE BOOT DEVICE` beim ersten Start der VM ist ein Zeichen dafür, dass Windows die Disk nicht ansprechen kann. Das Gast-OS versucht, den physischen Storage-Treiber zu laden, findet den Controller aber in der VM nicht und stoppt mit der oben genannten Meldung.

Sollte Ihre VM den Bootvorgang mit einem solchen Problem verweigern, können Sie versuchen, entsprechende Treiber vor dem Klonen zu installieren und andere Hardware-Controller in der VM zu konfigurieren. Ein IDE- oder SATA-Bus sollte in fast allen Betriebssystemen vorhanden sein und erhöht die Wahrscheinlichkeit für einen erfolgreichen Bootvorgang.

Transfer zum Proxmox-VE-Host

Kopieren Sie die Image-Dateien auf Ihren Proxmox-VE-Host. Sie können auch hier wieder `scp`, `rsync` oder andere Tools Ihrer Wahl verwenden oder die Dateien auf einen Storage legen, der auch als Storage im Proxmox-VE-Host eingebunden ist.

Konvertieren des Image-Formats (falls notwendig)

Proxmox VE – oder besser gesagt QEMU – kann zwar auf QCOW2-, RAW- und VMDK-Dateien direkt zugreifen, jedoch nicht direkt mit VHDX- oder VDI-Dateien arbeiten.

In den meisten Fällen führt Proxmox VE eine notwendige Konvertierung bereits beim Import durch. Falls dieser Schritt jedoch nicht automatisch funktioniert, können Sie mithilfe des `qemu-img convert`-Befehls versuchen, die Image-Dateien vorab in ein anderes Format zu konvertieren.

Als Zielformat sollten Sie sich idealerweise für QCOW2 entscheiden, da es das native Format für QEMU ist und mit ihm ein späterer Import am besten funktioniert:

```
~# qemu-img convert -f vhdx -O qcow2 disk-image-0.vhdx disk-image-
0.qcow2
```

Erstellen einer neuen VM-Konfiguration

Nun erstellen Sie eine neue VM in der GUI. Konfigurieren Sie die gewünschten Eckdaten wie CPU, RAM und Netzwerk passend zur Quell-VM.

Allerdings wählen Sie beim Wizard im Tab **OS** kein ISO-Image aus, sondern wählen **Do not use any media**. Im Tab **Disks** entfernen Sie dann auch die vorgeschlagene Disk, damit der Wizard kein nicht benötigtes Disk-Image erzeugen muss. Sie möchten ja nach dem Erstellen der Konfiguration ein bereits bestehendes Image importieren.

Disk-Images importieren

Bislang habe ich nur davon gesprochen, die Disks über die Kommandozeile mit `qm disk import` zu importieren. Seit einigen Versionen gibt es jedoch einen weiteren Weg, der direkt in der GUI integriert ist.

Im Tab **Disks** des *VM Creation Wizard* existiert unten links ein Button **Import**. Klicken Sie diesen an, können Sie auch direkt in der GUI ein Image zum Import auswählen wie in Abbildung 14.2 zu sehen.

Image-Import direkt in der GUI

Im Feld **Import Storage** wählen Sie nun den Storage aus, auf dem das Image gespeichert ist, das Sie importieren möchten. Hier werden nur Storages angezeigt, bei denen der Content-Type **Import** aktiviert ist. Dies lässt sich unter **Datacenter • Storage** ändern. Die zu importierende Image-Datei muss vorab im Unterverzeichnis *import* auf den jeweiligen Storage übertragen werden.

Diese Voraussetzung gibt es beim Import über die Kommandozeile nicht. Dort müssen Sie nur irgendwie Zugriff auf die zu importierende Image-Datei haben.

Über die Shell importieren Sie das Image nun mit dem Befehl `qm disk import` in die leere VM:

```
root@pve:~# qm disk import 900 /mnt/mynfs/debian-vm-1.vmdk mystorage \
   [--target-disk scsi0] [--format qcow2]
importing disk 'debian-vm-1.vmdk' to VM 900 …
transferred 0.0 B of 8.0 GiB (0.00%)
[…]
transferred 8.0 GiB of 8.0 GiB (100.00%)
scsi0: successfully imported disk 'mystorage:vm-900-disk-0'
```

Optional können Sie mit der Ergänzung `--target-disk` angeben, dass die importierte Disk beispielsweise direkt als `scsi0` an die VM angebunden wird. Die Option `--format` bestimmt dann noch, in welchem Zielformat das importierte Image auf dem Storage `mystorage` abgelegt wird.

Disk verbinden und in die Bootreihenfolge aufnehmen

Wenn Sie `--target-disk` nicht angegeben haben, wird das Image zunächst als »nicht verwendete Disk« importiert und der VM zugewiesen. Importierte Disks sind der VM zugewiesen, jedoch noch nicht »angeschlossen«.

Durch einen Doppelklick auf die **Unused Disk 0** oder einen Klick auf den Button **Edit** lässt sich die Disk dann an die VM auch mit einem Controller und allen Eigenschaften anbinden. Anschließend ist sie beispielsweise als **scsi0** oder **sata0** an die VM angeschlossen. Alternativ lässt sich das schnell mit `qm set <vmid> --scsi0 <storage>:<image>` auf der Shell erledigen.

Damit die VM von dieser Disk booten kann, muss sie in die Boot-Reihenfolge (*Boot Order*) der VM mit aufgenommen werden. In der GUI finden Sie die Einstellung unter **Options • Boot Order**. In der Shell setzen Sie die Boot-Reihenfolge beispielsweise mit dem Befehl `qm set <vmid> --boot order=scsi0;ide2;net0`.

14.3 Nach der Migration: Die Pflichtschritte

Eine migrierte VM, die startet, muss noch keine fertige VM sein. Prüfen Sie deshalb die folgenden Optimierungen nach der Migration, um eventuelle Stabilitäts- und Performanceprobleme zu beheben.

14.3.1 Alte Gast-Tools entfernen

Starten Sie die migrierte VM und entfernen Sie eventuell noch vorhandene Gast-Tools des alten Hypervisors.

Bei einer Migration von VMware müssen Sie die *VMware Tools* eventuell bereits vor der Migration entfernen, da sie sich nicht mehr deinstallieren lassen, wenn die VM auf einem anderen Hypervisor läuft.

Haben Sie die VM von Hyper-V migriert, deinstallieren Sie die *Hyper-V Integration Services*.

Starten Sie die VM nach der Deinstallation neu.

14.3.2 VirtIO-Treiber installieren

Der Linux-Kernel enthält die VirtIO-Treiber bereits. Sie müssen hier in der Regel nichts tun. Das System erkennt die neue virtuelle Hardware und lädt die entsprechenden VirtIO-Module automatisch.

Bei Windows-Gästen ist es dagegen etwas komplizierter, da Windows diese Treiber nicht von Haus aus mitbringt. Sie gehen hier grundsätzlich so vor wie bei der Installation einer neuen Windows-VM:

1. Laden Sie das aktuelle *virtio-win.iso*-Image herunter. Im Proxmox-VE-Wiki finden Sie unter dem VirtIO-Artikel einen direkten Link zu Downloads.
2. Hängen Sie dieses ISO.Image als CD-ROM in die Windows-VM ein und führen Sie den Installer `virtio-win-guest-tools.exe` aus. Dieser installiert alle notwendigen VirtIO-Treiber und den QEMU-Guest-Agent in einem Schritt.

Mehr darüber finden Sie auch in Abschnitt 11.3.

Wenn Ihre Windows-VM künftig von einer VirtIO-Disk booten soll, müssen Sie einen zusätzlichen Schritt gehen: Während Ihre Windows-VM noch IDE, SATA oder einen anderen Controller verwendet, erzeugen Sie eine weitere leere 1 GB große Disk des Typs VirtIO. Erst wenn Windows ein VirtIO-Gerät mit einem entsprechenden VirtIO-SCSI-Controller sieht, bindet es die VirtIO-SCSI-Treiber auch ein. Wenn die Einbindung des Treibers erfolgreich war und die Disk in Windows auftaucht, können Sie sie anschließend wieder entfernen und löschen. Achten Sie beim Entfernen darauf, dass Sie die richtige, zusätzliche Disk entfernen und nicht Ihre vorher bereits vorhandene Disk, die Ihre gespeicherten Daten enthält.

14.3.3 Hardware auf VirtIO umstellen

Nachdem die Treiber im Gastbetriebssystem installiert sind, fahren Sie die VM herunter. Gehen Sie nun in der GUI von Proxmox VE in die Einstellungen zur »Hardware« der VM und stellen Sie die emulierte Hardware auf die VirtIO-Komponenten um.

Die Netzwerkkarte der VM sollten Sie von **E1000/E1000E** oder **RTL8139** auf **VirtIO** ändern, um mehr Geschwindigkeit bei geringerer Systemlast zu erhalten. Bei den Disks ändern Sie den Bus von **IDE** oder **SATA** auf **SCSI**. Am besten verwenden Sie **SCSI** und setzen Sie den SCSI-Controller-Typ in den VM-Optionen auf **VirtIO SCSI single**. Dieser Typ bietet die beste Performance und die meisten Features inklusive TRIM/Discard-Unterstützung.

Starten Sie die VM erneut neu. Windows wird die neue virtuelle Hardware erkennen und die zuvor installierten VirtIO-Treiber binden. Möglicherweise müssen Sie die IP-Konfiguration auf der neuen VirtIO-Netzwerkkarte neu vornehmen.

14.3.4 QEMU Guest Agent installieren und aktivieren

Der QEMU Guest Agent ist das Pendant zu den alten Gast-Tools und für die Kommunikation zwischen Host und Gast zuständig.

Unter einem Debian-Linux ist die Installation mit `apt install qemu-guest-agent` schnell erledigt, falls der Guest-Agent nicht eh schon installiert ist. Unter anderen Linux-Distributionen verwenden Sie die entsprechenden Paketmanager für die Installation.

Windows-VMs sollten den Guest-Agent bereits durch die Installation der VirtIO-Komponenten weiter oben erhalten haben.

Damit Proxmox VE auch weiß, dass es den Guest-Agent für die Kommunikation mit der VM verwenden soll, setzen Sie in den **Options** der VM in der GUI den Haken bei **QEMU Guest Agent**. Nur wenn dies aktiviert wurde, versucht der Host, mit dem Agenten zu »telefonieren«. Ob das funktioniert, sehen Sie in der **Summary** der VM: Sind dort die IP-Adressen der VM zu sehen, funktioniert der Guest-Agent.

14.4 Weitere Migrationspfade

Funktionieren die oben besprochenen Möglichkeiten der Migration allesamt nicht, existieren noch andere Möglichkeiten. Diese sind jedoch kleinteiliger und mit höherem Aufwand verbunden.

Im Proxmox-VE-Wiki finden Sie unter *https://pve.proxmox.com/wiki/Migrate_to_Proxmox_VE#Migration* eine Beschreibung dieser Methoden. Kommen Sie damit nicht zum Ziel, gibt es noch ein paar erweiterte Pfade, die auf der Seite *https://pve.proxmox.com/wiki/Advanced_Migration_Techniques_to_Proxmox_VE* beschrieben sind.

Sollten alle Stricke reißen, bleibt Ihnen noch die Neuinstallation einer VM auf dem neuen Hypervisor mit anschließender Übernahme Ihrer Daten.

Kapitel 15
Cluster mit Proxmox VE

Sie können Proxmox VE nicht nur als einzelnen Hypervisor betreiben, sondern mehrere Server zu einem gemeinsamen Cluster verbinden. Mit einem Cluster gewinnen Sie die Möglichkeit, Ihre gesamte Umgebung über ein zentrales Webinterface und eine zentrale API zu steuern.

Ein solcher Cluster lässt sich in verschiedene Richtungen erweitern: Sie können einen Cluster zu einem hyperkonvergenten HCI-Cluster und/oder zu einem hochverfügbaren HA-Cluster heraufstufen. Da sich die Varianten auch miteinander kombinieren lassen, können Sie auch beides tun und damit einen hyperkonvergenten und hochverfügbaren Proxmox-VE-Cluster erhalten. Diese beiden Erweiterungen sparen wir uns aber für Kapitel 17, »Hyperkonvergenz mit Proxmox VE und Ceph«, sowie Kapitel 19, »Hochverfügbarkeit mit Proxmox-VE-Clustern«, auf.

In diesem Kapitel erlernen Sie die Grundlagen des Cluster-Baus, die auch für Proxmox VE gelten. Sie werden Best-Practice-Ansätze kennenlernen, mit denen Sie häufige Fehler von Beginn an vermeiden und sich so späteren Aufwand sparen. Falls Sie bereits einen Cluster betreiben, finden Sie hier zudem das nötige Wissen zur nachträglichen Optimierung Ihres Clusters hinsichtlich Stabilität.

15.1 Einführung in den Cluster-Bau mit Proxmox VE

Ein Proxmox-VE-Cluster ist mehr als nur ein Verbund mehrerer Server, die Sie über eine einzige Weboberfläche verwalten. Er ist die Basis für Features, die Sie in Enterprise-Umgebungen gerne haben möchten: Hochverfügbarkeit, Live-Migration von virtuellen Maschinen und die Nutzung von Shared Storage wie NFS, iSCSI, Ceph und anderen.

In diesem Kapitel tauchen wir in die Architektur, die Funktionsweise und die Einrichtung eines Proxmox-VE-Clusters ein. Wir beleuchten, was im Hintergrund passiert und worauf Sie im professionellen Betrieb unbedingt achten müssen.

Ein Proxmox-VE-Cluster verbindet zwei oder mehr Proxmox-VE-Nodes zu einer logischen Einheit, eben dem Cluster.

Alle Nodes eines Clusters verwenden die gleiche Konfiguration unter */etc/pve*, dem in Echtzeit replizierten Proxmox-Cluster-Filesystem.

Für Sie als Administrator bedeutet das: Sie können alle VMs und Container zentral administrieren, egal auf welchem Server sie gerade ausgeführt werden. Zudem gewinnen Sie die Möglichkeit zur Live-Migration von VMs, was bei Updates der einzelnen Nodes ungemein praktisch ist. Die VMs laufen durchgehend weiter, während Sie einen Proxmox-VE-Node nach dem nächsten mit Updates versorgen und neu starten können.

Das Rückgrat des Proxmox-VE-Clusters bilden zwei Technologien: das *Proxmox Cluster File System* - auch als *pmxcfs* bezeichnet - und die *Corosync Cluster Engine*, die meist einfach *Corosync* genannt wird. Beide wollen wir uns jetzt anschauen.

15.2 Das Proxmox Cluster File System pmxcfs

Wenn Sie schon einmal mit Proxmox VE gearbeitet haben, kennen Sie das Verzeichnis */etc/pve* vermutlich schon. In einer Standardinstallation sieht es wie ein normales Verzeichnis aus, das nahezu alle Konfigurationsdateien für Proxmox VE enthält.

Sobald Sie einen Cluster erstellen oder einem beitreten, ändert sich das Verhalten dieses Verzeichnisses: Jeder Schreibvorgang wird nicht nur in dieses Verzeichnis geschrieben, sondern als Payload über die Corosync Cluster Engine an alle anderen Server des Clusters gesendet und dort ebenfalls unter */etc/pve* in der jeweiligen Datei aktualisiert (siehe Abbildung 15.1).

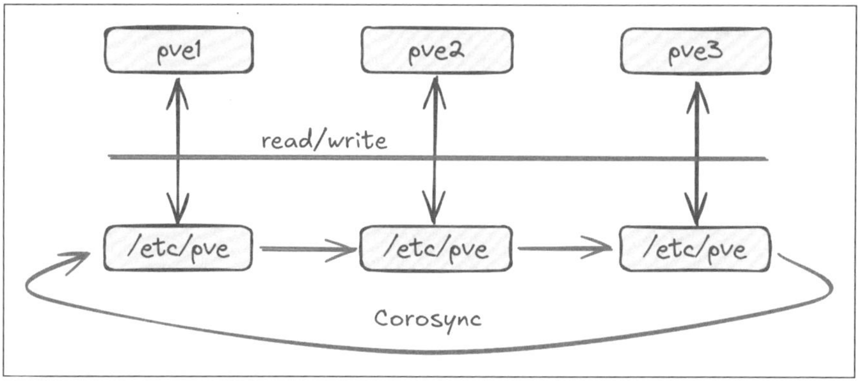

Abbildung 15.1: Das pmxcfs übermittelt alle Änderungen unter »/etc/pve« an alle anderen Nodes.

Das */etc/pve*-Verzeichnis ist in Wirklichkeit kein Verzeichnis, sondern ein Mount-Point, unter dem das Proxmox Cluster File System eingehängt ist.

Das *pmxcfs* ist ein datenbankgestütztes FUSE-Filesystem, das vom Proxmox-Entwicklerteam in der Programmiersprache C geschrieben wurde und seit Proxmox VE 2.0 zum Einsatz kommt. Seine vorrangige Aufgabe ist die Speicherung von Konfigurationsdateien und deren Replikation zu allen anderen Nodes im gleichen Cluster. Darüber hinaus besitzt es noch ein paar »automagische« Funktionen, die bestimmte Aktionen auslösen können, wenn bestimmte Dateien geändert werden - dazu kommen wir später noch.

Beim Start des Proxmox-VE-Servers wird über die Systemd-Unit `pve-cluster.service` das *pmxcfs* eingemountet. Dies geschieht vor allen anderen Proxmox-VE-Services, damit die Konfigurationsdateien für die restlichen Services unter */etc/pve* zur Verfügung stehen. Wenn Sie einmal mit `systemctl stop pve-cluster.service` diesen Daemon beendet haben und sich das Verzeichnis anschauen, dann sehen Sie nichts mehr außer einem leeren Verzeichnis. Starten Sie den Daemon anschließend wieder mit `systemctl start pve-cluster.service`, dann sind die Konfigurationsdaten wieder vorhanden. Wenn die Dateien aber mal weg und mal da sein können, dann kann dies nicht der eigentliche Speicherort der Daten sein.

Das */etc/pve*-Verzeichnis ist tatsächlich nur eine Sicht der Daten, die über das pmxcfs-FUSE-Filesystem bereitgestellt wird. Die eigentlichen Daten werden in einer SQLite-Datenbank unter */var/lib/pve-cluster/config.db* gespeichert. Mit einem SQLite-Client können Sie sich die Dateiinhalte mittels SQL-Befehlen anschauen und sogar modifizieren. Die Bearbeitung der Dateien unter */etc/pve* ist aber deutlich komfortabler.

Alle Konfigurationsdateien, z. B. die Konfiguration Ihrer VMs unter */etc/pve/qemu-server/<vmid>.conf* oder die Storage-Konfiguration unter */etc/pve/storage.cfg*, werden nicht als »echte« Dateien, sondern als Einträge in der SQLite-Datenbank */var/lib/pve-cluster/config.db* gespeichert.

Jede Datei ist in einem eigenen Datensatz der Tabelle `tree` in der *config.db* gespeichert. Änderungen an einer Datei erhöhen die Versionsnummer des Datensatzes. So ist das System sicher, dass alle Nodes immer über die exakt gleiche Konfigurationsversion verfügen. Neben der Versionsnummer ist der Datensatz so angelegt, dass er in anderen Feldern auch den Dateinamen, seinen `inode`, den Eltern-`inode`, einen Timestamp, den Typ der Datei, den Dateiinhalt als Blob und noch weitere Informationen speichert.

Der Datensatz für die */etc/pve/storage.cfg* in der Datenbank sieht direkt nach der Installation eines Nodes so aus wie in Listing 15.1:

```
sqlite> select * from tree where name='storage.cfg';
2|0|3|0|1762108672|8|storage.cfg|dir: local
    path /var/lib/vz
    content iso,vztmpl,backup

lvmthin: local-lvm
    thinpool data
    vgname pve
    content rootdir,images
```

Listing 15.1: Die »/etc/pve/storage.cfg«, wie sie als Datensatz der »config.db« aussieht.

Dieser Ansatz ist charmant, denn er ist sehr leichtgewichtig und vermeidet die Abhängigkeit von einer zentralen Hauptinstanz einer Datenbank oder eines bestimmten Servers. Da es also keinen »Master-Node« gibt, existiert auch kein Single Point of Failure für einen Proxmox-VE-Cluster. Jeder Node im Cluster hält für sich selbst eine vollständige Kopie der Konfigurationsdatenbank. Fällt ein Node aus, arbeiten die anderen weiter.

Kommt der Node zurück, synchronisiert er sich automatisch mit der aktuellen Konfiguration der anderen Nodes im Cluster und erhält die in der Zwischenzeit aktualisierten Datensätze.

Vorab sollten Sie noch wissen, dass das pmxcfs strikte Limits besitzt. Da es für die Speicherung und Replikation von Konfigurationsdateien entwickelt wurde, können Sie auch eigene Dateien unter */etc/pve* anlegen und ebenso clusterweit replizieren lassen. Allerdings darf das gesamte Filesystem eine Maximalgröße von 128 MB nicht überschreiten und jede einzelne Datei darin darf nicht größer als 1 MB sein. Für Konfigurationsdateien sind diese Größenordnungen vollkommen ausreichend.

Durch diese strikten Limits ist natürlich auch festgelegt, wie viele Konfigurations- und Statusdateien darauf gespeichert werden können. Geht man davon aus, dass jede VM, jeder Container, jeder Storage, jeder Node und weitere Komponenten eine oder mehrere Dateien für Konfiguration und Status benötigen, ergibt sich daraus automatisch, dass Sie auf einem Proxmox-VE-Cluster-Filesystem keine unlimitierte Anzahl an VMs, Containern, Storages und Nodes anlegen und verwalten können. In der Praxis können Sie auf einem Server oder einem Cluster etwa 5.000 bis 15.000 VMs und Container bereitstellen. Diese maximale Anzahl hängt beispielsweise davon ab, wie groß die Konfigurationsdateien werden, wie lang ihre Hostnamen gewählt werden oder wie viele VM- und Containerkonfigurationen inklusive Snapshots Sie dort speichern.

Backups

Zum Schluss noch ein kleiner Hinweis für alle, die auch Backups der Nodes sichern möchten: Die */var/lib/pve-cluster/config.db* enthält bereits sämtliche Inhalte des Verzeichnisses */etc/pve*. Sie könnten also auch zusätzlich oder stattdessen die Datenbankdatei *config.db* sichern und diese zum Recovery der Konfiguration verwenden. Denken Sie aber daran, entweder einen SQL-Dump zu erzeugen oder den `pve-cluster`-Daemon beim Backup und Restore vorab zu stoppen und nach dem Backup wieder zu starten.

15.3 Cluster-Kommunikation mit der Corosync Cluster Engine

Damit die Änderungen auf dem *Proxmox Cluster File System* auf alle anderen Nodes im Cluster repliziert werden können und damit die Nodes überhaupt voneinander wissen, benötigen Sie einen Kommunikationskanal zwischen allen Nodes. Hier kommt die *Corosync Cluster Engine* ins Spiel.

Corosync bringt bereits viele Funktionen mit, die für den Betrieb eines Clusters notwendig sind. So kümmert es sich um das Messaging, also den Austausch von Daten zwischen allen Servern eines Clusters, sowie um die Verwaltung aller Mitglieder eines Clusters.

Ebenso prüft es permanent, ob alle Nodes erreichbar sind und kommunizieren, und ermittelt daraus ein sogenanntes *Quorum*, das wir uns im nächsten Abschnitt näher anschauen werden.

Trotzdem gibt es beim Einsatz von Corosync ein paar wirklich wichtige Dinge zu beachten: Eine der häufigsten Ursachen für die Instabilität eines Clusters ist das Netzwerk, da die Nodes darüber schnell und fehlerfrei kommunizieren müssen. Diese Cluster-Kommunikation wird über Corosync abgewickelt und ist sehr anfällig bei Latenzen, die längere Zeit über 5 ms liegen, sowie bei häufigen Paketverlusten.

Dabei kommt Ihnen entgegen, dass Corosync seit Version 3 einen Transport namens *KronosNet* oder `knet` verwendet, der bis zu 8 verschiedene Netzwerke unterstützt. Diese unterschiedlichen Verbindungen wurden bei Corosync früher als *Ringe* bezeichnet, heute heißen sie *Links*. Dementsprechend werden die Netzwerkverbindungen als `ring0/link0` bis `ring7/link7` bezeichnet.

Auf technischer Ebene geben Sie jedem Link eine IP-Adresse in einem separaten Netzwerk und legen in der Konfiguration von Corosync fest, welcher Link an welches IP-Netzwerk gebunden werden soll. Anschließend erfolgt die Kommunikation über die Ports `5405/udp` für `link0` bis `5412/udp` für `link7`. Falls Sie Firewalls vor Ihren Nodes haben, müssen Sie die entsprechenden Ausnahmen dafür definieren, um eine reibungslose Cluster-Kommunikation zu erlauben.

Damit Ihr Cluster so stabil wie möglich funktioniert, müssen Sie einige Voraussetzungen im Netzwerk für Corosync schaffen. Diese sehen wir uns im Folgenden an.

15.3.1 Dediziertes Netzwerk für Corosync

Verwenden Sie separate, dedizierte Cluster-Netzwerke für Corosync. Die Netze sollten physisch von allen anderen Netzen getrennt sein, um jederzeit geringe Latenzen unter 5 Millisekunden zu gewährleisten. Diese Netzwerke sollten keinen anderen Traffic transportieren und daher nicht für Storage wie Ceph oder iSCSI oder den VM-Traffic genutzt werden. Ein VLAN ist kein separates, physisches Netz, wird jedoch für diese Aufgabe immer wieder verwendet. Sie können die Cluster-Kommunikation zwar problemlos in ein VLAN Ihrer Wahl stecken, aber das genügt nicht den Anforderungen an ein dediziertes Netzwerk!

Stau

Ich möchte Ihnen ein Beispiel aus der Praxis geben: Wenn Sie eine physische Netzwerkverbindung für Storage, VM-Traffic und Cluster-Kommunikation verwenden und diese in unterschiedliche VLANs verpacken, ist es trotzdem nur eine einzige physische Verbindung. Wenn die Bandbreite der Leitung nicht mehr ausreicht, um sämtlichen Traffic zu transportieren, werden Pakete in eine Warteschlange eingereiht – auch die latenzempfindlichen Corosync-Pakete. Wenn dieser Stau nun anhält, kommen die Pakete erst verzögert bei den anderen Nodes an und werden im schlimmsten Fall verworfen. Dies kann bis hin zum Auseinanderfallen eines Clusters führen, weil die Nodes nicht mehr miteinander kommunizieren können.

15.3.2 Redundanz mit mehreren Corosync-Links schaffen

Nutzen Sie mehrere separate Corosync-Netzwerke, um die Cluster-Kommunikation redundant auszulegen. Sie benötigen dazu keine netzwerkseitige Redundanz und sollten sogar auf den Einsatz von Netzwerk-Bonds verzichten. Corosync selbst kann bereits mehrere Netzwerkverbindungen nutzen und beim Ausfall eines Links automatisch auf eine andere Strecke umschalten.

Corosync unterstützt von Haus aus mehrere Ringe bzw. Links, die über unterschiedliche Netzwerk-Interfaces kommunizieren. Konfigurieren Sie zwei komplett getrennte Cluster-Netzwerke wie beispielsweise `link0` und `link1` über separate Switches und NICs, nutzt Corosync den Link mit der niedrigsten ID und sendet über alle weiteren Links nur Heartbeats.

Funktioniert der aktive Link nicht mehr, wird der Traffic automatisch über den Link mit der nächsthöheren ID transportiert. Die Umschaltung erledigt Corosync so schnell, dass es nicht zu einem Ausfall kommt und Sie bzw. Ihr Monitoring sie nicht mal bemerkt.

15.3.3 Geringe Latenzen sicherstellen

Die Latenz im Cluster-Netzwerk sollte dauerhaft und stabil unter 5 Millisekunden liegen. Einzelne Ausreißer sind unkritisch, sofern diese nicht über einen Zeitraum von Minuten oder gar Stunden anhalten.

Alle Nodes müssen exakt die gleiche Uhrzeit haben. Selbst kleinere Unterschiede können dazu führen, dass Nodes nicht mehr miteinander kommunizieren können, weil die Timestamps ihrer Corosync-Pakete zu stark abweichen und die Pakete vom empfangenden System verworfen werden. Prüfen Sie auf allen Nodes, ob der NTP-Service `chrony` richtig funktioniert, oder ändern Sie die Konfiguration entsprechend. Auf den NTP-Service *Chrony* gehe ich in Abschnitt 15.7.2 bei der Einrichtung des Clusters noch ein.

15.3.4 Anforderungen an Bandbreite

Über die Bandbreite für die Corosync-Netzwerke müssen Sie sich keine großen Sorgen machen. Eine Bandbreite von 1 Gbit/s reicht völlig aus. Die Menge der übertragenen Informationen ist sehr gering und daher unkritisch.

15.4 Basics des Cluster-Baus: Das Quorum

Da es sich bei einem Cluster um ein Gesamtsystem handelt, das aus mehreren voneinander unabhängigen Systemen besteht, könnten schlimme Dinge geschehen: Wenn die rechte Hand nicht weiß, was die linke Hand tut, gibt es Chaos. Man muss sich absprechen und alle Mitspieler müssen den Status quo kennen.

Ein Cluster muss also jederzeit wissen, ob er handlungsfähig ist. Stellen Sie sich ein einfaches Netzwerkproblem zwischen zwei Räumen vor: In jedem Raum stehen zwei Nodes eines 4-Node-Clusters. Zwei Server in einem Raum können noch kommunizieren, die beiden Server im anderen Raum jedoch nicht mehr sehen.

Welche Seite darf nun handeln?

Wenn beide Seiten versuchen würden, eine VM zu starten, die auf einem Shared Storage liegt, wäre das Ergebnis ein sogenannter *Split Brain* im Cluster und daraus resultierend eine Datenkorruption. Jeder Raum hat somit eine eigene Version der Daten, die sich nun zwangsläufig voneinander entfernen. In der Praxis endet diese Situation in einer Downtime und einer anschließenden Disaster Recovery, also einer Wiederherstellung aus einem Backup aller betroffenen Daten.

Hier kommt eine Grundlage des Cluster-Baus ins Spiel: das sogenannte *Quorum*. Ein Cluster ist nur dann *quorate*, also *beschlussfähig* und damit handlungsfähig, wenn eine **Mehrheit** der Nodes eines Clusters noch mitspielt.

Ein Quorum ist also erreicht, wenn **mehr als 50 %** aller Nodes online sind und miteinander kommunizieren. Bei einem 3-Node-Cluster müssen also mindestens 2 Nodes online sein, bei einem 4-Node-Cluster benötigt ein Quorum mindestens 3 Server.

Die Formel dazu lautet also *Anzahl der Cluster-Nodes / (2 + 1)* und wird abgerundet.

Anzahl der Nodes im Cluster	Quorum erreicht bei
3 Nodes	2 Nodes
4 Nodes	3 Nodes
5 Nodes	3 Nodes
6 Nodes	4 Nodes
7 Nodes	4 Nodes
10 Nodes	6 Nodes
25 Nodes	13 Nodes
50 Nodes	26 Nodes

Tabelle 15.1: Ein Quorum wird erst bei mehr als der Hälfte aller Nodes erreicht.

Kommt es also zu einem Szenario, in dem sich der Cluster in mehrere Cluster-Partitionen aufteilt, wird das Quorum neu gebildet. Die Anzahl der Nodes einer Partition bestimmt, ob die Partition handlungsfähig bleibt. Kann sie kein erfolgreiches Quorum bilden, weil sie weniger als die benötigte Anzahl Stimmen zur Verfügung hat, geht das Proxmox Cluster File System aller Nodes dieser Partition auf Read-only und erlaubt keine Änderungen mehr. Dies ist eine Schutzmaßnahme, um Datenkorruption und Split Brains zu verhindern.

Für unser Beispiel mit den beiden Serverräumen bedeutet das, dass keiner der beiden Räume ein Quorum erreichen kann, da sich in beiden Räumen nur 50 % – also genau die Hälfte, aber keine Mehrheit – der Stimmen sammeln lassen. Deshalb würde in diesem Beispiel das pmxcfs auf allen Nodes auf Read-only gehen und keine Änderungen an Konfigurationen mehr erlauben.

Interessant dabei ist: Laufende VMs und Container arbeiten jedoch zunächst normal weiter. Deren Images liegen ja nicht auf dem Proxmox Cluster File System, sondern auf einem lokalen oder auf einem Shared Storage, der unter Umständen weiterhin normal arbeiten könnte.

Allerdings lassen sich die VMs und Container nicht mehr managen. Sie können sie also weder starten noch herunterfahren, stoppen oder migrieren, bis Sie das zugrunde liegende Netzwerkproblem behoben haben und die Nodes einander wieder sehen und ein neues Quorum mit mindestens 3 von 4 Stimmen herstellen konnten.

Ihnen ist vielleicht nicht entgangen, dass ich bisher nie einen Cluster erwähnt habe, der nur aus zwei Nodes besteht. Denn aus der Quorum-Regel ergibt sich ein Problem für solch kleine Setups: Ein 2-Node-Cluster verliert sein Quorum, sobald ein einzelner der beiden Server ausfällt, da ein Server allein nur noch 50 % aller Stimmen und damit keine Mehrheit zustande bringt. Damit ist ein Cluster in einem 2-Node-Setup standardmäßig nur dann funktionsfähig, wenn alle Nodes online sind.

Für Cluster-Setups, die aus 2 Nodes oder wie in unserem Beispiel oben aus 4 Nodes in zwei Räumen bestehen, gibt es das sogenannte *QDevice*. Dabei handelt es sich beispielsweise um eine Hardware oder eine VM eines anderen Clusters, auf der die QDevice-Komponente von Corosync installiert ist. Ihr Zweck ist es, einem 2- oder 4-Node-Cluster eine zusätzliche Stimme bereitzustellen, damit eine der beiden Seiten gemeinsam mit dem QDevice ein Quorum bilden kann. Über das Quorum-Device sprechen wir in Abschnitt 15.10.2.

15.5 GUI, CLI und Editoren als Werkzeuge

Bei der Einrichtung einfacher Cluster können Sie die wesentlichen Schritte über die Proxmox-VE-GUI erledigen, denn sie deckt notwendige Funktionen bereits ab. Im weiteren Leben eines Clusters gibt es jedoch auch Ereignisse, für die Sie die CLI benötigen oder wegen denen Sie sogar zu einem Editor greifen müssen, um direkt die gewünschte Konfiguration in einer Datei zu hinterlegen.

15.5.1 GUI

So können Sie einen Cluster auf dem ersten Node über die GUI initialisieren, weitere Nodes per GUI dem Cluster hinzufügen und jederzeit den Status des Clusters über die GUI sehen. Das reicht in vielen einfachen Clustern ohne besondere Anforderungen auch über Jahre hinweg völlig aus.

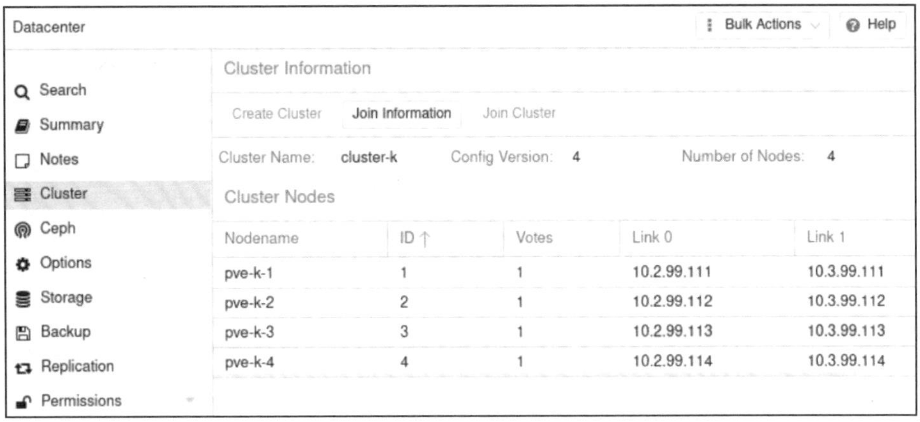

Abbildung 15.2: Unter »Cluster« verwalten Sie die Nodes.

15.5.2 Kommandozeile (CLI): pvecm, der Proxmox VE Cluster Manager

Wenn Sie nach mehreren Jahren einen oder mehrere Server aus dem Cluster entfernen oder durch neue Server ersetzen möchten, ist das Entfernen der alten Systeme aus dem Cluster nur per Shell möglich. Auch für das Einbinden eines Quorum-Device benötigen Sie die Kommandozeile. Für diese Aufgaben bringt Proxmox den *Proxmox VE Cluster Manager* `pvecm` mit.

Das Erstellen eines Clusters ist unter Proxmox VE zwischenzeitlich sehr einfach geworden. Während Sie in frühen Versionen einen Cluster über die Kommandozeile mit dem `pvecm`-Befehl bauen mussten, lässt er sich heute auch bequem in der GUI erstellen und um weitere Nodes ergänzen.

Die CLI bietet jedoch neben der Erzeugung eines neuen Clusters und dem Beitritt zu einem bestehenden Cluster noch weitere Optionen, die in der GUI nicht verfügbar sind. So müssen Sie die Shell verwenden, um beispielsweise einen Node aus dem Cluster zu entfernen, ein QDevice hinzuzufügen oder zu entfernen oder um nach einem Teilausfall des Clusters das Quorum zu übersteuern.

Die wichtigsten Befehle des `pvecm` habe ich in Tabelle 15.2 für Sie zusammengefasst.

Befehl	Bedeutung	Mit GUI/CLI
`pvecm delnode`	Entfernt einen Node aus einem bestehenden Cluster.	nur mit CLI
`pvecm qdevice setup`	Fügt ein QDevice zu einem bestehenden Cluster hinzu.	nur mit CLI
`pvecm qdevice remove`	Entfernt ein QDevice aus dem Cluster.	nur mit CLI
`pvecm expected`	Beeinflusst das Quorum, um eine Cluster-Partition handlungsfähig zu machen.	nur mit CLI
`pvecm updatecerts`	Aktualisiert Zertifikate eines Cluster-Nodes.	nur mit CLI
`pvecm create`	Erstellt einen neuen Cluster.	mit GUI und CLI
`pvecm add`	Fügt den Node einem bestehenden Cluster hinzu.	mit GUI und CLI
`pvecm status`	Zeigt den Cluster-Status an.	mit GUI und CLI

Tabelle 15.2: Der Proxmox VE Cluster Manager »pvecm«

Selbst für einen Anwendungsfall, in dem Sie die Wahl zwischen GUI und CLI haben, eröffnet der `pvecm`-Befehl Ihnen häufig mehr Möglichkeiten als die GUI. Ein Beispiel dafür ist die Anzahl der Stimmen, die ein einzelner Node zum Quorum beiträgt. Die Anzahl der *Quorum-Votes* lässt sich auf der CLI bei den Befehlen **`pvecm create`** und **`pvecm add`** mit der zusätzlichen Option **`--votes <Anzahl>`** beeinflussen, während dies in der GUI nicht geht.

Die Manpage dazu finden Sie auch unter *https://pve.proxmox.com/pve-docs/pvecm.1.html* oder direkt auf der Shell mit `man pvecm`.

15.5.3 Editoren

Wenn Sie irgendwann Änderungen an Ihrem Cluster-Netzwerk vornehmen müssen, dann greifen Sie zu einem Editor Ihrer Wahl. Keine Sorge – Sie erfahren im weiteren Verlauf, wie Sie recht gefahrlos Netzwerke ändern oder tiefere Umbaumaßnahmen an laufenden Clustern vornehmen können, um sie redundant und noch stabiler zu machen.

15.6 Best Practices

Gerade weil die Erstellung eines Clusters unter Proxmox VE so leicht geworden ist, werden dabei oft Fehler begangen. Ein empfehlenswerter erster Schritt ohne Mehraufwand ist es, die richtige Reihenfolge beim Erzeugen eines Clusters einzuhalten. In Abbildung 15.3 sehen Sie die aus meiner Erfahrung abgeleitete beste Vorgehensweise zur Erstellung eines neuen Clusters.

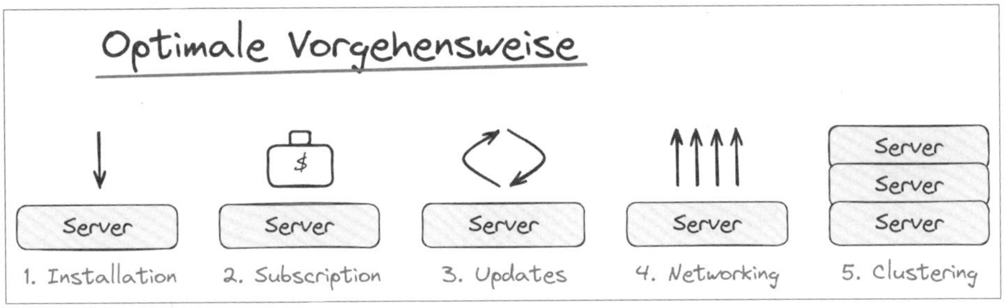

Abbildung 15.3: Optimale Vorgehensweise beim Erstellen eines Proxmox-VE-Clusters

1. **Schritt: Installation**

   Klar – ohne Installation gibt es keine weiteren Schritte. Hier gibt es nicht viel zu diskutieren. Achten Sie darauf, die gleiche Version von Proxmox VE bei der Installation auf allen Nodes zu verwenden.

2. **Schritt: Subscription einspielen**

   Direkt nach der Installation sollten Sie die Subscriptions auf allen Servern einspielen, damit die Updates im nächsten Schritt direkt aus dem stabilen Enterprise-Repository bezogen werden und nicht aus dem No-Subscription-Repository. Falls Sie nicht vorhaben, Subscriptions zu verwenden, überspringen Sie diesen Schritt natürlich oder stellen auf das No-Subscription-Repository um.

   Falls Sie zunächst das No-Subscription-Repository nutzen und die Subscriptions später erst einspielen möchten, erhalten Sie in der Folge Updates aus nicht ganz so gut getesteten und damit potenziell instabileren Paketen. Selbst wenn Sie Ihre Subscriptions dann später einspielen, wird es einige Zeit dauern, bis Sie Updates aus dem Enterprise-Repository erhalten. Damit werden Sie noch eine Weile die potenziell instabileren Pakete verwenden.

   Wie die verschiedenen Repositories zusammenspielen, können Sie in Abschnitt 4.2.2 nachlesen.

3. **Schritt: Updates installieren**

   Da der Proxmox-VE-Installer nur die Pakete installiert, die sich auf dem ISO-Image befinden, und keine neueren Pakete aus dem Internet herunterlädt, stehen als Nächstes alle Updates bis zum aktuellen Stand an. Sie profitieren vor dem Zusammenfügen eines Clusters dann bereits von eventuell neu hinzugekommenen Features und zwischenzeitlichen Fehlerbehebungen.

   Die Nodes können, da sie alle noch als Einzelsystem laufen, auch parallel mit Updates versorgt werden. Vergessen Sie nicht den anschließenden Neustart und den Reload der Web-GUI.

Dies ist die letzte Update-Möglichkeit, bevor ein Cluster daraus wird. Ergreifen Sie die Chance!

4. **Schritt: Konfiguration des Netzwerks**

   Konfigurieren Sie alle Netzwerk-Interfaces auf allen Nodes wie geplant. Sorgen Sie dafür, dass Sie die Best-Practice-Richtlinien für Cluster-Netzwerke in Proxmox VE berücksichtigen, und kümmern Sie sich insbesondere um mehrere, voneinander unabhängige Corosync-Links, die physisch von anderen Links getrennt sind. Stellen Sie sicher, dass alle Nodes sich gegenseitig über die dedizierten Cluster-IP-Adressen, die für Corosync vorgesehen sind, erreichen können.

   Bei der Erzeugung des Clusters können Sie dann nämlich direkt die entsprechenden Corosync-Links hinterlegen und eine spätere manuelle Anpassung vermeiden, die nicht ganz trivial ist.

   Falls Sie sich an dieser Stelle entscheiden, das Netzwerk erst nachträglich zu konfigurieren, schlagen Sie damit einen deutlich komplizierteren, fehlerträchtigeren Weg ein!

5. **Schritt: Erzeugen des Clusters**

   Sie haben nun die Voraussetzungen geschaffen, entspannt an das Clustern mehrerer Nodes zu gehen. Das Clustern ist der letzte und dann relativ einfache Schritt.

15.7 Erstellen eines Proxmox-VE-Clusters

Für den stabilen Betrieb eines Clusters müssen Sie noch ein paar weitere Voraussetzungen schaffen. Dazu gehören eine direkte Namensauflösung sowie ein funktionierender Zeitabgleich.

15.7.1 Namensauflösung

Für bestimmte Funktionen in Proxmox VE ist es notwendig, anhand eines bekannten Hostnamens die eigene IP-Adresse sowie auch die Adressen der anderen Cluster-Mitglieder zuverlässig ermitteln zu können. Alle Nodes müssen also in der Lage sein, sich selbst sowie auch alle anderen Nodes im Cluster über ihre Hostnamen aufzulösen. Die zuverlässigste Methode hierfür besteht darin, die Hostnamen und die zugehörigen IP-Adressen aller Cluster-Nodes in die */etc/hosts*-Datei auf allen Servern des Clusters aufzunehmen.

Bei der Installation eines Proxmox-VE-Nodes hinterlegt dieser seine eigene IP-Adresse sowie seinen eigenen Namen bereits in dieser Datei. Nach der Installation könnte die Datei also zunächst so wie in Listing 15.2 aussehen:

```
127.0.0.1 localhost.localdomain localhost
10.1.99.111 pve-k-1.example.org pve-k-1
```

```
# The following lines are desirable for IPv6 capable hosts

::1 ip6-localhost ip6-loopback
fe00::0 ip6-localnet
ff00::0 ip6-mcastprefix
ff02::1 ip6-allnodes
ff02::2 ip6-allrouters
ff02::3 ip6-allhosts
```

Listing 15.2: Die Datei »/etc/hosts« direkt nach der Installation

Nehmen wir an, Ihr Cluster soll aus den Nodes `pve-k-1`, `pve-k-2` und `pv-k-3` mit den IP-Adressen `10.1.99.111`, `10.1.99.112` und `10.1.99.113` bestehen. Dann sollte die */etc/hosts*-Datei um die zusätzlichen Zeilen im Format `<IP-Adresse> <FQDN> <Alias>` ergänzt und damit so angepasst werden, wie in Listing 15.3 zu sehen ist:

```
127.0.0.1 localhost.localdomain localhost
10.1.99.111 pve-k-1.example.org pve-k-1
10.1.99.112 pve-k-2.example.org pve-k-2
10.1.99.113 pve-k-3.example.org pve-k-3

# The following lines are desirable for IPv6 capable hosts

::1 ip6-localhost ip6-loopback
fe00::0 ip6-localnet
ff00::0 ip6-mcastprefix
ff02::1 ip6-allnodes
ff02::2 ip6-allrouters
ff02::3 ip6-allhosts
```

Listing 15.3: Die Datei »/etc/hosts« direkt nach der Erweiterung um die restlichen Cluster-Nodes

Die GUI von Proxmox VE besitzt, wie Sie in Abbildung 15.4 sehen, bereits einen Mini-Editor, mit dem Sie diese Anpassung unter **<node> • System • Hosts** vornehmen können. Bevorzugen Sie die Shell, können Sie einen Editor Ihrer Wahl verwenden, um die Datei anzupassen.

Sie benötigen also für jeden Server im Cluster eine weitere Zeile in dieser Datei mit der IP-Adresse, dem *Fully Qualified Domain Name* (FQDN) und dem Alias. Kommt irgendwann ein weiterer Server hinzu, fügen Sie dieser Datei auf allen Servern die weitere Zeile hinzu.

Die Datei */etc/hosts* wird nicht automatisch auf alle Nodes repliziert, sodass Sie selbst für die Änderung auf allen Servern sorgen müssen. Da der Inhalt dieser Datei jedoch auf allen Servern identisch ist, können Sie entweder per Copy-and-paste im Mini-Editor der

GUI arbeiten und den gesamten Inhalt auf alle Nodes kopieren oder per Shell mit `scp` die Übertragung vornehmen.

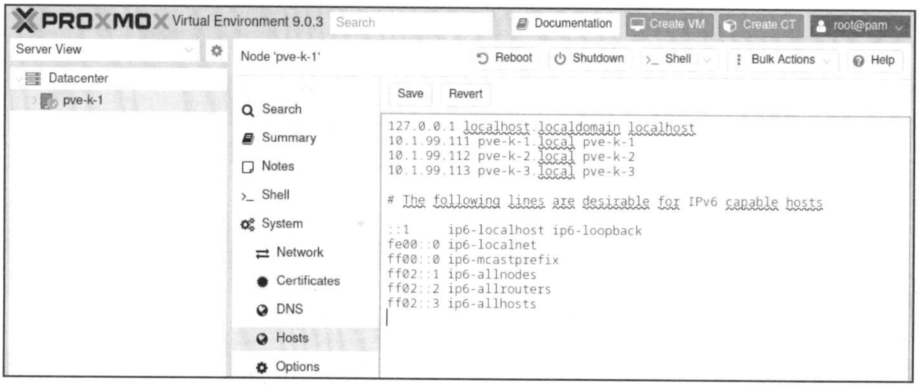

Abbildung 15.4: Die »/etc/hosts« direkt in der GUI anpassen

15.7.2 Zeitabgleich mit NTP

In einem Cluster – nicht nur bei Proxmox VE – ist es eine zwingende Voraussetzung, dass alle Cluster-Nodes die gleiche Zeit mit einer möglichst geringen Abweichung besitzen. Eine ungenaue oder abweichende Systemzeit ist eine der häufigsten Ursachen für instabile Cluster.

Dies betrifft in besonderem Maße Cluster-Umgebungen, die Air-gapped betrieben werden. In solchen Umgebungen wird meist aus Sicherheitsgründen die Kommunikation in andere Netzwerke unterbunden und damit der Abgleich der eigenen Systemzeit durch das *Network Time Protocol* (NTP) über das Netzwerk unmöglich gemacht.

In einem verteilten System wie einem Proxmox-VE-Cluster, der auf Komponenten wie Corosync aufbaut und in HCI-Systemen Ceph-Cluster verwendet, ist die gleiche Zeit auf allen Servern eine zwingende Voraussetzung. Wenn die Uhren der einzelnen Nodes voneinander abweichen, wird das als *Clock Skew* bezeichnet und führt bei zu großer Differenz zur Unterbrechung der Kommunikation zwischen Nodes. Ein Cluster, dessen Nodes nicht mehr miteinander kommunizieren können, bricht in mehrere Teile auseinander und Sie erhalten dann mehrere sogenannte Cluster-Partitionen.

Corosync verwendet Zeitstempel, um die Erreichbarkeit und damit den Zustand von Nodes zu bewerten. Trifft eine neue Information über Corosync ein und stellt der Node eine zu hohe Abweichung des Zeitstempels im Vergleich zur eigenen Zeit fest, wird das Paket verworfen und damit nicht bestätigt. Dies führt zu einem erneuten Versand und einem `Retransmit List`-Eintrag im Corosync-Log:

```
Aug 30 17:32:28 pve03 corosync[3261]: [TOTEM ] Retransmit List: 52f854
Aug 30 17:32:28 pve03 corosync[3261]: [TOTEM ] Retransmit List: 52f854
Aug 30 17:32:28 pve03 corosync[3261]: [TOTEM ] Retransmit List: 52f854
52f856
```

```
Aug 30 17:32:28 pve03 corosync[3261]: [TOTEM ] Retransmit List: 52f854
52f856
```

Hält dieser Zustand weiterhin an, führt dies zum Auseinanderfallen des Clusters. Genauer gesagt trennt sich der Node ab, dessen Zeit so weit abweicht, dass er die eingehenden Corosync-Messages verwirft und nicht mehr beantwortet. Der Node kann also mit keinem anderen Node mehr kommunizieren und verabschiedet sich aus dem Quorum. Als Folge geht das Proxmox Cluster File System auf Read-only und lässt keine Änderungen mehr zu.

In einem normalen Cluster ohne aktivierte Hochverfügbarkeit lassen sich der betroffene Node sowie die VMs und Container auf ihm nicht mehr managen, und in einem HA-Cluster führt dies bis hin zum ungeplanten Reboot des Nodes.

Proxmox VE nutzt seit Version 7 *Chrony* (*https://chrony-project.org/*) als NTP-Komponente. Im Vergleich zum vorher eingesetzten `systemd-timesyncd` ist Chrony besser für Serverumgebungen geeignet und kann bei Bedarf auch als NTP-Server konfiguriert werden.

NTP-Standardkonfiguration unter Proxmox VE

Die gute Nachricht vorneweg: In den meisten Umgebungen ist NTP unter Proxmox VE ohne Anpassungen direkt funktionsfähig.

Chrony ist so konfiguriert, dass er eine Anfrage nach NTP-Servern auf `2.debian.pool.ntp.org` durchführt und eine Liste von NTP-Servern erhält, von denen er Zeitinformationen beziehen und seine eigene Uhrzeit entsprechend anpassen kann.

Wann eine NTP-Konfiguration notwendig ist

Darf Ihr Proxmox-VE-Server jedoch nicht mit dem Internet kommunizieren, kann er folglich keine Verbindung zu `2.debian.pool.ntp.org` aufnehmen und kann somit auch alle anderen öffentlichen NTP-Server zum Abgleich der Zeit nicht erreichen. Das Fatale daran ist, dass Sie diesen Fehler erst bemerken, wenn Sie die korrekte Funktion von NTP explizit prüfen oder das Problem durch einen Ausfall bemerken.

Überprüfen Sie also mit dem Chrony-Client `chronyc` vor dem Betrieb unbedingt, ob der NTP-Timesync funktioniert. Der Befehl `chronyc tracking` verrät Ihnen, ob die Synchronisierung funktioniert:

```
root@pve:~# chronyc tracking
Reference ID : 5EC69F10 (ntpxxxxxxx.xxxxx.nl)
Stratum : 2
Ref time (UTC) : Sun Nov 16 16:20:18 2025
System time : 0.000154329 seconds fast of NTP time
Last offset : -0.000063747 seconds
RMS offset : 0.000304006 seconds
Frequency : 8.498 ppm fast
```

```
Residual freq : -0.001 ppm
Skew : 0.053 ppm
Root delay : 0.021898920 seconds
Root dispersion : 0.000989731 seconds
Update interval : 1040.9 seconds
Leap status : Normal
```

Listing 15.4: »chronyc tracking« zeigt das Ergebnis des letzten Zeitsyncs an.

Enthält die Ausgabe nur Nullen statt valide Werte, funktioniert der Sync nicht und Sie müssen die Konfiguration anpassen. In den ersten Zeilen der Ausgabe lässt sich ablesen, mit welchem Peer-System die Zeit abgeglichen wurde.

Mit Chrony eine NTP-Konfiguration durchführen

Wenn also die Kommunikation mit externen Zeitgebern nicht möglich ist, bleiben Ihnen mehrere andere Varianten:

- Sie verwenden einen anderen internen NTP-Server, den die Hypervisoren erreichen können.
- Sie konfigurieren auf einem der Hypervisoren Chrony als NTP-Server und verweisen alle anderen Nodes auf diesen.
- Sie nutzen einen externen DCF77-Zeitgeber an einem oder mehreren Proxmox-VE-Nodes.

Die notwendige Konfigurationsanpassung umfasst zwei verschiedene Schritte: das Eintragen eines bestimmten NTP-Servers zum Zeitabgleich sowie die Konfiguration von Chrony als NTP-Server.

Die Konfiguration von Chrony befindet sich unter */etc/chrony/chrony.conf*. Sie könnten die Datei zwar direkt editieren, allerdings ist dies nicht notwendig. Einfacher ist es, wenn Sie für die benötigten Optionen zusätzliche Konfigurationsdateien erzeugen, die automatisch an die *chrony.conf* angehängt werden. Damit behalten Sie die originale Konfiguration bei, können eigene Anpassungen leichter identifizieren und werden bei Updates erst gar nicht gefragt, ob Sie Ihre Anpassungen beibehalten möchten.

Um einen bestimmten NTP-Server zum Abgleich zu verwenden, können Sie die folgende Zeile nutzen. Achten Sie darauf, die Adresse an Ihren internen NTP-Server anzupassen. Für die Adresse 10.1.1.1 geht das so:

```
echo 'server 10.1.1.1 iburst' > /etc/chrony/sources.d/local-ntp-
server.sources
```

Existiert kein erreichbarer NTP-Server im Netzwerk, können Sie auch einen der Proxmox-VE-Hosts zu einem NTP-Server machen und die anderen Server anweisen, ihre Zeit mit diesem Server zu synchronisieren:

```
# auf dem künftigen NTP-Server mit der IP-Adresse 10.1.99.111:
root@pve-k-1:~# echo 'allow 10.1.99.0/24' > /etc/chrony/conf.d/allow-
local-net.conf

# auf allen anderen Nodes:
root@pve-k-[2..n]:~# echo 'server 10.1.99.111 iburst' > /etc/chrony/
sources.d/local-ntp-server.sources
```

Anschließend muss `chronyd` auf allen Nodes einmal neu gestartet werden, um die neue Konfiguration zu verwenden. Dies ist über **Datacenter • <Node> • System • Chrony** und einem Klick auf den Button **Restart** genauso möglich wie mit dem Befehl `systemctl restart chrony.service` in einer Shell.

Nun haben Sie die notwendigen Voraussetzungen für den stabilen Betrieb eines Proxmox-VE-Clusters geschaffen.

15.7.3 Schritt 1: Erstellen des Clusters auf dem ersten Node

Nachdem die Voraussetzungen für den stabilen Betrieb gegeben sind, geht es an die eigentliche Erstellung des Clusters. Die Entscheidung, auf welchem Server Sie den Cluster initialisieren, hängt davon ab, ob Sie bereits VMs und Container betreiben.

Achtung!

Proxmox VE erlaubt das Erstellen eines Clusters auf einem Node, der bereits VMs und Container beherbergt. Allerdings kann ein Node mit existierenden Gästen einem bestehenden Cluster nicht mehr ohne Umwege hinzugefügt werden.

Das bedeutet für die Praxis: Wenn Sie eine bestehende Umgebung mit laufenden VMs um einen neuen Server erweitern wollen, müssen Sie den Cluster zwingend auf dem Server erstellen, der die VMs besitzt. Der neue, leere Server tritt diesem Cluster anschließend bei.

Cluster-Bau bei mehreren produktiven Nodes

Was tun Sie aber, wenn Sie auf mehreren oder all Ihren Servern bereits VMs und Container betreiben und die Nodes zu einem Cluster zusammenfügen möchten? Auch dafür gibt es einige Wege.

Wie Sie bereits wissen, müssen VMIDs in Proxmox immer eindeutig sein. Haben Sie mehrere voneinander unabhängige Server, ist die Wahrscheinlichkeit hoch, auf diesen Servern mehrfach die gleichen IDs zu haben. Das Zusammenfügen zu einem gemeinsamen Cluster wäre somit nicht ohne weitere Schritte möglich, wenn Sie Überschneidungen vermeiden müssen.

Backup und Restore

Fahren Sie hierfür zunächst die VMs und Container auf den betroffenen Nodes herunter und erstellen Sie Backups aller Gäste. Sichern Sie diese Backups extern, beispielsweise auf einem NFS-Share oder kopieren Sie sie per `scp` auf den ersten Node. Anschließend löschen Sie die VMs und Container auf dem ursprünglichen Host, womit Sie den Node quasi leer räumen. Nun lässt sich dieser Server problemlos dem Cluster hinzufügen.

Je nachdem, ob Sie auf dem ersten Node genügend RAM- und Storage-Reserven besitzen, können Sie die Wiederherstellung dort bereits vor dem Cluster-Beitritt des zweiten Nodes durchführen. Dies reduziert die Downtime und erlaubt es Ihnen, die VMs vor dem Löschen des Originals auf ihre Funktion zu testen.

Beim Restore der VMs und Container auf dem ersten Node erhalten die wiederhergestellten VMs nun automatisch neue, nicht nicht verwendete VMIDs.

Remote-Migration vor dem Cluster-Beitritt

Eine weitere Möglichkeit ist die Live-Remote-Migration mit dem Befehl `qm remote-migrate`. Darüber erfahren Sie in Kapitel 16, »Migration im Live-Betrieb«, mehr, weshalb ich mich an dieser Stelle nur auf das Notwendigste beschränke.

Mithilfe dieses Verfahrens lässt sich eine VM – ohne Downtime und während sie läuft – live auf einen anderen Host migrieren. Der Clou dabei ist, dass die Remote-Migration auch von Node zu Node oder von Cluster zu Cluster funktioniert. Quell- und Ziel-Hypervisor müssen sich also nicht im gleichen Cluster befinden.

Bei diesem Befehl geben Sie als Parameter die neue VMID auf dem Zielsystem an.

Das gibt Ihnen wie gesagt die Möglichkeit einer VM-Migration ohne Downtime, allerdings ist das zum heutigen Zeitpunkt nur per Kommandozeile und ausschließlich für VMs möglich. Container können über diesen Weg nicht migriert werden, sondern Sie müssen sie über Backup/Restore migrieren.

Cluster-Initialisierung in der GUI

Unter **Datacenter • Cluster** finden Sie den Dialog, mit dem Sie auf dem ersten Node den Cluster initialisieren.

Wie Sie in Abbildung 15.5 sehen, ist die Seite beim ersten Besuch noch recht leer – bis auf den Hinweis, dass der Node keinem Cluster angehört und daher ein *Standalone node* ist.

Darüber haben Sie die Wahl zwischen drei verschiedenen Buttons:

- **Create Cluster** erzeugt eine neue Cluster-Konfiguration. Der aktuelle Node tritt diesem Cluster bei und ist damit die erste Cluster-Node.
- **Join Information** ist nur dann aktivierbar, wenn der Node bereits Teil eines Clusters ist. Hier erhalten Sie die Informationen für einen sogenannten *Assisted Join*, also einen assistierten Beitritt zum Cluster.
- **Join Cluster** fügt diesen Node einem bestehenden Cluster hinzu.

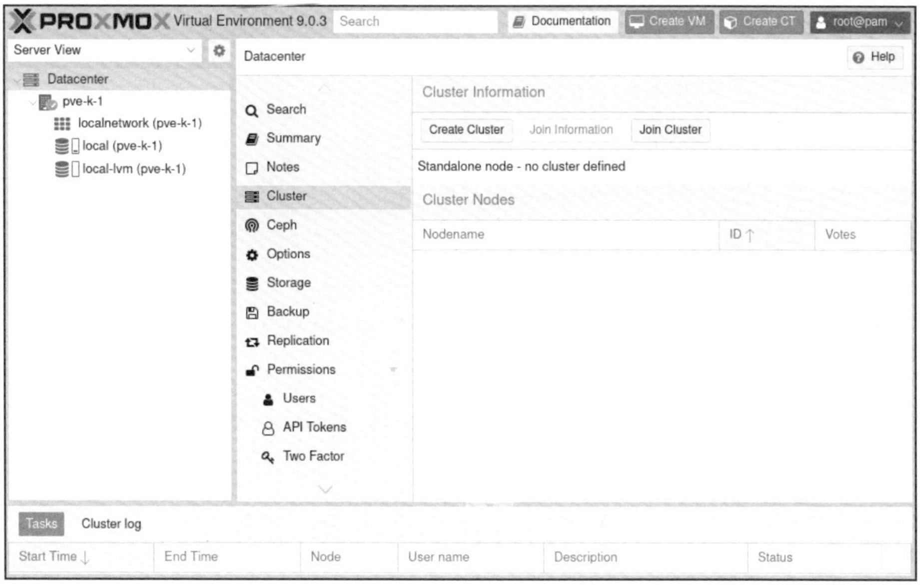

Abbildung 15.5: Unter »Datacenter • Cluster« erstellen Sie den Cluster in der GUI.

Auf dem ersten Node wählen Sie daher zunächst **Create Cluster**, erzeugen einen Cluster, lassen diesen Node dem Cluster automatisch beitreten und können anschließend die **Join Information** abrufen, um sie auf den weiteren Nodes für einen leichteren Beitritt zum Cluster zu verwenden.

Durch Klick auf **Create Cluster** erscheint ein Dialog, in dem Sie Ihrem Cluster einen Namen geben sowie die Netzwerkverbindungen für mindestens einen Corosync-Link angeben. In Abbildung 15.6 sehen Sie diesen Dialog.

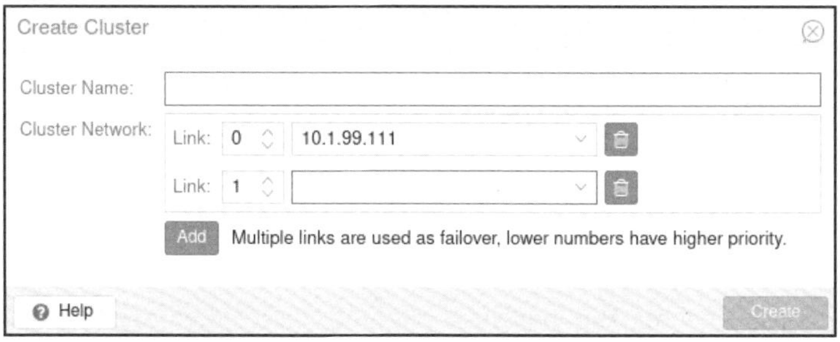

Abbildung 15.6: Geben Sie dem Cluster einen Namen und legen Sie die Netzwerke für Corosync fest.

Geben Sie dem Cluster einen hübschen Namen und hinterlegen Sie hier mindestens ein Netzwerk für Corosync, über das die Server untereinander stabil und mit geringer Latenz kommunizieren.

Idealerweise geben Sie Ihrem Cluster jedoch mehr als einen dedizierten Link für Corosync und hinterlegen hier direkt die richtigen Netzwerke dafür. Warum das eine wichtige

Voraussetzung für einen stabilen Cluster-Betrieb ist, habe ich bereits in Abschnitt 15.3 erklärt. Fügen Sie daher über den Button **Add** bis zu sieben weitere Netzwerke für Corosync hinzu.

Mit einem Klick auf **Create** schließen Sie den Dialog ab. Daraufhin wird die Erstellung des Clusters eingeleitet.

Cluster-Initialisierung per CLI

Ist Ihnen die CLI angenehmer, lässt sich der Cluster selbstverständlich auch über die Shell erzeugen. Hierzu verwenden Sie den Befehl `pvecm create <clustername> [OPTIONS]`.

Ein kompletter Aufruf zur Erzeugung eines Clusters könnte also wie folgt aussehen:

```
root@pve-k-1:~# pvecm create mycluster --link0 10.1.99.111 \
   --link1 10.1.98.111
```

Im Vergleich zur GUI haben Sie per CLI sogar noch eine weitere Möglichkeit: Sie können einem Node bei Bedarf mit der Option `--votes` mehr als nur eine Stimme für das Quorum zuteilen. Nutzen Sie diese Option aber mit Vorsicht: In der Regel sollte jeder Node eine Stimme haben. In besonderen Szenarien kann es jedoch sinnvoll sein, einem bestimmten Node zwei Stimmen statt einer Stimme zu geben.

Was im Hintergrund geschieht

Sowohl über die GUI wie auch per CLI starten Sie im Hintergrund den gleichen Prozess zur Erstellung eines Clusters. Sie sehen sogar die gleiche Log-Ausgabe in der GUI oder auf der Shell:

```
Corosync Cluster Engine Authentication key generator.
Gathering 2048 bits for key from /dev/urandom.
Writing corosync key to /etc/corosync/authkey.
Writing corosync config to /etc/pve/corosync.conf
Restart corosync and cluster filesystem
TASK OK
```

Zunächst wird ein Authentifizierungsschlüssel für Corosync unter */etc/corosync/authkey* erstellt. Anschließend generiert Proxmox VE eine initiale Corosync-Konfiguration unter */etc/pve/corosync.conf* auf Basis Ihrer Angaben zu Name und Netzwerken des Clusters. Zum Abschluss werden Corosync und das Proxmox Cluster File System neu gestartet, da das Cluster-Filesystem nun die geschriebenen Dateien nicht nur lokal in die */var/lib/pve-cluster/config.db* schreibt, sondern die Änderungen ab sofort auch mittels Corosync auf alle anderen Nodes des Clusters überträgt.

Das Proxmox Cluster File System hat hier eine besondere Funktion: Wenn die Datei */etc/pve/corosync.conf* verändert wird, also ein Schreibzugriff auf sie erfolgt, dann kopiert es die

Datei anschließend nach */etc/corosync/corosync.conf* und führt erst dann den Reload bzw. Start des Corosync-Daemons durch.

Auf diese Weise wird ein Henne-Ei-Problem vermieden: Um das Cluster-Filesystem zu verwenden, braucht man einen funktionierenden Cluster. Damit man aber kein Cluster-Filesystem braucht, um den Cluster zu starten, liegt eine Kopie der Konfiguration zusätzlich im lokalen Verzeichnis */etc/corosync* und damit außerhalb des Proxmox Cluster File Systems.

Der Cluster ist nun initialisiert und »quorate« (beschlussfähig), da es ja bisher nur diesen einen Node gibt.

Fügen wir unserem Cluster nun weitere Nodes hinzu.

15.7.4 Schritt 2 (optional): Join-Informationen abrufen

Damit andere Nodes dem Cluster beitreten können, müssen wir ihnen ein paar Informationen bereitstellen. Dazu zählen die IP-Adresse, der Fingerprint sowie das root-Passwort eines Nodes, dessen API wir brauchen, um dem Cluster beizutreten, sowie alle Netzwerke, über die Corosync kommunizieren soll.

Beim Beitritt eines neuen Servers über die GUI müssen Sie diese Informationen in einem Join-Dialog angeben. Diese Daten ermitteln Sie zunächst auf einem Node, der bereits Mitglied des Clusters ist.

Etwas einfacher geht das mit der Join-Information, also einer Art Einladungscode, der die benötigten Daten als JSON-Objekt in einer Base64-Codierung enthält. Die einzige Information, die benötigt wird und hier nicht enthalten ist, ist das root-Kennwort des Nodes, von dem die Join-Information stammt, da Kennwörter nicht einfach so wieder ausgelesen werden können.

Gehen Sie auf dem ersten Node zu **Datacenter • Cluster** und klicken Sie auf den Button **Join Information**. Es erscheint der Dialog aus Abbildung 15.7. Kopieren Sie sich den Inhalt des Feldes **Join Information** in die Zwischenablage.

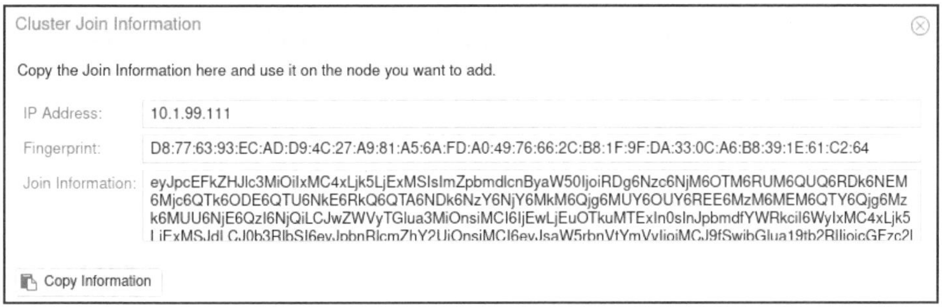

Abbildung 15.7: Kopieren Sie die Join Information, um einen anderen Node per GUI assistiert dem Cluster hinzuzufügen.

Um den Server über die Shell hinzuzufügen, benötigen Sie diese Join-Information nicht. Sie dient nur dem assistierten, einfacheren Cluster-Join über die GUI.

15.7.5 Schritt 3: Weitere Nodes hinzufügen

Nun möchten wir einen oder mehrere weitere Nodes dem Cluster hinzufügen. Der Beitritt zum Cluster ist sowohl per GUI wie auch per Shell möglich.

Cluster-Join über die GUI

Um dem Cluster einen neuen Node per GUI hinzuzufügen, gehen Sie mit einem Browser auf die Web-GUI des neuen, leeren Standalone-Nodes.

Beim Beitritt eines Nodes zum Cluster wird seine gesamte Konfiguration unter */etc/pve* gelöscht und durch die Konfiguration des Clusters ersetzt. Dies ist notwendig, damit alle Cluster-Nodes auch die gleiche Konfiguration auf dem Cluster-Filesystem besitzen.

Unter **Datacenter • Cluster** klicken Sie nun auf **Join Cluster**. Im darauffolgenden Dialog, den Abbildung 15.8 zeigt, tragen Sie die aus Schritt 2 stammende Join-**Information** ein und klicken auf **Join**.

Abbildung 15.8: Fügen Sie hier die Join-Information aus Schritt 2 ein, um einen assistierten Beitritt durchzuführen.

Alternativ deaktivieren Sie die Option **Assisted Join** und befüllen die erscheinenden Felder manuell, wie in Abbildung 15.9 zu sehen ist.

Abbildung 15.9: Alternativ lassen sich auch alle Felder von Hand befüllen, wenn das Häkchen bei »Assisted Join« entfernt wurde.

Folgende Informationen müssen Sie beim manuellen Beitritt angeben:

- **Peer Adress:** Geben Sie die IP-Adresse oder den Hostnamen eines Nodes an, der bereits Teil des Clusters ist. Sie müssen hier nicht den Node angeben, auf dem der Cluster ursprünglich erzeugt wurde – jeder Node, der Mitglied des Clusters ist, kann hier verwendet werden, da ja alle die gleiche Konfiguration besitzen.
- **Password:** Geben Sie das root-Passwort des Nodes ein, über den Sie dem Cluster beitreten. Unter dieser Adresse muss die API des Nodes erreichbar sein.
- **Fingerprint:** Tragen Sie hier den Fingerprint der HTTPS-Verbindung des Nodes ein, über den der Join laufen soll.
- **Cluster Network:** Konfigurieren Sie hier alle Links, die Corosync verwenden soll. Hier zahlt es sich aus, die Netzwerkkonfiguration vorab komplett durchgeführt zu haben, um mehrere Links direkt angeben zu können.

Es gibt beim Beitritt über die GUI eine prinzipbedingte Unschönheit beim Einsatz selbstsignierter Zertifikate: Nach dem Klick auf **Join** sehen Sie noch die ersten Schritte des Beitritts im Log, danach scheint das Log einzufrieren und der Server nicht mehr erreichbar zu sein. Der Grund dafür ist, dass auch das SSL-Zertifikat des `pveproxy`-Daemons ausgetauscht wird und der Webserver neu gestartet wird. Er »funkt« nun mit einem neuen Zertifikat, das der Browser jedoch noch nicht kennt. Bei Ihrem Browser kommt also nur noch ein Datenstrom an, der mit einem neuen Zertifikat verschlüsselt wurde und den er nicht mehr entschlüsseln kann. Laden Sie die Web-GUI einmal neu und akzeptieren Sie das neue Zertifikat, dann sehen Sie in der Regel auch, dass der Cluster-Join trotzdem erfolgreich war.

Cluster-Join mit der CLI

Falls Sie die CLI-Option bevorzugen, geben Sie die benötigten Informationen immer manuell an. Ein assistierter Modus wie über die GUI ist auf der Shell nicht vorgesehen.

Sie führen den Beitritt zu einem Cluster auch hier auf dem neuen Server mit dem Befehl `pvecm add` durch. Die neue Node tritt also einem bestehenden Cluster bei:

```
root@pve-k-2:~# pvecm add 10.1.99.111 --link0 10.2.99.112 \
    --link1 10.3.99.112
```

Listing 15.5: Mit »pvecm add« fügen Sie einen neuen Node einem bestehenden Cluster hinzu.

Direkt hinter dem `add` geben Sie die Adresse des Management-Interface eines Nodes an, der bereits Teil des Clusters ist. Hinter den `--link<n>`-Optionen geben Sie die lokalen Adressen des Nodes an, der dem Cluster beitreten soll. Über diese Interfaces kommuniziert Corosync mit den anderen Nodes.

Die erste Adresse nach dem **add** ist also in der Regel die Adresse des Managements, also die Adresse, die Sie auch für den Webclient aufrufen. Diese Adresse wird für die Beitrittsanfrage zum Cluster sowie für den initialen Datenaustausch benötigt.

In Abbildung 15.10 sehen Sie die unterschiedlichen Netze nochmals dargestellt.

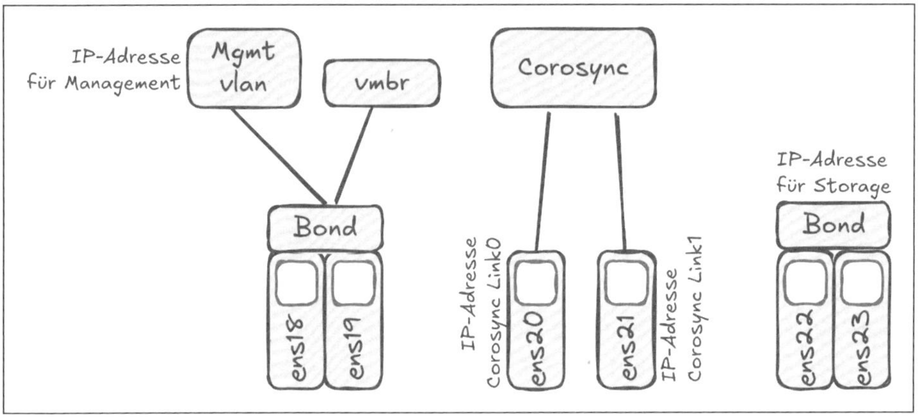

Abbildung 15.10: Corosync-Netzwerke

Der Node wird nun seine lokale Konfiguration verwerfen, die Cluster-Konfiguration des bestehenden Clusters abrufen und sie auf sein eigenes Cluster-Filesystem übernehmen, seine Dienste wie `pve-cluster` und `pveproxy` neu starten und als neues Mitglied im Cluster erscheinen.

Diesen Vorgang wiederholen Sie jetzt für jeden weiteren Node, der dem Cluster beitreten soll.

Falls Sie den Beitritt zu einem Cluster automatisieren, sollten Sie einen gleichzeitigen Beitritt mehrerer Nodes vermeiden. Fügen Sie stattdessen einen Node nach dem nächsten dem Cluster hinzu, da es ansonsten zu fehlerhaften Joins kommen kann. Warten Sie in solchen Szenarien ab, bis ein Join vollständig abgeschlossen ist, bevor Sie den nächsten Node aufnehmen.

Ein Cluster-Join sorgt – egal ob er per GUI oder Shell durchgeführt wird – automatisch für die jeweiligen Anpassungen in der */etc/pve/corosync.conf*. Die neuen Nodes werden in die Datei aufgenommen, und der Wert des `config_version`-Eintrags wird automatisch inkrementiert.

Nachdem Sie alle weiteren Nodes nacheinander in den Cluster aufgenommen haben, ist Ihr Cluster nun betriebsbereit und freut sich auf Ihre VMs und Container. Durch die Verwendung von NTP und mehreren physisch voneinander getrennten Corosync-Links haben Sie die Grundlage für einen Cluster gelegt, der für lange Zeit sehr stabil funktionieren wird.

15.8 Cluster-Administration in der Praxis

Nach der Erstellung beginnt die tägliche Arbeit. Die wichtigsten Administrationsaufgaben in einem Cluster möchte ich Ihnen in diesem Abschnitt vorstellen.

15.8.1 Einen Node sicher aus dem Cluster entfernen

Reisen Sie gedanklich ein paar Jahre in die Zukunft: Irgendwann kommt der Zeitpunkt, zu dem Sie einen Node aufgrund des Alters oder hardwarebedingter Instabilität durch einen neuen ersetzen möchten. Ob Sie zuerst den neuen Node in den Cluster aufnehmen und dann den alten Node entfernen oder umgekehrt vorgehen, spielt keine Rolle.

Das Hinzufügen des neuen Nodes geschieht wie bereits beschrieben.

Sie können einen Node jedoch nicht einfach herunterfahren und vergessen. Er muss sauber aus der Corosync-Cluster-Konfiguration entfernt werden, und das gilt auch für die restlichen Fragmente aus dem Proxmox Cluster File System. Das »Herausoperieren« des alten Nodes ist zudem notwendig, da er für das Quorum eine Rolle spielt, solange er noch in der Konfiguration enthalten ist.

Um einen Node dauerhaft aus dem Cluster zu entfernen, führen Sie die folgenden Schritte durch:

1. **Gäste migrieren:** Migrieren Sie alle VMs und Container von dem Node, den Sie entfernen möchten, auf andere Nodes im Cluster. Stellen Sie sicher, dass auch sonst keine Daten von dem Node mehr benötigt werden.
2. **Storage-Replication-Jobs entfernen:** Deaktivieren und entfernen Sie alle geplanten Storage-Replication-Jobs, an denen dieser Node beteiligt ist.
3. **Den Node herunterfahren:** Fahren Sie den zu entfernenden Node herunter.
4. **Den Node physisch außer Betrieb nehmen:** Trennen Sie den Node vom Netzwerk, vom Strom und von sonstigen Verbindungen und stellen Sie unter allen Umständen sicher, dass er nicht wieder gestartet werden kann. Eine Rückkehr des Nodes könnte schwerwiegende Konsequenzen für Ihren Cluster haben und bis hin zu Inkonsistenzen führen.
5. **Den Node entfernen:** Führen Sie auf einem der verbleibenden, aktiven Nodes des Clusters den Befehl `pvevm delnode <name-des-alten-nodes>` aus.

Dadurch wird der Node aus der Corosync-Konfiguration entfernt. Der Cluster wird sein Quorum neu berechnen und den alten Node dabei nicht mehr berücksichtigen.

Die Meldung `Could not kill node (error = CS_ERR_NOT_EXIST)` beim Entfernen signalisiert keinen Fehlschlag und ist nicht tragisch. Das Herausnehmen hat dennoch funktioniert: Corosync merkt nur an, dass es einen bereits heruntergefahrenen Node nicht mehr erreichen kann.

Weitere Hinweise dazu – beispielsweise für HCI-Umgebungen mit Ceph – finden Sie auch im Proxmox-VE-Wiki unter *https://pve.proxmox.com/wiki/Cluster_Manager#_remove_a_cluster_node*.

Sollten Sie den Node nach dem Entfernen erneut in den Cluster aufnehmen wollen, beispielsweise nach einer Reparatur, müssen Sie den Node unbedingt vor dem erneuten Hinzufügen neu installieren.

In einem solchen Fall empfehle ich Ihnen, dem Node auch einen neuen, vorher nicht verwendeten Namen zu geben, anstatt den alten Namen erneut zu verwenden. Nach dem Entfernen des Nodes bleiben auf dem Proxmox Cluster File System unter */etc/pve/nodes/<nodename>* sowie in den *known_hosts*-Dateien noch Fragmente des alten Nodes unter ihrem ursprünglichen Namen zurück.

Alternativ dazu können Sie das Verzeichnis des alten Nodes mit dem Namen */etc/pve/nodes/<nodename>* löschen und den Befehl `pvecm updatecerts` verwenden, um den Fingerprint in der *known_hosts*-Datei auf den des neuen Nodes zu aktualisieren.

15.9 Status des Clusters prüfen und monitoren

Ein Proxmox-VE-Cluster ist ein stabil funktionierender Cluster, bei dem jeder Node genau wissen muss, was der andere tut. Durch das gemeinsame Wirken von Corosync und dem Proxmox Cluster File System funktioniert das auch hervorragend gut. Damit das auch so bleibt, Ihr Cluster das Quorum nicht verliert und Dienste wie HA zuverlässig funktionieren, sollten Sie stets wissen, wie es um die Gesundheit Ihres Clusters steht.

Als Administrator oder Administratorin in einer Enterprise-Umgebung nutzen Sie wahrscheinlich bereits ein Monitoring, das viele Ihrer bereits vorhandenen Systeme permanent überwacht und Ihnen meldet, wenn etwas beginnt, aus dem Ruder zu laufen, bevor es sich zu einem Problem auswächst. Vielleicht kann Ihr Monitoring ja auch bereits Proxmox-VE-Systeme und -Cluster überwachen.

Daneben brauchen Sie allerdings Werkzeuge, die Ihnen einen Blick »unter die Motorhaube« gewähren. Wir schauen uns dazu ein paar Befehle an, die Sie auf der Shell verwenden können, um den Gesundheitszustand Ihres Clusters zu prüfen.

15.9.1 Der schnelle Cluster-Check mit pvecm status

Ihr wichtigstes Werkzeug ist `pvecm status`. Dieser Befehl aus Listing 15.6 liefert Ihnen einen High-Level-Status Ihres Clusters und daneben die wichtigste Information: Haben wir ein Quorum?

```
root@pve-k-1:~# pvecm status
Cluster information
-------
```

```
Name: cluster-k
Config Version: 3
Transport: knet
Secure auth: on

Quorum information
-------
Date: Sat Nov 22 15:29:49 2025
Quorum provider: corosync_votequorum
Nodes: 3
Node ID: 0x00000001
Ring ID: 1.918
Quorate: Yes

Votequorum information
-------
Expected votes: 3
Highest expected: 3
Total votes: 3
Quorum: 2
Flags: Quorate

Membership information
-------
    Nodeid Votes Name
0x00000001 1 10.2.99.111 (local)
0x00000002 1 10.2.99.112
0x00000003 1 10.2.99.113
```

Listing 15.6: Mit »pvecm status« ermitteln Sie den aktuellen Gesundheitszustand Ihres Clusters.

Die Ausgabe liefert Ihnen eine kompakte Übersicht:

- `Quorate`: Dies ist das wichtigste Feld. Steht hier `Yes`, ist der Cluster handlungsfähig. Steht hier `No`, hat sich der Cluster (oder dieser Teil von ihm) in einen Read-only-Zustand versetzt, um Dateninkonsistenzen nach einem Split Brain zu vermeiden.
- `Total votes`: die Anzahl der aktuell verfügbaren Stimmen
- `Quorum`: die Anzahl der benötigten Stimmen für ein Quorum
- `Flags`: Auch in diesem Feld wird durch `Quorate` angezeigt, dass der Cluster ein Quorum besitzt.
- `Membership information`: die Liste der Nodes, aus denen der Cluster besteht. Hinter dem Node, auf dem Sie sich gerade befinden, steht die Angabe `(local)`. Die hier angezeigten IP-Adressen entsprechen dem ersten konfigurierten Link, in der Regel sehen Sie hier also die IP-Adresse des `link0` auf dem jeweiligen Server.

15.9.2 Corosync-Netzwerke mit corosync-cfgtool prüfen

Stellen Sie sich vor, Sie haben zwei Netzwerk-Ports für den Cluster-Traffic konfiguriert. Wenn nun jemand versehentlich ein Kabel zieht, bleibt Ihr Cluster zwar online, aber Sie haben Ihre Redundanz verloren.

Während `pvecm status` Ihnen sagt, *dass* die Nodes miteinander reden und es dem Cluster insgesamt gut oder nicht gut geht, teilt `pvecm status` Ihnen nicht mit, in welchem Zustand sich die definierten Netzwerkverbindungen befinden.

Der Befehl `corosync-cfgtool -s` (siehe Listing 15.7) gibt Ihnen Aufschluss darüber, *wie* die Nodes untereinander kommunizieren. Dies ist besonders dann spannend, wenn Sie - wie in Produktionsumgebungen dringend empfohlen - redundante Cluster-Netzwerke aus mehreren Corosync-Links konfiguriert haben. Und wir haben ja bereits mehr als eine Netzwerkverbindung konfiguriert, um auch bei teilweisen Netzwerkproblemen dem Cluster mehr Stabilität zu verleihen.

```
root@pve-k-1:~# corosync-cfgtool -s
Local node ID 1, transport knet
LINK ID 0 udp
    addr = 10.2.99.111
    status:
        nodeid: 1: localhost
        nodeid: 2: connected
        nodeid: 3: connected
LINK ID 1 udp
    addr = 10.3.99.111
    status:
        nodeid: 1: localhost
        nodeid: 2: connected
        nodeid: 3: connected
```

Listing 15.7: Den Zustand der einzelnen Corosync-Links sehen Sie mit »corosync-cfgtool -s«.

Sie erhalten eine Auflistung der konfigurierten Corosync-Links und können für jede einzelne Verbindung zwischen den Nodes erkennen, ob sie funktionsfähig ist.

Steht in einer oder mehreren Zeilen `disconnected`, kann der Node, auf dem Sie sich befinden, mit diesem Interface des entfernten Nodes nicht kommunizieren. Der häufigste Grund dafür ist eine falsche IP-Konfiguration oder ein physisch nicht funktionsfähiges Netz dahinter.

Auch wenn ein oder mehrere Links `disconnected` sind, kann der Cluster weiterhin ganz normal funktionieren - dennoch sollten Sie den Grund dafür untersuchen und das Problem beheben, um auf diese Weise wieder vollständige Redundanz herzustellen.

15.10 Das Problem mit 2-Node-Clustern und mögliche Lösungen

In kleineren Umgebungen würde oft ein einzelner, ausreichend ausgestatteter Hypervisor ausreichen. Allerdings führt ein Ausfall dieses einen Hypervisors dann direkt zum Stillstand der gesamten IT.

Ein häufiges Szenario in kleineren Umgebungen ist es deshalb, aus Redundanzgründen einen zweiten Node daneben zu stellen und aus beiden Servern einen Cluster zu bauen. Geplante Wartungen erlauben dann die Live-Migration von VMs, und sollte es zu einem Ausfall kommen, gibt es bereits einen Server, auf dem die VMs sich direkt wieder starten lassen.

Allerdings stößt man auf ein Problem: Das benötigte Quorum für den Cluster-Betrieb ist bei einem 2-Node-Cluster genau 2. Sobald einer der beiden Server ausfällt, verbleibt nur noch eine Stimme. Genau 50 % sind aber keine Mehrheit und bilden daher kein valides Quorum.

An dieser Stelle gibt es zwei mögliche Lösungen: eine manuelle Variante, in der man das Quorum auf der Stelle erzwingt, sowie eine Erweiterung des Clusters um ein Quorum-Device, das eine zusätzliche Stimme bereitstellt.

15.10.1 Manuelles Erzwingen eines Quorums in Notfallsituationen

Der Befehl `pvecm expected <votes>` ermöglicht es Ihnen, die Anzahl der benötigten Stimmen für ein Quorum zu reduzieren und damit über diesen Umweg den Schreibzugriff auf das Proxmox Cluster File System zurückzugewinnen. Als Parameter geben Sie die Anzahl der noch verfügbaren Nodes an. Hier sind zwei Beispiele:

- In einem 2-Node-Cluster benötigen Sie normalerweise beide Nodes. Wenn ein Node ausfällt und nur noch einer zur Verfügung steht, führen Sie auf dem verbleibenden Node `pvecm expected 1` aus. Die Anzahl der Stimmen für das Quorum wird auf 1 reduziert und das Quorum kann wieder – selbst mit einem Server – erreicht werden.
- In einem 4-Node-Cluster benötigen Sie regulär 3 Stimmen für eine Mehrheit. Wenn zwei Server in Raum A und zwei Server in Raum B stehen und ein gesamter Raum ausfällt oder die Verbindung zwischen beiden Räumen nicht mehr funktioniert, verbleiben nur noch zwei Nodes. Hier verwenden Sie ein `pvecm expected 2` auf *einer* der beiden Seiten. Wenn Sie auf beiden Seiten ein Quorum erlauben, riskieren Sie ein Split Brain und damit Dateninkonsistenzen.

Mit `pvecm expected <votes>` können Sie die Kontrolle über den Cluster zurückerlangen. Aber nutzen Sie diesen Befehl ausschließlich auf einer einzelnen Cluster-Partition!

Bei Rückkehr des anderen Nodes oder des zweiten Raums müssen Sie den Wert nicht erneut korrigieren. Die Anzahl der erwarteten Stimmen – die *Expected Votes* – wird von Corosync automatisch wieder nach oben korrigiert und an die verfügbare Anzahl an Servern angepasst.

15.10.2 Einen Cluster um ein Quorum-Device erweitern

Eine zweite Variante für den Einsatz in unbeaufsichtigten Umgebungen oder für den Einsatz in HA-Szenarien ist das *Quorum-Device*, kürzer auch *QDevice* genannt. Ein QDevice ist ein externer »Schiedsrichter« oder »Witness« (dt. *Zeuge*). Es ist ein kleiner Dienst, meist ein Daemon auf einem separaten, kleinen Linux-Server oder einer VM außerhalb des Clusters, der als dritte Stimme fungiert, ohne selbst ein vollwertiger Proxmox-VE-Node sein zu müssen.

Nun könnte man auf die Idee kommen, statt eines QDevice auch einen dritten Proxmox-VE-Node in den Cluster aufzunehmen, darauf aber keine VMs oder Container zu hosten. In beiden Ansätzen – also mit einem vollwertigen Node oder einem QDevice – gibt es ein paar Unterschiede, die bei der Entscheidungsfindung helfen können:

- Im Gegensatz zu einem weiteren, vollwertigen Proxmox-VE-Node benötigt ein QDevice keine Subscription. Und zwar auch dann nicht, wenn es an einem sonst vollwertig mit Subscriptions ausgestatteten Cluster betrieben wird.
- Ein QDevice benötigt weniger Ressourcen als eine vollwertige Proxmox-VE-Instanz. Sie können es auf einer kleinen VM eines anderen Clusters betreiben oder auf einem minimal ausgestatteten Server oder einer Appliance-Hardware. Auch auf einem Proxmox-Backup-Server lässt sich ein QDevice installieren.
- Die Latenz zwischen zwei Proxmox-VE-Nodes in einem Cluster sollte dauerhaft unter 5 Millisekunden liegen. Ein QDevice verträgt deutlich höhere Latenzen und kann daher auch an einem weiter entfernten, komplett abgesetzten Standort betrieben werden.
- Alle Proxmox-VE-Nodes müssen zwar mit dem QDevice kommunizieren, benötigen dafür jedoch nur irgendeinen funktionierenden Link – und das darf sogar ein anderer Link sein als für die Verbindung der Nodes untereinander.

Ein QDevice hat also durchaus ein paar abweichende Eigenschaften, die im Vergleich mit einem vollwertigen weiteren Proxmox-VE-Node vorteilhaft sein können.

Das Funktionsprinzip des QDevice ist schnell erläutert:

- Wenn Node A ausfällt, sehen Node B und das QDevice sich noch. Gemeinsam bilden sie eine Mehrheit (2 von 3 Stimmen), und der Cluster bleibt *quorate* (beschlussfähig).
- Wenn das Netzwerk zwischen Raum 1 und Raum 2 ausfällt, aber die Server in beiden Räumen das QDevice noch erreichen können, dann wird das QDevice seine Stimme nur einer der beiden Seiten verleihen. Die andere geht leer aus und verliert das Quorum.

Ein QDevice wird in Clustern genutzt, die aus einer kleineren, geraden Anzahl an Nodes bestehen. Typischerweise handelt es sich also um 2- oder 4-Node-Cluster, die man mit einem QDevice um eine Stimme erweitert. Bei 3, 5 oder mehr Nodes macht ein QDevice häufig keinen Sinn mehr, da es genügend Stimmen gibt, um ein Quorum zu formen, selbst nach dem Ausfall eines Raums.

Tabelle 15.3 zeigt einige Beispiele dafür, wie die Architektur typischer Cluster-Umgebungen realisiert wird.

Anzahl der Nodes gesamt	Anzahl der Räume/Standorte	Wird ein QDevice gebraucht?
2	1	Ein QDevice in der Nähe der beiden Nodes
3	1	QDevice vermeiden, 1 Node darf ausfallen.
4	2	QDevice an einem dritten Standort, mit dem die beiden anderen Standorte kommunizieren können
5	1	QDevice vermeiden, maximal 2 Nodes dürfen ausfallen.
6	1	QDevice vermeiden, maximal 2 Nodes dürfen ausfallen.
6	2	Server auf 3 statt auf 2 Standorte verteilen – nun kann ein gesamter Standort mit zwei Servern ausfallen.
6	3	QDevice vermeiden, maximal 2 Nodes dürfen ausfallen.

Tabelle 15.3: Wie Cluster-Nodes typischerweise auf Räume oder Standorte verteilt werden

Einrichtung eines QDevice

Sie fügen ein QDevice über die Shell hinzu, und zwar mit dem `pvecm qdevice setup`-Befehl. Zuvor müssen Sie jedoch noch folgende benötigte Pakete installieren:

1. **Installieren Sie `corosync-qnetd` auf einem externen Server oder Device.**

   Die Corosync-Komponente `corosync-qnetd` muss zunächst installiert werden. Am einfachsten lässt sich das auf Basis einer Debian-Maschine mit `apt install` erledigen:

   ```
   root@externer-server:~# apt install corosync-qnetd
   ```

   Der Port 5403/TCP muss auf dieser Maschine von allen Proxmox-VE-Nodes aus erreichbar sein, damit die Kommunikation funktioniert.

2. **Installieren Sie `corosync-qdevice` auf allen Cluster-Nodes.**

   Als nächsten Schritt müssen Sie auf jedem einzelnen Node Ihres Clusters das `corosync-qdevice`-Paket nachinstallieren:

   ```
   root@pve-server-XX:~# apt install corosync-qdevice
   ```

3. **Fügen Sie QDevice zum Cluster hinzu.**

   Nachdem alle Pakete installiert sind, können Sie das QDevice nun mit dem Befehl `pvecm qdevice setup` in Betrieb nehmen. Dies erledigen Sie nur auf einem einzigen Node des Clusters, und `pvecm` kümmert sich um die restliche Integration.

Eventuell müssen Sie auch hier den Fingerprint bestätigen und das root-Kennwort der QDevice-Maschine angeben, damit das Setup startet.

```
root@pve-k-1:~# pvecm qdevice setup 10.1.99.115
[...]
Reloading corosync.conf...
Done
```

Nun ist Ihr QDevice eingebunden und versorgt den Cluster mit einer zusätzlichen Stimme beim Quorum.

Auch die Ausgabe von `pvecm status` ist nun etwas anders, weil sie das QDevice beinhaltet. Hier sehen Sie das Beispiel eines 2-Node-Clusters mit QDevice:

```
root@pve-k-1:~# pvecm status
[...]
Votequorum information
----------
Expected votes: 3
Highest expected: 3
Total votes: 3
Quorum: 2
Flags: Quorate Qdevice
Membership information
Nodeid Votes Qdevice Name
0x00000001 1 A,V,NMW 10.2.99.111 (local) 0x00000002 1 A,V,NMW
10.2.99.112 0x00000000 1 Qdevice
```

Man kann das zusätzliche `Qdevice`-Flag erkennen und weitere Informationen zu jedem Node in der `Membership information` finden. Die zusätzlichen Flags können bei der Analyse von Problemen hilfreich werden. In der Proxmox-VE-Dokumentation werden sie unter *https://pve.proxmox.com/pve-docs/pve-admin-guide.html#pvecm_qdevice_status_flags* erläutert.

15.10.3 Ein QDevice entfernen

Im Gegensatz zu einem Proxmox-VE-Node, der nur am Ende seines Lebens einmal aus einem Cluster entfernt werden kann, darf das QDevice jederzeit entfernt und später dem gleichen Cluster erneut hinzugefügt werden. Stellen Sie sich dazu folgendes Szenario vor:

1. Ein 2-Node-Cluster wird erstellt.
2. Ein QDevice wird dem Cluster hinzugefügt.
3. Um die Kapazität des Clusters zu erweitern, wird ein weiterer, vollständiger Proxmox-VE-Node hinzugefügt. Zusammen mit dem QDevice sind nun 3+1 Stimme vorhanden.
4. Da man stets eine ungerade Anzahl anstreben sollte, wird das QDevice wieder entfernt.

5. Nun wird die Kapazität des Clusters ein weiteres Mal ausgebaut, indem ein weiterer Node hinzugefügt wird.
6. Da es nun 4 Server und somit 4 Stimmen gibt, wird das QDevice als 5. Stimme wieder hinzugefügt.

Um ein QDevice aus einem Cluster wieder zu entfernen, verwenden Sie den Befehl `pvecm qdevice remove` auf einem der Cluster-Nodes. Da ein Cluster nur ein einzelnes QDevice haben kann, müssen Sie hier nichts weiter angeben:

```
root@pve-k-1:~# pvecm qdevice remove
[...]
Reloading corosync.conf...
Done
Removed Qdevice.
```

Eine erneute Prüfung mit `pvecm status` zeigt kein QDevice mehr an - der Cluster ist nun nur noch auf die Stimmen der eigenen Nodes angewiesen.

15.11 Konkurrierende Aktionen durch Locks verhindern

Wenn Sie mit Proxmox VE arbeiten, werden Sie früher oder später auf den Begriff *Lock* stoßen. Meist geschieht das, wenn Sie eine Aktion durchführen möchten, diese aber mit einer Fehlermeldung über ein bestehendes Lock fehlschlägt.

15.11.1 Locking im Allgemeinen und unter Proxmox VE

Locks sind ein Sicherheitsmechanismus, um die Integrität Ihrer virtuellen Maschinen und Container zu schützen. Sie dienen dazu, konkurrierende Aktionen zu verhindern, die zu Datenkorruption oder inkonsistenten Zuständen führen könnten, und kommen nicht nur in Proxmox VE, sondern auch in anderen Systemen vielfältig zum Einsatz.

Stellen Sie sich vor, Sie starten eine Live-Migration einer VM auf einen anderen Node, während gleichzeitig ein Backup-Job für dieselbe VM anläuft. Beide Prozesse versuchen, auf den Speicher der VM zuzugreifen und diesen zu lesen oder zu verändern. Ohne einen Sperrmechanismus könnte dies zu unklaren Ergebnissen oder, schlimmer noch, zu beschädigten Daten führen.

Proxmox VE setzt automatisch ein Lock auf einen Gast, wenn eine Operation gestartet wird, die konkurrierende Zugriffe aus Sicherheitsgründen ausschließen möchte. Zu diesen Operationen gehören typischerweise:

- Backups mit `vzdump`
- Live-Migrationen und Offline-Migrationen
- das Erstellen oder Löschen von Snapshots

- das Klonen einer VM
- das Herunterfahren einer VM
- Storage-Migration, also das Verschieben eines VM-Image auf einen anderen Storage
- das Einhängen eines Container-Dateisystems auf dem Host mittels `pct mount`

Technisch werden diese Locks über das Proxmox Cluster File System verwaltet, wodurch sie clusterweit gültig sind. Sobald die gestartete Aktion erfolgreich oder fehlerhaft beendet wurde, wird das Lock automatisch wieder entfernt.

15.11.2 Manuelles Entfernen von Locks (Unlock)

In Ausnahmefällen kann es vorkommen, dass ein Lock bestehen bleibt, obwohl die zugehörige Aktion längst beendet ist. Ein typisches Szenario hierfür ist ein Stromausfall oder ein Hardware-Crash des Hosts während eines laufenden Backups oder einer Migration. Der häufigste Fall hierfür dürfte ein vollgelaufener Backup-Storage sein.

Wenn Sie sicher sind, dass die ursprüngliche Aktion, die das Lock ausgelöst hat, nicht mehr läuft, können Sie die Sperre manuell aufheben.

Für KVM-Maschinen (VMs) verwenden Sie den Befehl `qm unlock`:

```
# Sperre für VM 100 entfernen
~# qm unlock 100
```

Für LXC-Container verwenden Sie den Befehl `pct unlock`:

```
# Sperre für Container 101 entfernen
~#  pct unlock 101
```

Entfernen Sie ein Lock nur dann manuell, wenn Sie absolut sicher sind, dass der sperrende Prozess nicht mehr aktiv ist! Das Aufheben einer Sperre bei einem noch laufenden Prozess führt im schlimmsten Fall zu Dateninkonsistenzen oder Datenverlust.

Kapitel 16
Migration im Live-Betrieb

Stellen Sie sich vor, Sie müssen einen physischen Server warten - vielleicht ein RAM-Upgrade durchführen oder das Mainboard tauschen. Früher hieß das: Wartungsfenster am Wochenende, Nachtschichten und Downtime.

In diesem Kapitel tauchen wir in die Mechanismen ein, die es Ihnen erlauben, virtuelle Maschinen im laufenden Betrieb von einem Server zum anderen zu verschieben - im besten Fall, ohne dass Ihre Anwender etwas bemerken. Wir schauen uns an, wie Daten zwischen Storages wandern und wie Sie VMs sogar über Cluster-Grenzen hinweg bewegen.

Die Fähigkeit, laufende virtuelle Maschinen und Container von einem physischen Host auf einen anderen zu migrieren, ohne dass es zu langen Ausfallzeiten kommt, ist eines der wichtigsten Features in modernen Virtualisierungsumgebungen.

16.1 Live-Migration von VMs und Containern

Die Live-Migration ermöglicht es, eine VM oder einen Container im laufenden Betrieb auf einen anderen Node zu verschieben. Während dies mit QEMU/KVM-VMs meist ohne Downtime funktioniert, ist bei LXC-Containern eine geringe Downtime notwendig.

Bei der Live-Migration werden der Inhalt des Arbeitsspeichers sowie zugehörige Disk-Images auf lokalem Speicher über das Netzwerk auf den Zielnode kopiert und dann der Prozess dort gestartet. Liegen die Disk-Images der VM bereits auf einem Shared Storage, ziehen nur der RAM-Inhalt und die Zustandsinformationen der VM um.

16.1.1 Funktionsweise und Unterschiede

Die Migration von QEMU/KVM-Maschinen, also VMs, erfolgt meist transparent und ohne Downtime. Dabei werden der RAM-Inhalt sowie Statusinformationen der VM iterativ über das Netzwerk kopiert. Ist der verbleibende Rest klein genug, wird die VM für den Bruchteil einer Sekunde pausiert, der letzte State übertragen und die VM auf dem Zielknoten in einem neuen QEMU/KVM-Prozess fortgesetzt. Der Endanwender bekommt davon in der Regel nichts mit.

LXC-Container nutzen hingegen die sogenannte Restart-Migration. Dabei wird der Container heruntergefahren, auf den Zielnode verschoben und dort wieder gestartet. Eine kurze Downtime ist deshalb nicht vermeidbar. Proxmox baut hierbei einen WebSocket-Tunnel zum Ziel auf und leitet den Datenstrom für die Migration durch diesen Tunnel.

16.1.2 Voraussetzungen für die Migration

Damit die Migration reibungslos funktioniert, sollten Sie im Enterprise-Umfeld einige Voraussetzungen schaffen.

Der Quell- und der Zielnode müssen sich im gleichen Cluster befinden - zumindest ist dies der Standardfall. Es gibt darüber hinaus jedoch mit dem *Proxmox Datacenter Manager* (PDM) und über die Kommandozeile mit `qm remote-migrate` und `pct remote-migrate` Möglichkeiten, die VMs und Container auch auf externe Hosts zu migrieren, die nicht zum Cluster gehören. Die Remote-Migration schauen wir uns weiter unten genauer an.

Da in der VM-Konfiguration festgelegt ist, an welche Bridge das jeweilige Interface der VM oder des Containers angebunden ist, müssen die Bridges auf allen beteiligten Hosts gleich sein.

Idealerweise liegen die Disk-Images auf einem Shared Storage wie Ceph, NFS, iSCSI oder FC. Dann müssen nämlich nur der RAM-Inhalt und der Status der VM übertragen werden. Liegen die Disks dagegen auf einem lokalen Storage, müssen diese mit übertragen werden und verlängern die Dauer der Migration erheblich.

Quell- und Ziel-CPU sollten idealerweise vom gleichen Hersteller stammen und aus der gleichen Generation sein. Ist der Ziel-Server älter oder hat weniger Features, schlägt die Migration fehl. Verwenden Sie in heterogenen Clustern mit unterschiedlichen CPUs einen generischen CPU-Typ wie `x86-64-v2-aes`, um einen gemeinsamen Nenner zu finden, anstatt `host` zu nutzen.

Beide Nodes müssen sich im gleichen Cluster befinden und über das Migrationsnetzwerk miteinander kommunizieren können. Standardmäßig wird für die Migration der Name des Zielnodes in eine IP-Adresse aufgelöst und dieses Netzwerk verwendet. Unter **Datacenter • Options** können Sie das Netzwerk für die Migration jedoch auf ein Netzwerk Ihrer Wahl festlegen.

16.1.3 Eine Migration durchführen

Die Migration einer VM innerhalb eines Clusters ist einfach: Es reicht schon ein Rechtsklick auf die VM und die Auswahl von **Migrate,** oder ein Klick auf den Button **Migrate** oben rechts öffnet den Migrationsdialog, den Sie in Abbildung 16.1 sehen. Auf einem Standalone-Node gibt es diese Auswahl nicht.

Nun wählen Sie den **Target node** als Ziel der Migration aus. Falls Sie lokale Disks eingebunden haben, ermöglicht Ihnen Proxmox VE unter **Target storage** direkt eine Migration auf einen Shared Storage oder auf einen anderen Storage Ihrer Wahl. Bei neueren Versionen ist auch **Conntrack state** bereits für Sie aktiviert. Damit werden bestehende Netzwerkverbindungen aus der *Connection Tracking Table* des Linux-Kernels mit auf den Zielnode migriert, um möglichst keine Verbindungsabbrüche zur VM zu riskieren.

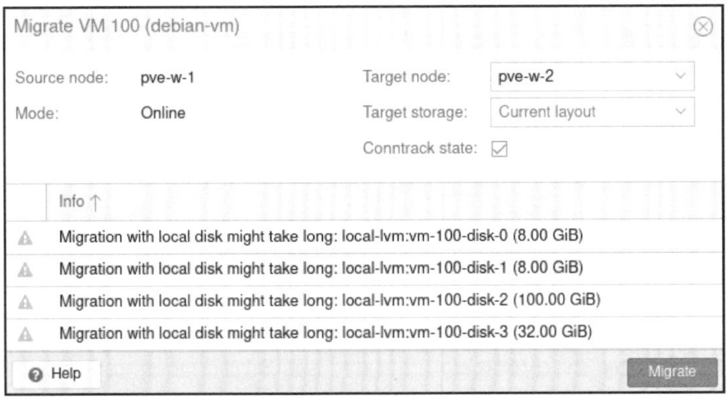

Abbildung 16.1: Der Dialog zur Migration einer VM – hier mit Warnungen, weil es mehrere lokale Disks gibt

Nun können Sie mit dem Button **Migrate** die Migration starten.

Auch per CLI lässt sich die Migration leicht erledigen. Verwenden Sie `qm migrate` für VMs und `pct migrate` für Container:

```
# Allgemeiner Aufruf:
qm migrate <vmid> <target> [OPTIONS]

# Konkretes Beispiel:
root@pve-k-1:~# qm migrate 123 pve-k-3 --online --with-conntrack-state
```

16.2 Storage-Migration

Nicht immer wollen Sie die VM auf einen anderen Server verschieben. Manchmal muss einfach nur die virtuelle Festplatte auf einen anderen Storage umziehen – etwa weil der schnelle NVMe-Pool vollläuft oder alte Logs auf das langsamere HDD-RAID sollen oder weil Sie ein Storage-System komplett durch ein neues ablösen.

Die Storage-Migration ermöglicht durch das Verschieben oder das Ändern des Formats von Disk-Images genau dies. So lässt sich das Image auf eine andere Storage migrieren oder das Format beispielsweise von `vmdk` oder `raw` nach `qcow2` ändern – oder auch beides gleichzeitig und ohne eine Downtime. Eine VM läuft während dieser Operation einfach normal weiter. Ein Container muss dazu allerdings ausgeschaltet sein. Die VM muss bei dieser Operation auch nicht auf einen anderen Server migriert werden – sie kann auch auf dem gleichen Node weiterlaufen.

Die Funktion ist nicht gleich offensichtlich, da sie nicht alle Disks der gesamten VM migriert, sondern nur auf einzelne Disks einer VM anwendbar ist. Durch einen Klick auf **<vmid> • Hardware • Disk Action • Move Disk** erscheint der Dialog aus Abbildung 16.2.

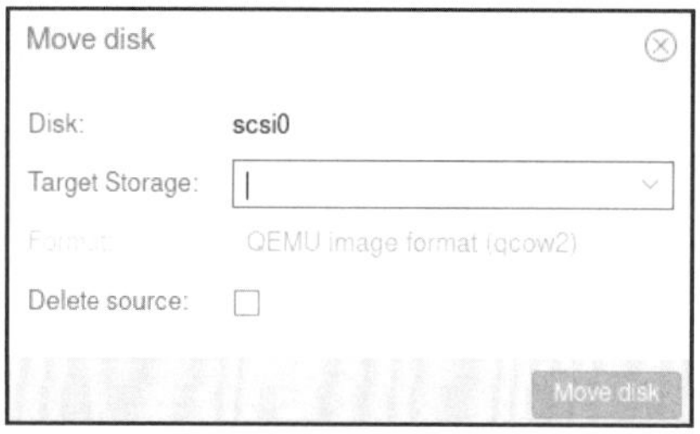

Abbildung 16.2: »Move disk« wird pro Disk-Image in der Hardwarekonfiguration durchgeführt.

Unter **Target Storage** geben Sie den Storage an, auf den das Disk-Image migriert werden soll. Das **Format** darunter bestimmt das Disk-Image-Format auf dem Ziel-Storage und ist wie üblich nur dann konfigurierbar, wenn es sich bei dem Ziel-Storage um einen dateibasierten Speicher handelt. Für Block-Storages ist das Format immer `.raw`. Als letzte Option geben Sie mit **Delete source** noch an, ob das ursprüngliche Image nach erfolgreicher Migration und Umschaltung gelöscht werden soll. Falls Sie den Haken nicht setzen, bleibt das Image als **Unused Disk** auf dem ursprünglichen Storage zurück und auch weiterhin in der Konfiguration der VM stehen.

Das Ganze funktioniert auch via CLI mit dem Befehl `qm disk move`:

```
root@pve:~# qm disk move <vmid> <disk> [<storage>] [OPTIONS]
# Beispiel:
root@pve:~# qm disk move 118 scsi0 my-nfs --delete --format qcow2
```

Das Beispiel migriert die Disk `scsi0` der VM `118` auf den Storage `my-nfs`, gleichzeitig wandelt der Befehl das Disk-Image in das `qcow2`-Format um und löscht nach erfolgreicher Umschaltung das alte Disk-Image.

Auch über die Kommandozeile muss dieser Vorgang für jede einzelne Disk durchgeführt werden, da es noch keine Möglichkeit gibt, mit einem einzelnen Befehl die reine Storage-Migration aller Disks einer VM zu veranlassen. Allerdings lässt sich das mit einer `for`-Schleife in der Bash auch automatisieren, wenn es wirklich, wirklich viele Disks sein sollten oder häufiger vorkommt.

16.2.1 Funktionsweise der Storage-Migration bei QEMU/KVM-VMs

QEMU nutzt hierfür den `drive-mirror`. Die Daten werden im Hintergrund auf den neuen Storage gespiegelt. Sobald die Spiegelung synchron ist, schaltet QEMU den Zugriff transparent auf den neuen Storage um. Optional kann das alte Image auf dem ursprünglichen Storage nach der erfolgreichen Umschaltung gelöscht werden. Entscheiden Sie sich, das Häkchen bei **Delete source** nicht zu setzen, bleibt das vorherige Disk-Image als **Unused Image** in der Konfiguration zurück.

> **Besonderheit bei Containern (LXC)**
>
> Bei Containern ist eine Storage-Migration ohne Downtime nicht möglich. Container-Images lassen sich zwar auf andere Storages migrieren, jedoch muss der Container dabei ausgeschaltet sein. Nach der Migration kann er wieder gestartet werden.

16.3 Live-Migration von VMs mit lokalen Disks

Früher galt, dass für die Live-Migration einer VM ein Shared Storage wie ein NAS oder ein SAN benötigt wird. Das ist längst überholt, denn Proxmox VE beherrscht die Live-Migration auch dann, wenn die virtuellen Festplatten auf lokalem Speicher wie ZFS oder LVM-thin liegen.

Und es gibt noch eine Besonderheit bei der Live-Migration, wenn die Images auf einem lokalen Storage liegen. Proxmox VE bietet dann nämlich an, die Disk-Images nicht nur auf den Zielnode zu migrieren, sondern gleichzeitig auch auf einen völlig anderen Storage. Dieser neue Ziel-Storage für die Images kann ein lokaler Storage des Zielknotens sein, aber auch ein Shared Storage.

Ruft man den Dialog für die Live-Migration auf, erhält man für jede lokale Disk einen Warnhinweis, dass die Migration lange dauern könnte. Im gleichen Dialog lässt sich dann aber auch ein anderer Ziel-Storage direkt auswählen (siehe Abbildung 16.3).

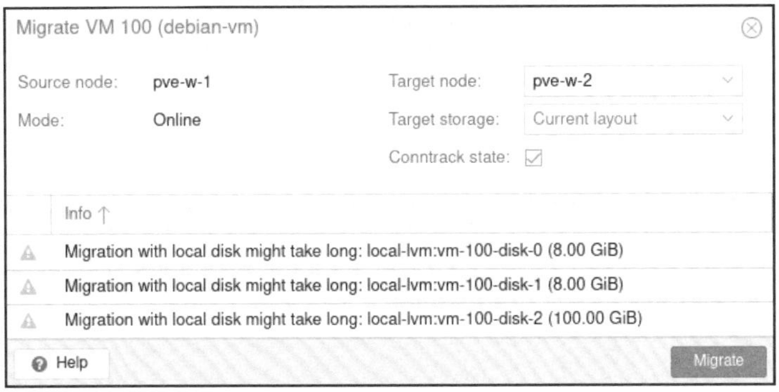

Abbildung 16.3: Bei der Live-Migration von VMs mit lokalen Disks können Sie gleichzeitig eine Migration der Images auf einen anderen Storage vornehmen.

Per Shell steht Ihnen diese Funktion ebenfalls zur Verfügung, in dem Sie bei `qm migrate` die Option `--with-local-disks` ergänzen. Mit `qm migrate` können Sie lokale Disks bei einer Live-Migration gleichzeitig auch auf einen anderen Storage verschieben:

```
root@pve01:~# qm migrate 100 pve02 --online --with-local-disks \
          --targetstorage my-ceph-pool
```

Eine Live-Migration mit lokalen Disks läuft folgendermaßen ab:

1. Proxmox startet die Spiegelung der lokalen Disk mit einem `drive-mirror` über das Netzwerk auf den neuen QEMU-Prozess des Ziel-Nodes.
2. Sobald die Disks synchron sind, beginnt die Migration des RAM-Inhalts und des VM-States.
3. Wenn die Inhalte des Storage, des RAMs und der Status der VM auf beiden Seiten gleich sind, wird der KVM-Prozess auf dem Zielnode live geschaltet und der KVM-Prozess auf dem Quellnode beendet.
4. Wenn **Delete source** aktiviert wurde, werden nach erfolgreicher Migration die Disks auf dem Quell-Hypervisor gelöscht.

16.4 Automatische Optimierung: TRIM nach der Migration

Nehmen wir an, Sie migrieren eine VM mit einem 100 GB großen Image von einem lokalen Storage auf einen Storage des Ziel-Hypervisors, der Thin-Provisioning beherrscht. In Ihrem Image sind nur 20 GB belegt, die restlichen 80 GB werden noch nicht verwendet. Nun würde es ja ausreichen, die 20 GB zu transferieren und auf dem Ziel-Storage zu belegen – dieser beherrscht ja Thin-Provisioning. Der Befehl `drive-mirror` spiegelt jedoch alles, auch die leeren Blöcke, und sorgt dann auf dem Ziel-Storage für die Belegung von 100 GB statt der nur verwendeten 20 GB.

Ein oft übersehenes, aber wichtiges Feature ist die Möglichkeit, ein TRIM an die VM zu senden und nach der Migration automatisch durchführen zu lassen. Bei der Migration wird zwar dennoch zunächst der gesamte Speicher belegt, aber nach der Migration wird durch das TRIM-Kommando der nicht belegte Speicher wieder freigegeben, sofern der Ziel-Storage dies unterstützt und der QEMU-Guest-Agent in der VM installiert und aktiviert ist.

In den Optionen einer VM aktivieren Sie dazu mit **<vmid> • Options • QEMU Guest Agent** die Option **Run guest-trim** (siehe Abbildung 16.4).

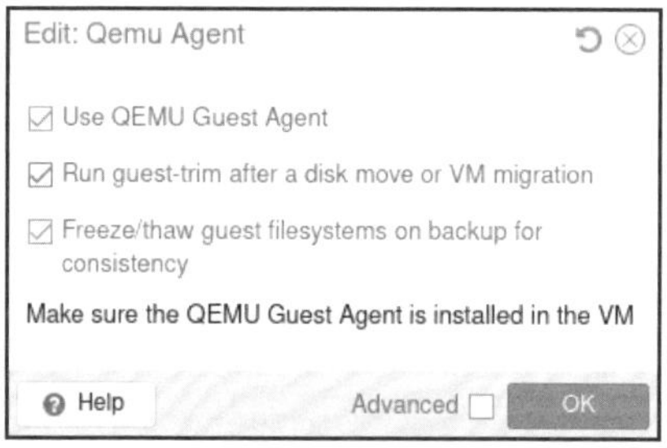

Abbildung 16.4: Wenn Ihr Storage Thin-Provisioning beherrscht, aktivieren Sie die »Run guest-trim«-Option.

Haben Sie die Option aktiviert, sendet Proxmox VE nach erfolgreicher Live-Migration der VM oder einer Disk den Befehl `fstrim` an den QEMU-Guest-Agent der VM. Dieser initiiert ein `fstrim`, und das Gast-Dateisystem meldet nicht belegte Blöcke an den Storage-Layer zurück. Der belegte Speicherplatz auf dem neuen Storage schrumpft auf das tatsächlich benötigte Minimum zusammen und gibt im besten Fall den nicht verwendeten Speicher wieder frei.

Damit dieser Mechanismus funktioniert, müssen zusätzlich folgende Eigenschaften gesetzt sein:

- Der Storage-Controller in der VM muss das TRIM-Kommando an den Storage weitergeben. Dies ist beispielsweise der Fall für `virtio-scsi-single`, `virtio-scsi` und in neueren Versionen von `virtio` – in der GUI wird das als **VirtIO Block** bezeichnet.
- Für die virtuellen Disks muss in der Konfiguration **Discard** aktiviert sein.
- Das Gast-Betriebssystem muss TRIM senden. Bei Windows ist das beispielsweise nur der Fall, wenn es SSDs oder NVMe-Storage erkennt. Sie sollten also für Windows in der Konfiguration **SSD-Emulation** aktivieren.

16.5 Remote-Migration von VMs und Containern zu externen Proxmox-VE-Servern

Traditionell war die Migration auf Nodes innerhalb des gleichen Clusters beschränkt. Seit einigen Versionen von Proxmox VE ist es jedoch möglich, VMs auch zu externen Clustern oder Standalone-Nodes und umgekehrt zu migrieren. Derzeit ist das Feature allerdings noch experimentell.

Diese Funktionalität ist jedoch bisher auf die Nutzung über die Kommandozeile beschränkt und in der GUI nicht verfügbar. Allerdings ist sie im *Proxmox Datacenter Manager* (PDM) auch über dessen GUI verfügbar. Der Proxmox Datacenter Manager wurde ja explizit zur Verwaltung mehrerer Cluster und unabhängiger Systeme entwickelt, und die Migration über Cluster-Grenzen hinweg ist eines seiner Features.

Da die Remote-Migration nur für VMs verfügbar ist, lässt sie sich mit dem `qm remote-migrate`-Befehl steuern, und die Verwendung über die CLI wollen wir uns im Folgenden Schritt für Schritt anschauen.

Ich gehe nicht separat darauf ein, aber der gleiche Befehl existiert auch für Container als `pct remote-migrate`. Auch hier ist eine Remote-Migration möglich, jedoch auch hier nur offline bzw. im Restart-Modus.

Wenn wir uns den Befehl näher anschauen, sind die meisten Optionen auf Anhieb einleuchtend:

```
qm remote-migrate <vmid> [<target-vmid>] <target-endpoint>
--target-bridge <string> --target-storage <string> [OPTIONS]
```

- `<vmid>` ist die ID der VM, die migriert werden soll.
- Mit `<target-vmid>` geben Sie optional die neue VMID auf dem Zielsystem an. Geben Sie keine ID an, wird die nächste freie VMID auf dem Zielsystem automatisch ermittelt.
- `<target-endpoint>` ist eine Zeichenkette, die aus mehreren Elementen zusammengesetzt wird und im folgenden Format angegeben werden muss: `apitoken=<PVE-APIToken=user@realm!token=SECRET>,host=<ADDRESS>[,fingerprint=<FINGER-PRINT>][,port=<PORT>]`
- `--target-bridge` gibt die `vmbr`-Bridge an, mit der die Netzwerk-Interfaces der VM verbunden werden sollen. Wenn Sie mehrere unterschiedliche Bridges verwenden, beispielsweise weil die VM an verschiedenen Netzwerkzonen hängt, müssen Sie die Konfiguration danach eventuell anpassen und korrigieren. Sie können diesen Parameter mehrfach im Format `<source-vmbr>:<target-vmbr>` angeben, wenn Sie unterschiedliche Bridges auf Quelle und Ziel verwenden.
- `--target-storage` gibt den Namen des Storage an, auf dem die VM-Images auf dem Zielsystem abgelegt werden sollen. Auch hier ist eine mehrmalige Angabe im Format `<source-storage>:<target-storage>` möglich.

Eine weitere wichtige Option ist `--online`: Sie macht daraus eine Live-Migration. Die VM bleibt während der Migration online und stellt ihre Services bereit. Die Option `--delete` löscht nach erfolgreicher Migration die alten Disk-Images auf dem Quellnode.

16.5.1 Vorbereitung des Zielnodes

Sie möchten sicher nicht, dass jeder beliebige Admin VMs auf Ihren Cluster migrieren kann. Aus Sicherheitsgründen müssen Sie deshalb die Remote-Migration auf dem empfangenden Node zunächst vorbereiten, indem Sie ein API-Token für den root-Benutzer mit den notwendigen Berechtigungen anlegen:

1. **API-Token erstellen:** Erstellen Sie in der GUI unter **Datacenter • Permissions • API Token • Add** ein Token für den Benutzer `root@pam` mit der Token-ID `remotemig` und deaktivieren Sie die Privilege-Separation, um die Berechtigungen des Benutzers `root@pve` zu erhalten. Dann bestätigen Sie den Dialog.
2. **Notieren oder kopieren:** Nun werden die Token-ID und das Secret dazu angezeigt. Notieren oder kopieren Sie sich beides, um es später auf dem Quellnode verwenden zu können.
3. **Fingerprint ermitteln:** Führen Sie auf dem Zielnode den Befehl `pvenode cert info` aus und kopieren oder notieren Sie den Fingerprint der `pve-ssl.pem`.
4. **IP-Adresse ermitteln:** Finden Sie die IP-Adresse des Zielnodes heraus, über die die eingehende Migration abgewickelt werden soll. Meist wird das die IP-Adresse Ihres Management- oder Uplink-Netzwerks auf dem Zielnode sein.

Aus diesen Angaben setzen Sie nun den `<target-endpoint>` zusammen.

16.5.2 Remote-Migration auf dem Quellnode starten

Nun können Sie die Remote-Migration starten. Das könnte mit den Daten von oben wie folgt aussehen:

```
~# qm remote-migrate 101 123 \
   'apitoken=PVEAPIToken=root@pam!remotemig=bceef7b4-0c0a-4fa1-
    b1c4-1654a1a51707,host=10.1.99.233,fingerprint=A0:D7:7F:AB:DE:
    A8[...]7A:A0:47' \
   --target-bridge vmbr0:vmbr0 -target-bridge vmbr1:vmbr2 \
   --target-storage mynfs:local-lvm --online
```

Listing 16.1: Ein Aufruf von »qm remote-migrate« könnte so aussehen.

Wenn Sie alles richtig gemacht haben, läuft Ihre Remote-Migration. Je nach Menge der zu transferierenden Daten kann dies nun eine Weile dauern. Auf der Konsole erhalten Sie den Verlauf der Operation:

```
Establishing API connection with remote at '10.1.99.233'
[...]
drive mirror is starting for drive-scsi0
mirror-scsi0: transferred 0.0 B of 8.0 GiB (0.00%) in 0s
mirror-scsi0: transferred 185.0 MiB of 8.0 GiB (2.26%) in 1s
[...]
mirror-scsi0: transferred 8.0 GiB of 8.0 GiB (100.00%) in 1m 31s, ready
all 'mirror' jobs are ready
[...]
2025-11-30 19:41:16 migration finished successfully (duration 00:02:21)
```

Auf eine Besonderheit müssen Sie noch achtgeben: In Proxmox-VE-Token kommt ein `!` zur Trennung von Benutzer und Token-ID vor, das die Bash unter Proxmox interpretieren möchte und anschließend aus dem String entfernt. Deshalb schließen Sie den gesamten <target-endpoint> in einfache Hochkommas (`'`) ein, wie im Beispiel zu sehen.

16.6 Optimierungsmöglichkeiten für Enterprise-Umgebungen

In einer Standard-Installation läuft der Datentransfer bei einer Migration über das gleiche Netzwerk wie der Management-Traffic. In einer Enterprise-Umgebung mit 100-GB-RAM-VMs ist das ein Rezept für langsame Migrationen: Das Management-Network ist meist das schmalbandigste, da hier normalerweise nicht viel Traffic zu erwarten wäre. Einen Fileserver mit 5-TB-Disks oder eine Datenbank mit 200 GB RAM zu transferieren, kann eine Weile dauern, wenn Sie nur einen langsamen 1-Gbit/s-Link nutzen können.

16.6.1 Das dedizierte Migrationsnetzwerk

Das wichtigste Tuning ist die Trennung der Netze. Definieren Sie ein dediziertes, breitbandiges Netzwerk mit 10, 25 oder gar 100 Gbit/s ausschließlich für Migrationen, wenn Sie häufig Migrationen durchführen oder diese so schnell wie möglich über die Bühne bringen möchten.

In der Praxis gibt es jedoch auch in Enterprise-Umgebungen selten dedizierte Netze nur für Migrationen. Steht Ihnen ein solches Netz nicht zur Verfügung, wählen Sie das Netz mit der höchsten verfügbaren Bandbreite. Meistens ist es Ihr Storage-Netzwerk. Damit teilen sich zwar Storage-Traffic und Live-Migration dieses Netz, aber die Migrationen sind in der Regel nur von kurzer Dauer.

Sie konfigurieren dies unter **Datacenter • Options • Migration Settings**. Geben Sie hier das Netzwerk in CIDR-Notation an, z. B. mit `10.1.2.0/24`. Proxmox VE verwendet dann automatisch ab der nächsten Migration dieses Subnetz für den Datentransfer.

16.6.2 Secure oder Insecure Migration?

Proxmox VE verschlüsselt Migrationsdaten standardmäßig, indem es die Migration über einen SSH-Tunnel schleust. Das ist sicher, kostet aber CPU-Leistung und damit Durchsatz. Bei flotten Netzwerken, die 10 Gbit/s oder schneller sind, kann die CPU zum Flaschenhals werden und die Verschlüsselung bremst die Migration aus.

Wenn Sie ein Netzwerk haben, bei dem das Mitschnüffeln von Netzwerkpaketen durch Fremde nicht möglich ist (beispielsweise, weil es eine Direktverkabelung zwischen den Hosts gibt oder der Traffic ausschließlich über Ihre eigene, gesicherte Netzwerkinfrastruktur läuft), können Sie die Migration von **secure** auf **insecure** stellen und auf die Verschlüsselung verzichten.

Diese Einstellung wird Ihnen in der GUI zwar angezeigt, lässt sich jedoch hier nicht ändern (siehe Abbildung 16.5). Stattdessen ändern Sie sie am besten direkt mit dem Befehl `pvesh set /cluster/options --migration type=insecure`. Alternativ können Sie mit einem Editor die Datei */etc/pve/datacenter.cfg* bearbeiten und dort `secure` durch `insecure` ersetzen.

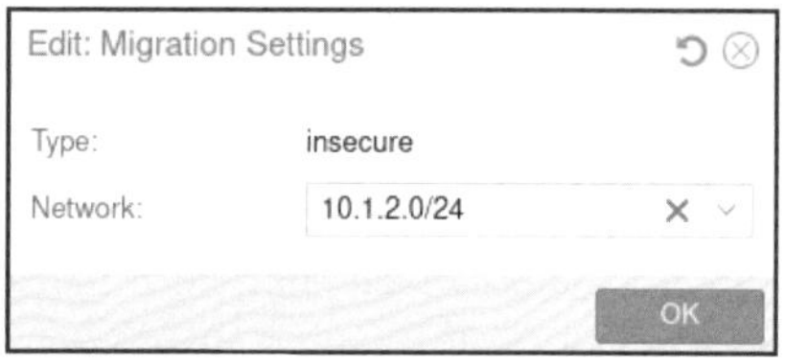

Abbildung 16.5: Nach den Änderungen werden die aktuellen Einstellungen inklusive »insecure« angezeigt.

Der Befehl erlaubt auch direkt beides zu setzen, also die Optionen `secure` bzw. `insecure` und das `migration network`. Beides geben Sie nacheinander und durch Komma getrennt an:

```
~# pvesh set /cluster/options --migration type=insecure,network=10.1.2.0/24
```

Die Einstellung gilt für den gesamten Cluster, weshalb der Befehl nur auf einem einzelnen Node ausgeführt werden muss. Sie werden über `pvesh` direkt in die API geschrieben

Durch den Verzicht auf die Verschlüsselung wird nun ein einfacher, unverschlüsselter TCP-Tunnel zum Ziel-Port im Bereich 60000–60050 verwendet. Sie erreichen darüber die maximal mögliche Transferleistung und in der Regel eine massive Beschleunigung der Migration. Da jetzt jedoch der gesamte Inhalt des Datenstroms im Klartext mitgelesen werden kann, könnte ein eventueller Angreifer an alle transferierten Daten gelangen, einschließlich der RAM- und Disk-Inhalte.

16.6.3 Bandbreitenlimitierung

Um zu verhindern, dass bei einer Migration über das Storage-Netzwerk die Performance des Storage-Systems komplett in die Knie geht, können Sie globale Limits setzen. Unter **Datacenter • Options • Bandwidth Limits** können Sie eine Default-Vorgabe für Bandbreitenlimits setzen sowie auch Bandbreitenbeschränkungen für bestimmte Aktionen definieren (siehe Abbildung 16.6).

Abbildung 16.6: Globale Bandbreitenlimits für den gesamten Cluster setzen Sie unter »Datacenter • Options«.

Neben den Limits für **Backup Restore**, **Clone** und **Disk Move** gibt es hier auch eine Einstellung speziell für die **Migration**. Sie könnten damit beispielsweise die Bandbreite für Migrationen auf Ihrem 100-Gbit/s-Storage-Netzwerk beschränken, um dem Storage immer Vorrang zu geben und trotzdem schneller migrieren zu können als über ein 1-Gbit/s-Management-Netzwerk.

Kapitel 17
Hyperkonvergenz mit Proxmox VE und Ceph

In diesem Kapitel geht es um die sogenannte *Hyperkonvergenz*. Darunter versteht man die Bündelung der beiden Faktoren *Rechenleistung* und *Storage* in einem softwaredefinierten System. Was das genau heißt, zeige ich Ihnen in Abschnitt 17.1.4.

Wenn es um Hyperkonvergenz geht, ist in einer Proxmox-Infrastruktur Ceph nie weit weg. Schauen wir uns daher zunächst an, was es damit auf sich hat.

17.1 Was ist Ceph?

Ceph ist ein quelloffener *Software-Defined Storage* (SDS), der auf handelsüblicher Server-Hardware läuft und dabei hochverfügbaren und skalierbaren Speicher bereitstellt. Es ist ein verteiltes Speichersystem, das darauf ausgelegt ist, exzellente Performance, Zuverlässigkeit und Skalierbarkeit zu bieten. Es eliminiert die Notwendigkeit, externe SAN-Systeme vorzuhalten, und kann direkt auf den Proxmox-VE-Hosts betrieben werden, um eine hyperkonvergente Virtualisierungsinfrastruktur für VMs bereitzustellen.

17.1.1 Features

Um einen Einblick zu gewinnen, warum und in welchen Fällen der Einsatz von Ceph sinnvoll ist, lassen Sie uns zunächst ein paar seiner Features begutachten:

- **Kein Single Point of Failure (SPOF):** Ceph ist als verteiltes System konzipiert. Es gibt keine zentrale Komponente, die bei einem Ausfall das gesamte System lahmlegen kann.
- **Nahezu unbegrenzte Skalierbarkeit (Scale-out):** Man kann die Speicherkapazität im laufenden Betrieb erweitern, indem man neue Storage-Devices wie HDDs, SSDs oder NVMes als Scale-up oder ganze Server als Scale-out hinzufügt. Die Kapazität skaliert bis in den Exabyte-Bereich.
- **CRUSH-Algorithmus:** Anstatt einer zentralen Lookup-Table in einem Storage-Gateway verwendet Ceph den CRUSH-Algorithmus (*Controlled Replication Under Scalable Hashing*), um zu berechnen, wo Daten gespeichert werden. Clients errechnen also, mit welchem Storage-Device sie kommunizieren müssen.

- **Self-Healing:** Wenn eine einzelne HDD, SSD, NVMe, ein ganzer Server oder ein kompletter Raum ausfällt, erkennt Ceph dies automatisch und beginnt, die fehlenden Datenreplikate auf anderen, verbleibenden HDDs, SSDs, NVMes, Servern oder Räumen wiederherzustellen, um die konfigurierte Redundanz selbstständig wiederherzustellen.
- **Datenintegrität:** Ceph prüft regelmäßig sämtliche Datenstrukturen sowie die gesamten Daten auf Inkonsistenzen durch Bit-Rot oder sterbende Disks und korrigiert diese automatisch im Hintergrund.
- **Replikation und Erasure Coding:** Standardmäßig nutzt Ceph in Proxmox eine 3-fache Replikation, um eine hohe Sicherheit und Performance zu erreichen. Für kältere Archivdaten lässt sich auch *Erasure Coding* ähnlich einem RAID 5/6 verwenden, um Speicherplatz zu sparen.
- **Commodity-Hardware:** Ceph läuft auf Standard-Server-Hardware. Eine teure, proprietäre Speicherhardware, wie viele SAN-Appliances sie voraussetzen, wird nicht benötigt.
- **Kein Hardware-RAID:** Ceph benötigt direkten Zugriff auf die Storage-Devices. Daher werden günstigere HBAs statt teurer RAID-Controller verwendet. Das spart Kosten und Komplexität.
- **Hyper-Converged Infrastructure (HCI):** Um diesen Punkt geht es gleich in Abschnitt 17.1.4 noch ausführlicher: *Compute* (VMs/Container) und *Storage* (Ceph) laufen auf denselben Servern im Cluster. Das spart Platz im Rack, Energie und ermöglicht eine flexiblere Skalierung als mit großen, proprietären Storage-Türmen.
- **Verwaltung per GUI:** In Proxmox VE lässt sich Ceph komplett über die Weboberfläche installieren, konfigurieren und verwalten. Notwendige administrative Aufgaben wie OSDs erstellen, Pools anlegen oder Status überwachen sind direkt in der Proxmox-VE-GUI integriert.
- **RADOS Block Device (RBD):** Dies ist das native Format für VM-Images in Proxmox. Es unterstützt Thin-Provisioning, Snapshots und Cloning.
- **CephFS:** CephFS ist ein POSIX-kompatibles Dateisystem, das ebenfalls über Proxmox bereitgestellt werden kann, wenn auf dem Ceph-Storage ISO-Images, Container-Templates oder tenporäre Backups abgelegt werden sollen.

17.1.2 Object-Storage, Block-Storage und Filesystem in einem

Einer der größten Vorteile von Ceph ist seine Vielseitigkeit. Es vereint drei verschiedene Möglichkeiten, den Speicher auf einer einzigen Plattform zu nutzen:

- **Block-Storage (RBD oder RADOS Block Device):** Dies ist ein Block-Level-Storage mit vielen Features, der Thin-Provisioning, Snapshots und Cloning unterstützt. Proxmox VE verwendet Rados-Block-Devices für VM-Images.
- **Filesystem (CephFS):** CephFS ist ein POSIX-konformes verteiltes Cluster-Filesystem, das auf vielen Servern gleichzeitig eingebunden sein kann. In Proxmox VE wird es oft

für ISO-Images, Templates oder Backups verwendet - also eben für alle möglichen Dateien, die im Ceph-Cluster aufbewahrt werden sollen.

- **Object-Storage (RGW oder RADOS-Gateway):** Diese Option liefert eine S3- und Swift-API-kompatible Schnittstelle, um unstrukturierte Daten wie Bilder oder Backups in Objekten zu speichern. Unter Proxmox VE wird das RADOS-Gateway nicht benötigt und deshalb auch nicht von Proxmox VE installiert. Sie können es jedoch nachinstallieren und selbst konfigurieren.

17.1.3 Unterschied zu SAN- und NAS-Systemen

Der Ceph-Ansatz unterscheidet sich grundlegend von klassischen Storage-Systemen wie etwa einem SAN oder NAS.

SAN- und NAS-Systeme

Klassische SAN-/NAS-Systeme verlassen sich oft auf Hardware-RAID-Controller, um Datenredundanz zu gewährleisten. Normalerweise besitzen solche Systeme einen zentralen Controller, der bei teureren Systemen auch redundant ausgelegt ist und die angeschlossenen Storage-Shelves mit ihren Storage-Devices verwaltet. Alle Daten, die von Clients gelesen oder geschrieben werden, müssen durch diesen zentralen Controller, der über eine zentrale Lookup-Table ermittelt, auf welche Storage-Devices die Daten geschrieben oder von welchen sie gelesen werden können. Der Controller ist ein Single Point of Failure oder wird bei hoher Auslastung zum Performance-Bottleneck.

Ceph hingegen geht einen anderen Weg. Es verzichtet komplett auf Hardware-RAID und managt die Datenredundanz selbst auf Softwareebene durch Replikation. Das bedeutet, dass Daten mehrfach auf verschiedene Storage-Devices über den Cluster hinweg verteilt werden. Fällt eine Disk oder ein ganzer Server aus, besitzt Ceph noch weitere Replikate der Daten und generiert daraus in einem Selbstheilungsprozess neue Replikate, bis die konfigurierte Redundanz wiederhergestellt wurde. RAID-Controller werden daher explizit nicht empfohlen und müssen durch HBAs ersetzt werden.

RAID- und Replika-Device-Redundanz versus Objektredundanz

RAID-Systeme sind so konzipiert, dass sie den Ausfall eines oder mehrerer Devices verkraften und bei Verfügbarkeit eines Ersatzdevice - einer *Spare-Disk* - die Wiederherstellung der verlorenen Daten auf die Spare Disk der RAID-Gruppe synchronisieren. Gibt es keine Spare-Disk, wartet das RAID, bis die defekte Disk getauscht wurde, und beginnt danach die Synchronisierung. Die neue Disk muss mindestens so groß sein wie die defekte Disk. Für ein RAID-System ist es also entscheidend, dass mehrere Devices redundant sind.

Ceph ist ein Object-Storage, der anders arbeitet. Auch wenn Sie VM-Images als RADOS-Block-Devices oder Dateien in einem CephFS-Cluster-Filesystem speichern, landen sie letztendlich als viele einzelne Objekte in einem gemeinsamen RADOS-Object-Store, der sich über viele verschiedene Server erstreckt. Ceph nutzt deshalb Objektredundanz und sorgt dafür, dass jedes Objekt mehrfach vorhanden ist, und zwar nicht nur auf verschiedenen Disks, sondern auf verschiedenen Servern, Racks oder sogar Räumen. Wichtig hierbei ist, dass eine gewisse, vorab konfigurierte Anzahl an Replikaten eines Objekts vorhanden ist, um Redundanz zu gewährleisten.

Vereinfacht gesagt: Objektredundanz fragt nach dem »Wie oft?«, während Deviceredundanz sich für das »Wo?« interessiert:

- *Objektredundanz* (*Replikation*) bezieht sich auf die Anzahl der Kopien eines Datenobjekts. In Ceph wird dies auf Ebene des Pools durch die Eigenschaft *Size* festgelegt. Eine Size von 3 bedeutet, dass jedes Objekt 3-mal im Pool existiert. Das Problem dabei ist jedoch: Wenn alle 3 Kopien auf derselben Festplatte oder sogar auf demselben Server liegen würden, wären diese Objekte beim Ausfall der Disk oder dieses einen Servers weg. Objektredundanz allein bietet also keine Ausfallsicherheit gegen Hardwaredefekte.
- *Device-Redundanz* (*Failure-Domain*) bezieht sich auf die physikalische Verteilung der Kopien, um einen Single Point of Failure zu vermeiden. In Clustern spricht man hier allgemein von *Failure-Domains*. Damit also der Ausfall einer Disk oder eines Servers nicht bereits alle Kopien eines Objekts mit in den Abgrund reißt, muss Ceph sicherstellen, dass die 3 Kopien auf unterschiedlichen Festplatten oder – besser noch – auf unterschiedlichen Servern, vielleicht sogar in unterschiedlichen Racks, Räumen oder Standorten liegen.

  Standardmäßig verwendet Ceph die Failure-Domain `Host`. Ceph verteilt die einzelnen Kopien der Objekte also auf verschiedene Hosts unseres Clusters. Folglich kann ein gesamter Host ausfallen und wir verlieren nur eine von drei Kopien unseres Objekts. Die Clients können dann mit den verbleibenden Kopien normal weiterarbeiten.

17.1.4 Das Konzept der Hyperkonvergenz (HCI)

Proxmox VE ermöglicht den Aufbau einer hyperkonvergenten Infrastruktur (HCI), bei der Compute (VMs und Container) und Storage auf denselben physischen Servern laufen.

Traditionelle Multi-Tier-Architekturen basieren meist auf einer strikten Trennung: Einerseits gibt es die Hypervisoren für den Betrieb der VMs und Container, separat daneben den Storage in Form eines NFS oder iSCSI/FibreChannel-Systems. Diese beiden Welten sind dann über ein dediziertes Netzwerk miteinander verbunden. Diese Architektur hat sich in den letzten Jahrzehnten bewährt und erfreut sich auch heute noch großer Beliebtheit. Allerdings haben wir es in ihr in der Regel mit unterschiedlichen Hardware-Herstellern und unterschiedlichen Administrationswerkzeugen zu tun. Des Weiteren werden sowohl Server wie auch Storage-Systeme redundant ausgelegt, was insgesamt zu einer höheren Anzahl an Systemen führt. Zwei weitere - oft nachteilige - Eigenschaften sind die Abhängigkeit von einem bestimmten Storage-Hersteller für alle Erweiterungen des Storage bis an sein Lebensende sowie die unflexiblere Skalierung der Storage-Systeme.

HCI-Infrastrukturen gibt es noch nicht so lange, sie werden aber immer beliebter und wichtiger. In einem HCI-Cluster mit Ceph-Server und Proxmox VE betreiben die Nodes nicht nur VMs und Container, sondern stellen ihre lokalen Disk-Devices auch als Storage zur Nutzung in einem Ceph-Cluster bereit.

Stellen Sie sich vor, Sie haben drei Server, jeder mit vier Daten-SSDs. Ceph nimmt diese 12 SSDs und präsentiert sie dem Cluster als einen einzigen, großen logischen Storage-Pool. Wenn Sie eine VM starten, ist es egal, auf welchem physischen Server sie läuft - sie hat immer Zugriff auf ihre VM-Images, da diese redundant über mehrere Nodes verteilt in einem Ceph-Pool gespeichert sind.

Der entscheidende Vorteil ist, dass die Hypervisoren nun Compute und Storage bereitstellen. Das spart Platz im Rack und eliminiert die Notwendigkeit, externe, redundante, manchmal auch teure, proprietäre Speicher-Hardware von Drittanbietern zu kaufen und zu warten.

Der Vergleich hinkt natürlich ein wenig. Hypervisoren, die neben dem Betrieb von VMs nun auch Storage bereitstellen sollen, benötigen auch zusätzliche Disks, mehr RAM und auch mehr CPU-Ressourcen. Der Software-Defined Storage möchte ja auch betrieben werden und benötigt dazu Rechenleistung und RAM sowie HDDs, SSDs und NVMes, die er zu einem verteilten Speicherpool zusammensetzen kann.

In einem direkten Wettbewerb gewinnt die HCI-Lösung jedoch meist, weil sie wirtschaftlicher, flexibler und skalierbarer ist und im Fall von Ceph sogar einen Vendor-Lock-in verhindert. Durch die auf mehrere Server verteilte Storage-Infrastruktur steigt auch die Ausfallsicherheit. Da alles zentral über die Proxmox-Web-GUI, die API oder die Shell administriert werden kann, gewinnt die HCI-Lösung häufig auch durch die integrierte, einfachere Administration des Gesamtsystems.

Ich möchte externe SAN- und NAS-Systeme jedoch nicht schlechtreden. Auch wenn hyperkonvergente Infrastrukturen viele Vorteile besitzen, so gibt es weiterhin auch Umgebungen und Anforderungen, bei denen eine getrennte Compute- und Storage-Lösung ihre Vorteile ausspielen kann.

Da auf HCI-Systemen Compute und Storage auf derselben Hardware laufen, teilen sie sich gemeinsame Ressourcen. Ceph benötigt für den Betrieb CPU-Leistung und RAM, die dann nicht mehr für VMs zur Verfügung stehen. Da wir es mit einem über mehrere Nodes verteilten Speichersystem zu tun haben, stellt Ceph auch höhere Anforderungen an Bandbreiten und Latenzen im Netzwerk. Die zusätzlichen Ressourcen lassen sich jedoch vorher gut kalkulieren und beim Sizing der Hardware einplanen.

Externes Ceph oder Hyperkonvergenz

Es existiert noch eine Option, die zwischen externen NAS- und SAN-Systemen einerseits und integrierten HCI-Systemen mit Proxmox VE mit Ceph andererseits angesiedelt ist: Ceph lässt sich auch separat und unabhängig von Proxmox VE auf eigenen Servern betreiben.

In einem solchen Setup können wir Proxmox VE auch an einen extern laufenden Ceph-Cluster anbinden und Daten darauf speichern. Die Administration über die Web-GUI des Proxmox-VE-Servers ist dann nicht mehr möglich, da es sich beim externen Ceph-Cluster über ein komplett getrenntes, von Proxmox VE unabhängiges System handelt.

Ein externes Ceph zu betreiben, kann beispielsweise sinnvoll sein, wenn Sie den Ceph-Storage auch vielen anderen Systemen bereitstellen möchten, die nicht auf Ihrem Proxmox-VE-Cluster laufen. Ein anderes Szenario für ein solches Setup ist beispielsweise, wenn Sie Petabytes an Speicher brauchen, aber vielleicht nur eine Handvoll VMs betreiben müssen – oder nur wenig Storage brauchen, aber Tausende VMs betreiben.

17.1.5 Die CRUSH-Map

CRUSH ist ein zentrales Element in Ceph. CRUSH steht für *Controlled Replication Under Scalable Hashing*. Dieser Algorithmus sorgt für die Skalierbarkeit ohne zentralen Flaschenhals.

In anderen Speichersystemen gibt es oft eine zentrale Stelle, an der verzeichnet ist, wo eine bestimmte Datei oder ein bestimmter Block physisch gespeichert ist. Wenn Sie eine Datei lesen wollen, fragen Sie diesen Server. Wenn dieser Server überlastet ist oder ausfällt, steht Ihr Storage und nichts geht mehr.

Ceph macht das anders: Bei Ceph fragt ein Client nicht den Cluster, wo eine Datei oder ein Block liegt, da der Client diese Information selbst errechnen kann. Jeder Client kennt den CRUSH-Algorithmus und besitzt eine Kopie der CRUSH-Map. Wenn ein Client Daten schreiben oder lesen will, füttert er den Algorithmus mit dem Namen des Objekts und der Map. Das Ergebnis ist eine Liste aller Disks im Cluster, auf denen das Objekt zu finden ist oder gespeichert werden muss. Da dieser Algorithmus bei gleichen Eingaben immer gleiche, reproduzierbare Ergebnisse liefert, kommen alle Clients zum gleichen Ergebnis, wenn sie ein bestimmtes Objekt lesen oder schreiben möchten.

Um das Prinzip anschaulicher zu machen, stellen Sie sich eine Bibliothek vor. Mithilfe eines solchen Algorithmus wären Sie in der Lage, den genauen Standort eines bestimmten Buches zu errechnen, wenn Ihnen der Titel des Buches sowie die Landkarte, also die Anordnung der Regale der Bibliothek, bekannt ist. Sie müssen nicht mehr auf den Bibliothekar warten, bis er ihnen sagt, wo Sie das gewünschte Buch finden.

Die Landkarte, die in Ceph als *Cluster-Map* bezeichnet wird, enthält die Elemente Ihres Ceph-Clusters. Damit der CRUSH-Algorithmus intelligente Entscheidungen treffen kann, muss er wissen, wie Ihre Hardware aussieht. Diese Information steht in der CRUSH-Map. Sie ist eine hierarchische Baumstruktur, die Ihre physische Infrastruktur abbildet.

Neben anderen Informationen enthält die Map Informationen zur Topologie des Clusters und verwendet dazu die sogenannten *Buckets*. Einen Bucket können Sie sich als einen Eimer vorstellen, in den Sie Daten werfen. Diese Buckets sind dann einem Typ wie *Host* oder *Rack* zugeordnet, die wiederrum in einer Hierarchie übereinander angeordnet sind, die Ihre Topologie im Ceph-Cluster widerspiegelt:

- **OSD (Object Storage Device bzw. Daemon):** die kleinste Einheit, meist eine einzelne physische Disk
- **Host:** der Server, in dem mehrere OSDs stecken
- **Chassis:** ein Gehäuse, in dem mehrere Hosts untergebracht sind, beispielsweise bei einem Blade-Center
- **Rack:** der Schrank, in dem mehrere Server hängen
- **Row:** die Reihe, die mehrere Racks umfasst
- **Room:** ein Raum, in dem mehrere Reihen stehen
- **Datacenter:** ein Datacenter mit mehreren Räumen
- **Root:** der »Default«-Einstiegspunkt, also die höchste Ebene

Die CRUSH-Map bildet die physische Topologie des Clusters ab wie das Beispiel in Abbildung 17.1 zeigt: Welche Disk steckt in welchem Host, welcher Host steckt in welchem Rack, welche Racks stehen in welchem Raum und so weiter. Man kann Failure-Domains definieren, um sicherzustellen, dass die einzelnen Kopien eines Objekts so verteilt werden, dass sie den Ausfall eines einzelnen Servers, eines ganzen Racks oder gar eines kompletten Raums überleben. Dies ermöglicht den Bau von extrem robusten Clustern, die auch dann noch funktionieren, wenn Teile der Infrastruktur ausgefallen sind.

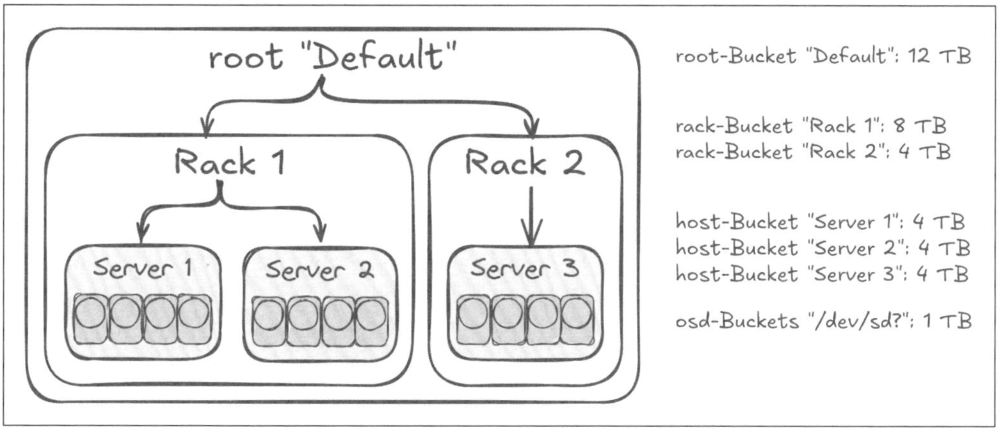

Abbildung 17.1: Eine beispielhafte Ceph-Topologie aus drei Servern in zwei Racks

17.1.6 Failure-Domains

Standardmäßig ist Ceph so konfiguriert, dass es jede Kopie eines Objekts auf einen anderen Server legt. Damit kann ein ganzer Server ausfallen und unser Ceph dennoch weiter funktionieren. In einem solchen Fall spricht man von der Failure-Domain `Host`.

Nun stellen Sie sich einen Cluster vor, der auf drei verschiedene Racks mit jeweils drei Servern aufgeteilt ist. Mit der Standardregel liegen die einzelnen Kopien auf unterschiedlichen Hosts, und im schlechtesten Fall befinden sich die Hosts alle im gleichen Rack. Fällt dieses Rack aus, sind alle Kopien weg. In einem solchen Fall wäre es besser, eine neue CRUSH-Regel zu erstellen, die als Failure-Domain `Rack` verwendet, damit die drei Kopien des Objekts nicht nur auf unterschiedlichen Servern, sondern in unterschiedlichen Racks liegen. Dann könnten wir ein ganzes Rack mit drei Servern verlieren, da die beiden anderen Kopien auf zwei OSDs in jeweils einem der beiden anderen Racks gespeichert werden.

Wenn Sie Ceph so konfigurieren, dass Ihre Failure-Domain `Host` ist, wird es niemals zwei Kopien derselben Daten auf denselben Server legen. Wenn Sie einen Cluster über drei Brandabschnitte oder Räume verteilen, können Sie die Failure-Domain auf `Room` setzen. Selbst wenn ein ganzer Raum abbrennt, sind Ihre Daten sicher und verfügbar.

Die verwendete Failure-Domain entscheidet also über die Platzierung der Kopien und ermöglicht eine höhere Verfügbarkeit bei Teilausfällen.

17.1.7 Der CRUSH-Algorithmus

Durch den CRUSH-Algorithmus kann Ceph berechnen, wo Daten gespeichert und gelesen werden müssen. Anstatt in einem zentralen Verzeichnis nachzuschauen oder einen zentralen Controller danach zu fragen, wo ein bestimmtes Objekt liegt, berechnet der Client so wie auch das OSD die Position der Daten anhand des CRUSH-Algorithmus und der CRUSH-Map.

Ceph benötigt also keinen zentralen Controller und keine zentrale Lookup-Tabelle, um zu wissen, auf welchem Storage-Device ein Datenobjekt liegt. Dies verhindert, dass ein Controller oder ein Verzeichnis zum potenziellen Bottleneck wird, und ermöglicht die enorme Skalierbarkeit von Ceph. Jeder Teilnehmer im Cluster kann selbstständig berechnen, wo Daten liegen müssen. Der Datentransfer findet anschließend direkt zwischen dem Client und dem OSD statt. Dies erlaubt eine hohe Parallelisierung von gleichzeitigen Datentransfers zwischen unterschiedlichsten Clients und OSDs.

Die Verteilung der Objekte auf die OSDs wird mit einer CRUSH-Regel konfiguriert. Einfache CRUSH-Regeln lassen sich über die Shell mit dem `ceph`-Befehl konfigurieren; für komplexere Regeln benötigen Sie dagegen ein paar weitere Tools und einen Editor, weil diese Regeln manuell erstellt werden müssen.

Eine Standardregel mit dem Namen `replicated_rule` bringt Proxmox VE bereits mit, wenn Sie das Ceph-Setup durchgeführt haben. Über diese Regel ermittelt ein Client nun anhand des CRUSH-Algorithmus, welche OSDs die gewünschten Objekte haben. Ein wenig vereinfacht ausgedrückt führt der Client die folgenden Schritte nacheinander durch und erhält eine geordnete Liste von OSDs als Ergebnis:

1. Wähle den root-Einstiegspunkt mit dem Namen `Default`.
2. Wähle `size` verschiedene `host` Buckets – daraus ergibt sich unsere Failure-Domain `Host`.
3. Wähle unterhalb dieser Hosts ein `OSD`.
4. Gib die als `size` festgelegte Menge OSDs als Ergebnis zurück.

Im folgenden Beispiel sehen Sie, wie die `replicated_rule` in der CRUSH-Map steht:

```
rule replicated_rule {
    id 0
    type replicated
    step take default
    step chooseleaf firstn 0 type host
    step emit
}
```

Listing 17.1: Die Standard »replicated_rule« nach der Installation

Einen Blick auf die CRUSH-Map, die auch die Standard-`replicated_rule` enthält, können Sie in der Proxmox-VE-GUI unter **<Node> • Ceph • Configuration** werfen.

17.2 Architektur und Komponenten

Ceph ist ein verteiltes Storage-System, das aus mehreren Komponenten besteht. Schauen wir uns die einzelnen Komponenten näher an.

17.2.1 Ceph-Daemons

MON (Monitor): Authentifizierung, Cluster-Maps und Quorum

Der *Ceph Monitor*, meist als `MON` bezeichnet, ist das Hirn des Clusters. In einem Ceph-Cluster – und damit auch in einer HCI-Infrastruktur mit Proxmox VE – spielt er eine zentrale Rolle, da er alle anderen Komponenten mit den wichtigsten Informationen zum Zustand des Clusters versorgt.

Cluster-Maps

Die Bezeichnung »Monitor« ist etwas zu passiv gewählt, denn er beobachtet nicht nur: Er ist die einzige wahre Informationsquelle über den Zustand Ihres Clusters und bildet dadurch die sogenannte *Cluster-Map*.

Stellen Sie sich die Cluster-Map wie eine Sammlung von Landkarten vor, die den aktuellen Status aller Komponenten beschreiben. Dazu gehören:

- Die `MON Map` als eine Liste aller MONs dieses Clusters
- Die `OSD Map` als Liste aller Object-Storage-Daemons sowie ihres aktuellen Zustands
- Die `PG Map` als Sammlung aller *Placement Groups* und ihres aktuellen Zustands
- Die `CRUSH Map` als Topologiekarte Ihres Clusters mit der Hierarchie nach Server, Racks, Rows sowie mit allen Regeln, nach denen die Daten verteilt werden
- Die `MDS Map` als Liste aller Metadata-Server (nur falls Sie mindestens ein CephFS-Filesystem verwenden)

Ceph-Quorum

Ein Ceph-Cluster ist ein verteiltes System, und in verteilten Systemen ist Einigkeit zwingend notwendig. Wenn ein Client errechnet, dass ein Objekt auf Server 1 liegt, und ein anderer Client gleichzeitig errechnet, dass dasselbe Objekt auf Server 2 liegt, dann haben Sie ein Problem.

Hier kommt der MON - besser gesagt die MONs - ins Spiel. Sie haben in einem Ceph-Cluster in der Regel 3 MONs, in manchen Szenarien auch 5 MONs, seltener vielleicht auch eine andere Anzahl, wenn die Notwendigkeit dafür besteht. Die MONs stellen sicher, dass alle Teilnehmer wie Clients oder die OSDs selbst dieselbe Sicht auf den Cluster haben. Dafür nutzen sie einen Algorithmus namens *Paxos*. Er sorgt dafür, dass Änderungen an der Cluster-Map, beispielsweis beim Ausfall eines OSD, nur dann als wahr akzeptiert werden, wenn eine Mehrheit der Monitore zustimmt, also ein Quorum besteht.

Wegen dieses demokratischen Abstimmungsprinzips benötigen Sie für ein stabiles Quorum immer eine Mehrheit. Das Prinzip kennen Sie vielleicht schon aus Kapitel 15, in dem ich Proxmox-Cluster vorgestellt habe.

Schauen wir uns dazu ein paar Beispiele an sowie die Schlussfolgerungen daraus:

- Haben Sie 1 MON und er fällt aus, gibt es keine Cluster-Map mehr und kein Quorum und keine Authentifizierung mehr und der Cluster steht still.
- Haben Sie 2 MONs und einer fällt aus, hat der verbleibende MON nur 50 % der Stimmen - was leider keine Mehrheit ist. Der Cluster sperrt sich selbst gegen Änderungen, um ein Split Brain zu vermeiden, bei dem die Datenbestände von zwei MONs auseinanderdriften und Dateninkonsistenzen die Folge wären.
- Haben Sie 3 MONs, kann einer ausfallen, und die verbleibenden zwei bilden immer noch die Mehrheit. Ihr Cluster bleibt also stabil - auch bei Teilausfällen.

Betreiben Sie also immer mindestens drei MONs! Anders als unter Proxmox VE installieren Sie jedoch nicht auf jedem Node einen MON, sondern platzieren diese geschickt in Ihrer Umgebung passend zur gewählten Failure-Domain. Sie haben drei Racks mit Servern? Erstellen Sie einen MON in jedem Rack. Sie verteilen Ihre Server über fünf Räume? Stellen Sie in drei Räume oder in alle fünf Räume einen MON.

Das Zusammenspiel von Clients und MONs

Wichtig zu verstehen ist, dass der Monitor keine Daten zwischen Client und OSDs transportiert. Wenn eine virtuelle Maschine in Proxmox VE Daten auf den Ceph-Storage schreibt, fließen diese Daten nicht durch den Monitor, der somit auch kein Bottleneck bei Datenübertragungen sein kann.

Stattdessen fragt der Client nach der erfolgreichen Authentifizierung beim MON zu Beginn nach der aktuellen Cluster-Map. Mit dieser Karte kann der Client dann selbst berechnen, auf welchem OSD die Daten liegen müssen, und kommuniziert dann direkt mit dem OSD. Daraus ergibt sich die enorme Skalierbarkeit von Ceph.

Nach der Installation der Ceph-Pakete und der initialen Konfiguration erzeugt Proxmox VE den ersten MON selbst auf dem Node. Wenn die Ceph-Pakete auf allen Cluster-Nodes installiert wurden, sollten Sie als Nächstes zwei weitere Ceph-MONs auf anderen Nodes erstellen, damit Sie für ein Quorum die mindestens empfohlenen drei MONs bereitstellen. Dies tun Sie in der Proxmox-VE-GUI unter **<Node> • Ceph • Monitor • Create** oder auf der Kommandozeile mit dem Befehl `pveceph mon create`.

MGR (Manager): Statistiken, Monitoring und Optimierung

Nachdem die MONs das Hirn des Clusters bilden und die OSDs die eigentlichen Daten speichern, übernimmt der *Ceph Manager* (MGR) die Rolle des Analysten und Optimierers im Hintergrund. Er wurde mit der Ceph-Version *Luminous* eingeführt, um die Monitore von diesen Aufgaben zu entlasten, die zuvor auch für das Sammeln von Statistiken zuständig waren.

Der Manager-Daemon läuft als `ceph-mgr` parallel zu den Monitoren. Seine Hauptaufgaben umfassen:

- **Metriken und Statistiken:** Der Manager sammelt Informationen über den Cluster-Zustand, die Auslastung und die Performance wie IOPS und Durchsatz. Diese Daten werden dann gespeichert und an Monitoring-Tools oder das Dashboard weitergegeben.
- **Bereitstellung des Ceph-Dashboards:** Ceph besitzt ein eigenes Dashboard, das unter Proxmox VE jedoch standardmäßig nicht installiert ist. Es lässt sich bei Bedarf nachinstallieren und wird dann vom Manager bereitgestellt.

- **Schnittstelle für externe Tools:** Über zusätzliche Plugin-Module kann der Manager erweitert werden. Einige Plugins sind bereits beim Start aktiviert.
- **PG Autoscaler:** Eine der wichtigsten Funktionen in modernen Ceph-Clustern ist der *Placement Group Autoscaler*. Der Manager berechnet die optimale Anzahl an Placement Groups auf Basis von genutztem Speicher, der Anzahl der OSDs und weiteren Daten. Je nach Konfiguration des Pools erweitert oder reduziert er die vorhandenen Placement Groups automatisch, warnt nur vor einem Ungleichgewicht oder ignoriert das Ungleichgewicht.

Wie auch schon beim MON sollten mehrere Manager im System verfügbar sein. Im Gegensatz zu den MONs allerdings ist immer nur ein Manager im Status `active`, während die restlichen Manager auf `standby` stehen. Erst wenn der aktive Manager ausfällt, wird einer der wartenden Manager aktiv und übernimmt die Rolle. Sie sollten also mindestens zwei Manager im Cluster haben und maximal so viele, wie Sie MONs haben.

Für den reinen Datenzugriff und die Datentransfers zwischen Clients und OSDs ist der Manager nicht kritisch. Fällt der Manager aus, können VMs weiterhin Daten lesen und schreiben. Allerdings frieren Statistiken ein, und automatische Optimierungen wie das Balancing und PG-Autoscaling werden nicht mehr durchgeführt. Für den dauerhaften Betrieb eines Ceph-Clusters übt der MGR also durchaus wichtige Aufgaben aus.

OSD (Object Storage Daemon): Daten und Storage-Devices

Die *Object Storage Daemons* (OSD) in einem Ceph-Cluster haben die Aufgabe, die eigentlichen Datenobjekte auf ihrer eigenen Disk zu verwalten. Ein OSD versorgt also Clients und andere OSDs mit Daten oder nimmt Schreibzugriffe von Clients und OSDs entgegen und speichert die Objekte auf seine eigene Disk. In einer Ceph-Umgebung kümmern sich die OSDs also um die physischen Storage-Devices, egal ob es sich dabei um drehende HDDs, schnelle SSDs oder noch schnellere NVMes handelt.

> **D = Daemon, Device oder Disk?**
> Auch wenn die Abkürzung *OSD* eigentlich den *Object Storage Daemon* meint, könnte man sich auch *Object Storage Device* oder *Object Storage Disk* daraus ableiten.

Dabei gilt meist die Regel *eine Disk = ein OSD*. Haben Sie also einen Server mit 12 SSDs, werden darauf 12 OSD-Prozesse laufen. In den meisten Fällen verwaltet ein OSD-Daemon genau eine Disk, von der er Daten konsumiert und auf die er Daten schreibt. Es gibt allerdings Ausnahmen, bei denen beispielsweise sehr schnelle NVMe-Devices von zwei Daemons gleichzeitig verwendet werden.

Hier schlägt Praxis die Theorie: Mit einem einzigen OSD lässt sich eine schnelle Enterprise-NVMe oft nicht an ihre Leistungsgrenze bringen – oder anders formuliert: Man verschenkt Performance, wenn nur ein Daemon die Disk verwendet. Bei HDDs oder SSDs gilt das nicht. Hier reicht ein OSD völlig aus.

Die Aufgaben eines OSD sind kritisch, da er die Daten hält:

- **Daten lesen:** Der OSD beantwortet Anfragen von Clients und anderen OSDs nach bestimmten Objekten, liest diese von seinem Storage-Device und liefert die Objekte zurück.
- **Daten speichern:** Er nimmt Objekte von Clients oder anderen OSDs entgegen und schreibt sie auf das Storage-Device.
- **Replikation:** Er kümmert sich selbstständig darum, Daten zu anderen OSDs zu replizieren oder Chunks zu erstellen und diese zu verteilen.
- **Heartbeat:** OSDs kommunizieren ständig untereinander, um sich gegenseitig zu überwachen. Antwortet ein anderer OSD nicht mehr, melden sie das an den Monitor, der daraufhin die Cluster-Map aktualisieren kann.
- **Recovery:** Fällt ein OSD aus, beginnen die anderen OSDs autonom, die verlorenen Datenobjekte auf anderen OSDs wiederherzustellen. Dies dient dazu, den konfigurierten Zustand mit beispielsweise 3 Kopien durch eine Selbstheilung wieder zu erreichen. Bei einem Recovery werden nur die Änderungen anhand eines Logs nachgezogen.
- **Backfilling:** Kommt eine neue Disk, ein neuer Server oder ein neues Rack im Rahmen von Erweiterungen hinzu oder dauerte ein Ausfall zu lange, befüllen die OSDs selbst im Hintergrund die neuen oder wieder zurückgekehrten Storage-Devices. Im Gegensatz zu einem Recovery wird hier der gesamte Inhalt einer oder mehrere Placement Groups neu übertragen. Da beim Backfilling viele Daten übertragen werden, kann es mit niedrigerer Priorität durchgeführt werden, um aktive Clients nicht zu stören.

In modernen Ceph-Versionen verwenden OSDs standardmäßig das Backend *BlueStore*. Früher nutzte Ceph ein Dateisystem wie XFS für FileStore-OSDs und legte die Datenobjekte in gehashte Unterverzeichnisse ab. Dies führte jedoch zu Performance-Einbußen durch die Verwendung eines Filesystems, was zur Entwicklung von BlueStore führte.

BlueStore greift direkt auf das Block-Device zu. Es gibt also kein Filesystem mehr für die Ablage der Objekte auf der OSD-Disk. BlueStore verwaltet die Datenblöcke direkt, was die Leistung deutlich steigert. Für seine internen Metadaten nutzt BlueStore eine kleine *RocksDB*-Datenbank sowie ein zugehöriges *Write-Ahead-Log* (WAL), die mit auf der BlueStore-Partition liegen.

Hier kommt ein Aspekt für das Performance-Tuning beim Einsatz langsamer HDDs ins Spiel: Ein OSD kann nämlich auf bis zu drei verschiedene Storage-Devices aufgeteilt werden. Während die eigentlichen Objekte auf einer günstigen, aber langsamen Festplatte liegen, können die performancekritischen RocksDB-Komponenten und das WAL auf SSDs und NVMes ausgelagert werden. Sie können also schnelle Enterprise-SSDs und NVMes für die DB- und WAL-Partitionen verwenden, um den Zugriff auf die langsameren HDD-OSDs zu optimieren. Dies beschleunigt die Zugriffszeiten, da Metadatenoperationen und Schreibbestätigungen auf dem schnellen Flash-Speicher erfolgen.

Auf RAID-Controller verzichten

Eine kleine Erinnerung an dieser Stelle: Vermeiden Sie RAID-Controller! Ceph-OSDs wollen direkten Zugriff auf die Hardware haben. Ein JBOD oder RAID-0 pro Disk ist zwar technisch möglich, aber ein HBA im IT-Mode ist der richtige Weg für ein gesundes Ceph. RAID-Controller verstecken die physische Wahrheit vor Ceph und verhindern oft nützliche Features wie den S.M.A.R.T.-Passthrough.

MDS (Metadata-Server): Filesystem-Metadaten für CephFS

Der *Metadata-Server*, kurz MDS, ist ein Daemon für Ceph, der nur für das Filesystem *CephFS* benötigt wird. Während Ceph Objekte speichert, liefert CephFS die gewohnte Ordnerstruktur POSIX-konform.

Wichtig zum Verständnis ist, dass ein CephFS und damit auch der *Metadata Server* optional sind. Sie müssen ihn nicht verwenden, wenn Sie Ihre VM- und Container-Images auf Ihren Ceph-Storage legen. Die Images sind als RADOS-Block-Devices (RDB) gespeichert, und diese benötigen den MDS nicht.

Nur für den Fall, dass Sie wirklich Dateien im Ceph-Cluster speichern möchten, brauchen Sie einen MDS. In der Praxis wird ein CephFS unter Proxmox VE häufig eingesetzt, um darauf immer wieder benötigte ISO-Images, Container-Templates oder kurzlebige, temporäre Ad-hoc-Backups abzulegen.

Der MDS verwaltet die Metadaten wie Berechtigungen, Erstellungszeitpunkt, Änderungszeitpunkt, Besitzer der Datei, Elternverzeichnis der Datei und mehr – also die Informationen über Ihre Dateien im CephFS-Filesystem. Der MDS speichert nicht die Inhalte der Dateien. Die eigentlichen Daten liegen verteilt auf den OSDs. Der MDS liefert dem Client lediglich Informationen über die Dateien, damit dieser die Daten direkt von den OSDs abrufen kann.

Fällt der MDS aus, wäre das Dateisystem kopflos. Die Daten wären noch da, aber der Client könnte sie nicht mehr finden. Deshalb sollten Sie mindestens zwei MDS-Instanzen betreiben, von denen eine immer `active` ist und die andere auf `standby` steht, ähnlich dem Verhalten der Manager weiter oben. Allerdings lassen sich bei einer hohen Anzahl gleichzeitiger Zugriffe auch mehrere MDS auf `active` schalten, die sich die Last dann teilen und für mehr Performance sorgen.

17.2.2 Logische Einheiten

Über die anfassbaren Komponenten, also die Daemons, haben wir nun gesprochen. Ceph hat allerdings noch weitere, logische Komponenten, die wir uns nun anschauen.

Pools: Logische Partitionierung des Storage

Von anderen Storage-Systemen kennen Sie den Begriff des *Storage-Pools* vermutlich als einen Verbund von Storage-Devices. Unter Ceph sind *Pools* jedoch keine physische, sondern eine logische Ebene, auf der Sie Ihre Daten ablegen. Ein Ceph-Pool definiert einen Namensraum für Objekte und legt fest, wie diese Daten im Cluster verteilt werden und wie viele Kopien eines Objekts vorhanden sein sollen. Da ein Ceph-Pool eine logische Ebene ist, können Sie mehrere, voneinander getrennte Ceph-Pools auf die gleichen Storage-Devices Ihres Clusters legen.

Wenn Sie in Proxmox VE eine virtuelle Disk für eine VM anlegen, landet das Disk-Image in einem solchen Pool. Auch das CephFS-Filesystem nutzt Pools, um Daten und Metadaten zu speichern.

Im Folgenden finden Sie die wichtigsten Parameter und damit auch Eigenschaften für einen Ceph-Pool, die Sie bei der Erstellung angeben können:

- **Replikationsfaktor mit `size` und `min_size`:** Hier definieren Sie die Redundanz. Der Standard und die dringende Empfehlung für produktive Cluster ist eine `size` von 3 und eine `min_size` von 2. Damit wird jedes Datenobjekt dreifach auf unterschiedlichen OSDs gespeichert. Fällt eine Disk oder ein Node aus, haben Sie noch zwei Kopien übrig. Die `min_size` legt fest, wie viele Kopien mindestens aktiv sein müssen, damit ein I/O-Vorgang darauf stattfinden darf.
- **Anzahl der Placement Groups (PGs):** Ein Pool wird intern in *Placement Groups* (PGs) unterteilt. Objekte werden in diese PGs gehasht, und die PGs werden dann auf die OSDs verteilt. PGs sind wichtig für die Skalierung, Performance und Ausfallsicherheit eines Ceph-Clusters. Erstellen Sie zu wenige PGs, führt dies zu einer unausgewogenen Datenverteilung und zu unterschiedlichen Füllständen der OSDs. Zu viele PGs dagegen verschwenden RAM- und CPU-Ressourcen. Dies ist oft das am schwersten zu begreifende Konzept für Einsteiger, weshalb es weiter unten noch einen separaten Abschnitt über Placement Groups gibt.
- **CRUSH-Regel:** Über die CRUSH-Regel, oft auch einfach *Rule* genannt, steuern Sie, auf welchen physischen OSDs die Daten des Pools landen. Haben Sie beispielsweise einen Hybrid-Cluster mit schnellen NVMe-SSDs und großen HDDs, können Sie über *Device-Classes* und eine entsprechende CRUSH-Rule einen Pool mit dem Namen `ceph-fast` erstellen, der nur auf den NVMes liegt, und einen Pool namens `ceph-chill`, der auf den HDDs liegt.

Diese Eigenschaften lassen sich später anpassen, wenn Sie beispielsweise die `size`, die Anzahl der PGs oder die CRUSH-Rule des Pools anpassen möchten. Diese Anpassungen führen dazu, dass Daten im Cluster neu erstellt, verworfen oder auf andere OSDs umgelagert werden.

Pool-Typen: Replicated oder Erasure-Coded

Ceph kennt verschiedene Arten von Storage-Pools, die sich je nach Verwendungszweck auch unter Proxmox VE nutzen lassen.

Performance mit Replicated Pools

In den meisten Fällen werden Sie Ihre VM- und Container-Images auf einen *Replicated Pool* legen. Hier werden von jedem Objekt mehrere gleiche Kopien erzeugt, ähnlich wie bei einem RAID1. Das bietet die beste Performance und schnellste Recovery, kostet aber Speicherplatz. Bei einer `size` von 3 benötigen Sie für jedes Terabyte (TB) Nutzdaten 3 TB physischen Platz.

In Abbildung 17.2 sehen Sie die Arbeitsweise eines Replicated Pools, wie er einfache Kopien auf anderen OSDs erzeugt. Da Ceph nun von allen Kopien lesen und schreiben kann, erhalten wir dabei eine hohe Performance.

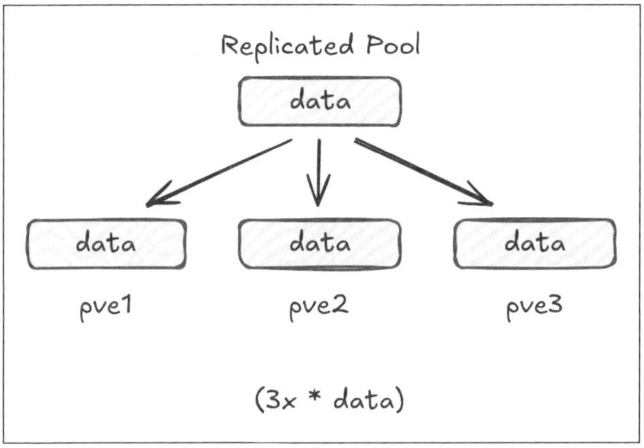

Abbildung 17.2: Ein Replicated Pool speichert mehrere Kopien auf unterschiedliche OSDs.

Speicherplatz-Effizienz mit Erasure-Coded Pools

Für eher kalte Daten wie Archive, Fileserver oder sehr große Datenmengen gibt es die *Erasure-Coded Pools* (EC-Pools). Diese funktionieren ähnlich wie ein RAID5 oder RAID6. Die Daten werden zunächst in eine konfigurierte Anzahl Daten-Chunks (k) aufgetrennt und dann mit zusätzlich erstellten Coding-Chunks (m) erweitert. Ein EC-Pool mit $k = 2$, $m = 1$ spart Platz, benötigt aber mehr Rechenleistung und ist bei Random-Write-Operationen, wie sie bei VMs üblich sind, deutlich langsamer. In Proxmox VE werden EC-Pools daher meist nur für Backups oder Archiv-VMs verwendet, seltener für aktive VM-Disks.

In Abbildung 17.3 sehen Sie das Beispiel eines EC-Pools mit vier Daten-Chunks und einem zusätzlich generierten Coding-Chunk. Damit benötigen wir rechnerisch das 1,25-Fache der Datenmenge, was im Vergleich zu einem Replicated Pool die Speichereffizienz deutlich verbessert, dafür jedoch die Performance schmälert.

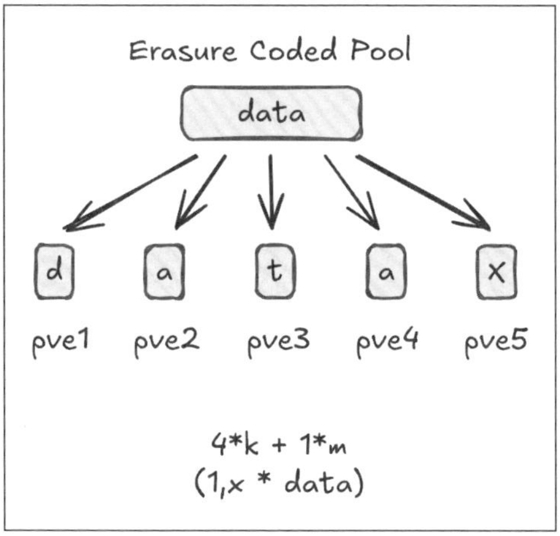

Abbildung 17.3: Die Arbeitsweise eines Erasure-Coded Pools in Ceph

Placement Groups (PGs)

In einem Ceph-Cluster errechnet der Client, auf welchem OSD er ein bestimmtes Objekt finden kann oder wohin er es speichern muss. Allerdings errechnet der Client nicht direkt den richtigen OSD, sondern er berechnet zunächst die ID einer *Placement Group* (PG). Die Placement Group enthält dann eine Anzahl an OSDs, die dem Parameter `size` entspricht. PGs sind wie Container, die mehrere Objekte logisch gruppieren, bevor sie auf die tatsächlichen OSDs verteilt werden.

Ein Client erhält durch seine Berechnung eine Liste von OSDs. Er kommuniziert jedoch nur mit dem ersten OSD der Ergebnisliste, dem sogenannten primären OSD. Die restlichen OSDs interessieren ihn nur in dem Fall, dass der erste OSD nicht antwortet oder dass Sie explizit etwas anderes konfiguriert haben. Bei eingehenden Schreibzugriffen ist der erste OSD auch dafür verantwortlich, die Daten an den sekundären und tertiären OSD weiterzuleiten.

Diese Abstraktionsschicht ist notwendig, um Performance und Skalierbarkeit zu gewährleisten. Ein Ceph-Cluster kann Millionen oder gar Milliarden von Objekten speichern. Würde Ceph für jedes einzelne Objekt berechnen müssen, auf welchem OSD es gespeichert und repliziert werden soll, würde der Overhead enorm steigen und das System verlangsamen. Durch die Gruppierung in PGs muss Ceph diesen Mapping-Prozess nur für die vergleichsweise geringe Anzahl an PGs durchführen. Jedes Objekt gehört fest zu einer PG, und die PG umfasst eine Liste von OSDs.

Die richtige Anzahl an PGs (pg_num)

Die Anzahl der Placement Groups `pg_num` ist ein wichtiger Parameter bei der Einrichtung eines Ceph-Pools. Zu wenige PGs führen zu einer ungleichmäßigen Verteilung der Daten. Manche OSDs werden volllaufen, während andere leer sind. Zudem leidet die Performance, da weniger Parallelisierung möglich ist. Zu viele PGs dagegen erhöhen den Speicherbedarf und die CPU-Last für die Verwaltung der Placement Groups.

Beim Erstellen eines neuen Pools müssen Sie zunächst eine Anzahl PGs angeben, damit der Pool eingerichtet werden kann. Proxmox VE schlägt Ihnen hier automatisch 128 Placement Groups vor. Sie können mit dem vorgeschlagenen Wert starten, denn der *PG Autoscaler* nimmt die Anpassung seit Ceph Nautilus automatisch für Sie vor, wenn er bei seinen Berechnungen zu dem Ergebnis gelangt, dass mehr oder weniger Placement Groups besser wären. Am einfachsten ist es also, mit dem Vorschlagswert zu starten und den PG Autoscaler die Anzahl der Placement Groups auf einen optimalen Wert korrigieren zu lassen.

Nachteilig wirkt sich bei dieser Vorgehensweise nur aus, dass beim Erhöhen oder Reduzieren der Placement Groups eine Umlagerung von Objekten notwendig wird und damit Last und Traffic im Cluster erzeugt wird. Aber dazu gleich mehr, wenn es um den PG Autoscaler geht.

Der PG Autoscaler

Seit *Ceph Nautilus* gibt es den *PG Autoscaler*. Er ist ein Plugin, das im Manager läuft und das standardmäßig aktiviert ist. Für jeden Pool lässt sich konigurieren, wie der PG Autoscaler mit diesem Pool umgehen soll:

- **Modus `warn`:** Ceph warnt Sie im Health-Status, wenn die PG-Anzahl suboptimal ist, ändert aber nichts automatisch. Sie müssen Änderungen also selbst vornehmen und können diese zeitlich planen oder beispielsweise außerhalb der regulären Arbeitszeiten vornehmen.
- **Modus on:** Ceph passt die Anzahl der PGs automatisch an, wenn eine höhere oder niedrigere Anzahl PGs vorteilhaft wäre. Das ist der Standard in Proxmox VE, und es ist wie ein »Set-and-forget«-Setting, denn Sie müssen nicht mehr manuell Hand anlegen.
- **Modus `off`:** Deaktiviert die Automatik komplett. Dies kann beispielsweise sinnvoll sein, wenn die Nutzung eines Pools ständig stark schwankt. In einem Pool, in dem ständig die Nutzung zwischen 5 und 50 TB schwanken würde, weil dort temporäre Daten liegen, würde der PG Autoscaler ständig die PGs erweitern, um sie anschließend wieder zu reduzieren. Sparen Sie sich den Aufwand und Ihrem Cluster den Stress, und nutzen Sie in diesem Fall eine feste Anzahl PGs und schalten Sie den PG Autoscaler für diesen Pool aus.

17.3 Voraussetzungen und Sizing eines Proxmox-VE-HCI-Clusters

Aufgrund der verteilten Natur von Ceph und der einzelnen Komponenten sollte man sich vor der Hardware-Bestellung zunächst ein paar Gedanken über das Sizing machen. Sie haben schon gelesen, dass ein Ceph-Cluster meist drei Kopien eines jeden Objekts speichert, dass sich Server auch auf Racks, Räume oder gar Datacenter verteilen lassen und dass die einzelnen Daemons auch Ressourcen brauchen.

Insbesondere wenn wir Ceph als HCI-Stack auf einem Proxmox VE betreiben, stehen beide Systeme in Konkurrenz zueinander, was die Nutzung von RAM, CPUs, Netzwerk und anderen Ressourcen betrifft. Werfen wir also einen Blick auf die Voraussetzungen und das Sizing Ihres Ceph-Clusters.

17.3.1 Netzwerkanforderungen

Ceph ist als Scale-out-Storage entworfen. Allein das sorgt schon dafür, dass wir uns ein paar Gedanken über die Netzwerkinfrastruktur machen müssen, die sämtliche Server miteinander verbindet.

Warum 10 Gbit/s oder mehr im Backend Pflicht sind

Als verteiltes Storage-System ist die Hauptaufgabe eines Ceph-Clusters die Speicherung von Daten. Clients können diese Daten über das Netzwerk von einem OSD lesen oder auf einen OSD schreiben. Auch ohne die Beteiligung von Clients muss ein OSD sich um die Replikation von Daten zu anderen OSDs kümmern. Wir benötigen also jede Menge Bandbreite und geringe Latenzen, wenn Ceph schnell sein soll.

Nehmen wir an, unser Client ist eine VM auf dem Server `pve02` und das Objekt liegt auf dem `osd.15`, der sich im Server `pve05` befindet.

Der Client möchte nun zuerst die Daten lesen. Der Client funkt dazu also den `osd.15` im anderen Server an. Der `osd.15` liest die Daten von seinem Storage-Device und antwortet mit den gewünschten Daten. Der Lesevorgang ist damit abgeschlossen.

Bei einem Schreibvorgang ändert sich für den Client nichts: Er schickt die zu schreibenden Daten an den `osd.15`. Dieser schreibt sie auf sein lokales Storage-Device und erzeugt damit die erste Kopie. Da aber 3 Kopien erzeugt werden müssen (`size=3`), schaut er in der Placement Group nach und findet `osd.72` und `osd.31` als weitere OSDs für die zusätzlichen Replikate. Er sendet die gleichen, soeben erst über das Netzwerk erhaltenen Daten noch zweimal an andere OSDs parallel weiter. Abbildung 17.4 zeigt, in welcher Reihenfolge ein Schreibvorgang abläuft.

Wir benötigen also eine hohe Bandbreite, um die ganzen Transfers auf verschiedene Server zu schreiben und von ihnen zu lesen. Und nicht nur die Bandbreite ist wichtig, sondern auch die Latenz zwischen Clients und OSDs sowie zwischen OSDs untereinander. Ist die Latenz in einem Ceph-Cluster zu hoch, fühlt er sich langsam an. Er könnte immer noch viele parallele Transaktionen durchführen, aber keine davon wäre einzeln schnell abgeschlossen.

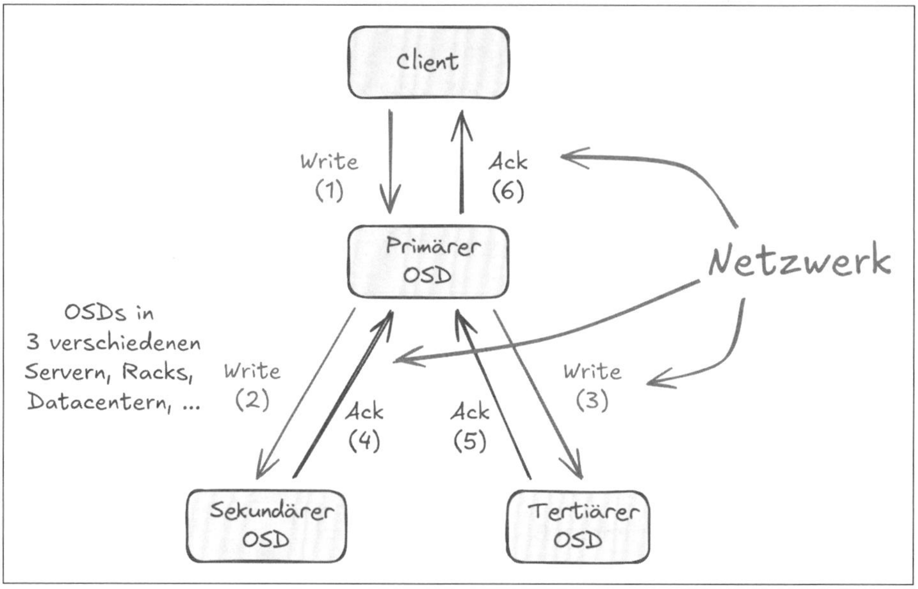

Abbildung 17.4: Der Schreibvorgang in einen Replicated Pool umfasst auch die Erstellung weiterer Kopien auf anderen Servern.

Trennung von Public Network und Cluster-Network

Ceph unterstützt die Nutzung von bis zu zwei verschiedenen Netzwerken, um Traffic zwischen Komponenten auf die beiden Netzwerke zu verteilen. Das sogenannte *Public Network* benötigt Ceph immer, das zweite sogenannte *Cluster-Network* dagegen ist optional.

Über das zwingend notwendige Public Network kommunizieren sämtliche Mitspieler: Clients, Monitore, Manager, Object Storage Daemons und Metadata Server. Das Cluster-Network ist optional, kann aber bei Bedarf OSDs untereinander verbinden (siehe Abbildung 17.5).

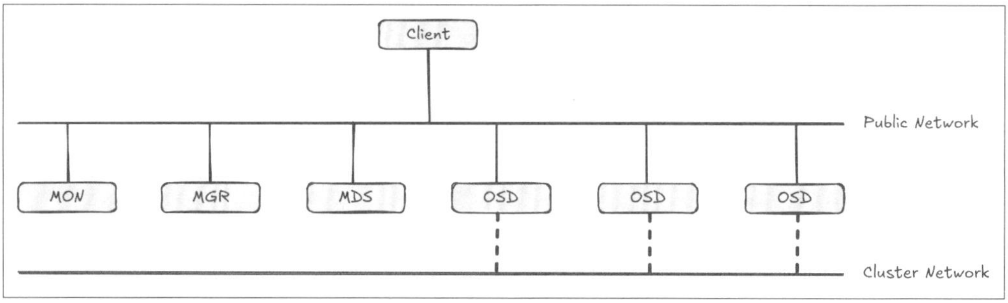

Abbildung 17.5: Public Network und Cluster-Network: Nur das Public Network ist zwingend notwendig, weil über es alle Komponenten miteinander kommunizieren.

Schauen wir uns nochmals einen Schreibvorgang an, diesmal mit besonderem Blick auf das Netzwerk. Der Client kommuniziert über das Public Network mit dem ersten OSD.

Der erste OSD schreibt die Daten ebenfalls über das Public Network an den zweiten und dritten OSD (siehe Abbildung 17.6). Alle Rückbestätigungen nach dem Schreiben laufen ebenso über das Public Network, genau wie alle Heartbeats zur Überwachung der Daemons untereinander. Auf dem Public Network könnte nun ein Verkehr herrschen wie in der Pariser Metro zur Rush Hour.

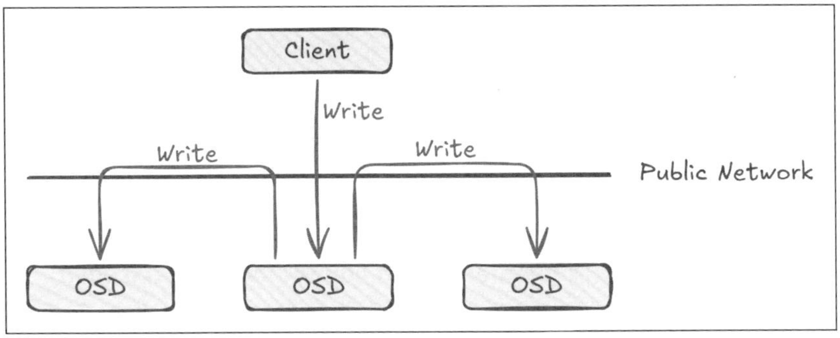

Abbildung 17.6: Wird nur ein Public Network verwendet, finden alle Transfers über dieses statt.

Genau hier kommt das Cluster-Network ins Spiel: Wenn es eingerichtet ist, übernimmt es das »Heavy Lifting«, also die Datentransfers und die Heartbeats zwischen den OSDs (siehe Abbildung 17.7). Alles andere bleibt weiterhin auf dem Public Network.

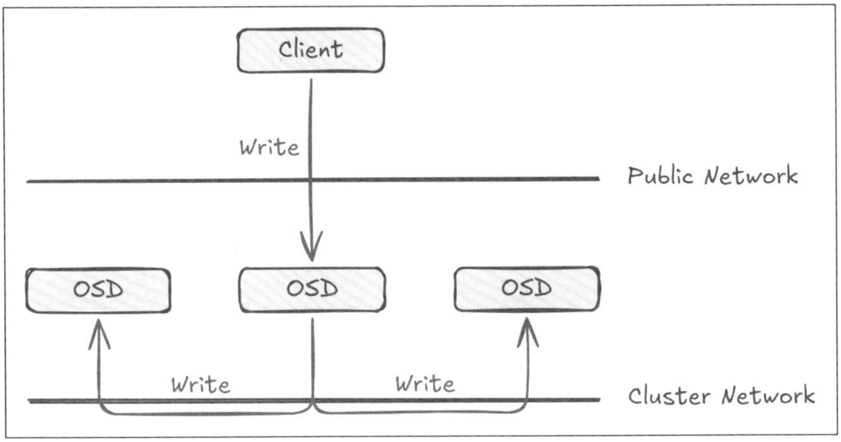

Abbildung 17.7: Ein optionales Cluster-Network stemmt die großen Datentransfers und entlastet das Public Network.

Ich höre schon Ihre Frage: »Sollte ich nun ein Cluster-Network verwenden oder nicht?« Die Antwort hängt ein bisschen von Ihren Vorlieben und der verwendeten oder geplanten Infrastruktur ab. Hier sind ein paar Entscheidungshilfen:

- Stehen Ihnen 2 × 25 Gbit/s zur Verfügung, sollten Sie diese Schnittstellen in einem Bond bündeln, anstatt sie aufgetrennt für verschiedene Netze zu nutzen. Auch hier gilt der Grundsatz »Redundanz schlägt Geschwindigkeit«.

- Bei einer Mischbestückung aus 2 × 10 Gbit/s und 2 × 25 Gbit/s sollten Sie priorisieren: Erstellen Sie ein Bond mit 2 × 25 Gbit/s für das Cluster-Network, da hier der meiste Traffic zwischen OSDs geschieht. Ein Bond aus 2 × 10 Gbit/s nutzen Sie dann für das Public Network.
- Bei einer Ausstattung mit 4 × 25 Gbit/s haben Sie die Wahl: Entweder richten Sie für das Public und das Cluster-Netzwerk jeweils ein Bond mit 2 × 25 Gbit/s ein, oder Sie fassen alle vier Schnittstellen zu einem einzigen 4×25-Gbit/s-Bond für das Public Network zusammen. Ich empfehle Ihnen jedoch explizit die Trennung. Der entscheidende Vorteil liegt in der Trennung des Datenverkehrs: Ein Recovery-Prozess oder das Einbinden neuer Disks oder Server mittels Backfilling läuft dann ausschließlich über das Cluster-Netzwerk, ohne die Performance des Public Networks zu beeinträchtigen.

Latenzen reduzieren: Switch-Konfiguration und Jumbo-Frames (MTU 9000)

In einem Storage-Netzwerk für Virtualisierung ist Bandbreite zwar wichtig, aber Latenz entscheidend. Ein 100-Gbit/s-Link nützt wenig, wenn die Pakete zu lange warten müssen, bis sie verarbeitet werden. Latenz summiert sich: Jede Millisekunde Wartezeit beim Zugriff auf Disks, beim Netzwerk-Hop oder in der CPU-Warteschlange erhöht die Latenz des gesamten Systems. Um die Latenz zu minimieren und den Durchsatz zu optimieren, beginnen Sie bei den gängigsten Optionen: mit der korrekten Switch-Konfiguration und der Nutzung von Jumbo-Frames.

Jumbo-Frames (MTU 9000)

Ethernet-Pakete haben standardmäßig eine *Maximum Transmission Unit* (MTU) von 1500 Bytes. Das Maß stammt noch aus einer Zeit, als Netzwerke deutlich langsamer waren. Bei modernen Geschwindigkeiten wie 10, 25 oder 100 Gbit/s muss ein Server für eine große Datenmenge millionenfach kleine Pakete mit maximal 1500 Bytes schnüren, adressieren und versenden. Das erzeugt einen deutlichen Overhead durch Header-Informationen und Interrupts.

Hier kommen Jumbo-Frames ins Spiel. Durch das Heraufsetzen der MTU auf 9000 Bytes verbessern wir das Verhältnis von Nutzdaten zu Header-Informationen und entlasten den Server, weil insgesamt weniger Pakete zu transferieren sind. Beides erzeugt einen höheren Durchsatz im Netzwerk.

Die MTU muss jedoch entlang der gesamten Kette konfiguriert sein, damit das größere Paket sicher bis zum Empfänger gelangt: VM-Netzwerkinterface, Linux-Bridge, Linux-Bond, physische Switch-Ports, Inter-Switch-Links, Ziel. Das Ziel könnte wieder die physische NIC, Bond, Bridge, VM-Interface sein oder auch nur das physische Netzwerkinterface am externen Server.

Um die VM-Interfaces müssen Sie sich nur noch kümmern, wenn Sie noch eine ältere Version von Proxmox VE verwenden. In aktuellen Versionen übernimmt die NIC die MTU der Bridge automatisch, sofern nichts anderes konfiguriert wurde.

Vergessen Sie auch nur ein Gerät in dieser Kette, werden Pakete verworfen oder fragmentiert, was die Performance oft unter das Niveau einer Standard-MTU drückt oder zu seltsamen Verbindungsabbrüchen führt.

Nach der Einrichtung sollten Sie testen, ob große Pakete tatsächlich durchgehen, ohne verworfen oder fragmentiert zu werden. Unter Linux eignet sich dafür der `ping`-Befehl mit dem *Don't Fragment*-Flag. Hier müssen wir die Header-Größe von 28 Bytes vorher abziehen, sodass wir die Paketgröße von 8972 angeben:

```
# Ping von einem zum anderen Endpunkt funktioniert
root@pve01:~# ping -M do -s 8972 10.1.1.20
PING 10.1.1.20 (10.1.1.20) 8972(9000) bytes of data.
8980 bytes from 10.1.1.20: icmp_seq=1 ttl=64 time=0.274 ms

# Ping von einem zum anderen Endpunkt funktioniert nicht -
# irgendein Hop spielt nicht mit
root@pve01:~# ping -M do -s 8972 10.1.1.20
PING 10.1.1.20 (10.1.1.20) 8972(9000) bytes of data.
ping: sendmsg: Message too long
Abschnitt Listing 17.2: Testen Sie mit ping, ob die Jumbo-Frames
funktionieren: 8972 Bytes Payload + 28 Bytes ICMP/IP-Header = 9000
Bytes Total
```

Kommt das Paket an, ist der Weg frei.

17.3.2 Hardware-Sizing

In einem HCI-Cluster werden Ihre Server zu Storage-Systemen. Das bedeutet, dass die Hardware-Auswahl nicht mehr nur davon abhängt, was Ihre VMs an Rechenleistung benötigen, sondern auch davon beeinflusst wird, wie performant Ihr Storage-Backend laufen muss. VMs, Container und Storage konkurrieren um die verfügbaren CPU- und RAM-Ressourcen des Servers.

Falsches Sizing fällt oft erst später auf, wenn die Anzahl VMs und Container gestiegen ist und das Storage-Volumen eine entsprechende Größe erreicht hat. Lassen Sie uns also einen Blick auf drei Säulen der Performance werfen: CPU, RAM und Disks.

CPU-Sizing

Ceph ist ein Software-Defined Storage und benötigt für jede Berechnung, jede Checksumme, jede Kompression und jede Verteilung von Daten ein paar CPU-Zyklen von der Host-CPU. Da große Teile von Ceph Single-Threaded sind, profitiert es eher von hohen Taktfrequenzen als von vielen Kernen. Andererseits läuft beim HCI-Setup auf den gleichen Servern auch Proxmox VE mit Dutzenden, Hunderten, vielleicht Tausenden VMs und Containern, die eher von vielen CPU-Cores profitieren. Mit einem entsprechend hohen Budget können Sie natürlich auch beides haben: viele Cores mit hohen Taktfrequenzen.

Berücksichtigen Sie dabei auch, welche Software nachher auf diesem Cluster laufen wird. Manche Softwarehersteller lizenzieren ihre Software nach der Anzahl der CPUs oder Kerne in den Hypervisoren. Viele Cores können also nicht nur beschleunigend wirken, sondern Ihr Budget für nachgelagerte Lizenz-Upgrades belasten.

Wenn Sie planen, extrem schnelle NVMe-Speicher einzusetzen und deren Leistung zu nutzen, müssen Sie bedenken, dass diese Datenträger Millionen von IOPS liefern können. Um diese Menge zu verarbeiten, benötigen die OSD-Prozesse entsprechende CPU-Leistung.

Es gibt mehrere Szenarien, in denen Ceph Ihre CPU besonders fordert, beispielsweise bei einer hohen IOPS-Last sowie bei einer Recovery bzw. einem Rebalancing großer Datenmengen.

Sparen Sie nicht an der CPU. Ein hoher Basistakt hilft bei der Latenz. Dies ist beispielsweise wichtig für Datenbanken in VMs, während eine hohe Anzahl an Kernen hilft, die Last von vielen VMs, Containern und OSDs parallel zu bewältigen. Planen Sie pro OSD mindestens einen dedizierten CPU-Core ein. Wenn Sie die maximale Leistung aus NVMes holen möchten und zwei OSDs pro NVMe planen, sollten Sie rechnerisch mit 2 dedizierten Cores für jede NVMe im Server planen.

RAM: Die Faustformel und Reserve

Ceph nutzt den Arbeitsspeicher intensiv für das Caching, um Lesezugriffe zu beschleunigen und Schreibvorgänge zu puffern.

Seit der Einführung des *BlueStore*-Backends in Ceph hat sich das Speicherverhalten geändert. BlueStore verwaltet Block-Devices direkt und nutzt keinen Umweg mehr über ein lokales Dateisystem wie XFS. Das bedeutet, Ceph muss sein eigenes Cache-Management betreiben.

Für reine Ceph-Cluster finden Sie in der Ceph-Dokumentation unter *https://docs.ceph.com/en/latest/start/hardware-recommendations/* eine Seite mit weiteren Eckdaten und einem guten Hinweis: Jeder Cluster ist anders, und das Sizing richtet sich nach Ihren Anforderungen.

Zusammengefasste, einfache Empfehlungen auf Basis der Ceph-, Proxmox- und meiner eigenen Erfahrungen sind:

- Kalkulieren Sie 8 GB RAM pro OSD ein und 1 GB RAM pro 1 TB Storage roher Speicherkapazität. Aktuell sind zwar nur 4 GB laut Dokumentation gefordert, jedoch wird die nächste Ceph-Version diese Empfehlung auf 8 GB pro OSD anheben. Da es sich um einen Konfigurationsparameter handelt, lässt sich der RAM pro OSD mit der Eigenschaft `osd_memory_target` konfigurieren. Unter 4 GB werden nicht empfohlen, weil sich das negativ auf die Performance und bei unter 2 GB auch negativ auf die Stabilität auswirkt. Wenn Sie genügend RAM haben, geben Sie den OSDs also gern etwas mehr als die 4 GB.

- Zur Not kommt ein OSD auch mit 2 GB hin, aber man spürt die reduzierte Leistung aufgrund fehlender Caches. In Fehlersituationen ändert sich das jedoch: Nach einem Ausfall müssen die verbleibenden OSDs nun die Recovery-Last tragen. Dabei steigt der Speicherbedarf der OSD-Prozesse an. Haben Sie hier keine Reserve eingeplant, könnte der OOM-Killer des Linux-Systems zuschlagen und Prozesse beenden, um sich selbst genügend Ressourcen für den Betrieb zu sichern. Der Linux-Kernel sieht, dass der RAM zur Neige geht, und beendet den Prozess mit dem größten Speicherbedarf. In einem HCI-Cluster sind das oft große VMs oder - noch schlimmer - ein oder mehrere Ceph-OSD-Prozesse. Wenn OSDs wegen Speichermangels beendet werden, während sie versuchen, einen Ausfall zu kompensieren, führt das zu einer Kaskade, die Ihren gesamten Cluster offline nehmen kann. Das ist kein theoretisches Szenario!

Planen Sie RAM immer für den Worst Case, nicht für den Best Case!

Disks (OSDs)

Die Wahl der richtigen Datenträger für die OSDs ist wichtig beim Design Ihres Clusters. Hier entscheidet sich, ob Ihre Datenbanken fliegen oder kriechen.

NVMe, SSD oder HDD?

Ceph kennt verschiedene Device-Klassen und erkennt diese in der Regel automatisch an einem HBA. Schauen wir uns die gängigsten Speichermedien an:

- *NVMe*-Devices sind der Goldstandard für HCI. NVMe-Disks hängen direkt am PCIe-Bus und umgehen den Flaschenhals des SATA/SAS-Controllers. Sie bieten massive Parallelität, niedrige Latenzen und extrem hohen Durchsatz. Für moderne Workloads sind sie die erste Wahl.
- *SSDs* sind immer noch eine gute Wahl, wenn das Budget knapper ist oder keine PCIe-Lanes mehr frei sind. Sie sind deutlich schneller als HDDs, können aber bei hoher Last durch den SATA-Bus limitiert werden.
- *HDDs* haben rotierende Festplatten als Speicher und sind im Vergleich mit NVMes und SSDs langsam, aber zumindest heute noch günstiger bei hohen Kapazitäten. Die Latenzen sind zu hoch, und die IOPS pro Disk sind mit ca. 120 für moderne Betriebssysteme, die parallel Updates installieren oder Logs schreiben, unzureichend. Nutzen Sie HDDs höchstens für kalte Daten, also Archivdaten oder Backups, aber vermeiden Sie sie für den Betrieb von VMs.

Für drehende Disks gibt es eine Möglichkeit der Beschleunigung: Während die reinen, meist 4 MB großen Objekte auf den drehenden Disks liegen, lässt sich der Zugriff auf Metadaten mit dem Auslagern der RocksDB-Datenbank von der HDD auf eine SSD oder eine NVMe massiv beschleunigen. Daran hängt auch das Write-Ahead-Log (WAL), was dann automatisch mit auf das schnellere Device umzieht. Sie können das WAL jedoch auf ein weiteres, noch schnelleres Device separieren und Schreibzugriffe schneller puffern. Ihre HDDs geben die eigentlichen Objekte dann zwar nicht schneller heraus, aber der Zugriff auf Metadaten sowie Schreibzugriffe werden damit beschleunigt und tragen zu einer allgemeinen Verbesserung der Storage-Performance bei.

Als Faustregel gilt: Eine SSD kann 4 HDDs versorgen, eine NVMe sogar 8 HDDs, bis die schnellen Devices selbst zum Bottleneck werden. Beim Einsatz von 12 HDDs pro Server sollten Sie also 3 SSDs oder 2 NVMes für ein solches Szenario einplanen.

Wenn Sie sich für die Nutzung eines Hybrid-Setups entscheiden, sind die Defaults bei Proxmox meist bereits ausreichend dimensioniert: Die Datenbank wird mit 10 % der Größe des OSD-Device, das WAL mit 1 % der Größe angelegt. Bei einem Setup von 4 HDDs pro SSD wären nach den Standardwerten bereits 4 × (100 + 10 GB) auf dem Device belegt. Sie kämen mit einer 500-GB-SSD für 4 HDDs hin. Wenn Sie dagegen eine 1-TB-SSD nutzen, können Sie die Default-Werte zwar verdoppeln, der Effekt fällt insbesondere bei der Nutzung von *RADOS-Block-Devices* (RBD) in VMs und Containern aber eher gering aus. Besser wäre in einem solchen Fall, mehrere kleinere Devices zu verwenden. Die SSDs sollten also etwa 1/8 der Kapazität der Summe aller gepufferten HDDs haben. Dieser Wert von 1/8 der Kapazität gilt übrigens auch für NVMe-Devices.

Wenn die SSD/NVMe ausfällt, auf der die DB/WAL-Partitionen liegen, sind alle zugehörigen HDD-OSDs ebenfalls down. Planen Sie hier Redundanz ein oder seien Sie sich bewusst, dass Sie dann den Ausfall der Disk-Gruppe verkraften müssen.

Auch ohne Hybrid-HDD/SSD/NVMe-Setup ist eine Mischbestückung aus verschiedenen Device-Klassen möglich, die Sie in unterschiedliche Ceph-Pools stecken. Sie können dann Ihre Datenbank-VMs auf NVMes, die Fileserver auf SSDs und Archive auf HDDs speichern und damit die Gesamtkosten bei Bedarf etwas optimieren. Vermeiden Sie jedoch unterschiedliche Disk-Typen wie HDDs und SSDs innerhalb eines Pools: Ceph verteilt seine Replikate auf verschiedene OSDs. Ein Schreibvorgang ist erst abgeschlossen, wenn alle Replikate geschrieben sind. Wenn Sie eine schnelle NVMe mit einer langsamen HDD mischen, bestimmt immer die langsamste Platte die Gesamtgeschwindigkeit des Schreibvorgangs. Das führt zu inkonsistenter Performance und zu einem insgesamt trägen Storage.

Wenn Sie HDDs für Archivdaten benötigen, erstellen Sie dafür eine eigene CRUSH-Rule und einen eigenen Pool, trennen Sie diese aber strikt von Ihren VM-Pools auf Flash-Speicher.

Verwenden Sie niemals Consumer-NVMes oder -SSDs für Ceph!

Consumer-SSDs und NVMes sind auf dem Datenblatt schnell, sind jedoch nicht für eine hohe Parallelisierung von Zugriffen ausgelegt. Die Leistung des internen Controllers bricht bei parallelen Zugriffen ein und erreicht unter Last dann häufig nur noch wenig bessere Werte als drehende Disks.

Hinzu kommt die fehlende *Power-Loss-Protection* (PLP). In Enterprise-SSDs und -NVMes sorgt die PLP für den Schutz Ihrer Daten vor einem Verlust aufgrund von Stromausfällen.

Als dritten Grund sollten Sie die deutlich geringere Haltbarkeit von Consumer-SSDs und -NVMes berücksichtigen, was zu einem Verschleiß der Flash-Zellen nach wenigen Monaten führen kann.

Chassis und Storage-Slots

Weiter unten in diesem Kapitel gehe ich auf eine spätere Erweiterung des Clusters ein. Hier beim Sizing möchte ich Ihnen nur ein paar Gedanken mit auf den Weg geben, die bei der Planung hilfreich sein können.

Wenn Sie eine spätere Erweiterung Ihres Clusters schon von vornherein planen oder zumindest nicht ausschließen, sollten Sie auf weitere leere Storage-Slots oder PCI-Lanes achten. Ein Server, der zunächst mit 8 Disks bestückt ist, aber später noch weitere 4 bis 8 aufnehmen kann, lässt sich leicht und schnell mit zusätzlichen Storage-Devices erweitern.

Kaufen Sie Ihre Server so, dass bereits alle Storage-Slots bestückt sind, bleibt Ihnen später nur noch die Erweiterungsmöglichkeit über zusätzliche Server. Diese sollten dann die gleiche oder eine sehr ähnliche Disk-Ausstattung besitzen wie die bereits vorhandenen Server.

HBA/IT-Mode und niemals RAID-Controller

Für Ceph – genau wie für ZFS – dürfen Sie keine RAID-Controller verwenden. Nutzen Sie stattdessen einfache HBAs im IT-Mode.

Ceph ist ein *Software-Defined Storage* (SDS). Das bedeutet, es möchte die volle Kontrolle über die physischen Festplatten haben, um Fehlerkorrektur und Caching intelligent zu steuern. Ein RAID-Controller schiebt sich dazwischen und verhindert genau das.

Oft wird versucht, RAID-Controller weiterzuverwenden, indem jede Platte einzeln als JBOD oder RAID0 konfiguriert wird. Auch diesen Ansatz sollten Sie aus mehreren Gründen vermeiden:

- Der Controller maskiert oft den Gesundheitszustand der Platte und erlaubt keine regelmäßige Abfrage der S.M.A.R.T.-Werte. Warnungen über defekte Sektoren kommen bei Ceph nicht an. Ceph kann optional solche Gesundheitsdaten regelmäßig prüfen und eine OSD leermigrieren, bevor ein kompletter Ausfall droht.
- Ein RAID-Controller mit Cache meldet synchrone Schreibzugriffe möglicherweise als geschrieben, sobald sie in seinem RAM liegen. Das beschleunigt scheinbar die Applikation. Fällt jedoch der Strom aus und versagt die Batterie, sind die Daten weg. Außer-

dem können durch Cache-Flushes kurzfristig auch höhere Latenzen entstehen, wenn der Cache des RAID-Controllers gerade aufgeräumt werden muss. Da Ceph mehrere Kopien schreibt, gilt der Schreibvorgang erst dann als erfolgreich, wenn alle Kopien geschrieben wurden. Ist ein RAID-Controller gerade beschäftigt, dauert die Bestätigung sogar länger. Am schlimmsten dabei ist die nicht nachvollziehbare Performance.

Setzen Sie ausschließlich auf reine HBAs im IT-Mode, die die Disks 1:1 durchreichen. Wenn Ihr Controller das nicht kann, tauschen Sie ihn aus.

17.4 Installation und Initialisierung

Nachdem wir die notwendigen Grundlagen von Ceph besprochen haben, gehen wir nun die Einrichtung eines Ceph-Storage auf Ihrem Proxmox-VE-Cluster gemeinsam durch. Folgen Sie mir unauffällig.

17.4.1 Installation der Ceph-Pakete

Nicht jeder Server und auch nicht jeder Cluster verwendet Ceph, weshalb die Ceph-Pakete bei der normalen Systeminstallation noch nicht enthalten sind. Die Installation und initiale Konfiguration führen wir auf einem unserer Nodes durch. Beenden Sie zuerst auf diesem Node den Wizard, bevor Sie mit den weiteren Nodes des Clusters fortfahren, damit die weiteren Nodes die erstellte Konfiguration bereits sehen. Die restlichen Server können dann auch alle parallel installiert werden.

Stellen Sie vor dem Beginn der Installation sicher, dass Ihre Netzwerkkonfiguration vollständig abgeschlossen ist. Die für Ceph notwendigen Public und Cluster-Networks lassen sich zwar später auch ändern, eine solche Anpassung ist jedoch nicht ganz trivial und muss in mehreren Schritten erfolgen. Ersparen Sie sich daher den Aufwand und schließen Sie vorher die Netzwerkkonfiguration ab.

Ceph-Installation in der GUI

Wenn Sie auf **<Node> • Ceph** klicken, wird der gewählte Server feststellen, dass die Ceph-Pakete noch nicht auf dem System installiert sind, und Sie wie in Abbildung 17.8 fragen, ob Sie das nun tun möchten.

Fahren Sie durch einen Klick auf den Button **Install Ceph** fort. Nun erscheint ein Wizard, der Sie durch die Installation der Pakete führt und eine Konfiguration auf Basis Ihrer Angaben erstellt. Für diesen Schritt benötigen Sie dann auch die richtigen Netzwerke.

Im ersten Schritt erhalten Sie eine kurze Erläuterung zu Ceph, die Sie in Abbildung 17.9 sehen. Unten im Dialog wählen Sie die gewünschte Ceph-Version sowie das Repository, aus dem die Pakete installiert werden sollen. Wie üblich sollten Sie es bei dem stabilen Enterprise-Repository belassen, wenn Sie einen produktiven Cluster mit Subscription verwenden. Andernfalls wählen Sie das No-Subscription-Repository aus, um die öffentlich zugänglichen, aber nicht so gut getesteten Pakete zu verwenden. Auch das Test-Repository ist verfügbar, wenn Sie sich die neuesten Features ansehen möchten.

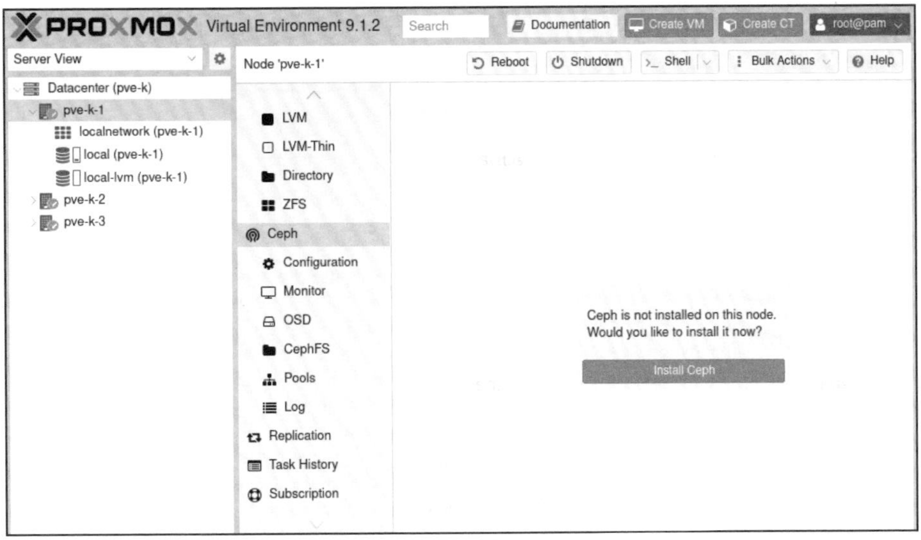

Abbildung 17.8: Proxmox VE fragt vor der Installation, ob Sie Ceph nun installieren möchten.

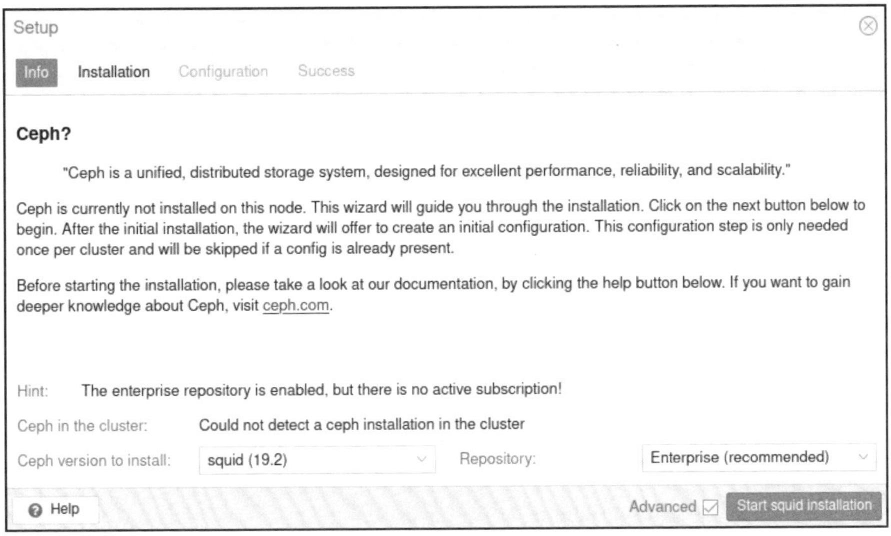

Abbildung 17.9: Schritt 1 – Wählen Sie die Ceph-Version und das Repository aus.

Achten Sie darauf, bei allen Nodes die gleiche Ceph-Version und das gleiche Repository auszuwählen, und gehen Sie dann weiter zur nächsten Seite.

Auf der nächsten Seite bindet der Wizard das vorher ausgewählte Repository für die entsprechende Ceph-Version unter */etc/apt/sources.list.d/ceph.sources* ein und veranlasst dann die eigentliche Installation der Ceph-Pakete (siehe Abbildung 17.10). Bevor es losgeht, müssen Sie diesen Schritt durch einen beherzten Druck auf [↵] bestätigen.

Anschließend werden die Pakete heruntergeladen und installiert. Am Ende wird Ihnen `Installed Ceph <Version> successfully` angezeigt und Sie können zur nächsten Seite gehen.

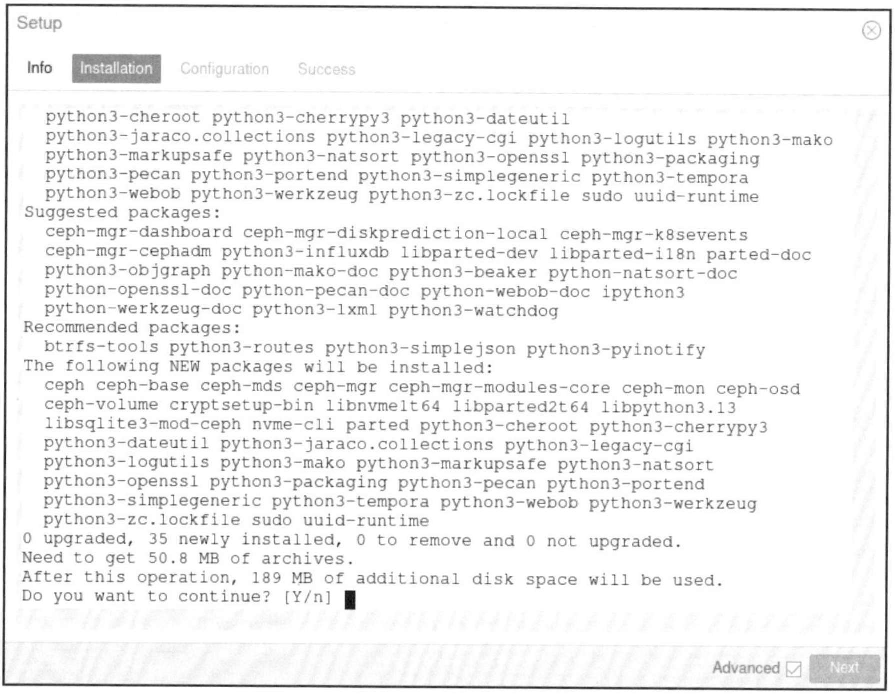

Abbildung 17.10: Schritt 2 – Bestätigen Sie die Installation der Pakete im Terminal.

In Schritt 3 nehmen Sie nun die initiale Konfiguration vor. Die Anzahl der Eigenschaften, die Sie angeben müssen ist recht klein (siehe Abbildung 17.11): Nur die Angabe des Netzwerks für das Ceph-**Public Network** ist zwingend notwendig. Wählen Sie hier Ihr vorbereitetes Storage-Netzwerk.

Optional können Sie das Ceph-**Cluster Network** angeben. Lassen Sie den Eintrag leer, wird automatisch das gleiche Netzwerk verwendet, das Sie zuvor für das Ceph-**Public Network** angegeben haben. Die Vor- und Nachteile zweier getrennter Netzwerke habe ich in Abschnitt 17.3.1 näher erläutert.

Im **Advanced**-Teil des Dialogs können Sie die Default-Werte für die **Number of replicas** (= `size`) und **Minimum replicas** (= `min_size`) neuer Pools angeben. Lassen Sie die Werte auf **3** und **2** und ändern Sie diese nur, wenn Sie ein Setup aufbauen, das standardmäßig andere Vorschlagswerte für neue Pools haben soll. Bei der Erstellung eines neuen Ceph-Pools werden diese Werte als Vorschlag verwendet; sie lassen sich aber jederzeit übersteuern.

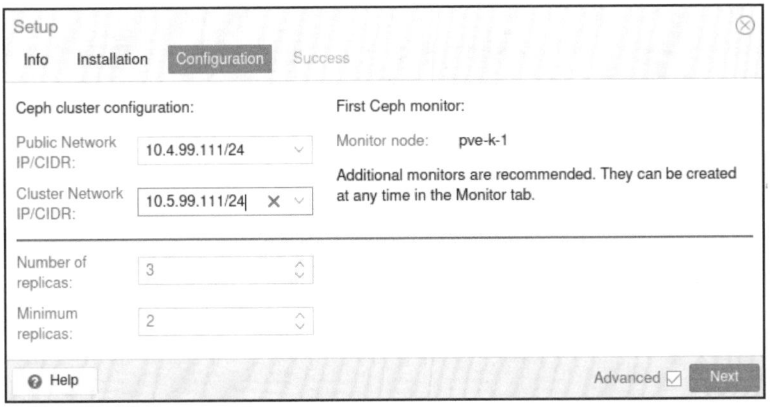

Abbildung 17.11: Schritt 3 – Nehmen Sie die initiale Konfiguration vor.

Gehen Sie weiter zur nächsten Seite. Die letzte Seite des Wizards (siehe Abbildung 17.12) bestätigt Ihnen die erfolgreiche Installation von Ceph und zeigt Ihnen die nächsten notwendigen Schritte vor der Verwendung Ihres Ceph-Clusters an: Installation der restlichen Nodes, Erstellung weiterer MONs, Erstellung der OSDs und die Erzeugung mindestens eines Pools.

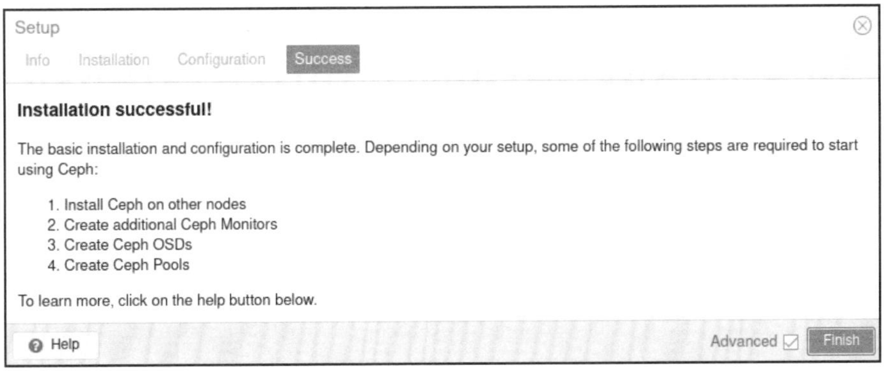

Abbildung 17.12: Schritt 4 – Abschluss der Installation und initialen Konfiguration

Nach dem Klick auf den **Finish**-Button wird die initiale Konfiguration für Ceph unter */etc/pve/ceph.conf* erstellt. Nehmen wir uns jetzt die nächsten Nodes vor und installieren wir die Pakete dort über den gleichen Weg.

Ein kleiner Unterschied zum ersten Node existiert: Die Konfigurationsseite bemerkt, dass bereits eine Ceph-Konfiguration unter */etc/pve/ceph.conf* existiert, und die Seite bleibt ausgegraut. Sie gehen dann direkt weiter zur nächsten Seite und schließen die Installation auch dort ab.

Ob Sie einen Node nach dem nächsten durchgehen oder die restlichen Nodes parallel installieren, spielt keine Rolle. Nur der erste Node sollte aufgrund der Erstellung der Konfiguration den Wizard komplett durchlaufen, bevor Sie mit den anderen Nodes starten.

Erschrecken Sie nicht, wenn das Ceph-Dashboard in Proxmox VE nach kurzer Zeit die Warnung `OSD count 0 < osd_pool_default_size 3` ausspuckt wie in Abbildung 17.13. Ceph überwacht seinen Status permanent selbst und kommt zu dem Schluss, dass Sie nicht genügend OSDs besitzen, um den oben gesetzten Vorschlagswert 3 damit zu erreichen. Ignorieren Sie den Fehler, bis Sie auch OSDs erstellt haben – dann verschwindet die Warnung automatisch.

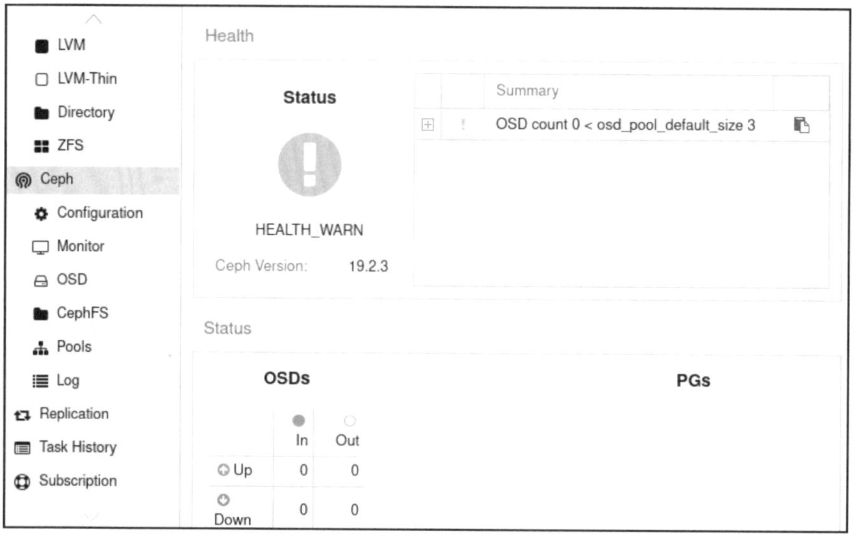

Abbildung 17.13: Das erste Dashboard zeigt nach kurzer Zeit eine Warnmeldung, die man ignorieren kann.

Ceph-Installation über die Shell

Auch per Shell lässt sich Ceph installieren und konfigurieren. Proxmox VE enthält dazu den **pveceph**-Befehl, mit dem Sie einen Ceph-Cluster unter Proxmox VE erstellen, konfigurieren und später auch wieder »abreißen« können. Wie auch bei anderen Gelegenheiten enthält das Commandline-Tool ein paar Möglichkeiten mehr als die GUI-Variante. So können Sie mit dem **pveceph**-Befehl beispielsweise zwei OSDs für eine NVMe erzeugen, was über die GUI nicht geht.

Die Paketinstallation erledigen Sie mit dem `pveceph install`-Befehl. Als Parameter geben Sie die gewünschte Ceph-Version und das Repository an, aus dem die Pakete gezogen werden sollen:

```
# pveceph install --version <ceph-versionsname> --repository
#   <ceph-repository>
# Beispiel:
root@pve-k-1:~# pveceph install --version squid --repository enterprise
```

Listing 17.2: Mit dem »pveceph install«-Kommando werden die Pakete installiert.

Sie sehen die gleiche Ausgabe im Terminal wie in der GUI unter Schritt 2 (siehe Abbildung 17.10). Bestätigen Sie auch hier den Start der Installation. Wiederholen Sie diesen Schritt auf allen Proxmox-VE-Servern, die Ceph-Komponenten erhalten sollen.

Die Konfiguration, die in der GUI unter Schritt 3 abgefragt wurde, müssen Sie mit einem separaten, weiteren Befehl auf der Kommandozeile vornehmen, falls dies noch nicht durch die GUI oder auf einem anderen Node erledigt wurde:

```
# pveceph init --network <ceph-public-network> [--cluster-network
#   <ceph-cluster-network>] [--size <default-size>] [--min_size
#   <default-min-size>]
# Beispiel:
root@pve-k-1:~# pveceph init -network 10.1.10.0/24 \
      --cluster-network 10.1.2.0/24
```

Listing 17.3: »pveceph init« erstellt eine initale Ceph-Konfiguration.

Der Befehl `pveceph init` erlaubt Ihnen zusätzliche Angaben, die in der GUI nicht verfügbar sind. Diese Angaben sind potenziell gefährlich und können Ihre Daten gefährden; Sie verzichten auf eine Authentifizierung und Redundanz – seien Sie also vorsichtig damit und verwenden Sie die Optionen nur, wenn Sie sich der Risiken bewusst sind:

- `--disable-cephx <bool [1|0]>`: Geben Sie `1` als Wert an, wird die Authentifizierung von Ceph deaktiviert. Das heißt, alle können alles tun. In Erwägung ziehen könnten Sie die Abschaltung dann, wenn Ceph in einem sicheren Netzwerk betrieben wird, das von außerhalb des Clusters nicht erreichbar ist. Im Zweifel lassen Sie `cephx` besser aktiviert.
- `--size <int [1-7]>`: Während die GUI auf einem Vorschlag für `size` von mindestens 2 Replikaten besteht, lässt sich über die Shell auch ein Wert von nur einem Replikat konfigurieren.
- `--min_size <int [1-7]>`: Für den Vorschlagswert der `min_size` ist auf der Kommandozeile die Angabe von `1` bis `7` möglich.

Haben Sie die Ceph-Pakete auf allen Servern installiert und auf einem Server die Konfiguration vorgenommen, können Sie mit dem nächsten Schritt fortfahren und die Monitore und Manager erstellen.

17.4.2 Erstellen der Monitore und Manager

Monitore (MONs) brauchen wir in unserer Ceph-Umgebung zwingend für ein Quorum, die Verwaltung der Cluster-Maps und die Authentifizierung der Clients. *Manager* (MGRs) kümmern sich um die Versorgung externer Monitoring-Systeme mit Performance- und Statusdaten. Daneben optimieren Sie den Cluster durch Balancing und Autoscaling von

Placement Groups (PGs) im Hintergrund und erlauben die nachträgliche Aktivierung weiterer Funktionen per Plugin.

In einer Proxmox-VE-HCI-Umgebung wird aus Redundanzgründen empfohlen, 3 MONs zu installieren; und je nach Aufbau Ihres Ceph-Clusters könnten es auch 5 oder eine andere Anzahl MONs sein. Auf jedem Node, der einen MON betreibt, sollten Sie auch einen Manager-Daemon installieren. Die Grundlagen können Sie bei der Erläuterung der Ceph-Daemons in Abschnitt 17.2.1 nachlesen.

Der erste MON wird direkt bei der Installation der Pakete bzw. nach Abschluss der initialen Konfiguration auf dem ersten Node für Sie bereitgestellt. Parallel dazu erzeugt Proxmox VE den ersten MGR des Clusters auf demselben Node. Weitere Monitore und Manager müssen dann nachträglich von Ihnen hinzugefügt werden.

Im Menü **<Node> • Ceph • Monitor** finden Sie in der oberen Hälfte die Monitore, in der unteren Hälfte die Manager (siehe Abbildung 17.14). Beide werden über diese Seite verwaltet. Hier erstellen Sie auch neue Monitore bzw. Manager und löschen nicht mehr benötigte wieder. Direkt über den MONs und MGRs finden Sie mehrere Buttons wie **Start**, **Stop**, **Restart**, **Create**, **Destroy** und **Syslog**.

Abbildung 17.14: In der GUI für die Ceph-Monitore werden im unteren Bereich auch die Manager dargestellt und verwaltet.

Zum Erstellen eines neuen MON klicken Sie auf **Create**. Daraufhin erscheint ein weiterer Dialog zur Angabe des Servers, auf dem der MON platziert werden soll (siehe Abbildung 17.15). Wählen Sie hier einen Server, der noch keinen MON besitzt, und bestätigen Sie die Auswahl.

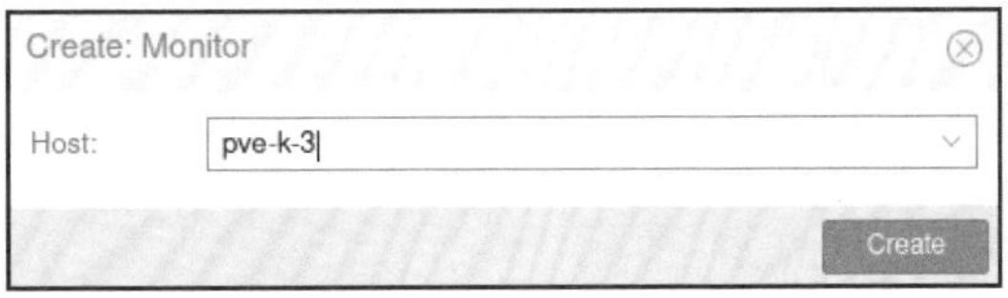

Abbildung 17.15: Der Dialog zur Auswahl des Servers, auf dem der zusätzliche MON- oder MGR-Daemon erzeugt wird

Nun wird auf dem ausgewählten Server ein MON erzeugt, der innerhalb weniger Sekunden in der Liste erscheint. Am Ende sehen Sie alle MONs und Manager auf der Seite (siehe Abbildung 17.16).

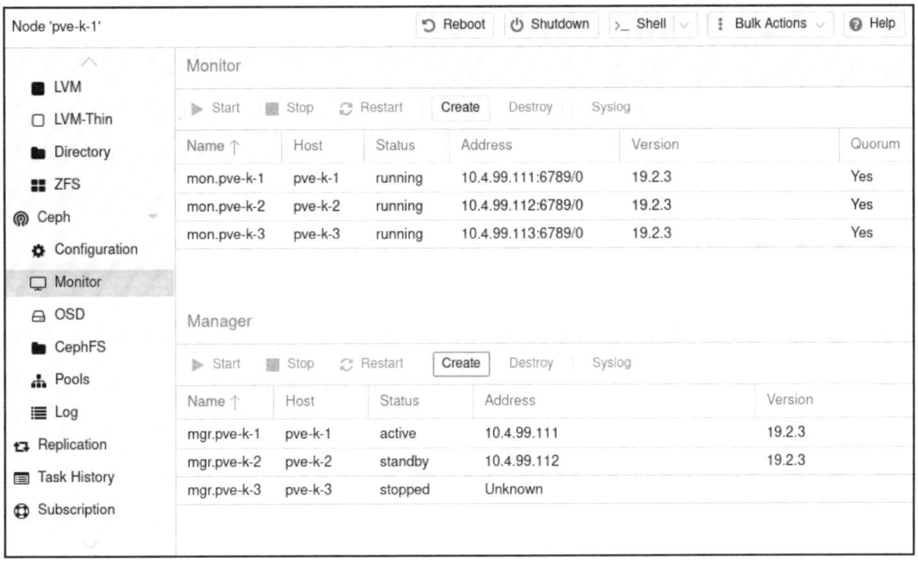

Abbildung 17.16: Alle Ceph-Monitore und -Manager sind nun eingerichtet.

Mit den Buttons **Start**, **Stop** und **Restart** können Sie den ausgewählten MON-Daemon auf dem jeweiligen Server starten, stoppen oder neu starten. Der Button **Syslog** ermöglicht Ihnen einen Blick ins Log des Daemons.

Sollten Sie irgendwann den Ceph-Cluster erweitern und aufgrund der Serveraufteilung auf unterschiedliche Racks feststellen, dass die MONs unglücklich platziert sind, können Sie auch einen vierten MON erstellen und einen der ungünstig platzierten MONs danach mit dem **Destroy**-Button löschen.

Die gleiche Vorgehensweise gilt auch, wenn Sie neue Manager erzeugen oder nicht mehr benötigte Manager löschen möchten.

Über die Shell stehen Ihnen alternativ mit `pveceph mon create` bzw. `pveceph mgr create` CLI-Befehle zur Verfügung, um die zusätzlichen Monitore und Manager bereitzustellen. Führen Sie diese Befehle auf dem Node aus, auf dem jeweils der MON oder MGR erstellt werden soll:

```
root@pve-k-2:~# pveceph mon create [--mon-address <ip-adresse>]
[--monid <mon-id>]
```

Listing 17.4: Mit dem »pveceph mon create«-Befehl erzeugen Sie weitere MONs auf anderen Hosts.

Der Befehl kennt die Parameter `--mon-address` und `--monid`. Diese brauchen Sie nur dann anzugeben, wenn Sie die automatisch erkannte IP-Adresse für das Ceph-Public-Network übersteuern möchten oder die ID des MON auf einen anderen Wert als auf den Hostnamen des Nodes setzen möchten.

```
root@pve-k-2:~# pveceph mgr create [--id <mgr-id> ]
```

Listing 17.5: Der Befehl »pveceph mgr create« erzeugt zusätzliche MGRs auf anderen Hosts.

Der optionale Parameter `--id` erlaubt die Übersteuerung des Hostnamens als Default-ID.

Wenn Sie Ihre Monitore und Manager auf mehreren Servern installiert haben, fahren wir mit der Erstellung der OSDs fort.

17.4.3 Einrichten der OSDs

Die OSDs sind die eigentlichen Datenspeicher in einem Ceph-Cluster. Sie stellen lokale Storage-Devices wie HDDs, SSDs und NVMes im Netzwerk für Ceph-Clients bereit. Ohne OSDs können wir weder Daten speichern noch abrufen. Idealerweise besitzen Sie mindestens vier OSDs pro Server.

Eingerichtet werden OSDs über die GUI oder alternativ über die Shell mit `pveceph osd create`. Beginnen wir mit der GUI.

Erstellen von OSDs per GUI

Bei Ihrem ersten Besuch ist der OSD-Dialog unter **<Node> • Ceph • OSD** noch leer (siehe Abbildung 17.17). Auf dieser Seite werden die OSDs erstellt, verwaltet und bei Bedarf auch wieder gelöscht.

Da die OSD-Daemons jeweils eine lokale Disk in Ceph als Speicher bereitstellen, müssen Sie links im Baum zuerst den Server auswählen, dessen Disk Sie nun einbinden möchten. Erstellen Sie dort die OSDs so, wie ich es im nächsten Abschnitt erläutere, und gehen Sie danach zum zweiten Server weiter, dann zum dritten, und führen Sie die Prozedur immer wieder durch.

Nach der Auswahl des Servers widmen wir uns dem OSD. Den Dialog zum Erstellen eines neuen OSD rufen Sie mit dem Button **Create** auf. Dann erscheint das Fenster aus Abbildung 17.18.

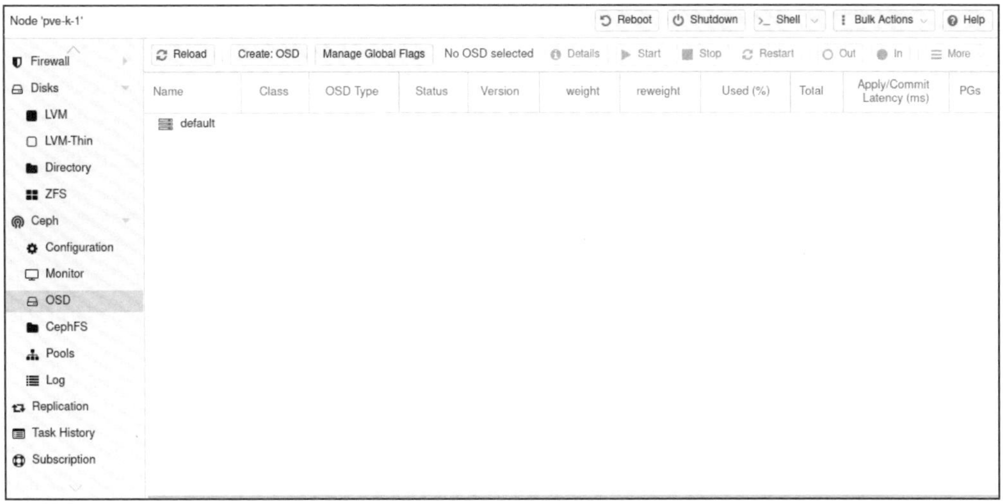

Abbildung 17.17: Zunächst begrüßt uns eine leere Seite, da wir noch keine OSDs eingerichtet haben.

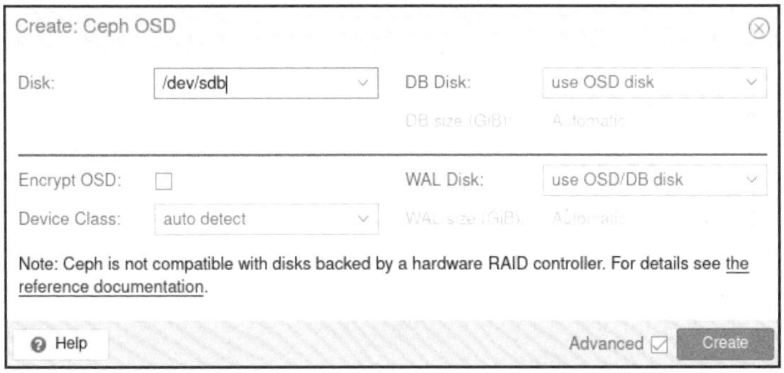

Abbildung 17.18: Dialog zum Erstellen eines neuen OSD

Proxmox VE scannt alle Disks im System und prüft, welche davon noch nicht in Verwendung sind. Sie brauchen also keine Sorge haben, dass Sie versehentlich eine falsche, bereits verwendete Disk auswählen und damit Ihr System plätten. Im Feld **Disk** erhalten Sie automatisch das erste freie, nicht verwendete Storage-Device als Vorschlag. Wenn Sie auf den Pfeil rechts klicken, können Sie stattdessen auch ein anderes Device auswählen. Das hier bestimmte Storage-Device wird als neuer OSD eingerichtet und in Ceph integriert.

In der rechten Hälfte sehen Sie den Auswahldialog für die **DB Disk**. Ein Ceph-OSD enthält neben den gespeicherten Objekten auch eine *RocksDB*-Datenbank (DB) zur Verwaltung von Metadaten sowie ein angeschlossenes Write-Ahead-Log (WAL). In Enterprise-Umgebungen wird immer noch Speicherplatz mit großen, günstigen HDDs benötigt, aber die Performance soll trotzdem stimmen. HDDs sind bei Random-I/O-Zugriffen langsam und schaffen nur etwa 120 IOPS. Die Performance lässt sich jedoch steigern, indem wir die DB und das WAL auf eine schnelle SSD oder NVMe legen, während die eigentlichen Nutzdaten auf der HDD bleiben. Das beschleunigt zwar nicht den Zugriff auf die eigentlichen Objekte, aber Metadaten der DB sowie Schreibzugriffe in das WAL können schneller verarbeitet werden. Sie erhalten auf diese Weise für einen geringen Aufpreis eine bessere Performance als beim reinen Einsatz von HDDs. Für eine entsprechende Dimensionierung schauen Sie in Abschnitt 17.3.2, »Hardware-Sizing«, nach.

In der Proxmox-GUI können Sie beim Erstellen eines HDD-OSD eine separate Disk für die DB angeben und unten im **Advanced**-Teil ein weiteres, separates Device für das WAL. Geben Sie kein separates Device für WAL an, bleibt das WAL dort, wo die DB liegt.

Auf der linken Seite des **Advanced**-Teils finden Sie noch die Einstellungen für die *Encryption-at-Rest* sowie die manuelle Festlegung der **Device Class**:

- Mit dem Haken bei **Encrypt OSD** aktivieren Sie eine LUKS-Verschlüsselung des OSD. Dies bringt Ihnen vor allem Sicherheit für den Fall, dass die Storage-Devices abhandenkommen oder zwecks Garantieaustausch zum Hersteller zurückgeschickt werden sollen. In diesem Fall sind die Daten auf dem OSD nicht lesbar. Allerdings geht die Verschlüsselung auch auf Kosten der Performance. Wie sehr die Leistung durch die Verschlüsselung reduziert wird, hängt von zu vielen Faktoren ab, als dass man einfach einen Wert nennen könnte. Falls Sie beim Aufbau Ihres Clusters die Zeit und Möglichkeiten dazu haben, testen Sie es für Ihr Setup: Erzeugen Sie alle OSDs zunächst unverschlüsselt und führen Sie Benchmark-Tests durch. Anschließend löschen Sie die OSDs und erstellen alle OSDs verschlüsselt noch einmal und führen die gleichen Benchmark-Tests erneut durch. Nun haben Sie eine Einschätzung für Ihr spezifisches Setup und können entscheiden, ob Sie bei den verschlüsselten OSDs bleiben oder die OSDs noch einmal neu und unverschlüsselt erzeugen möchten, um eine mehr oder weniger bessere Performance zu erhalten.
- Die Einstellung der **Device Class** ist meist unnötig, da Ceph in der Regel selbst feststellt, ob es sich um HDDs, SSDs oder NVMe-Devices handelt. Sollte diese automatische Erkennung fehlschlagen und Sie mehr als eine Geräteklasse für OSDs im Cluster haben, beispielsweise HDD-OSDs und SSD-OSDs, dann können Sie hier manuell festlegen, um welche Device-Class es sich bei dieser Disk handelt. Diese Eigenschaft lässt sich später auf der Kommandozeile auch jederzeit anpassen, indem Sie auf der Shell mit `ceph osd crush rm-device-class <osd.id>` die alte Device-Class von dem OSD entfernen und die neue Device-Class mit `ceph osd crush set-device-class <class> <osd.id>` zuweisen. Wenn Sie in Ihren CRUSH-Regeln auch Objekte nach Device-Classes verteilen, werden danach Daten umgelagert.

Erstellen Sie nun den OSD und wiederholen Sie diesen Vorgang für alle Disks im gleichen Server, aus denen OSDs erstellt werden sollen. Dann wiederholen Sie das Gleiche auf jedem weiteren Server, der OSDs betreiben wird.

Am Ende haben Sie alle OSDs erstellt und Ihr Dashboard ist mit OSDs gefüllt ähnlich wie in Abbildung 17.19. Falls Sie noch welche vermissen: Die Erstellung dauert immer einige Sekunden. Klicken Sie oben links auf **Reload**, und die OSDs sollten erscheinen.

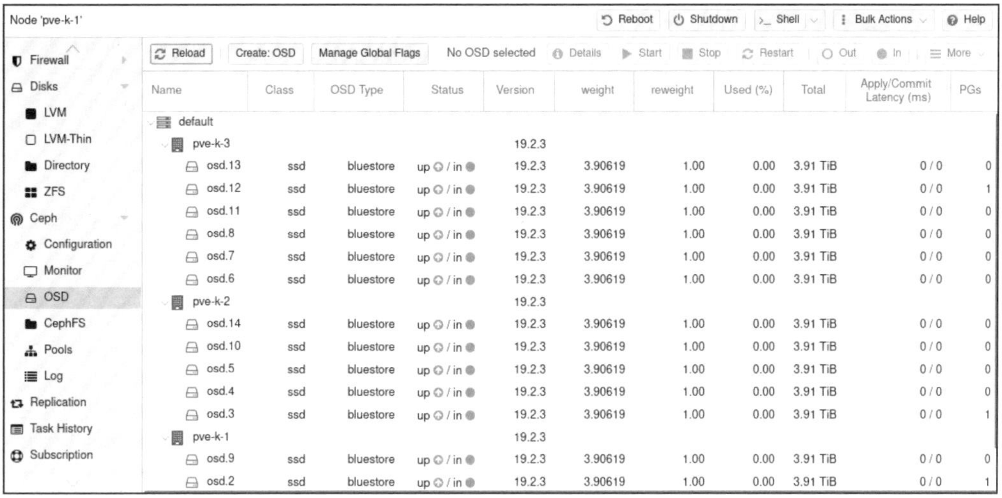

Abbildung 17.19: Alle OSDs sind erstellt. Jetzt ist die Topologie Ihrer Infrastruktur sichtbar.

Erstellen von OSDs per CLI

Selbstverständlich lassen sich die ganzen OSD-Tasks auch per Shell durchführen. Hier haben Sie, wie so oft, weitere Möglichkeiten, die in der GUI nicht existieren.

Die Erstellung eines neuen OSD führen Sie mit dem Befehl `pveceph osd create` durch. Listing 17.6 zeigt einige Beispiele ähnlich zu denen auf der GUI aus dem vorigen Abschnitt:

```
# Einfachster Fall: Einen OSD auf dem Device /dev/sdX erstellen
pveceph osd create /dev/sdX

# OSD auf /dev/sdX mit separater DB auf /dev/sdY und
# WAL auf /dev/nvmeZ erstellen
pveceph osd create /dev/sdX --db_dev /dev/sdY --wal_dev /dev/nvmeZ
```

Listing 17.6: Mit pveceph osd create erzeugen Sie OSDs per CLI-Befehl

Eine Möglichkeit, die auf der Shell existiert, in der GUI jedoch fehlt, ist die Erstellung von zwei OSD-Daemons auf einer physischen, schnellen NVMe, um die maximale Leistung auszuschöpfen. Berücksichtigen Sie den doppelten RAM-Bedarf: Zwei OSD-Daemons benötigen auch zweimal so viel RAM.

Hierfür nutzen Sie die Option `--osds-per-device <num>`. Für `<num>` verwenden Sie in der Regel dann den Wert 2.

```
# Erzeugt zwei OSD-Daemons, die sich um eine physische NVMe
# unter /dev/nvme0n1 zanken
pveceph osd create /dev/nvme0n1 --osds-per-device 2
```

Ein höherer Wert als `2` ist aktuell meist nicht sinnvoll, weil ein dritter Daemon kaum noch mehr Leistung abrufen kann; aber – wie man im Rheinland so schön sagt – »jeder Jeck ist anders«, und vielleicht können Sie das ähnlich wie die Auswirkungen der Encryption oben für Ihre Hardware selbst testen. Oder Sie sparen sich den Aufwand des Ausoptimierens für vielleicht noch ein paar Prozent mehr in Edge-Case-Situationen.

Um OSDs per Kommandozeile zu löschen, verwenden Sie den Befehl `pveceph osd destroy <osd.id>`:

```
# OSD zerstören und Ceph-Signaturen wipen
pveceph osd destroy <osd.id> --cleanup
```

Zu guter Letzt liefert Ihnen der `pveceph osd details`-Befehl sämtliche Informationen über den angegebenen OSD. Die Ausgabe lässt sich mit `--output-format <json|json-pretty|yaml>` auch nach Bedarf anpassen.

```
# Abfrage der Details von OSD.0 in schön formatiertem
# JSON-(pretty-)Format
root@pve-k-1:~# pveceph osd details 0 --human-readable \
               --output-format json-pretty
{
   "devices" : [
      {
         "dev_node" : "/dev/dm-5",
         "device" : "block",
         "lv-info" : {
            "creation_time" : "2025-12-07 21:06:58 +0100",
            "lv_name" : "osd-block-ee685c3f-5f23-4552-815e-
ef8078e2e923",
            "lv_path" : "/dev/ceph-abb840e3-ee54-4188-8091-
073989cf9778/osd-block-ee685c3f-5f23-4552-815e-ef8078e2e923",
            "lv_size" : 4294963101696,
            "lv_uuid" : "0qbBM8-berN-V4Da-oCfR-YeZf-VYPJ-t6PCe7",
            "vg_name" : "ceph-abb840e3-ee54-4188-8091-073989cf9778"
         },
         "physical_device" : "sdb",
         "size" : 4294963101696,
         "support_discard" : 1,
         "type" : "ssd"
      }
   ],
```

```
    "osd" : {
        "back_addr" :
"[v2:10.5.99.111:6800/2593005931,v1:10.5.99.111:6801/2593005931]",
        "front_addr" :
"[v2:10.4.99.111:6804/2593005931,v1:10.4.99.111:6805/2593005931]",
        "hb_back_addr" :
"[v2:10.5.99.111:6802/2593005931,v1:10.5.99.111:6803/2593005931]",
        "hb_front_addr" :
"[v2:10.4.99.111:6806/2593005931,v1:10.4.99.111:6807/2593005931]",
        "hostname" : "pve-k-1",
        "id" : 0,
        "mem_usage" : 80447488,
        "osd_data" : "/var/lib/ceph/osd/ceph-0",
        "osd_objectstore" : "bluestore",
        "pid" : 4631,
        "version" : "19.2.3 (squid) "
    }
}
```


Listing 17.7: pveceph osd details liefert Ihnen die Details eines OSD in Form eines JSON-Objekts.

Nachdem Sie alle OSDs erstellt haben, benötigen Sie noch mindestens einen Ceph-Pool, der in Proxmox VE als Storage eingebunden werden kann. Auf zum nächsten Teil!

17.5 Konfiguration von Pools und Storage

Nachdem wir nun das Fundament unseres Ceph-Clusters gelegt haben – die Monitore wachen über den Zustand, die Manager verwalten Metriken und die OSDs stellen die physischen Disks bereit –, müssen wir diesen Speicher noch nutzbar machen. Um aus den einzelnen, über die Server verteilten OSDs einen zusammenhängenden Speicher zu machen, benötigen wir einen Ceph-Pool.

Ein *Pool* ist in vielen Storage-Systemen einfach eine Gruppe bestimmter Disk-Devices, aber nicht so bei Ceph: Hier ist ein Pool eine logische Abstraktionsschicht, die darüber bestimmt,

- ob die Daten als separate Replikate oder als Chunks mit zusätzlichen Prüfsummen gespeichert werden,
- wie viele Kopien der Daten erstellt werden sollen und
- wie diese Kopien über Ihre Räume, Racks, Server und Disks verteilt werden.

Erst ein Pool macht die einzelnen OSDs als gemeinsamen Speicher nutzbar!

In diesem Abschnitt schauen wir uns an, wie man diese Pools erstellt und in Proxmox VE als Storage nutzt.

17.5.1 Erstellen eines Ceph-Pools

Das Erstellen eines Pools ist in Proxmox VE denkbar einfach und kann direkt über die GUI erledigt werden. Klicken Sie dazu in der GUI auf einen Ihrer Cluster-Nodes und wählen Sie **<Node> • Ceph • Pools** aus. Die Übersicht zeigt zu Beginn bereits den Pool `.mgr` an, den der Manager zur Ablage von modulbezogenen Daten verwendet.

Ein Klick auf den Button **Create** öffnet einen Dialog wie in Abbildung 17.20, in dem wir die Eigenschaften unseres neuen Pools konfigurieren.

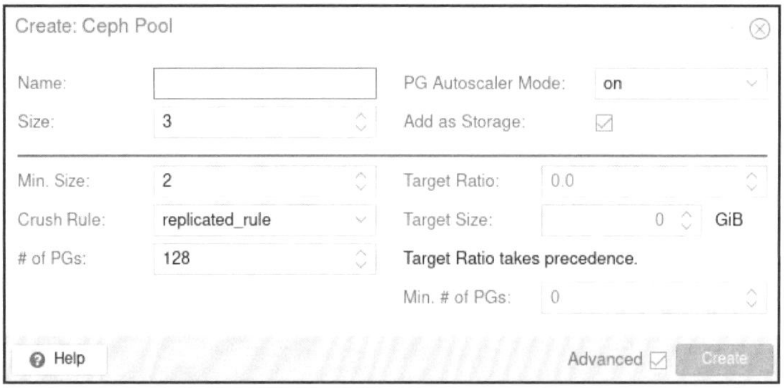

Abbildung 17.20: Der »Create«-Dialog für einen Ceph-Pool

Lassen Sie uns die wichtigsten Parameter genauer betrachten, denn hier werden die Weichen für die Datensicherheit und Verfügbarkeit gestellt:

- **Name:** Hier tragen Sie den Namen des Pools ein. Wählen Sie eine sprechende Bezeichnung, wie `vm-storage`, `data-pool` oder `ceph-ssd`. Dieser Name wird später als Storage im Ressourcenbaum links auftauchen und in der */etc/pve/storage.cfg* hinterlegt.
- **Size:** Die `size`-Eigenschaft gibt die Anzahl der Kopien vor, die Ceph von jedem Objekt im Cluster hält. Der Standardwert ist `3`, und das ist auch der Wert, den ich Ihnen für produktive Umgebungen dringend ans Herz lege. Ihre Daten werden dann auf drei verschiedenen OSDs in drei verschiedenen Servern gespeichert.
- **PG Autoscaler Mode:** *Placement Groups* (PGs) sind eine interne Abstraktionsschicht von Ceph zur Verteilung der Daten. Früher musste der Administrator vorab eine Berechnung durchführen, um eine ausreichende Anzahl Placement Groups zu bestimmen, sodass eine Balance zwischen Datenverteilung und Overhead erreicht wurde. In modernen Ceph-Versionen nimmt uns der *PG Autoscaler* diese Arbeit ab.
- Wenn Sie es einfach haben möchten, lassen Sie den Autoscaler auf dem Default-Wert `on`. Die Anzahl der PGs wird dann für Sie überwacht und automatisch optimiert, wenn großzügige Schwellenwerte überschritten werden.
- Wählen Sie `warn`, um einen Hinweis zu erhalten, wenn eine Optimierung gut wäre, Sie diese aber lieber selbst durchführen möchten.

- Selektieren Sie `off`, um den Autoscaler zu deaktivieren, beispielsweise für stark in der Größe schwankende Pools, die heute mal voll, morgen leer, aber übermorgen wieder voll sind.
- **Add as Storage:** Wenn Sie den Haken aktiviert lassen, legt Ihnen Proxmox VE direkt einen Storage auf Basis dieses Pools an. Sie können dann anschließend Daten dort hinmigrieren. Wenn Sie den Haken deaktivieren, müssen Sie den Storage später selbst unter **Datacenter • Storage • Add • RBD** anlegen, wenn der Pool in Proxmox VE genutzt werden soll.

Die **Advanced**-Optionen ermöglichen ein paar weitere Einstellungen:

- **Min. Size:** Die Eigenschaft `min_size` gibt an, wie viele Kopien mindestens verfügbar sein müssen, damit Ceph I/O-Operationen akzeptiert. Eine Anpassung wird nur in besonderen Fällen vorgenommen. Wenn Ihnen Ihre Daten wichtig sind, bleiben Sie bei 2 und ändern diesen Wert nur bei einem guten Grund.
- **Crush Rule:** Hierüber steuern Sie, welcher CRUSH-Regel der Pool folgen soll, um die einzelnen Replikate auf physische Devices abzulegen. Ohne weitere Konfiguration steht Ihnen hier erst einmal nur die `replicated_rule` zur Auswahl. Sie können jedoch weitere, eigene CRUSH-Regeln anlegen und dann hier auswählen. Eigene CRUSH-Regeln brauchen Sie dann, wenn Sie beispielsweise HDDs und SSDs im gleichen Cluster betreiben und pro Device Class einen separaten Pool dafür erstellen möchten. (Mehr dazu folgt weiter unten.)
- **Number of PGs:** Der Standardwert von 128 Placement Groups ist ein guter Anfang. Sie können damit starten und den PG Autoscaler eine automatische Optimierung vornehmen lassen. Falls Sie den PG Autoscaler nicht verwenden und wissen, wie viele PGs Sie verwenden möchten, tragen Sie sie hier ein.

Wenn Sie den PG Autoscaler verwenden und beim Erzeugen des Pools bereits wissen, dass dieser sehr viele Daten aufnehmen wird, können Sie dem Autoscaler bei der Berechnung der PG-Anzahl helfen. In diesem Fall muss der PG Autoscaler nicht zuerst von den per Default 128 PGs auf 32 herunter, nur um kurz darauf den Pool wieder auf 4096 PGs zu erweitern. Sie können auf der rechten Seite des **Advanced**-Teils dann Folgendes zusätzlich hinterlegen:

- **Target Ratio:** Geben Sie die Belegung dieses Pools im Verhältnis zu allen anderen Pools an. Wenn dieser Pool später 80 % des gesamten Datenvolumens aufnehmen wird, setzen Sie den Wert auf `0.8`.
- **Target Size:** Hier können Sie die Belegung in Gigabyte angeben. Sollen hier anschließend 50 TB Daten landen, tragen Sie `50000` in dieses Feld ein.
- **Min. Number of PGs:** Damit verhindern Sie eine Reduzierung der PGs durch den Autoscaler unter die hier angegebene Anzahl. Der Pool besitzt auch leer eine bessere Parallelität für kommende I/O-Operationen und muss nicht erst erweitert werden.

> **Hinweis zu den Default-Werten size=3 und min_size=2**
>
> Diese sinnvollen Werte ermöglichen es Ihnen, während des Betriebs Wartungsarbeiten an einem Server durchzuführen. Wenn eine Kopie aufgrund eines Server-Reboots oder Shutdowns fehlt, sind zwei Replikate noch da und I/O wird normal weiter bedient und die Clients freuen sich. Andererseits garantieren diese Werte auch, dass Daten immer auf mindestens zwei Disks in unterschiedlichen Servern geschrieben werden, bevor der Schreibvorgang als erfolgreich bestätigt wird.

Klicken Sie unten rechts auf **Create**, um den Pool zu erstellen und in Proxmox VE als Storage einzubinden. In Abbildung 17.21 sehen Sie, wie ein neuer Pool in der GUI angezeigt wird.

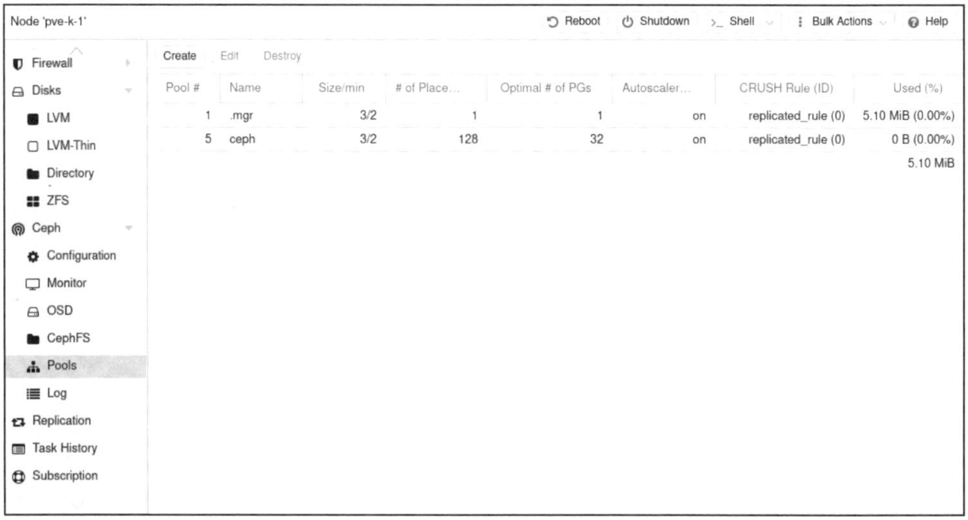

Abbildung 17.21: Nach der Erstellung taucht der neue Ceph-Pool in der Liste auf.

Natürlich lässt sich das Ganze auch über die Shell erledigen. Für Automatisierungsfreunde und Shell-Begeisterte kommt wieder der `pveceph`-Befehl zum Einsatz:

```
# Einfaches Erstellen eines Ceph-Pools per CLI
pveceph pool create <poolname>
```

Listing 17.8: »pveceph pool create« erzeugt einen Ceph-Pool über die Kommandozeile.

Es gibt jedoch auch hier wichtige Unterschiede zwischen dem `pveceph`-Befehl und der Einrichtung über die GUI.

Die GUI aktiviert den PG Autoscaler automatisch mit dem Wert `on`, während `pveceph` den Autoscaler mit `--pg_autoscale_mode=warn` erstellt. Sie können dies jederzeit sowohl in der GUI wie auch mit `pveceph pool set <pool> --pg_autoscale_mode <on|warn|off>` ändern.

In Abschnitt 17.2.2 haben Sie, als es um die Pool-Typen ging, vielleicht schon gesehen, dass es neben *Replicated Pools* auch *Erasure-Coded Pools* (EC-Pools) gibt. Diese funktionieren ähnlich wie ein RAID5 oder RAID6: Die Daten werden in *Daten-Chunks* `k` und *Coding-Chunks* `m` aufgeteilt.

Während ein 3-fach replizierter Pool 3 TB physischen Speicher für 1 TB Nutzdaten benötigt, kommt ein EC-Pool bei einem 2+1-Schema (2 Data Chunks, 1 Coding Chunk) mit 1,5 TB aus. EC-Pools benötigen mehr Rechenleistung und sind bei Schreibvorgängen langsamer. Um EC für RBD ((RADOS-Block-Device) zu nutzen, benötigt man einen vorgelagerten *Replicated Pool* für Metadaten.

In der GUI gab es keine Erwähnung und keine Möglichkeit, solche EC-Pools zu erstellen. Mit `pveceph pool create` gelingt dies so wie in Listing 17.9:

```
# Erstellung eines Erasure-Coded (EC-)Pools
~# pveceph pool create <poolname> --erasure-coding k=<k>,m=<m>

# Einfaches, konkretes Beispiel für 2 Data Chunks und 1 Coding Chunk
~# pveceph pool create ec-pool-1 --erasure-coding k=2,m=1
```

Listing 17.9: Ein EC-Pool lässt sich nur per CLI erzeugen.

Ihre Daten belegen nun das 1,5-fache statt das 3-fache Datenvolumen bei einer schlechteren Pool-Performance.

Wenn Sie einen Pool nicht mehr benötigen, können Sie ihn auch mit `pveceph pool destroy <poolname>` löschen. Mit weiteren Parametern wie `--remove_ecprofile` können Sie das Entfernen eines EC-Profils für Erasure-Coded Pools steuern, und mit `--remove_storages` entfernen Sie den Storage dazu aus Proxmox VE.

17.5.2 Einbindung externer Ceph-Pools als RBD-Storage in Proxmox VE

Wenn Sie beim Erstellen des Pools das Häkchen bei **Add as Storage** gesetzt haben, hat Proxmox VE im Hintergrund bereits die Storage-Konfiguration unter */etc/pve/storage.cfg* für Sie angepasst. Der Pool wird als Typ RBD (*RADOS Block Device*) eingebunden. Das ist die native Methode, wie QEMU/KVM Images in Ceph ablegt. Das Disk-Image der VM wird dabei in 4 Megabyte große Objekte zerteilt und über einen Pool auf die einzelnen OSDs des Ceph-Clusters verteilt.

Sollten Sie den Pool manuell mit dem `ceph osd pool create`-Befehl oder vorher angelegt haben oder einen externen Ceph-Cluster anbinden wollen, müssen Sie die Storage-Konfiguration dazu in Proxmox VE manuell hinzufügen. Das geschieht unter **Datacenter • Storage • Add • RBD** (siehe Abbildung 17.22).

Hierbei sind folgende Einstellungen relevant:

- **ID:** Das ist der Name, unter dem der Storage später in Proxmox VE angezeigt wird.

- **Pool:** Hier müssen Sie den exakten Namen des einzubindenden Ceph-Pools angeben.
- **Monitor(s):** Bei externen Clustern tragen Sie hier die IP-Adressen der externen Ceph-MONs ein.
- **User name:** Standardmäßig lautet der Name `admin`. In sicherheitskritischen Umgebungen sollten Sie für den Zugriff separate Ceph-User mit eingeschränkten Rechten auf dem separaten Ceph-Cluster erstellen, die nur Zugriff auf die notwendigen Ressourcen erhalten.
- **Keyring:** Tragen Sie den Keyring des externen Ceph-Clusters zur korrekten Authentifizierung ein.
- **KRBD:** Diese Option entscheidet, ob VMs die `librbd`, eine Library im User-Space und direkt aus dem QEMU-Prozess, nutzen oder ob sie das Kernel-Modul `krbd` des Linux-Kernels verwenden sollen. Bevorzugen Sie für VMs die `librbd` und setzen Sie dieses Häkchen nicht. Container verwenden immer `krbd`, unabhängig davon, was hier eingestellt ist.

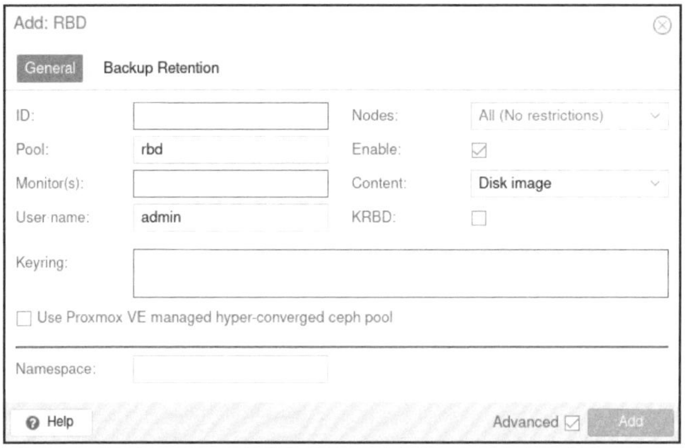

Abbildung 17.22: Um einen Pool eines externen Ceph-Clusters oder später eigene Pools zur Konfiguration hinzuzufügen, ergänzen Sie zunächst einen RBD-Storage.

Wenn Sie die Option **Use Proxmox VE managed hyper-converged ceph pool** aktivieren, werden die lokalen MONs Ihres HCI-Clusters automatisch hinterlegt und beim Pool-Namen erscheint nun eine Auswahl Ihrer auf dem System eingerichteten Pools. Sie müssen also nur noch einen Namen vergeben, um einen lokal existierenden Ceph-Pool als Storage unter Proxmox einzubinden.

17.6 CephFS – das verteilte Dateisystem

Während wir uns in den vorangegangenen Abschnitten ausführlich mit RADOS-Block-Devices (RBD) für die Speicherung von VM- und Container-Images beschäftigt haben, schauen wir uns nun das verteilte Cluster-Filesystem CephFS an.

CephFS ist ein POSIX-konformes Dateisystem, das darunter den gleichen RADOS-Objektspeicher nutzt, den Sie bereits für Ihre VM-Images verwenden. Der entscheidende Unterschied ist die Abstraktionsebene: Während RBD Block-Devices bereitstellt, liefert CephFS ein Dateisystem mit Ordnerstrukturen, Dateiberechtigungen und Hierarchien, das von nahezu beliebig vielen Clients gleichzeitig gemountet und verwendet werden kann.

Für den Betrieb von VMs und Containern auf Proxmox VE benötigen Sie CephFS nicht.

17.6.1 Einsatzszenarien

In einer HCI-Infrastruktur mit Proxmox-VE und Ceph wird CephFS für das Speichern von allen möglichen Dateien verwendet, die dann gemeinsam auf jedem Node im gesamten Cluster verwendet werden können. Das CephFS wird auf den Hypervisoren unter */mnt/pve/<cephfs-name>* eingehängt. Das macht es zur idealen Lösung für die Ablage von ISO-Images, temporären Backups, Applikationen oder Skripten in Ihrer Proxmox-VE-Umgebung.

Früher stellte man dafür kleine, externe NFS-Storages bereit, die wiederum einen Single Point of Failure darstellen könnten oder aufwendig hochverfügbar gemacht werden müssen. Mit CephFS nutzen Sie einfach den vorhandenen Speicher Ihres Ceph-Clusters.

Einmal eingerichtet, können Sie CephFS als Storage-Typ in Proxmox VE hinzufügen und für die folgenden Inhalte nutzen:

- **ISO-Images und Container-Templates:** Laden Sie ein ISO-Image einmal hoch, und es steht auf allen Nodes zur Verfügung.
- **VZDump-Backups:** Sichern Sie VMs und Container direkt auf das verteilte Dateisystem. Da Ceph die Daten über mehrere OSDs verteilt, sind die Backups gegen den Ausfall einzelner Festplatten oder ganzer Server geschützt. Allerdings sollten Sie beachten, dass es für dauerhafte Backups keine gute Idee ist, die Backups auf dem gleichen Storage wie Ihre produktiven VMs und Container zu speichern. Für kurzlebige Backups vor Tests oder Deployments kann das aber sinnvoll sein.
- **Snippets:** Snippets sind Hook-Skripte, die Sie an eine VM hängen können, um vor oder nach dem Start, dem Herunterfahren oder der Migration dieser VM beliebige Aktionen auszuführen.

Darüber hinaus gibt es viele weitere Möglichkeiten, ein CephFS zu nutzen.

17.6.2 Einrichtung

Vor der Einrichtung eines CephFS müssen Sie zunächst die *Monitore*, *Manager* und *Object Storage Daemons* (OSDs) erstellen und konfigurieren. Zusätzlich müssen Sie für Ihr CephFS mindestens einen *Metadata-Server* (MDS) erstellen, der sich um die Verwaltung und die Metadaten des Filesystems kümmert.

Da die Daten (also der eigentliche Dateiinhalt) und die Metadaten (wie Dateinamen, Verzeichnisse, Rechte und Zeitstempel) in Ceph strikt getrennt sind, ist der MDS dafür zuständig, die Hierarchie des Dateisystems zu verwalten und Client-Anfragen zu koordinieren. Der Grund für die Trennung liegt in der Performance: Ohne MDS müsste der Abruf einer Verzeichnisliste oder der Wechsel in einen anderen Ordner mehrere OSDs beschäftigen. Ein Client, der eine Datei lesen oder beschreiben möchte, kontaktiert zunächst den MDS, um die Metadaten abzurufen, und anschließend direkt den OSD, von dem er den Dateiinhalt lesen oder ändern kann. Der MDS beschleunigt diesen Prozess und entlastet die OSDs, bis der eigentliche Dateiinhalt benötigt wird - erst dann kommen die OSDs zum Einsatz.

Betriebsarten der Metadata-Server (Active)

Der Metadata-Server ist ein `ceph-mds`-Daemon, der auf Ihren Proxmox-VE-Nodes läuft. Für eine hochverfügbare Umgebung benötigen Sie mindestens einen aktiven MDS und mindestens einen weiteren Standby-MDS, der bei einem Ausfall übernehmen kann.

Proxmox VE und Ceph unterstützen verschiedene Betriebsmodi für MDS, die je nach Anforderung gewählt werden können:

- **Active/Standby**

  Dies ist die Standardkonfiguration und wird für die meisten Setups unter Proxmox VE empfohlen, da dieses Setup einfach ist und am wenigsten Ressourcen benötigt. Ein einzelner MDS-Daemon bedient alle Anfragen aktiv. Fällt dieser MDS oder der gesamte Server aus, befördern die MONs einen der Standby-MDS zum neuen aktiven MDS. Er hangelt sich dann durch das Replay-Log und übernimmt die Rolle des aktiven MDS.

  Dieses Active/Standby-Setup ist robust und lässt sich auch über die GUI installieren. Ein Failover kann einige Sekunden bis hin zu wenigen Minuten dauern, da der neue MDS erst das Log einlesen und in seinen Arbeitsspeicher laden muss, bevor er Anfragen beantworten kann.

- **Hot-Standby (Replay Mode)**

  Wenn auf Ihrem CephFS Daten für Fileserver oder sonstige kritische Systeme liegen, und Sie die Failover-Zeit verkürzen müssen, können Sie einen Standby-MDS konfigurieren, der das Log des aktiven MDS verfolgt. Er steht zwar nicht für Anfragen zur Verfügung, bleibt aber nah am aktiven MDS dran, sodass er nach einem Ausfall schneller einspringen und in einer sehr kurzen Zeit die aktive Rolle übernehmen kann. Durch die Option `mds standby replay = true` in der *ceph.conf* liest der Standby-Dienst den Journal-Stream des aktiven MDS live mit.

  Sie erhalten damit einen schnellen Failover, da der MDS bereits »warm« ist und das Log nicht erst aus dem Store holen muss. Allerdings braucht er damit auch ähnlich viele Ressourcen wie der aktive MDS, obwohl er noch keine Clients bedient.

- **Active/Active (Multi-MDS)**

  Seit *Ceph 12.2 Luminous* können mehrere MDS-Dienste gleichzeitig aktiv sein und sich die Last teilen. Ceph teilt dabei das CephFS-Filesystem dynamisch in *Subtrees* auf und weist diese verschiedenen MDS-Instanzen (*Ranks*) dynamisch zu. Dies ist für Cluster gedacht, bei denen ein einzelner MDS zum Flaschenhals für den Metadaten-Zugriff wird; beispielsweise wenn Sie Millionen von Dateien oder Tausende parallele Zugriffe damit bedienen.

  Für die meisten Proxmox-VE-Installationen ist ein einzelner aktiver MDS performanter, da der Koordinationsaufwand zwischen mehreren aktiven MDS entfällt. Beginnen Sie immer mit einem MDS und skalieren Sie nur hoch, wenn ein einzelner MDS zum Bottleneck wird. Jeder MDS benötigt RAM- und CPU-Ressourcen, weil jeder von ihnen Clients versorgt.

Einrichtung in Proxmox VE

Die einfachste Variante, ein neues CephFS zu erzeugen, führt über die GUI. Unter **<Node> • Ceph • CephFS** finden Sie zunächst eine noch leere Übersicht. Die einzig ausführbare Aktion ist das Erstellen eines Metadata-Servers mit dem Button **Create** (siehe Abbildung 17.23).

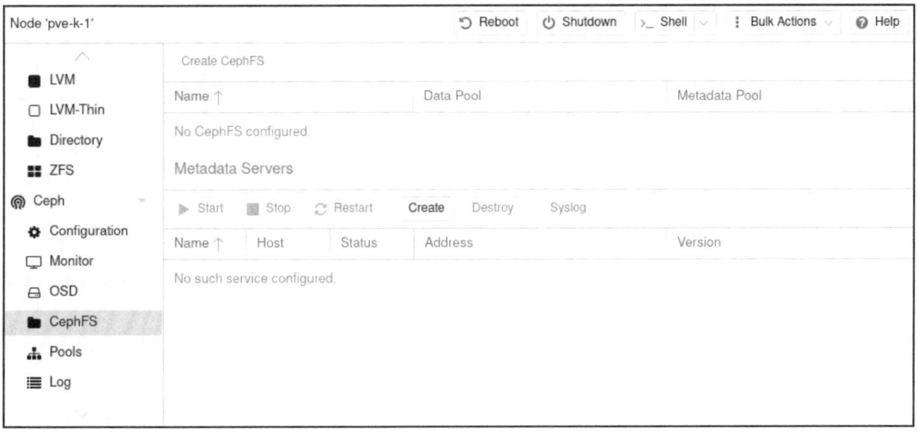

Abbildung 17.23: Einen MDS erstellen Sie über den Button »Create«.

Wenn Sie auf **Create** klicken, erscheint ein bereits vorausgefülltes Dialogfenster, in dem Sie den Cluster-Node auswählen, auf dem der MDS erstellt werden soll, sowie eine ID für den MDS eintragen (siehe Abbildung 17.24). Die ID entspricht dem Hostnamen, auf dem der MDS landen soll.

Falls Sie aus Redundanzgründen oder beim Einsatz mehrerer getrennter CephFS-Filesysteme auf Ihren Nodes auch mehrere MDS parallel installieren möchten, geben Sie den MDS eindeutige IDs und hängen beispielsweise den gewünschten Namen des Filesystems mit an.

Bei nur einem MDS beklagt sich Ceph, dass es für die Verwaltung des CephFS keine Redundanz über einen zweiten MDS gibt.

Wiederholen Sie diesen Vorgang für mindestens einen weiteren MDS auf einem anderen Node. Es empfiehlt sich, mindestens zwei Metadata-Server auf verschiedenen Servern zu haben. Ceph regelt automatisch, welcher aktiv ist und wer im Standby-Modus wartet.

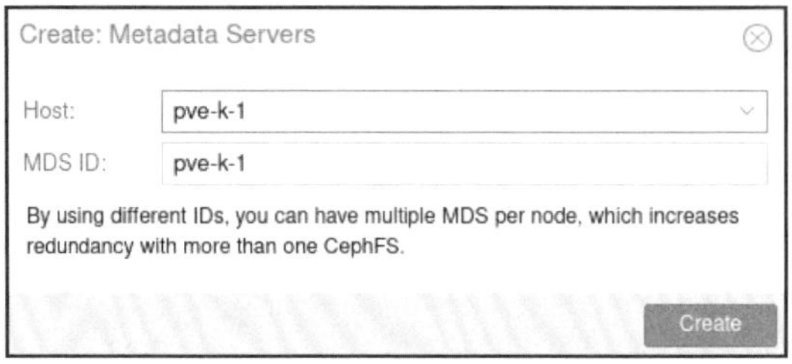

Abbildung 17.24: Erstellen Sie mehrere Metadata-Server auf verschiedenen Servern.

Nachdem Sie die beiden Metadata-Server angelegt haben, sehen Sie beide im unteren Teil der Seite wie in Abbildung 17.25. Beide befinden sich im Status `up:standby`, weil es für sie noch keine Aufgabe gibt. Das CephFS-Filesystem erstellen Sie im nächsten Schritt durch einen Klick auf den **Create CephFS**-Button oben.

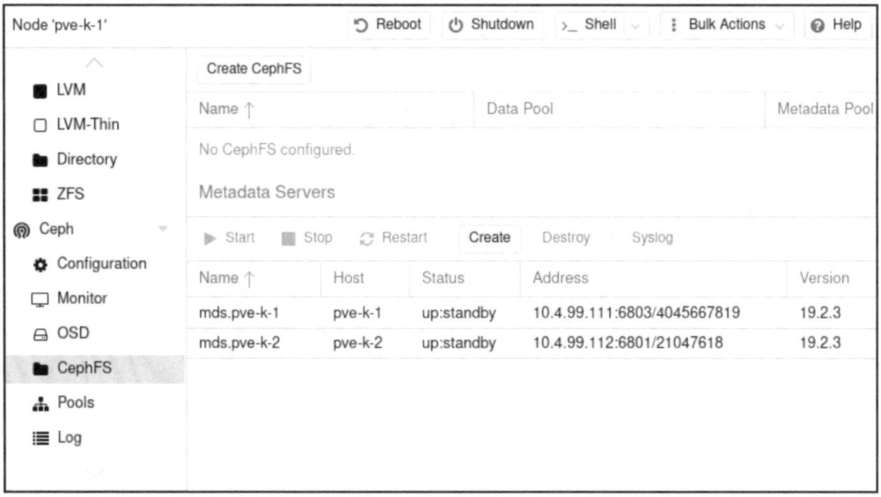

Abbildung 17.25: Ihre MDS sind vorbereitet und freuen sich darauf, das noch kommende Filesystem verwalten zu dürfen.

Die Integration in Proxmox VE ist wirklich schön gelöst. Sie benötigen keine Shell für die Einrichtung. Falls Sie die Shell jedoch lieber verwenden möchten, spricht nichts dagegen.

Auf der Shell ist der Vorgang mit einem einzigen Befehl auf dem gewünschten Node erledigt:

```
pveceph mds create
```

Dieser Befehl installiert und startet den MDS auf dem Node, auf dem Sie den Befehl ausführen.

Erstellen des CephFS-Pools

Sind die Metadata-Server erstellt, müssen wir das eigentliche CephFS anlegen. Dabei kommt eine Besonderheit von CephFS zum Vorschein: Wir benötigen zwei Pools für ein CephFS.

- Der *Metadata Pool* enthält die Verzeichnisstruktur, Dateinamen und Attribute. Durch die Zuweisung einer CRUSH-Rule, die nur SSDs oder NVMes verwendet, lässt sich die Performance des gesamten CephFS steigern, selbst wenn der Data Pool (siehe unten) auf langsamen HDDs liegt. Die Datenmenge in diesem Pool ist im Verhältnis zu den Nutzdaten gering, aber die Performance dieses Pools bestimmt maßgeblich, wie responsiv sich das Dateisystem anfühlt.
- Der *Data Pool* enthält die eigentlichen Inhalte der Dateien. Auch er profitiert natürlich von schnellem Speicher, aber beim Metadata Pool haben schnelle Devices in der Regel einen höheren Effekt.

In der Proxmox-VE-GUI wird dieser Schritt unter **<Node> • Ceph • CephFS • Create** durchgeführt. Dann öffnet sich wieder ein überschaubarer Dialog, in dem Sie die gewünschte Bezeichnung Ihres CephFS-Filesystems frei wählen können (siehe Abbildung 17.26).

Abbildung 17.26: Nun erzeugen Sie das eigentliche CephFS-Filesystem.

Mit der angegebenen Anzahl **Placement Groups** wird der Daten-Pool des CephFS-Pools initial erzeugt und anschließend vom PG Autoscaler - sofern er aktiviert ist - automatisch auf einen passenden Wert gebracht.

Zuletzt können Sie durch den Haken bei **Add as Storage** bestimmen, ob das neu erstellte CephFS direkt in Proxmox VE als Storage konfiguriert und sofort links im Ressourcenbaum erscheinen soll.

Nach einigen Sekunden ist Ihr CephFS erstellt und Sie können Dateien auf das Filesystem legen.

Unter **<Node> • Ceph • Pools** sehen Sie nun wie in Abbildung 17.27 die zwei neu erstellten Pools für das CephFS: einen für die Metadaten des MDS und einen für die eigentlichen Dateiinhalte.

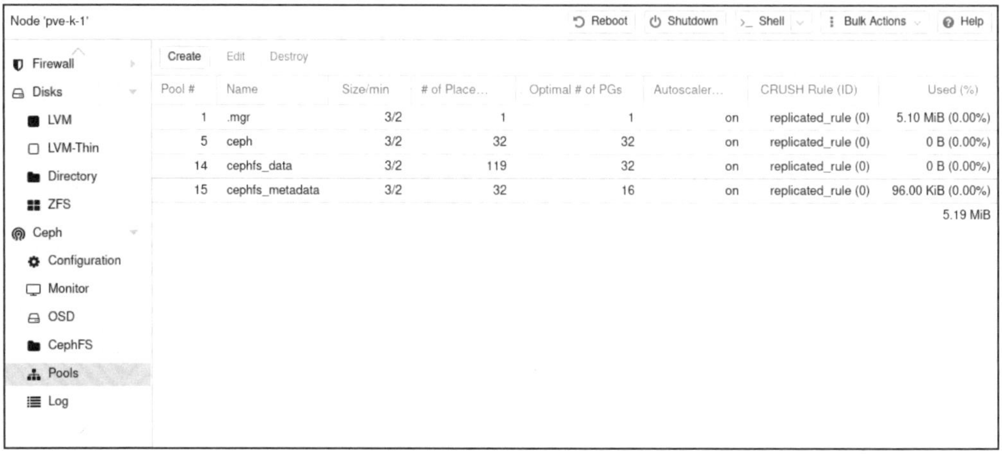

Abbildung 17.27: So werden die Pools in der GUI angezeigt.

Falls Sie lieber die Shell verwenden, nutzen Sie den Befehl `pveceph fs create`, wie im nächsten Beispiel gezeigt:

```
pveceph fs create [--name <cephfs-name>] [--pg_num <pg-num>]
[--add-storage <0|1>]
```

Achten Sie bei der Verwendung eines Erasure-Coding (EC-)Pools für Ihre Daten darauf, dass EC-Pools keine Metadaten speichern können und auch als Daten-Pool für CephFS spezielle Einstellungen wie `allow_ec_overwrites` benötigen. Für den Anfang empfehle ich, mit Replicated Pools zu starten. Wenn Sie CephFS als reines Archiv nutzen, können Sie später einen EC-Pool einbinden. Das erfordert aber eine zusätzliche Konfiguration mit dem `ceph`-Befehl per Shell.

17.7 Wartung und Betrieb

In der Regel läuft ein Ceph über weite Strecken autonom. Für Sie als Administrator ist es dennoch gut zu wissen, wo man regelmäßig Hand anlegen muss.

17.7.1 systemd-Daemons

Da Proxmox VE auf Debian Linux basiert, werden alle Ceph-Komponenten über `systemd` verwaltet. Das hat für uns den großen Vorteil, dass wir keine weiteren Tools benötigen, um Dienste zu starten oder zu stoppen.

Ceph nutzt dabei auch sogenannte *Instantiated Services*. Das erkennen Sie am @-Zeichen im Namen der systemd-Unit. Das Schema ist dabei immer **`service-name@instanz-id[.service]`**. Dies ermöglicht es **`systemd`**, dieselbe Unit-Datei für viele OSDs zu verwenden, ohne für jede Disk eine eigene Konfigurationsdatei pflegen zu müssen. Die Instanz-ID ist wie ein Parameter für die Unit.

Eine Liste aller Ceph-Units auf dem lokalen Server erhalten Sie mit dem Befehl `systemctl list-units | grep ceph`.

In der täglichen Administration werden Ihnen vor allem folgende Befehle begegnen:

- **Monitor und Manager neu starten**

  Wenn Sie Änderungen an der *ceph.conf* vorgenommen haben, die nicht im laufenden Betrieb übernommen werden können, können Sie die betroffenen Dienste in der Shell mit dem Befehl `systemctl restart <unit>` neu starten:

  ```
  ~# systemctl restart ceph-mon@<host>[.service]
  ~# systemctl restart ceph-mgr@<host>[.service]
  ```

- **Einzelne OSDs steuern**

  Dies ist der häufigste Anwendungsfall. Wenn ein OSD nicht mehr richtig funktionieren sollte oder wenn Sie eine einzelne Disk warten wollen, können Sie den folgenden Befehl verwenden:

  ```
  ~# systemctl restart ceph-osd@<osd-id>[.service]
  ```

- **Unit-Gruppen steuern mit Targets**

  systemd fasst Dienste in *Targets* zusammen. Das ist sehr nützlich, wenn Sie beispielsweise alle OSDs auf einem Server gleichzeitig stoppen, starten oder neu starten wollen, ohne 20 einzelne Befehle einzutippen.

  ```
  # Start aller OSDs auf dem lokalen Server
  ~#  systemctl start ceph-osd.target

  # Stoppen aller MONs auf dem lokalen Server
  ~#  systemctl stop ceph-mon.target

  # Neustart aller Ceph-Komponenten auf diesem Server
  ~#  systemctl restart ceph.target
  ```

Tabelle 17.1 liefert eine nähere Erläuterung der gängigen Units und Targets:

systemd-Unit	Beispiel	Beschreibung
`ceph-mon@<host>.service`	`ceph-mon@pve01.service`	systemd-Unit für den MON `<host>`

Tabelle 17.1: Ceph-Daemons unter »systmd«

systemd-Unit	Beispiel	Beschreibung
`ceph-mgr@<host>.service`	`ceph-mgr@pve03.service`	systemd-Unit für den MGR `<host>`
`ceph-osd@<osd-id>.service`	`ceph-osd@12.service`	systemd-Unit für den OSD mit der ID `<osd-id>`
`ceph-mds@<mds-id>.service`	`ceph-mds@pve02.service`	systemd-Unit für den MDS mit der ID `<mds-id>`
`ceph.target`	`ceph.target`	systemd-Target für alle Ceph-Services auf diesem Host
`ceph-mon.target`	`ceph-mon.target`	systemd-Target für alle MON-Services auf diesem Host
`ceph-mgr.target`	`ceph-mgr.target`	systemd-Target für alle MGR-Services auf diesem Host
`ceph-osd.target`	`ceph-osd.target`	systemd-Target für alle OSD-Services auf diesem Host
`ceph-mds.target`	`ceph-mds.target`	systemd-Target für alle MDS-Services auf diesem Host
`ceph-crash.service`	`ceph-crash.service`	systemd-Service für den Ceph-Crash-Daemon

Tabelle 17.1: Ceph-Daemons unter »systmd« (Forts.)

17.7.2 Administration und Module des Managers

Der Manager ist seit *Ceph Luminous* dabei und kann über ein Plugin-Interface weitere Funktionalitäten aktivieren. Eine Liste aller Plugins mit ihrem Status erhalten Sie mit dem Befehl `ceph mgr module ls`.

Neben bereits aktivierten Standard-Plugins wie den Modulen `pg_autoscaler`, `crash` und `balancer` finden Sie weitere Module, die nach Aktivierung und Konfiguration ihr Monitoring-System automatisch mit Daten versorgen können. Ein Blick in die Module lohnt sich!

Besonders hervorheben möchte ich das `balancer`-Modul. In einer perfekten Welt wären alle Disks gleich voll. In der Realität sorgt der CRUSH-Algorithmus zwar für eine pseudozufällige Verteilung, aber »Zufall« bedeutet eben auch, dass es Ausreißer gibt. Manchmal ist ein OSD zu 85 % gefüllt, während ein anderer erst bei 60 % steht. Die vollste Disk im Cluster bestimmt, wann der Platz zur Neige geht. Läuft eine Disk voll, stoppt der Cluster Schreibvorgänge, auch wenn auf anderen Disks noch genügend Platz frei wäre.

Der Balancer analysiert die Verteilung der Placement Groups (PGs) und optimiert diese aktiv. In aktuellen Proxmox/Ceph-Versionen ist der Balancer bereits per Default aktiv. Wenn Sie sich ein Bild vom aktuellen Status machen möchten, verwenden Sie den Befehl `ceph balancer status` auf der Shell. Der Balancer arbeitet im Hintergrund. Das ist für VMs und andere Komponenten völlig transparent und sorgt für eine höhere Speichereffizienz.

17.7.3 Verwendung der OSD Global Flags

Ein großer Vorteil von Ceph ist seine eingebaute Selbstheilung. Fällt eine Disk oder ein ganzer Node aus, beginnt Ceph automatisch damit, die fehlenden Datenkopien an anderer Stelle im Cluster wiederherzustellen. Das ist im Ernstfall genau das, was wir wollen.

Es gibt jedoch Situationen, in denen diese Funktion kontraproduktiv ist. Wenn Sie beispielsweise einen Server nach einem Update neu starten oder kurzzeitig vom Netz nehmen, wissen Sie, dass der Server in wenigen Minuten wieder »da« ist, aber Ceph weiß das nicht. Würde der Cluster nun beginnen, Terabytes an Daten wiederherzustellen oder neu zu balancieren, nur um sie 15 Minuten später wieder zu löschen oder zurückzumigrieren, wäre das pure Verschwendung.

Für solche Situationen gibt es die *OSD Global Flags*. Mit diesen Schaltern können Sie das Verhalten des CRUSH-Algorithmus und der OSDs clusterweit steuern und Features temporär deaktivieren.

Sobald Sie auch nur eines dieser Flags aktivieren, geht der Ceph-Cluster in den `HEALTH_WARN`-Status, um Sie darauf hinzuweisen, dass ein Global Flag gesetzt ist. Die Warnung verschwindet automatisch, sobald kein Global Flag mehr aktiviert ist.

In der Proxmox-VE-GUI finden Sie diese Einstellungen unter **<Node> • Ceph • OSD** oben in der Menüleiste unter **Manage Global Flags**. Nach einem Klick auf den Button öffnet sich eine Liste der Flags wie in Abbildung 17.28 zu sehen.

Schauen wir uns die wichtigsten Flags für den Betrieb eines Ceph-Clusters an.

Die wichtigsten OSD Global Flags

- `noout`: Dies ist das wichtigste Flag für Ihre Wartungsarbeiten. Ist `noout` gesetzt, wird Ceph keine OSDs aus der CRUSH-Map entfernen, selbst wenn diese keine Heartbeats mehr senden. Der Cluster startet kein Rebalancing, wenn Sie einen Node rebooten oder herunterfahren. Die Daten bleiben dort zugeordnet, wo sie sind. Aktivieren Sie dieses Global Flag vor einer geplanten Wartung mit Server-Reboots oder Netzwerkarbeiten.
- `nobackfill`: Dieses Flag verhindert, dass der Backfilling-Prozess OSDs neu befüllt. Das passiert in der Regel, wenn dem Cluster neue Disks hinzugefügt werden oder wenn ein OSD längere Zeit offline war. Das Befüllen der neuen OSDs kann auf langsamen HDDs die Client-Performance beeinträchtigen und die VMs werden langsam.

Mit aktiviertem `nobackfill` können Sie die neuen OSDs hinzufügen und das Backfilling auf einen zeitlich günstigeren Moment wie nachts oder am Wochenende verschieben. Sobald das Flag entfernt wird, beginnt dann das Rebalancing und das damit verbundene Backfilling der neuen OSDs.

- `norecover`: Ähnlich wie `nobackfill`, ist aber spezifisch für die Wiederherstellung von veralteten oder fehlenden Objekten gedacht. Bei größeren Ausfällen kann es sinnvoll sein, dieses Flag zu setzen, um zuerst die OSDs wieder stabil online zu bekommen und Client-Anfragen zu bedienen, bevor das Recovery beginnt.
- `pause`: Dies ist Ihr »Not-aus-Schalter«. Dieses Flag stoppt *jeglichen* I/O-Verkehr lesend und schreibend zum Cluster. Ihre VMs werfen I/O-Fehler, weil sie ihre VM-Images nicht mehr lesen und beschreiben können. Nutzen Sie dieses Flag nur in absolut kritischen Notfällen, wenn Sie befürchten, dass weitere Schreibvorgänge Daten beschädigen könnten, oder zu reinen Debugging-Zwecken in Testumgebungen.

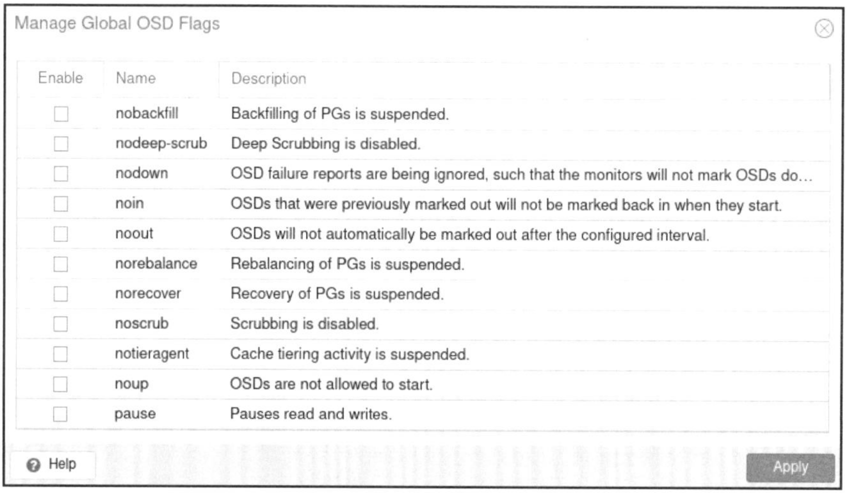

Abbildung 17.28: Dialog zur Verwaltung der Global Flags

Praktisches Beispiel: Server-Reboots bei Updates

Ein regelmäßiges Szenario ist die Durchführung von Updates auf Proxmox VE und Ceph, die für die Aktivierung neuer Kernel einen Neustart erfordern. Beim Reboot stellt Ceph fest, dass OSDs `out` sind, und beginnt mit dem Wiederherstellen der nicht mehr vorhandenen Datenobjekte auf anderen, geeigneten OSDs.

Gehen Sie bei Updates in HCI-Umgebungen mit Proxmox-VE und Ceph daher nach folgendem Plan vor:

1. Setzen Sie das OSD Global Flag `noout`. Der Cluster geht vom Status `HEALTH_OK` in den Status `HEALTH_WARN` über.
2. Aktualisieren Sie einen Node nach dem nächsten, um keinen Verlust des Quorums zu riskieren.

3. Nach dem Reboot eines Nodes stellen Sie sicher, dass der Ceph-Cluster vollständig repliziert ist und – abgesehen vom gesetzten Global Flag `noout` – keine weiteren Warnungen anzeigt. Falls doch, beheben Sie diese Probleme, bevor Sie mit dem nächsten Node weitermachen.
4. Nach dem Update des letzten Nodes deaktivieren Sie das Global Flag `noout` wieder. Der Cluster wechselt nun wieder auf `HEALTH_OK`, und das Update ist abgeschlossen.

Natürlich lässt sich dies auch skripten oder über die Shell erledigen, was besonders interessant ist, wenn Sie die Updates in Ihrem Cluster automatisiert durchführen, beispielsweise mit Ansible :

```
# Setzen des Flags vor dem Reboot
~# ceph osd set noout

# ... Reboot durchführen ...

# Entfernen des Flags nach Erfolg
~# ceph osd unset noout
```

Listing 17.10: Um ein Global Flag zu setzen oder zu entfernen, müssen Sie den »ceph«-Befehl verwenden.

17.7.4 Umgang mit Disk-Ausfällen

In einem Ceph-Cluster mit Hunderten oder Tausenden Festplatten ist es durchaus normal, dass Disks mal kaputtgehen und ersetzt werden müssen. Dies ist kein Grund, in Hektik zu verfallen – Ceph stellt die durch den Ausfall verlorenen Objekte nach Möglichkeit auf anderen OSDs schon wieder her, aber die Kapazität Ihres Clusters sinkt und das defekte Device muss bei nächster Gelegenheit getauscht werden.

Wenn eine Disk ausfällt, markiert Ceph den OSD als `down` und kurze Zeit später als `out`. Sobald der OSD `out` ist, beginnt der Cluster, die fehlenden Objektkopien aus den verbliebenen Replikaten auf anderen OSDs wiederherzustellen: Der Cluster heilt sich selbst. Sie identifizieren die defekte Disk, tauschen sie aus und erstellen auf der neuen Disk einen neuen OSD. Danach beginnt Ceph automatisch mit dem Rebalancing und verschiebt Objekte automatisch auf den neuen OSD.

In Proxmox VE können Sie einen defekten OSD einfach über die GUI auswählen, den OSD stoppen und die Disk als `out` markieren. Anschließend können Sie unter **<Node> • Ceph • OSD** auf **More • Destroy** klicken. Setzen Sie bei der **Destroy**-Option den Haken bei **Cleanup Disks**, um die Partitionstabellen zu säubern. Das ist nützlich, wenn Sie die Disk später auf dem gleichen oder einem anderen Cluster wieder einbinden möchten. Ceph verweigert die Aufnahme von bereits erstellten OSDs. Später lässt sich das Cleanup immer noch per Shell mit `ceph-volume lvm zap` durchführen.

17.7.5 Cluster-Erweiterung

Als Scale-out-Storage ist Ceph darauf ausgelegt, erweitert zu werden. Sie können allerdings nicht nur nach dem Scale-out-Prinzip weitere Server danebenstellen, sondern auch nach dem Scale-up-Ansatz weitere Disks in die vorhandenen Server einbauen. Mit weiteren Disks in vorhandenen Servern erweitern Sie in erster Linie den nutzbaren Speicherplatz; mit weiteren Servern erweitern Sie sowohl den Speicherplatz wie auch die Performance, weil es mehr Server gibt, die gleichzeitig auch die Daten verarbeiten.

Die Erweiterung ist dabei simpel: Sie stecken weitere Storage-Devices wie HDDs, SSDs oder NVMes in die vorhandenen Server und nehmen diese als zusätzliche OSDs in den Cluster auf. Danach führt Ceph automatisch ein Rebalancing durch, verteilt die Daten neu und füllt die neuen OSDs. Achten Sie darauf, die OSDs gleichmäßig über alle Server des Clusters zu erweitern, zumindest wenn Ihr Cluster eher klein ist und weniger als etwa 10 Nodes umfasst.

Zusätzliche Server sind für Proxmox VE und Ceph ebenfalls keine Herausforderung. Nehmen Sie den weiteren Proxmox-VE-Server in den Cluster auf und installieren Sie die gleiche Ceph-Version, die bereits im Cluster läuft. Danach erstellen Sie auf dem neuen Server die zusätzlichen OSDs. Bei Bedarf legen Sie auf dem neuen Server zusätzliche MONs, MGRs und MDSs an und entfernen anschließend nicht mehr benötigte MONs, MGRs bzw. MDSs. Um MON, MGR und MDS müssen Sie sich nur kümmern, wenn sie aus Redundanzgründen auf dem neuen Server besser platziert sind als auf einem der vorherigen. Dies könnte beispielsweise sinnvoll sein, wenn die neuen Server in einem separaten Rack stehen und Sie die Daemons nun auf unterschiedliche Racks verteilen möchten.

Updates und Upgrades

Normale *Minor-Updates* – also alle Updates innerhalb der gleichen Major-Version wie *Ceph 19.2.x Squid* – installieren Sie gemeinsam mit den Proxmox-VE-Updates über `apt update && apt dist-upgrade` per Shell oder über die Update-Funktion in der GUI.

Bei *Major-Upgrades* – beispielsweise von *Ceph 19.2 Squid* auf *Ceph 20.2 Tentacle* – ist die Vorgehensweise umfangreicher und wird spezifisch für das jeweilige Upgrade im Proxmox-VE-Wiki beschrieben. Am besten suchen Sie unter *https://pve.proxmox.com/* mit der Suchfunktion nach »Ceph to« und folgen der ausführlichen Upgrade-Beschreibung genau.

17.8 Monitoring und Troubleshooting

Obwohl ein Ceph sich selbst monitort, möchten Sie einige Dinge bei Bedarf sicher selbst prüfen oder eventuell in Ihr externes, bestehendes Monitoring-System integrieren. Schauen wir mal, was da so geht.

17.8.1 Die wichtigsten CLI-Befehle

Auch wenn die GUI von Proxmox VE hervorragend ist, brauchen Sie für eine tiefere Analyse oder Fehlerbehebung oft die Shell. Sie liefert Details, die in der GUI nicht sichtbar sind.

ceph status

Der Befehl, den Sie immer parat haben sollten, ist `ceph status`. Er gibt Ihnen einen Überblick über den Zustand des Clusters:

```
cluster:
   id: 34e6e3b3-04e5-4aa5-b55e-3b4c77eadc92
   health: HEALTH_OK

 services:
   mon: 3 daemons, quorum proxmox01,proxmox02,proxmox03 (age 4w)
   mgr: proxmox01(active, since 5d), standbys: proxmox02
   mds: 1/1 daemons up, 1 standby
   osd: 18 osds: 18 up (since 4d), 18 in (since 11d)

 data:
   volumes: 1/1 healthy
   pools: 6 pools, 872 pgs
   objects: 1.54M objects, 4.3 TiB
   usage: 9.8 TiB used, 19 TiB / 29 TiB avail
   pgs: 872 active+clean

 io:
   client: 81 KiB/s rd, 13 MiB/s wr, 43 op/s rd, 857 op/s wr
```

Listing 17.11: »ceph status« liefert den aktuellen Zustand des Ceph-Clusters.

Im Listing 17.11 sehen Sie Folgendes:

- `cluster: health`: Hier wird der Gesundheitszustand des gesamten Clusters angezeigt. `HEALTH_OK` ist unser Ziel. `HEALTH_WARN` deutet auf Probleme hin, der Cluster arbeitet aber noch. `HEALTH_ERR` bedeutet meist, dass Daten aktuell nicht lesbar oder beschreibbar sind oder der Cluster nicht mehr funktionsfähig ist.
- `services: mon`, `mgr`, `mds`: Wie viele und welche Monitore sind funktionsfähig, welche MONs formen das Quorum, und seit wann ist dieser Status vorhanden? Ähnliche Informationen werden für die MGR und MDS angezeigt.
- `services: osd`: Anzahl und Zustand der OSDs im gesamten Cluster. `up` und `in` sind die von uns erwünschten Status.

- `data: volumes`, `pools`, `objects`, `usage` und `pgs`: Hier sehen Sie die logischen Ebenen sowie den Zustand der gespeicherten Daten. Bei Placement Groups möchten wir beispielsweise am liebsten den Idealzustand `active+clean` sehen.
- `io: client`, `recovery`: Wird nur angezeigt, wenn gerade Traffic von oder zu Clients auftritt oder Datenverkehr für Recovery-Operationen läuft.

17.8.2 Häufige Probleme und Lösungen

Selbst im besten Cluster knirscht es manchmal. In diesem Abschnitt stelle ich die häufigsten Ceph-Probleme vor und zeige mögliche Lösungen für sie.

PGs stecken im Status »unclean/degraded« fest: Was tun?

Nach einem Neustart oder Ausfall sehen Sie eventuell, dass PGs nicht `active+clean` sind. Keine Panik, oft ist das nur temporär.

- `degraded`: Es gibt weniger Kopien der Daten als definiert, beispielsweise 2 von 3. Der Cluster ist aber noch les- und schreibfähig (`active`). Das passiert zum Beispiel, wenn ein OSD ausfällt. Sobald der OSD wiederkommt oder das Rebalancing fertig ist, sehen Sie meist nach kurzer Zeit wieder alle PGs im Status `active+clean`.
- `undersized`: Ähnlich wie `degraded`, tritt oft in Kombination auf. Wird dieser Status angezeigt, fehlen OSDs, um die eingestellte `min_size` oder Pool-Größe zu erfüllen.
- `peering`: Die OSDs bauen gerade neue Netzwerkverbindungen auf und gleichen den Status ab. Das sollte nur einige Sekunden dauern. Hängt es hier – `stuck peering` –, könnte ein Problem mit der Netzwerkverbindung zwischen Cluster-Nodes die Ursache sein.

Wenn Fehler dauerhaft sind und der Cluster scheinbar keine Fortschritte mehr bei der Selbstheilung macht, fragen Sie den Cluster nach dem Grund: `ceph health detail` gibt Ihnen genau an, welche PGs betroffen sind. Mit `ceph pg <pg-id> query` erhalten Sie einen recht langen JSON-Dump, aus dem Sie die Ursache eventuell herauslesen können.

Slow Requests: Netzwerk, langsame Disks, CPU

Die Meldung `3 slow requests are blocked > 32 sec` ist kein schöner Anblick, denn sie bedeutet, dass I/O-Transaktionen von VMs seit einigen Sekunden festhängen. Meist stehen dann auch die Applikationen innerhalb der VMs irgendwann und laufen in Timeouts.

Gründe dafür könnten sterbende Disks sein, ein langsames oder fehlerhaftes Netzwerk oder eine zu hohe Belastung bei zu langsamen Storage-Devices. Hier sind ein paar Möglichkeiten und Erläuterungen:

- **Sterbende Disks:** Eine HDD/SSD, die kurz vor dem Exitus steht, antwortet oft noch verzögert, weil sie mehrmals versucht, Sektoren zu lesen, die ihre Daten nicht mehr hergeben. Das führt zu großen Verzögerungen. Der Befehl `ceph osd perf` zeigt die Latenz pro OSD. Wenn ein OSD hier heraussticht, während alle anderen eine deutlich geringere Latenz aufweisen, haben Sie den möglichen Grund gefunden.

- **Netzwerk:** Wenn die Netzwerkverbindungen überlastet sind – zum Beispiel durch ein Rebalancing nach einem Ausfall, während gleichzeitig parallele Backups und Recoverys laufen –, kann das Netzwerk der Grund sein. Eine andere Möglichkeit ist, dass die MTU-Werte im Netz nicht stimmen. Ein Netzwerkpaket, das aufgrund seiner Größe verworfen wird, kommt nie auf dem Ziel-OSD an und kann diesen Fehler erzeugen.
- **Deep Scrubbing:** Ceph prüft Daten im Hintergrund auf *Bit-Rot*. Auf langsamen Clustern oder bei sehr großen Objekten kann dies den I/O blockieren. Sie können das Scrubbing temporär über das Global Flag `noscrub` deaktivieren, um zu prüfen, ob die Performance dann besser wird. Falls dies der Grund ist, sollten Sie die Einstellungen für Deep Scrubs anpassen.

OSD Nearfull / OSD Full: Wenn der Cluster vollläuft

Ceph als Scale-out- und Copy-on-Write-Storage sollte am besten nie volllaufen. Es muss ja stets sicherstellen, dass Daten mehrfach geschrieben werden können, und dies geht nun einmal nur, wenn die Storage-Devices noch freien Speicher haben. Wenn sie voll sind, laufen die Applikationen Ihrer VMs in Timeouts und die VMs bleiben stehen.

Es gibt drei Stufen, die Sie auch mit `ceph status` oder in der GUI auf dem Dashboard direkt sehen können:

```
HEALTH_WARN 1 nearfull osds
osd.12 is near full at 87%
```

Die Default-Werte sind in der folgenden Liste zu sehen:

- `nearfull` **ab 85 % Füllstand eines OSD:** Der Cluster geht in den Status `HEALTH_WARN` über und es besteht Handlungsbedarf. Erweitern Sie den Cluster um weitere Storage-Devices oder reduzieren Sie die Datenmenge auf dem Ceph-Storage.
- `backfillfull` **ab 90 % Füllstand eines OSD:** Der Cluster hört auf, Daten auf diese OSDs zu migrieren. Es findet also kein Rebalancing mehr statt, um zu verhindern, dass der Cluster durch ein gut gemeintes Rebalancing den Füllstand des OSD noch weiter erhöht. An dieser Stelle besteht dringender Handlungsbedarf. Die Behebung erfolgt wie oben durch Einbinden zusätzlicher Storage-Devices oder durch Datenreduktion.
- `full` **ab 95 % Füllstand eines OSD:** Der Cluster setzt den Pool auf *Read-only*, um Datenkorruption zu verhindern. Ceph schützt Sie hier vor sich selbst. Alle VMs stoppen I/O, und das Betriebssystem und die Applikationen darin laufen nach kurzer Zeit in Timeouts. Hier ist das bloße Erweitern der Disks oder ein Reduzieren der Daten nicht mehr möglich und die Lösung ist etwas umfangreicher.

Ist ein OSD einmal `full`, können Sie aufgrund des Copy-on-Write-Mechanismus meist auch nichts mehr löschen, da ein Löschvorgang ebenfalls das Schreiben von Daten erfordert. Sie müssen dann temporär das Limit auf einen höheren Schwellenwert anheben, um wieder schreibfähig zu werden:

`{lst:ceph-osd-set-full-ratio .bash}` ceph osd `set-full-ratio` `0.97`

Löschen Sie dann *sofort* Daten oder erweitern Sie den Cluster um zusätzliche Storage-Devices, um den Füllstand abzusenken. Anschließend setzen Sie die Ratio auf `0.95` (= 95 %) zurück. Sie möchten nicht, sollte ein solcher Fall nochmals vorkommen, dann von 97 % auf 99 % gehen müssen. Lassen Sie den Cluster niemals dauerhaft am Limit laufen! In Produktionsumgebungen sollten Sie Upgrades spätestens bei 70 bis 80 % Füllstand in Angriff nehmen.

17.9 Best Practices: Scrubbing-Einstellungen anpassen

Ceph führt im Hintergrund wöchentlich wiederkehrende Scrubbing- und Deep-Scrubbing-Prozesse für jede Placement Group durch. Beim *Scrubbing* werden die Metadaten einer PG geprüft, beim *Deep Scrubbing* geschieht das *Heavy Lifting*: Sämtliche Daten einer PG werden gelesen, und zwar von vorne bis hinten. Auf langsamen Storages könnte das Ihre Clients und Applikationen verlangsamen oder sogar in Timeouts schicken.

Anstatt die Scrubs jedoch ganz abzuschalten, können Sie sie auf Tage und Zeiten verlegen, an denen der Cluster nicht viel zu tun hat, beispielsweise auf ein Wochenende. Nehmen wir mal an, Sie möchten freitags um 18 Uhr starten und ab sonntags 06:00 Uhr keine weiteren Scrubbings mehr zulassen. Um das einzustellen, verwenden wir Optionen, die wir mit dem Befehl `ceph config` setzen:

```
root@pve-k-1:~# ceph config set osd osd_scrub_begin_hour 18
root@pve-k-1:~# ceph config set osd osd_scrub_begin_week_day 5
root@pve-k-1:~# ceph config set osd osd_scrub_end_hour 6
root@pve-k-1:~# ceph config set osd osd_scrub_end_week_day 0
```

Umgekehrt kann es in größeren Clustern notwendig sein, mehr als die standardmäßigen drei gleichzeitigen Scrubbing-Prozesse zuzulassen, damit innerhalb einer Woche alle Daten des Clusters einmal geprüft werden können. Geschieht dies nicht innerhalb einer Woche, geht der Cluster in den Status `HEALTH_WARN` über.

Möchten Sie also 5 parallele Scrubs zulassen, erledigen Sie das mit `ceph config set osd osd_max_scrubs 5`. Achten Sie darauf, Ihren Storage dabei nicht zu überfordern, wenn Sie HDDs in ihm betreiben.

Kapitel 18

Asynchrone Replikation mit der Proxmox Storage Replication

In Kapitel 17, »Hyperkonvergenz mit Proxmox VE und Ceph«, haben Sie mit Ceph bereits eine Möglichkeit kennengelernt, wie sich VM- und Container-Images auf einem verteilten Shared Storage bereitstellen lassen. Darüber hinaus werden häufig auch iSCSI-, FibreChannel- (FC-) oder NFS-Storages verwendet, um Images auf einem zentralen Shared Storage abzulegen.

Ein Shared Storage ist eine Voraussetzung für Hochverfügbarkeit (*High Availability*, HA), damit die Images unserer VMs und Container nach dem Ausfall eines Servers noch immer vorhanden sind und die VMs und Container anschließend auf einem anderen Server des Clusters gestartet werden können.

In Enterprise-IT-Umgebungen ist es wichtig, dass Daten kontinuierlich synchronisiert und gesichert werden, um nach Ausfällen die Zeit bis zum Wiederanlauf minimieren zu können. Auf hochverfügbaren Shared Storages stehen die Daten auch nach dem Ausfall eines einzelnen Servers direkt den anderen Servern zur Verfügung, sodass diese eine VM sofort wieder starten können. Falls Sie einen HA-Cluster betreiben, geschieht dies sogar automatisch.

Proxmox VE besitzt eine weitere Möglichkeit, die ohne Shared Storages, aber mit einer Replikation von VM- und Container-Images eine ähnliche Betriebssicherheit erzeugen kann: Proxmox VE bietet über die sogenannte *Proxmox VE Storage Replication* einen integrierten Mechanismus, der eine asynchrone Replikation von VM-und Container-Images zwischen zwei Knoten eines Clusters ermöglicht. Diese Funktion ist ausschließlich mit Images nutzbar, die auf einem lokalen ZFS-Storage-Pool liegen.

Die Storage-Replication ist in wenigen Minuten eingerichtet und funktioniert sehr verlässlich. Alles, was Sie benötigen, sind zwei oder mehr Server, die gemeinsam einen Cluster bilden und lokale Disks mit einem ZFS-Pool gleichen Namens besitzen.

Vor- und Nachteile der Proxmox VE Storage Replication

Die Verwendung der integrierten Storage-Replikation von Proxmox VE bietet zahlreiche Vorteile:

- **Hohe Verfügbarkeit:** Die schnelle Wiederherstellung von VMs auf einem anderen Knoten sorgt für minimale Ausfallzeiten.

- **Effizienz:** Durch die inkrementelle Übertragung der Snapshots werden die Dauer sowie die zu übertragenden Daten reduziert.
- **Einfache Einrichtung:** Die Replikation ist einfach über die Weboberfläche oder CLI einzurichten und zu verwalten.
- **Kosteneffizienz:** Da keine teuren externen Speichersysteme erforderlich sind, können kostengünstige lokale Speicherlösungen genutzt werden.
- **Geschwindigkeit:** Lokale Speicher wie NVMe-Disks sind meist die schnellsten Speicher, aber Ihre Daten sind dann nur auf einem Server gespeichert. Mithilfe der Storage-Replikation sind Sie jedoch in der Lage, schnelle Speicher zu nutzen und diese auf mehreren Servern vorzuhalten.

Trotz der vielen Vorteile gibt es einige Einschränkungen, die beachtet werden sollten:

- Die Replikation funktioniert nur mit ZFS-Speicher.
- Im Falle eines Failovers ist ein manueller Start der replizierten VM auf dem Zielknoten erforderlich. Obwohl die Storage-Replikation auch auf einem HA-Cluster verwendet werden kann, ist dies in den meisten Fällen nicht empfehlenswert.
- Die Synchronisation erfolgt nicht in Echtzeit, sondern in regelmäßigen Intervallen. Das bedeutet, dass bei einem plötzlichen Ausfall ein kleiner Datenverlust (zwischen den letzten beiden Snapshots) möglich ist.

18.1 Funktionsweise der Storage-Replikation

Die *Proxmox VE Storage Replication* basiert darauf, dass in regelmäßigen Intervallen ein Snapshot eines Image erzeugt und die Differenz zum letzten Snapshot extrahiert wird, der übertragen und an einem anderen Ort wieder importiert wird. Proxmox VE nutzt ZFS für die Storage-Replikation, weil die benötigen Features in `zfs-send` und `zfs-receive` bereits enthalten sind.

Die eigentliche Replikation eines Image funktioniert also durch regelmäßige Snapshots und die inkrementelle Übertragung zwischen den Knoten. Diese Methode sorgt dafür, dass nur die tatsächlich geänderten Datenblöcke repliziert werden müssen, wodurch der Netzwerkverkehr und die benötigte Zeit für die Synchronisation minimiert werden.

Um die Funktionsweise zu erklären, gehe ich nun von einem Szenario aus, in dem es einen Cluster mit zwei Servern gibt. Beide besitzen einen lokalen ZFS-Pool (siehe auch Abbildung 18.1):

1. **Snapshot-Erstellung:** Proxmox VE erstellt in einem konfigurierbaren Zeitintervall ZFS-Snapshots des zu replizierenden Image.

2. **Synchronisation:** Die Änderungen zwischen zwei Snapshots werden auf den Zielknoten übertragen. Existiert noch kein früherer Snapshot auf dem Zielknoten, wird das gesamte Image vollständig übertragen.
3. **Snapshot-Bereinigung:** Nach erfolgter Übertragung des Snapshots zum Ziel werden alle älteren Snapshots gelöscht. Nur der aktuellste Snapshot wird beibehalten, da dieser für den nächsten differenziellen Export wieder benötigt wird.
4. **Failover:** Fällt der Node aus, auf dem die VM normalerweise läuft, befindet sich eine Kopie des VM-Image bereits auf dem Zielknoten. Die VM kann dann auf dem anderen Knoten im Cluster gestartet werden, da eine Kopie der Daten vorhanden ist.
5. **Umkehren der Replikationsrichtung:** Die Richtung der Storage-Replikation wird umgedreht. Der Server, auf dem die VM nun läuft, ist die Quelle; der andere Server (wenn er wieder da ist) wird automatisch zum Ziel und die Replikation läuft nun in die umgekehrte Richtung.

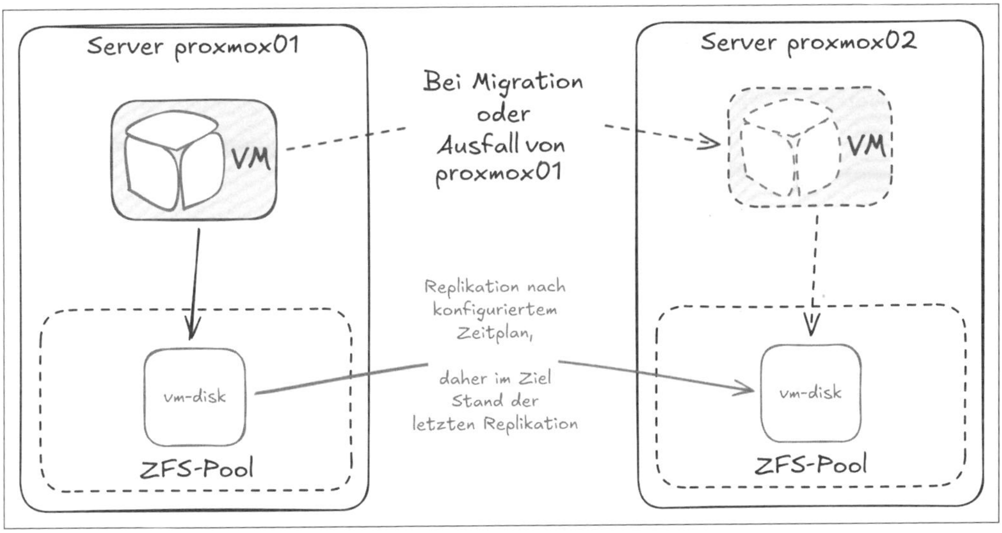

Abbildung 18.1: Funktionsweise der Proxmox VE Storage Replication

18.2 Failover-Szenarien beim Einsatz der Storage-Replikation

Bei einem Failover sollten Sie bedenken, dass es sich um eine *asynchrone Replikation* handelt. Im Vergleich mit einem Shared Storage (bei dem jeder Server eines Clusters den aktuellen Stand des VM-Image erhält) ist ein VM-Image auf der Zielseite immer um die eingestellte Zeit verzögert. Das bedeutet: Wenn Sie die Änderungen jede Minute replizieren und der Quellserver fällt 59 Sekunden nach der letzten Replikation aus, dann sind im Datenbestand des Zielservers die letzten 59 Sekunden nicht enthalten. Bei einem Webserver mit relativ statischem Datenbestand kann das in Ordnung sein, bei einer Datenbank für

Finanztransaktionen eher nicht. Nur Sie können entscheiden, wie schwerwiegend es ist, wenn beim Start der VM auf dem Zielserver die Daten seit der letzten Replikation fehlen.

Die Storage-Replikation lässt sich auch in einem HA-Cluster nutzen, aber Sie sollten sich des Risikos bewusst sein. Bei einem automatischen Failover und dem Neustart der VM haben Sie nur sehr kurze Ausfallzeiten, aber Ihnen gehen alle Änderungen seit der letzten Replikation unwiederbringlich verloren.

18.3 Voraussetzungen für die Storage-Replikation

Um die Storage-Replikation in Proxmox VE zu nutzen, müssen folgende Voraussetzungen erfüllt sein:

- **Lokaler ZFS-Storage:** Die Replikationsfunktion setzt ZFS als zugrunde liegendes Speichersystem voraus, da sie auf dessen Snapshot-Funktionalitäten basiert.
- **Proxmox-VE-Cluster:** Alle beteiligten Knoten müssen Teil des gleichen Proxmox-Clusters sein.
- **Netzwerkverbindung:** Eine stabile Netzwerkverbindung zwischen den Knoten ist notwendig – allerdings ergibt sich dies bereits aus den Anforderungen an einen Proxmox-VE-Cluster.
- **Identische Storage-Konfiguration:** Die ZFS-Pools auf den Quell- und Zielknoten müssen identische Namen haben.

18.4 Einrichten der Storage-Replikation

Ich gehe davon aus, dass Sie bereits einen funktionsfähigen Proxmox-VE-Cluster aus mindestens zwei Servern haben. Anschließend können wir die Einrichtung der Storage-Replikation starten.

18.4.1 Lokalen ZFS-Storage konfigurieren

Sie können entweder einen vorhandenen ZFS-Storage-Pool verwenden oder einen neuen Pool dazu anlegen. Wichtig ist, dass auf beiden Servern der Pool den gleichen Namen trägt, da dieser Name auch in der VM-Konfiguration verwendet wird. Dort steht für jedes VM-Image, auf welchem Storage das Image liegt. Damit Sie die VM auf beiden Servern starten können, muss daher der Storage den gleichen Namen tragen.

In diesem Ausschnitt aus der Konfiguration einer VM sehen Sie die relevante Zeile. Damit Proxmox VE für den Start der VM das Image finden kann, muss es zwingend auf dem Storage mit dem Namen `local-zfs` liegen:

```
~# qm config 105
[...]
scsi0: local-zfs:vm-105-disk-0,cache=writeback,discard=on,size=32G,ssd=1
[...]
```

Ihnen bieten sich zwei Möglichkeiten:

- Wenn Sie sich bei der Installation des Proxmox-VE-Knotens für die Installation auf ZFS entschieden haben, können Sie diesen `local-zfs`-Pool bereits verwenden. Das wird gern in Umgebungen mit kleinerem Speicherbedarf genutzt, in denen der Server nur ein RAID1 aus zwei Disks besitzt.
- Sie können zusätzliche, noch verfügbare Disks nehmen und daraus einen neuen ZFS-Pool erzeugen. Verwenden Sie den gleichen Namen beim Erstellen auf beiden Knoten.

Wenn Sie einen neuen Pool erstellen möchten, finden Sie den Dialog in der GUI unter **Datacenter • <Server> • Disks • ZFS • Create ZFS** oder können mit folgender Befehlszeile einen neuen ZFS-Pool über die Kommandozeile erzeugen:

```
~# /sbin/zpool create -o ashift=12 <poolname> \
      mirror /dev/disk/by-id/ /dev/disk/by-id/
```

18.4.2 Replikationsjob anlegen

Danach benötigen Sie einen Job, der sich um die regelmäßige Durchführung der Replikation kümmert. Dieser Job legt fest, was Sie mit welcher Verzögerung wohin replizieren möchten. Diese Jobs können ebenfalls über die Proxmox-GUI oder die Kommandozeile erstellt werden:

- In der Weboberfläche klicken Sie auf die gewünschte **VM** und dann auf **Replication • Add**. Wählen Sie im Dialog den Zielknoten (**Target**) und das Intervall (**Schedule**) der Replikation aus.
- Alternativ können Sie die Replikation auch über die CLI mithilfe von `pvesr` einrichten, wobei die `ID` zusammengesetzt ist aus der `vmid` und einer Job-Nummer:

```
root@pve1# pvesr create-local-job <id> <target> [OPTIONS]
```

Hier sehen Sie ein konkretes Beispiel für einen Job, der *jede Minute* die *VM 100* von *pve1* zu *pve2* repliziert:

```
root@pve1# pvesr create-local-job 100-1 pve2 --schedule "*"
```

18.4.3 Überwachung und Verwaltung der Replikation

Schön, wenn man solche Replikationen einrichten kann, aber noch besser ist es, sie mindestens gelegentlich zu überprüfen oder den geänderten Gegebenheiten anpassen zu können. Ihnen stehen verschiedene Möglichkeiten zur Überwachung der laufenden Replikationsaufgaben zur Verfügung:

- **Statusanzeige:** In der GUI können Sie den Status jedes Replikationsjobs jederzeit unter **Datacenter • Replikation** einsehen oder per Shell mit dem Befehl `pvesr status` den Status aller Jobs prüfen.
- **Protokolle:** Das ausführliche Protokoll eines jeden Replikationsjobs finden Sie unter */var/log/pve/replicate/<jobid>*. Hier können Sie Fehler und erfolgreiche Replikationsläufe überprüfen.
- **Manuelles Anstoßen:** Replikationen können jederzeit manuell gestartet werden, entweder über die GUI unter **Datacenter • <Node> • <vmid> • Replication • Schedule now** oder über die Shell mittels `pvesr run --id <taskid> [OPTIONS]`. Praktisch ist, sich mit `--verbose` auf der Shell gleich anzeigen zu lassen, was der Job dann genau tut.

18.4.4 Best Practices und Optimierungen

Um eine optimale Leistung und Zuverlässigkeit der Storage-Replikation zu gewährleisten, sollten Sie folgende Best Practices beachten:

1. **Replication-Netzwerk:** Legen Sie das Netzwerk fest, über das die Replikationen laufen sollen. Nutzen Sie das Netzwerk mit der größten Bandbreite, z. B. Ihr Storage-Netzwerk, oder eine dedizierte Netzwerkschnittstelle für die Replikation, um den normalen Netzwerkverkehr nicht zu beeinträchtigen. Sie können das zu verwendende Netzwerk unter **Datacenter • Options • Migration Network** hinterlegen.
2. **Regelmäßige Überprüfung:** Kontrollieren Sie regelmäßig den Status der Replikationsaufgaben und die Konsistenz der Daten auf den Zielknoten.
3. **Snapshot-Aufbewahrung:** Definieren Sie eine sinnvolle Aufbewahrungszeit für die Snapshots, um den Speicherbedarf zu kontrollieren.
4. **Failover-Tests:** Führen Sie Failover-Tests durch, um sicherzustellen, dass der Cluster im Ernstfall korrekt reagiert.

Kapitel 19

Hochverfügbarkeit mit Proxmox-VE-Clustern

Hochverfügbarkeit oder *High Availability* – kurz HA – bezeichnet die Fähigkeit des Clusters, den Ausfall eines physischen Servers automatisch zu erkennen und die darauf laufenden virtuellen Maschinen und Container auf einem noch verbleibenden, weiterhin verfügbaren Server neu zu starten.

Proxmox VE bietet High Availability, also einen automatischen Neustart mit kurzer Downtime, jedoch keinen unterbrechungsfreien Weiterbetrieb auf einem anderen Node, was man als *Fault Tolerance* bzw. *FT-Lösungen* bezeichnet.

Als *Recovery Time Objective* (RTO) bezeichnet man die Zeit, bis die ausgefallene VM oder der ausgefallene Container wieder läuft. Typischerweise benötigt ein Proxmox-VE-HA-Stack etwa zwei bis drei Minuten für den Wiederanlauf. Diese Zeitspanne wird für Fehlererkennung, Fencing, Migration, Restart und den Bootvorgang des Gastsystems benötigt.

Damit dies zuverlässig funktioniert, agiert der HA-Stack in Proxmox VE autonom und trifft dazu Entscheidungen, deren Ergebnisse wir vorher in Form von Regeln konfigurieren können. Schauen wir uns diesen Mechanismus genauer an.

19.1 Was bedeutet HA in Proxmox VE?

Betrachten wir zunächst einen normalen Proxmox-VE-Cluster ohne aktivierte HA-Funktion. Ich nenne ihn im Folgenden *Management-Cluster* zur besseren Abgrenzung von einem *HA-Cluster*. Ein »normaler« Proxmox-VE-Management-Cluster beherrscht bereits den Betrieb mehrerer Nodes im Verbund, die clusterweite Administration und die Möglichkeit zur Offline- und zur Live-Migration. Allerdings führt der Management-Cluster all diese Aufgaben nur aus, wenn es ihm vorher jemand sagt. Von allein tut er genau genommen nichts.

Stufen wir den normalen Management-Cluster zum HA-Cluster herauf, ändert sich etwas Gravierendes: Der Cluster trifft nun selbstständig Entscheidungen und setzt diese um.

Sonst wäre ein automatisches Failover mit anschließendem Restart Ihrer VM bei einem nächtlichen Ausfall nicht möglich. Wir als Administratoren sorgen deshalb vorab mit Regeln und Anweisungen dafür, dass der HA-Cluster sich an unsere Vorgaben hält. Dazu aber später mehr, wenn wir über Node- und VM-Affinitäten sprechen.

In der Einleitung dieses Kapitels habe ich den Begriff RTO oder *Recovery Time Objective* verwendet und kurz erläutert, dass wir mit einer RTO von zwei bis drei Minuten in einem Proxmox-VE-HA-Cluster kalkulieren können. Leider ist die Sache aber etwas komplizierter. Die RTO gibt die Zeit an, bis alle HA-Ressourcen wieder gestartet sind und die Services in ihnen wieder laufen.

Unter drei Minuten können wir bleiben, wenn der HA-Cluster nach einem Ausfall nur wenige hochverfügbare VMs und Container migrieren und starten muss. Jede Migration dauert etwas, und jeder Start benötigt Ressourcen wie CPU-Leistung, RAM und gerade beim Systemstart auch Leistung des Storage. Wenn nun eine Handvoll VMs gleichzeitig starten, ist das für Enterprise-Storage-Systeme nicht besonders belastend. Wenn Ihnen jedoch gerade ein einzelner Hypervisor mit mehreren Hundert VMs ausgefallen ist und der HA-Cluster diese VMs auf einem anderen Node wieder startet, werden die CPU des neuen Nodes und der Storage beim gleichzeitigen Start Hunderter VMs ziemlich unter Druck stehen.

Daher finden nicht beliebig viele Starts parallel statt, sondern werden an die Worker-Threads eines Proxmox VE übergeben. Standardmäßig besitzt jeder Node 4 Worker-Threads, von denen jeder jeweils einen VM- bzw. Container-Start durchführen kann. Ist ein Worker wieder frei, weil der Prozess beendet wurde, wird die nächste Migration bzw. der nächste Neustart bearbeitet. Die Anzahl der Threads lässt sich unter **Datacenter • Options • Maximal Workers/bulk-action** erhöhen, wenn Ihre CPUs und Storages die zusätzliche Last verkraften. Setzen Sie die Anzahl zu hoch an, können aufgrund der zu hohen CPU- bzw. Storage-Last manche Migrations- oder Start-Prozesse »verhungern« und in Timeouts laufen. Erhöhen Sie die Anzahl der Worker-Threads also eher moderat.

Wenn Hunderte VMs migriert und neu gestartet werden müssen, wird die RTO deutlich höher liegen. Die erreichbare RTO hängt von Ihrer Hardware, der Performance und den zur Verfügung stehenden Reserven ab. Ein Extrembeispiel wären zwei Hypervisoren mit 1000 VMs pro Server. Fällt ein Server aus, müsste der andere Server 1000 VMs bei sich aufnehmen und starten. Technisch ist das lösbar, aber mit begrenzten Ressourcen ist das nicht in wenigen Minuten zu machen – die RTO läge deutlich darüber.

Solche Engpässe lassen sich durch eine bessere Planung jedoch vermeiden. In einem HA-Cluster profitieren Sie also eher von 10 kleineren Nodes als von 3 großen Servern. Fällt einer der 10 Server aus, verlören Sie lediglich 10 % Ihrer VMs, die auf 9 Servern parallel gestartet werden könnten (vorausgesetzt, der Storage schafft das). Fällt einer von drei Servern aus, müssen Sie 33 % Ihrer VMs auf zwei Servern neu starten.

Noch ein wichtiger Punkt: Unter zwei Minuten Umschaltzeit werden Sie zum aktuellen Zeitpunkt mit einem Proxmox-VE-HA-Cluster nicht kommen. Realistisch sind SLAs von 99,9 % bis 99,99 % im Jahresmittel. Wenn Sie in den Bereich von wenigen Sekunden (also eher 99,9999 %) müssen, benötigen Sie eine applikationsbasierte Hochverfügbarkeit, die beispielsweise eine Datenbank selbst implementieren muss. Es spricht aber nichts dagegen, den hochverfügbaren Datenbank-Cluster auf einem hochverfügbaren Proxmox-VE-HA-Cluster laufen zu lassen und beide Ebenen miteinander zu kombinieren.

Unser realistisches Ziel beim Einsatz eines HA-Clusters lautet also, dass eine Downtime so weit möglich reduziert werden muss.

19.2 Voraussetzungen für einen stabilen HA-Betrieb

Nachdem wir Klarheit darüber haben, was ein HA-Cluster leisten kann und was nicht, sollten wir uns die notwendigen Voraussetzungen für den Betrieb des HA-Clusters anschauen.

19.2.1 Mehrere Server in einem Management-Cluster

Rein technisch könnten Sie einen Standalone-Node zu einem Cluster machen. Es ergäbe allerdings keinen Sinn. Eine eigentlich selbstverständliche Voraussetzung für einen HA-Cluster ist es also, mehrere Nodes zu haben, die miteinander kommunizieren.

Als Grundlage für einen HA-Cluster benötigen Sie zunächst einen funktionierenden Management-Cluster. Diesen können Sie bei Bedarf zu einem HA-Cluster heraufstufen. Wie Sie einen Management-Cluster anlegen, habe ich in Kapitel 15, »Cluster mit Proxmox VE«, bereits ausführlich erörtert. Beginnen Sie dort, sofern Sie das Kapitel noch nicht gelesen haben.

19.2.2 Shared Storage wie Ceph, NFS, iSCSI/FC

Fällt ein Node aus, auf dem eine HA-VM den lokalen Storage für eine ihrer virtuellen Disks genutzt hat, dann haben wir ein Problem: Die Konfiguration der VM oder des Containers wäre leicht migrierbar, aber das lokale Image fehlt für den Neustart auf einem anderen Node.

Daher sollten HA-VMs stets all ihre Images auf einem Shared Storage speichern. Welche Art Shared Storage das ist - ob Ceph, NFS, iSCSI oder FC -, ist nebensächlich, solange alle Server des Clusters den Storage erreichen können.

Eine Ausnahme bildet die *Proxmox VE Storage Replication* auf Basis von ZFS (siehe Kapitel 18): Ist sie eingerichtet und synchronisiert sie ein Image jede Minute von Node 1 auf Node 2, wäre das Image auf zwei Ihrer Nodes verfügbar und eine VM könnte nach Ausfall des ersten Servers auf dem zweiten Node automatisch wieder gestartet werden. Bedenken Sie dabei jedoch, dass die Storage-Replikation asynchron arbeitet und das replizierte Image älter ist als das vorher ausgefallene. Bei statischen Daten in der VM wäre es einen Gedanken wert, wenn ein automatischer HA-Neustart so wichtig wäre, dass Sie einen Datenverlust der letzten Minute in Kauf nehmen würden. Ich persönlich empfehle Ihnen, die Storage-Replikation nicht für HA-VMs zu nutzen, auch wenn es technisch möglich ist.

19.2.3 Redundanz und 24/7-fähige Komponenten

Hochverfügbarkeit beginnt nicht beim HA-Cluster-Stack, sie endet dort. Unser Ziel, Downtime zu vermeiden, setzt voraus, dass wir schon alles getan haben, um Ausfälle zu vermeiden. Der HA-Cluster kommt erst an letzter Stelle an die Reihe, wenn bereits Downtime eingetreten ist.

Daher sollten Sie alles, was Ausfälle komplett vermeidet, bereits berücksichtigen. Beispielsweise sollten Sie redundante Netzwerkanbindungen haben, damit ein einzelnes Kabel, ein Port, eine Netzwerkkarte oder ein einzelner Switch keinen Serverausfall zur Folge hat. Ebenso sollten Sie mehrere Netzteile im Server haben, ECC-RAM verwenden, eine USV vor dem Server einsetzen und redundante System-Disks zur Verfügung haben. Wenn Ihnen weitere potenzielle Schwachstellen einfallen, versuchen Sie, diese ebenfalls zu beheben oder zu lindern.

In Produktivumgebungen ist 24/7-fähige Serverhardware eine zwingende Voraussetzung - ebenso wie ECC-(*Error-Correcting Code-*)RAM und andere fehlertolerante oder fehlerkorrigierende Hardwarekomponenten.

Muss der HA-Cluster-Stack ran, haben die vorherigen Sicherheitsmechanismen versagt. Als letzte Instanz versucht der HA-Stack nun, die Kohlen aus dem Feuer zu holen.

19.2.4 Latenz-Anforderungen von Corosync

In Kapitel 15 haben Sie bereits erfahren, dass *Corosync* extrem latenzempfindlich ist. Nur passiert in einem Management-Cluster nicht viel, wenn Corosync aufgrund längerer zu hoher Latenz unglücklich ist. Sie können den Cluster eventuell nicht mehr zuverlässig verwalten. Das kann nervig sein, führt aber meist nicht zu ernsteren Problemen.

Beim Betrieb eines Proxmox-VE-HA-Clusters wendet sich das Blatt jedoch. Ist der HA-Stack aktiv, können hohe Latenzen aufgrund von Sicherheitsmechanismen wie Fencing zu ungeplanten Reboots einzelner oder sogar aller Server führen. Was dahinter steckt, erfahren Sie in Abschnitt 19.4.

In einem HA-Cluster muss die Latenz auf dem Corosync-Cluster-Netzwerk unter 5 Millisekunden liegen. Kurzfristige Spitzen sind auch hier kein Problem, aber die Latenz darf keinesfalls eine längere Zeit auf einem höheren Wert verharren.

19.2.5 NTP muss funktionieren

Ein nicht sauber funktionierendes NTP (*Network Time Protocol*) ist einer der häufigsten Gründe, warum ein Proxmox-VE-HA-Cluster irgendwann nach Wochen, Monaten oder erst nach Jahren einen Ausfall aufs Parkett legt.

Der Grund ist simpel: Corosync kommuniziert mit den anderen Cluster-Nodes. Versendet es Pakete mit unpassenden Zeitstempeln, kann das im schlimmsten Fall dazu führen, dass die Pakete dauerhaft von anderen Nodes verworfen werden. Die Kommunikation ist gestört und endet in ungeplanten Reboots -Sie ahnen es - aus Sicherheitsgründen. Die VMs sind dann jedoch schon abrupt abgeschaltet worden und werden an anderer Stelle des Clusters gerade wieder gestartet, sofern sonst alles glattgegangen ist.

Dies geschieht insbesondere dort, wo Sie nicht bemerken, dass NTP nicht sauber funktioniert. Meist sind das besonders gut geschützte, Air-gapped betriebene Proxmox-VE-Server, die die standardmäßig vorkonfigurierten NTP-Server des NTP-Pools `2.debian.pool.ntp.org` nicht erreichen können.

Prüfen Sie NTP unbedingt mit `chronyc tracking`, bevor Sie HA aktivieren. Konfigurieren Sie bei Bedarf Ihre eigenen NTP-Server; mögliche Vorgehensweisen finden Sie in Abschnitt 15.7.2 über Clustering.

19.2.6 Einsatz eines QDevice bei 2- oder 4-Node-Clustern

Vermeiden Sie bereits bei der Planung eine Situation, in der Ihr Cluster in zwei gleich große Partitionen zerfallen kann. Auf einen Cluster aus 2 Nodes trifft das immer zu. Ein Cluster aus 4 Nodes wäre betroffen, wenn Sie die Nodes auf zwei Räume aufteilen, zwischen denen ein Verbindungsabbruch geschehen könnte. Bei 6 Nodes könnten Sie die Nodes auf 3 Räume zu je 2 Nodes aufteilen und wären davon nicht betroffen.

Besteht Ihr Cluster also aus einer niedrigen geraden Anzahl an Nodes - also 2 oder 4, vielleicht auch 6 Nodes in zwei Räumen -, wäre ein Quorum-Device (*QDevice*) empfehlenswert. Das QDevice verhindert einen Split in zwei exakt gleich große Cluster-Partitionen, indem es einer Partition eine weitere Stimme gibt und damit ein Quorum herstellt. Es sollte allerdings an einer dritten Stelle untergebracht sein, damit es nicht gleichzeitig mit einer der beiden Partitionen ausfällt. Wenn Sie keine andere Möglichkeit haben, da kein dritter Raum möglich ist, können Sie einem Ihrer Server für die Quorum-Abstimmung in der *corosync.conf* auch zwei Stimmen verleihen.

Damit wäre einer von zwei Räumen mit je zwei Servern nach einem Verbindungsabbruch zwischen beiden Räumen weiter handlungsfähig, da eine Seite durch das QDevice eine dritte Stimme erhält. In Abschnitt 15.10.2 ist das QDevice ausführlich beschrieben.

19.3 Der HA-Stack in Proxmox VE

Die Services, die Sie bislang kennengelernt haben, bezogen sich auf den Betrieb eines einzelnen Servers und den Betrieb eines »Management«-Clusters. Sobald wir unseren Normalo-Cluster zum HA-Cluster heraufstufen, kommen weitere notwendige Services dazu.

19.3.1 Der Proxmox VE Cluster Resource Manager

Der *Cluster Resource Manager*, kurz als CRM bezeichnet, ist der Kopf des HA-Clusters. Der zugehörige Dienst `pve-ha-crm` läuft zwar auf allen Proxmox-VE-Nodes mit, wird aber erst dann aktiv, wenn mindestens eine VM oder ein Container als HA deklariert wird. Der CRM ist nur einmal in dem gesamten Cluster aktiv. Fällt der Node mit dem aktiven CRM aus, wird der CRM auf einem anderen Node des Clusters aktiviert.

Der CRM kennt also alle HA-aktivierten VMs und Container sowie ihren aktuellen Soll- und Ist-Zustand. Sein primäres Ziel ist es, den Soll-Zustand für alle HA-Ressourcen herzustellen. Da er jedoch nur auf einem Node des Clusters aktiviert ist, benötigt er zusätzliche *Local Resource Manager* auf jedem Node, die seine Befehle ausführen und ihn permanent über den aktuellen Zustand der Ressourcen informieren – konkret also darüber, ob die HA-aktivierten VMs und Container laufen oder nicht laufen.

19.3.2 Der Proxmox VE Local Resource Manager

Ein *Local Resource Manager*, kurz LRM, ist auf jedem Node aktiv, der HA-aktivierte VMs oder Container hat. Der Dienst `pve-ha-lrm` meldet dem CRM stetig den aktuellen Status der HA-VMs und -Container und nimmt die Befehle des CRM entgegen. Außerdem hält er den Watchdog dieses Servers an der kurzen Leine: Er setzt ihn regelmäßig zurück, solange der Node normal funktioniert und Teil der Quorum-Partition ist.

In Abbildung 19.1 erkennen Sie den Zusammenhang zwischen dem zentralen CRM und den lokalen LRMs.

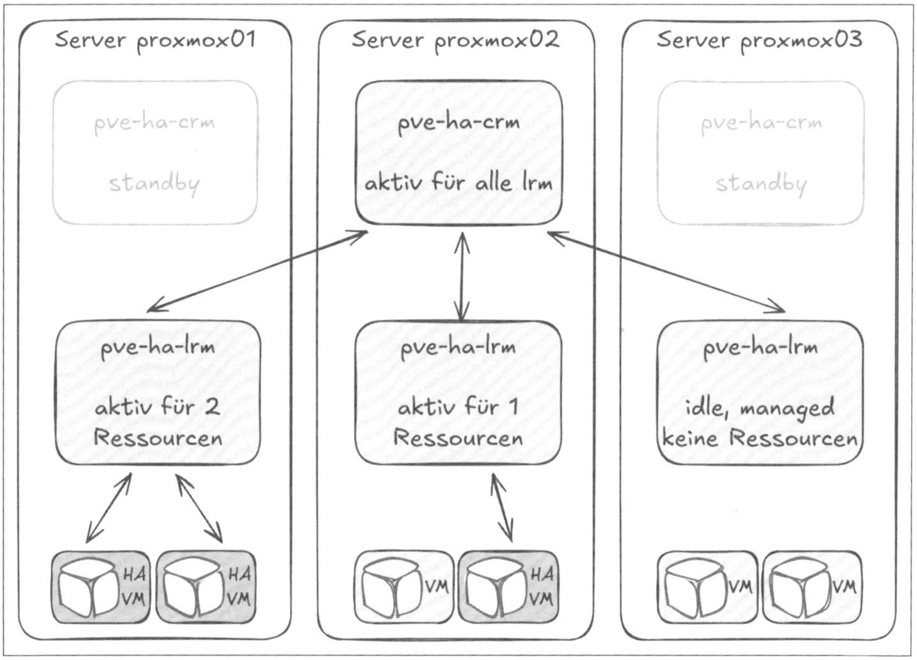

Abbildung 19.1: Zusammenspiel zwischen CRM und LRMs

19.3.3 Zusammenspiel des CRM mit den LRMs

Der Abgleich geschieht nicht über ein Netzwerk, sondern über Status-Dateien auf dem Proxmox-Cluster-Filesystem. Der CRM schreibt den gewünschten Soll-Zustand in die Datei */etc/pve/ha/manager_status*. Die LRMs beobachten diese Datei und setzen den gewünschten Zustand für den Node um, auf dem sie laufen.

Die LRMs schreiben dagegen den aktuell ermittelten Zustand der Ressourcen in die */etc/pve/nodes/<Node>/lrm_status*, die der CRM dann auswertet. Er kann dann erneut den Soll-Zustand mit dem Ist-Zustand abgleichen und bei Bedarf weitere Migrationen oder andere Schritte veranlassen, um den Soll-Zustand unter Einbeziehung eines anderen Nodes wiederherzustellen.

Das Zusammenspiel funktioniert vereinfacht so: Der CRM schreibt in eine Datei: »VM 100 soll auf Node 2 laufen.« Der LRM auf Node 2 sieht diese Änderung, prüft, ob er die VM starten kann oder ob sie bereits gestartet ist, und meldet »VM 100 läuft« zurück. Fällt Node 2 aus, bemerkt der CRM das Fehlen der Rückmeldung, wartet das Fencing ab und ändert den Eintrag auf »VM 100 soll auf Node 3 laufen«. Falls Ihnen der Begriff *Fencing* noch nichts sagt, lesen Sie einfach weiter - das kommt gleich.

Dieser Ansatz hat einige sehr schöne Vorteile. Sie können ganz einfach verfolgen, was der HA-Stack gerade macht, ohne aufwendig Netzwerkpakete debuggen zu müssen. Es gibt auch keine verlorenen Netzwerkpakete, da das Proxmox-Cluster-Filesystem nur beschreibbar ist, wenn die Nodes Teil der Quorum-Partition sind. Und die Befehle des Managers laufen nicht in Timeouts, nur weil der LRM gerade mit anderen Aufgaben beschäftigt ist.

19.3.4 Watchdog

Weiter oben habe ich erwähnt, dass der *Watchdog* den Server rebootet, wenn das Quorum in einem HA-Cluster verloren geht. Was aber passiert hier eigentlich genau?

Der Watchdog ist ein Timer, der beim Ablauf einer bestimmten abgelaufenen Zeit den Server hart resettet. Dies tut er ohne Rücksicht auf andere Prozesse, also ohne vorher beispielsweise alle VMs oder Container herunterzufahren und ohne Dateien oder Filesysteme sauber abzuschließen. Er ist der Not-Hammer, der sofort einen Server durch einen Reset killt.

Unter Proxmox VE liegt der Standard-Timeout des Watchdogs bei 60 Sekunden und ist nicht konfigurierbar. Er muss also innerhalb dieser Zeit immer wieder zurückgesetzt werden, um einen harten Reboot zu verhindern. Bleibt der Reset innerhalb dieser Zeit aus, startet der Server neu.

Der Watchdog läuft nicht permanent, sondern erst dann, wenn der LRM auf diesem Node aktiv ist. Das ist er nur, wenn es HA-aktivierte VMs oder Container auf diesem

Node gibt. Laufen jedoch keine HA-aktivierten VMs oder Container auf diesem Node, steht der LRM im Leerlauf auf `idle`.

Der LRM setzt den Watchdog bei jedem Durchlauf zurück, bei dem folgende Bedingungen erfüllt sind:

- Ein Quorum ist vorhanden.
- Der LRM ist im Status `active`, es gibt also HA-aktivierte VMs oder Container auf diesem Node.
- Der LRM muss seinen eigenen Lock unter */etc/pve/priv/lock/ha_agent_proxmox08_lock* im Proxmox-Cluster-Filesystem halten.

19.3.5 Hardware-Watchdog statt Linux-Softdog verwenden

Nehmen Sie keine weiteren Anpassungen vor, verwendet Proxmox VE den Linux *Softdog*. Das ist ein Software-Watchdog, der bereits im Linux-Kernel vorhanden ist und den Job zuverlässig erledigt. Ein minimales Restrisiko gibt es jedoch für den Fall, dass der Linux-Kernel selbst nicht mehr richtig funktioniert. Gibt es eine Kernel-Panic oder einen anderen Fehler, der dem Kernel so zusetzt, dass er außer Tritt gerät, könnte der Softdog im schlimmsten Fall seinen Job nicht mehr ausführen und der Node wird nicht resettet.

Seit etwa Mitte der 2000er-Jahre besitzt nahezu jedes Server-Mainboard auch einen integrierten Hardware-Watchdog, der Bestandteil des *Baseboard Management Controllers* (BMC) ist. Es gibt jedoch auch davon abweichende Hardware wie Chipsätze mit integriertem Watchdog oder Hardware-Watchdogs, die über andere Schnittstellen angesprochen werden müssen.

Falls Sie diesen Hardware-Watchdog des Mainboards statt des Softdogs nutzen, haben Sie sogar das Restrisiko eines hängenden Kernels ausgeschlossen. Dem Hardware-Watchdog ist es nämlich egal, ob der Kernel noch normal funktioniert. Wird er nicht regelmäßig zurückgesetzt, resettet er den Server hardwareseitig.

Wenn Sie statt des Linux-Softdogs den Hardware-Watchdog des Servers verwenden möchten, tragen Sie das Kernel-Modul für Ihre Hardware in der Datei */etc/default/pve-ha-manager* mit einem Editor ein und entfernen das # am Anfang der Zeile, wie in Listing 19.1 zu sehen:

```
# select watchdog module (default is softdog)
WATCHDOG_MODULE=ipmi_watchdog
```

Listing 19.1: Tragen Sie in der zweiten Zeile das Ihrem Watchdog entsprechende Kernel-Modul ein.

Moderne Linux-Kernel besitzen bereits viele Module zur Steuerung von Hardware-Watchdogs. Das gängigste Watchdog-Modul für Server ist `ipmi_watchdog`. Je nach Serverhersteller könnte jedoch auch ein anderes Modul benötigt werden. Die Frage ist jedoch, wie ermitteln Sie das passende Kernel-Modul für Ihren Watchdog?

Mit dem Befehl `wdctl` können Sie das aktuell verwendete Watchdog-Modul ermitteln. Sie werden dort aber zunächst den Softdog sehen:

```
root@proxmox01:~# wdctl
Device: /dev/watchdog0
Identity: Software Watchdog [version 0]
[...]
```

Mit dem Befehl `find /lib/modules/$(uname -r)/ -type f -regex ".*watchdog.*"` können Sie die für Ihren Linux-Kernel verfügbaren Watchdog-Module finden. Welches davon das richtige Modul sein könnte, hängt von Ihrer Hardware ab. Mit `modprobe <modulname>` laden Sie das entsprechende Modul.

Wenn das Modul passend ist und einen Hardware-Watchdog finden konnte, sollten nun mit `ls /dev/watchdog*` weitere Watchdog-Devices zu sehen sein. Wenn dem so ist, haben Sie das richtige Modul für Ihre Hardware identifiziert und können es in die Datei */etc/default/pve-ha-manager* eintragen. Führen Sie anschließend einen Reboot des Servers durch und prüfen Sie mit `wdctl` erneut, ob nun der Hardware-Watchdog verwendet wird.

Ideal ist es, wenn Sie weitere Watchdogs nicht während des Produktionsbetriebs einrichten. Nicht, dass Sie einen harten Reset riskieren, nur weil ein Watchdog übereifrig ist.

19.4 Basics des Cluster-Baus: Fencing – der Schutz vor Datenkorruption

Nehmen wir an, Ihr Cluster teilt sich durch einen Netzwerkausfall in zwei Partitionen auf: in eine kleinere Partition, die aus einem Node besteht, und in eine größere mit zwei Nodes.

19.4.1 Weshalb wird Fencing in einem HA-Cluster gebraucht?

Nach dem Verlust des Quorums geht auf dem isolierten Node das *Proxmox Cluster File System* `pmxcfs` auf Read-only, damit keine Änderungen mehr möglich sind. Dies betrifft aber ausschließlich das `pmxcfs` und nicht den Produktiv-Storage, also Ihren Ceph-, NFS-, iSCSI- oder FC-Storage. Hier »malt« die VM weiterhin mit Leichtigkeit über das noch funktionierende Storage-Netzwerk ihre Änderungen auf das Image. Die VM bekommt von dem Cluster-Split nicht unbedingt etwas mit, denn der Proxmox-Node darunter darf ohne Quorum keinerlei Änderungen mehr vornehmen – auch keinerlei VMs stoppen. Bis hierher ist das alles noch fein.

Die andere, größere Cluster-Partition besitzt weiterhin ein Quorum und ist vollständig handlungsfähig. Der HA-Cluster würde erkennen, dass es HA-aktivierte VMs gibt, die auf der kleineren Cluster-Partition gelaufen sind. Der Status der kleinen Cluster-Partition ist jedoch unklar, weil die Verbindung dorthin ja nicht mehr funktioniert.

Würde die noch funktionierende Cluster-Partition nun einfach VMs zu sich umziehen und wieder starten, weil es ja HA-VMs sind, würden nun mehrere VMs das gleiche Image auf dem zentralen Storage gleichzeitig modifizieren, ohne voneinander zu wissen. Dies führt innerhalb von Sekunden zu Dateninkonsistenz und endet in der Regel in einer Wiederherstellung der VM aus dem letzten Backup.

19.4.2 Fencing sorgt für die Wahrung der Datenkonsistenz

Ein Quorum allein genügt also nicht. Es fehlt noch das sogenannte *Fencing*. Hier unterscheidet man zwischen dem Hardware-Fencing und dem Self-Fencing, das unter Proxmox VE zum Einsatz kommt.

Hardware-Fencing

Der Begriff *Fencing* bezeichnet die Isolierung eines Servers aus dem Cluster nach Ausfall der Cluster-Kommunikation. Der Zweck des Fencing-Mechanismus ist es also, Datenkorruption zu verhindern, damit nicht mehrere Instanzen unkoordiniert die gleichen Daten verändern. In unserem Fall schützt es also die Daten in den VM-Images der HA-VMs und sorgt dafür, dass nicht mehrmals die gleiche VM in unterschiedlichen Cluster-Partitionen laufen kann.

Wenn Sie seit vielen Jahren mit Clustern hantieren, dann denken Sie bei Fencing möglicherweise an externe Fencing-Devices wie schaltbare Steckdosen, IPMI-Devices oder deaktivierbare Switch-Ports. Der Gedanke dahinter war, dass ein Node erst dann als *fenced* gelten darf, wenn mir die intelligente Steckdosenleiste oder das IPMI bestätigt, dass der Strom weg ist und der betroffene Server definitiv abgeschaltet wurde. Beim Hardware-Fencing beauftragt der HA-Cluster-Manager also ein externes Gerät, den ausgefallenen Node definitiv abzuschalten. Bevor diese Rückmeldung nicht erfolgt ist oder sogar komplett ausbleibt, darf der HA-Stack auf keinen Fall die VM auf einem anderen Server wieder starten, weil das Risiko von Dateninkonsistenzen besteht.

Ein gut konfiguriertes Hardware-Fencing mit hochwertigen, schnellen und durch separate, redundante Netzwerke verbundenen Komponenten hat einen Vorteil gegenüber dem Self-Fencing: Die Abschaltung des fehlerhaften Nodes kann innerhalb weniger Sekunden geschehen, und bei positiver Rückmeldung könnte der Start der VM nach wenigen Sekunden auf einem anderen Node eingeleitet werden.

Aber ich habe schon schaltbare Steckdosen gesehen, die aufgrund ihres langsamen Mikrocontrollers fast eine Minute bis zur Bestätigung der erfolgreichen Abschaltung brauchten. Ausgefallene Netzwerke beispielsweise verhindern ebenso die Kommunikation mit den Hardware-Devices wie ein bereits geschehener Stromausfall – in beiden Fällen sind die schaltbaren Steckdosen, IPMI-Devices und andere Hardware-Fencing-Geräte nicht mehr erreichbar. Dann kann keine Abschaltung erfolgen; dramatischer ist jedoch: Es erfolgt keine positive Rückmeldung durch den Agenten – und der Umzug und Neustart von HA-Ressourcen darf dann nicht erfolgen.

Self-Fencing

Proxmox VE geht seit Version 4 einen anderen Weg, der auch in anderen Cloud- und HCI-Stacks weit verbreitet ist: Es nutzt das sogenannte *Self-Fencing*.

Beim Self-Fencing, wie Proxmox es nutzt, sorgt jeder Node selbst für einen ungeplanten Reboot, wenn er den Kontakt zur Quorum-Partition des Clusters verloren hat. Es muss also kein externer Agent zur Steuerung von Hardware verwendet werden, der gesamte Prozess wird einfacher und muss nicht mehr aufwendig konfiguriert werden. Self-Fencing ist heute der De-facto-Standard für die breite Masse der Cluster. Das trifft insbesondere für HCI-Cluster zu.

Der Nachteil eines Self-Fencing-Mechanismus ist, dass er sich auf gewisse Timeout-Perioden stützt und sich auf diese verlassen muss. Der typische Ablauf beim Umzug mit Neustart einer HA-aktivierten VM sieht wie folgt aus:

1. Der Cluster wird durch einen Vorfall wie Netzwerkausfall, Verbindungsunterbrechung oder Stromausfall in mehrere Partitionen aufgetrennt.
2. Ein Quorum wird neu gebildet. Kommt eine Mehrheit an Nodes des Clusters zustande, die noch miteinander kommunizieren können, bilden diese das Quorum.
3. Nodes, die kein Quorum mehr besitzen, setzen ihr Proxmox-Cluster-Filesystem auf Read-only.
4. Ohne Quorum wird der Watchdog nicht mehr zurückgesetzt und führt nach Ablauf von etwa 60 Sekunden einen Reset des Servers durch.
5. Durch den Reset laufen keine aktiven VMs oder Container mehr auf dem Node.
6. Der CRM setzt den Status `fencing` für die betroffenen VMs und Container und wartet in diesem Status aus Sicherheitsgründen nochmals weitere 60 Sekunden ab.
7. Runde 120 Sekunden nach dem Ausfall des Nodes oder der Verbindung zum Node beginnt der CRM damit, die VMs auf andere Server zu migrieren (*Relocation*) und sie dort neu zu starten.

Aus diesem Mechanismus und den vorgegebenen Timeouts ergibt sich die Umschaltzeit (RTO) eines Proxmox-VE-HA-Clusters. In der Praxis sind das zwei bis drei Minuten ab Ausfall.

Ein Self-Fencing bei Proxmox VE ist konfigurationsfrei. Es wird automatisch aktiviert, sobald Sie eine erste VM oder einen ersten Container als hochverfügbar konfigurieren. *That's it.*

19.5 Konfiguration und Praxis

Die Einstellungen zum HA-Cluster finden Sie der GUI unter **Datacenter • HA**. Das noch leere Dashboard zeigt oben den Status des *Cluster Resource Managers* (CRM oder auch HA-Manager genannt) an wie in Abbildung 19.2 zu sehen.

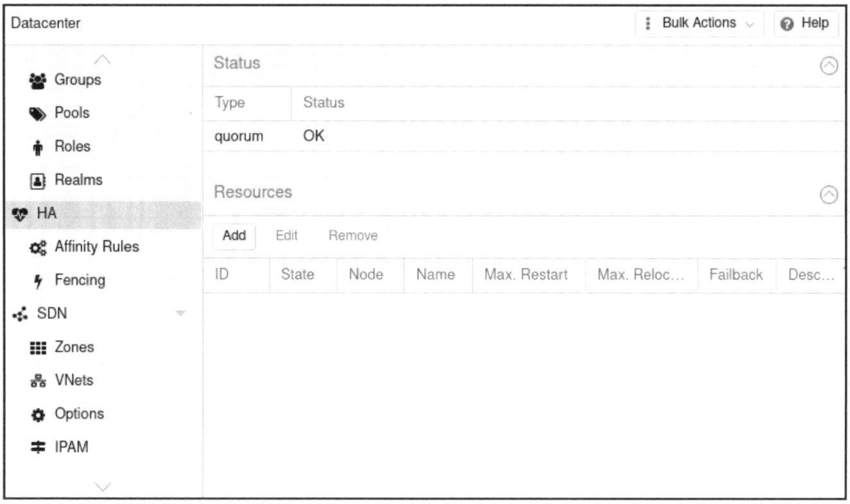

Abbildung 19.2: Das HA-Dashboard von Proxmox VE

19.5.1 HA-Management per GUI

Im unteren **Resources**-Teil des Dashboards aktivieren Sie den HA-Zustand für VMs und Container. Klicken Sie auf den Button **Add**, erscheint der Dialog aus Abbildung 19.3 zur HA-Aktivierung.

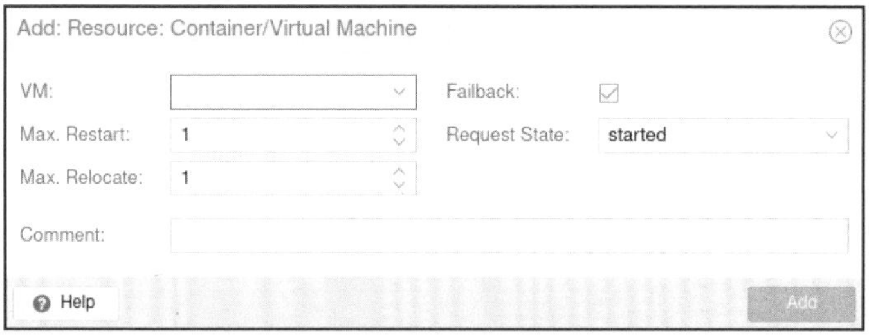

Abbildung 19.3: Dialog für die HA-Einstellungen einer VM

Im Feld **VM** wählen Sie die VM oder den Container aus, für den Sie HA aktivieren möchten. Sie könnten den Dialog nun rechts unten mit dem **Add**-Button wieder verlassen und die Einstellungen speichern. Mit der ersten HA-Ressource wird der HA-Stack in Proxmox aktiviert. Sie sehen dann oben den Status des CRM (master) sowie den Status aller LRMs.

Der LRM überwacht nun permanent die VM und meldet den Stand an den CRM. Sollte die VM nicht mehr laufen, sorgt der CRM für einen erneuten Start oder verschiebt sie auf einen anderen Server und leitet dort weitere Starts ein.

Für die weiteren Felder möchte ich noch eine kurze Erläuterung hinzufügen:

- **Max. Restart:** Gibt an, wie oft die Ressource auf dem gleichen Node neu gestartet werden soll, bevor sie auf einen anderen Server umzieht.

- **Max. Relocate:** Stellt die Anzahl der Migrationen auf andere Server ein. Nach jedem Umzug wird der **Max. Restart**-Wert zurückgesetzt und VM wird erneut gestartet.
- **Failback:** Gibt an, ob die Ressource zurückmigriert werden soll, wenn der ursprüngliche Server zurückkehrt und wieder funktioniert.
- **Request State:** Normalerweise wird dieses Feld auf **started** eingestellt – das ist der Soll-Zustand der Ressource.

Für den **Request State** gibt es jedoch auch noch die Optionen **stopped**, **ignored** und **disabled**. Die Einstellung **stopped** sorgt für den Shutdown der VM durch den LRM, bei **ignored** kennt der HA-Manager die VM noch, kümmert sich aber nicht mehr um sie.

Nur **disabled** sollten wir uns näher anschauen. Dieser Status dient der Fehlerbehebung. Konnte eine VM auch nach allen konfigurierten `Max. Restart`- und `Max. Relocate`-Versuchen nicht erfolgreich gestartet werden, erhält sie den `error`-Status. Der HA-Manager versucht dann nicht länger, die VM umzuziehen oder zu starten. Wenn Sie das zugrunde liegende Problem behoben haben, setzen Sie die VMs, die sich im `error`-Status befinden, auf `disabled` und speichern diesen Status ab. Das sorgt dafür, den `error`-Status zu löschen. Anschließend können Sie die VM wieder auf `started` stellen; der CRM wird die VM dann wieder starten.

19.5.2 Den HA-Manager per CLI nutzen

Den `pvecm`-Befehl haben Sie in Kapitel 15 bereits kennengelernt. Sobald jedoch HA-Funktionen ins Spiel kommen und der CRM gesteuert werden muss, verwenden Sie den `ha-manager`-Befehl. Mit ihm können Sie den Status des CRM abfragen, VMs und Container als HA-Ressourcen deklarieren und ihren Soll-Zustand festlegen, Affinitätsregeln konfigurieren – und dem CRM Ihre Wünsche mitteilen.

Über `ha-manager status` rufen Sie den aktuellen Zustand des CRM, aller LRMs und Ressourcen ab. Das verschafft Ihnen einen Überblick per Kommandozeile.

Mit `ha-manager add <type:vmid> [OPTIONS]` fügen Sie eine VM oder einen Container als HA-Ressource dem CRM hinzu. Die Angabe der `vmid` weicht hier von anderen Tools ab: Die VM 123 wird hier zu `vm:123`, und der Container 234 wird zu `ct:234`. Als Optionen stehen Ihnen beispielsweise auch `--max_relocate`, `--max_restart` oder `--state` und mehr zur Verfügung.

CRM-Befehle wie die Migration von HA-Ressourcen sowie den Start und Stopp von HA-Ressourcen führen Sie nun als Wunsch an den CRM aus. Dazu existieren die folgenden Befehle:

```
~# hha-manager crm-command migrate <type:vmid> <node>
~# ha-manager crm-command relocate <type:vmid> <node>
~# ha-manager crm-command stop <type:vmid> <timeout>
```

Der Maintenance-Modus

Während Sie die Befehle **Migrate**, **relocate** und **stop** auch über die GUI absetzen können, stehen Ihnen per Kommandozeile zusätzliche Befehle zur Verfügung, die in der GUI nicht verfügbar sind.

So können Sie auf der CLI mit `node-maintenance` für Nodes einen Wartungsmodus aktivieren und deaktivieren:

```
~# ha-manager crm-command node-maintenance disable <node>
~# ha-manager crm-command node-maintenance enable <node>
```

Sobald Sie den Wartungsmodus für einen Node aktivieren, migriert der CRM alle HA-Ressourcen von diesem Server auf andere Nodes – er räumt den Node leer. Allerdings kümmert sich der CRM ja nur um die HA-aktivierten VMs und Container. Laufen auf dem Server 10 HA-aktivierte VMs und 20 VMs, die nicht als HA deklariert sind, dann bleiben diese restlichen 20 VMs auf dem Node liegen.

Der Maintenance-Modus ist nicht in die GUI integriert, die Shell ist aktuell die einzige Möglichkeit, ihn zu nutzen.

19.5.3 Regeln zur Node- und Ressourcenaffinität

Mit Proxmox VE Version 9 haben die Affinitätsregeln die vorher verwendeten HA-Gruppen ersetzt. Die frühere Funktionalität der Gruppen wird beim Upgrade von 8 auf 9 automatisch in HA-Node-Affinitätsregeln umgesetzt. Neu hinzugekommen sind jedoch Regeln für die Affinität zwischen HA-Ressourcen wie VMs und Containern.

Die Einstellungen dafür nehmen Sie unter **Datacenter • HA • Affinity Rules** vor (siehe Abbildung 19.4).

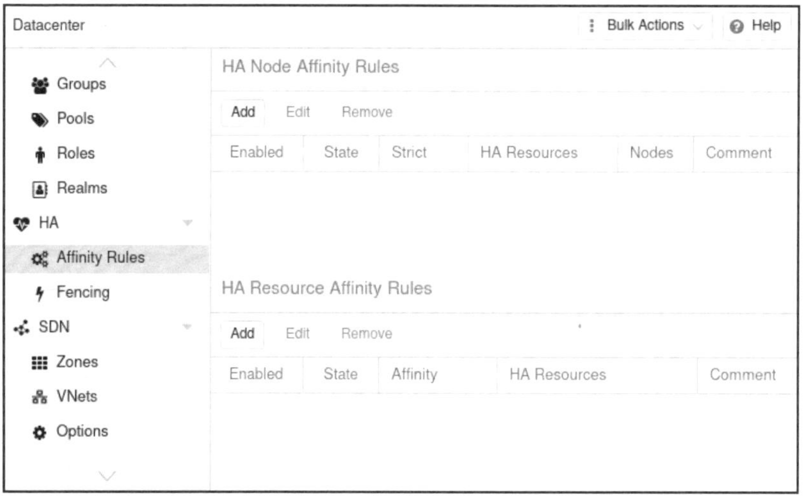

Abbildung 19.4: Die neuen Affinitätsregeln seit Proxmox VE 9.0

HA Node Affinity Rules – die früheren HA-Gruppen

Regeln für die Affinität zu bestimmten Nodes (*Node Affinity Rules*) erlauben Ihnen die feste Zuordnung von VMs oder Containern zu einem oder mehreren bestimmten Servern. Eine Zuordnung wird häufig verwendet, wenn sich Ihre Server voneinander unterscheiden, ein spezieller Server beispielsweise ein bestimmtes Dongle an einem USB-Port besitzt oder über eine leistungsstärkere CPU oder über mehr RAM verfügt.

In einem solchen Fall können Sie also Regeln für den CRM aufstellen, nach denen die VMs bevorzugt oder ausschließlich auf bestimmten Servern laufen sollen oder dürfen (siehe Abbildung 19.5).

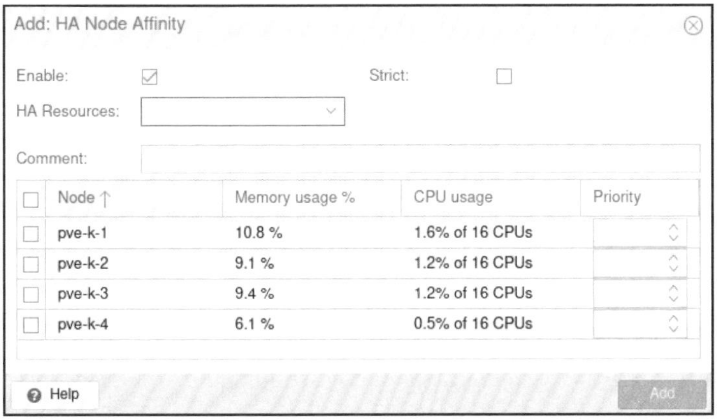

Abbildung 19.5: Dialog zur Erstellung von Node-Affinitätsregeln

Mit dem Häkchen bei **Strict** bestimmen Sie, was geschieht, wenn keiner der selektierten Nodes verfügbar ist. Ist **Strict** aktiv, bleibt die VM aus – sie darf nur auf den selektierten Servern laufen und nirgendwo sonst. Ist **Strict** nicht aktiviert, handelt es sich nur um eine Bevorzugung und die VM darf dann auch auf einem anderen Server gestartet werden. Solche Szenarien sind gängig bei unterschiedlichen CPUs in den Hypervisoren.

Mit dem Feld **Priority** hinter jedem Node können Sie die Priorität auswählen, mit der dieser Node vom CRM gewählt wird. Wenn Sie einem Server die Priorität `20` geben und einem anderen Server die `10`, dann wird die Ressource auf dem Server mit der Priorität von `20` laufen. Ist dieser Node nicht verfügbar, läuft er auf dem Server mit der Priorität von `10`. Ist auch dieser Hypervisor nicht da, darf die VM auf irgendeinem anderen Server laufen – zumindest, wenn **Strict** nicht gesetzt ist.

Nehmen wir das Beispiel eines Datenbankservers, der 200 GB RAM verwendet. Sie haben mehrere Nodes, von denen jedoch nur zwei mehr als 200 GB RAM aufweisen. Eine Migration und ein Start auf einem Node mit weniger als 200 GB RAM wäre sinnlos. In einem solchen Fall wählen Sie unter **HA Resources** die Datenbank-VM aus und selektieren unten in der Liste die zwei Server, die mehr als 200 GB RAM besitzen. Dann setzen Sie zusätzlich den Haken bei **Strict**, weil nur diese beiden Server für die VM geeignet sind.

HA Resource Affinity Rules – Platzierung relativ zu anderen Ressourcen

Neben den *HA Node Affinity Rules* existieren nun auch *HA Resource Affinity Rules*, die Regeln für die Platzierung von VMs und Containern in Ihrem Cluster definieren – jedoch in Abhängigkeit zu anderen VMs und nicht zu Hardware-Nodes.

Durch einen Klick auf den Button **Add** sehen Sie wie in Abbildung 19.6 den Dialog zur Erstellung einer neuen HA Resource Affinity Rule.

Abbildung 19.6: Einstellungen zu den Ressourcenaffinitätsregeln

Diese Funktion ist hervorragend geeignet für den Betrieb von Datenbank-Clustern, Windows-VMs mit *Active Directory Domain Services* oder für virtuelle Firewall-Cluster aus mehreren VMs. All diese Vorhaben sehen sich ja mit dem gleichen Problem konfrontiert: Die einzelnen Instanzen sollen auf keinen Fall auf dem gleichen Hardware-Server laufen, damit beim Ausfall einer Hardware nicht der gesamte Service ausfällt.

Um dies zu verhindern, nutzen Sie eine negative HA Resource Affinity Rule. Sie sorgt dafür, dass niemals zwei angegebene VMs oder Container auf der gleichen Hardware laufen. Unter **HA Resources** geben Sie alle VMs und Container an, die von dieser Regel betroffen sein sollen, und unter **Affinity** stellen Sie **Keep Separate** ein. Nach dem Speichern der Regel kümmert sich der CRM darum, die HA-Ressourcen immer auf unterschiedlichen Servern bereitzustellen.

Die Regel **Keep Together** ist die positive Variante davon und funktioniert genau andersherum: Sie hält die angegebenen VMs zusammen auf einem Hypervisor. Das kann sinnvoll sein, um Netzwerkverkehr zwischen VMs über verschiedene Hypervisoren zu vermeiden, wenn Sie über `virtiofs` aus mehreren VMs auf den gleichen geteilten Speicher eines Hypervisors zugreifen möchten oder wenn VMs aus anderen Gründen auf dem gleichen Server laufen sollten. Migrieren Sie eine VM, werden auch die anderen VMs vom CRM automatisch mit migriert – sie sind also nicht an einen spezifischen Node gebunden, nur an andere VMs oder Container.

19.5.4 Cluster Resource Scheduler (CRS) – intelligente Platzierung

Im HA-Stack von Proxmox VE gibt es noch eine weitere wichtige Komponente: den *Cluster Resource Scheduler* (CRS). Er kümmert sich um die Verteilung von HA-aktivierten VMs und Containern im Cluster und berücksichtigt dabei die konfigurierten Affinitäten zu Hosts und Ressourcen.

Nach dem Ausfall oder dem Shutdown eines Nodes sollen unsere VMs und Container auf einem anderen Node zuverlässig wieder gestartet werden. Aber in einem vollgepackten Enterprise-Cluster stellt sich die Frage, wo die VMs nun gestartet werden sollen.

Die Einstellungen sind unter **Datacenter • Options • Cluster Resource Scheduler** in der GUI zu finden (siehe Abbildung 19.7).

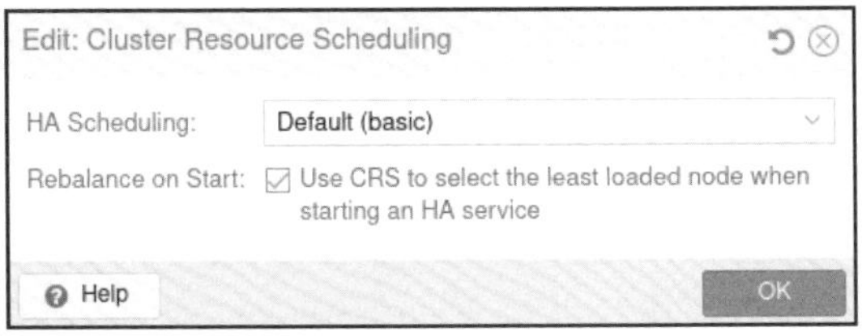

Abbildung 19.7: Die Einstellungen für den »Cluster Resource Scheduler«

Bei der Option **HA Scheduling** wählen Sie, nach welchem Verfahren der neue Node für die VM oder den Container ermittelt wird, und **Rebalance on Start** sorgt dafür, dass auch beim Start einer VM ohne vorherigen Ausfall der am besten geeignete Node für die VM ermittelt wird.

Per Kommandozeile lässt sich der Modus mit `pvesh set /cluster/options --crs ha=<basic|static>,ha-rebalance-onstart=<1|0>` konfigurieren.

Die Funktionsweise des CRS

Frühere Versionen von Proxmox VE sowie viele einfache Cluster-Lösungen nutzten für das Resource Scheduling simple Round-Robin-Verfahren oder den reinen Zufall. Das führt in der Praxis möglicherweise dazu, dass ein gut ausgelasteter Node plötzlich weitere große VMs eines ausgefallenen Servers erhält, während ein dritter Node sich langweilt. Das Ergebnis kann zur vermeidbaren Überlastung einzelner Nodes führen.

Der CRS löst dieses Problem, in dem er entscheidet, welcher Node aktuell der beste Platz für eine heimatlose VM ist.

Der CRS ist kein eigenständiger Daemon, sondern eine Funktion des HA-Managers. Immer wenn der Cluster eine Entscheidung treffen muss – sei es beim Start einer HA-Ressource oder bei der Wiederherstellung nach einem Node-Ausfall –, bewertet der CRS die Kandidaten.

Sein Standardverfahren ist der *Basic (Resource Count)*-Modus. Der Scheduler verteilt VMs und Container basierend auf der reinen Anzahl der bereits laufenden Dienste (*Resource Count*). Er ignoriert dabei, ob eine VM 1 GB oder 128 GB RAM verbraucht. Dies ist zwar robust, aber nicht immer effizient. Andere VMs und Container, die nicht als HA deklariert sind, ignoriert er bei der Berechnung.

Das zweite, optional auswählbare Verfahren ist der *Static Load*-Modus. Hier trifft der CRS seine Entscheidung basierend auf der aktuellen Auslastung der Nodes. Dabei gewichtet er beispielsweise die RAM-Auslastung höher als die CPU-Last, da RAM eine deutlich enger begrenzte Ressource ist als CPU-Leistung.

Der CRS im Ernstfall: Ein Recovery-Szenario

Um den Wert des CRS zu verstehen, stellen wir uns folgendes Szenario vor: Sie betreiben einen 3-Node-Cluster. Node A fällt aus. Auf Node A liefen 20 VMs, vom kleinen Webserver bis zur großen ERP-Datenbank.

Die beiden Modi *Basic (Resource Count)* und *Static Load* wirken sich wie folgt aus:

- Ein CRS im Modus *Basic (Resource Count)* ermittelt, wie viele HA-VMs auf den anderen beiden Nodes laufen, und verteilt dann zunächst VMs an den Node, der die geringste Anzahl HA-VMs trägt. Erst wenn beide Nodes gleich viele HA-VMs haben, wird reihum verteilt. Das Risiko dabei ist, dass die große ERP-Datenbank nun zufällig auf Node 2 landet, der jedoch schon zu 90 % voll ist. Dies könnte im schlimmsten Fall zu einem weiteren Ausfall führen.
- Ein CRS im Modus *Static Load* analysiert vor dem Start jeder VM die Lage. Er erkennt, dass Node 2 kaum noch RAM übrig hat, Node 3 dagegen noch RAM frei hat, und wählt Node 3 - selbst wenn die CPU-Last dort etwas höher sein sollte. Er wird die großen Brocken gezielt auf Node 3 schieben und die kleinen Container auf Node 2 migrieren. Das Ergebnis ist ein gut ausgelasteter Cluster.

Wichtig ist dabei, dass der CRS nur für Ressourcen greift, die vom HA-Manager verwaltet werden. Manuell gestartete VMs ohne HA-Aktivierung werden vom CRS nicht berücksichtigt, verbrauchen aber natürlich trotzdem Ressourcen auf den Hypervisoren. Achten Sie darauf, in kritischen Clustern möglichst alle VMs und Container über HA zu verwalten, auch wenn Sie das automatische Failover gar nicht zwingend bräuchten - allein schon für das intelligente Placement beim Start.

19.5.5 Umgang mit geplanten Wartungsarbeiten

Obwohl wir uns bisher darauf konzentriert haben, was passiert, wenn ein Server ungeplant durch einen Stromausfall oder einen defekten Switch ausfällt, kommt der geplante Neustart eines Nodes viel häufiger vor.

Node-Reboots und die Shutdown Policy

Proxmox VE verfügt über eine *Shutdown Policy*, die eingreift, wenn Sie einen Server herunterfahren oder neu starten.

Die Richtlinie wird unter **Datacenter • Options • HA Settings** definiert (siehe Abbildung 19.8) und kennt folgende Shutdown-Regelungen:

- `freeze`: Der HA-Dienst wird »eingefroren« – der HA-Manager unternimmt also nichts. Die VMs werden beim Shutdown des Hosts gestoppt und werden nicht woanders starten, bis der Host wiederkommt. Diese Einstellung kann beispielsweise sinnvoll sein, wenn der Reboot eines Servers nur wenige Minuten dauert, während die Hin- und Rückmigration aller VMs eine halbe Stunde dauern würde und der Service darin nicht unbedingt durchlaufen muss. Das Verhalten kann auch erwünscht sein, wenn Sie nicht genügend Ressourcen in anderen Cluster-Nodes haben, um die VMs dort zu starten.
- `failover`: Der Hypervisor fährt alle VMs herunter, bevor er sich selbst herunterfährt oder rebootet. Der HA-Manager findet die ausgeschalteten VMs, deren Soll-Zustand jedoch `started` ist, und startet diese auf einem anderen Node des Clusters. Das kann eine Strategie sein, wenn die Migration deutlich länger dauert als ein Restart auf einem anderen Node und eine Ausfallzeit von wenigen Minuten akzeptabel ist.
- `migrate`: Dies ist das Verhalten, das wir uns meistens wünschen. Bevor der Server herunterfährt, weist der CRM den LRM an, alle laufenden HA-VMs und Container per Live-Migration auf andere Nodes zu migrieren. Die VMs bleiben dauerhaft online, und Container haben eine kurze Downtime für die Restart-Migration. Das kann jedoch je nach Geschwindigkeit der Migration dauern.
- `conditional`: Dies ist das Standardverhalten. Es macht einen Unterschied zwischen einem Reboot und einem Shutdown des Hypervisors: Beim Reboot wird das Verhalten von `freeze` verwendet, bei einem Shutdown dagegen wird `failover` ausgewählt. Beide Strategien führen jedoch zu Downtime.

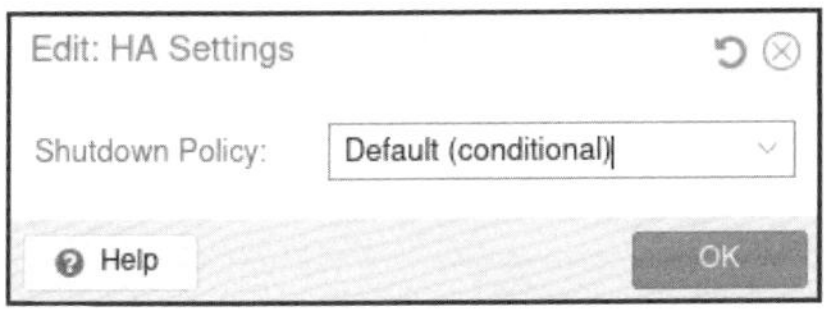

Abbildung 19.8: HA-»Shutdown Policy« – wie geht der Cluster mit dem Shutdown oder Reboot einer Node um?

In der Regel möchten Sie an dieser Stelle die Policy auf `migrate` einstellen, wenn keine triftigen Gründe dagegen sprechen.

19.6 Einen HA-Cluster deaktivieren

Es mag vorkommen, dass Sie ganz oder nur für eine Weile auf den Einsatz des HA-Clusters verzichten möchten, um bei Umbauarbeiten am Netzwerk keine ungeplanten Reboots auszulösen.

Selbst wenn Sie alle VMs und Container aus dem HA-Manager entfernen, bleiben der CRM und die LRMs aktiv – dabei haben Sie die Deaktivierung fast geschafft.

Wenn Sie keine HA-aktivierten VMs und Container mehr haben, müssen Sie lediglich zuerst die `pve-ha-lrm`-Services auf allen Nodes einmal neu starten und zum Abschluss den `pve-ha-crm` noch einmal auf dem Node neu starten, auf der er aktiv ist. Deaktivieren Sie die Services nicht – starten Sie sie nur neu.

Deaktivieren Sie also zuerst HA bei allen VMs und Containern. Anschließend starten Sie auf allen Nodes die entsprechenden Services neu:

```
# Neustart der pve-ha-lrm auf allen Nodes
~#  systemctl restart pve-ha-lrm

# Neustart des pve-ha-crm auf dem Node, auf dem er gerade ausgeführt wird
~#  systemctl restart pve-ha-crm
```

Sie können diesen Schritt auch in der GUI unter **<Node> • System** vornehmen. Wählen Sie den entsprechenden Service aus und klicken Sie oben auf den Button **Restart**.

Danach ist der HA-Stack deaktiviert, bis Sie erneut irgendeine VM oder einen Container als hochverfügbar deklarieren.

Kapitel 20
Mit Hook-Skripten auf Events reagieren

Proxmox VE kann auf bestimmte Events reagieren, um davor oder danach eigene Aktionen durchzuführen. Beispielsweise können Sie vor dem Beginn eines Backups einen Storage aktivieren und anschließend einhängen oder nach dem Start einer VM eine Netzwerkroute setzen.

Proxmox VE unterstützt zwei verschiedene Arten von Skripten, mit deren Hilfe man automatisiert auf bestimmte Events reagieren kann:

- Hook-Skripte in Backups
- Hook-Skripte für VMs und Container

Diese beiden Möglichkeiten wollen wir uns im Folgenden genauer anschauen. Anhand einiger Beispiele werden wir auch konkrete Lösungen für die gängigsten Fragestellungen entwerfen. Zunächst aber ein paar allgemeine Hinweise für alle Arten von Hook-Skripten:

- Hook-Skripte werden auf dem Hypervisor ausgeführt.
- Testen Sie Ihre Skripte sorgfältig in einer sicheren Umgebung, bevor Sie sie in Ihrer Produktionsumgebung verwenden.
- Beachten Sie, dass komplexe Operationen innerhalb eines Hooks die Zeitdauer des gesamten Backup-Prozesses beeinflussen oder den Backup-Prozess vielleicht sogar komplett zum Erliegen bringen könnten.
- Stellen Sie sicher, dass Sie detaillierte Logs führen und angemessenes Fehlerhandling in Ihren Skripten implementieren, um Probleme während der Ausführung des Hook-Skripts zu erkennen und zu vermeiden.

20.1 Hook-Skripte in Backups

Hook-Skripte werden automatisch vor, während oder nach einem Backup-Vorgang ausgeführt, um spezielle Backup-Events abzufangen und Aufgaben zum dafür geeigneten Zeitpunkt durchzuführen. Sie ermöglichen es Ihnen, Ihre eigenen Aktionen während des Backup-Vorgangs von virtuellen Maschinen (VMs) oder Containern zu integrieren.

Ein Beispielskript in Perl wird von Proxmox selbst bereits mitgeliefert und ist auf jedem Proxmox-VE-Server unter */usr/share/doc/pve-manager/examples/vzdump-hook-script.pl* zu finden. Dieses Skript kann als Template dienen, um auf seiner Grundlage eigene Perl-Skripte zu entwickeln und eigene Aktionen zu integrieren.

Diese Hook-Skripte werden auf dem Hypervisor, also auf unserem Proxmox-VE-Server und nicht in den VMs oder Containern ausgeführt. Aber Sie können in solchen Skripten vom Hypervisor aus selbstverständlich auch Operationen innerhalb von VMs und Containern triggern, indem Sie die Befehle `qm guest exec` oder `pct exec` im Skript verwenden und damit Aktionen innerhalb von VMs und Containern auslösen.

Am besten starten Sie mit einer Kopie dieses Beispielskripts. Kopieren Sie es in einen anderen geeigneten Pfad und erweitern Sie das Skript um die von Ihnen gewünschten Operationen. Selbstverständlich können Sie auch ohne Template beginnen oder andere Skriptsprachen verwenden, wenn Ihnen diese geläufiger oder lieber sind. Auch ein Bash-, Python- oder ein anderes Skript funktioniert, solange der Hypervisor in der Lage ist, das Skript auszuführen. Das Gerüst für ein Bash-Skript finden Sie weiter unten in Listing 20.1. Sofern Sie ein eigenes Skript erstellt haben, machen Sie es zuerst mit `chmod +x backup-hook-script.sh` ausführbar.

Hook-Skripte werden normalerweise in einem lokalen Pfad Ihrer Wahl gespeichert. Dazu bietet sich */usr/local/bin/* an. Wenn Sie Ihr Skript fertig haben und es dort zum Beispiel unter dem Namen *backup-hook-script.sh* gespeichert haben, dann müssen Sie nur noch in der Datei */etc/vzdump.conf* hinter `script:` den kompletten Pfad und Namen des Skripts hinterlegen:

```
[...]
script: /usr/local/bin/backup-hook-script.sh
[...]
```

Eine weitere mögliche Variante ist, dem Kommandozeilen-Backup-Befehl `vzdump` ein Backup-Hook-Skript mit dem Parameter `--script <script>` mitzugeben.

Beispiele für die Verwendung von Backup-Hook-Skripten

- Einhängen oder Aushängen von Backup-Speichern
- Erzeugen eines Image-Snapshots vor dem Backup
- Aktivieren und Deaktivieren eines Storage in Proxmox VE
- Senden der Backup-Logs an ein externes Logsystem nach Abschluss
- Bereinigen von temporären Dateien nach Abbruch eines Backups

20.1.1 Hook-Events für Backups

Folgende Events können Sie für Ihre Skripten um eigene Aktionen erweitern:

Event	Backup-Modus	KVM/LXC	Wird aufgerufen
`job-init`	Alle	Alle	bei Initialisierung eines Backup-Jobs, also bevor der eigentliche Backup-Job startet. Kann beispielsweise genutzt werden, um einen bestimmten Storage per Wake on LAN zunächst zu starten und dann zu mounten. Wenn der Storage dann verfügbar ist, kann das Backup anschließend loslaufen.
`job-start`	Alle	Alle	beim Start eines Backup-Jobs, der eine(n) oder mehrere VM(s)/Container umfassen kann. Kann verwendet werden, um Storage zu mounten und/oder anschließend in Proxmox VE zu aktivieren.
`job-end`	Alle	Alle	bei regulärer Beendigung eines Backup-Jobs, egal ob dieser erfolgreich, teilweise erfolgreich oder nicht erfolgreich war. Kann umgekehrt zu `job-start` dann verwendet werden, um einen Storage in Proxmox zu deaktivieren und anschließend auszuhängen.
`job-abort`	Alle	Alle	beim Abbruch eines Backup-Jobs, beispielsweise durch einen Benutzer. Sollte bei Bedarf dazu verwendet werden, um eine Benachrichtigung an Administratoren zu versenden oder Storage zu entmounten.
`backup-start`	Alle	Alle	beim Start eines einzelnen Backups einer VM oder eines Containers.
`backup-end`	Alle	Alle	beim Ende eines einzelnen Backups einer VM oder eines Containers.
`backup-abort`	Alle	Alle	beim Abbruch eines einzelnen Backups einer VM oder eines Containers.
`log-end`	Alle	Alle	bei Beendigung des aktuellen Backup-Logs einer VM oder eines Containers.
`pre-stop`	Alle	Alle	vor dem Stop, Suspend oder Snapshot einer VM oder eines Containers.
`pre-restart`	Suspend	LXC	vor dem Wiederanlauf eines LXC-Containers, nachdem dieser im Modus *Suspend* gesichert wurde.
`post-restart`	Suspend	LXC	nach dem Wiederanlauf eines LXC-Containers, nachdem dieser im Modus *Suspend* gesichert wurde.

Tabelle 20.1: Übersicht aller Backup-Hooks

In Abbildung 20.1 sehen Sie die Abfolge der aufgerufenen Hooks vom Start bis zum Ende des gesamten Backup-Jobs.

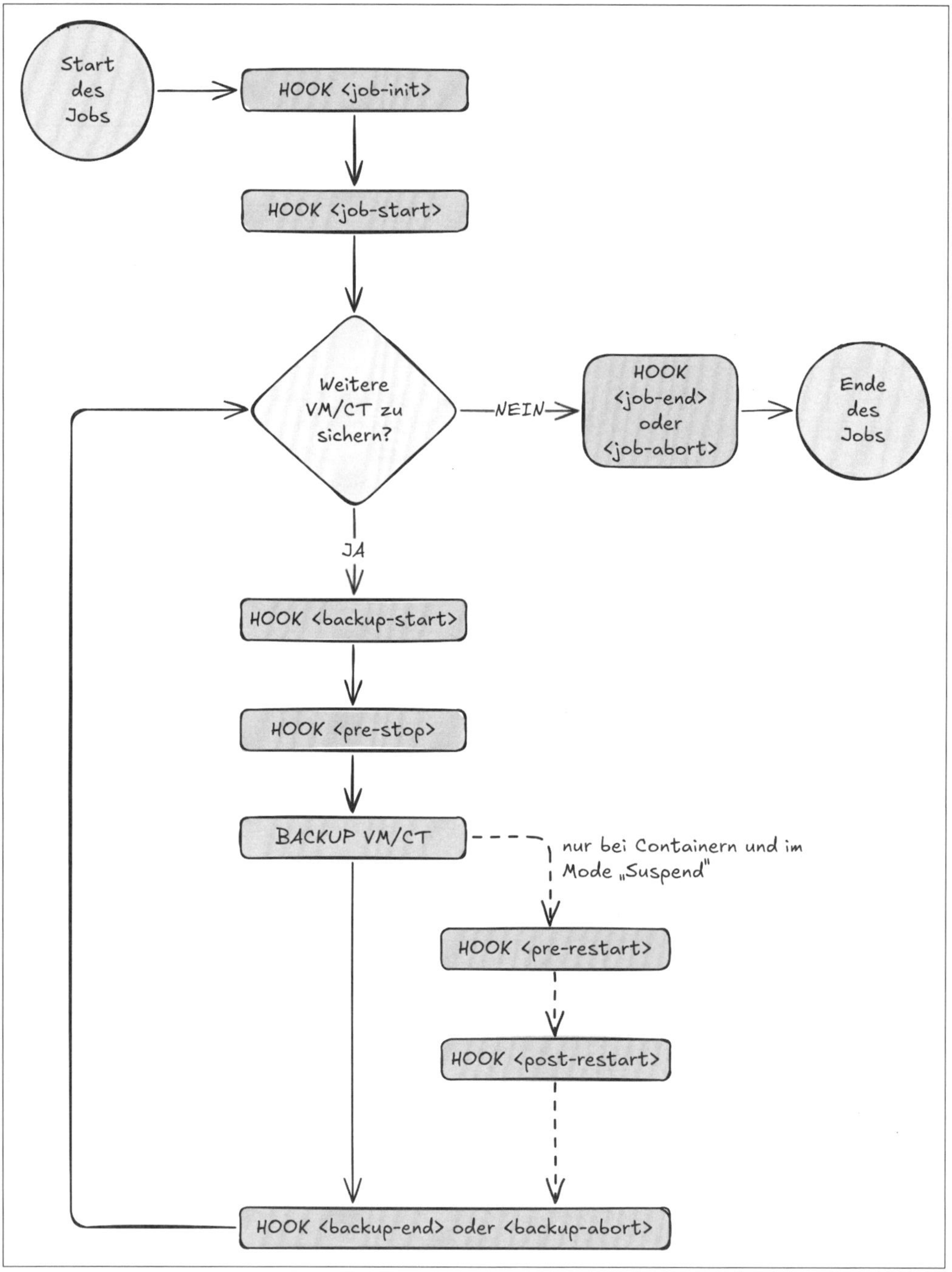

Abbildung 20.1: Flowchart für den Ablauf von Backup-Hook-Skripten

20.1.2 Beispiel für ein einfaches Backup-Hook-Skript

In Listing 20.1 finden Sie ein Hook-Skript in *Bash*, das folgende Schritte nacheinander durchführt:

1. Beim Backup-Event `job-init`, also ganz zu Beginn eines gesamten Backup-Jobs, wird das Backup-Device `BACKUPDEV` im Pfad `BACKUPDIR` eingehängt.
2. Nach Abschluss des Backups wird das Backup-Event `job-end` aufgerufen und das Backup-Device ausgehängt.
3. Nach Abbruch des Backups wird das Event `job-abort` aufgerufen und das Backup-Device ebenso ausgehängt.

```
#!/bin/bash

BACKUPDEV=/dev/backuphdd
BACKUPDIR=/mnt/backup

case "$1" in
   job-init)
      mkdir -p $BACKUPDIR
      mount $BACKUPDEV $BACKUPDIR
      ;;
   job-abort)
      umount $BACKUPDEV
      echo "Backup Device unmounted"
      ;;
   job-end)
      umount $BACKUPDEV
      echo "Backup Device unmounted"
      ;;
esac
exit 0
```

Listing 20.1: Ein Beispiel in Bash

20.2 Hook-Skripte in VMs und Containern

Hook-Skripte werden eingesetzt, wenn Events beim Starten, Stoppen oder bei der Migration von VMs und Containern eine bestimmte Aktion auslösen sollen.

Auf jedem Proxmox-VE-Server finden Sie unter */usr/share/pve-docs/examples/guest-example-hookscript.pl* ein Beispielskript. Dieses Skript können Sie als Vorlage nehmen und nach Ihren Bedürfnissen anpassen oder in einer Skriptsprache Ihrer Wahl neu erstellen. Vergessen Sie nicht, das Skript anschließend ausführbar zu machen, beispielsweise mit `chmod +x hook-script.sh`.

Im Gegensatz zu Backup-Hook-Skripten, die irgendwo auf dem lokalen Filesystem liegen, werden VM- und Container-Hook-Skripte auf einem in Proxmox VE konfigurierten Storage mit dem Content-Typ *Snippets* abgelegt. Während in Single-Server-Umgebungen der Storage ein lokales Filesystem sein kann, sollte es in einem Cluster ein Shared Storage sein, auf dem Dateien abgelegt werden können, da sonst VMs oder Container unter Umständen nicht migriert werden können oder nicht gestartet werden, wenn Hook-Skripte auf dem Server nicht existieren.

Ist Ihr Hook-Skript einsatzbereit, müssen Sie das Skript nur noch der entsprechenden VM oder dem Container zuweisen. Aktuell und bis Version 8.2 von Proxmox VE ist dies nur per Kommandozeile möglich, indem Sie folgende Befehle für VMs respektive Container nutzen:

Zuweisung eines Hook-Skripts zu einer VM mit `qm set`:

```
~# qm set <vmid> --hookscript <storage>:snippets/hook-script.sh
```

Zuweisung eines Hook-Skripts zu einem Container mit `pct set`:

```
~# pct set <vmid> --hookscript <storage>:snippets/hook-script.sh
```

20.2.1 VM- und Container-Hook-Events

Folgende Events sind für die Ausführung eigener Aktionen verfügbar:

Event	Wird aufgerufen
`pre-start`	vor dem Start einer VM oder eines Containers.
`post-start`	nach dem Start einer VM oder eines Containers.
`pre-migrate`	vor der Migration einer VM oder eines Containers zu einem anderen Server. Wird auf dem Quellserver ausgeführt.
`post-migrate`	nach der Migration einer VM oder eines Containers zu einem anderen Server. Wird auf dem Zielserver ausgeführt.
`pre-stop`	vor dem Herunterfahren/Stoppen einer VM oder eines Containers.
`post-stop`	nach dem Herunterfahren/Stoppen einer VM oder eines Containers.

Tabelle 20.2: VM- und Container-Hook-Events

20.2.2 Beispiel für ein einfaches VM- bzw. Container-Hook-Skript

Typischerweise kommen VM- bzw. Container-Hook-Skripte bei folgenden Anlässen zum Einsatz:

- zum Setzen oder Löschen von Netzwerkrouten beim Starten, Stoppen oder Migrieren von VMs
- zum Erzeugen eines Image-Snapshots vor dem Start der VM
- zum Ausführen eines Backups nach dem Herunterfahren
- zum Zurücksetzen auf einen bestimmten Snapshot nach dem Stoppen
- zum Starten oder Stoppen von Prozessen oder VMs bzw. Containern, um Abhängigkeiten abzubilden

Ein sehr einfaches Grundgerüst für ein solches VM- bzw. Container-Hook-Skript möchte ich Ihnen zur eigenen Anpassung mit auf den Weg geben. Sie finden es in Listing 20.2:

```
#!/bin/bash

VMID=$1
PHASE=$2

case "$PHASE" in
   pre-start)
      echo VM/CT $VMID in Phase $PHASE
      # Hier einfügen, was VOR START der/des VM/CT ausgeführt werden soll
      ;;
   post-start)
      echo VM/CT $VMID in Phase $PHASE
      # Hier einfügen, was NACH START der/des VM/CT ausgeführt werden soll
      ;;
   pre-migrate)
      echo VM/CT $VMID in Phase $PHASE
      # Hier einfügen, was VOR MIGRATION der/des VM/CT
      # durchgeführt werden soll
      ;;
   post-migrate)
      echo VM/CT $VMID in Phase $PHASE
      # Hier einfügen, was NACH MIGRATION der/des VM/CT durchgeführt
      # werden soll
      ;;
   pre-stop)
      echo VM/CT $VMID in Phase $PHASE
      # Hier einfügen, was VOR STOPP der/des VM/CT ausgeführt werden soll
      ;;
   post-stop)
      echo VM/CT $VMID in Phase $PHASE
      # Hier einfügen, was NACH STOPP der/des VM/CT ausgeführt werden soll
```

```
        ;;
esac
exit 0
```

Listing 20.2: Ein einfaches Template für ein Hook-Skript, das Sie für Ihre Zwecke anpassen können

Das Skript muss auf einem dateibasierten Storage verfügbar und als ausführbar gekennzeichnet sein. Nach der Erstellung können Sie dies mit einem `chmod +x <script>` erledigen.

Ihr Skript muss natürlich nur die Phasen enthalten, die Sie benötigen. Den Rest können Sie bei Bedarf kürzen oder auch so stehen lassen.

Kapitel 21
Templates und Clones

Wenn Sie häufiger gleichartige virtuelle Maschinen oder Container erzeugen, lohnt sich der Blick auf die Templates und Clones bei Proxmox VE. Allerdings gibt es einige Möglichkeiten, teilweise auch in Abhängigkeit von der gewählten Virtualisierungstechnologie QEMU/KVM oder LXC.

Tabelle 21.1 gibt eine erste Übersicht, welche Arten von Templates Ihnen in Proxmox-VE-Umgebungen zur Verfügung stehen und wofür diese genutzt werden können.

Art	KVM/LXC	Verwendungszweck
Proxmox-VE-Templates	KVM und LXC	Können für beide Technologien verwendet werden.
Cloud-Init	KVM	Kann nur für KVM verwendet werden.
LXC-Appliances	LXC	Kann nur für LXC-Container verwendet werden.
Proxmox-VE-Backups	KVM und LXC	Geht für beides, KVM und LXC.

Tabelle 21.1: Template-Arten und deren Verwendung

21.1 VM- und Container-Templates

Am einfachsten ist es sicherlich, die VM- und Container-Templates über die Funktion zu nutzen, die von Proxmox VE bereitgestellt wird. So sind sie einfach zu verwenden, direkt integriert und über die GUI gut erreichbar.

Diese Funktion erlaubt es, eine VM mit einem beliebigen Betriebssystem zu installieren und zu präparieren und dieses Setup anschließend zu einem Template zu konvertieren. Danach kann dieses Template für die weitere Erzeugung von VMs oder Containern verwendet werden.

Sie können aus diesen Templates im Anschluss zwei verschiedene Arten von Clones erzeugen: *Full Clones* oder *Linked Clones*.

21.2 Ein VM-Template vorbereiten und erzeugen

Um ein Template später verwenden zu können, müssen Sie es erst vorbereiten und bereitstellen. Ein Template besteht aus einer Konfiguration, die die Ressourcen und die Konfiguration der virtuellen Hardware festlegt, und aus einem oder mehreren VM-Images mit bereits vorinstalliertem Gastbetriebssystem.

Die folgende Vorgehensweise führt zu einem VM-Template:

1. Erzeugen Sie die neue VM und legen Sie mit dem VM-Wizard die Ressourcen wie RAM, Disks und CPUs fest.
2. Fügen Sie weitere Geräte und Ressourcen nach Abschluss des Wizards hinzu, beispielsweise zusätzliche Netzwerkkarten oder SPICE-Optimierungen und Ähnliches.
3. Installieren und konfigurieren Sie das Gastbetriebssystem.
4. Installieren und konfigurieren Sie zusätzliche Software.
5. Entfernen Sie benutzerabhängige Daten aus dem Image.
6. Entfernen Sie temporäre Daten sowie Dinge, die nicht für das Template benötigt werden.
7. Fahren Sie die VM herunter und schalten Sie sie aus.
8. Konvertieren Sie die VM in ein Template.

Anschließend können Sie auf Basis dieses Templates dann Full Clones oder Linked Clones erzeugen.

21.2.1 Autarkie mit Full Clones

Ein *Full Clone* ist eine 1:1-Kopie des Templates (siehe Abbildung 21.1). Die Kopie belegt genauso viel Speicherplatz wie das Template und kann anschließend völlig unabhängig vom Template verwendet, kopiert, migriert oder verändert werden. Selbst wenn Sie das Template irgendwann in der Zukunft löschen, bleibt die Kopie vollständig erhalten und funktioniert weiterhin.

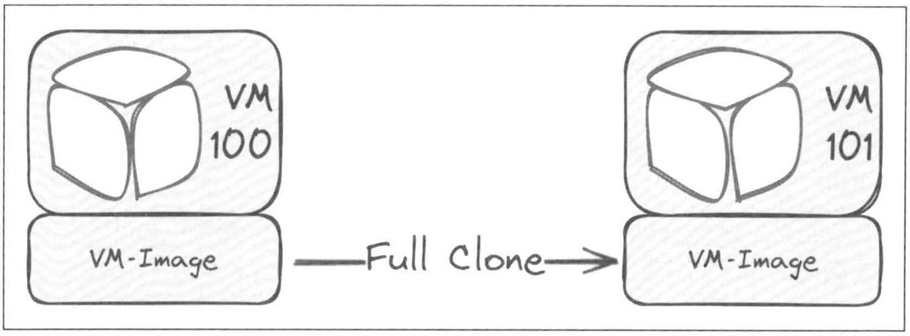

Abbildung 21.1: Full Clones sind vollständige Kopien und damit unabhängig vom Original-Image.

21.2.2 Speicherplatzoptimierte Linked Clones

Bei einem *Linked Clone* verhält es sich ein wenig anders als bei einem Full Clone. Sie erzeugen mit einem Linked Clone keine vollständige Kopie, sondern ein zunächst leeres *Overlay-Image*, das auf dem *Template-Image* aufsetzt (siehe Abbildung 21.2). Das Template-Image nennt man in diesem Fall auch *Base-Image*, da es die Basis für das Overlay-Image bildet. Base- und Overlay-Image sind zwei Ebenen, die nur zusammen ein vollständiges Image ergeben.

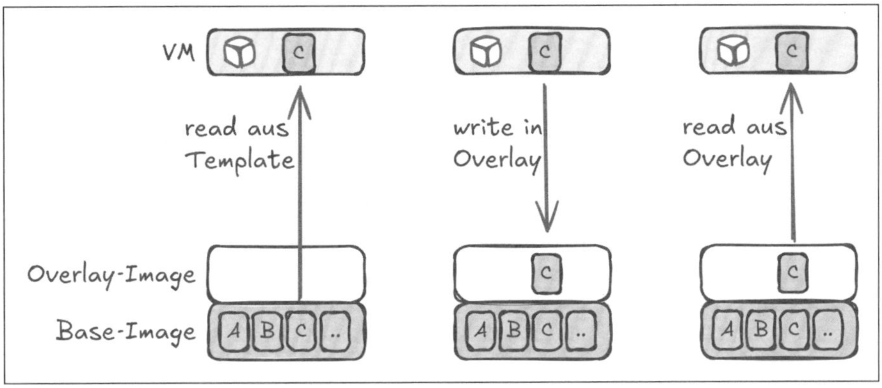

Abbildung 21.2: Base- und Overlay-Image

Das Base-Image ist unveränderlich und muss vorhanden sein, wenn Sie die VM starten möchten. Wenn Sie das Base-Image irgendwann löschen, werden alle auf ihm aufsetzenden Linked Clones nicht mehr funktionieren!

Auf einem unveränderlichen Base-Image können mehrere Linked Clones aufsetzen. Sie alle verwenden das gleiche zugrunde liegende Basis-Image, aber ein jeweils eigenes, veränderliches Image als Overlay.

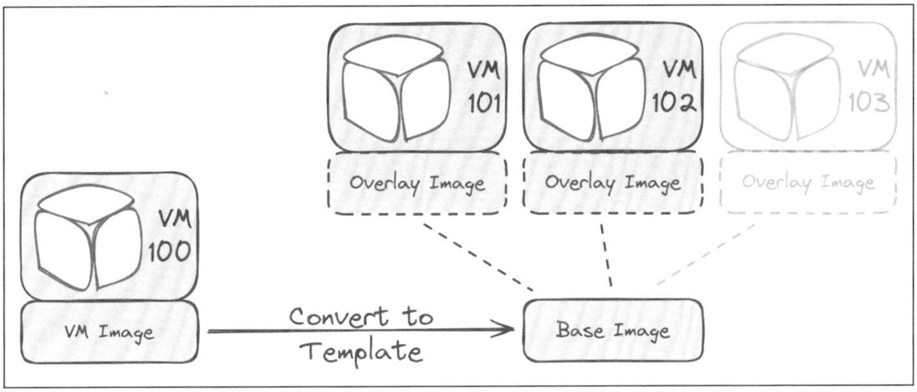

Abbildung 21.3: Mehrere Images hängen von einem Base-Image ab.

Das Overlay geschieht dabei blockweise, wie in Abbildung 21.3 zu sehen ist. Sobald ein Block von der VM einmal geschrieben wurde, wird er im Overlay-Image gespeichert und der darunterliegende Block im Base-Image ist nicht mehr für die VM sichtbar. Für eine andere VM dagegen kann der Block weiterhin sichtbar sein, wenn diese ihn noch nicht durch eigene Daten ersetzt hat (siehe Abbildung 21.4).

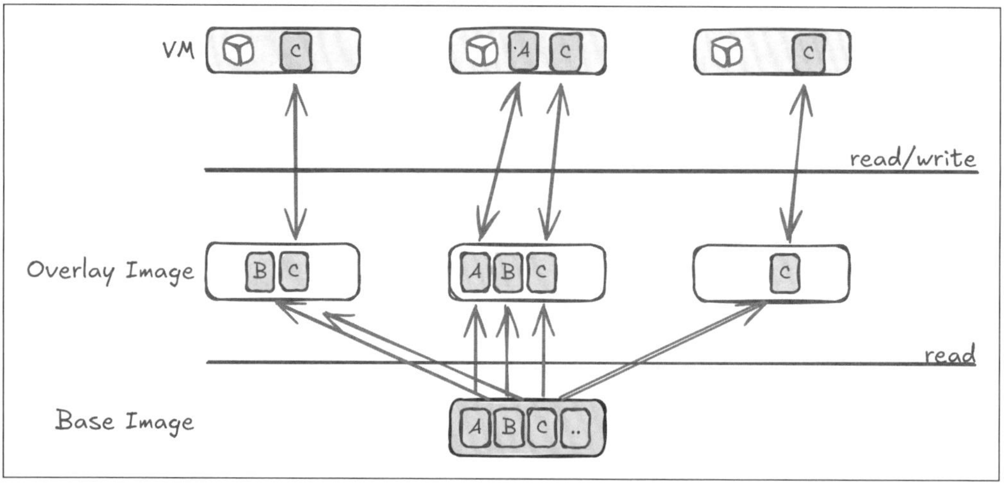

Abbildung 21.4: Ein Base-Image für mehrere Linked Clones nutzen

21.3 LXC-Appliances als Container-Templates

Im Gegensatz zu QEMU/KVM-VMs erzeugen Sie neue Container direkt aus sogenannten *LXC-Appliances*. Mit diesem Begriff werden LXC-Container-Templates unter Proxmox VE bezeichnet. Folgerichtig gibt es einen Kommandozeilenbefehl **pveam** (*Proxmox VE Appliance Manager*), mit dem Sie die LXC-Appliances bzw. LXC-Container-Templates auf der CLI verwalten können:

```
USAGE: pveam <COMMAND> [ARGS] [OPTIONS]

       pveam download <storage> <template>

       pveam available [OPTIONS]
       pveam list <storage>
       pveam remove <template_path>
       pveam update

       pveam help [<extra-args>] [OPTIONS]
```

Nicht alle Befehle sind über die GUI verfügbar. Das ist zum Beispiel deswegen relevant, weil die Liste der verfügbaren Appliances nachts automatisch aktualisiert wird. Wenn Sie

Proxmox VE gerade erst installiert haben, dann können Sie direkt im Anschluss mit `pveam update` für eine Aktualisierung sorgen. Anschließend stehen Ihnen auch die neuesten LXC-Appliances zum Download zur Verfügung.

Eine LXC-Appliance oder ein Container-Template stellen Sie sich am einfachsten wie das root-Filesystem eines installierten Linux-Systems vor, das jedoch keinen eigenen Kernel enthält. Den Kernel benötigt LXC nicht, denn es verwendet ja den Kernel des Host-Systems, also den Kernel des PVE-Hypervisors.

In der LXC-Appliances-Liste finden Sie zum aktuellen Stand drei verschiedene Download-Sektionen, die aus zwei unterschiedlichen Quellen stammen:

1. Proxmox bietet beispielsweise LXC-Appliances für das *Proxmox Mail Gateway* an. Fertig vorbereitet, dauert die Installation als LXC-Container damit nur wenige Sekunden. Selbstverständlich müssen Sie das Proxmox Mail Gateway danach zunächst konfigurieren, bevor Sie es verwenden können.
2. Darüber hinaus finden Sie auch von Proxmox vorbereitete und bereitgestellte LXC-Appliances, die einen LXC-Container nach Art einer bestimmten Linux-Distribution bereitstellen. Die gängigsten Distributionen sind bereits vorhanden. Alle von Proxmox bereitgestellten LXC-Appliances stammen von *http://download.proxmox.com.*
3. Als dritte Möglichkeit stehen Ihnen noch alle Turnkey-Linux-LXC-Appliances zur Verfügung. Bei ihnen handelt es sich um vorkonfigurierte LXC-Container mit häufig verwendeten Open-Source-Softwareprodukten. Diese Appliances bieten eine sehr schnelle Möglichkeit, eine dort verfügbare Software in wenigen Sekunden in Betrieb zu nehmen.

21.4 cloud-init für extern bereitgestellte Images

cloud-init stammt ursprünglich aus der OpenStack-Welt und wird häufig in größeren Umgebungen eingesetzt. Die Administratoren dieser Systeme benötigen ein Mass Deployment, mit dem man sehr viele VMs in kurzer Zeit bereitstellen kann. Genau für diese Aufgabenstellung wurde cloud-init designt.

Die Anbieter von einigen der gängigsten Linux-Distributionen - darunter auch Ubuntu, Debian, Fedora und andere - bieten ein spezielles Cloud-Image an. Diese Images sind vorab installierte Systeme, auf denen zusätzlich ein cloud-init-Agent platziert wurde. Beim Start der VM prüft dieser Agent nun, ob er eine Quelle für Konfigurationsinformationen findet, und er verwendet diese Informationen, um das System beim Boot-Vorgang anzupassen. Häufig werden dann Benutzer angelegt, Netzwerkeinstellungen vorgenommen oder auch sonstige Aufgaben durchgeführt, die zur endgültigen Bereitstellung des Systems notwendig sind.

Der Vorteil dieser Vorgehensweise liegt in der schnellen Bereitstellung neuer VMs, denn dieses vorinstallierte Cloud-Image muss beim Booten nur noch konfiguriert werden.

Diese Konfigurationsinformationen sind sehr schnell anpassbar und können sogar dynamisch auf Basis einer CMDB (Configuration Management Database) erfolgen.

In Proxmox VE ist cloud-init so implementiert, dass Sie bequem über die GUI oder API eine Konfigurations-Disk als virtuelle Hardware einer VM hinzufügen können. Anschließend setzen Sie die gewünschte Konfiguration über den gleichen Weg, und zum Abschluss generieren Sie das cloud-init-Config-Image, das beim Booten der VM dann ausgelesen und angewendet wird.

In der Proxmox-GUI sind nur die wichtigsten Einstellungen zu finden. Das sind aber vergleichweise wenige, wenn Sie sich den Gesamtumfang der möglichen cloud-init-Optionen anschauen. Über die Shell und die API dagegen haben Sie die Möglichkeit, die Option `CICustom` mit Inhalt zu füllen und dort viele weitere Einstellungen vorzunehmen.

cloud-init ist nicht auf VMs beschränkt. Sie können damit auch ein Deployment auf echter Hardware durchführen, sofern Sie eine Konfiguration auf Disk oder URL bereitstellen, die zum Bootzeitpunkt des Servers abgerufen werden kann.

21.5 Proxmox-VE-Backups als Templates nutzen

Selbstverständlich können Sie auch Backups von VMs und Containern erzeugen und diese als einfache Variante eines Templates verwenden.

Um diesen Ansatz richtig zu nutzen, müssen wir kurz technisch differenzieren:

- Ein *Template* in Proxmox VE ist normalerweise ein stillgelegtes Image einer VM, das selbst nicht mehr gestartet werden kann. Es dient nur noch dem Zweck, aus ihm weitere VMs erstellen zu können oder Linked Clones auf ihm zu erzeugen.
- Ein *Backup* hingegen ist ein komprimiertes Archiv, das den Zustand der VM zu einem bestimmten Zeitpunkt einfriert und portabel macht.

  Während ein normales Template an diesen Cluster gebunden ist und auf einem produktiven Storage des Clusters liegt, ist das Backup-File eine einzelne Datei, die Sie einfach auf einen USB-Stick ziehen, per `scp` an einen anderen Speicherort kopieren oder über einen gemeinsamen Proxmox-Backup-Server bereitstellen können.

Bei der Wiederherstellung einer VM aus einem Backup sollten Sie das **Unique**-Häkchen setzen, um der neuen VM neue, einzigartige Eigenschaften zu verleihen. Sie erhält damit beispielsweise eine neue MAC-Adresse auf allen Interfaces. Das ist absolut sinnvoll, wenn Sie Backups als Templates verwenden und doppelt vergebene MAC-Adressen im Netzwerk vermeiden wollen.

Es erfordert wenig Aufwand und geht schnell, eine neue VM aus einem vollständig vorinstallierten Backup zu generieren. Dieses Vorgehen eignet sich am besten für Ad-hoc-Wiederherstellungen, um Tests durchzuführen. Bei immer wiederkehrenden oder massenhaft zu erstellenden VMs sollten Sie jedoch einen der anderen Wege wählen.

Kapitel 22
Automatisierung mit der Proxmox-API

In diesem Kapitel möchte ich Ihnen die Nutzung der Proxmox-VE-RESTful-API näherbringen.

Sie können die API auch für eigene Zwecke nutzen, insbesondere wenn Sie wiederkehrende Aufgaben automatisieren möchten, wenn Sie über die API Performance- und Statusdaten für Ihr Monitoring abfragen müssen oder aus einem anderen führenden System heraus dafür sorgen wollen, dass VMs automatisch erstellt oder gelöscht werden.

Warum die API Ihr bester Freund ist

Sie hatten bereits Kontakt mit der API, wenn Sie sich schon einmal die Web-GUI angeschaut haben. Die Web-GUI wird über Port 8006 vom `pveproxy`-Service an Ihren Browser ausgeliefert. Dann läuft die Web-GUI in Ihrem Browser und kommuniziert mit der Proxmox-VE-API, um regelmäßig den aktuellen Stand aller Ressourcen zu aktualisieren. Wenn Sie eine VM starten, wird dafür ein API-Request durchgeführt. Konfigurieren Sie einen Ihrer Proxmox-VE-Hosts, wird dafür ebenso ein API-Request durchgeführt. Die PVE-GUI ist also mehr oder minder ein API-Client.

Daraus ergibt sich: Alles, was Sie klicken können, lässt sich auch automatisieren, skripten und von einer anderen Applikation auslösen.

Wenn Sie eine Aktion einmalig oder unregelmäßig durchführen, ist die GUI oder die Shell sicherlich gut geeignet. Tun Sie aber wiederkehrend immer wieder die gleichen Dinge auf Ihrem Cluster, können Sie auch mit etwas mehr Aufwand eine Automatisierung dafür schreiben und die API verwenden. Beim ersten Mal wird die Automatisierung vermutlich mehr Aufwand bedeuten als die einmalige Durchführung, im Laufe der Zeit zahlt sich die Investition jedoch aus. Wenn Sie als Administrator eines Hosting-Unternehmens jeden Tag, vielleicht sogar jede Stunde neue VMs mit einer bestimmten Ausstattung installieren müssen, dann lohnt sich der Aufwand schon nach kurzer Zeit.

Das ist möglicherweise der häufigste Grund, aber bei Weitem nicht der einzige. Auch die exakt gleiche Ausführung bestimmter Schritte, um Abweichungen zu vermeiden, kann ein Ziel sein. Wenn Sie als Admin einer KRITIS-Umgebung sicherstellen möchten, dass jede VM exakt gleich ist, automatisieren Sie die Erstellung.

Infrastructure-as-Code und Fehlerreduktion durch das Entfallen manueller Schritte sind gute Argumente für die Nutzung der API in Enterprise-Umgebungen.

22.1 Der RESTful-Ansatz

Um die Proxmox-VE-API zu nutzen, sollten wir uns zunächst die REST-Architektur anschauen. Sie basiert auf denselben simplen Prinzipien, die auch sonst an jeder modernen Ecke des World Wide Webs oder bei Webservices eingesetzt werden.

22.1.1 Alles ist eine Ressource

Der Kern des REST-Gedankens in Proxmox VE ist, dass jede Komponente Ihres Servers oder Clusters – sei es ein Node, eine VM, ein Container, ein Storage oder ein Benutzer – als eine Ressource betrachtet wird. Jede Ressource ist über eine eindeutige Adresse, ihren URI, erreichbar.

Die Struktur von URIs ist hierarchisch und ähnelt einem Dateisystem, ähnlich wie Sie es bereits bei Berechtigungen kennengelernt haben. Schauen wir uns ein paar Beispiele für URIs der REST-API an:

- `/nodes`: die Liste aller Server im Cluster
- `/nodes/pve1`: der Server `pve1` im Cluster
- `/nodes/pve1/qemu`: alle QEMU/KVM-VMs auf diesem Server
- `/nodes/pve1/qemu/100`: die QEMU/KVM-VM mit der ID 100
- `/nodes/pve1/qemu/100/status/current`: der aktuelle Status dieser VM

Sie navigieren also durch die Ressourcen des Clusters wie durch Verzeichnisse und deren Unterverzeichnisse auf der Shell. Je tiefer Sie im Pfad gelangen, desto spezifischer ist die Ressource, mit der Sie interagieren.

22.1.2 Aktionen auslösen mit HTTP-Verben

Wenn wir eine Ressource über ihren URI ansprechen, müssen wir dem Server bei diesem Aufruf mitteilen, was wir mit dieser Ressource tun wollen. Hier kommen die HTTP-Methoden ins Spiel, die oft auch *HTTP-Verben* genannt werden. Die Proxmox-API nutzt diese Methoden, um CRUD-Operationen abzubilden. Der Ausdruck CRUD steht für *Create*, *Read*, *Update*, *Delete* – also für das Erstellen, Lesen, Aktualisieren und Löschen von Ressourcen oder deren Eigenschaften.

GET (Lesen)

`GET` ist der harmloseste Befehl, denn wir lesen lediglich Ressourcen. Wir fragen also den Status einer Ressource ab, ohne etwas zu ändern.

So liefert uns der API-Call `GET /api2/json/nodes/pve1/qemu/100/config` die Konfiguration der VM 100 zurück.

POST (Erstellen oder Ausführen)

Mit der `POST`-Methode erstellen wir neue Ressourcen oder lösen Aktionen aus, die den Status verändern.

Mit dem Beispielaufruf `POST /api2/json/nodes/pve1/qemu/100/status/start` wird die VM 100 gestartet.

PUT (Aktualisieren)

Die `PUT`-Methode wird verwendet, um eine bestehende Ressource zu ändern. So könnten Sie mit dem API-Call `PUT /api2/json/nodes/pve1/qemu/100/config` Änderungen an der Konfiguration der VM 100 vornehmen. Hier benötigen Sie natürlich weitere Parameter, mit denen Sie die gewünschten Änderungen kommunizieren. Dazu kommen wir später noch.

DELETE (Löschen)

Die `DELETE`-Methode dürfte selbsterklärend sein und ist natürlich mit Vorsicht zu genießen. Sie entfernt eine Ressource unwiderruflich. Mit dem API-Aufruf `DELETE /api2/json/nodes/pve1/qemu/100` löschen Sie die VM 100 unwiederbringlich.

22.1.3 Zustandslosigkeit (Statelessness)

Ein wichtiges Merkmal von REST ist die *Zustandslosigkeit*. Der API-Server, also `pveproxy` oder `pvedaemon` auf unserem Proxmox-VE-Node, merkt sich zwischen zwei Anfragen nicht, wer Sie sind oder was Sie gerade getan haben.

Jede einzelne Anfrage muss vollständig formuliert sein und alle Informationen enthalten, die für die Verarbeitung notwendig sind - insbesondere die Authentifizierung.

22.1.4 Wege der Authentifizierung

Sie können zwei verschiedene Wege für die Authentifizierung nutzen. Zunächst gibt es die Möglichkeit, eine Kombination aus Benutzername und Passwort für die erste Anfrage zu verwenden. Sie erhalten nach erfolgreicher Authentifizierung eine Antwort mit einem Ticket und einem `CSRFPreventionToken`, die Sie zusammen mit Ihrem Benutzernamen bei jeder weiteren Anfrage mitsenden müssen.

Einere weitere – meiner Meinung nach bessere – Methode ist es, vorher ein API-Token anzulegen und dieses für die weiteren Zugriffe auf die API zu verwenden. Diese Methode entspricht auch eher dem Best-Practice-Ansatz und erlaubt es Ihnen, dem Token nur die granularen Berechtigungen zu erteilen, die es für die Durchführung der geplanten Aufgabe benötigt.

22.1.5 Datenaustausch via JSON

Wenn wir die GUI oder die API verwenden, tauschen unsere Skripte und die API ihre JSON-Objekte miteinander. Dieses Format ist leichtgewichtig, für Menschen lesbar und lässt sich von nahezu jeder Programmiersprache parsen.

Eine typische Antwort der API auf eine `GET`-Anfrage sieht so aus:

```
{
   "release" : "9.1",
   "repoid" : "9d436f37a0ac4172",
   "version" : "9.1.2"
}
```

22.2 Architektur und Komponenten

Die API selbst wird vom `pvedaemon` bereitgestellt. Dieser läuft im Benutzerkontext `root` und ist aus Sicherheitsgründen deshalb nur unter der lokalen Adresse `tcp:localhost:85` erreichbar. Wenn wir von außerhalb des Servers mit der API sprechen wollen, kommt der `pveproxy` als API-Proxy zum Einsatz. Er lauscht auf `tcp:0.0.0.0:8006`.

Von extern kontaktieren wir deshalb den `pveproxy` auf dem TCP-Port 8006. Wenn wir nur / abrufen, liefert er unserem Browser die Web-GUI. Wenn unser Browser die GUI geladen hat, kontaktiert die GUI die API über die URL `https://<server>:8006/api2/`, um dort den Zustand der Ressourcen abzufragen und die GUI mit Inhalten zu füllen und stetig zu aktualisieren.

In der GUI sehen Sie links den Ressourcenbaum mit dem Datacenter ganz oben und die Nodes darunter. Klicken Sie auf einen Server, sehen Sie die VMs, Container und Storages darunter. Die API ist ähnlich in ihrer Hierarchie aufgebaut, wie die GUI Ihre Umgebung darstellt.

Auf der obersten Hierarchie-Ebene erhalten Sie die folgenden Ressourcen:

```
/ # Enthält nur die Subdirs
/access # Berechtigungsmanagement
/cluster # zentrale, clusterweite Einstellungen
/nodes # Nodes und die darunter verorteten VMs und Container
```

```
/pools # Ressourcen-Pools
/storage # alle Storages und deren Konfiguration
/version # Proxmox-VE-Version
```

22.3 Authentifizierung

Zugriffe über die API werden entweder über Tickets oder über Tokens authentifiziert.

22.3.1 Ticket-basierte Authentifizierung

Da man bereits einen Benutzernamen und ein Passwort zur Hand hat, beginnen die ersten Schritte mit der API meist genau mit diesen: Man gibt bei jedem Aufruf den User und das Passwort an. Für Skripte und andere Automatisierungen stellt sich aber früher oder später heraus, dass Benutzernamen und Passwörter eher unpraktisch sind. Der Einsatz in Skripten verhindert beispielsweise den Einsatz einer 2-Faktor-Authentifizierung für den Benutzer. Auch die regelmäßige Änderung von Passwörtern führt dazu, dass die Skripte ebenfalls angepasst werden müssten. Dazu kommt, dass das Skript nur die Rechte besitzen sollte, die es für die Durchführung der Aufgabe benötigt. Daher ist es grundsätzlich sinnvoll, Benutzer und API-Zugriffe voneinander zu trennen.

Wir wollen uns dennoch zunächst anschauen, wie eine Authentifikation mit Benutzernamen und Passwort abläuft. Für unsere Beispiele verwenden wir `curl` als Kommandozeilen-Tool, mit dem wir HTTP(S)-Zugriffe auf die API durchführen können.

Schritt 1: Authentifizierung mit Benutzer und Passwort

Die Anfrage zur Authentifizierung wird nur einmal an die API gesendet. Die API antwortet mit einem JSON-Objekt, das neben Ihrem Benutzernamen auch ein Ticket, ein CSRF-(*Cross-Site Request Forgery*-)Prevention-Token sowie eine Übersicht der Privilegien enthält:

```
# Anfrage zur Authentifizierung
curl -k -d 'username=root@pam' --data-urlencode 'password=<passwort>'
https://<server>:8006/api2/json/access/ticket

# Antwort der API
{
  "data": {
    "CSRFPreventionToken": "69498CA5:feDav0eGamYuUTrI+0+sfX6aoedjr[…]",
    "ticket": "PVE:root@pam:69498CA5::wig45pWDWGeT07vNv1FV6dK4Q9Ae[…]",
    "username": "root@pam",
    "cap": {
      [… Übersicht der Privilegien …]
```

```
    }
  }
}
```

Schritt 2: Nutzung des Auth-Tickets

Sie erinnern sich an die Einleitung des Kapitels? Die RESTful-API ist zustandslos. Das heißt, wir müssen ihr bei jedem Request noch einmal sagen, wer wir sind. Bei jeder weiteren Anfrage senden Sie nun jedoch nicht mehr Ihren Benutzernamen und das Passwort mit, sondern das eben erhaltene Ticket:

```
# Anfrage mit Ticket bei lesenden GET-Zugriffen
curl -k -b "PVEAuthCookie=PVE:root@pam:69498CA5::wig45pWDWGeT07vNv1[…]"
https://<server>:8006/api2/json/

# Antwort der API
{
  "data": [
    {
      "subdir": "version"
    },
    […]
    {
      "subdir": "pools"
    }
  ]
}
```

Falls wir nicht nur einen lesenden Zugriff mit `GET` auf die API machen, sondern `POST`, `PUT` oder `DELETE` verwenden, dann muss das `CSRFPreventionToken` zusätzlich im Header über `CSRFPreventionToken: 69498CA5:feDav0eGamYuUTrI+0+sfX6aoedjrWcrQq[...]` mitgeliefert werden. Hier genügt die reine Angabe des Tickets nicht mehr.

Mit dieser Kombination aus Ticket und eventuell notwendigem `CSRFPreventionToken` lassen sich nun beliebige Daten aus der API abrufen oder Befehle an die API senden. Bei jedem Aufruf wird von der API geprüft, ob Sie die dazu benötigten Privilegien besitzen, bevor die Aktion auf dem Server in die Tat umgesetzt wird.

Verlängerung der Authentifizierung

Das von Proxmox VE im ersten Schritt ausgestellte Ticket hat eine Gültigkeit von zwei Stunden. Danach muss das Ticket durch einen Aufruf von `/access/ticket` erneuert werden, und das alte, abgelaufene Ticket kann als Passwort für den User verwendet werden. Sie erhalten daraufhin ein neues Ticket, das wieder zwei Stunden authentifiziert ist.

22.3.2 API-Tokens

In einer Enterprise-Umgebung sollten Sie es stets vermeiden, Zugangsdaten eines Benutzers in Skripte zu packen. Wenn ein solches Skript von anderen gelesen werden kann, weil es auf irgendeinem GitHub-Account landet, ist nicht nur das Skript kompromittiert, sondern der gesamte Benutzer-Account – oft inklusive administrativen Rechten für den ganzen Cluster. Zudem erzwingen Sicherheitsrichtlinien in vielen Unternehmen regelmäßige Passwortänderungen, was bedeutet, dass alle Skripte ständig angepasst werden müssten.

Der Best-Practice-Ansatz für die Verwendung der Authentifizierung ist daher der Einsatz eines API-Tokens. Das Token bietet einige Vorteile und sollte bevorzugt bei Automatisierungsvorhaben verwendet werden. Es muss nicht stetig erneuert werden, und obwohl es einem bestimmten Benutzer gehört, kann es nochmals gegenüber dem Benutzer eingeschränkte Berechtigungen besitzen. Darüber hinaus kann der Benutzer eine 2-Faktor-Authentifizierung aktivieren, ohne die Verwendung des Tokens damit zu stören.

Ein API-Token lässt sich am besten als alternativer Schlüssel für einen Benutzer beschreiben. Er ermöglicht den Zugriff auf die API mit eigenen, separaten Zugangsdaten. Des Weiteren lässt es sich nach Kompromittierung oder Verlust gezielt löschen oder durch ein neues Token ersetzen. Das Passwort des Eigentümer-Accounts sowie alle anderen Tokens bleiben davon unberührt. Der Betrieb läuft weiter, die Sicherheitslücke ist geschlossen.

Ein Token besitzt maximal die Berechtigungen des Eigentümers, jedoch niemals Berechtigungen, die über diese hinausgehen.

Minimale Berechtigungen mittels Privilege Separation

Ein Token gehört stets einem Benutzer. Standardmäßig erbt ein Token alle Rechte dieses Eigentümers – das ist bequem, aber oft nicht sicher. Wenn Sie als `root@pam` ein Token erstellen, hat dieses Token ebenfalls volle Root-Rechte auf dem Server.

Aktivieren Sie jedoch beim Erstellen des Tokens die Option **Privilege Separation** (siehe Abbildung 22.1), wird das Token zwar immer noch dem Benutzer zugeordnet, besitzt aber initial keinerlei Rechte. Es ist also damit ein Zweitschlüssel, der zwar den Zugang erlaubt, aber keine Berechtigungen enthält, bis wir welche zuweisen. Sie müssen diesem spezifischen Token anschließend entsprechende Rechte geben, um es sinnvoll einsetzen zu können. Damit setzen Sie das Prinzip minimaler Berechtigungen um, auch wenn der Eigentümer des Tokens als Administrator unterwegs ist.

So könnte beispielsweise ein Token für ein Monitoring-Skript nur das Recht `Sys.Audit` auf `/nodes` bekommen, ein Token für ein Backup-Skript dagegen nur das Recht `Datastore.Allocate` auf dem Backup-Storage.

Selbst wenn dieses Token gestohlen wird, kann der Angreifer mit ihm keinen Schaden anrichten, der über den definierten Funktionsumfang hinausgeht: Er kann keine VMs löschen oder Systemeinstellungen ändern, obwohl das Token technisch gesehen dem `root`-User gehört.

Anlegen von API-Tokens

Sie können ein Token wie üblich per GUI und Shell erstellen.

In der Proxmox-VE-GUI fügen Sie unter **Datacenter • Permissions • API Tokens • Add** ein neues Token hinzu. Sie sehen dann den Dialog aus Abbildung 22.1.

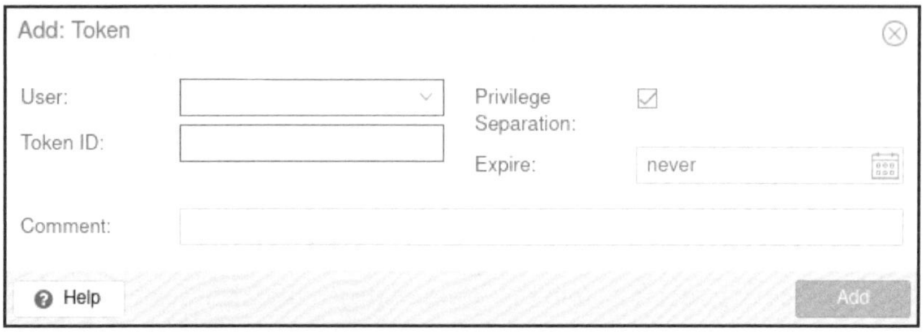

Abbildung 22.1: Erstellung eines API-Tokens in der GUI

Wählen Sie im Dialog mindestens den Eigentümer des API-Tokens im Feld **User** aus wie `user1@pve` und geben Sie dem Token unter **Token ID** einen Namen wie `ansible`, der seinen Zweck erkennbar macht. Durch die aktivierte **Privilege Separation** erbt das Token nicht mehr die Berechtigungen des Benutzers. Mit einem Datum im Feld **Expire** können Sie das Token bereits bei der Erstellung mit einer maximalen Lebensdauer ausstatten.

Ist die **Privilege Separation** nicht aktiviert, besitzt das Token die gleichen Rechte wie der Eigentümer. Entfernen Sie das Häkchen daher nur, wenn Sie genau das möchten.

Nach dem Klick auf **Add** zeigt Ihnen Proxmox VE die **Token ID** und das Token-**Secret** (das Passwort) für dieses spezifische Token an (siehe Abbildung 22.2).

Abbildung 22.2: Das Passwort-Secret des Tokens wird nur einmal angezeigt.

Dieses Secret wird nur ein einziges Mal angezeigt. Kopieren Sie es sich und fügen Sie es im Passwortmanager oder am Verwendungsort ein. Sobald Sie das Fenster schließen, kann das Secret per GUI nicht mehr ausgelesen werden. Geht es verloren, muss das Token durch ein neues ersetzt werden.

Über die CLI geht das Anlegen mit pveum noch schneller:

```
root@pve:~# pveum user token add root@pam monitoring --privsep 1
```

key	value
full-tokenid	root@pam!monitoring
info	{"privsep":"1"}
value	27a233df-1e36-448e-8088-cb90cff9b488

Dieser Befehl erstellt für **root@pam** ein Token mit der ID **monitoring** und aktiver Privilege Separation. Die Ausgabe liefert den Token-String im Feld **full-tokenid** und das Secret im Feld **value**, das Sie zusammen als Authorization: PVEAPIToken=<full-tokenid>=<value> in HTTP-Headern verwenden können.

22.4 Werkzeuge für den API-Zugriff

Auf die Proxmox-VE-API können Sie über verschiedene Mittel und Wege zugreifen. Je nach Anwendungsfall - direkt auf dem Proxmox-VE-Node, remote von einem Management-Server oder aus einer größeren Applikation heraus - haben alle diese Wege ihre Daseinsberechtigung. Wie aber stellen wir es konkret an, um möglichst einfach und schnell zu eigenen Automatisierungen zu gelangen?

22.4.1 pvesh für eine lokale Nutzung der API

Beginnen möchte ich mit einem CLI-Werkzeug namens pvesh, das den Zugriff direkt von der Shell aus ermöglicht. Es ist bereits standardmäßig auf jedem Proxmox-VE-Host installiert und ist allein deshalb schon hervorragend dafür geeignet, in Shell-Skripten verwendet zu werden. Mehr zu diesem Werkzeug erfahren Sie direkt im Folgenden.

Wenn Sie per SSH auf einem Proxmox-VE-Server eingeloggt sind, ist pvesh die simpelste Methode. Dieses Tool ist ein Wrapper um die API, der die Brücke zwischen der Linux-Kommandozeile und der REST-Welt schlägt.

Der Vorteil von pvesh liegt in seiner Einfachheit bezüglich der Berechtigungen: Da Sie pvesh direkt als root auf der Shell ausführen, müssen Sie sich nicht authentifizieren. Es sind keine Tickets, keine Passwörter und keine Tokens notwendig.

Das macht `pvesh` zur idealen Lösung für lokale Hook-Skripte oder Cron-Jobs. Wollen Sie beispielsweise jeden Sonntag ein Skript laufen lassen, das bestimmte Container stoppt und wieder startet, ist `pvesh` die erste Wahl, da Sie keine Secrets in der Crontab hinterlegen müssen.

Die Syntax ist einfach, da sie die HTTP-Verben direkt auf Befehle abbildet:

- `GET` wird zu `pvesh get`.
- `POST` wird zu `pvesh create`.
- `PUT` wird zu `pvesh set`.
- `DELETE` wird zu `pvesh delete`.

Sehen wir uns ein praktisches Beispiel an: Wir möchten vor der Erzeugung einer neuen VM wissen, welches die nächste freie VM-ID ist:

```
root@pve:~# pvesh get /cluster/nextid
115
```

Auch `pvesh` unterstützt übrigens die automatische Vervollständigung von Kommandozeilenbefehlen wie alle anderen Proxmox-VE-CLI-Tools. Wenn Sie den Pfad zur Ressource nicht kennen, drücken Sie zweimal auf die [Tab]-Taste, und Sie erhalten die untergeordneten API-Endpunkte.

22.4.2 curl: API-Zugriff über ein Netzwerk

Alternativ dazu haben Sie weiter oben schon `curl` gesehen. Hierbei handelt es sich ebenfalls um ein Kommandozeilenwerkzeug, das jedoch seine Befehle nicht nur an die lokale API absetzen kann, sondern auch an eine von Ihnen angegebene HTTPS-Adresse. Damit sind also auch andere, entfernte Server ansprechbar. Das ist praktisch, wenn Ihr Skript nicht nur einen Cluster managen soll, sondern gleich mehrere oder viele Cluster mit einem zentralen Shell-Skript.

Allerdings ist die Nutzung von `curl` mit einem höheren Aufwand verbunden. Da wir über das Netzwerk gehen, müssen wir uns nun authentifizieren. Hierzu kommt unser zuvor erstelltes API-Token zum Einsatz, und wir müssen dem Server im Header mitteilen, wer wir sind.

Hier sehen Sie ein Beispiel mit `curl`, um den Status der Knoten abzufragen:

```
root@pve:~# curl -k -H "Authorization: PVEAPIToken=root@pam!monitoring=
xxxxxxxx-xxxx-xxxx-xxxx-xxxxxxxx" https://<server>:8006/api2/json/nodes
```

22.4.3 Client-Bibliotheken: Das Rad nicht neu erfinden

Sowohl `pvesh` wie auch `curl` sind großartig für Einzeiler oder einfache Shell-Skripte. Wenn Sie jedoch komplexe Logik abbilden müssen, wird ein großes Bash-Skript möglicherweise unschön.

In diesem Fall können Sie zu einer »echten« Programmiersprache wie Perl, Python, Rust, Golang und weiteren wechseln, ohne das Rad neu erfinden zu müssen. Es gibt bereits hervorragende Open-Source-Bibliotheken und Wrapper, die sofort verwendbar sind und Ihnen das Heavy Lifting für Authentifizierung, URL-Handling, JSON-Parsing abnehmen.

Zwei bekannte Beispiele möchte ich Ihnen nennen:

- **Python**: Der meistgenannte und -verwendete Bibliothek für diesen Zweck ist `proxmoxer`. Es ist eine leichte und mächtige Bibliothek, die die API-Struktur dynamisch abbildet. Sie ermöglicht es Ihnen, Python-Code zu schreiben, der sich fast wie die API selbst liest:

  ```
  proxmox.nodes("pve1").qemu(100).status.post("start")
  ```

- **Perl**: Da Proxmox VE selbst in Perl geschrieben ist, können Sie auf dem Host direkt die internen Proxmox-Module nutzen (`PVE::API2`). Das ist extrem nett, da Sie Zugriff auf den gesamten Funktionsumfang haben. Der Perl-Wrapper wird von Proxmox selbst gepflegt und ist die offizielle Referenzimplementierung.

22.5 Arbeiten mit der API: Konzepte und Stolpersteine

Damit Sie die API sinnvoll verwenden können, sollten Sie vorab einen Blick in die API-Dokumentation werfen. Diese ist bereits auf Ihrem Proxmox-VE-Host verfügbar und lässt sich über die Adresse `https://<server>:8006/pve-docs/api-viewer/index.html` aufrufen. Sie können in ihr so manchen Schatz heben, denn die API kann mehr, als die GUI Ihnen anzeigt.

Wir schauen uns nun an, wie die Kommunikation mit dem Proxmox-Cluster im Detail abläuft. Dabei werden Sie feststellen, dass es einen deutlichen Unterschied macht, ob wir nur eine Statistik abrufen oder ob wir eine virtuelle Maschine aus einem Backup wiederherstellen möchten.

22.5.1 Daten lesen mit GET

Der `GET`-Request ist einfach, aber wichtig, um Daten gleich welcher Art vom Server abzurufen. Er ist per Definition *idempotent* und sicher. Das bedeutet: Egal wie oft Sie denselben `GET`-Befehl hintereinander abfeuern, der Zustand des Servers ändert sich nicht. Sie lesen nur Daten, verändern hierdurch aber nie etwas.

Ein paar typische Anwendungsfälle sind in Tabelle 22.1 aufgeführt:

Zweck	Befehl	Effekt / Ergebnis
Cluster-Status abrufen	`pvesh get /cluster/status`	Zeigt den Status der einzelnen Nodes sowie des gesamten Clusters an.
VM-Konfiguration abrufen	`pvesh get /nodes/{node}/qemu/{vmid}/config`	Gibt die Konfiguration der VM `{vmid}` auf dem Server `{node}` aus.
Logs	`pvesh get /nodes/{node}/syslog`	Gibt das Syslog von Node `{node}` aus.

Tabelle 22.1: Beispiele, um Daten mit »GET« zu lesen

22.5.2 Aktionen ausführen mit POST, PUT und DELETE

Hier verlassen wir den sicheren Pfad und greifen mit den HTTP-Verben `POST`, `PUT` und `DELETE` schreibend und damit Daten verändernd auf die API zu:

- `POST`: Mit POST führen Sie eine Aktion durch, wenn Sie neue Ressourcen erschaffen, beispielsweise einen neuen Container anlegen. Außerdem kommt `POST` zum Einsatz, um Zustandsübergänge durchzuführen, beispielsweise den Start einer VM – technisch handelt es sich um ein `POST` an den Endpunkt `/status/start`.
- `PUT`: Mit `PUT` passen wir bestehende Konfigurationen und Einstellungen an, beispielsweise für die Änderung der CPU-Cores oder des Netzwerks einer VM.
- `DELETE`: Geben Sie acht, denn dieser Befehl ist destruktiv und löscht Ressourcen. Führen Sie ein `DELETE` auf eine Container-ID durch, wird der Container mit sämtlichen Disks gelöscht. In Skripten zur Automatisierung sollten Sie Vorsicht walten lassen, denn eine Sicherheitsabfrage wie in der GUI gibt es dabei nicht.

22.5.3 Synchrone und asynchrone Tasks

Die Proxmox-VE-API beherrscht zwei unterschiedliche Arten, wie Aufgaben durchgeführt werden: synchron und asynchron. Wenn Ihnen der Unterschied bezogen auf die Proxmox-VE-API nicht klar ist und Sie diesen Abschnitt überspringen, werden Ihre Skripte möglicherweise sporadisch fehlschlagen oder seltsames Verhalten zeigen.

Die Proxmox-VE-API unterscheidet zwischen Aufgaben, die sofort erledigt werden können und deshalb synchron ablaufen, und solchen, die mehr Zeit benötigen und deshalb asynchron im Hintergrund ablaufen.

Nehmen wir an, Sie erhöhen bei einer VM die Anzahl der CPU-Cores von 4 auf 8. Das ist ein Eintrag in der Konfigurationsdatei. Der API-Server führt den Befehl synchron in wenigen Sekunden durch und antwortet mit `200 OK`. Thema durch.

Starten Sie jedoch ein Backup einer VM oder erstellen Sie einen neuen Container aus einem Template, dauert das eventuell einige Minuten oder länger. Der API-Server führt einen solchen Befehl asynchron durch. Die API antwortet jedoch erneut nach wenigen Sekunden mit einem `200 OK`. Ein Skript könnte das so interpretieren wie oben und annehmen, dass die Aufgabe erfolgreich abgeschlossen worden ist, und vielleicht direkt danach versuchen, das Backup auf einen externen Storage zu kopieren. Das wird scheitern, denn das Backup läuft vielleicht noch gar nicht oder hat gerade erst begonnen.

Das Konzept der UPID

Bei asynchronen Aufgaben gibt die API im `data`-Feld des Antwort-Objekts keine Bestätigung der Fertigstellung zurück, sondern eine *Unique Process ID* (UPID). In Kapitel 8, »Administration der Nodes«, habe ich schon einmal über den Aufbau der UPID gesprochen, da diese auch in Log-Einträgen verwendet wird.

Eine UPID für ein Backup der VM 100 auf Node `pve1` sieht in etwa so aus:

```
UPID:pve1:00003E4A:00247402:614A0B40:vzdump:100:root@pam:
```

Diese UPID ermöglicht es, immer wieder den Status des laufenden Auftrags abzufragen.

22.5.4 Status einer UPID überwachen

Um eine Automatisierung zu bauen, die mit synchronen und asynchronen Tasks klarkommt, müssen wir deshalb stetig den Status laufender Tasks abholen und deshalb einen Polling-Mechanismus implementieren.

Ein vereinfachter, beispielhafter Ablauf könnte wie folgt implementiert sein:

1. Senden Sie einen `POST`-Request zum Erstellen einer VM an die API.
2. Extrahieren Sie aus der Antwort die `UPID` und speichern Sie diese.
3. Ab hier soll das Skript eine Schleife drehen oder den Check regelmäßig aufwecken
4. Fragen Sie den Status des Tasks mit `GET /nodes/{node}/tasks/{upid}/status` ab.
5. Prüfen Sie das Feld `status` - steht es auf `running`, drehen wir eine weitere Runde in der Schleife.
6. Steht das Feld `status` auf `stopped`, könnten Sie anschließend den `exitstatus` prüfen.
7. Steht im `exitstatus` der Wert `OK`, war die Aktion erfolgreich.
8. Steht im `exitstatus` jedoch `ERROR`, ist etwas schiefgelaufen.

In Listing 22.1 sehen Sie ein vereinfachtes Beispiel zum Erstellen eines Snapshots der VM 114 in Python, das demonstriert, wie eine solche Schleife unter Verwendung des `proxmoxer`-Wrappers aussehen kann:

```
#!/usr/bin/env python

import time
from proxmoxer import ProxmoxAPI
# proxmoxer benötigt zusätzlich die "requests"-Library

# Verbindung herstellen
pve = ProxmoxAPI('pve', user='root@pam', token_name='snapshot',
     token_value='6f3d7599-a2f7-4650-ab5e-3912e257528f',
     verify_ssl=False)
node = pve.nodes('pve01')

# Snapshot erstellen -> gibt UPID zurück
print("Erzeuge Snapshot...")
upid = node.qemu(114).snapshot.post(snapname='snap_pre_start5')

# Eine Schleife drehen, solange der Task-Status auf "running" steht
while node.tasks(upid).status.get()['status'] == 'running':
    print("Task Status:", node.tasks(upid).status.get()['status'])
    time.sleep(1)

# Ausgabe des Task-Status und des Exit-Status
print("Task Status:", node.tasks(upid).status.get()['status'])
print("Task Exit Status:", node.tasks(upid).status.get()['exitstatus'])
```

Listing 22.1: Erstellen eines Snapshots per API

Lassen Sie uns der Vollständigkeit halber noch ein weiteres Beispiel direkt in `bash` mit `pvesh` einbringen. Es handelt sich um die gleiche Funktion wie oben, nur eben direkt von der Shell des Proxmox-VE-Servers aus. Um das zurückgegebene JSON-Objekt auszuwerten, nutzen wir den `jq`-Befehl. Installieren Sie ihn vorab mit `apt install jq`.

```
#!/bin/bash

# Konfiguration
# Ermittelt den Namen des aktuellen Nodes
NODE=$(hostname)
# Erzeugt Snapshots für VM 114
VMID="114"
# Name des Snapshots mit angehängtem Unix-Timestamp
SNAP_NAME="snapshot-$(date +%s)"
```

```
echo "--- Starte Snapshot für VM $VMID auf Node $NODE ---"

# Snapshot mit 'pvesh create' erstellen -> gibt direkt die UPID zurück.
# Da jedoch auch weitere Meldungen auf der Ausgabe erscheinen können,
# filtern wir zusätzlich durch eine Regular Expression mit grep nach
# "UPID:.*"
UPID=$(pvesh create /nodes/$NODE/qemu/$VMID/snapshot --snapname "$SNAP_
NAME" | grep -o "UPID:.*")

echo "UPID erhalten: $UPID"
echo -n "Warte auf Fertigstellung"

# Eine Schleife drehen, solange der Task-Status auf "running" steht
while true
do
    # Wir nutzen '--output-format json', um den Status als JSON-Objekt
    # über jq zu lesen
    STATUS=$(pvesh get /nodes/$NODE/tasks/$UPID/status \
      --output-format json | jq -r '.status')

    if [ "$STATUS" == "stopped" ]; then
        break
    fi

    echo -n "."
    sleep 1
done

# Ausgabe des Task-Status und des Exit-Status
EXIT_STATUS=$(pvesh get /nodes/$NODE/tasks/$UPID/status \
  --output-format json | jq -r '.exitstatus')

if [ "$EXIT_STATUS" == "OK" ]; then
    echo -e "\nSnapshot $SNAP_NAME erstellt!"
else
    echo -e "\nTask beendet mit Status: $EXIT_STATUS"
fi
```

Listing 22.2: Dieselbe Funktion lässt sich auch in der Bash mit »pvesh« implementieren.

Verwenden Sie den in Listing 22.2 gezeigten Ablauf in Ihren eigenen Entwicklungen, die gegen die API laufen. Viele Aufgaben, die mit der Erstellung von Ressourcen oder der Änderung von Daten zu tun haben, sind asynchron. Nur wenn Sie die UPID unter Beobachtung halten, wissen Sie, wann Sie den nächsten Task abfeuern können.

Kapitel 23

Backups mit dem Proxmox Backup Server (PBS)

Lange Zeit waren Backups in Proxmox VE gut genug mit dem integrierten Backup gelöst. Das integrierte `vzdump` verrichtet zuverlässig seinen Dienst, sichert VMs in komprimierte Archive und legt diese auf ein NFS-Share oder eine externe Festplatte ab. Mit dem Wachstum der Datenmengen, den Anforderungen an viertelstündliche oder stündliche Backups und schnelle Wiederherstellungszeiten stößt dieses Verfahren jedoch an seine Grenzen.

Seit 2020 gibt es daher eine weitere Lösung in Form des *Proxmox Backup Servers* (PBS).

23.1 Einführung und Architektur

Der PBS ersetzt das integrierte Backup nicht, sondern erweitert es um viele zusätzliche Möglichkeiten und Features.

23.1.1 Warum vzdump nicht mehr ausreicht

Das integrierte Backup von Proxmox VE mit `vzdump` soll vor allem einfach sein und stabil funktionieren. Es erstellt deshalb ausschließlich Full-Backups. Egal, ob Sie das Backup täglich oder stündlich ausführen, verwendet es immer die gleiche Vorgehensweise:

1. `vzdump` liest alle Images aller VMs und Container von vorne bis hinten, also Ihren gesamten Datenbestand.
2. Alle Images sowie die Konfiguration einer VM oder eines Containers werden zusammen in eine Datei archiviert.
3. `vzdump` schreibt das Ergebnis als eine *.vma.zst*-Datei auf den Backup-Storage.

Bei einer 100 GB großen VM ist das noch vertretbar, bei einem 5 TB großen Fileserver wird das Backup aber schnell unhandlich. Das Lesen und Komprimieren von 5 TB dauert Stunden, jedes Backup benötigt noch mal genauso viel Speicherplatz wie das vorherige und aufgrund der zu verarbeitenden Datenmenge dauert ein Backup-Durchlauf sehr lange und ist deshalb oft nur einmal täglich möglich.

23.1.2 Was der PBS besser macht

Der Proxmox Backup Server (PBS) beseitigt diese Unzulänglichkeiten durch mehrere, miteinander kombinierte Mechanismen:

- **Changed Block Tracking mit QEMU-Dirty-Bitmaps für VM-Backups:** Der PBS liest nur noch die Daten, die sich seit dem letzten Backup geändert haben. Dazu führt QEMU eine *Dirty Map* mit, in der geänderte Blöcke des Image vermerkt werden.
- **Metadaten-Verwendung für Container-Backup:** Bei Containern werden Dateien, keine Images für ein Backup gelesen. Hier kommt ein rollierender Algorithmus zum Einsatz, der bei bestimmten Checkpoints Blöcke formt. Ändern sich Dateien innerhalb dieses Blocks, muss er gesichert werden. Ist er unverändert, kann er übersprungen werden.
- **Deduplizierung:** Nun erfolgt der Abgleich zwischen den Blöcken, die gesichert werden sollen, und allen Blöcken, die bereits auf dem PBS-Datastore vorhanden sind. Liegt der gleiche Block bereits auf dem PBS, muss dieser nur noch referenziert werden.
- **Komprimierung:** Alle Blöcke, die zum PBS-Datastore übertragen werden sollen, werden mit einem Zstandard-Algorithmus komprimiert. Das sorgt für kleinere Backups, und es müssen weniger Daten transferiert werden.
- **Verschlüsselung:** Bevor die Daten an den PBS gehen, werden sie optional noch vom Client verschlüsselt. Der Vorteil liegt auf der Hand: Der PBS kann irgendwo in Ihrer Infrastruktur stehen und enthält keine Daten, die für irgendwen außer Ihnen verwendbar sind. Der Schlüssel dazu bleibt ausschließlich bei Ihnen.
- **Übertragung und Speicherung:** Als letzter Schritt erfolgt die Übertragung auf den Datastore des Proxmox Backup Servers.

Diese Vorgehensweise ist deutlich effizienter, sicherer, kürzer und erlaubt auch stündliche oder gar viertelstündliche Backups Ihrer Daten bei kaum wachsendem Platzbedarf.

Chunk-Level Deduplication

Im vorherigen Abschnitt habe ich von *Blöcken* gesprochen, die gelesen, verarbeitet und geschrieben werden. Damit eine effiziente Behandlung und Deduplizierung von 5 TB großen Fileservern möglich ist, unterteilt der PBS die Images in einzelne, kleine Blöcke, die sogenannten *Chunks*. Die Standardgröße dieser Chunks liegt bei 4 MB für VMs mit einem *Fixed Index* oder ist dynamisch mit einem *Dynamic Index* bei Datei-Backups, wie sie für Container verwendet werden.

Der Prozess sieht wie folgt aus:

1. Der Client, z. B. Proxmox VE, nimmt einen 4 MB großen Datenblock vom Image.
2. Er berechnet davon einen `SHA-256`-Hash.
3. Der Client prüft, ob der Hash bereits auf dem Datastore vorhanden ist.

4. Ist der Hash noch nicht auf dem Datastore vorhanden, wird er hochgeladen. Ist der Hash bereits vorhanden, muss er nicht mehr transferiert werden – es gibt ihn ja bereits von einem anderen Backup oder einem vorherigen Stand.
5. Der Hash wird in der Index-Datei dieses Backups referenziert.

In Abbildung 23.1 sehen Sie, wie das Prinzip funktioniert. Mit jedem neuen Backup kommen nur noch Chunks hinzu, die geänderte oder neue Blöcke enthalten. Bereits vorhandene Chunks werden einfach wiederverwendet.

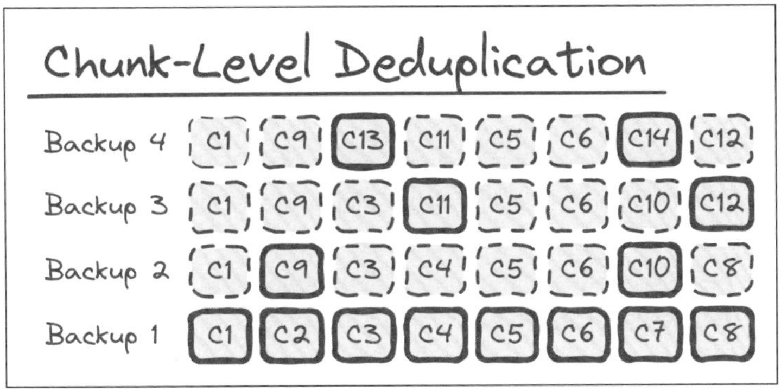

Abbildung 23.1: Die Funktionsweise der Chunk-Level-Deduplizierung auf dem PBS

Das Ergebnis spricht für sich: Wenn Sie 10 Windows-VMs sichern, wird das Betriebssystem praktisch nur ein einziges Mal gespeichert, da die Datenblöcke identisch sind. Der Speicherbedarf im PBS-Datastore sinkt deutlich. Im Durchschnitt können Sie hier mit einem Faktor von 10 bis 15 rechnen. Die im Datastore gespeicherten Daten würden ohne die Deduplizierung also das Zehn- bis Fünfzehnfache an Speicher belegen.

Beim Einsatz verschlüsselter Dateisysteme innerhalb von VMs sinkt der Deduplikationsfaktor natürlich. Wenn Sie dagegen viele gleichartige VMs und wenig Änderungen haben, können hier auch Faktoren von 100 und mehr realisiert werden. Aber verlassen Sie sich nicht darauf: Ich kenne auch Systeme, bei denen der Faktor deutlich unter 10 liegt.

Incremental Forever

Das allererste Backup einer VM muss natürlich die gesamte VM lesen und sie auf dem PBS speichern. Auch dabei helfen die Deduplizierung und Komprimierung bereits, massiv Zeit und Speicherplatz einzusparen.

Nachdem das erste vollständige Backup einer VM auf dem PBS-Datastore liegt, müssen für jedes weitere Backup der gleichen VM nur noch die geänderten oder neu hinzugekommenen Chunks gesichert werden. Aus Sicht des Clients also ist jedes Backup ein inkrementelles Backup, das nur noch die Änderungen seit dem letzten Backup verarbeiten und sichern muss.

Aus Sicht des PBS dagegen ist jedes Backup ein Voll-Backup. Sie können jedes beliebige Datum unabhängig von anderen wiederherstellen. Es gibt daher keine Full→Incremental→Differential-Ketten, bei denen ein defektes Glied in der Mitte das ganze Backup unbrauchbar macht.

Dirty Bitmaps in QEMU: Das Gedächtnis der VM

Damit Proxmox VE nicht bei jedem Backup die ganzen 5 TB lesen muss, nutzt es die Dirty-Bitmaps innerhalb des laufenden QEMU-Prozesses einer VM.

Zu Beginn eines VM-Backups prüft Proxmox VE, unser Client, ob für die VM bereits eine Dirty Bitmap existiert. Falls nicht, wird eine neue Dirty Bitmap angelegt, die im RAM gehalten wird.

Wurde die VM zwischenzeitlich heruntergefahren oder ist sie aktuell ausgeschaltet, fehlt die Dirty Bitmap. Das ist zwar nicht weiter schlimm, da einfach wieder eine neue Dirty Bitmap im RAM angelegt wird, allerdings muss nun das Image wieder komplett gelesen werden, da keine zuverlässigen Informationen zu geänderten Blöcken existieren. Das Lesen des gesamten VM-Image dauert dann zwar länger, die anschließende Deduplizierung jedoch entfernt bereits alle Chunks, die schon im PBS-Datastore liegen. Ab dann ist die Verarbeitung wieder genauso schnell und effizient wie vorher.

Beim Start eines Backups erhält der Client also die Information, welche Blöcke gelesen werden müssen. QEMU resettet die Bitmap anschließend, um die folgenden Änderungen bis zum nächsten Backup zu verfolgen.

Da das Backup bei eingeschalteten VMs spätestens beim zweiten Backup die Informationen erhält, welche Chunks sich geändert haben, dauert das Backup einer 5 TB großen VM oft nur noch wenige Sekunden.

23.1.3 Kaskadierung mehrerer PBS

Ein ernst zu nehmendes Problem – wenn nicht sogar der wichtigste Grund für Backups – sind heute *Ransomware*-Attacken.

Gelingt es Angreifern, eine Ransomware bei Ihnen zu platzieren, wird dieser Angriff oft im Hintergrund ausgeführt. Daten werden verschlüsselt, aber niemand merkt etwas. Erst nach Wochen oder Monaten erscheint eine Lösegeldforderung – wenn alle Daten und auch die Backups der letzten Wochen und Monate bereits vergiftet sind oder die Angreifer versuchen, Ihre Backups aktiv zu löschen.

Einige Backup-Systeme nutzen zum Schutz von Backups sogenannten *Immutable Storage*, also unveränderbaren Speicher, der oft durch S3-Object-Locking, WORM-Medien oder Tape-Backups realisiert wird. Der Proxmox Backup Server ermöglicht die Nutzung aller genannten Ansätze, um Unveränderbarkeit und Sicherheit zu gewährleisten.

Das Pull-Prinzip als Sicherheitsbarriere

In einer Enterprise-Architektur mit Proxmox VE sollten Sie Ihre Backups auf mindestens zwei unterschiedliche Backup-Server speichern, und zwar nicht parallel, sondern kaskadiert:

- Ein lokaler PBS steht in Ihrer Infrastruktur und nicht weit weg von Ihren Proxmox-VE-Hypervisoren für schnelle Backups und sofortige Restores. Seine primäre Aufgabe ist es also, die schnelle und kurzfristige Wiederherstellung der letzten Backups zu ermöglichen. Hier halten Sie vielleicht nur die Backups der letzten 24 Stunden, 7 Tage und 2 Wochen vor, um Speicherplatz zu sparen und schnelle operative Restores zu ermöglichen.
- Ein weiterer PBS steht an einem zweiten Standort, also offsite oder in einem brandschutztechnisch getrennten Bereich. Bei Offsite-Standorten wie einem anderen Standort oder einem externen Rechenzentrum ist die Bandbreite dorthin oft begrenzt. Seine Daseinsberechtigung liegt also in der längerfristigen Speicherung von Backup-Ständen, die nach einem Ransomware- oder Desasterfall benötigt werden. Wir sprechen also eher von täglichen, wöchentlichen, monatlichen bzw. jährlichen Backups. Hier können Sie langfristige Backups aufbewahren, die Sie hoffentlich nie restoren müssen. Falls aber doch, rettet Ihnen dieser PBS das Unternehmen.

Würden Sie beide PBS mit zwei Backup-Jobs zu unterschiedlichen Zeiten befüllen, hebeln Sie damit nicht nur die Dirty-Bitmaps aus, Sie erhalten auch nur einen geringen Gewinn an zusätzlicher Sicherheit – und dies nur für den Fall, dass einer Ihrer beiden PBS den Geist aufgibt.

Wenn Sie die beiden PBS dagegen hintereinander kaskadieren, ziehen Sie daraus einen entscheidenden Vorteil: Der remote PBS kann sich die Daten aktiv vom lokalen PBS im Pull-Verfahren abholen (siehe Abbildung 23.2).

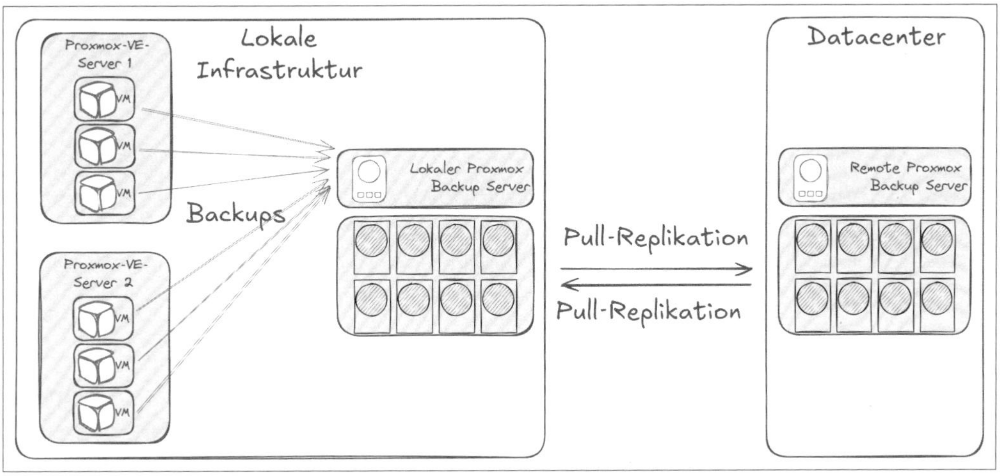

Abbildung 23.2: Ein PBS zu einem anderen PBS lässt sich im Pull-Modus replizieren.

Dies ist ein ernormer Sicherheitsgewinn, weil der primäre PBS und der Proxmox-VE-Cluster die Zugangsdaten des Remote-PBS gar nicht kennen müssen. Selbst wenn ein Angreifer Ihren kompletten Cluster und den lokalen Backup-Server übernimmt, kann er den Remote-PBS nicht löschen oder verschlüsseln, da von der kompromittierten Seite aus kein Schreibzugriff auf das Remote-System besteht. Der Remote-Server ist für den Angreifer schlicht nicht angreifbar.

Da ein Sync-Job zwischen beiden PBS immer nur die neuen, deduplizierten Chunks überträgt, ist dies extrem bandbreitenschonend. Selbst wenn auf dem lokalen Server ein Backup durch einen Angriff oder versehentlich gelöscht wird, bleibt es auf dem Remote-Server erhalten, solange dessen eigene Retention-Policy das Löschen nicht erlaubt.

23.2 Planung und Installation

Planungsfehler machen sich oft erst später im Leben eines PBS bemerkbar. Gönnen Sie ihm also lieber von Anfang an etwas »Hüftgold«. Das ist allemal besser, als später nach einem Desaster vor der Konsole zu sitzen und »Too little, too late« singen zu müssen.

Ihren PBS planen Sie in erster Linie für den Desasterfall ohne jedoch den täglichen Betrieb außen vor zu lassen. Eigentlich will niemand Backups machen, denn sie kosten Speicherplatz, Budget und Wartungsaufwand. Aber alle wollen den Restore - und zwar sofort, vollständig und ohne technisches Drama.

Planen und bauen Sie Ihre Infrastruktur also so, dass sie im entscheidenden Moment nicht zur Bremse wird, sondern zum Sicherheit bietenden Rettungsanker. Sie werden dann nachts besser schlafen.

23.2.1 Installationsmethoden

Proxmox bietet uns verschiedene Wege an, den PBS zu betreiben. Jeder Weg hat seine Berechtigung, aber nicht jeder ist für den Enterprise-Einsatz geeignet.

PBS auf separatem Bare-Metal-Server

In Produktionsumgebungen ist der Einsatz eines Proxmox Backup Servers auf dedizierter Hardware der einzige wahre Best-Practice-Ansatz. Alle anderen Varianten gehen Kompromisse ein. Ein PBS als VM auf dem zu sichernden Cluster mag im Homelab akzeptabel sein, widerspricht aber grundlegenden Enterprise-Prinzipien.

Die entscheidenden Gründe für echtes, dediziertes Blech sind:

- **Trennung der Failure Domains:** Fällt Ihr PVE-Cluster beispielsweise durch einen fehlerhaften Storage aus, ist auch eine Backup-VM nicht mehr erreichbar. Ein externer Server mit eigenem Speicherplatz ermöglicht den Zugriff auf Ihre Backups genau dann, wenn Sie ihn am dringendsten brauchen.

- **Performance:** PBS-Backups erzeugen massive Random-I/O-Last durch die parallele Verarbeitung von 4 MB großen Chunks. Auf einem dedizierten Server konkurriert dieser Ressourcenhunger nicht mit Ihren produktiven VMs.
- **Sicherheit:** Die physische Trennung erleichtert die Netzwerk-Segmentierung und ermöglicht eine Konfiguration, die Sie – richtig eingerichtet – gegen Ransomware-Attacken schützt.
- **Optimierte Systeme:** Einen PBS statten Sie anders aus als einen Hypervisor, und Sie können die Hardware für diesen Einsatz optimieren, um schnellere Backup- und Wiederherstellungszeiten zu erreichen.

Installation parallel auf dem Hypervisor

Da der PBS genau wie Proxmox VE auf Debian-GNU/Linux basiert, können Sie die Paket-Repositories des PBS zu einem bestehenden Proxmox-VE-Hypervisor hinzufügen und den PBS parallel zum PVE installieren.

Diese Variante wird zwar nicht empfohlen, ist aber ein funktionierender Kompromiss für den Fall, dass Sie einen Offsite-PBS an einem anderen Standort oder in einem Rechenzentrum haben, wie bereits in Abschnitt 23.1.3 beschrieben.

Falls Sie sich für ein solches Setup entscheiden, sollten Sie wenigstens separate Disks für die Ablage Ihrer Backups nutzen. Backups auf dem gleichen Storage zu speichern, auf dem auch Ihre produktiven Daten liegen, ist kein gutes Konzept: Erstens verlieren Sie auch Ihre Backups, wenn Ihr Storage nicht mehr funktioniert, und zweitens wird der Storage während Backup-Jobs gleich doppelt gefordert. Langsame Storages aus drehenden Platten können dafür sorgen, dass Ihre VMs und Container Performance-Engpässe erfahren.

Um diese Variante zu nutzen, binden Sie die Package-Repositories für den PBS auf einem vorhandenen Proxmox-VE-Server mit ein. Beim PBS wird wie bei Proxmox VE die gleiche Aufteilung der Repositories in *Enterprise*, *No-Subscription* und *Test* vorgenommen. Je nachdem, welches Repository Sie einbinden möchten, finden Sie die richtige Repository-Konfiguration in der offiziellen Dokumentation unter *https://pbs.proxmox.com/docs/installation.html#sysadmin-package-repositories*. Exemplarisch möchte ich das Vorgehen für das *Enterprise*-Repository zeigen.

Editieren Sie dazu die Datei */etc/apt/sources.list.d/pbs-enterprise.sources* und fügen Sie den folgenden Inhalt hinzu:

```
Types: deb
URIs: https://enterprise.proxmox.com/debian/pbs
Suites: trixie
Components: pbs-enterprise
Signed-By: /usr/share/keyrings/proxmox-archive-keyring.gpg
```

Listing 23.1: Inhalt der Datei »/etc/apt/sources.list.d/pbs-enterprise.sources«

Nach dem Speichern der Datei führen Sie mit `apt update && apt install proxmox-backup-server` die Installation durch. Voilà – der PBS ist installiert und Sie können zusätzlich zur Web-GUI des Proxmox VE auf Port 8006 nun über die gleiche Adresse auf Port 8007 die Web-GUI des frisch installierten Proxmox Backup Servers erreichen.

Virtuell als PBS-VM oder -Container

Von dieser Variante, auch wenn sie technisch möglich ist, möchte ich Ihnen aus verschiedenen Gründen in Enterprise-Umgebungen abraten:

- Wenn der Host stirbt, stirbt auch Ihr Backup-Server. Wie sollen VMs wiederhergestellt werden, wenn Sie nicht an das Backup kommen?
- Ein regelmäßiges Backup, der Verify-Job zur Prüfung der Datenintegrität und die Garbage Collection zum Löschen von Backups, deren Haltezeit abgelaufen ist, erzeugen massive I/O- und je nach Konfiguration auch CPU-Last. Wenn der Backup-Server auf demselben Host läuft wie Ihre Datenbank-VM, werden beide langsam.
- Ein Angreifer, der Root-Zugriff auf Ihren Hypervisor erlangt, kann dann auch sofort Ihre Backups löschen. Bei einem dedizierten Server mit getrennter Benutzerverwaltung ist das deutlich schwieriger bis nahezu unmöglich.

23.2.2 Hardware-Anforderungen und -Sizing

In den Systemvoraussetzungen des PBS, die Sie unter *https://pbs.proxmox.com/docs/installation.html#recommended-server-system-requirements* finden, sehen Sie die empfohlenen Eckdaten. Besonders der Punkt, schnelle und leider teure SSDs oder NVMes für Backups zu verwenden, wird gerne als überzogen verworfen.

Wenn Sie Hardware für einen PBS planen, vergessen Sie alles, was Sie über Backup-Datengräber wissen. Der PBS verhält sich nämlich eher wie eine Datenbank als wie ein Fileserver.

Warum SSDs oder NVMes sinnvoll sind

Der PBS sichert Backups in Datastores. Unter der Haube ist das ein Chunk-Store. Erinnern Sie sich an vielen 4 MB großen, einzelnen Chunks, aus denen ein Backup besteht?

Diese Architektur bedeutet, dass der Server fast ausschließlich Random-I/O statt Sequential-I/O macht. Hier sind einige Beispiele für tägliche Jobs, die massive Random-I/O-Last auf dem PBS generieren:

- **Backups:** Die Datensicherungen kommen zwar meist sequenziell rein, werden aber als einzelne Chunks verstreut im Datastore abgelegt.
- **Verify:** Ein PBS sollte regelmäßig prüfen, ob die Daten noch konsistent sind und dem ursprünglichen Stand entsprechen. Auch hier werden zwar gesamte Images sequenziell gelesen, jedoch in Chunks verstreut und deshalb mit Random-I/O auf den gesamten Datastore.

- **Garbage Collection:** Beim Löschen von Backups, deren Haltezeit abgelaufen ist, muss der Server jeden einzelnen Chunk anfassen und prüfen, ob er in irgendeinem Backup noch verwendet wird. Das erzeugt Unmengen an Lesezugriffen auf zufällige Sektoren.

Drehende Festplatten mit 7200 Umdrehungen pro Minute leisten gerade einmal etwa 120 IOPS, und das auch nur im besten Fall, also wenn Sie nur 4k große Sektoren lesen müssen. Bei 4 MB großen Chunks ist die Festplatte für eine Weile beschäftigt und kann nicht gleichzeitig an einer anderen Stelle andere Chunks lesen. SSDs und NVMes hingegen können genau das.

Denken Sie weiter als bis zum täglichen Backup. Ob der Backup-Job nachts ein paar Stunden länger läuft, kratzt vermutlich niemanden. Wenn eine Wiederherstellung allerdings Tage statt Minuten oder Stunden dauert, sieht die Sache anders aus.

Mit der Angabe »Minuten« habe ich nicht unbedingt übertrieben: Mithilfe des Live-Restore-Features können Sie kurz nach dem Start eines Restores wieder produktiv arbeiten und die Downtime auf ein absolutes Minimum verkürzen. Dafür müssen Ihre Storage-Devices im PBS jedoch wirklich schnell sein, also aus NVMes oder notfalls SSDs bestehen. Drehende Disks sind für diesen Fall nicht zu gebrauchen.

Daher gilt: Nutzen Sie für Ihre Datastores Enterprise-NVMes oder -SSDs!

Gibt Ihr Budget dies für große Datenmengen nicht her und müssen Sie HDDs nutzen, verwenden Sie ZFS mit redundanten *Special Devices*. Dabei lagern Sie die Metadaten und kleine Dateien auf schnelle Flash-Speicher aus, während die 4-MB-Datenblöcke auf den HDDs liegen. Das beschleunigt den Zugriff deutlich, ist für Live-Restores aber dennoch nicht ausreichend.

Sparen können Sie sich dagegen den Einsatz von SSDs und NVMes als L2ARC oder den Einsatz von separaten SLOG-Devices für ZFS. Investieren Sie das gesparte Budget besser in RAM oder schnellere Special Devices.

RAM-Sizing

Wie viel RAM Sie verwenden sollten, hängt davon ab, ob Sie LVM/ext4 auf Basis eines Hardware-RAID-Controllers oder ein ZFS über einen HBA verwenden.

ZFS ist häufig die bessere, flexiblere und schnellere Variante, benötigt aber RAM und unbedingt einen HBA. Verwenden Sie ZFS nie auf einem RAID-Controller. Auch nicht in einer JBOD- oder RAID-0 Konfiguration pro Disk.

Planen Sie nach folgender Formel: 4 GB für das System und die PBS-Dienste + 1 GB RAM pro 1 TB Speicherplatz.

Soll Ihr PBS später also 50 TB Speicher mit ZFS bereitstellen, brauchen Sie 4 GB + 50 GB RAM. Entscheiden Sie sich eher für 64 GB als für 48 GB RAM. Mehr RAM ist meist günstiger als ein langsamer Restore.

CPU-Empfehlungen

Welche CPUs Sie für den PBS nehmen, ist weniger wichtig als die Wahl der Storage-Devices. Entscheiden Sie sich hier also für günstige CPUs mit 4 Cores oder mehr, die ein vernünftiges Preis-Leistungs-Verhältnis haben.

In großen Umgebungen kann die CPU jedoch zum Flaschenhals werden. Sparen Sie also auch nicht unbedingt am falschen Ende, sondern nehmen Sie etwas, das für den gleichzeitigen Backup-Druck Ihrer 25 Hypervisoren und zur Verwaltung von Hunderten Terabytes Backup-Daten ausreichend dimensioniert ist.

23.3 Einrichtung und Konfiguration

Der Server ist installiert, das Netzwerk konfiguriert und wir können uns über Port 8007 auf der Weboberfläche einloggen. Was Sie dort sehen, wird Ihnen vertraut vorkommen – die GUI basiert auf demselben Framework wie Proxmox VE. Doch statt VMs verwalten wir hier Datastores und deren Inhalte.

23.3.1 Datastores verwalten

Ein PBS-Datastore ist im Grunde genommen nichts anderes als ein Verzeichnis auf einer gemounteten Festplatte, in dem die Backup-Daten abgelegt werden.

Ob dieser Mount-Point auf den ZFS-Pool lokaler Disks, auf ein Verzeichnis hinter einem RAID-Controller oder von einem NFS-Storage eingehängt wird, spielt für den PBS keine Rolle. Welches Filesystem auf dem Datastore verwendet wird, ist ihm egal, und er setzt außer einer POSIX-Kompatibilität nichts voraus.

Um einen Datastore anzulegen, navigieren Sie in der GUI zu **Datastore • Add Datastore**. Sie sehen dann den Dialog aus Abbildung 23.3.

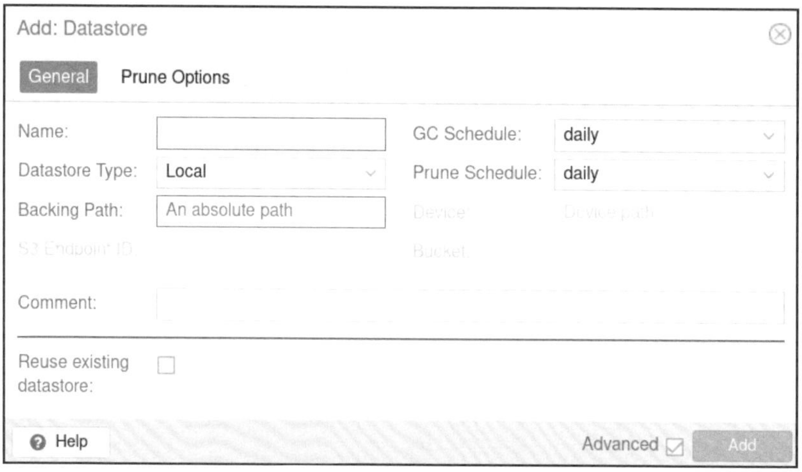

Abbildung 23.3: Der Dialog zum Anlegen eines neuen Datastores

Alternativ erstellen Sie unter **Administration• Storage / Disks • ZFS • Create: ZFS** einen neuen ZFS-Pool aus Ihren noch ungenutzten Storage-Devices und lassen diesen direkt als Datastore einbinden.

Die wichtigsten Parameter sind:

- **Name:** Verwenden Sie einen sprechenden Name wie `backup-zfs-01`.
- **Backing Path:** Hier geben Sie den absoluten Pfad zum Mount-Point ein, z. B. `/mnt/datastore/backup-zfs-01`.
- **GC Schedule:** Wann bzw. wie oft soll die Garbage Collection durchgeführt werden? (Dazu später mehr.)
- **Prune Schedule:** Wann bzw. wie oft sollen alte Backups gelöscht werden?

Ein Blick unter die Motorhaube: Die Ordnerstruktur

Wenn Sie nach dem Anlegen eines Datastores in das angegebene Verzeichnis schauen, sehen Sie eine Struktur, die für Einsteiger oft verwirrend ist:

Die Unterordner *ct/*, *vm/* und *host/* enthalten die Indexdateien für Ihre Backups. Diese Indexdateien enthalten dann eine Liste aller Chunks, aus der in der angegebenen Reihenfolge genau dieses Backup wiederhergestellt werden kann.

Im Ordner *.chunks/* liegen sämtliche Chunks, verteilt auf 65.536 Unterordner von *0000* bis *ffff*. Der Name eines Chunks ist gleichzeitig der SHA-256-Hash seines Inhalts. Beginnt der Name eines Chunks mit `1234`, wird der Chunk im gleichnamigen Unterordner aufbewahrt. Das sind die deduplizierten Datenblöcke, aus denen sich die Backups zusammensetzen. Für jeden Chunk mit gleichem Inhalt ermittelt SHA-256 den gleichen Hash. Daher muss dieser Block nur ein einziges Mal gespeichert werden und kann in vielen Backups immer wieder verwendet werden.

23.3.2 Benutzerverwaltung und Berechtigungen

Sofern der PBS nicht an eine externe Authentifizierung wie LDAP, AD oder OpenID Connect angebunden ist, verwendet er seine eigene Benutzerdatenbank. Er kennt also nicht automatisch die Benutzer eines Proxmox-VE-Servers.

Nach der Installation arbeiten Sie zunächst als `root@pam` und verwenden den `root`-User des lokalen Systems. Für den produktiven Betrieb sollten Sie jedoch dedizierte Benutzer mit eingeschränkten Rechten und zugehörige API-Tokens erstellen.

Berechtigungen richtig setzen

Der PBS nutzt ein rollenbasiertes Modell ähnlich einem Proxmox VE. Die wichtigsten Rollen sind:

- **Admin:** Ein *Admin* darf alles unterhalb eines zugewiesenen Berechtigungspfades. Er darf das System konfigurieren, Datastores anlegen, aber auch Datastores löschen. Der Root-User hat die *Admin*-Rolle für / und damit für das gesamte System.
- **DatastoreAdmin:** Der *DatastoreAdmin* darf alles auf bestehenden Datastores, für die er Berechtigungen besitzt.
- **DatastoreReader:** Der *DatastoreReader* darf Backups lesen für Restores, aber nichts löschen oder schreiben.
- **DatastorePowerUser:** Der *DatastorePowerUser* kann Backups erzeugen, Restores durchführen und eigene Backups löschen.
- **DatastoreBackup:** Das ist die wichtigste Rolle für Ihre Clients. Ein Inhaber dieser Rolle darf neue Backups erstellen und Restores durchführen, aber keine Backups löschen oder verändern. Ein Client sieht also einen Immutable Storage, wenn er diese Rolle auf einem Datastore hat.

User vs. API-Tokens

Wenn wir den Proxmox-VE-Cluster mit dem Backup-Server verbinden, müssen wir uns authentifizieren.

Schlecht ist, wenn Sie die Authentifzierung als *root* durchführen. Ihr PVE-Cluster hat damit volle Berechtigungen, die ein Angreifer ausnutzen könnte, um Backups zu löschen. Außerdem würden alle Backups fehlschlagen, sobald Sie das *root*-Kennwort des PBS ändern.

Besser wäre es, auf dem PBS einen eigenen Benutzer `cluster1-backup` anzulegen und diesem eingeschränkte Rechte über die *DatastorePowerUser*-Rolle zuzuweisen. Und zwar nur auf den Datastores, auf die er Zugriff haben soll.

Perfekt ist es, wenn Sie ein API-Token für den Benutzer *cluster1-backup* erstellen und diesem API-Token nur noch die Rolle *DatastoreBackup* auf dem Datastore zuweisen. Dieses API-Token verwenden Sie dann als Zugangsdaten auf dem Proxmox-VE-Cluster.

Daraus resultiert ein API-Token wie `cluster1-backup@pbs!myapikey`. Das ist wie separater Zweitschlüssel für einen Benutzer. Mit der Verwendung eines API-Tokens schlagen Sie gleich mehrere Fliegen mit einer Klappe:

- Das Token hat ein eigenes Passwort (auch *Geheimnis* oder *Secret* genannt), das unabhängig vom Passwort des Benutzers ist. Sie können das User-Passwort ändern, ohne die Backups anfassen zu müssen.
- Sie können ein Token jederzeit widerrufen, ohne den Benutzer zu sperren.
- Sie können dem Token weniger Rechte geben als dem Benutzer selbst, so wie in unserem Beispiel oben. So kann der Benutzer *DatastorePowerUser* sein, aber das Token, das auf dem PVE-Host hinterlegt ist, darf mit seiner Rolle *DatastoreBackup* nur neue Backups schreiben. Dies ist ein wichtiges Detail für einen wirksamen Ransomware-Schutz.

Einen Benutzer und ein API-Token anlegen

Unter **Configuration • Access Control • User Management** lässt sich durch einen Klick auf **Add** ein neuer Benutzer anlegen. Erstellen Sie einen User wie beispielsweise `cluster1-backup` (siehe Abbildung 23.4).

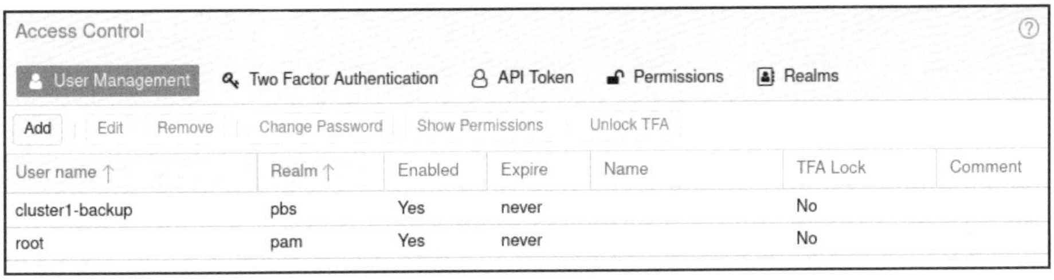

Abbildung 23.4: Einen eigenen Benutzer mit eingeschränkten Rechten anlegen

Auf dem Tab **API Token** erstellen Sie mit einem Klick auf **Add** ein neues Token für diesen User. Geben Sie dem Token einen sprechenden Namen und kopieren Sie das Secret. Es wird nur ein einziges Mal angezeigt (siehe Abbildung 23.5).

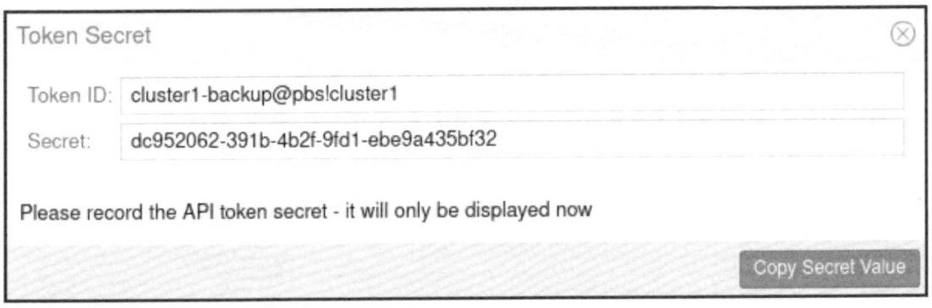

Abbildung 23.5: Das API-Token und das Secret sind Ihre Zugangsdaten – kopieren Sie das Secret, es wird nur hier angezeigt!

Nun müssen Sie dem Benutzer und dem API-Token noch die Berechtigungen für Ihren Datastore zuweisen. Klicken Sie links in der Übersicht auf den entsprechenden Datastore, für den Sie den Benutzer und das Token berechtigen möchten.

Im Datastore-Menü unter **Permissions • Add** hinterlegen Sie nun die Berechtigungen. Danach werden Ihnen wie in Abbildung 23.6 die Details als Liste angezeigt.

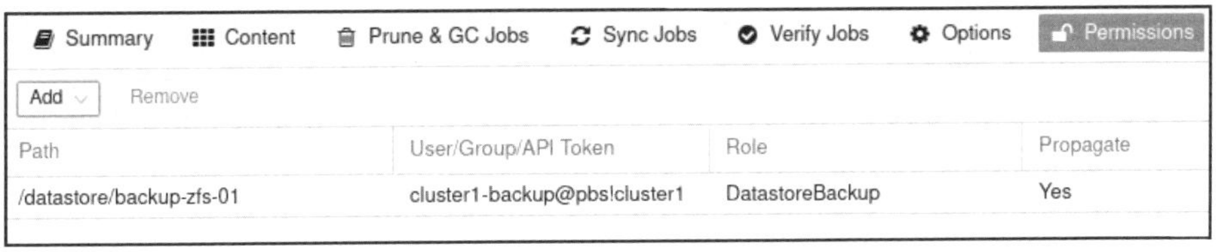

Abbildung 23.6: Fügen Sie die Berechtigungen für das Token auf dem Datastore hinzu.

Damit haben Sie einen perfekt abgesicherten Zugang geschaffen, den Sie im nächsten Schritt in Proxmox VE eintragen können.

23.4 Integration in Proxmox VE

Wir haben einen funktionierenden Proxmox Backup Server (PBS) mit einem User und einem zugehörigen, eingeschränkten Token sowie einen Proxmox-VE-Cluster, der seine Daten auf ihm sichern möchte.

Die Verbindung zwischen beiden Systemen geschieht vom Proxmox-VE-Host aus über eine gesicherte TLS-Verbindung zur API auf dem TCP-Port 8007 des PBS.

23.4.1 Hinzufügen des PBS als Storage

Zur Vermeidung von Man-in-the-Middle-Angriffen möchte der Proxmox-VE-Server zunächst verifizieren, dass es sich bei dem PBS um den richtigen Server handelt.

Ermitteln des PBS-Fingerprints

Wenn die Web-GUI des PBS kein verifizierbares Zertifikat besitzt, benötigen Sie den Fingerprint des PBS-Servers. Da der PBS standardmäßig mit selbst-signierten Zertifikaten arbeitet, erhalten Sie auf dem Dashboard des PBS oben mittig auf dem blauen Button den notwendigen Fingerprint (siehe Abbildung 23.7) und können diesen bei der Anbindung angeben.

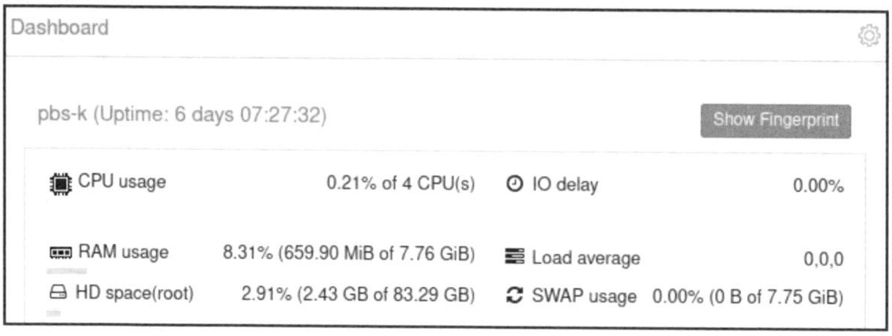

Abbildung 23.7: Mit dem Button oben rechts rufen Sie den Fingerprint des PBS ab.

Den PBS auf dem Proxmox-VE-Server hinzufügen

Auf einem Proxmox-VE-Server muss der PBS als Storage eingebunden werden, damit Sie ihn bei Backups als Ziel hinterlegen können. Unter **Datacenter • Storage • Add • Proxmox Backup Server** rufen Sie den Dialog dazu auf (siehe Abbildung 23.8). In einem Cluster müssen Sie das nur einmal tun, da alle Proxmox-VE-Server sich eine gemeinsame Konfiguration teilen.

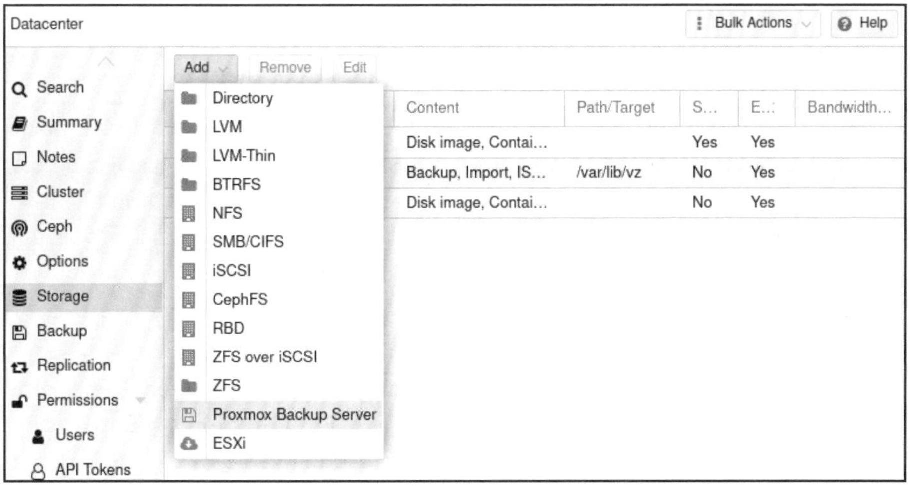

Abbildung 23.8: Der PBS wird auf dem Proxmox VE als Storage eingebunden.

Die Maske enthält drei Tabs: **General**, **Backup Retention** und **Encryption**. Schauen wir uns die relevanten Felder an.

- **General**
  - **ID:** ein lokaler Name für den Storage wie `local-pbs`
  - **Server:** die IP-Adresse oder der FQDN des Backup-Servers
  - **Username:** Hier tragen Sie das vollständige Token ein, beispielsweise `cluster1-backup@pbs!myapikey`.
  - **Password:** das Secret, das Sie beim Erstellen des Tokens kopiert haben
  - **Datastore:** der Name des Datastores auf dem PBS – in unserem Beispiel oben lautet er `backup-zfs-01`.
  - **Fingerprint:** Fügen Sie hier den vom Dashboard des PBS kopierten Fingerprint ein.
- **Backup Retention**

  Bei der Verwendung eines PBS verzichten Sie auf jegliche Konfiguration in diesem Tab. Standardmäßig löscht der Proxmox VE keine Backups, sondern behält alle.

  Wenn Sie alles richtig eingerichtet haben, soll und darf der Proxmox VE ja keine Backups auf dem PBS löschen. Dieser Task würde also sowieso immer fehlschlagen.
- **Encrytion**

  Auf diesem Tab stellen Sie die optionale Verschlüsselung Ihrer Backups ein. Sie wählen hier aus, ob Sie
  - **Ihre Backups unverschlüsselt ablegen möchten:** Das ist der Standard. Für lokale Backups ist diese Einstellung akzeptabel, aber nicht empfehlenswert. Was, wenn ein

Server gestohlen wird oder eine der Disks in ihm ausfällt und zwecks Garantieaustausch verschickt werden muss? Liegen die Daten unverschlüsselt darauf, ist es möglich, zumindest Teile davon zu rekonstruieren.

- **einen neuen Schlüssel generieren und die Verschlüsselung aktivieren möchten:** In diesem Fall erhalten Sie nach Abschluss des Dialogs den Schlüssel angezeigt und können ihn in die Zwischenablage kopieren und in Ihrem Passwortmanager speichern, ausdrucken, herunterladen oder als QR-Code abrufen. Egal was Sie tun: Bewahren Sie den Schlüssel gut auf, denn es gibt keine Hintertür und keinen zweiten Schlüssel für Ihre Backups. Wenn er weg ist, dann ist er weg – Ihre Backups können dann nicht wiederhergestellt werden.
- **einen bestehenden Schlüssel hochladen und verwenden möchten:** Dieser letzte Eintrag ermöglicht es Ihnen, nach dem Totalausfall eines Proxmox-VE-Hosts oder Clusters hier den Verschlüsselungskey einzutragen und die Backups wieder lesbar zu machen. Die Wiederherstellung kann beginnen.

Sobald Sie alle Tabs nach Ihrem Bedarf ausgefüllt und auf den Button **Add** geklickt haben, erscheint der PBS in der Liste Ihrer Storages.

23.4.2 Client-Side Encryption (Verschlüsselung)

Gerade haben wir noch darüber gesprochen: Möchten Sie Ihre Backups verschlüsseln oder nicht?

In Zeiten von Ransomware und Datendiebstahl gilt der Grundsatz *Zero Trust*.

Das bedeutet: Wir vertrauen dem Backup-Server nicht. Wir gehen davon aus, dass ein Angreifer den Backup-Server physisch stehlen oder sich über eine Sicherheitslücke Zugriff verschaffen könnte. Wenn Ihre Backups dort im Klartext liegen, hat der Angreifer Zugriff auf alle Ihre Geschäftsgeheimnisse, Kundendatenbanken und vielleicht sogar auf weitere Passwörter.

Die Lösung dafür ist die *Client-Side Encryption*, also die Verschlüsselung der Daten durch den Proxmox-VE-Host vor der Übertragung. Der PBS empfängt nur noch ein mit *AES-256 GCM* verschlüsseltes Datenmüsli. Er kann die Daten zwar speichern und deduplizieren, da gleiche Daten auch gleich verschlüsselt werden, aber er kann sie nicht entschlüsseln und lesen.

23.5 Backup und Restore in der Praxis

Wir haben die Infrastruktur gebaut, die Daten verschlüsselt und die User berechtigt. Jetzt konfigurieren wir die Backups so, dass sie automatisch laufen.

23.5.1 Backup-Jobs in Proxmox VE

In Proxmox VE werden Backups zentral über **Datacenter • Backup** gesteuert. Das hat den charmanten Vorteil, dass wir einen Job definieren können, der clusterweit für alle Nodes gilt.

Wie diese Jobs eingerichtet werden, unterscheidet sich nicht groß von anderen Backup-Jobs. Ich möchte Sie daher auf Abschnitt 7.8.2, »Geplante Backups mit Backup-Jobs«, verweisen.

23.5.2 Wiederherstellung von Backups

Auch die Wiederherstellung einer VM oder eines Containers läuft so ab wie von jedem anderen Storage aus. Entweder möchten Sie eine vorhandene VM durch eine zuvor gesicherte VM wieder auf einen älteren Stand wiederherstellen – dann gehen Sie über **<vmid> • Backup • Restore** – oder Sie möchten eine Kopie einer zuvor gesicherten VM auf einer neuen VM wiederherstellen. Dazu gehen Sie über den Storage, wählen das Backup aus und klicken oben auf **Restore**.

Live-Restores für minimale Downtime

Es gibt ein Feature, das mit dem PBS nutzbar ist und für andere, normale Backups nicht zur Verfügung steht: den Live-Restore von VMs.

Stellen Sie sich vor, Ihr wichtigster Fileserver mit 5 TB Daten ist ausgefallen. Ihre Anwender sagen Ihnen, dass sie so nicht arbeiten können. Sie fragen geduldig im Minutentakt, wann sie wieder Zugriff auf die Datei mit der Urlaubsplanung haben.

Bei einem normalen Restore könnte das nun einen halben Tag dauern. Mit Live-Restore könnte der Fileserver schon online sein, bevor der Anwender wieder an seinem Platz ist.

Wenn Sie im **Restore**-Dialog den Haken bei **Live restore** setzen und den Restore-Vorgang starten, passiert Folgendes:

1. Proxmox VE erstellt die VM und leere Disk-Images auf dem Ziel-Storage.
2. Die VM wird gestartet.
3. Der QEMU-Prozess der VM schaut jetzt für jeden zu lesenden Block im Image nach, ob er bereits zurückgesichert wurde. Wenn nicht, wird er in Echtzeit vom Backup-Server geholt.
4. Schreibvorgänge laufen direkt wieder in das lokale Image.
5. Parallel dazu läuft im Hintergrund ein Prozess, der alle restlichen Daten vom PBS auf den lokalen Storage streamt.

Die VM bootet innerhalb von wenigen Sekunden. Das Betriebssystem lädt nur die paar Hundert Megabyte, die es zum Starten braucht, direkt vom PBS. Die User können sofort auf Dateien zugreifen. Wenn ein User eine Datei öffnet, die noch nicht wiederhergestellt wurde, lädt QEMU sie vom Backup-Server nach.

Sie können sich vorstellen, dass der Backup-Server nun Random-I/O liefern muss und ordentlich unter Druck steht. Für diesen Zweck brauchen Sie SSDs oder NVMes in Ihrem PBS. Dennoch wird auch bei einem sehr schnellen PBS die VM in den ersten Minuten langsamer sein als gewohnt, da die meisten Lesezugriffe durch die Netzwerklatenz zum Backup-Server verlangsamt werden. Aber »langsam und verfügbar« ist viel besser als schnell, aber nicht verfügbar.

Ein Risiko möchte ich Ihnen nicht verheimlichen: Bricht nach 4 Stunden der Restore ab, weil beispielsweise auf dem Zielstorage nicht genügend Platz frei war, sind die bis dahin neu geschriebenen Daten verloren. Räumen Sie also potenzielle Hindernisse aus dem Weg, bevor Sie den Restore-Vorgang starten!

Single File Restore

Oft wird gar nicht die gesamte VM benötigt, sondern nur einige Dateien aus dem Backup, weil jemand eine wichtige Excel-Tabelle versehentlich gelöscht hat.

Proxmox VE hat dafür einen Button **File Restore** in der GUI unter **<vmid> • Backup • File Restore**.

Wenn Sie auf ihn klicken, wird im Hintergrund eine Minimal-VM gestartet, die Partionen im Image anzeigt, schreibgeschützt einbindet und eine Art File-Browser bereitstellt. Hier navigieren Sie durch die Partitionen, Ordner und Dateien, bis Sie die relevanten Daten gefunden haben.

Wählen Sie die Dateien aus, klicken Sie auf **Download as** und auf das gewünschte Archivformat, um die gewählten Dateien aus dem Image auf Ihren Desktop herunterzuladen. Da ein direkter Restore zurück in die ursprüngliche VM nicht möglich ist, müssen Sie auf anderem Wege von Ihrem Desktop aus die Dateien zum eigentlichen Fileserver oder PC transferieren.

23.6 Wartung und Pflege

Wir haben inzwischen für automatische, regelmäßige und verschlüsselte Backups gesorgt.

Backups sollten aber auch regelmäßig verifiziert werden. Alte Backups sollten regelmäßig entfernt werden, um Speicherplatz im Datastore frei zu machen. Lassen Sie uns als Nächstes die notwendigen Wartungsjobs dafür einrichten.

Die Bereinigung abgelaufender Backups läuft im PBS in zwei getrennten Phasen ab: Das *Pruning* löscht die Indexdateien, und die *Garbage Collection* löscht nicht mehr benötigte Chunks.

23.6.1 Pruning – Entsorgung abgelaufener Backups

Pruning-Jobs beschäftigen sich nur mit den Indexdateien, also den Einträgen in der Liste Ihrer Backups (siehe Abbildung 23.9).

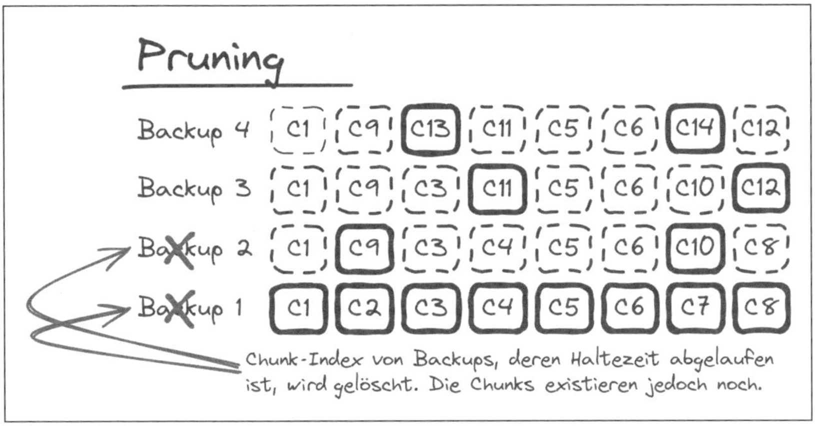

Abbildung 23.9: Das Pruning entsorgt Backup-Indizes, deren Haltezeit abgelaufen ist.

Wenn ein Prune-Job läuft, entscheidet er anhand Ihrer konfigurierten Haltezeiten, welche Backups noch aufbewahrt werden sollen und für welche Backups die Haltezeit abgelaufen ist.

Pruning löscht keine Daten, sondern nur den Index mit den Verweisen auf die einzelnen Chunks, aus denen sich das Backup zusammensetzt. Der Speicherplatz wird zu diesem Zeitpunkt jedoch nicht freigegeben. Der Prune-Job ist daher sehr flink und dauert in der Regel nur wenige Sekunden.

23.6.2 Garbage Collection

Die *Garbage Collection* (GC) dagegen räumt wieder Speicher auf dem Datastore frei.

Da durch die Deduplizierung derselbe Chunk für verschiedene Backups benötigt werden kann, darf das Pruning einer VM den Chunk nicht anfassen. Es könnte ja sein, dass das Backup einer anderen VM vom letzten Jahr den gleichen Block noch benötigt.

Nehmen wir als Beispiel die 4 Backups aus Abbildung 23.10. Die ersten beiden, *Backup 1* und *Backup 2*, haben ihre Haltezeit überschritten und der Prune-Job hat die beiden Index-Dateien bereits entfernt.

Nun folgt der GC-Prozess und geht in zwei Phasen vor:

- **Phase 1:** Er geht nacheinander alle Backup-Indizes durch und markiert jeden darin verwendeten Chunk als benutzt (siehe Abbildung 23.10).

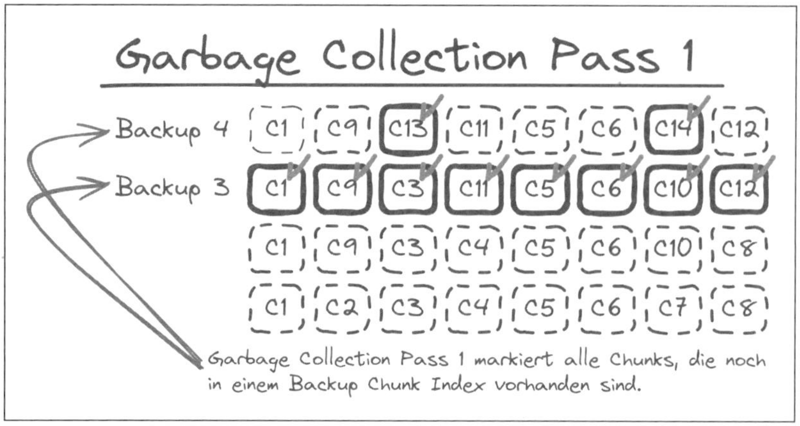

Abbildung 23.10: Phase 1 der Garbage Collection: Die noch von Backups verwendeten Chunks werden markiert.

- **Phase 2:** Er scannt den gesamten *.chunks*-Ordner. Alle Chunks, die nicht markiert wurden, werden gelöscht. In Abbildung 23.11 sehen Sie die Vorgehensweise.

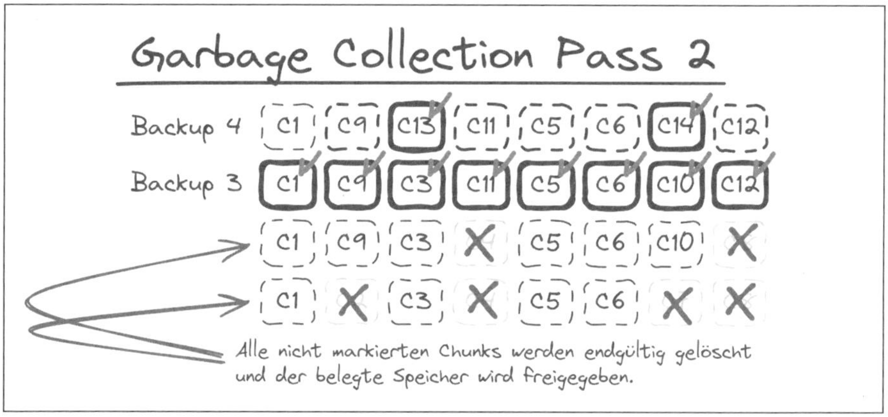

Abbildung 23.11: Phase 2 der Garbage Collection: Alle nicht markierten Chunks werden vom Datastore gelöscht.

Sie können sich sicher vorstellen, dass es ganz schön viel Arbeit ist, einmal alle Daten in einem 100-TB-Datastore anzufassen. Damit möchte ich andeuten, dass die Garbage Collection massive Random-I/O-Last auf Ihrem PBS erzeugt und lange dauern kann. Dauert die GC länger als einen Tag, sollten Sie über schnelleren Storage, den Einsatz von ZFS-Special-Devices oder eine höhere Frequenz der Garbage Collection nachdenken.

Best Practices für das Pruning und die Garbage Collection

- Lassen Sie den Prune-Job in der gleichen Frequenz oder eine Stufe seltener als Ihre Backups laufen. Wenn Sie also stündliche Backups machen, lassen Sie stündliche oder tägliche Prune-Jobs laufen.
- Verlegen Sie die Garbage Collection auf eine Zeit außerhalb Ihrer Backup-Jobs und -Verifikationen. Lassen Sie sie tagsüber oder am Wochenende laufen, wenn Sie nachts Backups machen.
- Lassen Sie die Garbage Collection gleich oft oder eine Stufe langsamer laufen als die Prune-Jobs. Machen Sie tägliche Prune-Jobs, führen Sie anschließend tägliche Garbage Collections durch. Für die meisten Umgebungen reicht allerdings ein wöchentlicher Lauf am Samstag aus. Eine tägliche Garbage Collection ist oft unnötig.

Die Garbage Collection löscht aus Sicherheitsgründen keine Chunks, die jünger als 24 Stunden und 5 Minuten sind. Das ist eine Sicherheitsmaßnahme, um keine Daten von gerade laufenden Backups zu zerstören. Wundern Sie sich also nicht, wenn direkt nach dem Löschen einer großen VM der Platz nicht sofort, sondern erst mit einem Tag Verzögerung oder zur nächsten Garbage Collection frei wird.

23.6.3 Verify-Jobs

Backup-Daten liegen monate- oder jahrelang unberührt auf der Platte. Was geschieht, wenn in dieser Zeit ein Bit kippt oder ein Sektor der Disk wegen eines Medienfehlers nicht mehr lesbar ist? Bei deduplizierten Daten ist das fatal: Ein defekter Chunk kann viele Backups gleichzeitig unbrauchbar machen.

Eine regelmäßige Überprüfung mit einem Verify-Job stellt Fehler fest. Dieser Job liest die gespeicherten Daten und prüft, ob der Inhalt noch zum Dateinamen – dem SHA-256-Hash des Inhalts – passt. Wenn es zu Unterschieden und damit zu defekten oder fehlenden Chunks kommt, kann der PBS die defekten Blöcke beim nächsten Backup noch einmal vom Client anfordern.

Richten Sie einen Verify-Job ein, der täglich Ihre neuen Backups prüft. Nutzen Sie die Option **Re-Verify after X days**, um nicht jede Nacht alles neu prüfen zu müssen, sondern nur solche Daten, die neu hinzugekommen sind oder seit *x* Tagen nicht mehr geprüft wurden.

23.7 Air-Gapped mit Offsite-Sync, Tape-Backup und S3-Anbindung

Wir haben nun funktionierende Backups auf unserem lokalen Proxmox Backup Server (PBS).

Bisher haben wir die Live-Daten sowie die Backup-Daten auf unserem PBS, meist am selben Standort. Wenn der Serverraum abbrennt oder plötzlich unter Wasser steht, wären beide Kopien weg. Eine Offsite-Replikation zu einem Datacenter oder einem anderen Standort löst dieses Problem.

23.7.1 Remote-Sync - der digitale Bunker

Der Proxmox Backup Server (PBS) beherrscht mit seinem *Remote-Sync*-Feature eine effiziente Methode, um Daten zwischen zwei PBS-Instanzen zu spiegeln.

Das Besondere daran: Neben dem üblichen Push-Verfahren, bei dem der Client die Daten auf den Backup-Server schiebt, existiert ein Pull-Modus, bei dem ein Backup-Server sich die Daten von einem anderen PBS holt. Dabei zieht er nur die neuen Indexdateien sowie alle Chunks, die er dazu benötigt und selbst noch nicht hat.

Ein Pull-Verfahren bedeutet vor allem aber einen massiven Sicherheitsgewinn gegen Ransomware, weil auf dem lokalen PBS keinerlei Zugangsdaten für den entfernten PBS hinterlegt sein müssen.

Nehmen wir an, ein Angreifer übernimmt Ihren gesamten lokalen Standort mit PVE-Cluster und lokalem PBS. Er verschlüsselt alle Daten und löscht alle Backups.

Der externe PBS ist an einem anderen Standort und hat separate Zugangsdaten. Der lokale PBS kennt die Zugangsdaten des externen Servers nicht. Damit weiß auch der Angreifer nicht, wo der externe PBS ist und wie er sich Zugriff verschaffen könnte. Er kann dort also nichts löschen.

Der externe Server zieht sich turnusmäßig die neuen Backups. Selbst wenn lokal alles verschlüsselt oder gelöscht wäre, liegen die älteren Stände sicher offsite im digitalen Bunker.

23.7.2 Tape-Backup

Wenn Ihnen die Offsite-Replikation noch nicht sicher genug ist, weil ein Angreifer die gespeicherte Datei mit Klartext-Passwörtern finden könnte (kleiner Scherz), können Sie auch Bandsicherungen verwenden und sie regelmäßig rotieren.

Ein Band - selbst wenn es nur im Schrank liegt - kann nicht gehackt werden. Es hat keine IP-Adresse. Es ist physikalisch vom Netz getrennt. Die Bänder, die gerade nicht verwendet werden, können darüber hinaus sicher in einem Tresor bei Ihnen oder einer Bank aufbewahrt werden. Selbst wenn es nur monatliche Wechsel sind, dürfte das sehr sicher sein.

Daneben gibt es einen zweiten Vorteil: Die Sicherung auf LTO-(*Linear Tape Open-*) Medien ist konkurrenzlos günstig, und diese Magnetbänder zählen zu den sichersten Medien. Für Langzeitarchive mit 10 Jahren Aufbewahrungspflicht sind selbst Festplatten zu teuer, und es ist alles andere als garantiert, dass eine Festplatte nach 10 Jahren ruhiger Lagerung überhaupt noch anläuft, ohne dass ein beunruhigendes Klackern der Köpfe zu hören ist. Ein LTO-9-Tape fasst 18 TB nativ.

Disk-to-Disk-to-Tape (D2D2T)

Der Proxmox Backup Server (PBS) unterstützt LTO-Laufwerke als Standalone-Drives oder Tape-Libraries. Der Workflow ändert sich dabei.

Eine Sicherung läuft nie direkt von einer VM aufs Band. Das wäre zu langsam, da moderne Tapes mit einer hohen Geschwindigkeit beschrieben werden. Das Tape würde also bei langsamer Sicherung die ganze Zeit vor- und zurückspulen und dabei schneller verschleißen.

Stattdessen wird von der VM auf den PBS-Datastore und dann vom Datastore auf das Tape gesichert. Bei schnellen Tapes brauchen Sie auch einen PBS, der die Tapes mit der notwendigen Geschwindigkeit versorgen kann. Auch dabei sind SSDs und NVMes oft sinnvoll oder sogar notwendig. Der PBS schreibt die Datenströme dann sequenziell auf das Band.

Wenn Sie auf Tapes schreiben, sollten Sie die Hardware-Verschlüsselung des LTO-Laufwerks in der Tape-Job-Konfiguration aktivieren. Auch hier ist Vorsicht geboten: Ohne den Key ist das Band nur Plastikmüll und für Restores nicht zu gebrauchen. Das kann herausfordernd sein, wenn die Keys auch für 10 Jahre sicher und wiederauffindbar verwahrt werden müssen.

23.8 Ruhig schlafen

Mit dem Proxmox Backup Server (PBS) haben Sie eine mächtige Waffe im Kampf gegen Datenverlust zur Hand. Technik ist jedoch nur »die halbe Miete«. Das beste Backup hilft nichts, wenn es sich im Notfall nicht wiederherstellen lässt.

Daher meine letzte, aber dringende Bitte an Sie: **Testen Sie Ihre Restores** – selbst wenn die Logs immer in Ordnung sind und es keinen Grund zum Zweifeln gibt. Die Feuerwehr übt auch regelmäßig den Notfalleinsatz, damit jeder Handgriff sitzt. Das heißt: Klicken Sie nicht nur mal. Simulieren Sie den Totalausfall. Nehmen Sie einen leeren Server, installieren Sie Proxmox VE und versuchen Sie, nur mit Ihren dokumentierten Passwörtern und dem »Paper Key« Ihre Firma wieder online zu bringen. (Ziehen Sie vorher das Netzwerkkabel, um doppelte IP-Adressen zu vermeiden.) Nur wenn das klappt, haben Sie ein Backup. Sonst haben Sie nur Hoffnung.

Professionalität zeigt sich nicht darin, wie heldenhaft Sie nächtelang versuchen, defekte RAID-Arrays zu retten. Sie zeigt sich darin, dass Sie solchen Nächte vorbeugen, um sie zu vermeiden. Üben Sie den Ernstfall lieber am helllichten Tag. Dann verliert das Desaster seinen Schrecken und wird zu einem bloßen Wartungsfenster.

Richten Sie Ihren PBS so ein, dass Sie ihm vertrauen können. Und dann: Ihnen eine ruhige Nacht!

Kapitel 24
Erweiterte Netzwerkkonfiguration für Enterprise- und Cluster-Umgebungen

In Kapitel 9, »Netzwerkkonfiguration für Single-Server-Umgebungen«, haben wir uns bereits die wichtigen Komponenten für das Networking in Proxmox-VE-Umgebungen angeschaut, um einen einzelnen Server und die auf ihm laufenden VMs an ein vorhandenes Netzwerk anzubinden.

In diesem ergänzenden Kapitel soll es um den Einsatz von Netzwerken in Enterprise- und Cluster-Umgebungen gehen. Hier werden erfahrungsgemäß viele Fehler gemacht, die früher oder später zu Fehlern in Clustern oder zu Downtime führen. Mit dem richtigen Netzwerkdesign und der korrekten Umsetzung halten Sie den Schlüssel für einen stabilen und schnellen Cluster-Betrieb in der Hand.

Was aber ändert sich eigentlich, wenn wir statt eines einzelnen Servers nun mehrere Server zusammen in einem Cluster betreiben oder wenn wir in großen Netzwerkumgebungen einen Proxmox VE nicht als einzelnen Server, sondern als Teil einer kritischen Infrastruktur betreiben? Schauen wir uns die Architektur stabiler, skalierbarer Netzwerkinfrastruktur in virtuellen Umgebungen an.

24.1 Physisches Cluster-Netzwerkdesign

Bei der Planung der physischen Netzwerk-Infrastruktur entscheidet sich schon vor der Installation, ob ein Cluster später im Betrieb unter Last stabil läuft. Im Idealfall – den wir hier erreichen möchten – vermeiden wir damit unerklärliche Reboots einzelner Nodes oder gesamter Cluster und sorgen für eine bestmögliche Performance.

Da Cluster miteinander über ein physisches Netzwerk verbunden sind, entscheidet der *Physical Layer* auch darüber, wie stabil und schnell die Daten zwischen den Cluster-Nodes ausgetauscht werden können. Haben wir die Physik hier nicht ausreichend geplant, können wir später eventuelle Engpässe nicht mehr durch Konfiguration korrigieren.

24.1.1 Dediziertes oder konvergentes Netzwerk?

Früher war das Design oft *dediziert* ausgelegt. Das bedeutet: Wir hatten zwei Kabel für das Management, zwei für den iSCSI/NFS-Storage, zwei für den VM-Traffic und vielleicht noch zwei Kabel für die Migration oder das Backup. Nicht selten lugten aus dem Server hinten vier bis zehn Netzwerkkabel heraus, die mit einem dedizierten Switch-Port verbunden werden mussten.

Heute, wo 25-Gbit/s-, 40-Gbit/s- und 100-Gbit/s-Netzwerkkarten und -Switches bezahlbar geworden sind, geht der Trend massiv zum *konvergenten* Netzwerk, bei dem mehrere Arten von Traffic über die gleichen physischen Kabel transportiert werden.

Dedizierte Netzwerke

In dedizierten Netzwerken trennt man physisch, was sich nicht in die Quere kommen soll. Typischerweise sieht man dies bei der Trennung von Storage-Netzwerk und VM-Netzwerk und für die Cluster-Kommunikation.

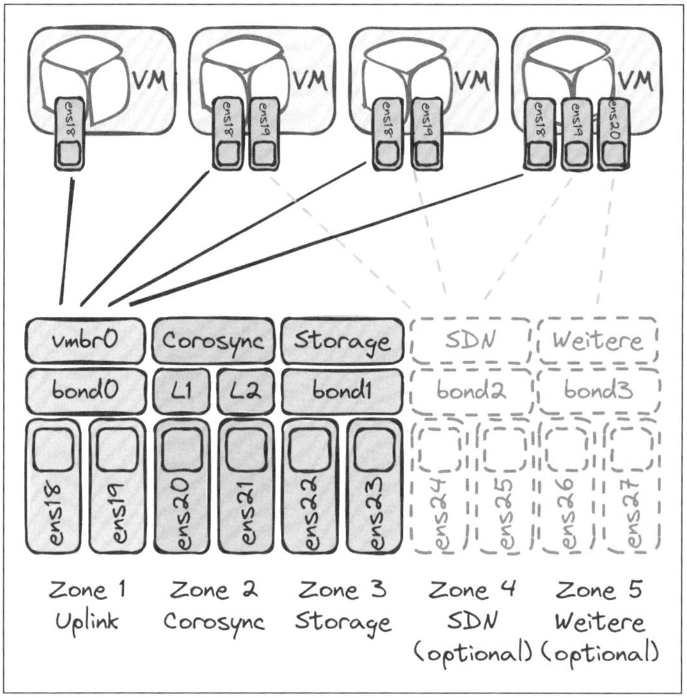

Abbildung 24.1: Die physischen Netzwerkzonen eines Proxmox-VE-Clusters

In Abbildung 24.1 erkennen Sie die unterschiedlichen Zonen, die im Idealfall physisch getrennt sein sollten:

- **Zone 1:** VM-Netzwerk bzw. Uplink über `vmbr0` → `bond0` → `ens18/ens19`, meist als 2 × 10 Gbit/s als LACP-Bond ausgelegt.

- **Zone 2:** Corosync mit zwei konfigurierten, voneinander unabhängigen Links über zwei unterschiedliche Netzwerkkarten (wie in Abbildung 24.1 als `ens20` und `ens21`). Verwenden Sie bevorzugt zwei separate Corosync-Links (früher auch als *Ring* bezeichnet) statt eines Bonds. Hier genügen 2 × 1 Gbit/s.
- **Zone 3:** Storage-Netzwerk mit einem Bond beim Einsatz eines NFS- oder Ceph-Storage. Falls Sie iSCSI- und FC-Storage verwenden, verzichten Sie auf das Bond und nutzen die Interfaces einzeln in einer Multipathing-Konfiguration. Hier benötigen Sie oft die meiste Bandbreite, weshalb meist 2 × 25 Gbit/s oder 2 × 100 Gbit/s verwendet werden – es hängt davon ab, welche Leistung Sie bei der Storage-Anbindung benötigen.
- **Optionale weitere Zonen:** Auf dem Bild sehen Sie zusätzlichen Zonen, beispielsweise für den Einsatz des SDN, und weitere, andere Netzwerkzonen. Hier kommt es darauf an, ob Sie das SDN oder andere Zonen wie eine physische DMZ nutzen und ob Sie diese mit einem weiteren, physisch getrennten Netzwerk ausstatten möchten. Die benötigte Bandbreite ist vom Einsatzzweck abhängig. Beim SDN kann das mehrfach 10 oder 25 Gbit/s sein, während für eine physische DMZ vielleicht mehrfach 1 oder 10 Gbit/s ausreichend sein können.

Der konvergente Ansatz

Hierbei nutzen wir zwei oder mehr breitbandige Ports wie 4 × 25 Gbit/s oder 2 × 100 Gbit/s und verwenden sie als Bond, um verschiedene Zonen über die gleichen physischen Strecken zu senden. Über diesen dickeren Kanal leiten wir dann den gesamten Verkehr, oft logisch segmentiert durch VLANs.

Dieser Ansatz wird gerne verwendet, weil weniger Netzwerkinfrastruktur (wie Netzwerkanschlüsse, Switch-Ports und Kabel) benötigt wird. Damit sinken natürlich die Kosten, während jede Zone nun bei Bedarf mehr als ausreichend Bandbreite zur Verfügung hat.

Allerdings beeinflussen sich damit die diversen Zonen gegenseitig: Wenn gerade viel Storage-Traffic anliegt, verlangsamt er eventuell auch Ihren Uplink oder den SDN-Traffic zwischen VMs. Wenn beispielsweise ein Ceph-Recovery den Link sättigt, werden Pakete in eine Warteschlange zur Abarbeitung eingereiht. Corosync-Pakete können dann länger als die erlaubten 5 Millisekunden benötigen und Ausfälle in HA-Clustern nach sich ziehen. Strategien wie eine Quality-of-Service zur Priorisierung des Corosync-Traffics sind im virtuellen Netzwerk eines Hypervisors nicht unmöglich, müssen jedoch auch auf den Switches zwischen den Hypervisoren konfiguriert werden und machen die Administration und Wartung komplex und fehleranfällig.

Vermeiden Sie es daher, Corosync über solche geteilten Netzwerke zu verwenden. Spendieren Sie Corosync immer mindestens ein dediziertes Netzwerk – und falls es gar nicht anders geht, legen Sie weitere Corosync-Links bzw. -Ringe über zusätzliche, konvergente Netzwerke. Dann kann auch beim Ausfall der redundanten physischen Corosync-Anbindung eine konvergente Verbindung temporär verwendet werden, wenn es keine andere Möglichkeit gibt. Aber ich möchte betonen, dass es sich um eine Notlösung handelt – nicht um eine empfohlene Konfiguration.

Ein weiterer Punkt ist wichtig: Sie sollten immer mehr als eine Netzwerkkarte einsetzen, um einen Single-Point-of-Failure zu vermeiden. Fällt Ihnen die einzige Dual-Port-Karte im Server komplett aus, ist der Node isoliert und sorgt für Downtime.

Wichtig: Immer mindestens ein dediziertes Netzwerk für Corosync

Proxmox VE nutzt Corosync als Echtzeit-Cluster-Kommunikation, was extrem latenzempfindlich ist. In Kapitel 15, »Cluster mit Proxmox VE«, haben wir schon darüber gesprochen, dass Sie dauerhaft unter 5 Millisekunden zwischen allen Nodes bleiben müssen. Mit steigender Cluster-Größe werden die Anforderungen an niedrige Latenz noch wichtiger.

Um diese niedrige Latenz sicherzustellen, folgen Sie dem Proxmox-VE-Best-Practice-Ansatz und legen die Corosync-Cluster-Verbindung immer auf ein dediziertes Netzwerk, das von nichts anderem als Corosync verwendet wird. Verfolgen Sie diesen Ansatz auch dann, wenn Sie 100 Gbit/s oder scheinbar überdimensionierte Netzwerke verwenden. Auch eine 100-Gbit/s-Verbindung lässt sich auslasten und sorgt dann für Latenzen über 5 Millisekunden, die den Cluster-Stack aus der Ruhe bringen und im schlimmsten Fall einen ungeplanten Reboot eines Hypervisors veranlassen können.

Corosync benötigt keine große Bandbreite und es benötigt auch keine Netzwerkredundanz durch ein Bond. Sie können für Corosync ein Bond verwenden, aber besser ist es, auf ein Bond darunter zu verzichten. Bei einem LACP-Bond beispielsweise entscheidet der gewählte Algorithmus, welches physische Kabel genutzt wird. Bleibt ein Link im Bond aktiv, hat aber Paketverluste, kann der Bonding-Treiber das erst spät oder gar nicht mitbekommen. Corosync sendet dann schlimmstenfalls weiter in ein schwarzes Loch und die Pakete kommen nie im Ziel an.

Geben wir Corosync dagegen zwei physisch getrennte Netzwerke, zum Beispiel Link 0 über ein dediziertes 1-Gbit/s-Netzwerk und Link 1 über das Storage-Netzwerk, schaltet es im Millisekundenbereich um, wenn ein Link Probleme macht. Es misst aktiv die Latenz und Qualität der Verbindung. Das ist deutlich stabiler, als sich auf das Link-State-Handling eines Netzwerkkartentreibers zu verlassen.

Deshalb empfehle ich Ihnen dringend, ein schnelles konvergentes Netzwerk mit LACP für VMs und Storage zu verwenden, jedoch auf alle Fälle ein zusätzliches dediziertes Netzwerk für Corosync zu konfigurieren, das aus zwei einfachen 1-Gbit/s-Ports besteht. Trennen Sie den Cluster-Traffic physisch vom Storage- und vom VM-Netzwerk.

Zwei dedizierte, physische 1-Gbit/s-Verbindungen reichen aus, um eine redundante und zuverlässige Cluster-Verbindung zu gewährleisten. Wenn Sie noch Onboard-1G-Ports oder PCI-Steckplätze übrig haben, in die Sie 1-Gbit/s-NICs nachrüsten können, nutzen Sie diese als dedizierten Pfad für Corosync.

Da sich für Corosync bis zu acht verschiedene Netzwerkpfade verwenden lassen, können Sie auch andere Zonen zur Sicherheit mit dazu nehmen. In der Praxis sind zwei stabile Pfade meiner Ansicht nach besser als acht wackelige, unzuverlässige Pfade.

Empfehlung für die Praxis

Wie Sie vielleicht schon einmal gehört haben, sind in der Theorie die Theorie und die Praxis gleich - in der Praxis jedoch nicht. Ich kann hier das ideale Setup beschreiben, das bei Ihnen vielleicht gar nicht umsetzbar ist, beispielsweise weil Ihr Netzwerk bestimmte Konfigurationen nicht zulässt, weil Sie zu wenig Switch-Ports übrig haben oder weil andere Gründe dagegen sprechen.

Deshalb möchte ich Ihnen noch ein paar Möglichkeiten nennen, die Kompromisse eingehen, oft aber für die Praxis tauglich genug sind. Betrachten Sie sie stets als Lösungen, die nicht optimal sind. Wenn sich eines Tages Ihre Möglichkeiten ändern, denken Sie darüber nach, ein Upgrade auf die optimale Lösung durchzuführen.

4 statt 6 Netzwerkinterfaces

Nehmen wir an, Sie haben nur 4 Netzwerkkarten und können keine weiteren einbauen, weil es an Steckplätzen oder Switch-Ports mangelt.

Eine mögliche Variante ist in Abbildung 24.2 zu sehen.

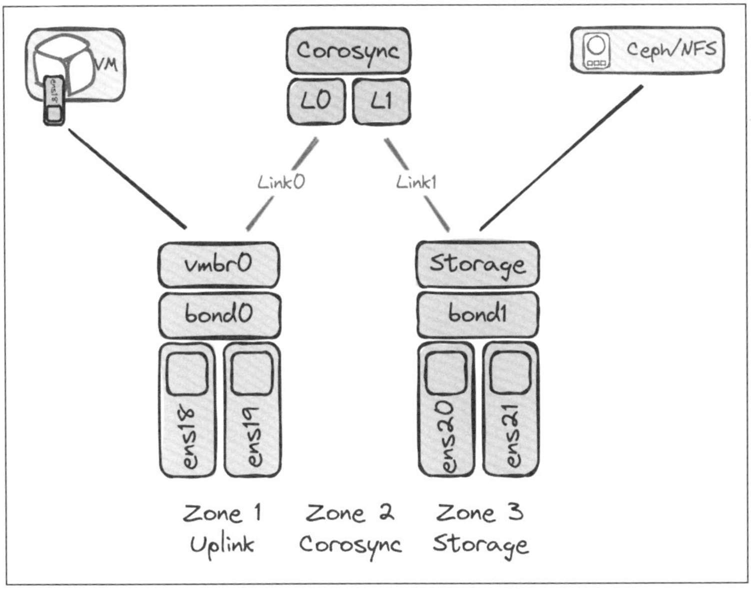

Abbildung 24.2: Eine mögliche Lösung für 4 statt 6 Netzwerkinterfaces

Bei ihr wird Corosync mit einem Link über das VM-Netzwerk und mit einem weiteren, separaten Link über das Storage-Netzwerk verbunden. Diese beiden Netzwerke sind idealerweise mit viel Bandbreite und mit Redundanz über ein Bond ausgestattet. Wenn nun einem Ihrer Uplink- oder Storage-Netzwerke die Bandbreite ausgeht, kann Corosync dynamisch auf das andere Netzwerk wechseln und auf ihm sicherstellen, dass die Pakete unter 5 Millisekunden auf den anderen Hypervisoren landen.

Diese Variante kommt auch mit vier Netzwerkkarten aus, jedoch nur so lange, wie eines der beiden Netzwerke noch nicht zu 100 % ausgelastet ist. Sind beide Netzwerke dicht, kann es zu ungeplanten Reboots in einem HA-Cluster kommen.

Shared IPMI/Management-Ports nutzen

Oft ist in Servern auch eine Remote-Management-Karte verbaut, die einen direkten Netzwerkanschluss für das Management des Servers hat. Lässt sich diese Karte auf *Shared* konfigurieren, sodass sie zusätzlich als normale Netzwerkkarte im System nutzbar ist, lässt sich darauf auch ein zusätzlicher Corosync-Link legen. Wenn Sie diesen Link zusätzlich nutzen, hat Ihr Corosync eine dreifache Redundanz über verschiedene Zonen hinweg und es müssten alle drei Zonen ausfallen oder eine zu hohe Latenz verursachen, um den Cluster-Betrieb zu stören. Wie so etwas aussehen kann, sehen Sie in Abbildung 24.3.

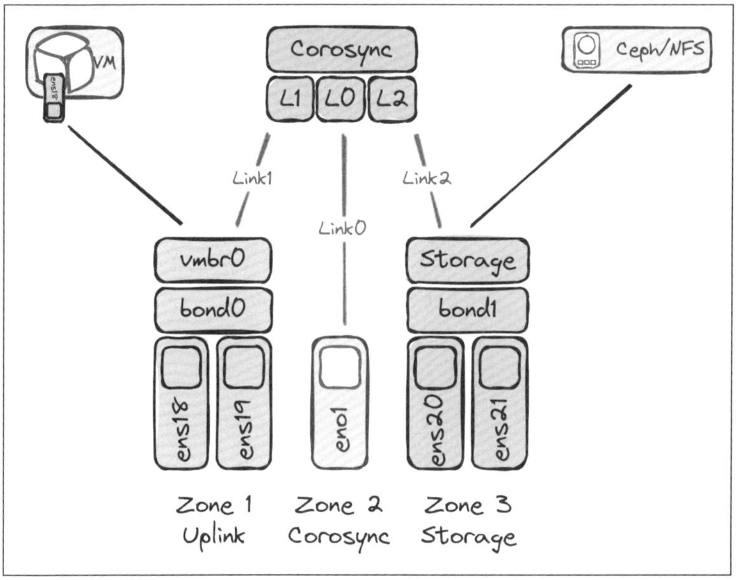

Abbildung 24.3: Auch eine zusätzliche Shared IPMI/Management-Karte kann für Redundanz sorgen.

24.1.2 Multi-Chassis Link Aggregation (MLAG/Stacking)

Nun ist Redundanz über zwei oder mehr Ports eines Servers eine tolle Angelegenheit, aber sie funktioniert nur, wenn auch die Gegenseite – die physischen Switches – mitspielen.

In Abschnitt 9.4.2 zu Single-Server-Netzwerken haben wir bereits über das logische Zusammenfügen von mehreren Netzwerkkarten zu einem Bond gesprochen. In Enterprise-Umgebungen sind jedoch nur wenige Bond-Modi relevant: LACP- und Active-Backup-Bonds.

Während ein *Active-Backup-Bond* für Redundanz sorgt, sodass wir auch bei Ausfällen von Kabeln, Switches oder Netzwerkinterfaces weiterarbeiten können, setzt *LACP* ein wichtiges Feature drauf: Es kann mehrere Links gleichzeitig nutzen und damit eine Verbesserung des Gesamtdurchsatzes erzielen. Allerdings gelingt dies nur mit mehreren parallelen Verbindungen, da eine einzelne Verbindung immer den gleichen physischen Weg nehmen wird und die weiteren physischen Links nur von weiteren Verbindungen ausgelastet werden können.

Damit das funktioniert, müssen beide Gegenstellen aus mehreren Ports bestehen und auf jeder Seite muss aus den Ports ein gemeinsames LACP-Bond konfiguriert sein (siehe Abbildung 24.4). Bei einem einzelnen Switch ist das noch relativ einfach, da selbst günstige Managed Switches heute schon LACP beherrschen. Allerdings ist in einem solchen Szenario der Switch Ihr Single Point of Failure: Fällt dieser eine Switch aus, ist keine Kommunikation mehr möglich, egal wie viele Kabel Sie verwenden.

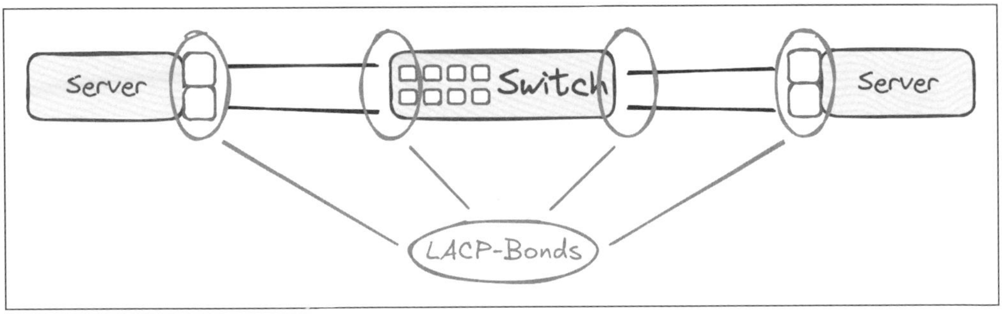

Abbildung 24.4: Ein LACP-Bond muss auf beiden Seiten, also auf den Servern und dem Switch, eingerichtet sein.

Der Einsatz mehrerer Switches mit einem LACP-Bond löst das Problem (siehe Abbildung 24.5). Ein LACP-Bond erwartet jedoch, dass die Gegenseite ein einzelnes logisches Gerät ist und keine zwei separaten Switches. Stecken Sie die zwei Kabel Ihres Servers einfach in zwei unabhängige Switches, um eine Redundanz zu erreichen, auch wenn ein Switch ausfällt, wird LACP nicht funktionieren. Die Switches wissen nichts voneinander und senden unterschiedliche LACP-Pakete. Der Server wird nur einen Link nutzen oder meist sogar gar keinen – dsr LACP-Bond bleibt im Status `down` und ist nicht verwendbar.

Um Redundanz auf Switch-Ebene zu erreichen, gibt es zwei gängige Methoden: Stacking oder der Einsatz einer MLAG (*Multi-Chassis Link Aggregation*).

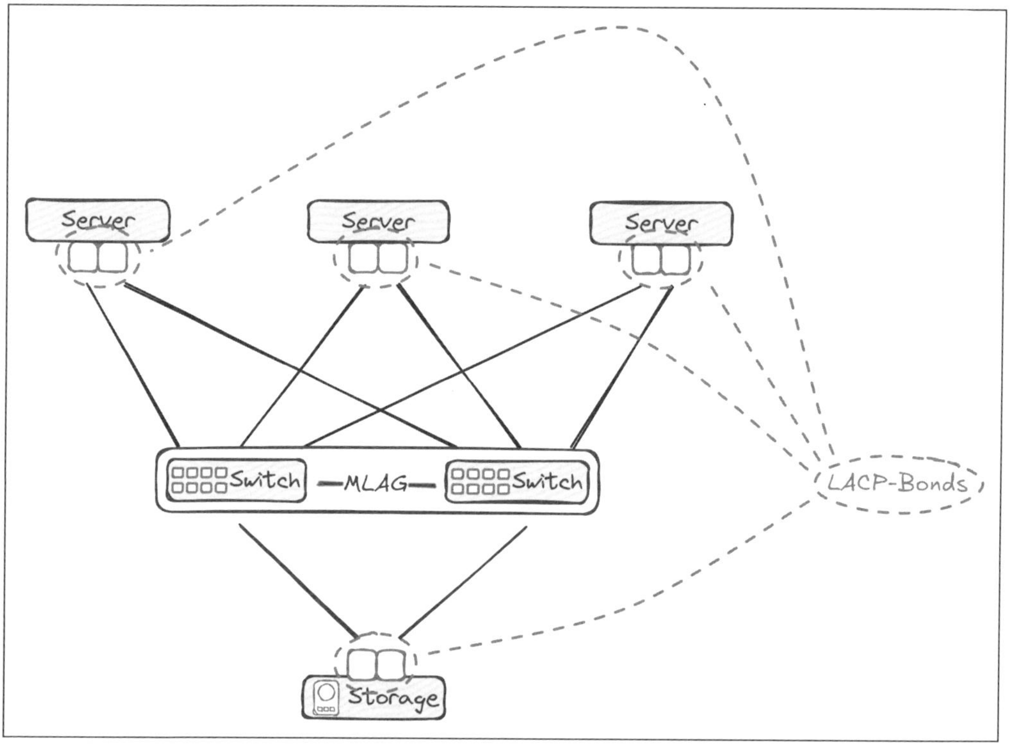

Abbildung 24.5: Mehrere Switches mit konfigurierten LACP-Bonds und in einem Stack oder MLAG sorgen für Redundanz

Stacking

Beim Stacking von zwei Switches werden diese meist proprietär über spezielle Kabel verbunden und agieren wie ein einzelnes Gerät mit einer zentralen Management-Oberfläche, über die alle gestackten Switches konfiguriert und administriert werden.

Diese Variante ist oft einfach zu konfigurieren, jedoch auch mit Abhängigkeiten behaftet. Bei einem Bug oder einem Update der Control-Plane der Switches können Fehler auftreten, die alle Switches betreffen und Ihren gesamten Cluster lahmlegen.

MLAG-Architektur für hochverfügbare Switch-Anbindungen

Wir sprechen im Allgemeinen von einer *Multi-Chassis Link Aggregation* (MLAG), aber je nach Hersteller wird dieses Feature auch anders genannt.

Bei dieser Methode laufen zwei Switches mit getrennten Control-Planes, tauschen aber Informationen untereinander aus und können somit ein LACP-Bond auch über mehrere Switches hinweg bereitstellen. Die Switches verhalten sich gegenüber dem Server wie ein einzelner Switch.

Mit diesem Konstrukt lassen sich alle Switches unabhängig voneinander updaten und rebooten. Ein Switch kann ausfallen und die anderen funktionieren ganz normal währenddessen weiter. Ihr Cluster bleibt online, da mindestens ein Pfad über den verbleibenden Switch weiterhin funktioniert.

Vergleich von Stacking und MLAG

Für eine Enterprise-Umgebung ist MLAG oder eine entsprechende herstellerspezifische Variante die beste Option. Sie eliminiert den Switch als Single Point of Failure und erlaubt Wartungsarbeiten am Netzwerk und Switch-Updates ohne Downtime des Proxmox-Clusters. Wenn Ihr Budget keine MLAG-fähigen Switches zulässt, kann Stacking eine Alternative mit gewissen Einschränkungen sein.

In Tabelle 24.1 sind die Unterschiede noch einmal zusammengefasst.

Feature	Unabhängige Switches	Stacking	MLAG (Multi-Chassis LAG)
LACP über beide Switches	Nein, nur Active-Backup möglich	Ja	Ja
Redundanz	100–500 ms Umschaltzeit bei Ausfall	Ja, aber gemeinsame Control-Plane (schlechter)	Ja mit getrennter Control-Plane (besser)
Wartbarkeit	Einfach	Gut, aber ggf. Downtime nötig	Sehr gut, keine Downtime nötig
Komplexität	Einfach	Mittel	Mittel bis hoch

Tabelle 24.1: Vergleich von Switch-Redundanz je nach gewählter Strategie

Augen auf beim Switch-Kauf!

Nicht alle Switches, die LACP beherrschen und sich stacken lassen, sind geeignet.

Prüfen Sie daher explizit, ob Ihre gewünschten Switches ein LACP-Bond über zwei oder mehr Switches hinweg bereitstellen können. Auch der Kauf von teuren Geräten namhafter Hersteller schützt Sie nicht vor einer Fehlinvestition. Nur weil Switches so viel kosten wie ein Mittelklassewagen, heißt das noch nicht, dass sie die von Ihnen benötigten Features beherrschen.

Ein zweiter Fallstrick, den man oft erst später entdeckt, ist die Geschwindigkeit, die bei der Nutzung einer MLAG noch zur Verfügung steht: Manche Switch-Hersteller behandeln die Verbindung zwischen zwei Switches anders als die Verbindung zwischen zwei Ports im selben Switch. Während LACP-Bonds aus zwei Ports desselben

Switchs rasend schnell sein können, kann die Leistung über eine MLAG aus zwei Switches deutlich langsamer sein. Das kann die Performance eines Clusters massiv schmälern und ist nicht direkt sichtbar – erst spätere Tests und Problemanalysen fördern dieses Problem zutage.

24.2 Stern- oder Mesh-Topologie?

Bei der Planung eines High-Performance-Clusters stoßen Sie bei begrenztem Budget vielleicht auf ein wirtschaftliches Dilemma: 100 Gbit/s schnelle Netzwerkkarten sind zwar nicht mehr exorbitant teuer – die benötigten 100-Gbit/s-Enterprise-Switches jedoch schon. Hier kommt die Topologie ins Spiel.

Während für VM-Traffic und Management fast immer eine Stern-Topologie über einen Switch genutzt wird, bietet sich für Corosync-, Storage- und Migrations-Traffic in kleineren Clustern eine direkte Verkabelung an. In der Netzwerktheorie spricht man dabei von einer *Mesh-Topologie*, bei der jeder Teilnehmer mit jedem anderen direkt verbunden ist. Je nach Kontext wird die Mesh-Topologie aber auch gern mal als *Switchless*, *Partial-Mesh* oder *Full-Mesh* bezeichnet.

24.2.1 Switch-basierte Stern-Topologie

Diese Variante kennen Sie bereits, und Sie nutzen sie vermutlich täglich. Alle Nodes sind mit zentralen Switches verbunden (siehe Abbildung 24.6). So werden in der Regel auch Enterprise-Netzwerke aufgebaut.

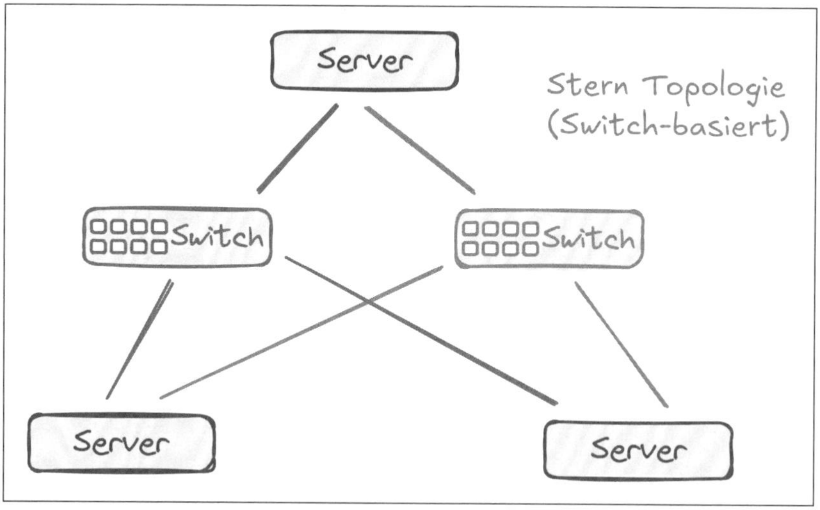

Abbildung 24.6: Eine typische Stern-Topologie mit Switches

Sie werden diese Topologie vor allem für VM-Traffic, Management und Backups verwenden. Auch die Anbindung an Storage-Systeme und die Kommunikation von Corosync zwischen den Nodes läuft oft über Switches.

Eine Stern-Topologie ist verhältnismäßig einfach zu administrieren und skaliert gut. Den Cluster um einen Node zu erweitern, erfordert nur weitere Kabel und freie Switch-Ports. Sprechen wir jedoch über schnelle Serververbindungen von 100 Gbit/s, werden die Switches entweder zum Flaschenhals oder zum Kostenfaktor. Ein paar 100-Gbit/s-Switches können teurer als neue Server sein.

Verwenden Sie eine switch-basierte Stern-Topologie dort, wo Sie mit externen Systemen kommunizieren müssen, oder dort, wo eine Skalierung über 3 bis 5 Nodes hinaus wichtig ist.

24.2.2 Direkt verkabelte Mesh-Topologie

In einem Corosync-Cluster oder für den Traffic eines Ceph-Storage in einem hyperkonvergenten Cluster kommunizieren die Systeme jedoch nur intern zwischen den einzelnen Servern. Für Ceph wird zudem eine hohe Bandbreite benötigt, die sich direkt auf den Preis von Switches auswirkt. Corosync benötigt nicht viel Bandbreite, profitiert aber von niedrigen Latenzen, wenn es nicht durch anderen Traffic behindert wird.

In Clustern von 2 bis 5 Nodes, bei denen keine weitere Skalierung geplant ist, lassen sich die Corosync- und Ceph-Netzwerke mit einem geringen Budget in einer Mesh-Topologie umsetzen (siehe Abbildung 24.7). Auch beim Einsatz eines Meshs gilt aber, dass Sie Corosync ein physisch getrenntes Netz spendieren sollten. Wenn Sie also sowohl für Corosync wie auch für Ceph eine Mesh-Topologie verwenden, nutzen Sie dafür zwei getrennte Mesh-Netzwerke und nicht ein einzelnes Netzwerk für beide.

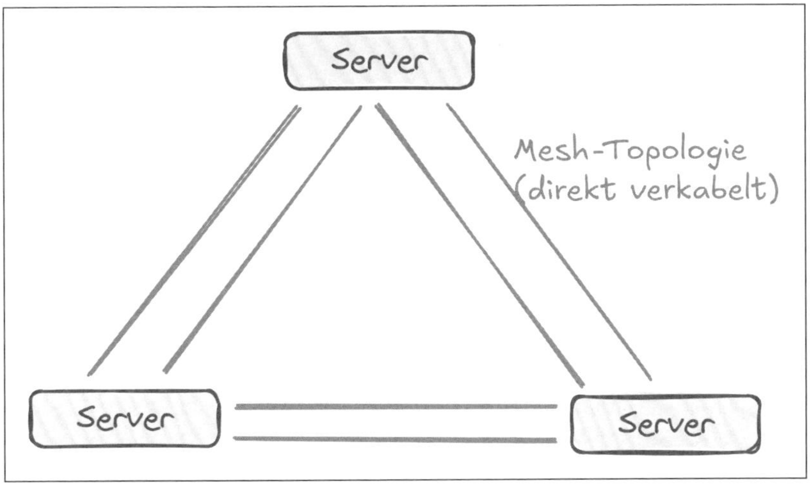

Abbildung 24.7: In einer Mesh-Topologie sind alle Server direkt und ohne Switches miteinander verkabelt.

In einem Mesh-Setup verbinden wir jeden Node mit jedem anderen Node über dedizierte Netzwerkkarten. Ein Switch wird dann für Corosync- und Ceph-Traffic nicht mehr benötigt. Nur das Uplink-Netzwerk benötigt weiterhin die Anbindung an Switches, weil es mit weiteren, externen Systemen kommunizieren muss. Die Anzahl der benötigten Netzwerk-Ports steigt also mit der Anzahl der Server.

Beispiel für ein Full-Mesh-Setup mit 3 Nodes

Ein 3-Node-Cluster könnte wie folgt konfiguriert sein:

- Die Uplink-Zone aus einem LACP-Bond mit 2 × 10-Gbit/s-Netzwerkkarten ist an die Switches Ihrer LAN-Infrastruktur angebunden.
- Für Corosync nehmen Sie eine 4-Port-1-Gbit/s-NIC pro Server und verbinden je 2 ihrer Ports mit jedem Port der anderen beiden Server.
- Ceph spendieren Sie eine 4-Port-100-Gbit/s-NIC pro Server und verbinden je 2 ihrer Ports mit jedem Port der anderen beiden Server.

Das Ergebnis ist ein Cluster, der mit einem sehr stabilen Corosync-Netzwerk und einem sehr performanten 100-Gbit/s-Ceph-Backend ausgestattet ist. Der Preis für die zusätzlichen Netzwerk-Ports liegt deutlich unter dem Preis der schnellen Switches. Und was nicht da ist, muss auch nicht gewartet, administriert oder im Fall eines Defekts ersetzt werden.

Beispiel für ein Full-Mesh-Setup mit 5 Nodes

Dehnen wir das konkrete Beispiel auf 5 Nodes aus, denn hier wird es komplexer:

Ein 5-Node-Cluster müsste im Vergleich zum 3-Node-Full-Mesh-Cluster wie folgt konfiguriert sein:

- Die Uplink-Zone aus einem LACP-Bond mit 2 × 10-Gbit/s-Netzwerkkarten bleibt exakt gleich und ist an die Switches Ihrer LAN-Infrastruktur angebunden.
- Da 2 weitere Server hinzugekommen sind, müssen nun in jedem Node 8 × 1-Gbit/s-NICs zur Verfügung stehen. Jeder Server benötigt 2 Ports zu jedem der vier anderen Server, macht also insgesamt 8 × 1-Gbit/s-Ports. Die neuen Server bekommen daher zwei 4-Port-NICs, und die drei bereits bestehenden Server müssen um eine weitere 4-Port-NIC erweitert werden.
- Auch für Ceph benötigen wir nun für jeden neuen Server zwei weitere 100-Gbit/s-NICs pro Server – also ebenfalls insgesamt 8 × 100-Gbit/s-Ports in jedem Server.

Sie sehen hier die Vor-, aber auch die Nachteile einer Mesh-Topologie: Für kleine Cluster ist sie sehr gut geeignet, aber sie skaliert schlechter.

Sonderfall Ring-Topologie

Nun könnten Ihnen irgendwann für ein Full-Mesh die PCIe-Steckplätze ausgehen und Sie denken darüber nach, die Server im Ring zu verkabeln: *Server 1* wird mit *Server 2* verbunden, *Server 2* mit *Server 3*, *Server 3* mit *Server 4*, *Server 4* mit *Server 5* und *Server 5* wieder mit *Server 1*.

Technisch lässt sich das mit statischem und dynamischem Routing problemlos lösen. Jeder Server routet die Pakete zu seinen beiden Nachbarn weiter. Sie benötigen weniger Hardware, weil nur noch zwei Ports pro Zone gebraucht werden, egal ob der Cluster 2 oder 10 Nodes umfasst.

So verlockend die Vorteile augenscheinlich auch sind, sollten Sie der Versuchung widerstehen. Nutzen Sie keine physische Ring-Verkabelung statt eines Meshs.

Für Corosync und Ceph ist eine Ring-Topologie aus mehreren Gründen ein Killer:

- In einem Full-Mesh ist jeder andere Node nur einen Hop entfernt. In einem 5-Node-Ring müssen Daten von *Server 1* zu *Server 3* durch *Node 2* geroutet werden. Sie erhöhen durch die Hops über mehrere Server hinweg die Latenzen. Da Ihr Ceph-Storage nur so schnell ist wie der langsamste Teil, wird die Performance Ihres gesamten Ceph-Storage darunter leiden. Corosync reagiert auf hohe, instabile Latenzen schlimmstenfalls mit ungeplanten Reboots von Servern.
- Werden Daten über andere Server geroutet, steigt auch deren Netzwerkauslastung. Jeder Server transportiert nun auch Traffic, den er nur von einem Nachbarserver an einen anderen Nachbarserver durchleitet. Dieser reduziert die zur Verfügung stehende Bandbreite und erhöht die Latenz ebenfalls. Wird ein Node langsam, reduziert dieser Effekt erneut die Gesamtleistung des Ceph-Storage und erhöht dagegen das Risiko von Corosync-bedingten Reboots.
- Beim Ausfall einer Verbindung zwischen zwei benachbarten Servern oder beim Einsatz eines Spanning Tree wird es noch haariger. Nun müssen Pakete im schlimmsten Fall von einem Server über 3 weitere Server bis zum Ziel geroutet werden. Das erhöht die Latenz deutlich, die Bandbreite und CPU-Ressourcen aller dazwischen liegenden Server werden höher belastet.

Vermeiden Sie deshalb eine physische Ring-Topologie!

24.2.3 Implementierung der Mesh-Topologie

Um ein Full-Mesh zu verwenden, existieren verschiedene Wege, die sich in ihrer Komplexität und ihren Möglichkeiten unterscheiden. Sie haben die Wahl zwischen einem `broadcast`-Bond, statischen Host-Routen oder einem dynamischem Routing. Tabelle 24.2 verdeutlicht die Unterschiede.

Eigenschaft	Broadcast-Bond (Layer 2)	Statische Host-Routen (Layer 3 manuell)	Dynamisches Routing (Layer 3 automatisch)
Schwierigkeitsgrad	(+) Gering	(o) Mittel	(-) Hoch
Ausfallsicherheit	(-) Gering (trotz Bond)	(-) Gering (manuell)	(+) Hoch (automatisch)
Bandbreiteneffizienz	(-) Schlecht (50 %)	(+) Hoch (100 %)	(+) Hoch (100 %)
Skalierbarkeit	(-) Schlecht (3 Nodes)	(o) Mittel (Aufwand bei > 3 Nodes)	(+) Hoch (automatisch)
Konvergenzzeit (Failover)	(-) kein Failover	(-) Kein Failover	(+) Je nach Protokoll wenige Millisekunden bis Sekunden

Tabelle 24.2: Vergleich der verschiedenen Optionen, um eine Mesh-Topologie zu verwenden

Eine kleine Entscheidungshilfe möchte ich Ihnen an die Hand geben:

- **Verwenden Sie ein Broadcast-Bond**, wenn Sie das Setup so einfach wie möglich halten wollen und die Bandbreite des Netzwerks für Ihre Applikation nicht benötigt wird.
- **Nutzen Sie statische Host-Routen**, wenn Sie ein 3-Node-Mesh-Setup mit geringer Komplexität möchten, bei dem eine Skalierung auf 4 oder 5 Nodes keine Rolle spielt.
- **Implementieren Sie das dynamische Routing**, wenn Sie Komplexität (auch bei der Fehlersuche) nicht scheuen und eine maximale Ausfallsicherheit bei maximaler Performance Ihr Ziel ist.

Es gibt noch weitere Möglichkeiten als die oben genannten. Meiner Ansicht nach sollten Sie Mesh-Netzwerke mit einem *Spanning-Tree-Protokoll* (STP und RSTP) vermeiden, wenn es bessere Optionen gibt. Falls Sie aufgrund der vorhandenen Infrastruktur ein STP verwenden möchten oder müssen, versuchen Sie wenigens, ein RSTP (*Rapid Spanning Tree Protocol*) zu nutzen. Ein STP mit seiner Konvergenzzeit von 50 Sekunden kann für Corosync gerade noch so funktionieren, bevor der HA-Cluster Nodes rebootet; für ein Ceph und die darauf zugreifenden VMs endet es in der Regel in Timeouts und Read-only-Filesystemen. Ein Rapid-Spanning-Tree hat eine deutlich geringere Konvergenzzeit und kann besser funktionieren als reines STP. Für die Nutzung von RSTP wird in Proxmox VE meist Open-vSwitch verwendet.

Mesh über ein Broadcast-Bond

Dieser Weg ist der einfachste der drei möglichen: Sie konfigurieren auf zwei physischen Netzwerkinterfaces ein Bond des Typs `broadcast` und geben diesem Bond eine eindeutige IP-Adresse in einem separaten, auf Ihrem Proxmox VE bisher nicht genutzten Netzwerk. Sie verkabeln nun die beiden Ports mit je einem Port eines anderen Servers, sodass ein Mesh-Setup entsteht.

In Abbildung 24.8 erkennen Sie, wie jedes ausgehende Paket über dieses Bond nun an *beide* Server gleichzeitig gesendet wird, egal für welchen Server es bestimmt ist. Einer der Server kann das Paket verarbeiten und seine Antwort wieder durch sein Broadcast-Bond an die beiden anderen Server. Der ursprüngliche Server empfängt die Antwort und ist glücklich. Der dritte Server im Bund hat beide Pakete ebenfalls erhalten, aber sowohl die ursprüngliche Anfrage wie auch die Antwort verworfen. Das ist für den dritten Server nicht weiter tragisch, aber 50 % der ausgetauschten Netzwerkpakete waren unnötig.

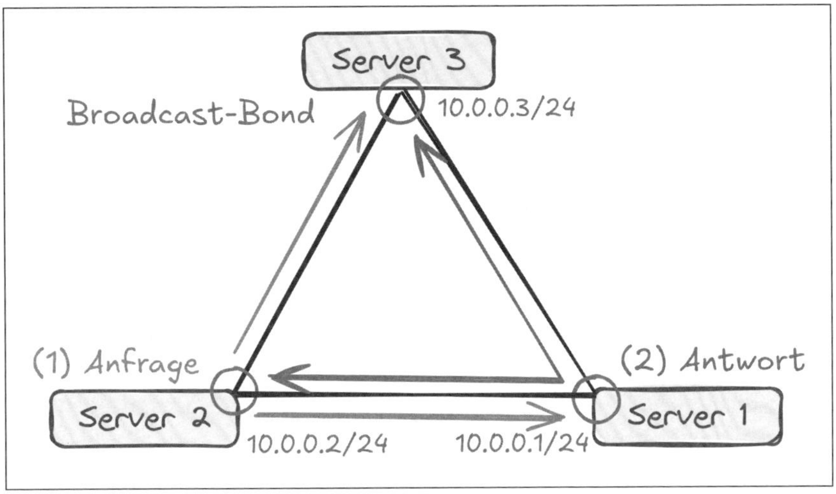

Abbildung 24.8: Ein Broadcast-Bond bei der Arbeit

Das Broadcast-Bond ist also sehr unkompliziert nutzbar, reduziert aber die nutzbare Bandbreite. Im genannten Beispiel wären von 100 Gbit/s also noch reale 50 Gbit/s übrig. Wenn das für Ihre Anforderungen ausreichend ist, spricht aus meiner Sicht nichts gegen diese Variante.

Mesh über statische Host-Routen

Die Mesh-Variante mit statischen Host-Routen, wie sie in Abbildung 24.9 zu sehen ist, spart diesen unnötigen Traffic des Broadcast-Bonds ein. Es werden also nur noch Pakete dorthin versendet, wo diese auch ankommen müssen.

Dazu nutzen wir ein einfaches, statisches Layer-3-Routing, das auf jedem Node in der Netzwerkkonfiguration unter */etc/network/interfaces* konfiguriert wird. Für die Konfiguration der Routen nutzen wir die `up`- und `down`-Einträge der Interfaces.

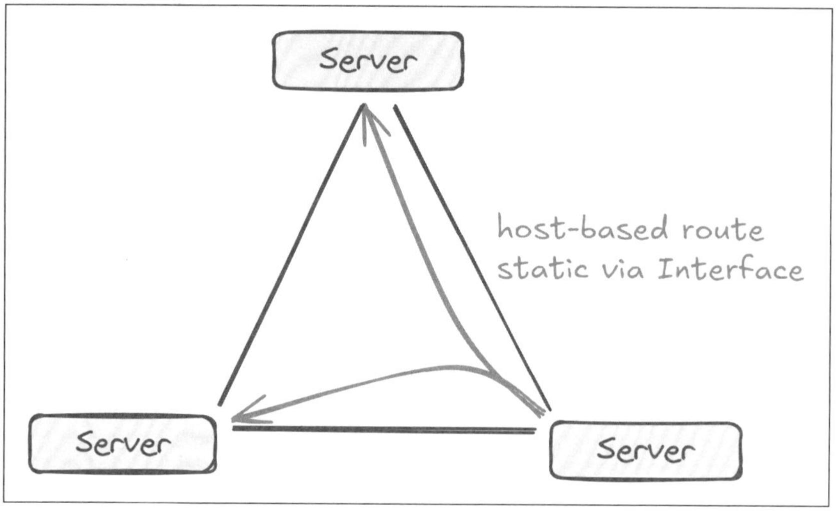

Abbildung 24.9: Ein Mesh-Netzwerk über statische Routen

Nehmen wir an, wir haben drei Server direkt miteinander verkabelt und das jeweilige `ens20` ist mit dem `ens21` des nächsten Servers verbunden. Exemplarisch möchten wir einen Link von Corosync darüber laufen lassen. Damit Sie später Corosync, Ceph oder andere Services auf dieses Mesh-Netzwerk legen können, benötigen Sie jedoch eine einzelne, eindeutige IP-Adresse pro Host und nicht eine Adresse pro Interface. Die einfachste Lösung ist, dieselbe IP-Adresse auf zwei unterschiedliche Interfaces zu legen. Den Aufbau dieses Beispiels sehen Sie in Abbildung 24.10.

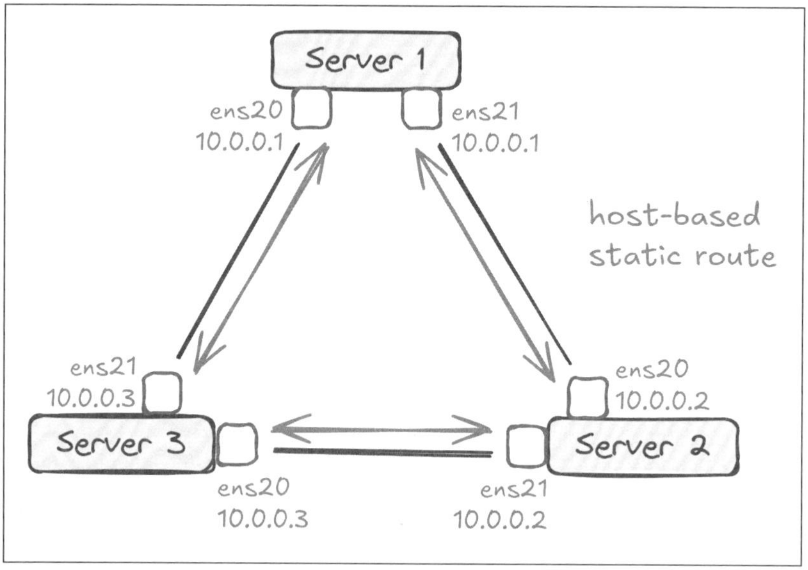

Abbildung 24.10: Alle Interfaces eines Hosts, die für das gleiche Mesh-Netzwerk verwendet werden, erhalten die gleiche IP-Adresse.

Nun, da der Plan und die Verkabelung stehen, brauchen wir noch die notwendige Konfiguration. Über die GUI lässt sich dieses Setup nicht realisieren – wir müssen zum Editor greifen und die */etc/network/interfaces*-Datei wie folgt bearbeiten:

```
[…]
auto ens20
iface ens20 inet manual
    address 10.0.0.1/24
    up ip route add 10.0.0.2/32 dev ens20
    down ip route del 10.0.0.2/32

auto ens21
iface ens21 inet manual
    address 10.0.0.1/24
    up ip route add 10.0.0.3/32 dev ens21
    down ip route del 10.0.0.3/32
[…]
```

Listing 24.1: Die »interfaces«-Datei auf Server 1

```
[…]
auto ens20
iface ens20 inet manual
    address 10.0.0.2/24
    up route add 10.0.0.1/32 dev ens20
    down route del 10.0.0.1/32

auto ens21
iface ens21 inet manual
    address 10.0.0.2/24
    up route add 10.0.0.3/32 dev ens21
    down route del 10.0.0.3/32
[…]
```

Listing 24.2: Die »interfaces«-Datei auf Server 2

```
[…]
auto ens20
iface ens20 inet manual
    address 10.0.0.3/24
    up route add 10.0.0.1/32 dev ens20
    down route del 10.0.0.1/32

auto ens21
iface ens21 inet manual
```

```
        address 10.0.0.3/24
        up route add 10.0.0.2/32 dev ens21
        down route del 10.0.0.2/32
[...]
```

Listing 24.3: Die »interfaces«-Datei auf Server 3

Die Routen auf dem *Server 1* enthalten neben den Standardrouten beispielsweise die folgenden zusätzlichen Routen zu den beiden anderen Servern, die jedoch je nach Ziel über ein anderes Interface versendet werden:

```
root@server1:~# ip route show
[...]
10.0.0.0/24 dev ens20 proto kernel scope link src 10.0.0.1
10.0.0.0/24 dev ens21 proto kernel scope link src 10.0.0.1
10.0.0.2 dev ens20 scope link
10.0.0.3 dev ens21 scope link
[...]
```

Listing 24.4: Die zusätzlichen Routen auf Server 1

Die gleichen Einträge, jedoch mit anderen Routen natürlich, sind auch auf *Server 2* und 3 zu finden.

Mesh über dynamisches Routing

Die beiden vorherigen Optionen des Mesh-Netzwerks über ein Broadcast-Bond sowie über statische Host-Routen waren charmant einfach zu nutzen, bieten jedoch keine Redundanz im Falle eines Kabelbruchs oder eines defekten Netzwerk-Ports. Bei den statischen Host-Routen könnten Sie eine alternative Route mit einer höheren Pfad-Metrik über den jeweils dritten Server konfigurieren. Jedoch steigt der manuelle Aufwand damit nochmals und Sie haben noch immer keine Ausfallsicherheit, sondern lediglich einen zweiten Weg mit höheren Kosten. Ihr Cluster verhält sich nun ähnlich wie ein Ring-Netzwerk, und was das bedeutet, können Sie in Abschnitt 24.2.2 nachlesen.

Für die Implementierung echter Redundanz müssen Sie daher dynamisches Routing zwischen den Nodes konfigurieren (siehe Abbildung 24.11). Je nachdem, für welches Routing-Protokoll Sie sich entscheiden, können Sie über *Equal-Cost-Multipathing* (ECMP) auch noch zusätzliche Performance herausholen. Dabei werden mehrere Strecken mit gleichen Routing-Kosten gleichzeitig genutzt. Insgesamt ist dieser Weg komplexer – insbesondere, wenn Sie bisher mit dynamischem Routing noch keine Berührung hatten.

Proxmox VE nutzt die *FRRouting Software Suite* (FRR), die in neueren Versionen von Proxmox VE bereits vorinstalliert ist. *FRRouting* unterstützt verschiedene Routing-Protokolle und -Erweiterungen, darunter BGP, OSPF, IS-IS, BFD, OpenFabric und weitere. Alle Informationen sowie die Referenzdokumentation finden Sie auf der Projekt-Homepage unter *https://frrouting.org/*.

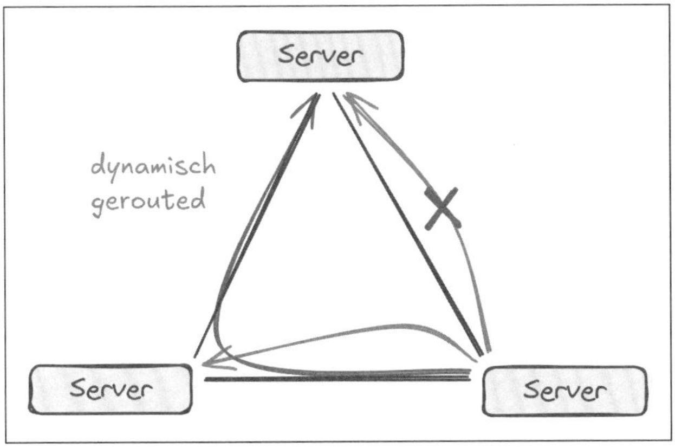

Abbildung 24.11: Ein Mesh-Netzwerk mit dynamischen Routen ermöglicht zusätzliche Redundanz.

Während früher eine Einrichtung nur per Shell mit einem Editor möglich war (ähnlich der Konfiguration der statischen Host-Routen oben), ist seit Proxmox VE 9 die Konfiguration eines dynamisch gerouteten Layer-3-Netzwerks mit OpenFabric und OSPF in der GUI hinzugekommen. Sie können auch andere Protokolle verwenden, wenn Ihnen diese eher zusagen oder bei Ihnen bereits im Einsatz sind. In diesem Fall richten Sie alles weiterhin per Shell ein und müssen auf die bequeme Nutzung der GUI verzichten.

Wir werden nun als kleines Beispiel ein direkt verkabeltes, geroutetes Netzwerk für Ceph einrichten.

Einrichtung eines Mesh-Netzwerks mit OpenFabric per GUI

Navigieren Sie in der GUI zu **Datacenter • SDN • Fabrics • Add**. Im Dialog aus Abbildung 24.12 geben Sie nun die Daten für Ihr geroutetes Netzwerk an.

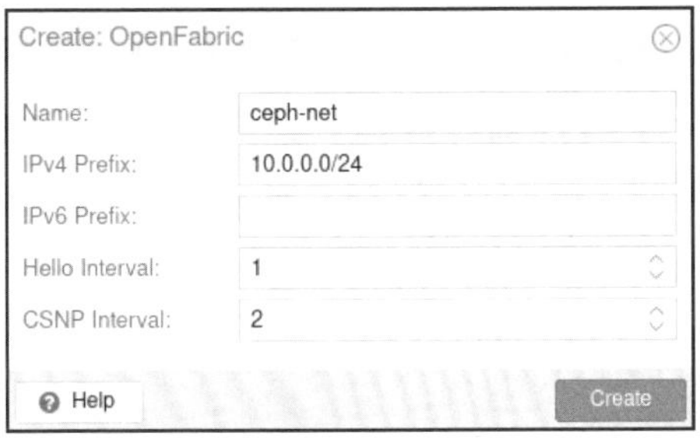

Abbildung 24.12: Dialog zum Anlegen eines mit dem Protokoll OpenFabric auf Layer 3 gerouteten Netzwerks

Geben Sie Ihrem Netzwerk einen Namen (wie `ceph-net` hier in unserem Beispiel) und legen Sie die IPv4- und IPv6-Netzwerke sowie die Netzwerkmasken fest.

Mit dem **Hello Interval** legen Sie fest, wie oft ein Heartbeat-Check zwischen den Nodes geschehen soll, und mit dem **CSNP Interval** bestimmen Sie, wie häufig die interne Routing-Datenbank abgeglichen wird. In kleineren, direkt verkabelten Netzwerken wie dem unseren können Sie die Werte auf 1 für das Hello-Intervall und auf 2 für das CSNP-Intervall senken. Das sorgt für eine schnellere Erkennung von gestörten Routen, aber auch für etwas mehr Traffic. Im Vergleich zu unserem Ceph-Traffic spielt das keine Rolle und wir profitieren durch schnellere Failover-Zeiten.

Nach dem Anlegen des OpenFabric-Netzwerks erscheint dieses Netzwerk nun in der Liste, wie Sie in Abbildung 24.13 sehen.

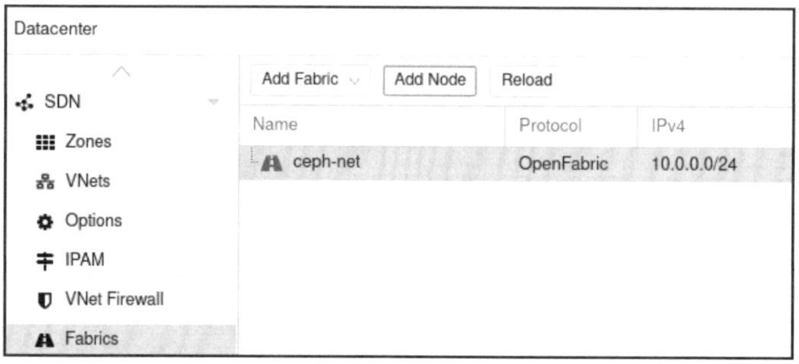

Abbildung 24.13: Das OpenFabric-Netzwerk ist angelegt.

Als nächsten Schritt fügen wir die einzelnen Nodes zum OpenFabric-Netz hinzu. Selektieren Sie das Netzwerk und klicken Sie dann oben auf den Button **Add Node**.

Im darauf folgenden Dialog geben Sie oben die IP-Adresse dieses Nodes im OpenFabric-Netzwerk an und wählen unten die Netzwerkinterfaces aus, die direkt mit den anderen Servern verkabelt sind (siehe Abbildung 24.14).

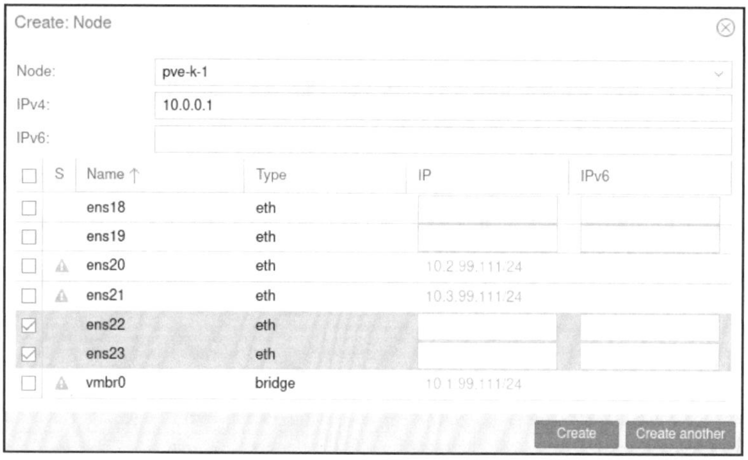

Abbildung 24.14: Wählen Sie in jedem Server die Interfaces aus, die direkt mit den anderen Servern verkabelt sind.

Wenn Sie die IP-Adresse der Interfaces nicht angeben, erbt das Interface die IP-Adresse des Nodes. Nur falls Sie aus technischen Gründen eine spezifische IP-Adresse auf den

Interfaces benötigen, tragen Sie diese hier ein. In diesem Fall wird die hier eingetragene IP-Adresse für das Routing verwendet.

Führen Sie diesen Schritt für alle Server durch, die am OpenFabric-Netzwerk angebunden sind. Sie erhalten beim Hinzufügen weiterer Nodes nur die angezeigt, die noch nicht an das OpenFabric-Netzwerk angebunden sind.

Wenn Sie alle Server konfiguriert haben, tauchen sie so in der Übersicht auf, wie Sie es in Abbildung 24.15 sehen.

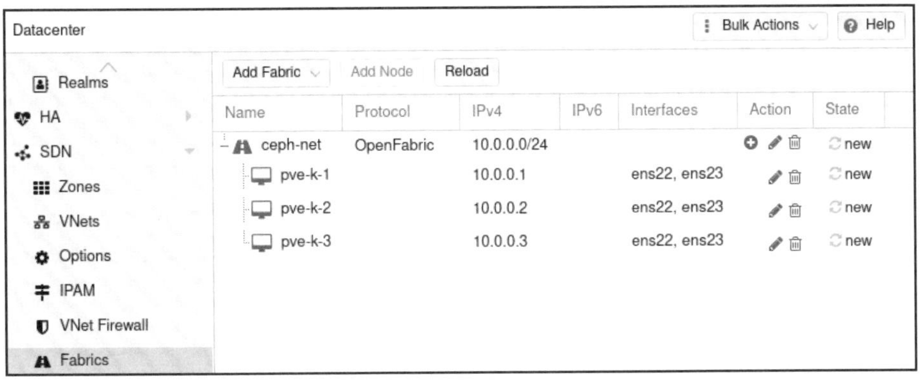

Abbildung 24.15: Alle Server, die am OpenFabric-Netzwerk angebunden sind, werden nun mit ihren Adressen aufgeführt.

Das geroutete Layer-3-Netzwerk ist nun zwar konfiguriert, jedoch noch nicht verwendbar. Damit die Konfiguration auf alle Nodes übertragen und dort angewendet wird, gehen Sie in der GUI auf **Datacenter • SDN**. Dort stoßen Sie mit einem Klick auf den Button **Apply** oben das Ausrollen der neuen Konfiguration an.

Sobald Ihr neues Netzwerk den Status **ok** bei allen Nodes erreicht hat, ist es einsatzbereit (siehe Abbildung 24.16).

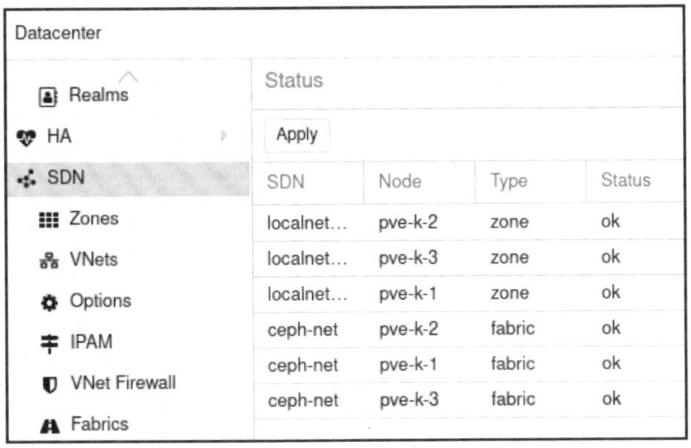

Abbildung 24.16: Stehen alle Nodes auf dem Status »ok«, ist das geroutete Netzwerk einsatzbereit.

Nun können Sie Ceph oder andere Applikationen an die IP-Adresse des Netzwerks binden. Bei der Installation von Ceph fahren Sie nun ganz normal fort, wie Sie es auch bei einem über Switches verkabelten Setup tun würden. Sie wählen beispielsweise bei der Konfiguration von Ceph nun das OpenFabric-Netzwerk als Ceph Public Network aus. Falls Sie ein weiteres, zweites geroutetes OpenFabric-Netzwerk besitzen, können Sie dieses als Cluster Network für Ceph angeben.

Prüfen des OpenFabric-Netzwerks

Vielleicht ist Ihnen eine Blackbox zu undurchsichtig. Alles funktioniert hoffentlich, aber Sie wissen nicht, wieso es funktioniert. Begleiten Sie mich daher auf die Kommandozeile, wo wir mehr über den aktuellen Zustand des OpenFabric-Netzwerks erfahren können. Dazu nutzen wir die Kommandozeile-Shell `vtysh` von FRR. Mit ihrer Hilfe können wir in die einzelnen Daemons der FRR schauen und den aktuellen Status abrufen.

Wenn wir die `vtysh` ohne weitere Parameter starten, gelangen wir in einen interaktiven Modus, in dem wir FRR-Kommandos direkt absetzen und mit den Daemons sprechen können. Mittels `vtysh -c "<command>"` kann die Shell auch direkt aus Skripten und Automatisierungen verwendet werden.

```
root@pve-k-1:~# vtysh

Hello, this is FRRouting (version 10.3.1).
Copyright 1996-2005 Kunihiro Ishiguro, et al.
```

Zwei Befehle sollten Sie kennen, mit denen Sie den Status Ihres OpenFabric-Netzwerks genauer betrachten können: `show openfabric neighbor` und `show openfabric route`.

Die benachbarten Systeme, zu denen Sie Pakete routen können, werden Ihnen mit `show openfabric neighbor` angezeigt. Taucht hier ein System nicht auf, prüfen Sie die Konfiguration des fehlenden Servers. In einem direkt verkabelten Mesh-Netzwerk muss von jedem Server aus jeder andere Server in dieser Liste auftauchen.

```
pve-k-1# show openfabric neighbor
Area ceph-net:
  System Id   Interface   L  State   Holdtime   SNPA
  pve-k-2     ens22       2  Up      9          2020.2020.2020
  pve-k-3     ens23       2  Up      9          2020.2020.2020
```

Listing 24.5: »show openfabric neighbor« zeigt die benachbarten Systeme an, zu denen Sie Pakete routen können.

Der Befehl `show openfabric route` dagegen zeigt Ihnen die Routing-Tabelle an. Da im Normalfall eines Mesh-Setups alle Pakete direkt zwischen allen Servern ausgetauscht werden, sehen Sie alle Server als direkte Links.

```
pve-k-1# show openfabric route
Area ceph-net:
IS-IS paths to level-2 routers that speak IP
 Vertex Type Metric Next-Hop Interface Parent
 ------------------------------------------

 pve-k-1
 10.0.0.1/32 IP internal 0 pve-k-1(4)
 pve-k-2 TE-IS 10 pve-k-2 ens22 pve-k-1(4)
 pve-k-3 TE-IS 10 pve-k-3 ens23 pve-k-1(4)
 10.0.0.2/32 IP TE 20 pve-k-2 ens22 pve-k-2(4)
 10.0.0.3/32 IP TE 20 pve-k-3 ens23 pve-k-3(4)


IS-IS L2 IPv4 routing table:

 Prefix Metric Interface Nexthop Label(s)
 -------------------------------

 10.0.0.1/32 0 - - -
 10.0.0.2/32 20 ens22 10.0.0.2 -
 10.0.0.3/32 20 ens23 10.0.0.3 -
```

Listing 24.6: »show openfabric route« zeigt die aktuelle Routing-Tabelle – wohin also Pakete für welche Netze geschickt werden.

Fällt Ihnen eine Strecke aus, weil das Kabel oder einer der Netzwerk-Ports defekt ist, bemerkt OpenFabric die nicht mehr funktionierende Strecke und routet automatisch über andere verfügbare Wege um. Für mein Beispiel habe ich das Interface `ens22` mit dem Befehl `ip link set ens22 down` heruntergefahren, und wir betrachten die Ausgabe erneut.

Die Ausgabe der aktuell erreichbaren Nachbarn listet nun nur noch einen der beiden Server auf:

```
root@pve-k-1:~# vtysh -c "show openfabric neighbor"
Area ceph-net:
 System Id   Interface   L  State   Holdtime   SNPA
 pve-k-3     ens23       2  Up      10         2020.2020.2020
```

Listing 24.7: Nach dem Ausfall einer Leitung ist nur noch ein Nachbarsystem zu sehen und alle Pakete müssen nun über diesen Weg geroutet werden.

Die Routen wurden dynamisch angepasst und Pakete für den Server `pve-k-2` werden nun über das Interface `ens23` geroutet, das direkt mit dem Server `pve-k-3` verbunden ist:

```
root@pve-k-1:~# vtysh -c "show openfabric route"
Area ceph-net:
IS-IS paths to level-2 routers that speak IP
```

```
Vertex Type Metric Next-Hop Interface Parent
--------------------------------------------
pve-k-1
10.0.0.1/32 IP internal 0 pve-k-1(4)
pve-k-3 TE-IS 10 pve-k-3 ens23 pve-k-1(4)
pve-k-2 TE-IS 20 pve-k-3 ens23 pve-k-3(4)
10.0.0.3/32 IP TE 20 pve-k-3 ens23 pve-k-3(4)
10.0.0.2/32 IP TE 30 pve-k-3 ens23 pve-k-2(4)


IS-IS L2 IPv4 routing table:

 Prefix       Metric  Interface   Nexthop    Label(s)
 ----------------------------------
 10.0.0.1/32  0       -           -          -
 10.0.0.2/32  30      ens23       10.0.0.3   -
 10.0.0.3/32  20      ens23       10.0.0.3   -
```

Listing 24.8: Die Routing-Tabelle wurde nun automatisch angepasst und wir routen alle Pakete für Server 2 über das Interface »ens23« zu Server 3.

Kommt der Link wieder hoch, wird die Routing-Tabelle wieder automatisch zurückgesetzt und alle Pakete direkt zum Zielsystem transportiert.

Mehr Geschwindigkeit mit Equal-Cost-Multipathing (ECMP)

OpenFabric, OSPF und andere Protokolle können übrigens mehrere Verbindungen mit denselben Routing-Kosten gleichzeitig nutzen. Dies bezeichnet man als *Equal-Cost-Multipathing* (ECMP). Nutzen wir also zwischen jeweils zwei Servern auch zwei physische Kabel statt nur eines, installiert OpenFabric Routen über beide Wege und nutzt diese gleichzeitig.

Allerdings verhält sich ECMP ähnlich wie ein LACP-Bond, wenn es um die Aufteilung der Bandbreite geht: Pakete werden nicht einmal über eine Route und beim nächsten Paket über die andere Route gesendet. Die gleiche Verbidung läuft auch hier stets über die gleiche Route, um Packet-Reordering und damit Geschwindigkeitseinbußen zu vermeiden.

Konkret bedeutet dies, dass Sie bei Durchsatztests in der Regel maximal die Bandbreite einer einzelnen Verbindung messen. Für Ceph jedoch, bei dem viele verschiedene Daemons einzelne Verbindungen zu ihren Peers haben, wird der Traffic mit ECMP über alle Routen verteilt.

Sobald Sie mehrere Verbindungen besitzen, ist ECMP auf OpenFabric bereits aktiv. In der Ausgabe von `ip route show` sehen Sie in diesem Fall mehrere Routen mit gleichen Kosten (im Beispiel als `metric 20`), die über unterschiedliche Interfaces verlaufen, aber zum gleichen Ziel führen.

```
[...]
10.0.0.2 nhid 59 proto openfabric src 10.0.0.1 metric 20
    nexthop via 10.0.0.2 dev ens22 weight 1 onlink
    nexthop via 10.0.0.2 dev ens1 weight 1 onlink
10.0.0.3 nhid 61 proto openfabric src 10.0.0.1 metric 20
    nexthop via 10.0.0.3 dev ens23 weight 1 onlink
    nexthop via 10.0.0.3 dev ens2 weight 1 onlink
[...]
```

Listing 24.9: ECMP-Routen mit gleichen Kosten über verschiedene Interfaces zum gleichen Ziel

24.3 Segmentierung von VM-Netzwerken

Selbst in kleineren Umgebungen gehören heute Netzwerksegmentierungen zum Best-Practice-Vorgehen. Wenn ich ein IP-Netzwerk in mehrere einzelne Teile aufspalte, hat das oft einen etwas höheren Aufwand bei der Administration und Konfiguration zur Folge, erhöht die Sicherheit in einem Netzwerk jedoch deutlich.

Eine solche Segmentierung sollte für einen Angreifer nicht zu leicht zu überwinden sein. Daher rate ich davon ab, einfach nur unterschiedliche IP-Netzwerke auf dem gleichen Layer-2-Netzwerk einzusetzen. Gibt ein Angreifer sich selbst eine passende IP-Adresse, kann er auch problemlos auf Ressourcen eines anderen Segments zugreifen.

Der am häufigsten genutzte Ansatz sind VLANs. Diese sind im Ethernet-Header bereits vorgesehen, und die VLAN-Grenzen sind für einen potenziellen Angreifer nicht ganz so leicht zu überwinden. Es gibt aber auch andere Ansätze, die noch nicht das Software-Defined Networking erfordern und daher gern verwendet werden. Schauen wir uns daher die Möglichkeiten an.

24.3.1 VLANs an VM-Interfaces

Proxmox VE bietet sowohl für VMs wie auch für Container die Möglichkeit, ein VLAN direkt an jedem Interface zu konfigurieren. Falls VLANs (802.1Q) ihre bevorzugte Methode für die Netzwerksegmentierung sind, sollten Sie diese Variante verwenden.

In Abbildung 24.17 sehen Sie ein Beispiel dafür, wie die Interfaces verschiedener VMs in unterschiedlichen VLANs konfiguriert sind und dennoch alle über eine einzige Bridge kommunizieren. Die Interfaces in unterschiedlichen VLANs sehen sich nicht und können auch nicht miteinander kommunizieren.

Das VLAN-Tag wird beim Versand des Netzwerkpakets in den Header gepackt, und beim Empfang am Interface wird das Tag entfernt. Die VM selbst weiß nicht, dass sie in einem VLAN kommuniziert. Selbst wenn jemand versuchen würde, dem Interface innerhalb der VM ein Tag zu geben, würde dieses beim Versand durch das konfigurierte VLAN-Tag des Interface überschrieben.

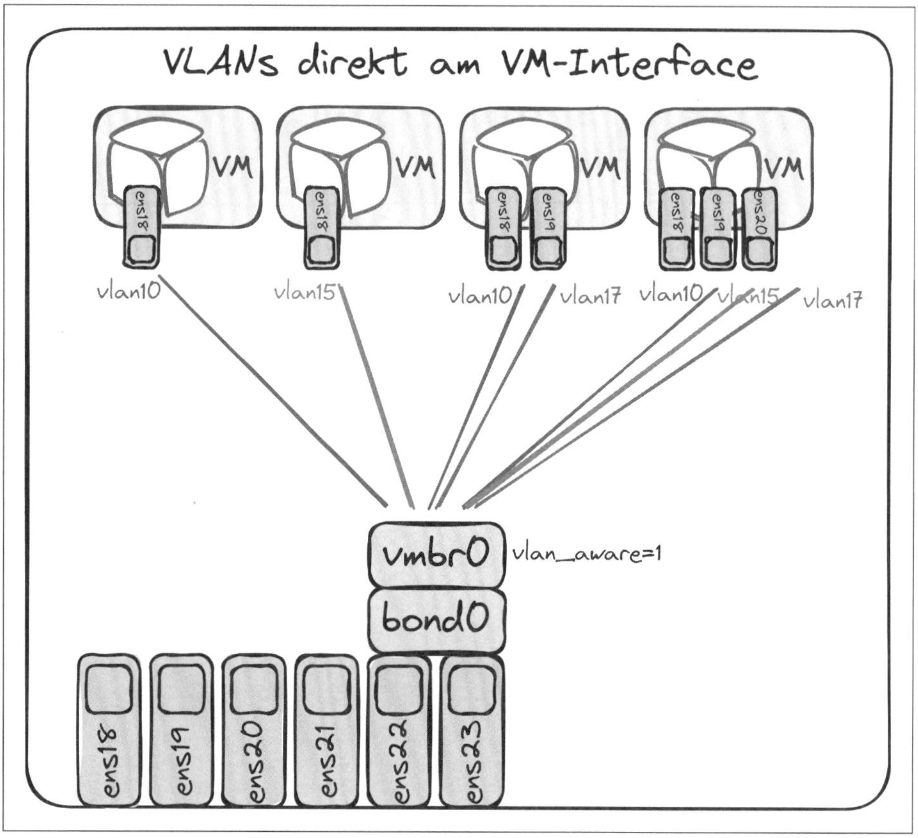

Abbildung 24.17: VLANs direkt an VM-Interface

Der Vorteil liegt auf der Hand: Sie können damit einer neuen VM ganz flexibel ein VLAN-Tag geben, ohne die Netzwerkkonfiguration Ihrer Proxmox-VE-Nodes anpassen zu müssen.

Wichtig ist dabei, dass die Bridge als *VLAN-aware* konfiguriert wird und dass der physische Port des externen Switchs die VLANs passieren lässt.

24.3.2 VLANs auf dedizierten Bridges

Manchen Administratoren ist eine vergleichbare, aber anders umgesetzte Segmentierung lieber. Sie ähnelt der vorherigen Version, allerdings wird das VLAN-Tag erst beim Verlassen des Hypervisors hinzugefügt oder entfernt. In dieser Variante lassen Sie das VLAN-Tag am VM-Interface ungenutzt, wählen aber eine bestimmte Bridge aus.

Abbildung 24.18 zeigt ein solches Setup. Sie benötigen für jedes VLAN ein zusätzliches VLAN-Interface, das Sie im Feld **Bridge Ports** der Linux-Bridge hinterlegen.

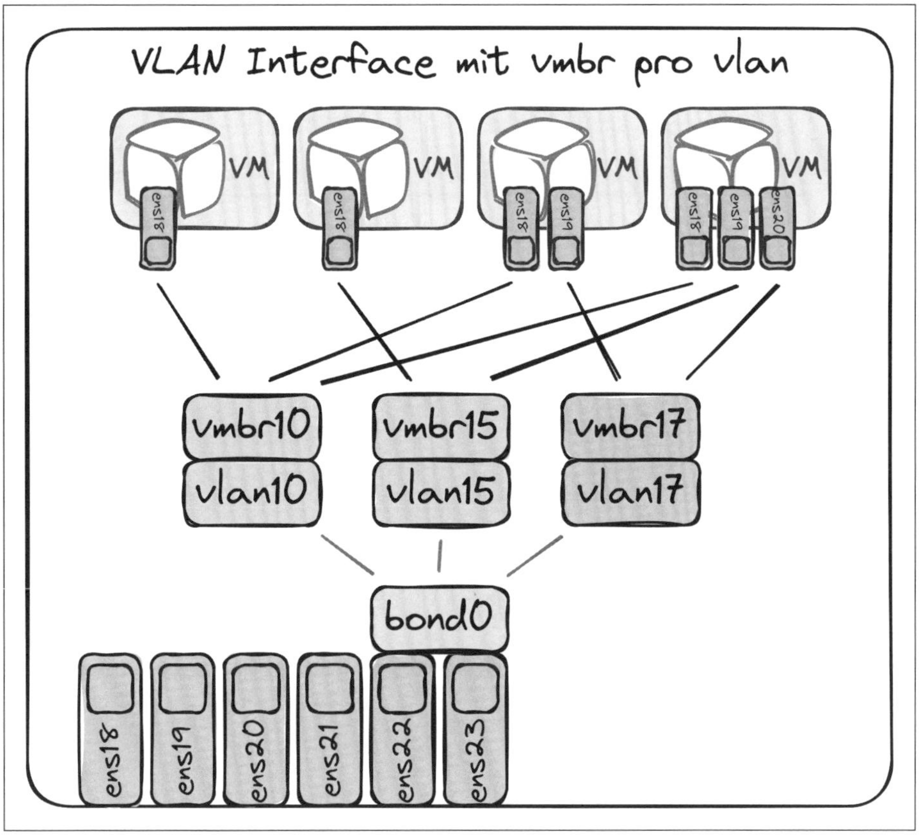

Abbildung 24.18: VLANs für jede Bridge

Alle VMs an derselben Bridge kommunizieren ohne VLAN-Tags. Das Tag wird erst eingefügt, wenn die Bridge ein Paket in Richtung des physischen Switchs sendet.

Diese Variante wird häufiger eingesetzt, wenn es nur ein paar VLANs gibt, die wenigen Änderungen unterliegen. Für jedes VLAN, das später hinzugefügt wird, muss die Netzwerkkonfiguration des Nodes angepasst werden und müssen ein weiteres VLAN-Interface und eine weitere Bridge hinzugefügt werden.

24.3.3 Guest-Based VLAN-Tagging für Firewalls oder Router

Betreuen Sie eine Infrastruktur, in der Firewalls oder Router innerhalb von VMs auf Ihrem Cluster laufen, passen die beiden vorherigen Varianten möglicherweise nicht. Wenn Sie nämlich mehrere bis viele VLAN-Tags an einem einzelnen VM-Interface benötigen, wie dies beispielsweise bei einer Firewall innerhalb einer VM der Fall sein kann.

In einem solchen Szenario wenden Sie kein Tagging außerhalb auf Ihrem Host-Netzwerk an, sondern leiten alles ohne Angabe eines Tags an das gewünschte VM-Interface der virtuellen Firewall weiter. Die Firewall sieht die ursprünglichen Tags und kann eine eigene Segmentierung durchführen und beispielsweise mehrere virtuelle Interfaces innerhalb der VM aufspannen.

Abbildung 24.19 zeigt einen solchen Aufbau.

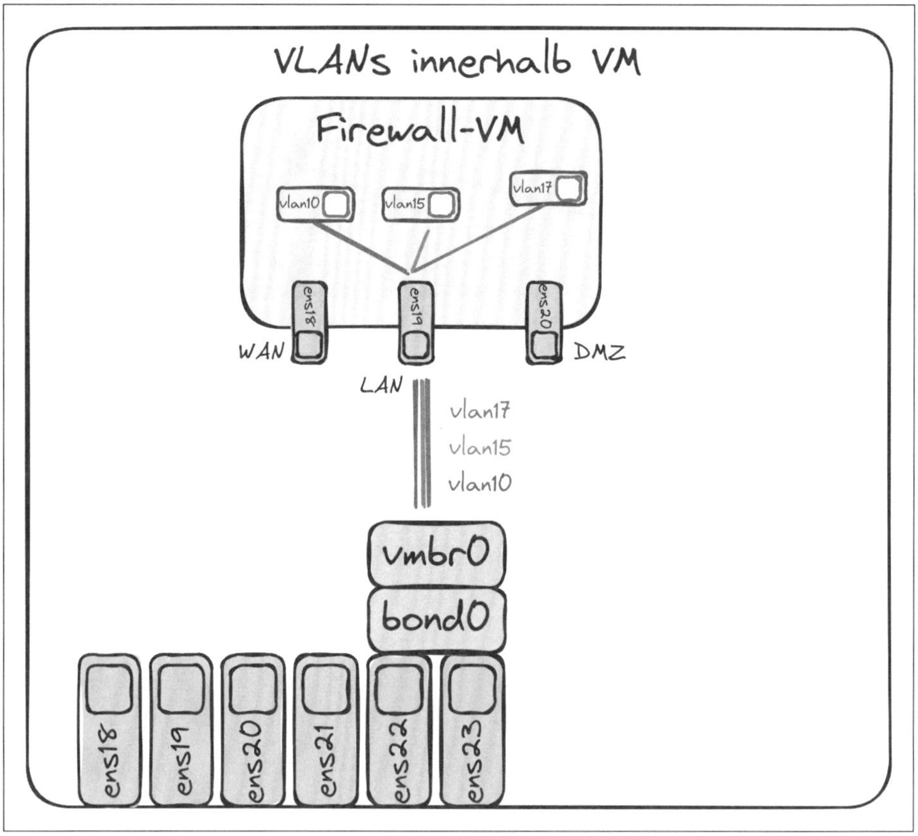

Abbildung 24.19: Auch mehrere VLAN-Tags innerhalb einer einzelnen VM sind möglich.

24.3.4 Layer-3/4-Isolation durch Firewall-Regeln

Eine weitere Möglichkeit möchte ich Ihnen nicht vorenthalten: Die Segmentierung über Firewall-Regeln mit der in Proxmox VE integrierten Firewall. Sie ist granularer einstellbar, da sie auch Protokolle, IP-Adressen, Ports und weitere Eigenschaften eines Pakets filtern kann. Und sie lässt sich sogar mit VLANs kombinieren.

Damit ist eine Mikrosegmentierung umsetzbar, die exakt die Verbindungen zulässt, die vorher durch einen Administrator erlaubt wurden.

24.3.5 Isolation aller Interfaces untereinander

Diese Art der Segmentierung kennen Sie vielleicht aus WLAN-Netzwerken, bei denen die Clients zwar mit dem Internet-Gateway, aber aus Sicherheitsgründen nicht mit anderen WLAN-Clients im gleichen Netz sprechen dürfen. Technisch ausgedrückt, darf jeder Client nur mit sich selbst sowie dem Standard-Gateway kommunizieren.

Das ist nicht nur in WLAN-Netzwerken ungemein praktisch, es bietet sich auch regelrecht für DMZ-Segmente an, bei denen jedes Interface im Idealfall nur mit dem Gateway, aber nicht mit anderen Maschinen innerhalb der DMZ kommunizieren können soll.

Um es gleich vorweg zu nehmen: Ohne den Einsatz des Software-Defined Networking (SDN) aus Kapitel 25 geht das zwar, aber nur per Shell und mit einem vergleichsweise hohen Aufwand.

Falls Sie das SDN nicht verwenden möchten, lässt sich ein Interface auf der Shell des Hypervisors mit dem Befehl `bridge link set dev <interface> isolated on` isolieren. Mit `<interface>` gibt man ein bestimmtes VM-Interface wie `tap100i0` an. Mit `isolated off` lässt sich die Isolation wieder deaktivieren. Der Isolationsstatus lässt sich mit `bridge -d link show dev <interface>` ermitteln.

Ein isoliertes Interface kann mit allen anderen Interfaces an der gleichen Bridge weiterhin kommunizieren, außer mit anderen isolierten Interfaces. Um also dieses Szenario von oben so umzusetzen, dass jedes Interface nur noch mit dem Default-Gateway sprechen darf, müssen *alle* Interfaces an der gleichen Bridge isoliert werden, nur das Gateway-Interface nicht.

Im SDN dagegen ist die Einrichtung dieses Szenarios mit dem Setzen eines Häkchens unter **Isolate Ports** im entsprechenden VNet erledigt.

Kapitel 25
Software-Defined Networking (SDN) in Proxmox VE

In diesem Kapitel steigen wir in das *Software-Defined Networking* (SDN) ein. Es unterscheidet sich deutlich von den Möglichkeiten, die wir bisher durch Änderungen in der */etc/network/interfaces* und in der GUI vorgenommen haben.

Beim SDN handelt es sich um eine Komponente, die oft erst in größeren Umgebungen oder Netzwerken mit komplexen Anforderungen an VM-Netze zum Einsatz kommt. In solchen Umgebungen kann das SDN für eine vereinfachte Administration und eine bessere Übersicht sorgen. Wenn Sie gut ohne das SDN auskommen, müssen Sie es nicht zwangsläufig verwenden. Wenn Sie Funktionen benötigen, die das SDN bietet, oder wenn es bisher bei Ihnen genutzte Optionen vereinfacht, nutzen Sie es.

Ich empfehle Ihnen den Einsatz des SDN dann, wenn Sie vor netzwerkseitigen Herausforderung stehen, die sich mit den Standardmöglichkeiten nur schwer oder gar nicht lösen lassen. Der Einsatz des SDN bringt weitere Möglichkeiten, aber auch Komplexität mit sich.

25.1 Grundlagen des Software-Defined Networkings

Software-Defined Networking (SDN) in Proxmox VE ermöglicht Ihnen eine flexible, zentralisierte Verwaltung und Automatisierung Ihrer Netzwerke in virtuellen Umgebungen.

Durch die Trennung von *Control-Plane* und *Data-Plane* bietet das SDN Ihnen die Möglichkeit, Netzwerkkonfigurationen cluster-weit zu konfigurieren, dynamisch anzupassen und zu optimieren, was die Effizienz und Skalierbarkeit in virtualisierten Infrastrukturen erhöht. Darüber hinaus ermöglicht es sowohl die strikte Trennung, aber auch die serverübergreifende Verbindung von VMs und Containern.

Praktisch gesehen, konfigurieren Sie sämtliche SDN-Komponenten nur an einer zentralen Stelle. Anschließend lassen Sie Proxmox Ihre Konfiguration auf allen Nodes deployen, sodass Sie diese cluster-weit verwenden können.

In Proxmox VE kann das SDN-Feature also helfen, komplexe Netzwerke einfacher administrierbar zu machen und die Bereitstellung von serverübergreifenden Services zu verbessern.

25.2 Integration in Proxmox VE

Vermutlich haben Sie die Netzwerkanbindung Ihrer Nodes auf jedem einzelnen Server bereits konfiguriert. Diese Vorgehensweise bleibt auch beim Einsatz des SDN erhalten, da das SDN in erster Linie Overlay-Netzwerke für Ihre virtuellen Umgebungen bereitstellt und nicht für die Anbindung der Hypervisoren selbst verwendet wird.

In der Proxmox-VE-GUI finden Sie das SDN unterhalb des Menüs **Datacenter • SDN** (siehe Abbildung 25.1).

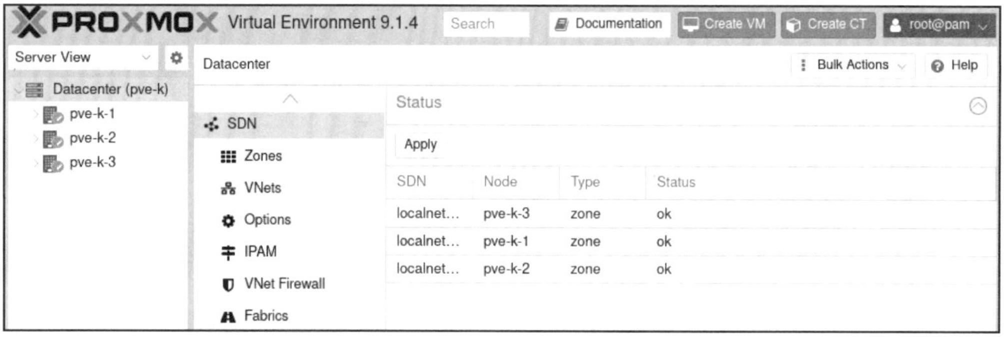

Abbildung 25.1: Das SDN-Menü befindet sich unter »Datacenter • SDN«.

Es existiert kein separater Commandline-Befehl zur Steuerung des SDN. Allerdings lässt sich mit dem `pvesh`-Befehl die API ansprechen und darüber auch die Konfiguration und das Management des SDN bewerkstelligen. Schauen Sie sich dazu die API-Dokumentation an, insbesondere den Teil unter dem Pfad */cluster/sdn*:

```
root@pve1:~# pvesh get /cluster/sdn
┌─────────────┐
│ id          │
╞═════════════╡
│ controllers │
├─────────────┤
│ dns         │
├─────────────┤
│ fabrics     │
├─────────────┤
│ ipams       │
├─────────────┤
│ vnets       │
├─────────────┤
│ zones       │
└─────────────┘
```

Listing 25.1: Der API-Einstiegspunkt des SDN unter »/cluster/sdn«

25.3 Anforderungen an die physische Netzwerkanbindung

Das SDN stellt Overlay-Netzwerke für Ihre VMs und Container bereit. Wird das SDN lediglich zur lokalen Netzwerksegmentierung genutzt, also ohne serverübergreifenden Datentransfer zwischen VMs auf verschiedenen Nodes, sind keine Anpassungen an der physischen Anbindung erforderlich.

In den meisten Szenarien sollen VMs jedoch über Servergrenzen hinweg kommunizieren. Hierbei müssen Sie entscheiden, über welche physischen Schnittstellen dieser zusätzliche Datenverkehr geleitet wird.

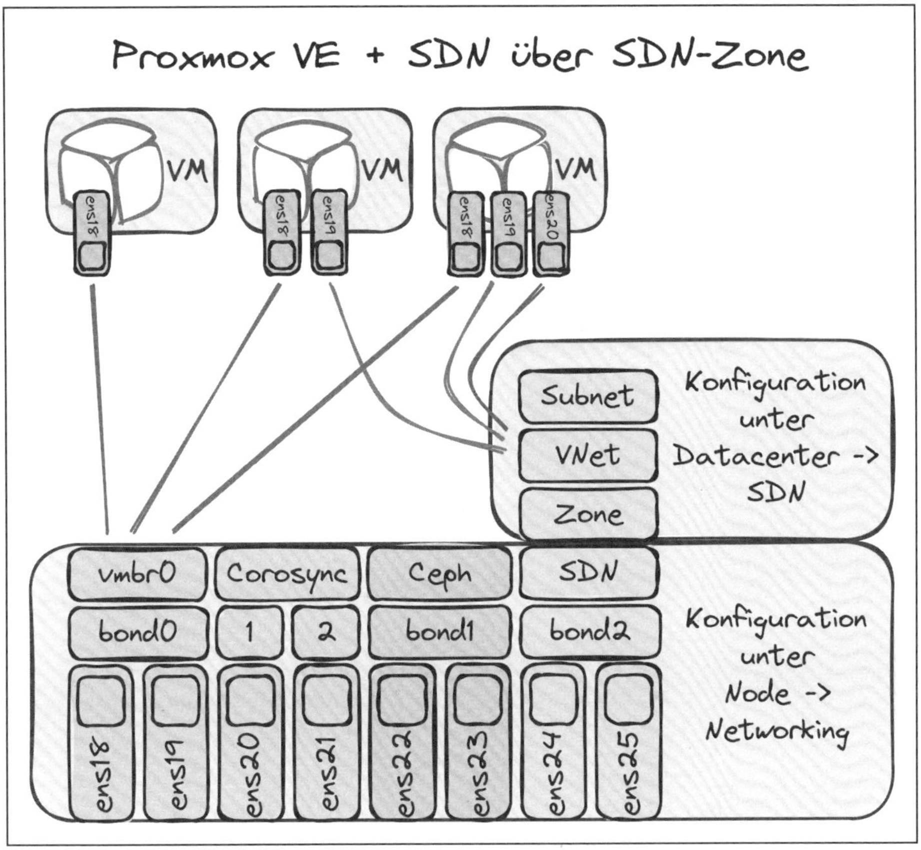

Abbildung 25.2: Physische Interfaces sollten unabhängig vom SDN-Stack direkt auf dem Hypervisor konfiguriert werden.

Abbildung 25.2 veranschaulicht den Best-Practice-Aufbau. Hierbei werden vier getrennte Netzwerkzonen mit jeweils zwei Interfaces verwendet:

- **Uplink:** 2 × Interfaces als Bond
- **Cluster-Kommunikation:** 2 × dedizierte Interfaces für Corosync-Traffic

- **Storage:** 2 × Interfaces als Bond für NFS/Ceph oder dediziert für Multipathing bei iSCSI
- **SDN:** 2 × Interfaces für den Overlay-Traffic der VMs

Alternativ können Sie den SDN-Traffic über die bestehenden Uplink- oder Storage-Netzwerke leiten (siehe Abbildung 25.3). Beachten Sie jedoch, dass Uplink-, Storage- und SDN-Traffic nun um die Bandbreite konkurrieren, was zu Performance-Einbußen und damit zu einer reduzierten Geschwindigkeit für SDN, Storage oder Uplinks führen kann.

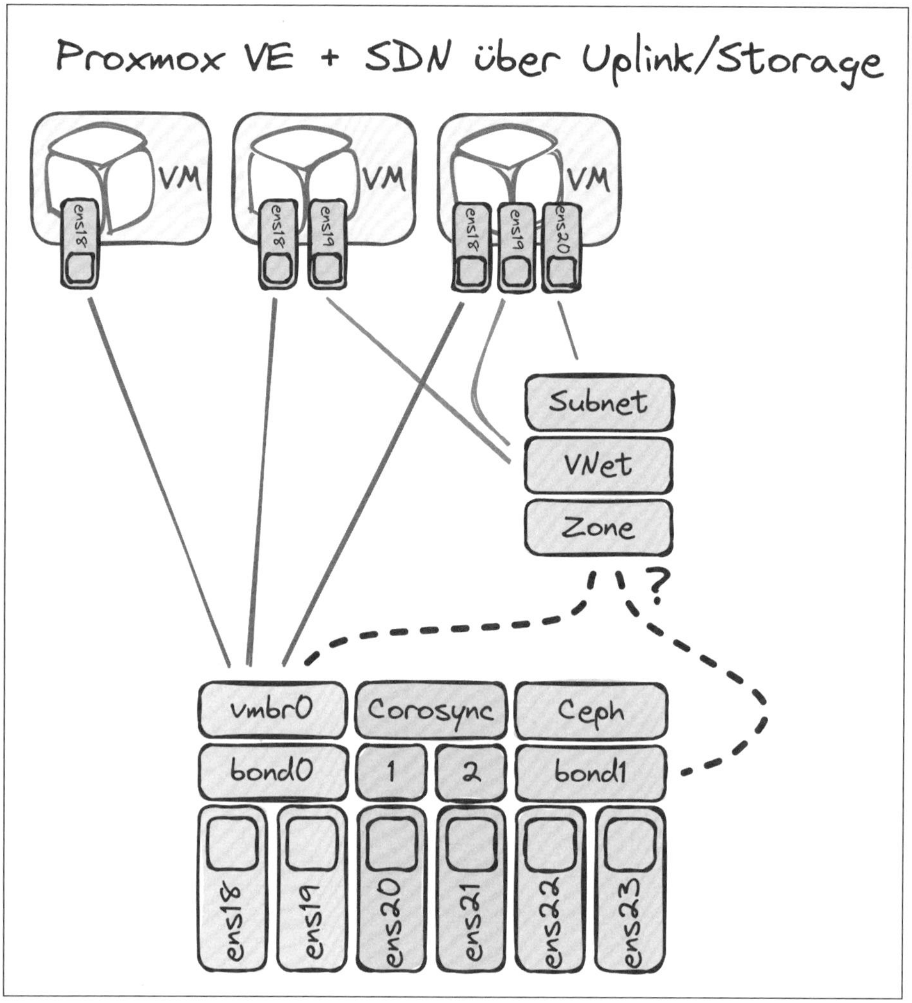

Abbildung 25.3: Das SDN kann auch über eine Uplink- oder Storage-Zone geleitet werden, reduziert dann aber die Bandbreite des Netzwerks.

Sofern Ihr Budget es zulässt und die Server noch freie Steckplätze besitzen, sollten Sie an jedem Node zwei zusätzliche Netzwerk-Ports mit ausreichender Bandbreite vorsehen, um eine physisch getrennte Zone für das SDN einzurichten.

25.4 Die Komponenten des Proxmox-VE-SDN: Zone, VNet und Subnet

Das Proxmox-VE-SDN basiert im Kern aus Zonen, VNets und Subnets. Diese Bausteine werden durch zusätzliche Dienste wie DHCP, IPAM und DNS ergänzt. Um die Funktionsweise des SDN zu verstehen, ist es notwendig, dass wir uns das Zusammenspiel dieser Elemente näher anschauen.

Werfen wir einen Blick auf die Architektur in Abbildung 25.4.

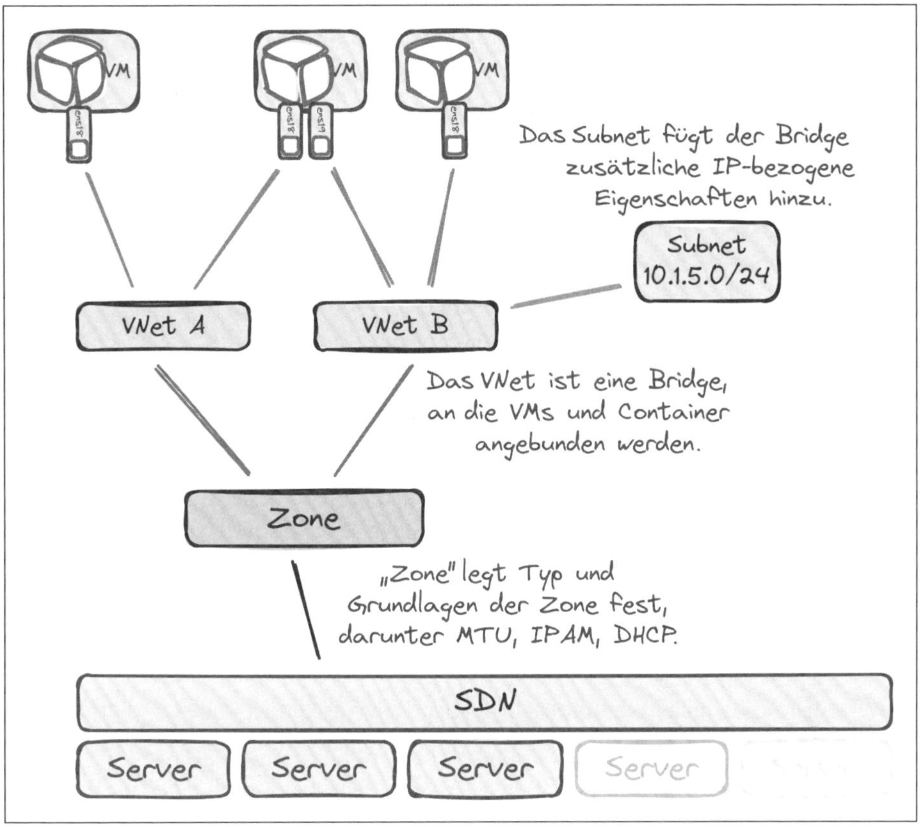

Abbildung 25.4: So bauen die Abstraktionsebenen Zone, VNet und Subnet des SDN aufeinander auf.

Die Grafik verdeutlicht, wie der serverübergreifende SDN-Layer alle Nodes des Clusters verbindet, um eine gemeinsame Basis für die weiteren Komponenten zu schaffen. Darauf bauen die logischen Strukturen auf: Die *Zone* definiert den Netzwerktyp und die verwendete Technologie. In einer Zone befinden sich die *VNets* als virtuelle Bridges für die VMs und Container, und die optionalen *Subnets* liefern die IP-Konfiguration für die VMs an diesem VNet.

25.4.1 Zonen

Auf dem SDN-Layer erstellen Sie zunächst die Zonen. Stellen Sie sich eine Zone als ein logisch definiertes Netzwerksegment vor, das die Technologie und die Eigenschaften für alle darin enthaltenen virtuellen Netzwerke vorgibt.

Der *Zone-Type* definiert die grundlegende Technologie wie VLAN oder VXLAN sowie Eigenschaften, die für alle Elemente dieser Zone gelten. Dazu gehören beispielsweise die MTU-Größe der Bridges, das zu verwendende IPAM-Plugin und die Information, ob IP-Adressen automatisch per DHCP vergeben werden sollen.

Die Wahl des Zone-Type entscheidet darüber, wie die virtuellen Maschinen untereinander und mit der physischen Außenwelt kommunizieren können. Hier ist ein Überblick über die in Proxmox VE verfügbaren Zone-Types:

- **Simple:** Dieser Modus erstellt ein isoliertes Netzwerk. Die Kommunikation ist standardmäßig auf VMs und Container beschränkt, die auf demselben Server laufen. Es gibt keine direkte Verbindung zur Außenwelt. Über ein zugehöriges Subnet lässt sich jedoch *Source-NAT* (SNAT) aktivieren, um ausgehende Layer-3-Verbindungen wie beispielsweise für Software-Updates aus dem Internet zu ermöglichen.
- **VLAN:** Hier nutzen Sie das weit verbreitete VLAN-Tagging. Das VNet-Tag bestimmt, in welchem VLAN die Datenpakete über die physische Netzwerkschnittstelle gesendet werden. Dies ist der ideale Weg, um das SDN in eine bestehende physische Netzwerkinfrastruktur zu integrieren. VMs in dieser Zone können direkt mit externen Geräten im selben VLAN kommunizieren.
- **QinQ:** Diese Zone nutzt sogenannte *Stacked-Service-VLANs* nach dem *802.1ad-* oder alternativ dem *802.1q*-Standard. Dabei wird das VLAN-Tag des VNets (inneres Tag) in ein weiteres, übergeordnetes Service-VLAN (äußeres Tag) der Zone eingepackt. Dies ermöglicht eine doppelte Segmentierung mit bis zu 4094 Service-VLANs, die jeweils 4094 innere VLANs transportieren können – rechnerisch also über 16 Millionen Netzwerke. Diese Technik ist besonders in Service-Provider-Umgebungen und großen Rechenzentren verbreitet.
- **VXLAN:** Ein VXLAN erstellt ein Layer-2-Overlay-Netzwerk über einer bestehenden Layer-3-Infrastruktur. Die Ethernet-Frames der VMs werden in UDP-Pakete gepackt, durch einen Tunnel über das physische Netzwerk transportiert und am Ziel wieder entpackt. VMs können über Netzwerkgrenzen hinweg im selben logischen Layer-2-Subnetz kommunizieren, ohne dass die physischen Switches dazwischen konfiguriert werden müssen.
- **EVPN:** EVPN (*Ethernet Virtual Private Network*) wird oft als Weiterentwicklung von VXLAN angesehen. Während VXLAN auf Multicast setzt, um Ziele im Netzwerk zu finden, nutzt EVPN das Routing-Protokoll *Border Gateway Protocol* (BGP) als Control-Plane. MAC- und IP-Adressen werden zwischen den Proxmox-Nodes ausgetauscht, was unnötigen Broadcast-Traffic verhindert. Dieser Mechanismus erhöht die Skalierbarkeit und ermöglicht komplexes Routing über verschiedene Standorte hinweg.

Detaillierte Konfigurationsbeispiele und Entscheidungshilfen für die Wahl des richtigen Zone-Types folgen weiter unten.

Eine Zone allein reicht jedoch noch nicht aus, um VMs oder Container anzubinden. Sie definiert nur die Technologie und gruppiert die virtuellen Netzwerke darin. Um VMs zu vernetzen, benötigen Sie in der Zone ein VNet. Schauen wir uns diese Komponente als Nächstes an.

25.4.2 VNet

Das VNet ist die Ebene, an die Sie Ihre virtuellen Maschinen und Container anbinden. Technisch wird jedes VNet auf dem Hypervisor als Linux-Bridge umgesetzt. Aus diesem Grund erscheinen die VNets auch direkt in der Auswahlliste, wenn Sie die Netzwerkschnittstelle einer VM konfigurieren (siehe Abbildung 25.5).

Innerhalb eines VNets können alle Teilnehmer – wie bei einem physischen Switch – direkt und uneingeschränkt auf Layer 2 miteinander kommunizieren.

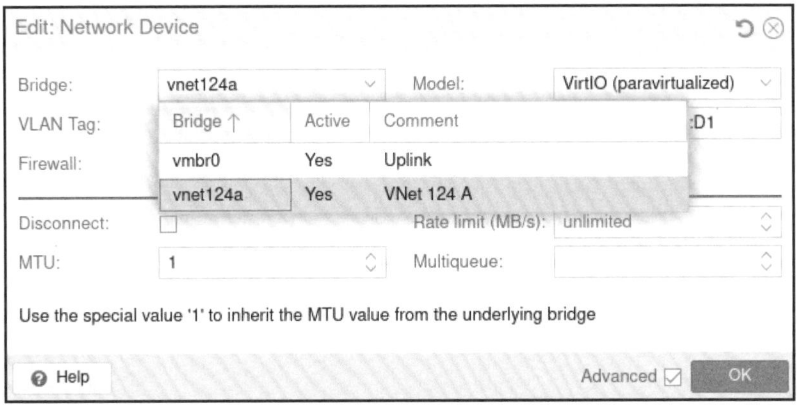

Abbildung 25.5: VNets stehen bei der Auswahl der Bridge eines VM-Interface zur Verfügung.

Eine Zone fungiert als Container für Ihre VNets. Sie benötigen mindestens ein VNet pro Zone, können aber auch mehrere VNets in einer Zone erstellen.

Die Proxmox-VE-Firewall erlaubt Ihnen übrigens auch, Regeln auf den Übergang zwischen verschiedenen VNets zu legen. Aber auch hier gilt: Nur bei aktivierter Firewall werden die Regeln angewendet. Standardmäßig ist der Übergang zwischen verschiedenen VNets erlaubt, wenn Sie nichts anderes konfigurieren. Die zugehörigen Einstellungen **Firewall** und **Forward Policy** finden Sie unter **Datacenter • SDN • VNet Firewall • <vnet> • Options**.

Ein wichtiger Punkt ist, dass das VNet bestimmte Konfigurationen von der übergeordneten Zone erbt. Ein klassisches Beispiel ist die MTU. Wenn Sie beispielsweise Jumbo-Frames mit einer MTU 9000 nutzen möchten, konfigurieren Sie dies zentral an der Zone, und alle darin enthaltenen VNets übernehmen diesen Wert automatisch.

25.4.3 Subnet

Während Zonen und VNets das physische und logische Grundgerüst auf Layer 2 bilden, sind Subnets optionale Ergänzungen auf Layer 3, wo IP-Adressen ins Spiel kommen.

Ein Subnet definiert den IP-Adressbereich (CIDR), das Gateway und DNS-Informationen. Die Verwendung von Subnets ist technisch nicht zwingend, für Automatisierung und Routing aber sehr praktisch.

Ohne Subnet verhält sich ein VNet wie ein einfacher Layer-2-Switch. VMs können kommunizieren, wenn sie feste IP-Adressen haben oder von einem externen DHCP-Server erhalten haben. Mit einem Subnet übernimmt das SDN die Verwaltung selbstständig. Es ermöglicht Funktionen wie das *IP Address Management* (IPAM) und die automatische Zuweisung via DHCP. Und alle diese Funktionen lassen sich auch via API konfigurieren, sodass Sie beim Einsatz einer Automatisierung mehr Flexibilität bei gleichzeitig besserer Kontrolle besitzen.

Ein weiterer Vorteil ist die Steuerung des ausgehenden Datenverkehrs. Pro Subnet können Sie mit der Eigenschaft *SNAT* definieren, ob eine *Source NAT* aktiviert werden soll. Dies erlaubt VMs in einer isolierten Zone wie beim Typ *Simple*, auf das Internet zuzugreifen, ohne selbst von außen erreichbar zu sein. Ohne den Einsatz eines Subnets lässt sich SNAT nicht aktivieren und die Zone ist von der Außenwelt isoliert. SNAT erlaubt übrigens nicht nur die Kommunikation mit dem Internet, sondern auch zu anderen Zonen.

Ein VNet kann mehrere Subnets beinhalten. Dies erlaubt komplexe Szenarien innerhalb derselben Broadcast-Domain. So können Sie einer VM aus Subnet A über SNAT Zugriff auf das Internet gewähren, einer VM aus Subnet B jedoch ohne aktiviertes SNAT den Zugriff verwehren. So realisieren Sie innerhalb eines einzigen VNets sogar unterschiedliche Sicherheitszonen.

25.5 Zone-Types und deren Technologien

Ich habe in Abschnitt 25.4.1 bereits ein paar grundlegende Sätze zu den verschiedenen Zone-Types geschrieben. In diesem Abschnitt steigen wir tiefer in die zugrunde liegenden Technologien ein, damit Sie eine passende Auswahl treffen können und der Einstieg etwas leichter ist.

25.5.1 Simple Zone

Die *Simple Zone* ist die einfachste Zone im SDN. Sie erstellt auf den ausgewählten Proxmox-Nodes jeweils eine isolierte Bridge (siehe Abbildung 25.6).

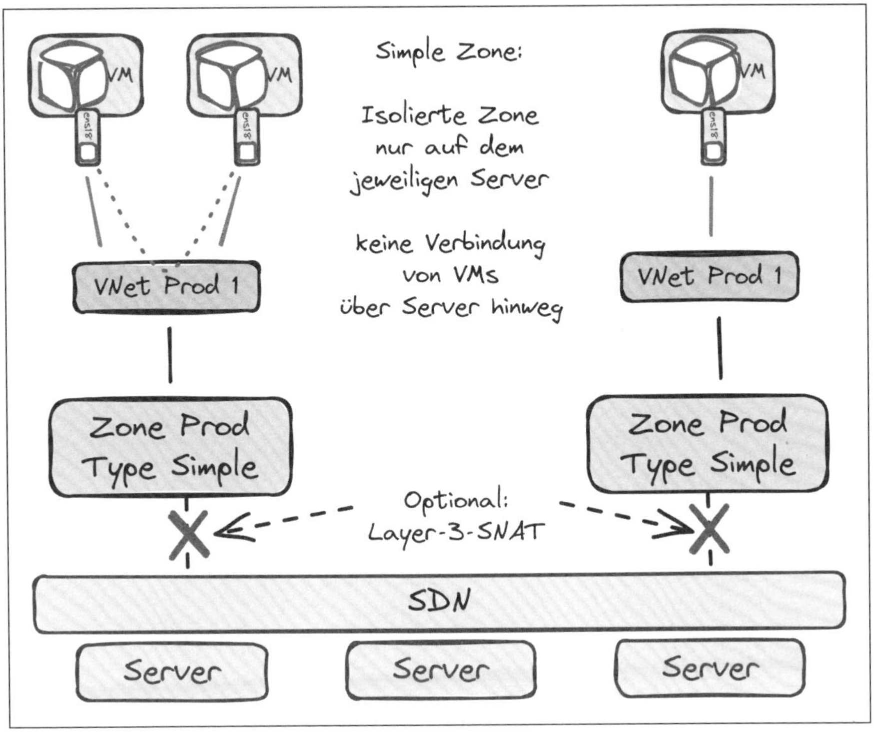

Abbildung 25.6: Beispiel für eine »Simple Zone« im SDN

Das entscheidende Merkmal ist, dass diese Bridge über keinen physischen Uplink verfügt. VMs und Container auf dem gleichen Hypervisor können problemlos miteinander kommunizieren, selbst wenn diese in unterschiedlichen VNets sind. Eine Kommunikation über Servergrenzen hinweg, also von einer VM auf Node 1 zu einer VM auf Node 2 ist nicht möglich, selbst wenn beide VMs an das gleiche VNet angebunden sind. Die VNets auf verschiedenen Servern besitzen keine Verbindung untereinander und die Datenpakete verlassen den Host physisch nicht.

Da der Datenverkehr rein lokal auf dem Hypervisor verbleibt, ist keinerlei Konfiguration an Ihren physischen Switches oder Routern notwendig. Die externen Geräte bekommen von diesem Traffic nichts mit.

Standardmäßig ist dieses Netz also von der Außenwelt isoliert. Möchten Sie dennoch für VMs eine Verbindung nach außen herstellen, nutzen Sie ein Subnet mit aktiviertem SNAT. Eine Alternative dazu wäre der Einsatz einer Router- oder Firewall-VM als Gateway, die über zwei Netzwerkkarten verfügt – eine in der Simple Zone, die andere in einer Bridge mit externem Zugang.

Verwenden Sie die Simple Zone für Testumgebungen, CI/CD-Pipelines oder für strikt isolierte Multi-Tier-Anwendungen, die komplett auf einem einzigen Host laufen und keine Verbindung zu anderen Cluster-Nodes benötigen.

25.5.2 VLAN-Zone

Die VLAN-Zone ist die Brücke zwischen dem SDN und anderen Teilen Ihrer physischen Netzwerkinfrastruktur. Sie nutzt den VLAN-Tagging-Standard *IEEE 802.1Q*, um Traffic logisch zu separieren. In Abbildung 25.7 sehen Sie, wie ein solches Setup aussehen kann.

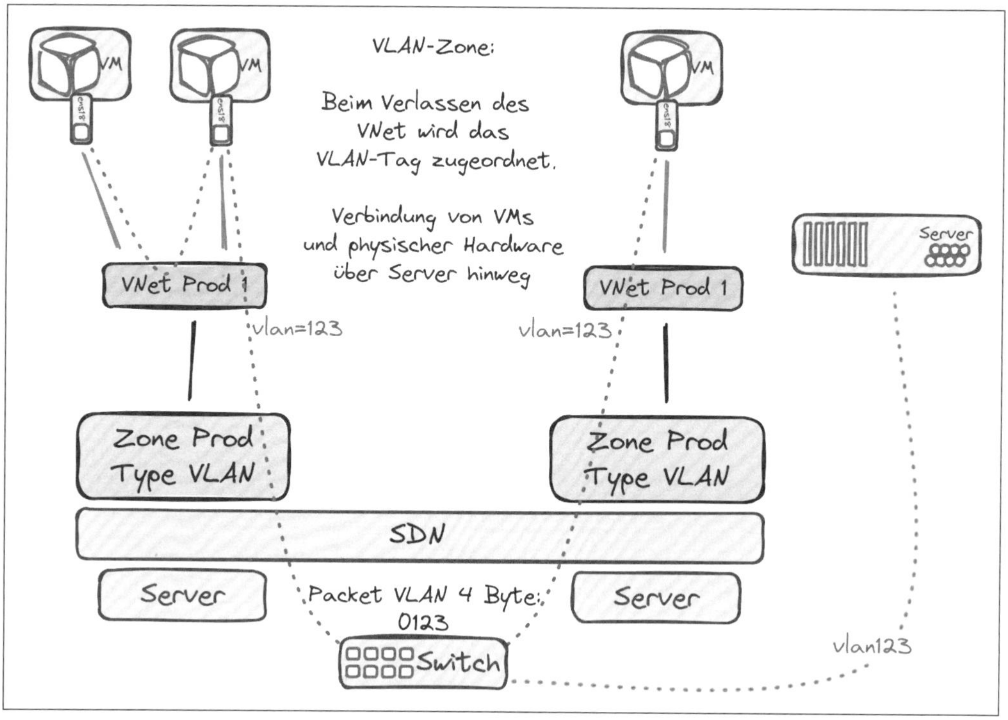

Abbildung 25.7: Beispiel einer VLAN-Zone im SDN

Jedes VNet in dieser Zone entspricht einer spezifischen VLAN-ID. Wenn eine VM Daten sendet, wird das Paket beim Verlassen der Bridge automatisch mit dem entsprechenden VLAN-Tag versehen. Die Pakete verlassen den Server also »tagged«. Ihr physischer Switch kann diese Pakete dann basierend auf dem Tag in das richtige Netzwerksegment weiterleiten.

VMs im gleichen VNet/VLAN können direkt miteinander, aber auch mit externen Geräten im selben VLAN kommunizieren.

Im Gegensatz zur Simple Zone erfordert dieser Typ eine Konfiguration der physischen Hardware. Die Uplink-Ports am Switch müssen als Trunk-Ports oder Tagged Ports konfiguriert sein, damit sie die VLAN-Tags verstehen und akzeptieren.

Dieser Zone-Type ist also ein idealer Einstieg, wenn Sie bereits Netzwerksegmente auf Basis von VLAN-Tags verwenden. Eine Alternative dazu ist der Einsatz von VLANs direkt am Netzwerkinterface der virtuellen Maschine ohne den Einsatz des SDN.

Da VLANs meist im gesamten Rechenzentrumsnetzwerk verfügbar sind, können VMs nahtlos kommunizieren, egal auf welchen Node sie laufen. Dies ist sehr praktisch für Live-Migrationen, da eine VM im laufenden Betrieb auf einen anderen Host verschoben werden kann, ohne die Netzwerkverbindung zu verlieren.

Dieser Zonentyp ist der Standard für Hosting-Umgebungen. Jedem Kunden wird eine eigene VLAN-ID zugewiesen. Dadurch können die VMs und Container eines Kunden untereinander kommunizieren, egal wo sie gerade im Cluster laufen, und sie sind gegenüber anderen Kunden strikt isoliert, obwohl alle dieselbe physische Verkabelung und Hardware nutzen.

25.5.3 QinQ-Zone

QinQ – auch bekannt als *Stacked VLAN* oder *VLAN-in-VLAN* – ist eine Erweiterung des VLAN-Taggings. Während eine normale VLAN-Zone nur eine Ebene der Segmentierung bietet, erlaubt QinQ das Verschachteln von VLAN-Tags in äußere Service-VLANs. QinQ ist der Standard für Service-Provider und große Rechenzentren, die Mandantenfähigkeit benötigen, oder wenn 4094 einfache VLANs nicht ausreichen.

Der Kunde nutzt beispielsweise innerhalb seiner Umgebung eigene VLANs wie beispielsweise *VLAN 10* für Web und *VLAN 20* für den Zugriff auf Datenbanken – ganz so, als wäre er allein im Netzwerk. Sobald die Pakete die Zone verlassen, packt Proxmox VE diese kundenspezifischen VLAN-Tags in ein äußeres Service-VLAN ein, das nur diesem Kunden zugeordnet ist. Auf der physischen Leitung sind die Pakete also doppelt getaggt. Sie können damit *VLAN 10* an *Kunde A* und gleichzeitig *VLAN 10* an *Kunde B* vergeben, ohne dass es zu Konflikten kommt. Beide sind in unterschiedlichen, äußeren Service-VLANs eingepackt.

In Abbildung 25.8 sehen Sie einen exemplarischen Aufbau.

Proxmox VE unterstützt QinQ sowohl nach *IEEE 802.1ad* als auch nach *802.1Q*. Da Ihre physischen Switches den gewählten Standard zwingend unterstützen müssen, müssen Sie vor der Konfiguration prüfen, welchen Standard sie verwenden können.

Für das normale VLAN-Tag sind bereits 4 Bytes im Ethernet-Frame vorgesehen, für das zusätzliche äußere Service-VLAN-Tag jedoch nicht. Es benötigt weitere 4 Bytes im Ethernet-Header. Ein Standard-Frame wächst damit von 1500 auf 1504 Byte. An dieser Stelle haben Sie zwei Möglichkeiten: Sie erhöhen die MTU auf Ihren physischen Switches und Interfaces auf mindestens 1504 Byte oder verwenden gleich Jumbo-Frames, wenn das möglich ist. Alternativ dazu reduzieren Sie die MTU der VM-Interfaces auf 1496 Byte, um Platz für den Header zu schaffen.

Als Uplink für die Zone muss zwingend eine VLAN-aware Bridge konfiguriert sein, damit die geschachtelten Pakete korrekt verarbeitet werden.

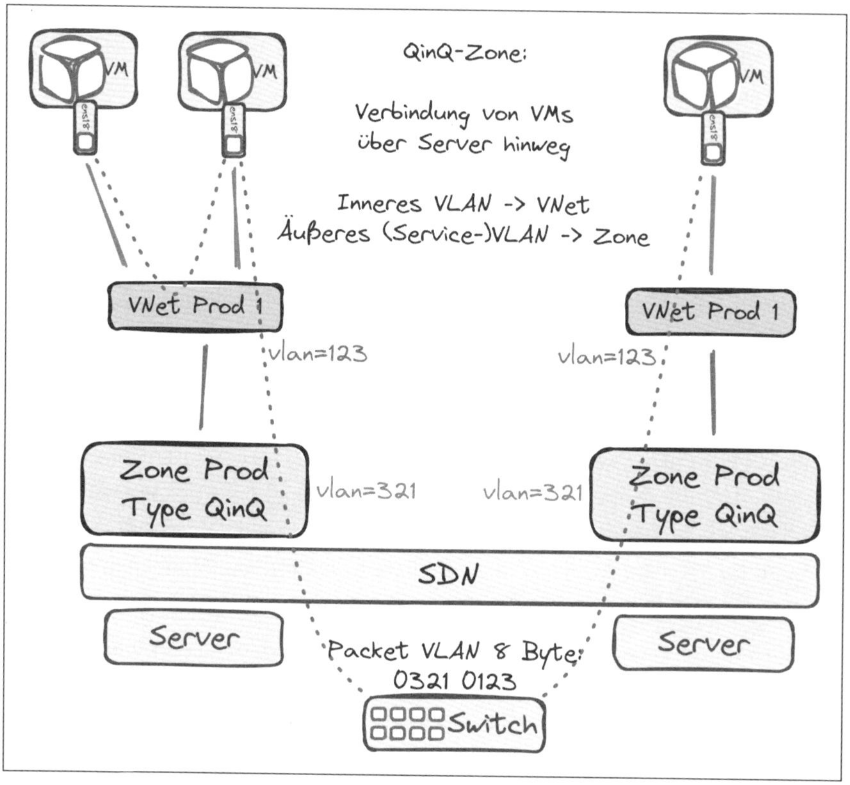

Abbildung 25.8: Beispiel einer QinQ-Zone im SDN

25.5.4 VXLAN-Zone

VXLAN (*Virtual eXtensible LAN*) ist ein Overlay-Protokoll, das entwickelt wurde, um die Limitierungen von VLAN-basierten Netzwerken zu überwinden. Es ermöglicht, Layer-2-Netzwerke über ein bestehendes Layer-3-IP-Netzwerk aufzuspannen, indem es einen Tunnel zwischen zwei Layer-2-Netzwerken bildet. Die schematische Funktionsweise ist in Abbildung 25.9 zu sehen.

Während VLANs durch ihre 12-Bit-ID auf 4096 Segmente begrenzt sind, fügt VXLAN einen 24 Bit großen Header hinzu. Dies ermöglicht bis zu 16 Millionen unterschiedliche Netzwerksegmente. Diese werden als *VXLAN Network Identifiers* (VNI) bezeichnet.

Das Prinzip basiert auf Kapselung. Die Payload, also der Ethernet-Frame der VM, wird in ein UDP-Paket verpackt und über das physische Netzwerk transportiert. Hier kommen die *VXLAN Tunnel Endpoints* (VTEPs) ins Spiel. In einer Proxmox-VE-Umgebung übernimmt der Host selbst diese Rolle.

Sendet eine VM ein Paket nach draußen, verpackt der Host als VTEP dieses Paket zusammen mit einem VXLAN-Header und schickt es als normales UDP-Paket über das IP-Netzwerk an den Ziel-Host. Dieser entfernt den Header, entpackt also die ursprüngliche Payload und übergibt das originale Paket an die Ziel-VM. Für die VM ist dieser Vorgang unsichtbar. Sie meint, sich in einem normalen lokalen Netzwerk zu befinden, und zwar in einem gemeinsamen Netzwerk mit der sendenden VM.

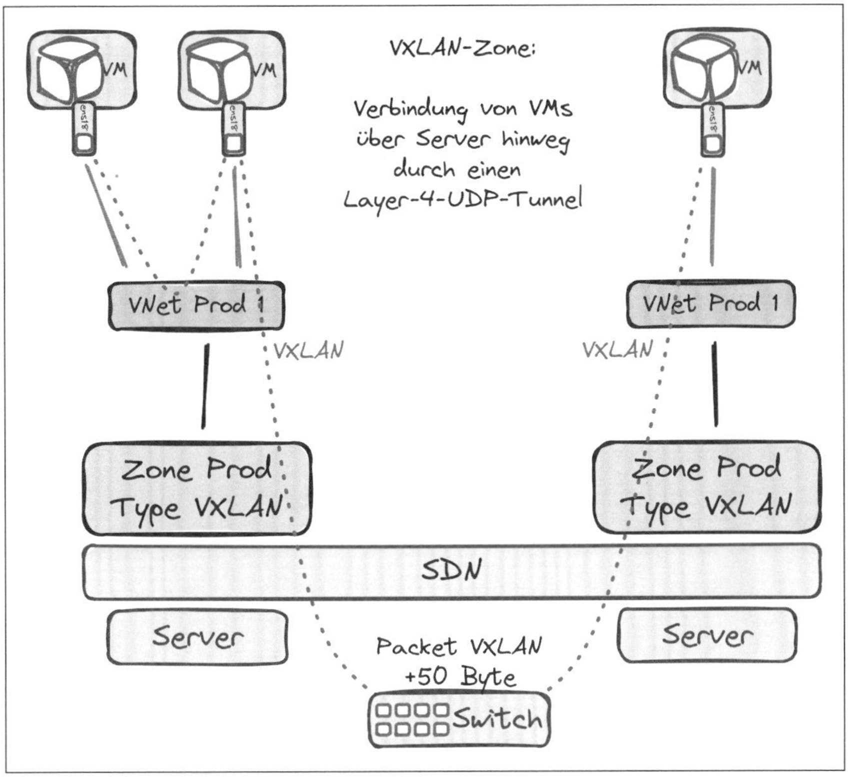

Abbildung 25.9: Beispiel für eine VXLAN-Zone im SDN

Da VXLAN den Paketen zusätzliche Header hinzufügt, wächst die Paketgröße um etwa 50 Byte bei IPv4. Damit Pakete nicht fragmentiert werden oder verloren gehen, muss die MTU angepasst werden. Auch hier haben Sie, wie beim QinQ, grundsätzlich die beiden gleichen Optionen: Sie reduzieren die MTU in den VMs auf 1450 Byte oder Sie konfigurieren Ihr physisches Netzwerk inklusive aller Switches und Router auf eine MTU von mindestens 1550 Byte oder nutzen gleich Jumbo-Frames mit 9000 Byte.

Soll der VXLAN-Tunnel zwei Netzwerke über das Internet verbinden, ist dies technisch problemlos möglich, denn virtuelle VXLAN-Netzwerke sind nicht auf lokale Netzwerke beschränkt. Sie könnten damit zwei VM-Netzwerke auf unterschiedlichen Kontinenten miteinander verbinden. Sofern Sie nicht alle Router zwischen den beiden Standorten kontrollieren und die MTU anheben können, bleibt Ihnen in solchen Szenarien oft nur, die MTU an den VMs auf 1450 Byte zu reduzieren. Dazu kommt, dass der VXLAN-Tunnel unverschlüsselt ist. Wenn Sie sensible Daten über das Internet oder andere, fremde Netzwerke schicken, müssen Sie zusätzlich eine Verschlüsselungsebene wie IPsec oder Wire-

Guard darunter legen, die möglicherweise noch mal eigene Header benötigt und eine weitere Reduzierung der MTU notwendig macht.

Mit 16 Millionen möglichen VNIs sind Adressraum-Engpässe praktisch ausgeschlossen. Da VXLAN auf Layer 3 arbeitet, benötigt Ihre physische Netzwerkhardware keine spezielle Konfiguration; Ihre Switches müssen kein VLAN-Trunking und keinen QinQ-Support beherrschen. Solange IP-Konnektivität zwischen den Proxmox-Nodes besteht, funktioniert VXLAN.

VXLAN eignet sich auch hervorragend für Multi-Tenant-Umgebungen, in denen Kunden-Netzwerke strikt voneinander und vom physischen Netz getrennt sein müssen.

25.5.5 EVPN-Zone

Die EVPN-Zone (*Ethernet Virtual Private Network*) ist die komplexeste Zone bei der Einrichtung im Software-Defined Networking. Sie kombiniert die Kapselung von VXLAN für den Datentransport mit dem Routing-Protokoll BGP für die Steuerung. In Abbildung 25.10 sehen Sie den Aufbau.

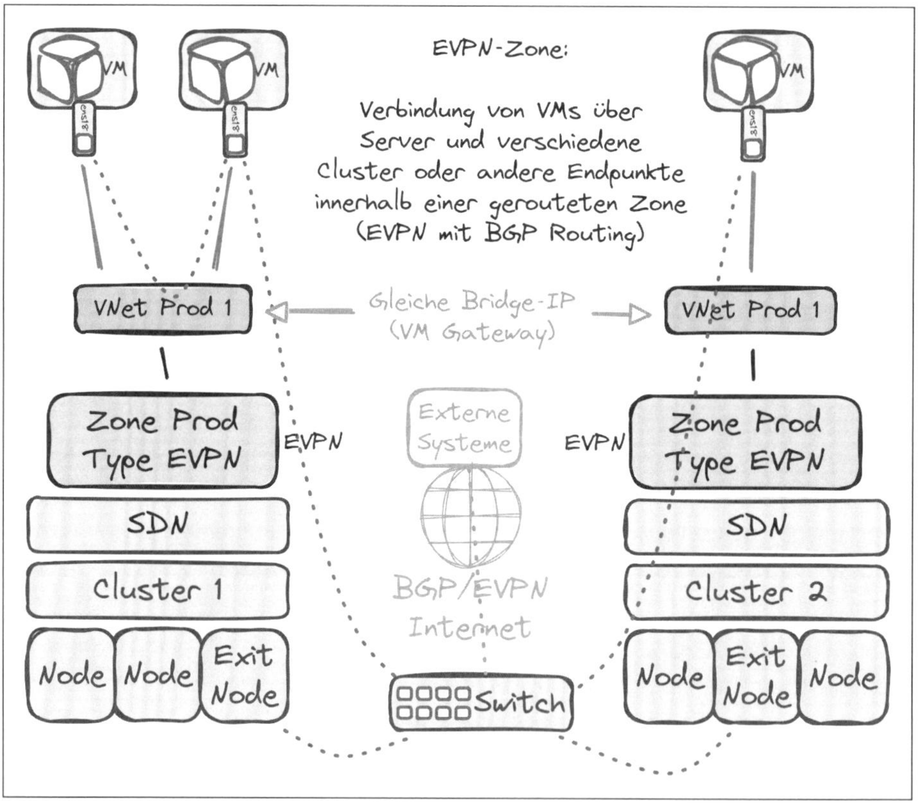

Abbildung 25.10: Beispiel einer EVPN-Zone im SDN

Das Problem von Overlay-Netzen wie mit VXLAN ist, dass sich VXLAN wie ein relativ dummer Switch verhält. Um einen unbekannten Teilnehmer zu finden, muss es Anfragen an alle via Multicast fluten. In großen Netzen erzeugt das unnötiges Rauschen.

EVPN dreht dieses Prinzip um. Bevor Daten fließen, tauschen die Proxmox-Nodes über das BGP-Protokoll Informationen zu den jeweils am Netz angebundenen VMs und Containern aus. Da nun jeder Node weiß, wo sich welches Ziel befindet, können Datenpakete gezielt in normalen Unicast-Paketen versendet werden, ohne das restliche Netzwerk zu belasten.

Proxmox VE nutzt BGP, um MAC- und IP-Adressen zwischen den Hosts, also den VXLAN-VTEPs, zu synchronisieren. Der eigentliche Datenverkehr der VMs wird weiterhin in VXLAN-Pakete verpackt. EVPN ermöglicht nicht nur Layer-2-Bridging, sondern auch verteiltes Layer-3-Routing mit verteilten Gateways. VMs können also auch über Subnetzgrenzen hinweg effizient kommunizieren, ohne immer über einen zentralen Router laufen zu müssen. Betreiben Sie also zwei Cluster an unterschiedlichen Standorten und migrieren Sie eine VM an einen anderen Standort, ändert sich das Standard-Gateway für die VM nicht.

BUM-Traffic (*Broadcasts*, *Unknown Unicast*- und *Multicast*-Traffic) wird deutlich reduziert, da kein Flooding mehr notwendig ist, um zu ermitteln, wohin das Paket gesendet werden muss. Dank BGP skaliert dieses Design über Rechenzentren und Standorte hinweg, ohne auf Multicast-Infrastruktur im physischen Netz angewiesen zu sein. Zieht eine VM auf einen anderen Host mittels Live-Migration um, wird die neue Position sofort per BGP im Netzwerk propagiert.

Wählen Sie die EVPN-Zone für produktive, größere Cluster, wenn Sie maximale Performance, Stabilität und Standardkonformität benötigen.

Für eine EVPN-Zone benötigen Sie zusätzlich einen Controller. Im nächsten Abschnitt beschreibe ich, wie Sie diesen einrichten.

25.6 Einsatz eines Routing-Controllers für EVPN-Zonen

Damit eine EVPN-Zone funktioniert, benötigt sie einen Controller, der das BGP-Routing übernimmt. Während die Zone die technologische Basis in Form von VXLAN und BGP definiert, übernimmt der Controller die Verteilung der Routing-Informationen im Cluster.

25.6.1 Die Controller-Typen EVPN, BGP und IS-IS

Im SDN-Menü stehen Ihnen verschiedene Controller-Typen zur Auswahl. Die Wahl des richtigen Typs hängt davon ab, mit wem Ihre Proxmox-Nodes Routing-Informationen austauschen sollen: ob dies nur untereinander oder auch mit der externen Hardware-Infrastruktur geschehen soll.

EVPN-Controller

Der EVPN-Controller ist der zwingend notwendige Controller für eine EVPN-Zone. Er konfiguriert das interne BGP-Peering zwischen den Proxmox-Nodes und sorgt dafür, dass die Proxmox-Nodes als VTEPs (*VXLAN Tunnel Endpoints*) voneinander wissen und MAC/IP-Informationen austauschen können. Er ist die Control-Plane der EVPN/VXLAN-basierten Data-Plane.

Sobald Sie eine Zone vom Typ EVPN erstellen, benötigen Sie einen globalen EVPN-Controller. Ohne diesen Controller wissen die Nodes nicht, wie sie die VXLAN-Pakete routen sollen.

Für die Konfiguration definieren Sie hier nur die lokalen Parameter wie die ASN und die Peers, mit denen die Routen ausgetauscht werden sollen. Für die ASN können Sie in der Regel den Vorschlagswert übernehmen, wenn Sie BGP nur intern zwischen den Nodes verwenden. Als Peers geben Sie die IP-Adressen der anderen Nodes an. Im Feld **SDN Fabric** lässt sich eine vorher definierte Fabric als Underlay-Netzwerk angeben, über das der Traffic dann laufen soll.

BGP-Controller

Während der EVPN-Controller für das interne Gespräch der Nodes zuständig ist, dient der BGP-Controller als Verbindung zur Außenwelt.

Er kommuniziert über BGP mit externen Routern oder Switches und wird verwendet, um Routen aus dem SDN (beispielsweise die öffentlichen IP-Adressen Ihrer VMs oder NAT-Adressen) an das physische Rechenzentrumsnetzwerk zu announcen.

Wenn Ihre SDN-Subnetze direkt aus dem Internet oder dem Firmennetzwerk erreichbar sein sollen, ohne dass Sie statische Routen auf Ihren Hardware-Gateways pflegen wollen, nutzen Sie diesen Controller-Typ. Er meldet dem Core-Router dann dynamisch, welche Netze über welche Nodes erreichbar sind.

IS-IS-Controller

Der IS-IS-Controller (*Intermediate System to Intermediate System Protocol*) ist eine Alternative zu OSPF (*Open Shortest Path First*) oder BGP für das Routing innerhalb einer administrativen Domäne.

Er integriert den Proxmox-Cluster in eine bestehende IS-IS-Routing-Domäne.

Dieser Typ ist ein Spezialfall. Sie benötigen ihn nur, wenn Ihre physische Netzwerkinfrastruktur bereits auf IS-IS basiert. Das ist oft bei Internet-Service-Providern oder in sehr großen Enterprise-Backbones der Fall. In KMU-Umgebungen kommt IS-IS eher selten zum Einsatz.

25.6.2 Einrichtung des EVPN-Controllers

Im Proxmox-VE-SDN müssen Sie einen Controller anlegen, wenn Sie eine EVPN-Zone nutzen. Dies erledigen Sie unter **Datacenter • SDN • Options • Controllers • Add • <Controller Type>**. Hier konfigurierte SDN-Controller laufen direkt auf Ihren Proxmox-VE-Cluster Nodes; Sie benötigen dazu also keine externen Controller.

Dieser Controller definiert, wie die Nodes miteinander sprechen. Die wichtigste Einstellung hierbei ist die ASN. Da wir uns meist innerhalb eines privaten Rechenzentrums bewegen, verwenden wir hier Nummern aus dem privaten Bereich von 64512 bis 65534. Proxmox VE zeigt als Vorschlag direkt die 65000 an, die sich jedoch anpassen lässt.

Wenn Sie EVPN nur für die interne Vernetzung nutzen, müssen Sie hier lediglich die ASN definieren und die anderen Proxmox-Nodes als Peers. Soll der Cluster Routing-Informationen mit externen physischen Switches austauschen, müssen hier die IP-Adressen dieser externen Gateways hinterlegt werden.

FRR als Routing-Suite

Sie müssen sich nicht manuell mit komplexen Routing-Konfigurationsdateien auseinandersetzen. Proxmox VE nutzt im Hintergrund die bewährte Open-Source-Routing-Suite *FRRouting*, kurz *FRR*.

Sobald Sie eine EVPN-Zone und einen Controller konfigurieren, erstellt Proxmox VE für Sie eine entsprechende Konfiguration für FRR unter */etc/frr/* und startet die benötigten Daemons auf den Nodes. Dies nimmt Ihnen die Komplexität der BGP-Konfiguration ab und sorgt dafür, dass die Routing-Tabellen auf allen Nodes synchron gehalten werden.

25.6.3 Routing und NAT

Eine sehr praktische Funktion von EVPN im Proxmox-SDN ist die Fähigkeit, als *Distributed Gateway* zu fungieren. Doch wie gelangen VMs aus einem isolierten Overlay-Netzwerk wie 10.0.0.0/24 ins Internet? Hier kommen Exit-Nodes und SNAT ins Spiel.

Exit-Nodes

Exit-Nodes sind in der Zone festgelegte Proxmox-VE-Hosts, die als Übergabepunkt zwischen dem virtuellen SDN-Netzwerk und der physischen Außenwelt fungieren. Während im EVPN-Netzwerk jeder Host für seine lokalen VMs routen kann, muss der Traffic, der das Overlay in Richtung externer Systeme verlässt, über ein Gateway mit einem physischen Uplink geroutet werden.

In der Zonen-Konfiguration definieren Sie einen oder mehrere Exit-Nodes. Das SDN sorgt dann dafür, dass Traffic, der für das Internet bestimmt ist, per VXLAN-Tunnel zu diesem Exit-Node transportiert und erst dort in das physische Netzwerk geleitet wird.

SNAT

VMs in privaten VNets haben private IP-Adressen nach RFC1918, die im Internet nicht routingfähig sind. Sie kennen vermutlich die gängigen privaten IP-Adressbereiche wie 10.0.0.0/8, 172.16.0.0/16 und 192.168.0.0/16 bereits. Fordern diese IP-Adressen im Internet etwas an, wüsste das Gegenüber nicht, wohin mit den Daten. Damit diese VMs dennoch Updates laden oder externe Dienste erreichen können, benötigen sie eine Adressumsetzung der Quelladresse mit einem *Source NAT*, das kurz als *SNAT* bezeichnet wird. Im SDN aktivieren Sie SNAT direkt auf der Ebene eines Subnets.

Wenn Sie die Option **SNAT** im Subnet aktivieren, konfiguriert der Exit-Node automatisch *iptables*- bzw. *nftables*-Regeln für ein sogenanntes Masquerading. Das Paket der VM reist nun durch den VXLAN-Tunnel zum Exit-Node. Dort tauscht der Exit-Node per SNAT die private Absender-IP-Adresse des Pakets gegen seine eigene öffentliche IP-Adresse aus und sendet es ins Internet. Die Antwort wird zurückübersetzt und zur VM geleitet.

Dies wirkt allerdings nur in eine Richtung. Die VMs können Verbindungen nach außen aufbauen, sind aber aus dem Internet nicht direkt erreichbar, solange keine explizite Port-Weiterleitung mit dem umgehrten Mechanismus eines *Destination NAT* (DNAT) eingerichtet wird. Von dieser Möglichkeit wird in seltenen Fällen in der Datei */etc/network/interfaces* mit `up/down`-Eigenschaften von Bridges Gebrauch gemacht.

25.7 IP Address Management: IPAM und DHCP

Das SDN kann Ihnen ein manuelles *IP Adress Management* (IPAM) abnehmen und es darüber hinausgehend sogar vollständig automatisieren. Dazu arbeiten zwei Komponenten Hand in Hand: Ein IPAM übernimmt die Zuweisung und Protollierung – eben die Verwaltung von IP-Adressen –, und DHCP liefert diese Adressen an die VMs aus.

25.7.1 IPAM-Plugins

Bevor eine IP-Adresse vergeben werden kann, muss das System wissen, welche IPs frei und welche belegt sind. Proxmox VE bringt dazu bereits einige Plugins mit:

- **PVE-IPAM:** Dies ist die einfachste Methode und dennoch für die meisten Umgebungen völlig ausreichend. Die Datenbank der IP-Adressen wird direkt im Proxmox-Cluster-Filesystem unter */etc/pve/sdn/* in verschiedenen Dateien gespeichert. Damit werden externe Abhängigkeiten vermieden und das IPAM ist auf allen Cluster-Nodes direkt verfügbar.
- **NetBox:** In größeren Enterprise-Umgebungen lässt sich Proxmox VE an *NetBox* anbinden. NetBox gilt als »Source of Truth« für Infrastrukturdaten. Wenn Sie dieses Plugin wählen, fragt Proxmox VE bei der NetBox-API nach einer freien IP-Adresse und meldet VM-Informationen zurück. Das ermöglicht eine nahtlose Dokumentation Ihrer gesamten Netzwerklandschaft.

- **PhpIPAM:** Ähnlich wie bei NetBox wird hier eine Anbindung an die weit verbreitete Open-Source-Lösung *phpIPAM* unterstützt.

25.7.2 Automatisches DHCP

DHCP (*Dynamic Host Configuration Protocol*) war in virtualisierten Umgebungen oft mühsam, insbesondere wenn wir über segmentierte Netzwerke sprechen: Man benötigte einen separaten DHCP-Server für jedes Segment oder musste mit Relay-Agents hantieren.

Beim SDN steht Ihnen jedoch bereits eine DHCP-Integration zur Verfügung. Wenn Sie in einer Zone IPAM aktivieren, können Sie für jedes Subnet die Option `DHCP` einschalten. Im Hintergrund legt das Proxmox-VE-SDN automatisch eine Instanz von `dnsmasq` für dieses Subnet an. Das geschieht völlig transparent für den Administrator. Die VMs erhalten ihre IP-Adressen direkt aus dem SDN-Stack, ohne dass Sie einen einzigen externen Server konfigurieren müssen.

Vielleicht fragen Sie sich, warum Sie extra für das SDN weitere DHCP-Server aufziehen sollten, wo Sie doch bereits DHCP-Server in Ihrer Infrastruktur betreiben.

Nun, Sie müssen den im SDN integrierten DHCP-Server nicht nutzen, aber es gibt gute Gründe in folgenden Fällen:

- **Isolation der Overlay-Netzwerke:** In SDN-Zonen wie VXLAN oder EVPN sind die Netzwerke logisch von Ihrer physischen Infrastruktur getrennt. Ihr zentraler DHCP-Server im physischen LAN kann meist gar nicht in diese gekapselten Tunnel hineinrufen, um den VMs eine IP-Adresse zu geben. Das SDN kann diese Aufgabe daher selbst übernehmen und Ihnen Komplexität durch DHCP-Relays ersparen.
- **Automation und Infrastructure as Code:** Der integrierte DHCP-Server ermöglicht cloud-ähnliche Workflows. Stellen Sie sich vor, Sie deployen eine neue VM per API oder Ansible: Sie definieren im IPAM die MAC-Adresse der VM und die gewünschte IP-Adresse dazu. Proxmox VE reserviert diese IP-Adresse im IPAM und konfiguriert den internen DHCP-Server so, dass er auf die MAC-Adresse der neuen VM genau diese IP-Adresse liefert. Die VM bootet und erhält via DHCP sofort ihre korrekte, statische IP-Adresse – ohne danach noch manuell eingreifen zu müssen.

Installation von dnsmasq

Das DHCP-Feature im SDN ist optional und funktioniert nicht direkt *out of the box*. Sie müssen dazu erst das `dnsmasq`-Paket auf dem Proxmox-VE-Host nachinstallieren und den systemd-Service anschließend deaktivieren, denn wir möchten ja keinen zweiten netzwerkweiten DHCP-Server, sondern nur einen für ein bestimmtes Subnet:

```
# Dieser Einzeiler erledigt alle notwendigen Schritte nacheinander
apt update && apt -y install dnsmasq && systemctl disable --now dnsmasq
```

Pro Zone mit aktivierter »automatic DHCP«-Eigenschaft legt das SDN nun eine separate `dnsmasq`-Instanz an. Diese trägt den Namen `dnsmasq@<zone-name>.service` und kann ganz normal mit `systemctl` verwaltet werden.

Aktivieren des DHCP

Nun benötigt die entsprechende Zone das Häkchen bei **automatic DHCP**, und das VNet darüber benötigt ein zugehöriges Subnet mit konfigurierter DHCP-Range.

Wenn alles eingestellt ist, vergessen Sie nicht, die Änderungen im SDN über **Datacenter • SDN • Apply** auf alle Nodes auszurollen.

Anschließend sollte eine danach neu gestartete VM in diesem VNet automatisch eine der IP-Adressen aus dem DHCP-Pool erhalten.

Adressvergabe prüfen

Überprüfen können Sie das nicht nur innerhalb der VM oder auf dem **Summary**-Menü der VM, wo Ihnen die IP-Adressen mittels QEMU-Guest-Agent angezeigt werden. Wenn Sie den Zustand der IP-Adressen in einer oder allen DHCP-aktivierten Zonen sehen möchten, finden Sie den Status in der Proxmox-VE-GUI auch unter **Datacenter • SDN • IPAM** (siehe Abbildung 25.11).

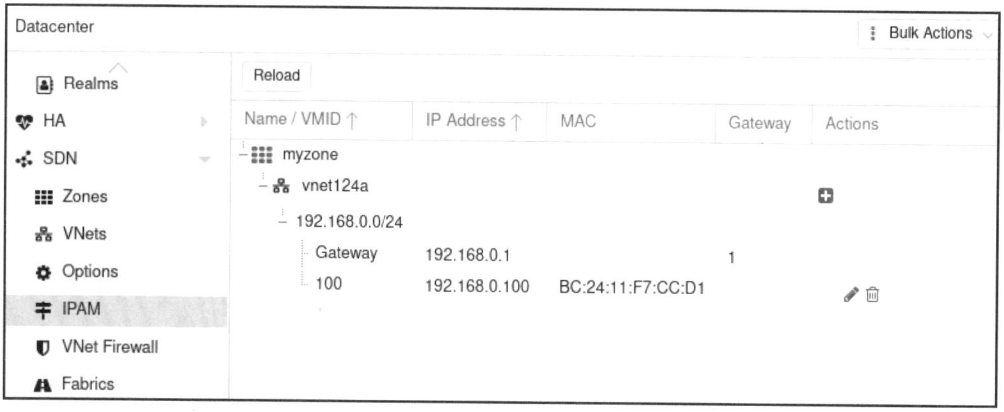

Abbildung 25.11: Alle von »dnsmasq« vergebenen IP-Adressen werden im Menü »IPAM« angezeigt.

25.8 Praktische Beispiele für den Einsatz des SDN

Theorie ist wichtig, aber Praxis auch. Um Ihnen den Einstieg ins SDN zu erleichtern, betrachten wir mehrere Szenarien, die Ihnen vielleicht schon einmal begegnet sind oder noch auf Sie zukommen könnten.

25.8.1 Szenario 1: Die isolierte Testumgebung

Sie möchten eine Malware-Analyse durchführen, ein unsicheres Legacy-System betreiben oder einfach ein Software-Update testen, das im schlimmsten Fall den DHCP-Server im Firmennetz stört. Sie benötigen dafür absolute Isolation, aber im Fall des Software-Updates braucht die VM dennoch Internetzugriff, um Updates zu laden.

Hier ist eine Simple Zone mit optionaler SNAT eine gute Wahl:

1. Sie erstellen eine Simple Zone, geben ihr einen Namen und aktivieren die Option `automatic DHCP`.
2. Darin legen Sie ein VNet an und definieren ein Subnet zu diesem VNet mit einer privaten DHCP-Range.
3. Im Subnet aktivieren Sie die Option `SNAT`, wenn die VM-Zugriff nach außen bekommen soll.

Die VMs in diesem VNet erhalten automatisch IP-Adressen. Sie können Updates aus dem Internet laden, wenn SNAT aktiviert wurde, sind aber für das restliche Firmennetzwerk außerhalb der Zone komplett unsichtbar. Selbst wenn eine VM in diesem Netz Amok läuft und DHCP-Pakete spammt, verlässt dieser Traffic niemals den virtuellen Käfig des SDN.

25.8.2 Szenario 2: Mandantenfähigkeit oder Multi-Tenant-Umgebung

Sie sind Dienstleister oder betreuen verschiedene Abteilungen wie Buchhaltung und Entwicklung. Beide Abteilungen bestehen darauf, das Netzwerk `10.0.0.0/24` zu nutzen, da ihre Skripte und Anwendungen fest darauf eingestellt sind. In einem VLAN-Setup würde dies wahrscheinlich zu Adresskonflikten führen.

Für dieses Szenario könnten Sie eine VXLAN- oder eine EVPN-Zone nutzen:

1. Sie erstellen eine Zone des Typs `EVPN`.
2. Sie erstellen für die Buchhaltung das VNet `vnetfibu` und vergeben das Tag 1000.
3. Sie erstellen für die Entwicklung das VNet `vnet-dev` und nutzen ein anderes Tag wie 1001.
4. In beiden VNets erstellen Sie ein Subnet `10.0.0.0/24`.

Dank der Kapselung im VXLAN existieren diese beiden Netzwerke in völlig getrennten Parallelwelten. Obwohl beide Kunden dieselben IP-Adressen nutzen, kommt es zu keinen Konflikten. Der Traffic wird sauber getrennt durch den Tunnel transportiert. Das ermöglicht es Ihnen, standardisierte Netzwerkkonfigurationen für beliebig viele Kunden auszurollen, ohne IP-Adresspläne wälzen zu müssen.

25.8.3 Szenario 3: Die automatisierte CI/CD-Pipeline

Ihr Entwicklerteam nutzt GitLab oder Jenkins. Für jeden Testlauf in Form einer Pipeline soll eine frische Umgebung mit Webserver und Datenbank hochgefahren, getestet und danach wieder gelöscht werden. Das manuelle Anlegen von VLANs auf dem Switch dauert dafür viel zu lange.

Zur Umsetzung können Sie die Proxmox-VE-API in Kombination mit dem IPAM nutzen:

1. Die Pipeline sendet einen API-Call an Proxmox VE und erstellt eine VXLAN-Zone, ein temporäres VNet und ein zugehöriges Subnet darin. Durch einen weiteren API-Call werden die Änderungen im SDN deployt.
2. Die VMs werden geklont und an dieses neue VNet gehängt.
3. Dank des integrierten DHCP erhalten die VMs sofort ihre IP-Adressen und können kommunizieren.
4. Optional können Sie über die DNS-Integration automatisch die Namensauflösung nutzen, egal welche IP-Adressen Ihre VMs erhalten haben.
5. Vor dem Beenden der Pipeline werden über die API das vorher erstellte Subnet, das VNet und die Zone wieder gelöscht.

Sie nutzen damit *Infrastructure as Code*: Netzwerke entstehen und vergehen innerhalb von Minuten, vollautomatisch gesteuert durch die Software-Entwicklung, ohne dass ein Netzwerkadministrator auch nur einen Switch-Port konfigurieren muss. Auch für die Nutzung der SDN-Komponenten lassen sich Berechtigungen erteilen, sodass die Pipeline nur bestimmte Komponenten modifizieren oder verwenden darf. Damit schützen Sie sich vor dem versehentlichen Löschen produktiver VMs oder Container durch automatisierte Prozesse.

Index

D

E

F

G

H

N

O

P

Q

R

T

U

V

W

X

Y

Z